U0934129

中文社会科学引文索引（CSSCI）来源集刊

民间法

2018年下卷·总第二十二卷

主编：谢 晖 蒋传光 陈金钊

执行主编：彭中礼

中南大学法学院
上海师范大学 主办

厦门大学出版社
XIAMEN UNIVERSITY PRESS
国家一级出版社
全国百佳图书出版单位

图书在版编目(CIP)数据

民间法. 第22卷/谢晖,蒋传光,陈金钊主编. —厦门:厦门大学出版社,2019.4
ISBN 978-7-5615-7382-2

Ⅰ. ①民… Ⅱ. ①谢…②蒋…③陈… Ⅲ. ①习惯法—中国—文集 Ⅳ. ①D920.4-53

中国版本图书馆 CIP 数据核字(2019)第 064172 号

出 版 人 郑文礼
责任编辑 甘世恒

出版发行 厦门大学出版社
社　　址 厦门市软件园二期望海路 39 号
邮政编码 361008
总 编 办 0592-2182177 0592-2181406(传真)
营销中心 0592-2184458 0592-2181365
网　　址 http://www.xmupress.com
邮　　箱 xmupress@126.com
印　　刷 厦门市万美兴印刷设计有限公司

开本 787 mm×1 092 mm 1/16
印张 31.75
插页 2
字数 680 千字
版次 2019 年 4 月第 1 版
印次 2019 年 4 月第 1 次印刷
定价 88.00 元

厦门大学出版社
微信二维码

厦门大学出版社
微博二维码

总 序

自文明时代以来,人类秩序,既因国家正式法而成,亦借民间非正式法而就。然法律学术每每所关注者为国家正式法。此种传统,在近代大学法学教育产生以来即定制。被谓之人类近代高等教育始创专业之法律学,实乃国家法的法理。究其因,盖在该专业训练之宗旨,在培养所谓贯彻国家法意之工匠——法律家。

诚然,国家法之于人类秩序构造,居功甚伟,即使社会与国家分化日炽之如今,前者需求及依赖于后者,并未根本改观;国家法及国家主义之法理,仍旧回荡并主导法苑。奉宗分析实证之法学流派,固守国家命令之田地,立志于法学之纯粹,其坚定之志,实令人钦佩;其对法治之为形式理性之护卫,也有目共睹,无须多言。

在吾国,如是汲汲于国家(阶级)旨意之法理,久为法科学子所知悉。但不无遗憾者在于:过度执着于国家法,过分守持于阶级意志,终究令法律与秩序关联之理念日渐远离人心,反使该论庶几沦为解构法治秩序之刀具,排斥法律调节之由头。法治理想并未因之焕然光大,反而因之黯然神伤。此不能不令人忧思者!

所以然者何?吾人以为有如下两端:

一曰吾国之法理,专注于规范实证法学所谓法律本质之旨趣,而放弃其缜密严谨之逻辑与方法,其结果舍本逐末,最终所授予人者,不过御用工具耳(非马克斯·韦伯"工具理性"视角之工具)。以此"推进"法治,其效果若何,不说也知。

二曰人类秩序之达成,非唯国家法一端之功劳。国家仅借以强制力量维持其秩序,其过分行使,必致生民往还,惶惶如也。而自生于民间之规则,更妥帖地维系人们日常交往之秩序。西洋法制传统中之普通法系和大陆法系,不论其操持的理性有如何差异,对相关地方习惯之汲取吸收,并无沟裂。国家法之坐大独霸,实赖民间法之辅佐充实。是以19世纪中叶、20世纪以降,社会实证观念后来居上,冲击规范实证法学之壁垒,修补国家法律调整之不足。在吾国,其影响所及,终至于国家立法之走向。民国时期,当局立法(民法)之一重大举措即深入民间,调查民、商事习惯,终成中华民、商事习惯之盛典巨录,亦成就了迄今为止中华历史上最重大之民、商事立法。

可见,国家法与民间法,实乃互动之存在。互动者,国家法借民间法而落其根、坐其实;民间法借国家法而显其华、壮其声。不仅如此,两者作为各自自治的事物,自表面看,分理社会秩序之某一方面,但深究其实质,则共筑人间安全之坚固堤坝。即两者之共同旨趣,在构织人类交往行动之秩序。自古迄今,国家法虽为江山社稷安全之必备,然民间法亦为人类交往秩序所必需。故人间秩序者,国家法与民间法相需而成也。此种情形,古今中外,概莫能外。因之,此一结论,可谓"放之四海而皆准"。凡关注当今国家秩序、黎民生计者,倘弃民间法及民间自生秩序于不顾,即令有谔谔之声,皇皇巨著,也不啻无病呻吟、纸上谈兵,终其然于事无补。

近数年来,吾国法学界重社会实证之风日盛,其中不乏关注民间法问题者。此外,社会学界及其他学界也自觉介入该问题,致使民间法研究蔚然成风。纵使坚守国家法一元论者,亦在认真对待民间法。可以肯定,此不唯预示吾国盛行日久之传统法学将转型,亦表明其法治资源选取之多元。为使民间法研究者之辛勤耕耘成果得一展示田地,决定出版《民间法》年刊。

本刊宗旨,大致如下:

一为团结有志于民间法调查、整理与研究之全体同人,共创民间法之法理,以为中国法学现代化之参照;

二为通过研究,促进民间法与官方法之比照交流,俾两者构造秩序之功能互补,以为中国法制现代化之支持;

三为挖掘、整理中外民间法之材料,尤其于当代特定主体生活仍不可或缺、鲜活有效之规范,以为促进、繁荣民间法学术研究之根据;

四为推进民间法及其研究之中外交流,比较、推知相异法律制度的不同文化基础,以为中国法律学术独辟蹊径之视窗。

凡此四者,皆需相关同人协力共进,始成正果。故鄙人不揣冒昧,吁请天下有志于此道者,精诚团结、互为支持,以辟法学之新路、开法制之坦途。倘果真如此,则不唯遂本刊之宗旨,亦能致事功之实效。此乃编者所翘首以待者。

是为序。

谢　晖

目 录

学理探讨

经验解释

学术评论

学理探讨

训诂学方法在法史研究中的应用

于语和[*]　张　铭[**]

摘要:作为法学中的基础学科并极具人文色彩的法史学,近代以来绵延百年,几度枯荣,如今面临着新的转型发展。繁荣法史研究,基本理论和范畴的确定、研究材料的拓宽和挖掘、视角的调试和转换固然重要,但方法的讲求亦不可小觑。法史研究方法的萃取,无外乎外觅内求。西方方法我们当认真吸收转化,我国传统学术方法的应用,踵事增华,也定会带来极妙的效果。本文仅就传统的训诂学方法之款要、在以往法史研究中之应用,特别是在以后研究中的充分利用问题,欲进一言。方家哂之。训诂学最早发端于东周,经历朝历代发展演变,最终在清末独立成学。训诂学的方法主要有形训、声训、义训、互训、反训、递训等几种。训诂学方法早已在法史研究中有所应用,在具体的法史研究、法律古籍整理、法史辞书编纂等方面,都发挥过重要的作用。在以后的法史研究中,应充分挖掘训诂学方法的更大价值,使之与考古学方法、民族学方法、民俗学方法和社会学方法有机结合,在释读法史基本术语概念、理解法律思想和观念、解析古代法律文本、解读各地方言档案、理解民间法准确含义等方面,均能发挥出更为重要的作用。

关键词:训诂学;法律史;二重证据法;民间法

一、训诂学简释

1. 界定与沿革

"训诂学"实际上就是古代汉语词义学,偏重于研究古代的词义,也研究古汉语的语法、修辞等现象。它是现代汉语词义学的前身,是中国语言文字学的一个独特分支部门。训诂学有一个比较漫长的萌芽和演变过程,直到晚近以来,随着文字学、音韵学等语言分支学科的分工渐次明晰才最终确立成学。黄侃说:"诂者,故也,即本来之谓;训者,顺也,即引申之谓。训诂者,用语言解释语言之谓。"①

"训诂",也叫"诂训""训故""故训"。早在春秋战国时期,训诂就已经萌芽,它最初是古代文学中偶尔出现的一种解释形式。战国末年(前221),荀子将一部孔子删减过的《诗经》传给弟子毛亨,毛亨在秦始皇焚书坑儒时成功逃亡。汉初(前206),毛亨作《诗故训

---

* 于语和,南开大学法学院教授,博士生导师,法学博士后。

** 张铭,南开大学法律史博士研究生。

① 黄侃.训诂学笔记[C]//黄侃国学讲义录.北京:中华书局,2006:231.

传》,即毛诗传之于世,这是目前"训诂"一词所见的最早载体。在汉代,训诂发展为一种系统的、完整的注释和训诂专门学问。西汉刘歆将训诂学称为"小学",他的目录学名著《七略》经班固转录于《汉书·艺文志》而大体得以保留。"小学"在其中作为经学附庸出现,尚没有独立成形,也没有明确的分支学科,基本都是训诂学著作,鲜有其他语言文字类的书目。经东汉魏晋南北朝,直到隋唐,"小学"才有了较为明确的分工,《隋书》首次按照"声韵、体势、训诂"将之分类。《隋书·经籍志》所列典籍各有所属,但从书目的排列看,"小学"三分尚未形成明确的格局。① 此后经过唐朝五代,至宋仁宗景祐元年(1034)官修《崇文总目》"小学类"的"叙录",才正式形成三分的理念,与后世训诂、文字、声韵的概念内涵,达到完全一致。其后,欧阳修主持的《新唐书·艺文志》在书目的归类和编排上,也整齐明确,"小学"三分的格局,才算形成。② 沿着北宋的三分体例,"小学"在南宋分得更加清晰,并有了"文字学"之统称,这统称始见于王应麟的类书《玉海》。该书将"文字之学"分为三科,即"音韵"科、"体制"科和"训诂"科,直白言之就是"音""形""义"三科,并且明确了各科的内容,使之有了明确的界限范围。这可以说是包括训诂学在内的"小学"脱离经学而向独立学科发展的标志。③ 元朝以后经明朝至清代,随着考据学发展到顶峰,"文字学"即"小学"也达到了鼎盛时期,使用训诂学作为研究工具的著作集中在经学和史学领域,成果浩如烟海。行至晚清,国学大师章太炎研习"小学",结合西方思维,对之进行改造,改其名称为"语言文字学"并被广泛接受。章太炎将语言文字学解构,分成三个门类,第一个叫作"音韵学",第二个叫作"文字学",第三个就是"训诂学"。根据章太炎的分类,训诂学成为一门隶属于语言文字学之下的独立学科。

2. 具体方法和运用

根据训诂学千余年的演变经过和近百年的研究成果,一般来说,学界较为公认的训诂学方法主要有形训、声训、义训、互训、反训、递训等几种,试分别简述如下:

形训。说字之训诂,讲形与义的关系,以形索义,即用字形说明其来源和意义,解决字词的书面形式和所表达含义之间的关系,如"小土为尘"。说明"尘"字的意思是"小土",这个简体字也是由此产生的。

声训。发音其实比形状更早更重要,是字义的真正源头。声训就是寻求读音上的来源,因声求义,讲音与义的关系,即用声音相似意义相同的字词来解释,解决字词的口头形式和所表达的实际含义之间的关系,如"衣,依也"。两个字音同义也同,前者当作后者解。

义训。解文之训诂,讲义与义之关系,即用一种词义解释另一种词的意义,区分字词的本来意义与引申之后的意义等。例如,"明明、斤斤,察也"。就是用"察"的本义来解释"明明"和"斤斤","明明"是在事物的本质上清楚,即"性理之察";"斤斤"是在事物的数量

① 陆宗达,王宁.训诂方法论[M].北京:中华书局,2018:1.

② 陆宗达,王宁.训诂方法论[M].北京:中华书局,2018:2.

③ 陆宗达,王宁.训诂方法论[M].北京:中华书局,2018:2.

上清楚，即“精详之察”。①

互训。互训，即相互训释，是用相同或相似意义的字词互相解释。如“宫，谓之室”，“室，谓之宫”，就是采用这种相互训释的办法。

反训。反训，即用反义词解释。有的字词在一个阶段是某个意思，在另一个阶段却正好是相反的意思，这就能用到反训，如《论语·泰伯》里记载周武王说“予有乱臣十人”。这里的“乱臣”，实际上是“治臣”的意思，指周公旦、吕尚等为西周立朝作出重大贡献的十个人。用“治”解释“乱”，就是反训。

递训。递训指用几个词连续解释，直至把最终含义解释清楚为止。例如，“庸也者，用也；用也者，通也；通也者，得也”。说明这个“庸”字用声训是从“用”字来的，但字义实际是“得”的意思。

随着时代的发展，有关训诂学的具体方法也在逐渐发展。例如，徐刚《训诂方法论》就将训诂学方法具体总结为以形索义法、字根析义法、语源考证法、假借破读法、排比归纳法、连类推勘法、历史分析法、结构分析法、平行引申法、异文比勘法、方言参证法、语法分析法、语用分析法、互补考证法、内部考证法、实物验证法等十六种，但也是基于本文前述几种基础方法的阐发、重新分类或补充细化得来。本文不再详述。

3. 意义与效用

关于训诂的意义和效用，总结历朝历代大家名师的研究结论，就是用当代人能够明白理解的语言，解释、翻译过去的文献资料；用普遍认可的通用语言，解释、翻译不同地域的各种方言。也就是起到一个融汇古今、贯通异域的沟通、翻译作用。在所有关于训诂的意义和效用的论断里，东晋郭璞的“释古今之异言，通方俗之殊语”可以称为最恰当的论断。训诂学本质上是解释汉语规律和方法的学科，随着汉语语言文字学的演进而不断地积淀、发展，历经千年最终形成较为完备的体系，但训诂学的价值和作用，终归囊括在郭璞的这两句话之中。

应用到法史方面，训诂学有着如下较为具体的意义与效用：

一是指导法律史研究。考察训诂学的研究对象，主要就是古汉语的字义、词义，中国古代法律文献也是用古汉语写成的，它们之间的关系十分密切。在遇到没有定论、各执己见的疑难问题时，训诂学可以帮助我们准确解释古代法律文献，帮助我们正确理解、避免盲从；训诂学还可以帮助我们弥补法律文献注本的不足，帮助纠正误注，使知其然，而且知其所以然。

二是指导法律古籍整理工作。法律古籍的整理，所指与其他古籍整理相一致，即法律类古代文献的校勘、标点、注释和翻译。法律古籍的整理，理所当然地会与训诂学知识和方法紧密结合。例如训诂与校勘，校勘是古籍综合阅读的前提；又如训诂与标点，正确理解古籍的意义是古籍断句、标点的前提，而正确地理解古籍的含义，就必须进行训诂；

① 何新学.文言文词义推断初探[J].广西民族师范学院学报，2003(9).

再如训诂与翻译，近现代学者严复议论翻译，认为要信、达、雅，古文的翻译也是如此。

三是指导法律史辞书编纂。训诂学本来就是研究古汉语字词含义的专门学问，其方法也集中在对字、词的各种解构、释读上，将之应用于法律史研究，其研究成果可以为法律史辞书的编纂等工作提供丰富的材料。利用训诂学方法推敲、考证已有文献，可以纠正过去在释义上的谬误，进而参照恰当的体例，吸收新的成果，引用正确的方法，发掘和补充此前没有记载的释义，这样可以使辞书变得更加全面和完整，而且更加可信。例如高潮、马建石主编的《中国古代法学辞典》（南开大学出版社 1989 年版），收编、释训了中国古代法律史领域 3702 个词条，普遍使用了训诂学方法，是法律史上一部承前启后的辞书。

二、训诂学方法在法史研究中的运用

1. 释读法史的基本概念、名词和术语

中国法律史的基本概念、名词和术语，往往与古汉语的缘起、流变密不可分，训诂学能起到极好的释读作用。本文仅举如下数例：

例一，“刑”。“刑”字在古汉字中有“井”和“刑”两个字与其对应。根据姚孝遂《殷墟甲骨刻辞类纂》的研究，“井”在甲骨文中就已经出现，现存的共有八十四处，其中大多作人名解，如“妇井”（名为井的商王之妻，一说商王之媳），还有一些表示地名，另外一些残缺不可读，但没有一处用法和法律相关。根据周法高《金文诂林》的研究，现存周代金文中，“井”共有七十一处，其中用作地名、人名的有四十九处。此外，有多处须解读为“遵循，以为楷模”这样的意思，其余的几处则都是名词用法，就是“规则”“法律”的意思，如“怀（重视）刑”，“明（明确正当）刑”等，而作动词取“施刑罚”之意的仅有两处。根据郭沫若考证，这些与法律规范和刑罚等意义相关的用法，最早应该都是在西周时期的出土器物上出现的。时至今日“刑”这个字在已经出土的甲骨文中，确实还没有发现过。据此推测这个字最早出现在金文当中，周代金文中，写作“井勿”，目前所见的器物中共发现三处，一处用作人名，另外两处都是“法律规范”的意思，称为“中刑”“中敷明刑”，都出现在东周的器物上。很显然，“井”字是先有的本字，而“刑”字是“井”字衍生出来并逐渐取代其意义的派生字。“井”字最原始的意义相当于现在的“型”的意思，是据以确定铸器之模板的象形，表模型之义。① 随着历史的推移，“井”字渐渐动化，有表示“遵循，以为典范”的意思；进一步发展后，由于其有“限制，使事物成形的规范”之意，因此转而可以表示法律规范，并成为其统称。由于当时的成文法以刑罚为执行手段，因此渐渐有了刑罚的意义。这是西周时期的用法。到了东周时期，为有别于原用法，又因刑罚有杀戮的意思，所以加

① 郑春兰，程邦雄.《说文》或体之义近形符通用考[J]. 古汉语研究，2007(1).

上"刂"部衍为"井刎",也就是我们今天所见的"刑"字。① 对"刑"字的训释,采用的训诂学方法有声训、形训和义训三种。

例二,"法"。"法"字古代写为"灋",在已经发现和解读的甲骨文中,"灋"字尚未被发现过,因此推测该字出现较晚。在现存周代金文中,"灋"字共有七处。其中有一处解释为"大",是《大盂鼎》中"灋保先王"一句中的用法。其余六处都出现在"无灋朕令"这一句式中,见《大盂鼎》《师酉鼎》《克鼎》和《师虎簋》等,是"去""废"之意,整句的意思是不要让周天子的命令流于废弛。② 后一种意义的用法在秦代还很广泛,但是秦代的"灋"字,已经逐渐被用来表达"法律"之意。许慎《说文解字》:"灋,刑也。平之如水,从水;廌,所以触不直者去之,从廌、去。"由此可见,"灋"字本义起初一般是指"去除""废止"的意思,是当作动词来用的。随着时代的推移,后来才开始渐渐用作名词,表示"剖断是非、主持公道的法律"之意,取代了原来一味强调暴力的"刑"的概念,成为法律的通称。后世为简便起见,将其中的"廌"字省略,成为现在的"法"字。其实,在《说文解字》中,它是列在"廌"这一部首下的,在水部是找不到的。③ 训诂"法"字,主要用到的训诂学方法是义训。

例三,"礼"。总体而言,"礼"是中国特有的行为规范,调整着家国天人之间的关系,现在常见的繁体写法为"禮",更早一些的写法更为复杂。《说文解字》:"禮,履也,所以事神致福也。""履",引申义为"行为、举动或做法"的意思。"禮"从"礻","礻"的原始写法是"示",是个象形字,表示台子,是放祭品用的;"豆"字之上的结构,最早是两个并列的"丰"字,其实是两串玉,而玉是最丰洁的祭品;"豆"则是一种带脚的盛具,专门盛放祭品。可见"禮"的每一部分结构,都紧密地与祭祀相关。"礼"起源于先民或者说史前时代,在当时,人类很脆弱、很卑微,生命短暂,生存艰难,人们祈求超自然力量,祈求祖先神灵护佑自己,这种祈求很庄严,非常重大,就是专门的祭祀活动。祭祀的一系列程序、仪节就被称为"礼",礼是众多先民习惯当中最重要的规则。国家出现以后,必须要有强制性的规矩才能维持秩序。规矩从哪里来?各种文明不尽相同,中国文明是一种非宗教的世俗文化,规矩很自然地从习惯而来,从"礼"当中来。由于"礼"在先民当中享有崇高地位,进入文明社会后,"礼"比较容易地从其他习惯中脱颖而出,成为治国理政的规矩。后来随着周公制礼、孔子复礼及荀子引法入礼,"礼"最终形成系统化的伦理道德体系和由国家强制保证的行为规范体系。④ 对"礼"字的释训,形训、声训和义训等训诂学方法都有用到。

2. 理解法律思想和理论学说

在两千多年的漫长历史过程中,各种法律思想和理论学说一直在不断地推陈出新,也需要我们结合历史背景加以剖析和理解,以更深刻地分析古代法律的特点。训诂学方法能对这种分析、理解起到溯本求源的作用。

---

① 姜歆. 细说中国法律典故[M]. 北京:九州出版社,2008:28.

② 段雪璐,郑晓晓.《说文解字》与古代刑罚制度研究[J]. 语文知识,2013.

③ 武建敏. 从古文字看中国法律文化的思想意向[J]. 河北法学,2010(10).

④ 于语和. 礼治与法治[M]. 香港:香港天马图书有限公司,2002:23.

试举一例,以说明训诂学方法在这方面的重要性。先秦时期,继孔孟之后的儒家大师荀子"隆礼重法",有一套严密的法律思想体系,本文仅对他关于礼法起源的思想理论作一简要训释。《荀子·礼论》说:"人生而有欲,欲而不得,则不能无求;求而无度量分界,则不能不争。争则乱,乱则穷。先王恶其乱也,故制礼义以分之,以养人之欲,给人之求。使欲必不穷乎物,物必不屈于欲,两者相持而长,是礼之所起也。"《性恶》篇说:"圣人积思虑,习伪故,以生礼义而起法度。然则礼义法度者,是生于人之性也。……故圣人化性而起伪,伪起而生礼义,礼义生而制法度。"可见在荀子看来,礼义法度是"圣人"创造的,其目的是为了"明分使群"和"化性起伪"。要控制人们的欲望,制止人们的争夺,维持社会的秩序,就必须创造礼义法度。这就是荀子关于礼法起源的思想理论。要正确理解这个思想理论,有两个字必须对之进行训诂方可,一个是"分",另一个是"伪"。《说文解字》说"分":"别也。从八从刀,刀以分别物也。""分"是个会意字,"八"就是一分为二的"分",从"刀",以刀剖物使之分开之义。荀子以"分"来概括礼的本质,是一个创见。在荀子看来,"群"代表着人的社会属性,"分"代表着人的个人属性。《王制》说:"人生不能无群,群而无分则争。"个人离开了社会便无法生存,所以必须"能群";没有个人之"分","群"也无法维系。"群"是原生的,"分"是派生的,礼法起源于"分",本质特性也是"分",作用就在于定分止争。荀子之"分"既包含社会的分工,更指向等级名分制度以及与之相适应的权利义务的划分,范围极广。[①] "分"是理解荀子法律思想不可或缺的重要概念。另一个字"伪"也需要训诂。"伪"的含义不同于今日,清儒钱大昕《荀子跋》:"此'伪'字,即作为之'为',非诈伪之'伪'。"将"伪"解释成"为",才符合荀子的本义,这里用到的是反训法。《性恶》篇"人之性恶,其善者伪也"里的"伪"字,也是"为"的意思,即指对人性节制后的改变,是人自身经过后天的克制与修为而努力达到的善果。"照荀况的说法,社会的制度、道德、文化,都是从'伪'生出来的。"[②]"明分使群""化性起伪"是荀子法律起源论的重要支点,通过对部分字词的训诂学研究,我们即可理解荀子礼法思想的核心内容。

3. 解读法律文本的内容

在四大文明古国中,只有中华文明是没有中断过的,历朝都有档案继之。浩如烟海的中央与地方文献中,法律文本占据相当分量,精确解读这些法律历史文本,译释古今之变、通解四方之异,训诂学方法是必不可少的训释工具。下面试举例说明。

例一,南郡档案中一份文书的释读。四川省南充市档案馆存有两万卷清代南郡县衙档案,从顺治时期的1656年一直绵延至1911年,完整、真实、全面,是十分珍贵的县级历史档案。其中有一份文书,可以叫作"嫁卖生妻契约",即《为立出甘愿请媒作合觅主鬻妻媳事》:"立出甘愿请媒作合觅主鬻媳、妻文约人□□□仝子心德。情余年老家贫……实出无奈,父子商议,只德(得)将媳、妻邓氏改释生路,愿请张何氏,吴永成为媒,觅主作合

① 马作武.先秦法律思想史[M].北京:中华书局,2015:136.

② 冯友兰.中国哲学史新编:上卷[M].北京:人民出版社,1998:729.

改嫁，别永远不得异言生非，恐(空)口无凭，特出请媒文约一纸为据。”[①](《南郡档案》6-404-11，同治十二年冬月初四日。)这份文书中，“情”字费解，似是指案情如下。“情”字多出现在原告自述中，在法制文书中有一特殊含义，表示案情缘由。此处在有法律效力的文约中出现，也有“情况如下”的意思。但《汉语大词典》等字书未收此义。另外，本文书是谢心德(原卷另有载)与其父一道嫁卖，而不是丈夫嫁卖生妻，“立约人”后缺字当是谢心德父亲名讳。[②]

例二，张家山汉简以及睡虎地秦简中“贼”字的主要含义。《说文解字》:“贼，败也。”常用的含义有“败坏”“伤害”“抢劫”或“偷窃”等。但在湖北等地出土的汉简中，却有着地域特色，“贼”字往往没有上述含义，而主要是“故意”的意思。张家山汉简《二年律令·贼律》:“贼燔城……”注解为“故意焚烧城邑……”[③]在睡虎地秦简中，也有“贼杀人”“贼伤人”的记载，结合上下文，“贼”也是故意的意思。“贼”作为故意解，未见于《汉语大字典》等大型工具书，传世文献也少见，应作为口语或方言理解，根据实际情况训诂，才不失法律文本之真义。

4. 把握刑事、民事、经济和司法等重要制度

由于历史的久远、语言的变迁、地域的差别等种种原因，过去出现过的各种法律制度，对于普通人往往存在难以理解的障碍，对于研究者也往往存在不同的解读结果，训诂学方法则可以从字词句的本义出发，相对容易、相对精确地理解这些制度。下面试举例说明。

刑事制度，如五代及其以后的严酷刑罚制度“凌迟”之刑。“凌迟”也作“陵迟”，有的文献中叫作“凌迟重辟”，俗称“剐刑”。《宋史·刑法志》:“凌迟者，先断其肢体，然后割断其喉咙。”那么这种残酷的死刑制度为什么起了个名字叫“凌迟”呢？追根溯源还是得从“凌”和“迟”这两个字的本义说起。根据《康熙字典》的解释，“凌”是形声字，从仌(冰)，夌声，本义是冰的意思，引申为欺凌、凌侵之义。“迟”，《说文解字》谓:“徐行也。”就是慢、迟缓的意思。“凌迟”也写作“陵迟”。“陵”，段玉裁《说文解字注》:“大阜曰陵。……按引申之为乘也，上也，躐也，侵陵也，陵夷也。皆夌字之假借也。夌，越也。”可见“陵”的引申义有“越过”“践踏”之义。《荀子·宥坐》:“百仞之山任负车登焉，何则？陵迟故也。”“陵迟”为“延缓的斜坡”之义。《世说新语·德行》:“(王)祥以后母故，陵迟不仕。”“陵迟”由山形的延缓引申为时间的延缓。可见“陵迟”本为延缓、缓慢之义，“陵”“凌”通用，取其“践踏”“凌侵”之义，通假后的“陵迟”或“凌迟”，可训为“慢慢地欺凌”之义。至此，用“凌迟”来命名剐刑，也就很好理解了。

民事经济制度，如“租挈”制度。“租挈”指租税挈令。《汉书》记载有三处西汉时期的“挈令”，分别为“廷尉挈令”“光禄挈令”和“乐浪挈令”。在后世出土文物中，各种“挈令”

① 吴佩林.《南部档案》所见清代民间社会的“嫁卖生妻”[J]. 清史研究，2010(2).

② 杨小平. 清代南部县衙档案俗语考释[C]//中国训诂学报:第三辑. 北京:商务印书馆，2018:139.

③ 季立刚，张燕. 论汉代官方的所有权形态—以汉简为考察对象[J]. 湖南师范大学社会科学学报，2013(2).

时有见之,较文献记载更为丰富。所谓"挈",段玉裁《说文解字注》:"挈,当作契,契刻也。"颜师古说:"挈,狱讼之要也。书于谳法挈令以为后式也。"王先谦《汉书补注》:"挈,举也","言上所允行者则受而书之于板,著其上请之事为定法,复举此令以宣布上美"。[①]按照这些训诂大师的解释,"挈令"就是指一种刻印出来的法式,是某种事务或行为的标准。所谓"租挈",当是按田租等事务分类的"挈令",即公布出来的租税标准。[②]

司法制度,如"奏谳"制度和"乞鞫"制度。根据《汉书·刑法志》,"奏谳"制度由汉高祖首创,是一种将疑难案件逐级上报直至皇帝处断的主动慎刑制度。"奏"好理解,就是臣下对君上陈述意见或说明事情。"谳"是个形声字,从言,献声。《康熙字典》:"谳,议罪也。评狱也。"《广雅》:"谳,疑也。谓罪有疑者,谳于廷尉也。""谳"由"言"和"献"两部分组成。这个字既采用了"言"的音,也采用了"言"的义。"献",段玉裁《说文解字注》:"宗庙犬名羹献。……按羹之言良也。献本祭祀奉犬牲之称。引伸之为凡荐进之称。按论语郑注曰:献犹贤也。"从这里看,"献"是恭敬庄严地奉送之意。"献"与"言"相结合而构成"谳"字,应是后世会意造字,引申为"存疑之罪""审判定罪"这样的意思。"奏谳"制度的语义起源,仍然离不开载体汉字的本义,我们用训诂学里的声训、义训、递训等方法,就能一探古人用词之奥义,也能更透彻地理解相关法律制度的含义。"乞鞫"制度,源自周朝,盛于秦汉,是由被告发起而由原审机构复审的被动慎刑制度。"乞",即乞求;"鞫"是审问犯人之意。限于篇幅,不再详述。"乞鞫"是与"奏谳"相匹配的司法慎刑制度,一个被动,一个主动,有助于全面理解古代的慎刑思想。

5. 成绩与不足

(1)训诂学方法在法律史研究方面的成绩综述

训诂学在清代达到了一个高峰期,此后也一直延续了峰后的成果和研究特性,学科发展的稳固性十分明显。沈家本主持的清末修律,既是中国法制近代化的标志,也是中国法律史学建立的肇基之举。沈家本长于考据,他的刑名训诂是实学派[③]训诂的一个里程碑,更是训诂学方法应用于法律史研究的高峰。一百余年来,因为没有新材料的支撑等原因,后进学者在法律训诂方面尚难以超越沈家本。沈家本对法律语句、名称的考证是以事实为基础的,强调考据学、历史发展、语料库的扩展和方法的突破,带有诠释色彩。

---

① 高恒.汉律论考[C]//中国法制史考证甲编第三卷·历代法制考·两汉魏晋南北朝法制考.北京:中国社会科学出版社,2003:8.

② 高恒.汉律篇名新笺[J].吉林大学社会科学学报,1980(1).

③ 实学派,主要指清代以提倡实学为宗旨的学派。其形成和发展可分为三个时期。清初,以顾炎武、王夫之、黄宗羲、颜元等为代表。认为明末以来,学风空疏。主张结合政治、经济和民情,研习经史,以求"经世致用"。称工商皆本,"自一身以至于天下国家,皆学之事也"(顾炎武《与友人论学书》)。谓"道不在读书章句",应以"身实学之,实行之"(颜元《上太仓陆桴亭书》)。至乾嘉时期,以戴震、惠栋、阮元等为代表,其为学以经学为中心,而旁及小学、史学、天算、水利、金石等,主张"实事求是","无证不信"。阮元创诂经精舍、学海堂,以考证训诂之法课士,体现了这一时期以崇尚朴学为特征的实学教育思潮。到了清末,经世致用思潮再兴,代表人物为龚自珍、魏源等。其特点是重史而务实。龚言,"欲知大道,必先为史"(《尊史》)。魏倡"以实事程实功,以实功程实事"(《海国图志序》),呼吁"尽转外国长技为中国之长技",以期于"富国强兵"(《道光洋艘征抚记》)。

他训诂的一些古代法律概念或制度,如"磔""弃市""城旦""舂""鬼薪""白粲""完""耐"等等,在20世纪以后出土的秦简、汉简之中,都得到了验证。除了沈家本之外,民国法律史大家程树德的《九朝律考》,考证的是唐朝以前的法律,搜集了部分法律词语,如"除名"等,也采用了训诂学的研究方法,但主要是罗列文献用例,其材料丰盈,可为唐朝以前相关法律词语的研究提供参考材料。① 其他民国法律史大家如陈顾远、杨鸿烈和丁元普等人,也在其著述中自觉地应用训诂学方法对古代法律概念、术语、制度、文本、条文及理论学说等进行过深入研究,训诂学方法助力这些名家取得了丰硕成就。

中华人民共和国成立之后,法律史学科的研究学习苏联模式,名称叫作"国家与法权历史",学科体系分为"经济基础、阶级结构、国家制度和法律制度四段"。② 训诂学方法基本没有用武之地。1978年之后,经过"文革"破坏的法律史学科重建,摒弃了苏联模式,采用了更具独立品格的内部结构分类法,逐渐确定了中国法律思想史和中国法制史两个分支,后来再加入外国法制史,法律史形成三足鼎立的格局。随着学科的逐渐繁荣和四十年的沉淀,法律史研究也向其他学科渗透、与其他学科融合,在法律文化、法律考古、法律文献、比较法史、地方法史、少数民族法律史、民间法等领域都取得了丰硕的成果。③ 这些内容逐渐形成新的法律史研究方向,训诂学方法也自然而然发挥着重要的功能和作用,在法律史料挖掘、法律史文献整理、民间法研究等方面,尤其显得有价值。

综上所述,训诂学方法在中国法律史步入近现代以来,整体上总是发挥着重要的作用,并取得了一定的成绩。

(2)训诂学方法在法律史研究中的不足简析

训诂学方法在法律史研究中的应用,第一个不足是尚未将法律史训诂作为一种学科工具单独、深入研究。训诂学作为一种语言释义工具,过去主要集中在经学、史学等经典传世文献的释读上,在法律史等专门学科上,只是研究者一种自发的应用,尚没有就法律史训诂的特点体例进行专门研究,也没有提出专门的或独特的法律史训诂方法。法律史专科训诂往往从语言文字的释义出发,不以语言文字为目的而是以之为手段,有其独特的方法论价值,很有总结的必要。目前尚未出现专人或专著研究这个问题,可以说是一种缺憾。

训诂学方法在法律史研究中的应用,第二个不足是囿于过往经验限于高难度字词、高水平语言方面的应用,尚不能下沉、推广。从训诂对象和训释材料角度看,由于传统的训诂学,包括两汉经学训诂派和乾嘉学派,注重的是先秦文献资料,他们面对的是一批僵死的语言材料,使用文献载体,而且时代久远,需要很深的语言文字功底。在训释的过程中,有时会出现一味求古、求深的训诂追求,这使训诂大家们不屑于解释在他们看来易于

① 王东海.古代法律词汇语义系统研究[M].北京:中国社会科学出版社,2007:17.

② 中国法学三十年(1978—2008)[M].北京:中国人民大学出版社,2008:570.

③ 林乾.辉煌与隐忧:法律史学六十年评述[J].西南大学学报(社会科学版),2009(4).

理解的通俗层面、实用型的材料。[①] 这种情况在法律史训诂中,也自觉不自觉地被感染,对过往法律文本、档案等史料性法律文件的释读,重视程度不够。

训诂学方法在法律史研究中的应用,第三个不足是尚不能与其他方法相互沟通。比如训诂学本可与诠释学相沟通,共同探讨解释技术,沟通学科发展的前沿视野。训诂仅从单一词语的训释上研究,虽然重视了词语的个性,却对系统的特性重视不足。训诂学需要站在学科进程这一角度来考虑工作的方法,借鉴相关学科的解释优势,深入思考理论的问题。诠释学即是训诂可借鉴的学科之一,涉及大量文献训诂的诠释学与训诂学存在诸多一致之处,在要素与方法上都可以与训诂学相通。[②]

三、加强训诂学方法在法史研究中运用的建议

1. 训诂学与考古学方法相结合

考古学在西方属于人类学或艺术史范畴,在我国则属于历史学的分支学科。简言之,考古学就是根据过去人类活动留下来的遗存,研究古代人类历史的学科。宋代出现金石学,主要研究古代的青铜器和石刻,是我国考古学的前身,涌现出围绕这两个方面的大量著作。清代,除金石学之外,还有考究古代钱币、玉器、陶瓷器、文字等不同类别的著作,其中古文字研究成果尤为突出。西学东渐之后,西方比较科学规范的考古学传至中国,我国考古学也开始采用世界通用的分类范畴和方式方法。一般来说,考古学可分为史前考古、历史考古、田野考古和特殊考古等几个分支。其中的特殊考古,就包含古文字学和铭刻学考古,其研究对象主要是各种遗迹、遗物及其上承载的文辞,可靠程度大大超过文献的记载,并且可以弥补文献的不足,纠正文献的错误,其意义和重要性不言而喻。将以古文字学和铭刻学考古为代表的考古学成果与历史文献相对照,将考古学方法与训诂学方法相印证,就是有名的"二重证据法"。

王国维首提"二重证据法",见于他初次发表于20世纪20年代的著作《古史新证》。[③] "二重证据法"是"地下之新材料"与"纸上之材料"相互印证的古代史研究方法。出土的古文字资料,其所承载的内容,以及古文字本身,都可以与传世文献相印证,从而证明传世文献的可信性。以训诂学方法研究法律史,二重证据法是重要的强化方式,对于增加法律史训诂成果的准确性、真实性和可信度,有着不可替代的作用。

比如说对"钳"的认识,如果只从古代法律文献推演、研究,虽然能得出"钳"是一种刑具,但具体形状是弄不清楚的,也可能得出"钳"就是"钳刑"这样的结论。但利用二重证据法,最终能有力地证明"钳"的大体样式,可以确定其仅为刑具,而不是刑名。钳在先秦时期是一种特殊结构的东西。颜师古:"钳,以铁束颈也。"《说文·金部》:"钳,以铁有所

① 王东海. 古代法律词汇语义系统研究[M]. 北京:中国社会科学出版社,2007:21.

② 于峻嵘. 定型与开源:训诂学的时代发展论析[C]//中国训诂学报:第三辑,北京:商务印书馆,2018:148.

③ 曹书杰,杨栋. 疑古与新证的交融:顾颉刚与王国维的学术关联[J]. 文史哲,2010(2).

劫束也。"《太平御览》卷六四四引《晋律》:"钳,重二斤,翘长一尺五寸。"从这里看,钳上有一个结构叫作"翘"。那么"翘"又是什么呢?从历史文献中是找不到解释材料的。好在我们有二重证据法。根据杜葆任在1978年年初发表的《汉阳陵附近的钳徒墓》等相关研究成果,西汉阳陵钳徒墓出土的一把圆形铁钳,有一个呈直角出现的直铁条。[①] 直铁条长30~34厘米,就是所谓翘。翘能够摆动以折磨犯人。根据出土文物,我们了解了古代钳的构造,就很容易解释它确实是刑具,而不是刑名。

应用文献训诂和文物考古相映证,可以更精确地理解法律史情况,尤其对具有断代意义的字词,通过二重证据法互证,可更加接近历史事实,更准确理解相关术语、制度的时空特征。例如陈伟《"奴妾""臣妾"与"奴婢"》一文,就是利用二重证据法,研究睡虎地秦简、张家山汉简之后,认为"臣妾""奴妾"与"奴婢"的具体含义,在不同的历史年代有不同的用法。《睡虎地秦墓竹简》中有"臣妾""奴妾""人奴妾"等,分指男、女家奴,但无"奴婢"称呼。秦简的"臣妾",在汉律中一般被"奴婢"取代,也偶见"人奴婢""人婢"的称呼,睡虎地秦简多称男为臣或奴,女为妾,汉代相关材料常称奴与婢。根据《岳麓书院藏秦简〔肆〕》司空律简268~270等出土材料记载,"奴婢"一词开始取代"臣妾""奴妾"而得以应用,其实在秦代已经发生。[②] 睡虎地秦简大约抄录于秦王政时期,其中法律文献底本形成的年代可能更早。岳麓秦简的主要年代则在秦统一之后。将两组秦律对比,可知"奴婢"取代"臣妾""奴妾",应发生在秦朝统一以后,被汉代人所续用。臣妾的"臣",与臣下的"臣"同字,作为女性臣下的"妾",与妻妾的"妾"同字。臣妾、奴妾与这层意义的臣、妾相混,可能是秦代把私家奴隶改称奴婢的原因所在。私家奴隶在秦始皇之时由"臣妾""奴妾"改称"奴婢"一事的认知,有助于推断一些无纪年律令、文书的年代。因为这种官方统一推行的改称,如"黔首""制""诏"等,对所在文献具有断代的意义。[③]

2. 训诂学与社会学方法、民族学方法及民俗学方法的结合

我们不仅要总结前人的经验和成就,还要自行创造新的方法,我们有必要将训诂学与多种学科方法相结合,除考古学之外,社会学、民族学和民俗学也可以为训诂学提供重要的参考方式,还可以提供新视角、新材料,使训诂学方法在法史研究中的应用更加丰满。

社会学从社会哲学演化而来,初步形成于19世纪30年代,是系统地研究社会行为与人类群体的学科。社会学既研究微观上的人际互动,也研究宏观上的社会结构,传统研究对象包括社会分层、社会流动、阶级、宗教、法律等,后来发展起来的研究对象更加广泛,有医疗、军事或刑事制度、互联网等。社会学的研究方法主要有科学实证主义的定量方法和人文理解主义的定性方法,这两种方法既相互对立又相互联系,是社会学的基础研究方法。以费孝通为代表的中国社会学家,偏重于研究社会整体及其规律,主要采取

① 陆锡兴. 利用考古新发现,发展传统训诂学[J]. 古汉语研究,2008(1).

② 陈伟."奴妾""臣妾"与"奴婢"[C]//出土文献与法律史研究:第六辑. 北京:法律出版社,2017:260.

③ 陈伟."奴妾""臣妾"与"奴婢"[C]//出土文献与法律史研究:第六辑. 北京:法律出版社,2017:260.

实证主义的研究方法,取得了举世公认的成就。另外,瞿同祖专长于中国法律社会史的研究,于1944年撰写的《中国社会与中国法律》一书,将社会学与法律史紧密结合起来。社会学方法与训诂学方法相结合并应用于法律史研究,在意义上就可以引申,能够将法律语言、法律思想或法律制度的语源起因与最初的时代背景和社会环境相结合,因而能够更加透彻地理解相关法律史术语概念、思想和制度的内涵,更有意义的是可以体悟超越法律本身之上的文化意蕴和社会思维。比如,中国人常说的"福、禄、寿"当中的"禄"字,具有"吉庆""福禄"的含义。"录"字与"鹿"字的发音是相同的,构成形声字时,还可以互换,形成异体字。《说文解字》中有载:"箓"是"簏"的重文、"漉"是"渌"的重文等。鹿皮是吉礼的礼物,有吉庆、福禄之义,再后来又派生分化出"禄"字。[①] 以训诂学方法解构,说明"禄"与"礼"尤其是"吉礼"有关,是由法律史演变而来的社会普遍观念。以社会学的实证主义方法来印证,现代农村社会在逢年过节、老人寿诞、乔迁贺喜等情况下,仍会将"禄"与"福""寿"并用,时不时高高挂起,以图吉庆。推今及古,可以想见"吉礼"对于中国人观念乃至心理性格的影响!社会学方法与训诂学方法相结合,必能深入探究法律史源流演变的深层次原因和效果,对于民间法的研究也颇有启发和帮助作用。

民族学是隶属于法学大类之下的一门独立社会科学,以相对独立的各种民族为研究对象,研究各个民族的源流演变及其政治、经济、社会和文化现象。民族学是伴随着19世纪中叶西方资本主义大规模的对外扩张而最终兴起的,起初主要是研究各地的落后民族以服务于西方的殖民需要。自诞生至今,西方民族学大体经历了160余年的时间,经历了不同的发展阶段,出现了众多的学术流派。以摩尔根、泰勒等人为代表的早期进化论学派,其著作在晚晴时期传入中国,产生了一定的影响。之后几十年间,民族学的传播学派、历史学派、社会年刊学派和功能学派等,也相继传入中国,其中功能学派影响相对较大。民族学传入中国之后,发挥了重要作用,在识别少数民族、进行少数民族社会调查和研究少数民族社会性质等方面,都作出了重大贡献。民族学的研究方法,归纳起来,包括实证研究法、定性研究法、定量研究法、调查取证法(也称"田野调查法")、历史文献研究法、跨文化比较研究法等。民族学所研究的对象,总是具有各种不同一般的独特性,利用训诂学方法释训文献时,涉及民族学的内容,其引申往往出人意料,而且所示内容、意义往往只有本民族才具备,要利用本民族的文化才能理解、释读。民族学方法与训诂学方法相结合应用于法律史研究,在法律史料的整理方面显得很有价值,也能在"通方俗之殊语"方面起到一个很好的作用,这在少数民族法律史和少数民族民间法的研究上,显得尤其重要。这里举一个藏族民间法的例子加以说明。藏族有一条习惯法,音译为"吾兰道沫"。用方言(民族语言)训诂,"吾兰"是"债""利息"的意思,"道沫"是"宴会"的意思。意译过来,"吾兰道沫"就是"清偿债务及其利息的宴会",简称"偿债宴"。利用语言训诂的方法,我们能较准确地理解"吾兰道沫"的字面意思,但要深入理解这条习惯法的内在

① 陆宗达,王宁. 古汉语词义研究:关于古代书面汉语词义引申的规律[J]. 辞书研究,1981(2).

含义乃至文化理念，则必须要结合民族学研究方可。“吾兰道沫”在青海果洛等地区的藏民中较为盛行，是一种“个人破产”式的清算偿债制度。[①] 当一个人（牧民）同时拖欠多人的债务已无力偿还，又愿意放低身段损失名誉以求减轻债务压力时，可以请求举办“吾兰道沫”。“吾兰道沫”必须公开举办，债权人可以宣布全部或部分免除债务，这个过程中也会对债务人的财产进行分割与清算，按照未免除债务的比例来划分清偿，然后宣布清债。“吾兰道沫”是当地民众解决债务问题的一种重要方式，是藏族民间法里的“破产保护制度”，有其深厚的历史渊源和复杂的文化支点，我们只有将训诂学方法与民族学方法相结合对之进行研究，才能真正理解。

“民俗学”一词，最早由英国考古学者斯迪·汤普森于1846年提出，原本的含义是“民众的知识”或“民间的智慧”。从学术上来说，民俗学是一门人文科学与社会科学交叉的学科，是一门针对风俗习惯、口传文学、传统技艺、生活文化及其思考模式进行研究，来阐明这些民俗现象在时空流变中之意义的学科。民俗学自诞生至今，已逾160余年，衍生出神话学派、语言学派、人类学派、社会学派、心理学派（也称“精神分析学派”）、历史地理学派、结构学派等几个主要的学派。这些学派各有观点、各有创建、各领风骚，对民俗学的发展均作出了自己的贡献。这些学派，在研究方法上各有侧重，但民俗学常用的研究方法基本都有涉及。一般来说，民俗学的专业研究方法主要有如下几种：其一，分类法，即在收集到足够的材料后，根据时间、地域或其他更细的标准进行分类的研究方法。其二，分析及综合法。所谓分析就是对大量材料的解剖筛选，了解各要素和各组成部分；综合就是在分析的基础上进行的思维组织工作，了解整体和相互联系。其三，比较方法，有时间上的纵向比较和地域上的横向比较等。其四，统计方法，即技术性的计量方式，对事物有一个量的确定，以精确辅助质的研究。以上种种，是民俗学研究常用的主要方法，但民俗学研究并不限于这些方法，而且这些方法是相辅相成的，要经常综合使用才有更好的效果。中国的民俗学研究，也多采用前述研究方式。民俗学方法与训诂学方法相结合，应用于法律史研究，可以在法史资料整理、法律辞书编纂、民间法研究等方面，起到通透理解的良好作用。试举一例说明。近年来，安徽徽州地区发现了民间契约文书，记载了宋代至民国时期中国农村耕地、山林的各种交易，可谓民俗学上的一大发现，也是古代法律史料的一次充实。这些手写合同文件数量大、种类繁、历史跨度大，真实、具体，具有极其珍贵的价值。[②] 因为抄写合同的人往往没有受到很好的教育，他们受到当地方言的影响，在书写契约文书时带入大量民间俗写字体，这些俗字都不见于传世的字书或辞书。对徽州契约文书进行俗字训诂，以补大型字书及法律史料之缺失，同时可以提高契约文书整理与研究的质量。但要深刻理解这些文书内在的特点和背后的文化，则必须结合民俗学研究才能深入挖掘，这在民间法的研究上，显得尤其必要。

---

① 多杰昂秀．游牧社会如何化解债务危机——藏族“偿债宴”习惯法的现实社会背景及其机理[C]//民间法：第二十卷．厦门：厦门大学出版社，2018：351.

② 储小旵．徽州契约文书俗字考六则[C]//中国训诂学报：第三辑．北京：商务印书馆，2018：8.

训诂学方法与社会学方法、民族学方法及民俗学方法结合以研究法律史，因其学科的天然交叉和交互应用，必然带来多角度的不同视域，可以使法律史研究更具立体感、更加丰满圆润，其意义重大，其效用当具开创价值。

3. 有关法史训诂资料的整理

沈家本的名著《历代刑法考》，是系统化整理中国法制史资料的开拓性著作。沈家本从训诂学的角度，对历代刑法相关文献进行了考证。他引经据典，溯及源流，广泛地搜集和引用了相关史料，对中国古代法律史资料地整理贡献巨大，它也是晚清实用派训诂学的代表作。沈家本致力于梳理历代刑法史，考察古代和现代刑法术语的变化，他的研究具有历时性的发展前景，至今仍为人们不断引用，且难以超越。

改革开放以来，有关法律史训诂资料的整理，集中体现在杨一凡主编的、中国社会科学出版社 2003 年 9 月出版的《中国法制史考证》(全 15 册)当中，该丛书历时 6 年方始完成，参编的专家学者超过百位。该丛书甲编综述了历朝历代的法制史考证，上起夏商周，下讫清末，共收录超过 200 篇高水平论文。乙编侧重于专题研究，主要是历代律令、具体的法律制度以及相关的法律史资料考证，收入论文 112 篇，这些论文多有创建，研究者自清末至当代均有涵盖。丙编是日本学者考证中国法制史重要成果的选辑，收录论文 50 篇。2009 年 8 月，又出版《中国法制史考证续编》，共 13 册，涉及先秦法制、碑刻法律史料、法律注释、典权制度、秦汉简牍、北魏官吏制度、唐五代至宋金元明时期法制、明代法律文献的版本、秋审文献等几大领域，考证翔实，多有创见。《中国法制史考证》及其续编都是晚清以来中国法律史学术精髓的集合，代表了当代法律史研究的最高水平。所录研究者不局限于法律史学家，而是包括国内外含法学、历史学、社会学等文史类学术界的各行专家学者。该书对法律史的厘正、考辨、考释等，均有开创性的独到见解。该书所录论文，大量使用了训诂学的方法，大量辑录、整理了法律史训诂资料，足见训诂学方法在法史研究中具有重要的应用价值。

结　语

总而言之，训诂学作为释读古代汉语的专门学科，对法律史研究具有重要价值，在释读法史的基本概念和名词术语、理解法律思想和理论学说、释训古代法律文本的内容、把握历史上刑事民事经济和司法等重要制度方面，都有着基础性的解读作用。在过往的法律史研究中，训诂学方法被历代学者自发应用，取得了丰硕的成绩，但尚没有就法律史训诂形成专门化的、分支性的论著，相关法律史训诂资料的整理也有待进一步挖掘。要加强训诂学方法在法史研究中的运用，应充分与其他学科及方法相结合，本文尤其推崇应用文献训诂和文物考古相印证，即"二重证据法"的应用。此外，训诂学可以结合民俗学、民族学和社会学，结合这些学科的研究方法和研究成果，也是令训诂学方法在法史研究中发挥重要作用的较好途径。

The Application of Chinese Exegetics in the Study of Legal History

Yu Yuhe Zhang Ming

Abstract: As a basic subject of law and with a strong humanistic color, the history of law has lasted for a hundred years since modern times, and has been declining for several times. Nowadays, it is facing a new transformation and development. Although it is important to prosper the study of the history of law, to determine basic theories and categories, to broaden and excavate research materials, and to adjust and transform perspectives, the emphasis on methods should not be underestimated. The extraction of methods in the study of the history of methodology is nothing more than seeking from the outside and from the inside. We should absorb and transform the Western methods carefully, and the application of traditional academic methods in our country will surely bring wonderful results. This article only talks about the outline of the traditional exegetical method, its application in the study of legal history in the past, especially the full utilization in the future study. Sorry to make myself a joke to experts. Exegetics originated in the Eastern Zhou Dynasty. After two thousand years of development and evolution, it eventually became an independent scholar in the late Qing Dynasty. The methods of Exegetics mainly include physical training, voice training, righteous training, mutual training, counter-training and successive training. The function and effect of exegetics is mainly to "interpret the different words of the past and the present, and the different words of the common people". Exegetics has been applied in the study of legal history for a long time. It has played an important role in the study of legal history, the collation of ancient legal books and the compilation of dictionaries of legal history. In the future study of legal history, we should fully excavate the greater value of exegetical methods, so as to integrate them with archaeological methods, ethnological methods, folklore methods and sociological methods, and interpret the basic terminology concepts, legal ideas and concepts, ancient legal texts, local dialect archives and understandings. The accurate meaning of folk law and other aspects can play a more important role.

Key Words: Chinese exegetics; Legal history; Dual evidence; Folk law

明断与立威:从“廌触不直”案中重新发现“睿智司法”的源头活水

王　勇*

摘要:由经“身遗牂味,羝顶羊贼”这一证据科学的线索,可以对作为“智判”的“廌触不直”案进行社科法学之重构。“廌触不直”案中的“睿智司法”得以可能的社会历史条件是:小型社群、实践理性、议事以制、谦抑低调、正义之心和师法自然。司法作为一种“实践理性”本质上是应对偶然性或紧急事件时运用“努斯”(智慧)的能力。重新发现并找回的“睿智司法”的希望在于重建“社会”或“地方”,即“地方—社群性知识”。

关键词:廌触不直;重构;睿智司法;实践智慧;地方-社群性知识

一、“身遗牂味,羝顶羊贼”——作为“智判”的“廌触不直”案

“廌触不直”[①]中体现着神判法律观念,这可以说是现当代中国法学界的主流看法,这一看法显然是源起于东汉许慎等人对“灋”及其“廌”(獬豸)的解释或理论想象。但是,许慎的解释疑点很多。比如,“廌触不直”是否依托于一个真实案件,“廌触不直”典自何出。如果没有一个真实案件的依托,那就很不可信;如果有,这又是一个什么样的案件,这些信息在许慎的《说文解字》中是没有交代的。当然,也有人认为,“廌触不直”中的神判法观念是依托于《墨子·明鬼下》中的“王里国中里徼案”所建构起来的。然而,“王里国中里徼案”实为一起基于鬼神信仰和报应观念的盟誓事件,与神判制度并无关联。也就是说,如果以“王里国中里徼案”作为“廌触不直”中的神判法观念的建构依据,那么就等于混淆了盟誓与神判的区别。

陈灵海的研究发现,“先秦时虽有神灵信仰,但法律决疑方式是世俗的。西汉中期以后,异域物种传入对精神空间的拓宽、天人感应论的系统建立,为神判观念提供了思想基础。秦汉法律成文化的累积效应使规则、效率和权威的供给出现失衡,触发对替代机制

---

* 王勇,法学博士,西北师范大学法学院教授。

① 东汉时期,许慎在其所著的《说文解字》中曾将“灋”字解释为:“灋,刑也,平之如水,从水;廌,所以触不直者去之,从去。”“廌触不直”即出此处。

的期望,为神判观念提供了现实基础"。[①] 陈灵海的研究结论大致是说,东汉许慎等人对獬豸神判观念建构的意图可能主要不在于"溯源",而在于"救弊",是为了应对西汉以来成文立法的日益复杂化和司法的官僚化及其无效率问题。"先秦时虽有神灵信仰,但法律决疑方式是世俗的",因此,东汉许慎等人对"灋"及其"廌"所赋予的神判法观念不可能是基于"溯源"。不过,这也提醒了笔者,许慎等人在东汉那个特定的历史时期,赋予"灋"及其"廌"(獬豸)以神判法律观念,也有可能是对上古时期真实存在但记忆已经模糊的"智判",即"睿智司法"传说的移情想象和历史眷顾。也就是说,从今天的证据法学和犯罪侦察科学的视角,或者说从社科法学的视角,完全有可能将"廌触不直"案重构为一起"智判",即"睿智司法"的经典案例。

作为"智判"的"廌触不直"案之社科法学重构——

皋陶部落中的某牧户发生了一起母羊(牂)失窃案,失主及其亲友通过先期侦察已锁定了数位嫌疑人,本想按当地流行的习俗采取"自助"行动,但证据尚不可靠,心存疑窦,恐伤及无辜,于是,便以尝试的心态将本案"诉请"于资深的牧羊人皋陶面前,以期得到他的帮助。皋陶听取了失主的陈述,并近距离仔细察看了带至现场的数位嫌疑人的面部表情与衣着特点,沉思片刻后,对本案的决断即有灵机("法子")酝酿于心,遂嘱失主牵其公羊(羝)于审理现场。失主将其公羊牵至现场后,大家才发现这是一只罕见的独角公羊(今日亦有,属基因变异者也,见图1)。皋陶授意失主牵引其公羊在数位嫌疑人身后逐一嗅其身体及衣服。嗅毕,令公羊立于数位嫌疑人身后并将其释放。这时,不可思议的奇迹发生了——公羊猛然奋起向某位嫌疑人的腰臂部位径直撞去。被撞嫌疑人惊恐万状,挣扎着爬起身后,即刻承认窃羊经过并甘愿领罚。于是,皋陶并同公羊遂被部落民众视若神明,"大法官"的形象和权威自此卓然而立。

"身遗牂味,羝顶羊贼",这就是对"廌触不直"案的社科法学,即犯罪气味侦察学重构!可以推定,皋陶很有可能是巧妙地利用了公羊记忆并识别母羊之气味(通过遗留在偷羊贼身体和衣服上的羊毛和气味)的本能,出人预料地侦破并明断了此案。皋陶在近距离仔细察看数位嫌疑人的面部表情与衣着特点时,或许已留意到了某嫌疑人衣领处的"羊毛",即"秋毫"——秋毫的原意,指鸟兽在秋天新长的细毛,比喻微小的事物——从而已有了目标锁定。当然,仅有"秋毫",还只是孤证,如果再有公羊嗅觉侦察证据的佐证,基本就是"确凿证据"了。通过证据链来互证的道理,皋陶应该是了然于胸的。当然,据此还可以推测,"明察秋毫"也许正出典于此。正所谓"袖里笼花,小子暗藏春色",但"堂前悬镜,大人明察秋毫"。对于"明察秋毫"能力的运用,《经法·道法》有这样的记述:"见知之道,唯虚无有。虚无有,秋稿(毫)成之,必有刑(形)名。"基于上古时期的医法同源,皋陶对嫌疑人进行"望、闻、问、切"式的周密辨识是很有可能的。

① 陈灵海.中国古代獬豸神判的观念构造(下)[J].学术月刊,2013(5).

设想一下，如果没有这次"明察秋毫"式的"智判"，早期的人们是很难认同"司法正义"这样一种新生的"第三方控制"模式的。作为"智判"的"廌触不直"案，应属于马克斯·韦伯法律运行分类中的典型的实质非理性，同包拯"灰栏记"（二母夺一子案）与圣经旧约所载所罗门国王巧审亲子纠纷案（剑判争儿案），有异曲同工之妙。包拯和所罗门的传奇事迹，与他们所创造的以上"智判"显然密不可分。但皋陶的"廌触不直"案应是当之无愧的历史先驱。皋陶作为中国法史上的"司法鼻祖"，也许正是借由"廌触不直"这个经典案件所建构和塑造出来的。马克斯·韦伯法律运行分类中的实质非理性，大意是指具有超人智慧的魅力型法官以当事人无法预见的方式或策略，成功查明案件真相并实现实质正义的一种法律实现类型，相对于形式非理性（典型的"神判"）、实质理性（"德判"）和形式理性（"法判"）。[①] 在这四种类型中，实质非理性是可遇而不可求的。早期历史中，作为实质非理性的"智判"与复仇，即私力救济应是并存的。要么是大家都认可的好的富有效率的裁判，要么就是普遍流行的私力救济。这是因为早期处于游牧或渔猎生境中的人们支付不起任何无效率的、徒增费用的纠纷解决方式。形式理性和实质理性应该是进入国家时代以后出现的。而形式非理性很可能是在逃避或反抗"法判"和"德判"之无效率的背景下，对"智判"的移情想象和畸形回归——真正的"智判"已经丢失且很难找回。

二、"睿智司法"得以可能的社会历史条件

作为"智判"的"廌触不直"案为什么能够发生，"睿智司法"得以可能的社会历史条件是什么，这些都是有趣的问题，值得认真探讨。

其一，小型社群。"灋"观念源起的基础条件，是农牧部落社会尤其是游牧部落社会的历史背景和社会条件。[②] 作为"智判"的"廌触不直"案，只有在这一社会历史背景之下真实发生，才能得以理解。部落社会是小型社会，是重复博弈型社会，社会分化和社会组织化程度相对较低，裁判者与当事人之间的社会距离很近，并往往从事相同的生计模式并大致共享同一种价值观念。皋陶显然是一位经验丰富的牧羊人，因此，皋陶一定熟知"公羊效应"——羊群中的公羊常常会不停地追逐母羊，并用鼻子嗅母羊外阴部，最终诱导非发情期的母羊发情排卵，以增加繁殖效率，这个过程就是"公羊效应"或"性嗅反射"。牧羊人常会利用公羊嗅觉来寻找发情母羊，因此，嗅觉正常的公羊可以准确地选择发情母羊。有当代畜牧试验人员曾用摘除嗅球的办法使公羊丧失嗅觉后，公羊在羊群中跑来跑去，不会选择配偶。[③] 在羊群中，公羊追嗅母羊外阴部尿水，并发生反唇卷鼻行为，有时用前肢拍击母羊发出求爱的叫声并反复爬跨直到成功。将公羊引入母羊羊群后，公羊对

---

① 赵震江.法律社会学[M].北京:北京大学出版社,1998:359-362.

② 张世明.从游牧社会发现历史:清代卫拉特蒙古政治地理空间观念表象史研究[J].清史研究,2007(4).

③ 刘定震,田红.动物化学通讯及其功能与机制[J].自然杂志,2010(1).

发情母羊会发生追逐和鼻嗅母羊外阴及尿液的本能反应。[①] 由"公羊效应"或"性嗅反射"可以推知,公羊能够记忆并识别羊群中每一只母羊的气味,特别是处于发情期的母羊。

显然,如果不懂这些知识,作为"智判"的"廌触不直"案是不可能发生的。因此,皋陶应具有与当事人同样的牧羊人的社会身份,并且拥有比普通牧人更为丰富的关于羊的生物特征和习性的知识。正是因为有这样的社会身份及其经验积累,皋陶才能够快速想象或重构出侦破窃羊案的逻辑思路——窃羊者身上必遗留有母羊的羊毛和气味→失主羊群中的公羊能够记忆母羊的气味→公羊应能嗅出窃羊者身上母羊的气味并有反应。可见,一位优秀的裁判者一定是熟悉案件发生地的"地方—社群性知识"的人,[②]优秀的裁判者必须是嵌入于当事人日常生活中的人,要食人间烟火,如此才能习得优于常人的卓越的"事实重构"的能力。

壮族民间故事《老登故事》之《羊公味》,似乎是对作为"智判"的"廌触不直"案的一个非正面借用。从这个故事中可以隐约发现"廌触不直"案的历史印记,因为老登的审断思路与皋陶的审断思路具有惊人的相似性。"老登提出了一个破案的办法:公羊味大,偷盗的人给羊沾上,三天不散,我们可以通过闻味道辨出来。"[③]当然,《羊公味》中,老登并没有正面去侦破偷羊案,而是"借"(转嫁)偷羊贼身上的羊脂味来愚弄土司并借其之手惩罚恶人。

其二,实践理性。从"廌触不直"案中可以看出,一方面,皋陶对自己的审断逻辑是自信的。另一方面,却是带有一定风险的冒险行动或试错性实验,有可能出错和失败。如果出错和失败,皋陶就需要承担责任。对此,皋陶应该是明白的,但是皋陶有"担当意识"。正因如此,对本案的审断才能付之行动;否则,仅有关于审断的思路和设想,而没有实践行动,本案的奇迹或者说成功就无从谈起。从这个角度来讲,"王里国中里徼案"有可能是主持者将错就错的一个失败的冒险:本想是通过盟誓来使双方握手言和、重归于好,没想到已经"杀死"但实际上未断气的祭羊做最后挣扎突然跳起而向中里徼撞去;意外既然已经发生,而且中里徼已死,死无对证,作为主持者的君主与其承认失败和错误,还不如将错就错地将本案说成是鬼神对中里徼这个"恶人"实施了报应,中里徼罪有应得。相比而言,作为"智判"的"廌触不直"案是可信的。只是类似的"智判",其实是裁判者"干中学"(learning by doing)的结果,是一种试错性实验下的成功。这也正是司法作为一种实践智慧的本质意蕴所在。作为实践智慧的司法,与自由心证、冒险意识和裁判者的人文关怀与担当精神是密不可分的;否则,裁判者就会以形式上的借口推却受理疑难案件,以明哲保身。由此,我们才能理解"平凡尽责即是伟大"这句话的深意所在。作为实践智慧的司法在后来的历史尤其是现代当代的历史中是如何丢失的,能否再找回

---

① 卢为民.家畜嗅觉的本能及其在畜牧业上的应用[J].家畜生态,1989(2).

② 这里的"地方—社群性知识"概念,借鉴了谢晖教授的相关论述。详见谢晖.族群—地方性知识、区域自治与国家统一:从法律的"普适性知识"和"地方性知识"说起[J].思想战线,2016(6).

③ 转引自欧宗启.论壮族民间故事的喜剧策略[J].广西民族学院学报(哲学社会科学版),2002(2).

来,对这个问题,在论文最后将单独予以探讨。

其三,“议事以制”。先秦时期,叔向等人提出的“议事以制”,其本意是指不预先进行成文立法,而是基于纠纷解决而(意外地)创制“判例法”。需要说明的是,这里借用“成文立法”和“判例法”这些现代法律词汇也许容易引起误解,如果借用民间说法,即“作法子”或“作罚子”(“扎筏子”)则更容易理解。在《红楼梦》中,曾多次出现两个或“一对”(“一双”)重要的民间方言:“扎筏子”与“作法子”。[①] “扎筏子”也称“扎罚子”“找岔子”,意为找借口,找机会拿某人当作出气的对象,有报复或复仇之意。“作法子”实为“议事以制”的民间说法,即通过议决一件事情(纠纷处理)来创设一项制度,可以说是“判例法”的历史原型或民间表达。“作法子”和“议事以制”在认识论上的一个共同特点是“缘事立制”“法自事出”或“法生于例”,将“法”视为是问题或纠纷解决的副产品,从根本上区别于所谓的“成文立法”。“议事以制”是“法成于断”,而不是“一断于法”,是典型的“判例法思维”,而不是后来的所谓“成文法思维”;是经验论传统,而不是唯理论传统。“议事以制,不以刑辟”这个观点是春秋战国时期的叔向为了反对当时的“铸刑鼎”等成文立法运动而提出的。后来,杜预将“议事以制,不以刑辟”解释为“临事制刑,不预设法”乃是重大误解,而且在法史上贻害无穷。

说到这里,必须提出一个重要的问题:最初的“权威”到底是如何确立的?是基于成文立法,还是基于明断纠纷?是基于规则之治,还是基于纠纷解决?是基于主动争取,还是基于意外所得?其实,从作为“智判”的“鹰触不直”案,以及包拯“灰栏记”与所罗门国王巧审亲子纠纷案中,答案不难看出。最初的“权威”(魅力)显然是基于对一起疑难纠纷的明断或基于对一个重大问题的解决而意外地形成的。成文立法,如“铸刑书”,因为目标在于中央集权和国家统一,基本上只能立威权,而不可能立权威。好的成文立法,如商鞅经由“徙木立信”而颁布成文法令,其效果也主要是“立信”,而不是“立威”。鲍鹏山甚至认为,商鞅的“徙木立信”其实是一个恶例,根本不是为了“立信”。这是因为,一方面政府急功近利而违背了“得其应得”这一正义原旨——徙木之劳与酬金之巨之间极不相称;另一方面其实是开启了政府法令不容民众置疑(妄议)的“霸道”逻辑。既有权威又有威信者,自古难求,只有明断者才有希望获得。事实上,经由“作法子”(判例法)或“议事以制”而确立权威,就是立威的唯一历史本相,明断与立威是一体两面。从《偷羊的圣徒》这一寓言故事中——窃贼额头上被烙的“ST”两个字母,即偷羊贼(Sheep Thief)却奇迹般地转化为“圣徒”(saint)的含义,[②]可以发现,“公正执法”——正义作为“罪有应得”——可以唤醒人类普遍的“正义之心”(人之初,性本善),具有强大的社会教化功能。偷羊贼变为圣徒,说明一起明断的正义或报应唤醒了他的良知,在他心灵上产生了巨大的“征服力”或“感召力”,从而使自我改造成为可能。很有可能,皋陶的权威和魅力就是通过被

① 孟德腾.“扎筏子”与“作法子”[J].红楼梦学刊,2017(1).

② 威廉·艾克曼.偷羊的圣徒[J].语文教学与研究,2016(12).

"征服"的偷羊贼的言行而传播开来的，是意外的收获，而不是基于皋陶本人有意识地追求的结果。正如老子《道德经》所言："是以圣人居无为之事，行不言之教。万物作而弗始，为而弗恃也，成功而弗居也。夫唯弗居，是以弗去。"意思就是，使民不知尧舜之恩，而知天地之德——"帝力与我何有哉？"，这正是上古圣王无为而治的真实效果。万物生生不息，圣人听其自化，不居其功，反而有大功。

其四，谦抑低调。皋陶是谦抑的"法官"，裁判或明断只是为了清除私力救济的障碍，协助私力救济（复仇）之目标的实现。在人类大历史上，第三方救济只有在第二方救济暂时性失灵或失效的情况下才得以启动。正义的原旨之一，其实就是复仇或协助完成对等的复仇。从某种意义上可以说，在今天，只要是离开第二方救济（复仇）这个正义基础观念的法学教育，实质上都是在巩固和扩展自己的职业利益和专业垄断。美国电影《东方快车谋杀案》，实为《东方快车复仇案》，体现了西方人对第二方控制（私力救济）这个基础性正义的偏爱。因此，皋陶在"廌触不直"案中，应是一个初任的、兼职的"法官"，而且是不告不理的一个消极的裁判者的存在。真正的权威和魅力，只有淡泊名利者才能得到。作为公力救济的第三方控制，在其刚刚出现的时候，仅仅是一个临时性存在，只是为了清除私力救济的障碍，协助私力救济（复仇）之目标的实现，然而，今日却俨然成了一个不可撼动的"正当性"存在，这真是历史的诡异之处！

其五，正义之心。为什么是"铁面无私"？为什么"正义"是一种性格？从实证意义上回答这个问题，需要社科法学方面的深度发掘。在"廌触不直"中，"廌"与"直"和"职"同音，三者实有通约之处。严复在翻译英文 rights 时，认为"以直字翻 rights 为铁案不可动也……rights 字，西文亦有直意，故几何直线谓之 rights line，直角谓 rights angle，可知中西申义正同。此以直而通职，彼以物象之正者，通民生之所应享，可谓天经地义，至正大中"。因此，在翻译《群己权界论》时，严复便将 rights 译为"直"，将 political rights 译为"民直"，尽管有时也采"权利"一词。1979 年台湾地区学者张佛泉在他的《自由与人权》一书中对严复将 political rights 译为"民直"才作出了字源学解释。他认为 rights 在西语中本来就含有"直"（straight）或"尺度"（rule）之意，也就是含有"理应"的意思，严复此译不仅把握了西语之所本，而且其中文义也是恰有正、宜的内涵，"正义"是 rights 之"体"，"利益"只是 rights 之"用"。胡适就认为，rights 的正确翻译应该是"义权"。[①] 所以，法律、权利和正义这三个词汇之间是高度统一且不可分离的，都有一种非常神圣的意涵，三者都共同承载于"正义之心"这个天地良心之中，这就使"大法官"的事业成了一种"天职"或"志业"。这样一种"正义之心"，体现在皋陶"廌触不直"案中，就是裁判者无私心、无偏心，公开公正公平地审断纠纷。

其六，师法自然。今天，人们常把极不正常的东西视为是正常的，如形式主义、本本主义、立法主义和精英主义，这些都是不自然的正义。返璞不是复古，而是"去蔽"，归真

① 邓文初. 学术本土化的意义：从严复论"rights"的翻译说起[J]. 博览群书，2004(11).

即是理想。“睿智司法”的源头活水在于“情景理性”。马克斯·韦伯的法律运行分类，即实质非理性、形式非理性、实质理性和形式理性，可分别称“智判”“神判”“德判”“法判”。其中，在马克斯·韦伯看来，形式理性是理想型。[①] 但是笔者认为，“正义”的历史源头即是理想型，也就是“智判”，其异化形式或者退而求其次的方式便是国家时代的“法判”和“德判”。“神判”则是在逃避或反抗“法判”和“德判”之复杂化和无效率背景下，对“智判”的扭曲回归和移情想象。正义之师法自然的出路在于重新发现“社会”并回归“社会”。如前所述，皋陶“廌触不直”案的发生背景，必是小型社群，是农牧部落社会尤其是游牧部落社会的历史背景和社会条件，皋陶亦是内嵌于这个社群之中的一员。脱嵌于社会，外在于社会，不食人间烟火的法官，往往就失去了对发生在社会中的案件进行事实重构和想象的能力，师法自然的“睿智司法”又如何可能呢？

三、“实践理性”是应对偶然性时运用“努斯”(智慧)的能力

作为一种判断力，明断源于实践智慧或实践理性，因此，“睿智司法”实质上就是一种实践智慧。这是一般性的共识。但是，法学界对实践智慧之本质内涵的认识仍然相当肤浅。汪丁丁教授对实践智慧作过一段深湛的论述，不妨引用如下。

实践智慧，这一短语的汉语翻译十分无奈，它的英文“phronesis”来自一个希腊单词，笔者在《新政治经济学讲义》里用了至少两个独立章节来介绍和追溯西方实践智慧传统的丢失与重新发现。概而言之，实践智慧既不是以必然秩序为冥想对象的“努斯”(智慧)，又不是借助于偶然技巧获取成功的“技艺”，而是在应对偶然性时运用“努斯”的能力，故而只好译为“实践智慧”。笔者在近作“人类创造性的两大前提”里解释过，来自拉丁语的“判断力”与来自希腊语的“实践智慧”，二者之间关系密切，也许，我们可以用“睿智”来涵盖这两个单词。

我们怎样获得康德描述的那种判断力？除了实践，并且以师徒相传方式积累经验之外，没有更好的途径。法官最典型，“法官”(judge)与“判断”(judgement)分享同一个拉丁文词根，为了胜任这一职务，他通常要毕生积累经验才可获得令人信服的睿智(实践智慧)。在欠发达社会里，也因为法官缺乏令人信服的睿智，法律不能获得使法律有效的权威性。笔者记得，康德在《判断力批判》里讨论过的另一需要充分睿智的职业是医生。这里，判断力的重要性绝不亚于法官在许多可能影响相关社会成员未来行为的决断当中作出最终抉择的那种判断力。并且，医生需要熟悉患者的生命史和社会史，他甚至常被视为患者家族的特殊成员。两千年前，医圣盖伦曾有预言：未来每一个人将成为自己的医生。也就是说，医生的实践智慧远比法官的更具有“本土性”，他甚至必须就是患者自己。[②]

---

① 赵震江.法律社会学[M].北京：北京大学出版社，1998：359-362.

② 汪丁丁.经济的限度[M].北京：中国计划出版社，2017：13-14.

“实践理性”是应对偶然性时运用“努斯”(智慧)的能力。这就是汪丁丁教授的核心观点。这样一种能力,在美国电影《萨利机长》(*Sully*)中可以说已体现得淋漓尽致——萨利机长在紧急情况下的机智决策成功挽救了全体乘客和机组人员。影片根据2009年全美航空1549号航班迫降事件中航班机长切斯利·萨利·萨伦伯格的真实英雄事迹改编而成,讲述了萨利机长在发动机失效的情况下,运用自己的经验和直觉成功迫降拯救155名乘客和机组人员的故事。[①]《萨利机长》(*Sully*)生动展现了在特殊或紧急情况下,体制、制度或“官僚化知识”的不完善对人的主观能动性所造成的致命拘束。因此,在事后,面对政府当局的马后炮式的、教条主义的质疑和讯问,萨利曾一度心情非常沮丧。然而,萨利并不后悔自己的决定,他甚至坚信,其实很多时候,只有人,才可以救人。萨利觉得只是在做一件普通的工作而已,正如他接受采访时所说:“I don't feel like a hero,I'm just a man who was doing his job.”同样,萨利也认为,工程师和模拟飞行器的数据是死的,而人是活的,是人在操作数据,而不是数据在支配人,“you are looking for human error, then make it human”。“过去四十年我载过无数的乘客,而现在他们(政府当局)却想用208秒来定我的功过。”萨利的“实践理性”(紧急处置能力)源于在那条航线上的无数次飞行,他对那条航线下方的地面及其周边情形非常熟悉,所以才能在紧急状态下作出迫降哈德逊河河面(而不是返回机场)这一成功概率最大的决定。

通识在于积累,洞见系之秋毫。这正是“实践理性”的本真所在。法官面临的问题与萨利机长的险境其实没有本质上的区别。一起纠纷、一起犯罪,就是一个紧急事件发生的信号,如果不能高效成功处置和及时救济,就有可能引发一系列非对等性的复仇和反复仇事件,社会就有可能在无法终结的复仇循环中瓦解和崩溃。类似这样的紧急事件发生后,人们的第一反应就是“想法子”“找法子”或“作法子”。事实上,“作法子”正是“判例法”的民间表达。正如汪丁丁教授所言,“法官”与“判断”分享同一个拉丁文词根,为了胜任这一职务,他通常要毕生积累经验才可获得令人信服的睿智(实践智慧)。“法官”的天职就是“作法子”,他必须具有应对不确定性事件的智慧或技艺,即明察秋毫和果敢决断的能力与勇气。

中国古代经典判例汇编《折狱龟鉴》中,提出了著名的“情迹论”。情指案情真相,迹指痕迹、物证,主张通过物证来推断案情真相。这与“实践理性”实有“异典同工”之妙。皋陶在“廌触不直”案中,很有可能是综合地运用了“情迹论”,即“望、闻、问、切”的侦案方法和技艺。对“情迹论”的领悟和运用,就是一种典型的实践智慧,这种智慧的习得需要法官对犯罪背景环境的经验体悟或移情想象。很难想象一位不食人间烟火,只会纸上谈兵的法官会有司法的实践智慧。中国历史上的许多经典智判案例,正是法官具有实践智

① 2009年1月15日,前美国空军飞行员切斯利·萨利·萨伦伯格执飞全美航空1549号航班,从纽约飞往北卡罗来纳州。这架空中客车A320-214飞机在起飞爬升过程中遭加拿大黑雁撞击,导致两具引擎同时熄火,飞机完全失去动力。切斯利·萨伦伯格确认无法到达任何附近机场后,决定于哈德逊河河面进行迫降,最后155名乘客和机组人员全部生还,萨利机长成为最大的英雄。

慧的真实写照。比如,李惠拷打羊皮案、张举焚猪验尸案、于仲文断牛案、黄霸断妯娌争子案、李崇断双母争子案等。另外,"神探阿凡提"也留下了许多"智判奇案"。[①] "实践智慧"与"本土技术知识""地方性知识"和"民间智慧"这些概念,其实都是同样的意思。实践智慧的运用在西方历史上,也被称为"米提斯(metis)救援"。"米提斯位于天资灵感与被编纂知识间的巨大中间地带,前者根本无法使用任何公式,而后者却可以通过死记硬背学会。"[②]米提斯在现代法律人手中普遍丢失,是司法职业化和形式理性化的一个不可挽回的巨大的代价。

四、"睿智司法"的丢失和找回

如前所述,"睿智司法"的要旨是高度疑难的案件因果关系能够被高效而低成本(甚至常常是零成本)地查明,并能迅速防范纠纷双方关系的进一步恶化。"睿智司法"的主要敌人是成文立法的复杂化和司法的官僚化(科层化)。"睿智司法"与马锡五审判方式之间有许多契合点,但二者之间还不能画等号。

由于案件事实的复杂性,不只是今天中国的法官没有能力应对,就是西方发达国家的法官也面临着同样的挑战。通过回顾过去,波斯纳意在探讨司法体系当前面临的一个核心问题:日益增长的复杂性给审判带来的挑战。波斯纳认为:"科技的发展、外部世界的发展,使得法官如今面对的案件越来越复杂,比以往任何时刻都更难以理解、难以决断。但面对复杂性带来的挑战,美国司法体系不是更加现实主义地对待问题,反而走向了更加形式主义或者官僚主义的道路,在人为构建的堡垒里回避真实世界的需要。"[③]每个案件,在上诉审法官眼中,似乎都成了"罗生门"。这种法治"科层化"的后果之一就是"精英失灵"。"精英失灵"的主要特征是信息能力与决策权力的背离:生活在基层社会中的人们具有信息优势但没有决策权,而居于高层并拥有最终决策权的人们却不熟悉基层社会的真实情况。

另外,经由不断增长的立法活动而引起的法律复杂化,还导致立法者"为法所困"的悖论。历史上,魏昭王欲与官事,谓孟尝君曰:"寡人欲与官事。"君曰:"王欲与官事,则何不试习读法?"昭王读法十余简则睡卧矣。王曰:"寡人不能读此法。"这段对话显示,在法律复杂化的情形之下,君主只能握有"权柄"而难以"议事以制",失去了对规则的全知全能,最终必然损及其权威。[④] 1958 年 8 月,毛泽东在北戴河有一段关于"法治与人治"为主题的讲话,在丛进的《1949—1989 年的中国:曲折发展的岁月》、施拉姆的《毛泽东的思

---

① 颜煦之.神探阿凡提·智判奇案[M].乌鲁木齐:新疆青少年出版社,2014.

② 詹姆斯·斯科特.国家的视角:那些试图改善人类状况的项目是如何失败的[M].王晓毅,译.社会科学文献出版社,2004:433.

③ 理查德·波斯纳.波斯纳法官司法反思录[M].苏力,译.北京:北京大学出版社,2014:399.

④ 摘自陈灵海.中国古代獬豸神判的观念构造(下)[J].学术月刊,2013(5).

想》和李锐的《"大跃进"亲历记》(分别可称为"丛进版""施拉姆版"和"李锐版")的记载中都有这样一句话:"宪法是我参加制定的,我也记不得。"①在中共中央文献研究室2013年编辑出版的《毛泽东年谱(1949—1976)》中,记载的讲话内容是:"公安、法院也在整风。法律这个东西,没有也不行,但我们有我们这一套,调查研究,就地解决,调解为主。不能靠法律治多数人。多数人要靠法律养成习惯。我们每个决议案都是法。治安条例也靠成了习惯才能遵守,成为社会舆论。"②可以发现,毛泽东同志应对法律复杂化的办法是,不为成文立法所"困"("控"),回到"马锡五审判方式"。事实上,当代的美国也已出现了"过量制定法律"(orgy of statute making)、"制定法卡喉"、普通法被制定法挤压的不良倾向。③ "美国法律的'制定法化'(statutorification),已使美国法院自己变得不乐意去运用应变之道,甚至在适用它是恰当的时候也是如此,一种'除非确实需要,不然省着不用'的哲学可能会产生,这将使我们退回我们的起点处——被陈腐过时的制定法卡得喘不过气来。"④

法律复杂化的弊害还不仅于此,相关的成文化规范越是复杂,政府和开发商就越容易从中找到套利的机会。换言之,"法律规定越复杂,社会网络越官僚,就有越多深谙系统漏洞和缺陷的主管官员从中受益,因为他的主管优势将是其专业知识的凸性函数"。"在一个复杂的系统中,法律法规的字面意思与实质意思之间的差异很难让人辨别。也就是说,技术性的、复杂的、非线性的环境比涉及少数变量的线性环境更容易受人操纵。"⑤大历史已经证明,由法律复杂化所维系的复杂社会几乎都会出现边际收益递减现象。⑥ "如果立法行业可以成为所有行业中最为繁荣的行业,那么,我们应该尝试去做的,也就没有任何成功的可能性了。"⑦《无法生活——将美国人民从法律丛林中解放出来》,⑧这是美国学者菲利普·K.霍华德的一部著作,这本书的书名"无法生活"对美国法律复杂化问题的诊断可谓是一语双关。

总之,在制定法主导、唯公力救济化、法律职业化、司法日益形式化和官僚化,以及"总体国家"的背景之下,理想型的"睿智司法"已越来越罕见,司法的实践智慧的丢失已无可挽回,因为"睿智司法"的源头活水已经枯竭了。如前所述,"睿智司法"的源头活水可以从多个视角去发现和阐释,但最终都离不开"社会"或"地方"这样的基础性条件,以

① 王小龙.误解与真义:毛泽东"不能靠法律治多数人"讲话辨析[J].毛泽东思想研究,2015(5).

② 逄先知,冯蕙.毛泽东年谱(1949—1976):第3卷[M].北京:中央文献出版社,2013:421.

③ 卡拉布雷西.制定法时代的普通法[M].周林刚,等译.北京:北京大学出版社,2006:1-2.

④ 卡拉布雷西.制定法时代的普通法[M].周林刚,等译.北京:北京大学出版社,2006:292.

⑤ 纳西姆·尼古拉斯·塔勒布.反脆弱:从不确定性中受益[M].雨珂,译.北京:中信出版社,2013:359.

⑥ 约瑟夫·泰恩特.复杂社会的崩溃[M].邵旭东,译.海口:海南出版社,2010:155.

⑦ 理查德·A.爱波斯坦.简约法律的力量[M].刘星,译.北京:中国政法大学出版社,2004:140.

⑧ 菲利普·K.霍华德.无法生活——将美国人民从法律丛林中解放出来[M].林彦,杨珍,译.北京:法律出版社,2011.

及对复仇作为基础性正义的文化认同。① 提出"活法"(living law)命题的奥地利法学家尤金·埃利希,概括了他的法学学说的中心思想:"现在以及任何别的时候,法律的发展重心既不在于立法,也不在于法律科学和司法判决,而在于社会本身。"②古今中外法谚中最深邃者莫胜于此者。因此,面对未来,重新发现的"睿智司法"的源头活水,希望还在于发现或重建"社会"或"地方"本身,在于重建"地方—社群性知识"。有些深嵌在历史长河中的道理是普遍而恒久的。从信息经济学的视角看,"睿智司法"的操作形态应是基于"小数据,大任务"的情景理性,而不可能是基于"大数据,大任务"的熵增模型,因此,不要指望所谓的人工智能和大数据能够找回"睿智司法"的历史光辉。

质言之,只有"内生于社会的权威",而不会有"外在于社会的权威",外在于社会的,往往是威权而不是权威;只有内生于社会的裁判者具有信息成本最小化的判断力,而外在于社会的裁判者则不可能具备同样的信息优势。明断而立威,体现的是"社会的内在秩序"和"深层情感方式的自然回应",因此,在没有"局域网"(社会)的世界里,真正的魅力型人格将不复存在,因为权威认同中的情感纽带消失了。

Fair Judgement and Establish Authority: Rediscovering the Source of "Smart Justice" from the Case of "the One-horded Ram Judges the Criminal"

Wang Yong

Abstract: In the light of the evidence clues—"if the ewe smell stays in someone's body after touching the ewe, the ram could be to touch the thief", the smart judgement of the ewe lost case can be reconstructed in social sciences of law. The social and historical conditions for the "smart justice" are: small community, practical rationality, case law, modesty and low-key, the law of nature. Judicatory as a kind of "practical rationality" is essentially the ability to use "nus" (wisdom) in dealing with contingencies or emergencies. The hope of rediscovering and retrieving the "smart justice" is to rebuild "society" or "locality", namely "local-community knowledge".

Key Words: a one-horded ram judges the criminal; reconstruction; smart justice; practical wisdom; local-community knowledge

---

① 《春秋公羊传》中的"复仇论"具有深刻的内涵,有必要重新审视和认真对待。这里的"公羊"与"廌触不直"之间的联系难道仅仅是一种偶然吗?

② 转引自E.博登海默.法理学:法哲学及其方法[M].邓正来,译.北京:华夏出版社,1999:142.

民间法概念之再思考*

——一种反思与回归的视角

钱继磊**

摘要：近几十年来，在我国对民间法的研究已“蔚然成风”(谢晖语)，取得了丰硕成果。然而诸多基础性理论问题依然是进一步深入探讨民间法的瓶颈，需要进行理论反思。民间法概念自身即存在模糊、混乱和分歧。就民间法概念而言，若从语义分析角度讲，汉语中的民间法之民则可能有多层含义，如子民、草民、贱民、乡民、市民、公民等，而不同的含义背后所秉持的思想脉络和价值理念则相差迥异。对于民间法研究，应当回归法本身的引领功能，以一种动态的、开放的视角着眼于未来的研究。由此，我国的民间法研究应当是由子民、草民、乡民等意义上的传统民间法向市民意义上的现代民间法转型升级。也只有在此意义上，才能更好地理顺民间法与国家法的关系，真正摆脱民间法研究的“犬儒主义色彩”。

关键词：民间法；国家法；反思；回归

一、问题的提出

自 20 世纪 90 年代以来，民间法一直受到来自法史学、历史学、社会学、人类学及民族学等领域学者的广泛关注，尤其在法理学界更是一个颇为重要的研究热点。从 2002 年《民间法》创刊以来，此论题在我国的学术影响力不断提升，取得了丰硕成果。① 从既有研究文献看，民间法研究范围涉及了方方面面，如民间法的本体研究、民间法与国家法、民间法与法律方法、民间法与习惯法、民间法与传统法、民间法与软法、少数民族习惯法、民间法的司法裁判运用等②；从研究方法看，既有研究不仅涉及了实地调查、访谈、“深

---

* 基金项目：教育部人文社科重点研究基地重大项目“文化传统在法治中国建设中创造性转化研究”(17JJD820004)；济南大学科研基金重点项目“提高国家治理体系和治理能力现代化视野下我国地方立法本土资源研究”(16ZD01)。

** 钱继磊，法学博士、博士后，济南大学政法学院副教授。

① 以中国知网为例，截止到 2017 年年底，以“民间法”为篇名进行搜索，结果是 2004 年有 16 篇文献，以后几乎每年都在 30 篇以上，其中 2008 年有 87 篇之多，2018 年 8 月 5 日访问。

② 陈冬春. 都市民间法研究初探[J]. 社科纵横，2011(4).

描”、个案分析等社会实证研究，而且有语义分析、价值分析等规范研究等；从研究对象上看，既有对民间法自身相关论题的研究，又有对民间法研究的研究；从研究类别来看，既有研究涉及民间法的学理探讨、社会调研、经验解释、制度分析、域外视窗及文献资料等方面①。不过，任何学术研究的生命力都来自永无止境的反思，永不止步的探索。自然，民间法研究依然有诸多问题需要进一步反思、讨论与阐释。比如，就民间法这一核心概念的内涵及外延，学界依然存在模糊和分歧。有学者就指出，“在民间法研究中，语言混乱已是不争的事实，习惯法、传统法、非官方法、活法、行动中的法等概念往往与民间法概念交织一起，不加区分而随意使用”②，“当前民间法研究的一个重要课题，就是必须尽快就民间法的基础概念问题达成一致并构造起较为完善、合理的概念体系……”③。而如何对民间法这一核心概念进行提炼和界定，不仅“对于司法判决的妥当性和社会秩序的建构都具有前提性和基础性价值”④，更是对于形成民间法学术共识性范畴，推进其更深入的研究无疑都具有重要的学术价值和实践意义。另外，既有研究多将民间法与乡土社会、农村社会、少数民族等相勾连⑤，从而使得民间法的外延过于狭窄而不利于对其深入系统地讨论。再如，民间法研究存在自身分析框架的残缺、民间和主体两个维度的缺乏等问题⑥。还有，既有研究将民间法与国家法之关系视为冲突、协调、互动，但都是基于对其静态的二元化思维的结果，而缺乏一种动态视角下的讨论。也正是在此基础上，有人甚至提出了“民间法消亡论”的论断⑦。

从某种意义上讲，上述诸多基础性理论问题成了我们进一步深入探讨民间法的瓶颈，也是我们不得不面对的困境和进一步讨论的论题，需要我们进行更深层的理论反思。而基于不同的研究维度和论旨，选取反思的角度也各不相同。由此，笔者认为，唯有回到原点才能寻求到破解理论困境的钥匙，而民间法研究一切问题的理论原点则是民间法这一核心概念本身。尽管既有研究曾对这一核心概念进行过反思性研究⑧，但对于上述理论困境的有效解决依然显得不足。由此，本文将对民间法概念本身进一步反思和阐释，并在此基础上重新探寻国家法与民间法之间的关系。

---

① [EB/OL]民间法与法律方法网，http://xhfm.com/mingjian/2018-08-05，2018-08-05.

② 张晓萍，李光波.民间法研究中的基本概念辨析[J].湖南公安高等专科学校学报，2008(4).

③ 魏治勋.“民间法”概念问题辨谬[J].民间法，2012(1).

④ 魏治勋.民间法核心概念辨析——基于规范法学的立场和司法的视角[J].民间法，2010(1).

⑤ 譬如，以田成有的《乡土社会中的民间法》(法律出版社，2005)、谢晖主持的《甘肃政法学院学报》“民间法、民族习惯法”专栏、高其才对瑶族等民间法的实证研究等为代表。由此，有学者尝试将民间法研究从乡村拓展到都市，参见陈冬春.都市民间法研究初探[J].社科纵横，2011(4).

⑥ 陈冬春.民间法研究的反思性解读[D].上海：华东政法大学硕士学位论文，2004.

⑦ 魏治勋.“民间消亡论”的内在逻辑及其批评[J].山东大学学报(哲学社会科学版)，2011(2).

⑧ 如蒋德海.民间法的概念和作用反思[J].民间法，2014(2)；王青林.民间法基本概念问题探析[J].上海师范大学学报(哲学社会科学版)，2003(3)；魏治勋.“民间法”概念问题辨谬[J].民间法，2012(1)等。

二、民间法之语义考察

对于民间法这一概念，国内外学者从不同学科及维度已有颇多讨论。国外学者对于民间法的理解主要有以下观点：日本学者千叶正士认为，“官方法是由一国之合法权威认可的法律体系，而民间法是没有被官方当局正式认可的法律体系，但在实践中被一定范围内的人们——无论是否在一国之内——普遍同意认可的法律体系……”[①]；也有学者认为，“民间法，即一定的领域（包括地域和行业）内部长期习惯沉淀所形成的、调整该领域内各种权利义务关系的、具有身份依附性的行为规则体系，包括各种长期发挥作用的社区习惯、行业习惯和民族、宗教习惯”[②]；还有学者则认为，民间法是一种文化的解释，是一种记忆的文化[③]；另外，美国罗伯特·昂格尔认为，“民间法（习惯法）只是反复出现的、个人和群体之间相互作用的模式，因此也是一种自发形成的、相互作用的法律”。[④] 从国内看，对民间法的理解较具代表性的有以下几种：苏力将民间法理解为“在社会中衍生的、为社会所接受的规则”[⑤]。梁治平则将民间法描述为“具有极其多样形态”，“可以是家族的，也可以是民族的；可能形诸文字的，也可能口耳相传；它们或是人为创造，或是自然生成，相沿成习；或者有明确的规则，或更多地表现为富有弹性的规范；其实施可能由特定的一些人负责，也可能依靠公众的舆论和某种微妙的心理机制……”[⑥]。相较而言，谢晖教授对民间法的阐释更为系统和全面，他认为，民间法不但是作为公民日常交往行为、秩序建构和纠纷解决的法，而且是推进市民社会生成并构建文明秩序的法，又是作为国家立法之事实基础的法，还是作为司法、行政之法律渊源的法。[⑦] 这种界定看似清晰明确，然细析之后，却依然存在模糊不清，它更多的是站在现代社会，或者说源自西方的，作为其“地方性知识”[⑧]的法治观念的一种解读。这样就无法很好地将少数民族的民间法、传统社会的民间法等包含其中。若从更宽泛意义上讲，所谓民间法，即产生于民间、适用于民间且被民间广为认可并遵循的行为准则和秩序规范。它强调非“国家”性、非正式“授权”性、非国家强制性，既是一种本体意义上的法域，又是一种“国家—市民社会”二元结构下的一种研究方法。这样的解读似乎更具涵括性和解释力，但依然无法把握民间法这一概念的核心内涵。由此，笔者认为应当对民间法这一概念进行透视和剖析，才能触及

① 转引自谭岳奇.民间法：法律的一种民间记忆[J].华东政法大学学报，2001(5).

② 黄金兰，周赟.初论民间法及其与国家法的关系[M]//谢晖，陈金钊.民间法：第一卷.济南：山东人民出版社，2002：66.

③ 马存利，李晨.民间法初探[J].河南政法管理干部学院学报，2001(2).

④ 昂格尔.现代社会的法律[M].吴玉章，周汉华，译.北京：中国政法大学出版社，1994：42.

⑤ 苏力.法治及其本土资源[M].北京：中国政法大学出版社，1996：44-45.

⑥ 梁治平.清代习惯法：社会与国家[M].北京：中国政法大学出版社，1996：36.

⑦ 谢晖.民间法是个什么法：在第七届全国民间法/民族习惯法学术研讨会开幕式上的致辞[EB/OL].[2018-8-9].http://www.xhfm.com/2011/0815/2718.html.

⑧ 参见吉尔茨.地方性知识：阐释人类学论文集[M].王海龙，张家宣，译.北京：中央编译出版社，2000.

其内核深处。

从语义分析角度讲，民间法可分为“民间”和“法”两个概念。对于法的界定，有规则说、命令说、判决说、行为说、神意说、理性说、意志论、权力论、必然论、正义工具论、社会控制论、事业论等①。囿于论旨和篇幅所限，本文不打算着重对“法”展开详尽系统的讨论。笔者认为，与其他法相较，民间法之重心在于“民间”，而民间之重心在于“民”。然而，对于何为“民”却有着诸多层面的意义，如市民、公民、乡民、村民、农民、子民、臣民、草民、贱民乃至刁民、反民等。而这些基于不同思想脉络所称的“民”，其背后所蕴含的思想相差甚远。因而，需要追问的是，民间法之“民”究竟是在何层面上来理解使用的？

就中文而言，“民”初为[illegible]，字从尸、从氏。前者意指“身体不动弹”，引申为“不迁徙”；后者指“国族”“族”之义，两者联合起来意指“本地常住人口”“土著”。《广雅》有“民，氓也”，对此的解释是，土著者曰氓，外来者曰民。还有人认为，民为指事字，从古文之象。古文从母，取藩育意，即上下众多之意。郭沫若则将此解读为“横目的象形字，横目带刺，盖盲其一目以为奴征”，即民为奴隶②。有人则认为，《尚书·盘庚》有，“古我前后，罔不惟民之承”，“视民利用迁”，“朕及笃敬，恭承民命，用永地于新邑”。从中可以看出商王对民众谆谆劝导的口气，因而此处“民”应是指自由民，而非奴隶。③ 后来，“民”在古代多指百姓，即有别于君主、群臣百官和士大夫以上各阶层的庶民。由于中国传统社会是一个宗法等级制度社会，由此“民”的地位比官、士、君等都低，却构成了社会人群的主体。为了体现这种高低尊卑等级乃至隶属依附关系，在“民”前往往加上修饰词，如草民、子民、臣民、贱民甚至是顽民、反民等。由此可见，“民”在中国传统社会即便是并非必然意味着卑微，但绝对不能说具有高贵之蕴意。如我们所知，传统中国是具有姓氏的家国体系，从某种意义上讲，二十四史不过是“二十四姓之家谱而已”④。从应然理论层面看，在以血缘关系为纽带建立起来的宗法等级制度体系的家国中，中国传统社会的君主具有至上的地位与权力，民则不可能具有独立性、自主性，也不可能成为与国家相对独立的时空存在⑤。由此，中国传统社会很难说存在国家法与民间法二元体系。另外，从传统礼法思想及体制看，刑也好，礼也罢，或者是法，只不过是儒法合流下的帝王之器。其中礼包含了朝廷的朝纲、社会等级、家法族规等，法则包含了朝廷各部门的规章、地方政府的宪规章程以及被政府所认可的乡规民约等。而刑不过是对前两者尤其是礼违反后的强制性惩罚措

① 张文显．法理学(第5版)[M]．北京：高等教育出版社，2018：81-83．

② 郭沫若．郭沫若全集．历史编第2卷[M]．北京：人民出版社，1982：41．

③ 参见黄现璠．中国历史没有奴隶社会[M]．桂林：广西师范学院教材科油印版，1981-10上编，12月中下编．

④ 梁启超．新史学·中国之旧史[M]．饮冰室合集(第1册)，北京：中华书局，2003：3．

⑤ 有学者认为，中国古代重民、贵民、安民、恤民与爱民等民本思想具有现代民主、民权思想的雏形与元素，并且在此基础上提出了新民权观。参见夏勇．民本和民权——中国权利话语的历史基础[J]．中国社会科学，2004(5)．但需要强调指出的是，古代所谓的民与民本跟君相比，不可能处于同一层面的地位，后者更不可能会高于前者，其实质依然是君之下的民，而非民之下的君。

施,即"出礼入刑"[①]。由此,被学者称为民间法的多是乡规民约、家法族规等,依然是中国传统整个礼法体系的一个组成部分,不具有独立性价值和存在空间。也正是在此意义上,针对"中国法律史上的民间法"[②]之观点,有学者用警醒的口吻强调指出"中国传统法研究中应慎重使用'民间法'一词"[③]。臣民、子民、草民、刁民、反民只不过是这种传统理念下的必然结果。而"乡土社会"[④]意义上的乡民可能意味着具有一定的独立性和自治性,于是有学者认为,中国传统社会存在国家法与民间法并存的客观事实。即便如此,需要指出的是,在"普天之下,莫非王土;率土之滨,莫非王臣"[⑤]等传统理念下,这并非传统礼法思想和当权者所欲达到的主观目标,更多只是一种因生产力低下而无法提供达到权力进一步集中之理想状态所需的成本下的无奈客观局面。因为不仅权利需要成本,"自由依赖于税"[⑥],权力和秩序也同样依赖于税。

在一些西文中,民间可指 folk,popular,nongovernmental,among the people,civil;民间法则多用 Folk Law,Volksrecht,Customary Law,Nongovernmental Law。Folk 具有普通百姓、普通平民、流传民间之义。然而奇怪的是,英语世界里将 folk 与 Law 连用并不是很常见[⑦]。Volksrecht 是德语意义上的民间法,主要是指"社会法"或"活法""组织法",即存在于人的团体中的"社会组织的内在秩序"[⑧],是由形形色色的社会组织(包括家庭、宗教团体、俱乐部、政治性团体、公司、工会、资方组织等)制定出来的。而 Nongovernmental Law 则与埃利希的社会法类似,美国法社会学家马考利将其用于指涉诸如公司企业自己制定的内部规则、各种行业协会各自制定的行业标准、各类民间仲裁机构制定的规则与程序,等等[⑨]。Customary Law 则多指习惯法,又称"不成文法",是与制定法相对的概念,通常指以习惯为基础而获得合法地位的任何法律。然而这一概念在西方法学界也充满模糊和分歧,各执一词,被称为"一种不确定的规范汇编",有人甚至更

---

① 《论语·为政》中道,"道之以政,齐之以刑,民免而无耻。道之以德,齐之以礼,有耻且格"。这通常被认为是儒家对礼与刑之关系的经典性阐释。《后汉书·陈宠传》中则直接论述道,"礼之所去,刑之所取,失礼则入刑,相为表里"。这意味着在理论层面,中国传统礼法关系的认识已经成型了。

② 梁治平.中国法律史上的民间法——兼论中国古代法律的多元格局[J].中国文化,1997(Z1).

③ 曾宪义,马小红.中国传统法的"一统性"与"多层次"之分析——兼论中国传统法研究中应慎重使用"民间法"一词[J].法学家,2004(1).

④ 此概念是由费孝通于20世纪40年代提出来的,他从社会学的视角阐述了中国传统社会的特性,即"乡土性",并与西方社会进行了比较。参见费孝通.乡土中国[M].北京:中华书局,2013.

⑤ 诗经·小雅·谷风之什·北山.

⑥ 参见[美]史蒂芬·霍尔姆斯,开斯·R.桑斯坦.权利的成本——自由依赖于税[M].毕竟悦,译.北京:北京大学出版社,2011.

⑦ 譬如,通过 Wikipedia 搜索 folk,可以找到 folk culture,folk art,folk music,folk metal,folk punk,folk rock,folk dance,folk religion,folk taxonomy,folk hero,folk song,folk classcification 等短语,却找不到 folk law。这至少可表明此概念并非十分常用。参见[EB/OL]维基百科网,https://en.wikipedia.org/wiki/Folk,2018-08-10.

⑧ Ehrlich. *Grundlegeung der Soziologie des Rechts*,S. 34-62,4. Aufl. 1989,转引自郑永流.法的有效性与有效的法——分析框架的建构和经验实证的描述[J].法制与社会发展,2002(2).

⑨ 朱景文.比较法社会学的框架和方法——法制化、本土化和全球化[M].北京:中国人民大学出版社,2001:33-34.

宽泛地称为“习惯法就是人们说它是什么，它就是什么”[①]。不过有一点，西方学者对Customary Law的解读并未与Folk Law相勾连。但不论怎样，西方语境的民间法根植于其文化传统之中，与其市民社会(civil society)无法割裂开来[②]。由此，有学者认为，“这些已经是市民社会语境下的民间法了”，被称为“现代民间法”[③]。详言之，西方民间法之民无法摆脱市民社会意义上之民，且看不到血缘关系纽带下的宗法等级理念的元素。相对于国家政治社会和国家法，它是具有独立性和自治性的存在，蕴含着平等、自由等西方近现代理念，是国家与市民社会二元结构理论下的产物。这与中国传统社会中民间之民有很大差异。可见，西方语境中的民间法多与市民相关联。

就村民、农民而言，则更多是在当下中国语境中来使用的概念。这是因为，西方社会由于城市化水平较高，传统意义上的村落基本已经不存在了，而具有土地依附和身份依附的传统意义上的农民也多被契约化、商业化的农场工人所取代。不过，相较而言，虽然中国经过了几十年的快速发展，但城市化水平依然不是太高，还有大量人口生活在农村，尤其是偏远贫困的边疆地区，依然存在不少传统的村落。另外，中国农业和农民在很大程度上依然还是传统的方式，农民还具有一定程度的身份性，而非一种完全意义上的职业。比如，农民的孩子一出生即自然获得农业户口和农民身份，除非他/她通过后天努力来改变，即便是做了工人，还被称为农民工；即便是成了企业家，也被称为农民企业家。而其他职业，如公务员、军人、教师等，其子女则不可能一出生就自然获得公务员、军人、教师等相应身份。由此，有不少学者对农村、农民，尤其是少数民族地区的民间法进行了研究。这种研究其实类似于乡土社会中的“乡民”，通常被称为“中国式民间法”[④]或“传统民间法”[⑤]。

最后，我们需要讨论民间法与公民之民概念。公民社会概念在英语中通常使用civil society。然而需要明确的是，不论是市民社会，还是公民社会，都是源自西方的概念，与西方国家及社会的发展历程密不可分。不过西方社会本身的演变也经历了极为复杂曲折的历程。在古希腊城邦时期，人既被看作是“社会动物”，又被视为“政治动物”，国家和社会复合。而市民社会的兴起及其取得与国家相对分离和独立的地位也仅是近代以来的事情。通过彰显个人自由、个人权利，以“契约”等理念将国家限制在现代法治的框架内，西方世界形成了国家政治社会与市民社会的二元结构。而其他诸多地区自从古代权力国家从社会中诞生起便吞噬了独立性社会，相较而言，西方世界这种情形颇具特色与差异。[⑥] 但本文认为，我们还是应当、有必要且可能将其与市民相区分。从法学角度看，

---

① HUND, JOHN. Customary law is what people say it is[J]. ARSP 1998(84).

② Civil society在我国台湾地区也被译为“民间社会”，这其实抹杀了中西国家与社会结构之间的差异。参见邓正来. 台湾民间社会语式的研究[M]. 张静. 国家与社会. 成都：四川人民出版社，1997：48-86.

③ 张翀. 民间法发展散论[J]. 山东大学学报(哲学社会科学版)，2006(4).

④ 田成有. 乡土社会中的国家法与民间法[J]. 思想战线，2001(5).

⑤ 张翀. 民间法发展散论[J]. 山东大学学报(哲学社会科学版)，2006(4).

⑥ 马长山. 市民社会与政治国家：法治的基础和界限[J]. 法学研究，2001(3).

公民更偏重于公法层面上的概念，与公共权力相关，多在宪法等公法层面上涉及，具有古代人积极自由之韵味。而市民，当然不是在城乡户口作为判断尺度意义上讲的，更强调私性、私域，多与现代人之消极自由相关。比如，我们所讲的民法概念，即 civil law，应当是在市民意义而非公民意义上使用的。由此，民间法之民不应当是在公民意义上使用的，否则这样就会将民间法的存在及价值消解掉。

三、民间法研究之初心

由上，民间法之民实则是在不同层面被理解和使用的，而这些看似具有通约性的民之概念其实有着截然不同的思想脉络和思维方式。有人总结为新自由主义语境下的进化论理性主义和立基于非理性主义的文化相对主义①。这也是导致民间法这一核心概念混乱、模糊和分歧的重要原因。由此，需要进一步思考的是，我们研究讨论民间法之目的和意义问题。用时髦的话讲，即在当下中国，我们研究讨论民间法的初心是什么，如何才能"不忘初心"，是仅仅考古学意义上为了描述和揭示某种客观的存在，还是社会学科意义上旨在促进人类文明的进程？

如有学者所述，从研究视角看，对于民间法的研究是多元的，如人类学视角、文化阐释学视角、历史学视角、社会学尤其民俗学视角、法学视角乃至经济分析视角，等等②。有的旨在实证地描述既有的社会存在，有的旨在关注阐释某种文化习俗现象，有的则旨在强调法教义学意义上的司法适用③，等等。这种研究视角的多元与繁荣自然是好事，每个学科和维度的研究都有其自身的学术意义和理论价值，但其也容易迷住我们的双眼，使我们失去对研究本原的意识与反思能力。因为不论何种学科和视角，反思是一切知识和智慧的灵魂，是人类不断进步的不竭动力和根本方式。

就民间法研究而言，法学视角的反思性研究应始终是我们所秉持的。之所以有此论断，是因为基于以下理据：

其一，人类学、历史学、社会学等研究看似有学科差异，实质都受近现代自然科学之思维范式共同支配，即受一种主客体截然二分下的实证主义方法论所支配。这种研究预设了研究主体与被研究对象之间的价值无涉。如果在自然科学领域，作为研究主体的人和作为被研究对象的物之间这种价值无涉的主动与被动关系还似乎可被理解和接受，不过近来也有学者反思有些非纯自然科学研究领域中的人文伦理问题，如医学伦理等。但若在人文社会学科学领域，研究主体及被研究客体及对象都涉及人类本身。我们无法像研究一块石头、一块木板那样价值无涉地研究人自身，否则这样的研究立场和视角是值

① 吕明."民间法"立场生成路径辨异——兼评"民间法范式"[J].宁夏社会科学，2010(3).

② 李学兰.中国民间法研究学术报告(2002—2005 年)[J].山东大学学报(哲学社会科学版)，2006(1).

③ 张建军.2013 年中国民间法研究述评[J].贵州社会科学，2014(11)；尚海涛.中国民间法研究述评(2012)[J].民间法，2013(00).

得质疑和反思的。也正是如此,我们涉及人自身的行为才可以且应当用公平正义、良善、邪恶等作出判断,而对于诸如日月星辰、山川河流、动物植物等,如果我们再用公平、良善之词就显得不合时宜。即便是正义适用于人之行动或人之行动的规则以外的情形,也是一种"范畴性错误"。比如,"只有当我们意图谴责一个人格化的造物主的时候,我们把某人患有一种先天性的生理缺陷,或染上某种疾病,或失去一位亲人等诸如此类的事情说成是'不正义'的,才会有意义",否则,"自然既不可能是正义的,也不可能是不正义的"①。

以人类学为例,我们知道,人类学起源于地理大发现时期,当时的欧美学者对现代西方技术文明之外的社会进行研究,这种作为研究对象的社会在当时被称为"野蛮的""原始的""部落的""传说的""有文字前的"社会,显然具有明显的西方中心主义色彩。这种看似价值无涉的实证研究实质上却是将这些所谓的被研究社会作为与西方所认同的人无关的物来看待的。这种以"原始"部落文化为对象的主流人类学研究,20 世纪 50 年代中期后逐渐受到挑战。自 20 世纪 80 年代人类文化学家所强调和使用的科学与量化的田野研究也受到了来自后现代思潮和女权主义等多方质疑和挑战。尽管因此作出了一些调整,但是其将人自身视为价值无涉的物一样的研究对象的本质并没有变。历史学在试图描述人类过去发生的悲惨性事件时,往往忘却了那些逝去的生命同样是我们的同类,尽管年代已经久远。

其二,就文化阐释学而言,以其代表性人物美国学者吉尔茨为例。吉尔茨通过"深描法"对印尼巴厘和爪哇进行了长时间的田野研究,提出了一个众所周知的概念——"地方性知识",开创了文化阐释人类学。他试图以观察、移情、认知、自觉地追随文化持有者的内部眼界,寻找个别的方式来重建新的知识结构。在他那里,文化是一个符号学意义上的概念,"人是一种悬挂在由他自己织成的意义之网的动物,而我所谓的文化就是这些意义之网"②。吉尔茨实质上是以一种文化相对主义之正当性来反思西方的现代主义普适性的。而这种看似客观中立、价值无涉的研究立场实则存在悖论:一方面是作为一个外部的旁观者又如何可能以一个内部持有者的视角来观察和分析;另一方面是文化意义之网本身就是其主观建构的产物,这又如何与其所秉持的价值无涉的实证田野调查方法相协调。此外,即便是做到了他所讲的,对于这种既存的社会现象我们又当如何呢?仅仅是将此揭示出来就可以了吗?如果是这样,也就不用罗尔斯所苦苦思索并倡导的那种"重叠共识"③或哈贝马斯的"商谈民主"④了。也正是基于此,有人会反问吉尔茨,这种生

---

① 哈耶克.法律、立法与自由:第 2、3 卷.[M].邓正来,张守东,李静冰,译.北京:中国大百科全书出版社,2000:50.

② 克利福德·吉尔茨.地方性知识:事实与法律的比较透视[M].邓正来,译.转引自梁治平.法律的文化解释.北京:生活·读书·新知三联书店,1998:7.

③ See John Rawls, *A Theory of Justice*, Cambridge, Mass: The Belknap Press of Harvard University Press, 1971, pp. 387-388.

④ 哈贝马斯.在事实与规范之间——关于民主和民主法治国的商谈理论[M].童世骏,译.生活·读书·新知三联书店,2003:132.

活是我们或者说他自己所期望的吗？这一困境背后更深层的实质问题是，文化相对主义是否会消解作为人类自身所应具有的最低限度的普适性？如果持这种绝对的文化相对主义则将会使正义、良善等价值走向虚无主义，最后被完全消解掉，如果人类作为人自身还应当具有最低限度的共识性价值，那么这就意味着仅仅将某种民间法传统存在揭示出来是远远不够的。

其三，有学者还可能从类似于经济分析角度对包括民间法在内的传统法律制度存在的正当性进行阐释，比如有罪推定、刑讯逼供合法化、强奸通奸均为罪、父母包办婚姻、家长权、皇帝制度，等等。[①] 其所持的基本思路是，所有资源都是稀缺的，纠纷的解决、秩序的维持是需要成本的，因而所有制度都是当时考虑成本收益下的合理性存在。比如有罪推定和刑讯逼供合法化，在过去财力物力有限且侦查水平低下的条件下，如何才能有效维系社会秩序，只有通过刑讯逼供才能低成本高效地达致。若实行无罪推定且禁止刑讯逼供，则案件破获率将会非常低且花费成本过高，从而导致可能连基本社会秩序都无法维续。由此，个人公平正义无奈地让位于基本秩序就具有了合理性和正当性。尽管学者们多次强调指出，其意仅在为一种客观存在提供价值无涉的解释力，但其背后依然无法摆脱经济帝国主义和有用即正义的实用主义逻辑。然而即便这种类似于经济分析能够解释或判断过去乃至当下一些行为或制度，但其使用的界限依然值得商榷。因为任何理论都不可能没有其所适用的限度，否则就成了永恒不变且放之四海的真理。此外，学术和理论的使命除具有阐释过去和当下外，还应启迪和引领未来。如果仅仅是阐释过去和当下，则仅仅是一种静态意义上的被动式思维，而缺乏动态式的主动反思。

其四，基于以上三点，本文认为，民间法研究应当回归到以反思思维和法学维度为主上来，在社会正义和文明进程的框架内探讨民间法。如果民间法仅是在上述几方面维度展开，则不仅缺乏对民间法自身的动态考量，也使得民间法自身之学术价值无法很好地揭示出来，而多停留在对某种过去存在的怀旧和保护层面上。既然民间法称之为法，则就应当具有法自身的法理属性和功能，就应当为社会正义和社会文明之维系、保障等提供理论指导和实践支撑。此处所谓的社会正义不应当仅仅是前述文化相对主义意义上的正义，那种绝对的相对主义正义其实已经完全虚化和消解了正义本身。此处所说的社会正义应当是现代社会应当具有的最低限度和共识性的社会正义。这种社会正义也不应当是静止的、僵化的、一成不变的客观存在式的社会正义，而应是现代文明的正义下的否定性和消极意义上的社会正义，类似于哈耶克意义上的通过试错式地不断消除不正义而不断接近却又无法达致的"否定性正义"[②]。而此时所说的社会文明不是历史学意义上的文明，因为历史学家所谓的文明则是将人类拉低到了与野蛮的禽兽相较意义上的文

① 这种研究的代表性人物如国内的桑本谦、苏力等学者，可参阅其相关研究成果，如"强奸何以为罪"[法律科学，2003(3)]；《大国宪制：历史中国的制度构成》之第十章"作为制度的皇帝"(北京大学出版社，2017)。

② "否定性正义"是哈耶克的知识论研究视角下与"自生自发秩序"一脉相承的概念。对这一概念的研究性梳理，参见邓正来."社会正义"的拟人化谬误及其危害[J].马克思主义与现实，2011(4).

明，如史前文明等。而本文所说的社会文明是在思考和探讨如何维系、保障和增进个人尊严、自由和幸福基础之上的开放且可持续的共同体文明，是作为现代人所应享有的具有共识性的文明。此处所说的法学维度和法理并非法教义学、实证分析法学意义上对司法适用层面上的考据和推理，而是一种法哲学意义上更为宏观却深入的学术性反思与探讨。由于这种社会正义和社会文明的变动不居、开放等属性，则意味着民间法研究应当始终建立在反思思维的范式①，而非建立在实证的、描述的或诠释的范式之上；应当建立在动态的、面向未来的，而非静止的、还原和保护过去的视角之上。

四、民间法与国家法之关系

接下来，在前述基础上对民间法与国家法之关系这一核心问题进行讨论与阐释。之所以如此，是因为民间法这一概念自身因与国家法相区别才有存在的必要和意义，因而它与国家法存在着不可或缺的关系。因此，民间法与国家法之关系就成了无法回避的核心问题。

对于民间法与国家法之关系的讨论，同样应当在不同的层面展开。在当今汉语里，人们往往国与家连用，其实质是指国本身，而非重心在家。然而中文之所以将国与家连用，是与国与家在历史进程中的特殊关系密切相关。在早期中国，国仅指天子所辖之区域，家则指诸侯等所居住管辖之地，两者尽管有区别，主要是类似于公共性的契约性的关系，并没有必然上的君臣间尊卑与隶属关系②。此时的国也是一种家意义上的存在，主要是一种家天下体系。然而秦代尤其是西汉后，中国的分封制贵族作为一个独立的阶级已经不复存在，只剩下一个贵族家族，即以皇帝为核心的贵族。此时的国已经成为皇帝家族的私产，国便有了某家的姓氏，皇帝也具有了至上的地位，其他所有的家虽然也客观存在，但已经完全依附于皇帝家族的权力结构，由此形成了家国体制和传统。在家族内部，则以血缘关系之亲属为纽带（孝道）形成一种尊卑体制，对于家族之外则是一种由“忠”作为正当性价值理据建立起来的类似于官僚科层的结构体制。实质上，不论是家族内部还是家族之外，每个人都负有对皇帝尽忠的义务。这样通过对孝和忠的强调打通了皇帝家族与其他家族的尊卑等级关系。在此意义上的国法其实与家族法并无根本区别。在此意义上的民间法也就不可能具有独立存在的理论正当性。这种民间法与国家法的关系只是一种无奈所导致看似二元并存的客观存在，且其运行背后所遵循的理念和追求的目标与当时的国法（皇帝的家族法）是一致的，因而可以看作仅是当时国法的延伸而已。然而，一如我们所知，当今世界之文明国家则是建立在政治组织意义之上的共同体的存在。显然这种民间法与国家法之间的关系自然在当今社会不应具有可欲性价值。

---

① 有民间法研究学者也提出了民间法“具有的反思和批判精神”，但依然建立在静止的、过去的文化相对主义立场。参见李瑜青，张建.论民间法研究的内在精神[J].甘肃政法学院学报，2010(4).

② 秋风.儒家宪政主义之源与流——敬答袁伟时老师[M].原道，北京：首都师范大学出版社，2011:316.

而就当下中国而言，我们所说的民间法的存在主要是由于以下两种情况形成的。一种情况是，在传统社会主要区域，虽然传统社会家国体制和中华法系被近现代政治组织国家体制所替代，但是中国传统社会所形成并被民众长期认可并遵循的与其相一致的思维和行为方式依然具有生命力，并由此导致了与近现代政治组织国家及社会的制度体制的不一致。而这种在传统社会被长期遵循并具有整合维系地方秩序的习俗性规则往往被称为民间法，多体现在家庭关系、婚丧嫁娶、邻里纠纷关系等方面，目前多以乡规民约形式存在。另一种情况是，即便在中国传统社会，由于一些少数民族基于地理环境、宗教文化、生活习惯等与主流传统文化间差异而允许或者说因客观无法有效统治而无奈承认的一些地方性规则、习俗性规则，其内容除了包含前一种情况外，还可能包括宗教信仰、治理体系等方面，多为偏远、边疆或少数民族地区，目前可能以乡规民约、宗教信仰规范、地方自治规范等多种形式存在。

对于第一种情况，作为与传统社会国家法具有一致性的民间法，其基本理念是儒家伦理的具体化产物。儒家伦理主要是与农耕文化下的“熟人社会”相适应的伦理思想，是以血缘关系为纽带建立起的宗法等级体系，即费孝通所说的“差序格局”①。比如，古人强调“父母在，不远游，游必有方”②。表面是强调对父母的“孝”，实则是为了农耕文化下自然经济的劳动力固定于一地的客观需要③。因为庄稼是需要照料的，如果离开了则不利于对庄稼的照料。而近现代社会以工商业为主的“陌生人社会”，在一味强调人的不流动性会阻碍社会的发展。又如，古人还强调“禁止别籍异财”④，否则既是违反孝之礼制，也可能构成犯罪。这与近现代工商业社会中产权明晰等基本理念无法相适应。当前很多农村地区的高额彩礼，红白喜事大操大办，出嫁女在父母赡养、财产继承等方面的权责等问题至少与传统社会所秉持的观念和行为习俗的持续不无关系。针对当前存在的种种问题，是通过回归类似于传统社会的习俗性民间法，还是通过近现代法的不断普及并逐渐形成共识性遵循呢？笔者认为，当下中国不可能再回到传统以农耕为主的社会，而且未来发展趋势应是中国社会向近现代工商社会转化的速度日益加快，这也是世界其他国家和地区发展的普遍经验和趋势。由此，传统社会意义上的民间法已不能很好地适应当下尤其是未来中国社会的发展。即便其在当下一段时间或许还可以发挥作用，但从长远看，这应该只是过渡性和暂时性的。未来的民间法应当是建立在“市民”理念上，与工商

---

① “熟人社会”“差序格局”是费孝通针对中国乡土社会提出来的重要概念，以与西方社会相比较。参见费孝通.乡土中国 生育制度[M].北京：北京大学出版社，1998.

② 论语·里仁.

③ 笔者曾对中国传统社会“孝”之特定时空的合理性进行过专门讨论，并对当下中国社会“孝”崇拜现象提出了省思，提出我们需要反思和讨论当下中国社会“孝”合理性的边界和限度问题。参见钱继磊.当下中国“孝”崇拜之省思[J].北方法学，2018(1).

④ “禁止别籍异财”制度是法律儒家化日渐成熟完备的标志之一，在“一准乎礼”指导思想下颁行的《唐律疏议》就明列了“别籍异财”之禁，在《子孙别籍异财》中就有：“诸祖父母、父母在，而子孙别籍、异财者，徒三年……”参见长孙无忌.唐律疏议[M].北京：法律出版社，1999：257-258.

业文明相一致,体现平等、自由、契约精神和自治等近现代理念的规则性习俗。因此,对民间法的研究应当重点关注民间法如何从传统到现代的转型升级,因为法律不仅是一味描述乃至迎合过去和当下现实,还应引领未来和增进文明。

对于第二种情况,其实在很多国家都存在,如美国的印第安人、加拿大的魁北克省等。这种以少数民族聚居区为主要组成的民间法,与上述情况相比,往往更具复杂性、多样性。因此探讨如何发挥其功能而又不与近现代社会基本理念相违背就更具艰巨性和长期性。但若从长远来看,其与上述并无根本区别。因为人类的文明进程还是应当具有基本的、最低限度共时性的,如对人之尊严的强调等。即便是暂时短时间内还可能无法达致,但这不应是我们将之暂时视为永恒而拒斥这种基本文明理念的理由。由此,文化的多样性之保护和维系不应以牺牲和剥夺某些地区和人们的文明发展为代价和前提,否则这对这些地区和人们同样是一种歧视和不公平,就如同数个世纪前西方人类学仅仅将非西方人作为研究对象而从未将自己作为研究对象看待一样。民间法作为一种法,在方法论意义上应当同样发挥其引领性作用,不仅面对现实,注重当下实效,还应当着眼于未来、引领未来。

上述两种情况有个共同特点,即都是以乡村为对象,远离都市,是从乡民、边民意义上来理解民间法的。此外,当前民间法还可能存在于现代都市之中,其实已有学者对此尝试研究①。如前所述,民间法之民应当有市民之义,由此,民间法存在于都市也就理所当然了。由于西方更早进入市民为主的城市社会,其学者早就将市民意义上的民间法作为研究对象,如前述的埃利希的 Volksrecht。市民意义上的民间法之范围自然应当包括市民间基于共同体而形成的规范性习俗,如居民社区规约、社团协会章程等。这些都市民间法应当最具自治性、契约性等现代理念。然而,由于中国长期的传统社会,目前即便生活在都市,多数人依然无意识地遵循着传统乡土社会的那种处事习惯和模式,往往在传统与现代间形成分裂和不协调。但不论怎样,从长远看,都市的生活模式正逐渐使生活在其中的传统乡民思维及行为方式慢慢淡化,正逐渐形成从由"熟人社会"乡民、边民转变为"陌生人社会"的"市民"的思维和行为方式。也正是这种从乡民、边民之民间法转变为"市民"之民间法,才可能完成民间法自身的转型升级。

结 语

尽管我国的民间法研究已取得了引人注目的成就,但这些不应成为我们停止反思脚步的力量和借口。由此,我们应当立基于现实问题,而不应仅仅是民间法与国家法的互

① 陈冬春就做了这样一个尝试,不过他更多是将都市民间法从研究方法论的角度提出来,并没有进行更为深入的讨论。参见陈冬春.都市民间法研究初探[J].社科纵横,2011(4).

动问题[①],也不应仅仅通过民间法来对抗国家法[②],而是民间法自身的转型升级,以动态、开放的姿态,立基于反思与批判,讨论如何发挥其应具有的引领作用,否则就无法真正摆脱其“犬儒主义色彩”[③]。

Rethinking the Concept of Folk Law

—A perspective of Reflection and Regression

Qian Jilei

Abstract:In recent decades, the study of Folk Law in China has “become a new trend” (famous Prof. Xie Hui' words), has made great achievements. But a lot of the basics theoretical problems are still the bottleneck of further discussion of Folk Law, which requires theoretical reflection. The concept of Folk Law itself is ambiguous, full of confusion and disagreement. In terms of the concept of Folk Law, from a semantic perspective, the MIN of Folk Law have multiple meanings, such as Zi Min(subjects of a kingdom), Cao Min(vulgar people), Jian Min(Humble people), Xiang Min(villagers), Shi Min (citizens in civil society), Gong Min (citizens) and so on, and different meanings behind the ideological context and value concepts are different. For the study of Folk Law, therefore, the leading function of regression method should be studied from a dynamic and open perspective. Therefore, the research of the Folk Law should be transformed and upgraded from the traditional Folk Law in the sense of Zi Min, Cao Min and Xiang Min to the modern Folk Law in the sense of Shi Min and Gong Min. That's the only place, Only in this way can the relationship between Folk Law and National Law be straightened out and the “color of cynicism” in the study of folk law be removed.

Key Words:Folk Law;National Law;Reflection;Regression

① 胡平仁,陈思.民间法研究的使命[J].湘潭大学学报(哲学社会科学版),2012(2).

② 苏力针对我国的法治建设中过多过快移植西方的现象进行了质疑和批判,强调了中国立法的本土资源的重要性,中国社会民间法具有不可替代的实效性功能。参见其《法治及其本土资源》(中国政法大学出版社,1999)、《送法下乡——中国基层司法制度研究》(中国政法大学出版社,2000)等论著。

③ 伍德志.论民间法研究的犬儒主义色彩[J].法律科学(西北政法大学学报),2014(6).

民间规范与民族自治地方立法的互动性研究*

苏　洁** 谢　洁***

摘要:国家法与民间规范作为维护共同体秩序的一种序造规则,其在逻辑基点上具有共同的法源基础。在民族自治地方立法中,吸纳民间规范参与地方立法,有利于将民间规范的内在规定性上升到国家法律的一般规定性,实现法律的逻辑秩序与社会实践秩序的一体化。而民间规范在实践逻辑上又可以为民族自治权的落实、个体人权的保障等地方立法目标的实现提供支持,并为其提供价值认同、实践操作、社群保障等基础。通过民间规范漏洞补充、成本节约、规范援引等功能发挥,亦有可能为民族自治地方立法提供很好的本土资源借鉴。

关键词:民间规范;民族自治地方立法;互动性

千百年来,在传统中国的乡土社会,朴实的中国乡民延续着血缘家族、宗法伦理的精神要义,在国家法律权威难以荫庇的偏远之地,尤其是文明程度相对滞后的民族自治地方,人们秉承着内心对天地、宗亲的信仰,自觉遵循着一套自发而约定俗成的人伦规则,守候着一方水土,维护着日常生活秩序的安宁与稳定。随着商品经济对小农经济的冲击,社会秩序被整合重组,乡土民间自发而产生的规则已不能完全满足民众的交往诉求,这就需要各民族自治地方在国家法允许的框架下,通过地方立法,设立符合民族地方发展实际的规范体系,将国家法律以变通的方式与人们的日常交往秩序加以整合。

一、从事实到规范:民间规范进入国家法视野的路径选择

长久以来,民间法①没有被置于规范的视阈,仅仅被视作一种文化现象,而各种民间规范也仅被看成是一种道德约束,难以进入司法裁判的场域。无论是重视民间规范的独立价值论者,还是国家法一元论者,都倾向于把二者置于对立的世界。但事实上,国家法

* 中国博士后科学基金资助项目"南方山地民族民间文学的法文化研究"(项目编号:2017M620351);重庆市教委人文社科研究项目"新时代我国司法改革与政治体制改革一体化研究"(项目编号:18SKGH048)。

** 苏洁,重庆交通大学教授,法学博士。

*** 谢洁,重庆交通大学硕士生。

① 民间法具有多种形态,包括家法族规、会馆条例、各种行规、宗教法规、乡规民约、民族习惯法等民间规范。

与民间规范并非截然不同的两套体系，相反，二者在法源上存在着秩序与事实的同构。民间规范是人们在长期的生活实践中约定俗成的个体行为与交往规则，而地方立法的终极目标是在对个体行为进行规范的基础上构建社群共同体。无论是来自乡土中国的民间规范，还是政治精英理性建构的国家法律，都是为了规范人们的交往秩序，其订立的过程必定是经由生活世界向制度规则的转换，在这一转换过程中，对人们生活事实的考量、审视、批判与承袭就成为必然前提。因而无论是地方立法还是民间规范，其能够有效成立的一个共有前提便是，在生活事实的基础上构建一种人们可接受的规则体系。

(一)民间规范与国家法的渊源流变与秩序架构

1.逻辑基点：生活事实构筑基本法源

法律是社会秩序的建构者，但同时其产生和完善又取决于社会交往秩序的内在规定性。依照哈耶克“社会秩序规则二元观”，人们总在遵循着两种秩序规则，一种是内生的自发遵循的规则，一种是外在的规则。国家法律是被强制遵守的外在规则，而生长于乡里的民间规范则是自发构成共同文化传统的内生规则。法律在任何时候都不可能脱离一定的社会结构和日常生活现实，它是人们运用实践智慧为应对生于斯长于斯的自然环境和社会环境所作的一种调适。这种调适，最初所依赖的是社会自发产生的一种调节方式和秩序规则。民间规范是制定法天生的渊源，维护社会秩序的法在最初的意义上就不是来自国家权威自上而下的制度设计，而是由各种道德、习俗、惯例等非规范性社会规则组成的地方性知识。正如恩格斯所说，“决不是国家制约和决定市民社会，而是市民社会制约和决定国家”。① 在中国，那些偏居一隅的山地民族，居住于群山之间的一处处平畴、谷地之上。交通的不便，生活的贫瘠，生产方式的落后，使得民众的生活区域与社会观念相对封闭，与国家律法条文接触的机会不多。面对环境和生存的现实条件，山地民族在长期的生产和日常交往中，选择、接纳、积累一系列的习俗、惯例，经过约定而形成各种民间规范，用以调整社会关系。虽然这些规范不具备国家机器的强制暴力性，但由于它凝聚着祖祖辈辈山地族人的心智与价值追求，并且符合他们的生产生活习惯以及思维方式，因而在国家法难以触及的边远地区具有相当的群体认同性和权威性。直到今天，虽然许多民间规范没有直接以法的形式约束民众，但其中沉淀下来的秩序规则却被国家法吸收，成为立法的依据。例如，2014 年 4 月修订的环境保护法第五条规定了“环境保护坚持保护优先、预防为主、综合治理、公众参与、损害担责的原则”。这是我国环境保护综合性法律第一次明确规定环保法的基本原则，而这一原则在山地民族世代相传的惯例规约中早有体现。在贵州仡佬族、苗族等聚居区，民族村镇的村口、桥头都有禁渔碑、护粮碑、护林碑。黔北道真自治县槐坪乡槐坪村梅家有一个 150 厘米高的护林碑，立于光绪二十

① 马克思恩格斯选集[M].第 4 卷上册，北京：人民出版社，1972:43.

年(1894年),主要内容是规定行人不得在垭口“还顺一丈窃伐毁坏,违者罚款十仟,培修此路”。①

很显然,任何严格意义上的法律都是与特定的社会文化背景紧密联系。“制度的源起并不在于构设或设计,而在于成功且存续下来的实践。”②法治不是制度的产物,而是经由社会生活实践总结出维护社会秩序的经验,将这种经验进行理性梳理、升华,从而形成相应的规范,以约束人们的行为,达到调整社会关系的目的。

2.秩序架构:共同构成共同体的秩序力量

美国人类学家吉尔兹认为一切法律都是地方性知识,代表着国家权威的法律既然源生并滋长于社会,那么民间规范作为人们生活实践的经验总结,自然应得到相应的尊重,这一点已经得到了学者们的普遍认可。但问题是,作为普适性知识的国家法律和地方性知识的民间规范虽然具有逻辑上的同构,即法律制度是由人根据生活经验不断积淀、思考总结而形成,人们根据生活事实的理性经验对其加以修整、规范与重构,以更好地维护社会秩序,但这并不意味着二者毫无冲突。事实是,很多时候由于驾驭社会秩序的方式出现偏差,代表国家大传统的法律和代表地方性小传统的民间规范会因话语的控制权而产生矛盾或者对抗,就好比高速公路上行走的汽车因为方向一致,自然不会出现拥堵,但是到匝道变化时,便会因为方向的差异出现拥堵现象,而这时谁先走,谁排后的秩序问题就成了必须协调的因素。不同的民族,不同的文化语系所蕴含的价值取向是不同的,只有身处其中的人才能感受其特殊的氛围,才能对这套文化体系产生认同感,正如汉民族地区的人对西部地区藏族赔命价、天葬等制度觉得不可思议,但当地人已经觉得习以为常。再如黔东南苗侗地区对于违反村规的行为施以“罚3个120”的财产处罚(120斤酒,120斤糯米,120斤肉),如果拒不执行,就要到家里强行拉猪、拉牛、毁房屋,类似过去汉族地区的抄家,这在国家法的评价体系中,显然是有违人权保障原则的。但是,村民们正是通过这种方式维系着村寨的稳定与安宁,这又与国家法所需要达到的终极目标一致。文化不同,造就价值观的差异,如果单一依靠国家法令千篇一律的规则进行调整,一来难以服众,二来由于没有成为人们内心的道德认同而在司法实践中很难奏效。

因此,在大小传统问题上,我们需要关注的不是谁更需要被尊重,而是如何促成代表小传统的民间规范与代表大传统的国家法律实现共同重构社会规则的功能契合,构建法律官方叙事与民间叙事共同体。这个共同体,即意味着不是以一方取代另一方为代价,而是要在保留各自独立性的同时,构筑起共同的秩序力量,让作为生活经验事实的民间规范与有着严肃立法程序的法律加强互动,在国家立法的刚性和民间规则的柔性之间寻找二者的共性,以更有效的方式发挥法律调整社会秩序的功能。

① 引自道真仡佬族苗族自治县志编撰委员会《道真仡佬族苗族自治县志》。

② 英.弗里德里希.冯.哈耶克.自由秩序原理:上册.[M]邓正来,译.北京:三联书店,1997:61.

(二)民间规范进入国家法视野的路径

面对真实而多变的社会秩序,仅仅依靠法律体系的运作与执行,很难有效地对社会秩序进行规制,但是民间规范毕竟只是自发产生的秩序规则,要想进入合法的程序中,发挥其调整社会交往秩序的作用,还需要国家出面,给予其确定的身份,而这种身份的确定主要通过地方立法和司法适用两个途径。

1.地方立法

随着现代化进程的加速,民族自治地方的各种民间规范也出现困境。一方面,传统传承方式的变迁影响了民间规范的表达及其秩序逻辑。笔者在贵阳乌当新堡布依族自治乡调研时了解到,当地曾经被村民们视作神圣盛典的火羊节祭祀活动,曾经有着完整丰富的祭祀仪式,祭祀过程有着严密的禁忌规则,约束着人们的行为,讲述着天人之间的和谐共生关系,而今这样的活动已经沦为一种节日庆祝的形式,渗透于其间的规范意识已经淡化。再如,在过去,苗族地区的理老、寨老们运用贾这一苗族圣经调解矛盾纠纷,而今,贾理更多的已经作为一种"非遗"文化,通过传唱的形式对人们进行道德的规劝与导引,其案件审判的功能几尽消失。另一方面,传统的民间规范由于其自发性,相对比较粗略,只是对村民行为进行导向性规定,具体的禁止规约、条款措施相对较少。例如,过去在黔东南侗族村寨,对于违反生育规定多生子女者实施孤立性惩罚,即"不允许参加寨子里的集体活动,不能共用公共财物,不能与人交往,子女不得与本村嫁娶",但这种惩处措施范围太宽,延时太长,难以真正做到罚当其罪。随着社会生活的多元化发展,乡土社会关系也变得越发复杂,人们迫切需要更为细致具体的条款规约来规范各种社会行为,维护乡村社会的日常秩序,这就需要更为科学合理的成文法规的制定。因此,在民族自治地方,地方立法机构应该充分发挥立法自治权的作用,在不违背宪法相关规定的前提下,根据各地的实际情况,吸取具有地方性特色的民间规范,自行制定"自治条例和单行条例",经国家立法机关通过审查、遴选和重新阐释,以一定方式将民间规范纳入国家法之中,这是国家法与民间规范的沟通最为"正式"的方式,也是民间规范成文化、法典化的过程。

2.司法适用

法律制度在对人之生活样式及共同体秩序的构造中,除了通过立法满足分配正义的价值诉求,将个体交往过程中的利益诉求和合作秩序通过立法程序及相应的文本,用权利(包含权力)、义务的话语进行明晰并告示外,也包括司法发挥矫正正义的作用,通过对人之交往过程中产生的纠纷矛盾进行定分止争,恢复立法所原初设置的遭破坏的秩序设置。因此,民间规范进入国家法视野,除了有立法这一通道以外,司法亦是一个重要的路径。此种渠道的达致一方面在国家法律存在漏洞或者模糊的地方,通过司法机关及其操作人员的智识努力,根据特定社区风土人情及公序良俗,援引相应的民间规范,进而达到补充漏洞、规范秩序的目的。诸如黔北道真仡佬族自治县法院曾有一案,土地承包者与坟地主人因搬迁事宜产生纠纷，这在国家法律中没有明确规定。但由于仡佬族崇敬祖先，很注意对祖先坟地的保护。坟地遵循坟先土后的原则。坟地若是在土地承包之前，那么土地承包者没有权利要求坟地的主人将坟地迁出他承包的土地，因此，当地法院尊重了这一习俗，保护了坟地主人的应有权利，将矛盾进行妥当化解。另一方面，在案件事实不清的情况下，司法操作人员关注民间规则及民间规则产生作用的特定场域中行动者的行动逻辑，进而理顺交往事实与法律规定的内生关系，发现并显构案件事实，最终化解社群纠纷，维护交往秩序。例如，众所周知，黔东南苗、侗、布依等少数民族都保有祭桥、敬桥的习惯，各种木桥、石桥、水泥桥成为族人宗族祭祀的载体，求子、求财、求福是祭桥的目的，每家每户拥有独立祭桥权。2006 年，黔东南台江县法院在审判一桩村民因祭桥习惯而引起的民事案件时就在充分尊重当地习俗的同时，依据国家基本原则进行纠纷解决。① 两户村民因一座石桥的祭祀而产生所有权纠纷，法院根据各方取证和案件审理情况认为，法律应该保护敬桥习俗，而此桥在所有权归属上不明确，原告方由于没有连续祭桥，且又提不出所有权属证据，因此驳回原告起诉。这一由地方法院亲自审理的涉俗案件说明，在特定情况下，司法裁判援引已有的立法文本可能对社群纠纷或特定场域中的矛盾化解非但不能达致立法原初的设置目的，相反，可能会引致更大的纷争和问题，司法人员唯有通过司法解释和指导意见等方式，实现民间规范与国家立法的沟通平衡，进而确立民间规则在特定案件中的规范位序，才能真正维系社会的稳定与和谐。

（三）通过地方立法的民间规范价值提升

来自乡里民间的规范虽然在一定程度上符合人们的生活与交往需要，但是随着现代社会的发展，不可避免地会出现一些局限，在面对现代文明发展秩序的理性需求时会陷入困境。民间规范虽然具有法的性质和符号，却没有国家法的尊严和地位。同时由于没有进入成文法的体系，也不能以法律的名义直接进入司法审判领域，地方立法或者通过援引，或者进行正面调适，或者对民间规范发生作用的条件因素进行调整，对民间规范进行适度改良和创新，既完善了地方立法，又提高了民间规范的价值。

1. 内容更理性

在民族自治地方，由于乡土社会的村民们文化水平的有限，法律信仰相对缺失，而传统民间规范由于其自发性和原生性，内容相对比较粗略，惩罚较为粗暴，在制定和执行过程中存在一定的不公正性。民族村寨中，大量传统的村规民约是在村寨权威的主导下制定，沿袭着中国几千年的家族伦理、尊卑观念，尤其在男女身份权，子女继承权等方面与现代法治人人平等、人权保护的宗旨不符。如贵州仡佬族地区有关社会治安方面的措施：为非作歹和偷盗者一旦被抓则用板子打，用铜油泼。乱砍山林者将遭抄家之罪。婚

---

① 此案例引自徐晓光、徐斌. 修桥，祭桥与拆桥——黔东南敬桥习俗及其相关法律问题研究[J]. 贵州民族研究，2017(4).

姻方面措施:入嫁女子死了丈夫要改嫁只能远嫁。女子未婚先孕要逐出家族。男女方不合,男方另娶算休妻,女方出轨,逐出家族。[①] 这些惯例与国家法的原则大相违背,也不符合现代文明发展的要求。民间规范经过地方立法能够保留有利于公序良俗的内容,去除陋习,将契约关系所内涵的自由、平等、自律等原则,经过国家认可,以法的形式确定下来,使村民个体的权力和价值得到合法的保护,更能够符合现代法治精神。

2.形式更规范

山地民族的民间规范由人们长久共同生活而形成的习惯、习俗组成,多以民谣、歌曲、戏词、碑刻、口述等非规范形式呈现,依靠人们日积月累形成的习惯以及内心对这种习惯的自觉遵守,从而沉淀为一套得到普遍认可的规则体系。相比国家法律严格、严肃的逻辑规范体系,自发自生的民间规范比较零散而无序。让民间规范参与地方立法的过程,实质是立足于共同的价值追求,对民间规范进行语义分析和逻辑分析,寻求其与正式制度逻辑构造形式的异同,将法律的逻辑秩序和日常交往的实践秩序相结合,将人们交往行为的社会事实改造为制度性事实,实现民间规范内在规定性向外在规范的转化,从而为民间规范确立其合法性和正义性。

3.程序更合法

地方立法能够促进民间规范在制定和实施的程序上更加合法。首先,由地方立法机构与基层自治组织通过民意调查,结合当地风土人情和地方发展实际,根据宪法、《民族区域自治法》和立法法规定,在民族自治地方的自治条例和单行条例制定过程中,充分征询民意和村寨长老等地方权威的意见,按照法制统一和意思自治原则,审慎制定、全面审查,做到既不违背国家法律,又体现民情。其次,按照国家立法法等法律规定,由专业人员起草方案。再次,将制定方案通过相关程序进行表决通过,然后公布实施。地方立法的过程就是需要借助官方法律,让民间规范更加具备程序的合理合法化。

总体而言,通过地方立法,立足民间秩序构造的事实基础,以官方的话语体系和描述模式对民间生活场景和社会交往秩序进行理论解释,有利于提升民间法的逻辑合理性和价值规范性。

二、民间规范在民族自治地方立法中的可能贡献

民族自治地方立法,其目标旨在寻求国家法律与民间规范的制度耦合,在公共交往秩序的生存空间中促成国家正式制度与非正式制度的互补与合作,而产生于民众自发秩序的民间规范,将为这种国家正式秩序的变通构造过程做出可能贡献。

① 此处由贵州道真县构数乡程泽柱书记口述。

(一)民间规范为民族自治地方立法目标的实现提供事实依据

1.推动自治权的落实

民族地方自治的重点是主体自治,此主体包括本地区民族自治机关、基层社会组织与民族自治地方人民群众的自治。民族地方自治既需要社会自治,更需要规范自治,也即是说主体的自治必须受到规范的制约。在民族自治地方治理过程中,现代化法治体系的完善和法治能力的提高是必要环节和重要支撑。此法治体系的内容并非只有官方法律,事实上,真正恢复乡土社会的既有交往秩序,更多依靠的是属于地方性知识的民间规范,因为来自乡土社会自发产生的秩序规则更能被人们内心所认同和接受。

地方立法是民族自治地方实现主体自治(主体自治既是指个体的自治,也是指组织的自治)的重要载体,其宗旨便是通过国家法与民间规范的有机融入,制定一套适合民族民族自治地方的特定规范。"国家法在被引入乡土社会之初,就含有浓厚的改造民间的冲动。"①地方立法沟通民间生活事实的内在规定性与国家法律的外在强制性,将法律官方叙事的严肃与民间叙事的柔性相结合,同时注入民族地方的地域特性,将地方因素吸纳入立法程序,形成具有普遍共识意义的大传统内容,使国家权威与乡土社会的关联与沟通有了规范性保障。如此,以大传统为主的国家正式秩序和以小传统为主的民间非正式秩序便有机地整合到合法的渠道,共同地调整着人们的日常生活和公共交往秩序。国家权威因人们的需要而理性地存在,乡土社会因人们的现实需要而自治地运行。

因此,地方立法在制定过程中,首先要遵循国家宪法和各种法律法规的基本底线,不与之相抵触,同时要充分考虑当地各种民风民俗、民间惯例规约。1979 年 7 月,第五届全国人民代表大会通过的《中华人民共和国地方各级人民大表大会和各级人民政府组织法》第 35 条便把保障少数民族的权利和尊重少数民族的风俗习惯列为县级以上各级人民政府的职权之一。1979 年我国第一部《刑法》第 147 条规定:"国家工作人员非法剥夺公民正当宗教信仰自由和侵犯少数民族风俗习惯,情节严重的,处二年以下徒刑或拘役"。"政府仅仅掌握了强大的技术手段,还不足以构成对社会全方位的控制能力,只有同时获得自治主体的自由选择和支持,才能获得全面控制社会的道义力量。"②民族自治地方通过地方立法,借助国家法治力量,将合理的民间法资源整合到国家法律调整的范畴,以程序的正义来调节社会关系,在保留民族地区地方性知识的个性化前提下,实现国家法律与民间规范的良性互动,使各种民族习俗惯例以更加规范而理性的方式实现民族地方的社会自我管理,让民族自治权的落实得到合法而科学的保护。

2.有利于个体权利的保护

梅因在《古代法》中指出,"一切形式的身份都起源于古代属于'家族'所有的权力和

① 赵晓力.中国近代农村土地交易中的契约、习惯和国家法[M].北大法律评论,北京:北京大学出版社,2006.第 1 卷第 2 辑.

② 谢晖.民间法的视野[M].北京:法律出版社,2016:127.

特权……所有进步运动,到此为止,是一个从身份到契约的运动"。[①] 在血缘伦理勾连着人与人之间交往关系的社会中,"身份"成为确定人们权利能力和行为能力的基本标准,每一个权利主体都不能自由地为自己创设权利和义务,而只能听由家庭和族群的束缚。随着现代文明的发展,身份社会逐渐向契约社会转变,也就是约束人们行为和调整彼此社会关系的基准变为了个人自由订立的契约。在这一过程中,个体的权利不断走向自由和独立,个体对权力保障的诉求也与日俱增。

众所周知,人权并非是空洞的说教,马克思主义人权观告诉我们,人权首先表现为生存权和发展权。人权也不是抽象的存在,具有民族性、社会性,它与一定的社会基础、文化历史背景紧密相关,任何国家、任何民族、任何地区的人权因其具体的文化内涵不同,都有不同的人权表现形式,脱离社会实际的人权是不存在的。民族自治地方的人权保障,首先是满足少数民族民众的生存权和发展权,而这种发展权能够实现的基本前提便是个体拥有自主选择的便利和幸福。这种选择既包括人们对生产生活方式的自主选择,也包括人们对社会交往过程中权利义务分配方式的自主选择。民族地方的民间规范,源自于人们的社会生活实践,是人们在非正式的社会交往中,根据其本心的愿望,对权利和义务的自愿分配与表达,代表着乡土民间的民众对自由秩序的善意期待。在其中,也许有的表达形式与得到"普遍共识"的人权观念有所违背,但只要它在不违背国家法律基本原则的前提下,符合一定生活场域中人们对良善秩序的理解,便也可视作对其人权的合法保护。诸如四川西部藏族地区的丧葬仪式,无论是其天葬还是水葬,照刑法规定来看,都是辱没尸体的残暴行为。以刑法言,这种行为既违背公共卫生,也触犯损坏死尸的罪名以及公然侮辱人的罪名,但是信仰既有不同,处罚即须斟酌。由于藏传佛教对于死后升天认为是最高荣誉,在藏民看来,逝者后人对尸体的这种处理方式是为亲人灵魂寻求最好的归宿,也是后人对逝者最大的虔诚与尊重。这种民间规则看似与常理不符,但他代表着特殊宗教文化滋养下的人们对幸福和自由的特殊理解。再如藏区的赔命价制度,藏民在处理刑事纠纷时,经常使用"赔命价"方式作为对肇事者的惩罚和对受害者家属的抚慰。这对于杀人偿命的原则来说,从理论上是不应被允许的,但这种"赔命价"的习惯法从情理上却有着它的合理性。由于藏民深信佛教教义、敬重生命,他们认为命案发生后,以结束另一生命的方式进行裁决,对逝者和家属都没有实际意义,对于受害者家属而言,除了失去亲人的伤痛外,更需要的是物质和精神上的弥补,这是对犯罪者进行单一的死刑惩罚所不能实现的;而以命价赔偿的方式进行处断,既能对受害者家属给以物质生活上的利益补偿,又能实现惩罚对方犯罪行为的目的。从其初衷来看,实际上是属于一种恢复性刑事制裁方式。

地方立法既然是为了满足民族地区社会的特殊需求,那么就应该重心下移,从人们的日常生活方式出发,尊重各种源自民间的权利规范方式,在民间规范中寻求公共交往

① 梅因.古代法[M].上海:商务印书馆,1996:97.

的自在形式和内在规定，获得人们内心对权利规范的内在支持，制定符合民族地方社会生活实际的秩序规则和权力义务规则体系，赋以民间规范在人权保障中一席之地，如此才能真正满足主体对权利之需，实现民族自治地方的人权保护。如果地方立法对人们日常交往中的规则形式不加追问，不能够在民众生活的日常经验和交往习惯中梳理其内在规定性，从生活事实内部去构筑人权保护的法律屏障，而是用精英的人权理念去构筑规则，那么个体的人权将形同虚设。

(二)民间规范为地方立法提供价值认同和实践操作支持

任何时候，法律的终极目标都不是为了树立高高在上的权威，而是为了解决人们社会交往过程中出现的纠纷和矛盾，调整人与人之间的关系，实现人际平衡社会稳定。民间规范所蕴含的社会治理价值与地方立法对区域社会秩序的治理目标在一定程度上具有一致性。比如各民族习惯法所包含的对自然资源环境的敬畏与保护，对邻里关系的重视等等，这与地方立法维护基层社会的稳定，区域社会环境的和谐发展具有相同的价值关怀。换言之，无论是法律，还是民间规范，其基本的社会功能都在于构建良好的社会秩序，化解社会冲突。不同的是，法律是一种人为的主动构建，即运用人类的理性与智慧主动制定相应的制度以避免或解决冲突与矛盾，而民间规范是在生活实践基础上的一种自发产生的地方性知识，但是两者之间又不可能泾渭分明地分开。地方立法作为国家法的重要补充，不可能不关注来自乡土民间的自然秩序，不可能脱离不同民族区域的社会心理特征和本土因子，其所要做的正是在程序正义的前提之下，更关注法律的实质合理性，而民间规范正是将法律的程序合理与日常生活的事实合理相连接与契合的纽带。

同时，在民族地方的偏远乡村，人们的生活秩序并非主要依靠法律条文的约束，而是按照人们内心所遵循的准则去引导和规范着社会交往秩序。民族地方存在大量以保护山林、保护水土、和谐邻里等为目的的民间规范，这些规范具有广泛的民意基础，是来自基层民众的意思表示与诉求，这与地方立法在国家制定法基础上，针对民族地方的自有特色进行变通，以程序的规范来诠释日常生活秩序从而加强地方社会治理的宗旨不谋而合。随着现代文明的发展，国家与社会的依存关系越发多元化，民间规范也在自发地寻求和国家法的接轨，为了让民间规则能够以更为普遍性的共识为人们接受，民族地方也在立足于人们生活经验的基础之上运用、遵守甚至是服从法律官方叙事的原则和范本。

在当前中国民族地区广大乡村社会，基本仍延续着传统中国的血缘、家族、宗族伦理关系，其基本的治理结构仍然是遵循一套地方权威为核心的村社价值认同体系，“在长期的共同生活中，民族地区的成员基于地缘、人缘优势形成了生产、生活方式的同质性，在相互交往中所形成的信仰及价值观基本一致，在世代相传中他们的信仰已经融入其血液之中，表现在日常言行举止之中”。① 人们依据自有的诚信、道德、生态价值标准来对村民

① 杨平、李乐.社会治理视阈下的民族习惯法[J].兰州交通大学学报，2014，33(5)：38-40.

行为和社会关系进行约束与调整。各种民间规范成为这种价值标准的制度形式。当人们发生了邻里、族内纠纷以后，其纠纷解决的途径首先是诉诸地方权威，依据本区域长期以来形成的惯例进行纠纷调解。根据笔者在黔东南地区锦屏苗族侗族自治县文斗村的调查得知，当地寨老作为村民所信任的地方权威，对村民之间普通民事纠纷的调解成功率达到80%以上。当寨老无法有效调解民间纠纷时，村民的诉求对象是村民委员会这样的地方自治机构而不是司法机构。村民委员会的调解程序是派出一名由村民自愿选举产生的调解委员和村委会成员中推选的治保主任同时进行调解，调解委员担任调解职能，治保主任起到监督和最终决策的作用，调解员的调解过程也是按照村委会制定的村规民约进行。很显然，无论是来自乡村权威的寨老调解还是来自地方自治机构的村委会调解，都具有着民间自我管理、自我约束的因素，两种权威在纠纷调解过程中出现了结构的现实契合。

"在现实生活中，人们的交往行为可能依据法律进行，但更大的可能则是依据作为社区共识的习惯进行。"①在民族地方，民间规范发生作用的基础主要是社区成员通过广泛参与和协商达成一致共识，全体成员在通常议事的地点或场合(诸如苗族的寨老议事长廊，侗族的鼓楼)，对涉及自身利益的大事件进行集体商议，制定出村规民约等各种行为规范，这些规范制定以后往往以碑刻或纸质的形式公布于众，为公众所知晓并遵守。(据了解，贵阳乌当布依族自治乡的村规民约制定后，逐一发放到各家各户进行宣传)这种公开制定并传播的方式，使民间规范在村民心中得到充分信任，更由于其涉及村民的整体公共利益，因而被自觉维护并遵守，并以乡村权威强制力量进行监督实施，在一定程度上也就有了基层法律治理的价值取向。地方立法的目的正是要在大小传统之间寻求一条相对合理的路径，将国家法这一制度事实置于社会事实中，考察立法社会基础的合法性和正当性，对正式制度进行变通和补正，以提高国家法在民族地方的可接受性和实施的有效性。

(三)民间规范为地方立法提供素材和漏洞补充

民族地方立法既然是对国家法进行酌情变通，针对民族地区制定更贴切实际的法律制度以实现基层治理的有效，那么立法过程就需要多元参与，这种多元参与既有规则制定参与者的多元化，又包括规则来源的多元化，即吸纳多种社会规范资源进入到地方立法中。民间法中不违公序良俗的惯常行为规范所体现出的道德秩序为地方立法提供了丰富的立法素材。

国家法由于其立法程序的严肃与烦琐，往往具有相对滞后性，无法同步于不断变化着的现实生活秩序。尤其是在经济社会发展，社会转型的重要时期，大量新型社会关系出现，各种矛盾和问题需要法律规范加以调整，但国家法的滞后性使其不能及时基层民

① 王林敏.民间习惯的司法识别[M].北京:中国政法大学出版社,2011:63.

众的现实生活需求。而各种民间规范是在人们社会生活实践中总结形成，与社会生活秩序有着同步性，与社会秩序相融共生。同时，民间规范涉及社会秩序的方方面面，调整着人们的日常生活。国家法由于其宏观性，导致调整对象、作用范围和作用领域极其有限，往往是对某一社会领域进行行为规制，因而也就留下了许多国家法无法介入的真空地带。当国家正式法律出现了制度漏洞，在某些环节缺少对人们交往行为进行规制的明确规定时，单纯依靠国家统一法律已经难以合法规范和调整人们的社会交往秩序。

目前，当国家法无法介入矛盾、纠纷解决时，或者介入失败时，法院常常借助或直接援引民间规范进行司法审判，通过法律发现、法官造法等法律方法实现法律救济与补充。但这种方式的缺陷是，因为没有明确的制度规定，法官在司法过程中对民间法的吸纳和借鉴有赖于法官对风土民情的了解程度，对民间规范进行利用的技术和实践智慧，这其中不确定因素太多。倘若立法者通过对民间规范的搜集整理，提炼总结，在国家法允许的框架内，形成一套自有特色的交往规则和行为规范，来补充法律的不足，弥补其漏洞，这将不失为一种更为有效和规范化的法律漏洞补充方式。因此，民族自治地区通过地方立法，将民间规范作为补充性法源，将少数民族地区相对分散的、多元化的社会交往秩序统一到相对规范、严肃的制定法体系中，单独设定各种适宜于民族地方社会关系调节的法律规章，将灵活多变的民间交往秩序置于地方法律所预设的规则体系中，以弥补国家法律的漏洞，组织和构建新的社会交往秩序，从而满足民族区域人们特殊的生活需求。

（四）民间规范可以节约地方立法成本

民间规范来自于乡土民间，是人们社会生产生活经验的总结，它的成立并生效是民间协商一致所达成的共识，是族群认同自然形成的产物，它与国家制定法严格的立法程序相比省去了大量人力、物力成本。国家法的制定并实施，需要大量立法机关、执法机关、司法机关共同负责法律的订立以及保障法律的实施。而民间规范却以一种简约的方式，维持了远离国家政治中心的偏远地区民众社会关系的有效运转以及日常生活秩序的稳定。在民族地方立法过程中，引入这些民间规范作为立法的实证依据和本土资源，会大大降低立法成本。否则的话，一旦国家法律因与乡村习俗大相径庭而难以实行，则除去有形的货币财富和人力资源的浪费外，更有无形的社会心理成本的负债。那么人们就会将国家法律视作虚设，法律条文即便是再严密的规范，也会因其无效或者低效而形同空洞的城堡，没有了任何实际的社会价值。

三、民间规范进入民族自治地方立法的路径与限度

体现地方特色是地方立法的灵魂和生命，也是衡量地方立法质量和价值的一个基本标准，以避免地方立法中出现的趋同性。当前，我国民族自治地方立法质量不高、实施不力的根本原因就是忽视了民间规范的秩序力量，在立法过程中，没有设身处地了解人们

日常生活秩序得以正常维持的基础,国家法律法规因远离民族地区居民生活现实,常常难以得到真正的执行。

(一)民间规范进入民族自治地方立法的方式

在民族自治地方,国家法对区域自治的规定相对宽泛,主要依靠村民自我约束、自我管理,这就使得民族基层自治陷入无序状态。如何有效实现区域自治,如何以更加科学合理的方式对村民的社会生活进行规范,这就需要对民族自治地方中的民间法习惯进行调查梳理,将民间规范中各种有利因素进行整理,将国家法的严肃与地方知识的灵活柔性相结合,在国家法的允许的范围内对各种民间规范合理运用,弥补国家立法的不足,推动民族自治地方法治现代化进程。民间法进入民族自治地方立法的方式主要有以下两种:

第一种是将部分民间规范直接立法成文。对民族习惯法中的合理内容,通过地方立法的方式予以有效吸收和整合。民族习惯法中,有大量保护自然环境、尊老携幼等符合现代法治精神的规定,在民间纠纷解决方面,民间规范注重息讼和调解,采取更加人性化的方式化解民间矛盾,这与现代和谐司法的理念不谋而合。地方立法具备规范民间习俗惯例等各种自发规范的技术、物质和组织力量。根据国家法的具体规定和总体精神,在不违背国家立法基本原则的前提下,通过制定民族自治地区的自治条例和单行条例,对国家法的规定进行细化或转化,以适合民族自治地方的具体实际,促进民族地区的社会秩序的稳定。

第二种是在立法内容和程序中变通运用,有效吸纳借鉴民间规范中的有利因素。在民族自治地方立法中,根据各民族地域文化特色,吸纳各种被人们所普遍接受的民间规则,对国家法律进行合理的变通。比如在西南少数民族部分地区,并没有完全遵守婚姻法的统一规定,诸如藏区有一妻多夫的俗例,云南纳西族有走婚之习俗,且少有婚姻登记,注重事实婚姻。而我国婚姻法相关规定:“民族自治地方的人民代表大会有权结合当地民族婚姻家庭具体情况,制定变通规定”。运用地方立法的方式,对民间规范中的合理内容进行借鉴与转化,赋予其法的尊严,授予法的地位,有利于国家法与民间规范有机整合,构建良性互动的二元关系。

(二)民间规范进入民族自治地方立法的限度

首先,保持法制文明的统一是进入的底线伦理。卢梭在《社会契约论》中指出,“一旦法律丧失了力量,一切就都告绝望了;只要法律不再有力量,一切合法的东西也都不会再有力量”。[①] 在援引民间规范于地方立法的过程中,要坚持一个基本立场,那就是保持法治文明的统一是民间法进入地方立法的底线伦理。第一,并非在所有领域,民间规范都

① 卢梭.社会契约论[M].上海:商务印书馆,1980:168.

可以进入地方立法。在涉及国家法律绝对控制的领域,应由国家法律制定实施。在民事行为的规范领域,可以尽可能地吸收民间规范的理性因素,但如果在刑事行为的约束领域,特别是公权力治理的领域,则不能吸收民间规范,只能保持国家法律制度的一统性。第二,地方立法一方面可以适度发挥积极性和创造性,根据各地实际情况和社会需求,合理地引入民间规范对人们的行为进行规制,但另一方面需要遵守的底线就是,不与宪法、法律和行政法规相抵触,坚持法治一体化的前提下形成法律主导、多种社会规范相互配合的多元化共同治理格局,加快民族自治地方的法制化进程。

其次,需要对民间法资源进行筛选鉴别。民族地方各种民间规范是人们经过长久以来的乡土生活,总结、积淀并传承下来的行为标准和规则。这些规范符合人们的价值标准和心理需求,多数是有利于良善公序的,适度援引到地方立法中,有利于完善地方立法。但是也有一部分习俗惯例与社会主义国家法治思想和现代化进程相违背,不符合现代文明的发展需求,具有一定的历史局限。诸如西南地区藏族的赔命价,一方面是为了安抚受害者家属,从经济上、精神上给予补偿,有其人性化的一面;但与此同时,过重的经济惩罚也许会使被告者及其家庭背负沉重的负担,给被告及其家人的生活带来难以摆脱的困窘,甚至会因此而造成两个家族更深层次的矛盾。因此,地方立法在吸收民间规范的过程中要构建科学、民主、正规的甄别机制,对民间规范进行理性的鉴别。

一方面,能够进入地方立法的民间规范应该是具有现实价值,而非仅仅是历史文化的层面。在民族自治地区有很多民间规范,依然存留于人们日常生活和社会交往中,规范着人们的行为,调整着社会关系,在乡土社会依然有着其内在的约束力,这一类规范的援用是有价值的。但与此同时,另有一些规范已经作为历史的记忆,仅仅在人们的传唱之间,成为一种民间文化符号而已。诸如苗、侗等民族对婚姻订立的程序规范,在现代社会已经不再具备实际的规范价值,因而不可能再成为立法的民间资源。

另一方面,在将各种民间规范纳入立法时,需要确保其正义性、合理性。既要符合百姓日常生活的价值需求,满足一般民众所普遍接受的常理、常情;又要遵循符合社会发展需要的科学常识,顺应时代潮流,避免封建、愚昧和落后,诸如黔东南苗侗地区,过去在进行纠纷解决时,常常适用神判习俗,采用捞油锅等方式进行案件审理,既对当事人身心造成伤害,又不符合法治精神。对于体现中华民族传统美德且与现代法治社会没有冲突的民间规范可以大胆地确认,反之则不能沿用。唯有如此,在面对各种民间纠纷解决时,方能维护法律的权威和正义。

第三,关注制度的耦合机制和支撑体系。任何制度序造并不是单一的逻辑构成,它需要在整个制度架构及支撑机制的耦合关联下实现其应有的原初设置。因此,民间规范进入民族自治地方立法,除了要遵循保持法制文明的统一这一底线伦理和对规范表达进行必要的甄别选择外,在整个法律序造的制度架构中,通过结构—功能的变量关切,并付诸于制度得以运行支撑体系的考量亦显得尤为重要。这一逻辑的展开,需要考虑民间规范进入地方立法的生态关联和口径设置,亦要关注其他制度类型对它可能提供的支持。

因此,民间规范进入地方立法要注意同其他地方立法文本及精义的契合,并找寻他们之间的耦合机制和支撑关系。在民族地方,由于历史、社会、地理的特殊因素而形成乡村自治状态,民间规范成为民族乡村社会的自我约束的内生性制度,维护着村民群体内部的各种社会关系,地方立法作为国家制定法的重要组成部分,是国家法律用以调节基层社会成员各种社会行为以及社会关系的一种变通性的具体的规范体系,包括各种单行条例等,是民族地方实现自治权的重要保障。因此,地方立法其实是民族地方因应乡村社会长久以来的习俗惯例和社会实践规则而制定的一套规范体系,具有内生性民族文化特质,是民间规范赖以生存的制度基础。

而民间规范在进入地方立法时,需要对其进行应有的评估,分析其与其他立法规范的关系,在排除重复、剔除矛盾、吸收合理及创制文本等一系列作业中使其达到耦合,共同发挥制度序造的价值。现有地方立法中对村规民约制定权的保留成为民族地区民间法理性融入国家法的重要支撑。1998 年,《中华人民共和国村民委员会组织法》第 20 条规定:"村民会议可以制定和修改村民自治章程、村规民约,并报乡、民族乡、镇的人民政府备案。村民自治章程、村规民约以及村民会议或者村民代表讨论决定的事项不得与宪法、法律、法规和国家的政策相抵触,不得有侵犯村民的人身权利、民主权利、和合法财产权利的内容。"因此,地方立法中允许村规民约的制定,在一定意义上是对民间规范进行筛选,从乡土社会代代相传的传统惯例和行为规范中,有鉴别性地保留适应新时代秩序观念的传统成分,从而为民间规范提供必要的生存空间。诸如贵州省贵阳市新堡布衣族自治乡马头村发现一块民国时期的禁止乡约碑,主要针对山林保护制定各种惩处规则,而该乡各村委会根据民族地方特色,制定了乡规民约:这些村规民约很显然既有行政干预、组织管理的特征,也同时保有民族地区民间规范的特色,是地方立法在控制乡村社会秩序,实现乡村自治层面上,为民间规范提供生存空间。

综上所述,在民族自治地方立法中,合理援引民间规范参与立法过程,有助于完善法律精神,消解法律规范与社会规则的冲突,增强立法的社会认同与主体接受性,推动法治一体化进程,完善社会主义法治建设。同时,促进民间规范与地方立法的制度耦合,也有利于理顺民族地方立法与社会事实之间的关系,推动民族地方实现主体自治、规则自治,有助于民族区域自治实现新的突破,从而提高多民族国家治理体系和治理能力现代化水平。

Study on the Interaction between the Folk Norm and the Legislation of National Autonomous Areas

Su Jie　Xie Jie

Abstract: the national law and the civil code, as a kind of order rule to maintain the community order, have the same legal source basis on the logical basis. In the legislation of regional national autonomy, induct folk norms to participate in local legislation, makes the inherent regularity of folk norms to rise to the laws of the state general stipulation, realizing the logic order of the law and order in the social practice of integration. And folk norms on the practical logic to implement national autonomy, individual human rights guarantee, etc. To provide support to achieve the goal of local legislation, and provide value to its identity, the practice operation, social security, etc. It is also possible to provide a good reference of local resources for the legislation of ethnic autonomous areas by giving full play to the functions of folk norms such as loophole supplement, cost saving and normative quotation.

Key Words: folk norm; legislation in ethnic autonomous areas; interactive

乡村社会的软法之治*

张晓萍**

摘要:在乡村社会治理中,必须要认真对待软法,因为软法之治已然被视为加强公共治理、强化法治建设的重要路径。从历史向度而言,中国乡村社会具有悠久的软法之治传统,其经验或许能为我们提供某些有意义的借鉴。当代中国乡村社会软法之治经历了由底层创新到上层建制的发展之路,形成了国家导引下的基本制度框架。随着工业化、城镇化进程的加剧,乡村社会软法之治面临诸多问题,为此必须加强村委会自身建设,理顺"两委"关系及村委会与乡镇政府的关系,加强村规民约的治理功能,建立健全审查制度,从而促进乡村社会软法之治的健康发展。

关键词:乡村社会;软法;治理;村规民约

十八届三中全会决定"全面深化改革的总目标是完善和发展中国特色社会主义制度,推进国家治理体系和治理能力现代化"。"创新社会治理体制","改进社会治理方式。坚持系统治理,加强党委领导,发挥政府主导作用,鼓励和支持社会各方面参与,实现政府治理和社会自我调节、居民自治良性互动"。十八届四中全会明确指出:"法律的权威源自人民的内心拥护和真诚信仰。"弘扬社会主义法治精神,"推进多层次多领域依法治理"。"深入基层组织和部门、行业依法治理,支持各类社会主体自我约束、自我管理。发挥市民公约、乡规民约、行业规章、团体章程等社会规范在社会治理中的积极作用。"中共中央总书记习近平在中国共产党第十九次全国代表大会上的报告中提出:"实施乡村振兴战略","加强农村基层基础工作,健全自治、法治、德治相结合的乡村治理体系"。由此可见,中国共产党在治国理政上又一次质的飞越。从"社会管理"转向"社会治理",不仅关注有形的物质需求,更关注无形的社会心态;不再囿于强制、命令等硬法与硬权力的运用,更加强调国家导引、激励、支持、帮助等软权力的实施;社会治理主体逐渐多元化,治理规范逐渐层次化。在某种程度上,上述变化彰显着在当下中国社会中需要认真对待软法及软法之治,尤其是变革中的乡村社会,因为它不失为破解乡村社会治理困境的一剂良药,是实现乡村振兴的必由之路。

* 项目简介:中央高校基本科研业务费专项资金项目"村民自治的软法治理"(2572018BN13)。

** 张晓萍,东北林业大学文法学院副教授,法学博士,硕士生导师。

一、软法与软法之治

"软法"概念最早源于西方国际法学,用于解释欧盟治理中大量产生的没有法律强制力的行为规则。因此,在法的分类中出现了一种新的划分,即以是否具有强制力为标准将法划分为硬法和软法,硬法是国家制定或认可的、依靠国家强制力保障实施的法规范,而软法的制定主体不一定是国家,其主要是不能运用国家强制力保障实施的法规范,即软法是"缺乏国家法的拘束力但却意图产生一定规范效果的成文规范"①。

软法概念的兴起体现了人们对法的认识的不断发展,拓展了传统法的概念的内涵与外延。软法倡导者认为"法是人们的行为规则""具有外在拘束力""由一定人类共同体制定、协商、认可""具有民主性、公开性、普遍性、规范性"②。由此,软法亦法,不同于硬法,亦不同于道德、习惯等社会规范。软法具有以下特征:第一,软法的制定主体多元化,不限于国家,还包括超国家组织和次国家组织,前者如联合国、世贸组织、欧盟等,后者如行业协会、高等学校、村民委员会、居民委员会等;第二,软法不是由国家强制力保证实施的社会规范,它主要依靠自愿、诚信、舆论和纪律等保障实施;第三,软法争议与救济虽不排除通过司法解决,但是多数情况下是依靠自愿协商、民间调解或仲裁解决。③

从形态上看,软法是成文规范,主要分为五类:一是国家立法中的指导性、号召性、激励性、宣誓性等非强制性规范;二是国家机关制定的规范性文件中的非强制性规范;三是政治组织制定的自律规范;四是自治组织制定的自治规范;五是超国家组织制定的非强制性规范。由此,在软法理论和体系中,法的存在是多层次的,④软法的兴起亦遵循着法律社会化方向。"在认知开放中,法律以多样性的方法与社会意义和社会价值相关联,也与现实构成物相关联。"⑤而"国家法律仅仅在法学家的意识里处于支配地位,社会生活的特征是这样的:国家法律通常与社会控制的真正结构风马牛不相及,这种结构是秩序与和谐的保证,我们需要研究的也正是这种结构"⑥。

软法之治,又称"软法治理",与硬法之治相对应。后者主要通过硬法,运用军队、警察、法庭、监狱等强制性手段进行社会控制;而前者在不排除法律、行政、经济手段的前提下,主要通过软法,运用导引、激励、协商、调解、沟通、心理疏导等柔性手段进行社会治理,以达善治。从实践层面而言,软法之治不是新生事物,但在当下其兴起并非源于最初产生时的动因,而是基于国家管理转向公共治理的现实需求。"软法之治"常与"软权力"

---

① 翟小波.软法及其概念之证成——以公共治理为背景[J].法律科学,2007(2).

② 姜明安.软法的兴起与软法之治[J].中国法学,2006(2).

③ 参见姜明安.软法的兴起与软法之治[J].中国法学,2006(2).

④ 参见翟小波."软法"概念何以成立?——卢曼系统论视野内的软法[J].郑州大学学报(哲学社会科学版),2007(3).

⑤ 贡塔·托依布纳.法律:一个自创生系统[M].张琪,译.北京:北京大学出版社,2004:48.

⑥ 罗杰·科特威尔.法律社会学导论[M].潘大松,等译.北京:华夏出版社,1989:32-33.

相连，进入21世纪常被用来解释政府角色变迁以及与公共治理的关系。众所周知，20世纪中后期以降，西方福利国家面临困境，社会主义国家实行的计划经济破产，国家管理饱受质疑。与此同时，非政府组织兴起，社会自治力量逐渐渗入原本由政府垄断的公共事务管理领域，从而为公共治理带来生机。公共治理突出治理主体的多元化，即不再片面关注国家意志与利益，而是要充分尊重社会多元利益需求；它打破了传统国家管理模式下单向度管制关系，强调广泛的公众参与、开放的公共管理，并致力于社会、市场力量的参与和合作。因此，较以往国家管理常以强制与命令示人，公共治理中的国家更多依据"软法"而非"硬法"，其角色变得更为"柔性"，"软法之治"逐渐兴起。一方面，国家为社会自治保留必要的自治空间，以发挥自治规范的自治作用；另一方面，矫正或弥补硬法的不足，在公共治理中少些强制和命令，多些协商和尊重，以相对"柔性"的方式协调各方利益关系，最终达成共识，形成决策。正如有学者所指出的：进入21世纪，"国家和社会互动关系需要重新调整，国家独揽公共事务的垄断地位被国家、社会、市场的新组合所取代，呈现出以软法为主要治理依据的多元化公共治理新格局"①。在公共治理时代，硬法与软法的对立与统一势必取代国家管理时期的公法与私法的对立，软法之治已然被视为加强公共治理、强化法治建设的重要路径。

二、中国乡村社会软法之治的历史传统

自古以来，中国是个农业大国，乡村治理问题始终是一个重大的现实问题。如何实现乡村的有效治理，一直是历代统治者努力追求的政治目标。传统中国推行乡村制度经过乡遂制（周代）、乡亭制（秦汉）、乡里制（唐代），直至宋代之后定型为保甲制，国家始终着力于对乡村社会进行控制。然而，在传统中国，乡村治理并非仅依靠国家强制与命令，事实上国家统治止于州县，基层乡村社会主要依托国家认可的社会组织进行自我管理，并且形成了中国特有的"礼法合治"的传统。

据《说文解字》的考证，古汉语中法，刑也；据《尔雅·释诂》的记载，在秦汉时期法与律已相通。因此，一般而言，"礼法合治"中的"法"多指国家制定并以国家强制力保证实施的律令，以软法理论视之可谓是"硬法"，"礼"则大体属于软法范畴，"是具有指导性、号召性、激励性、宣示性的非强制性规范，是在社会共识的基础上自发形成的家法族规及乡规民约，更为重要的是其为法的主流价值观之所在"②。因此，传统中国乡村社会"礼法合治"，亦为"软法与硬法合治"，且在两者关系上礼为主导，软法与硬法相辅相成、互为补充。

从治理角度而言，"礼为国之根本"，自三代就已形成"礼治"，无论国家，还是社会，亦

① 孔德斌．农村社区治理：从硬治理向软治理的转变[D]．南京：南京农业大学，2014：47.

② 马小红．"软法"定义：从传统的"礼法合治"中寻求法的共识[J]．政法论坛，2017(1).

或个人，皆不可无礼。正如《左传》有言："礼，国之干也；敬，礼之舆也。不敬，则礼不行；礼不行，则上下昏，何以长世？""礼治"由"礼义"与"礼制"组成，前者是礼之内在德行，核心是人伦道德；后者是礼之外在形式，表现为条文与规范。虽然礼治在春秋战国时期遭受破坏，但是经过汉代对秦亡历史教训的深刻总结而又得以重新认识。汉初思想家贾谊言："道德仁义，非礼不成；教训正俗，非礼不备；分争辩颂，非礼不决；君臣上下，父子，兄弟，非礼不定；宦学事师，非礼不亲；班朝治军，莅官行法，非礼威严不行；祷祠祭祀、供给鬼神，非礼不诚不庄。"[①]汉代及其之后的历代王朝对社会秩序的构建皆致力于以"礼"为主导，融合礼法，形成了传统中国乡村社会独特的软法之治。

传统中国乡村社会软法之治首先体现在法的伦理基础与价值取向来自于"礼"，"礼"凝聚社会共识。三代的"礼治"强调言法必先言其义，运用刑制必然要申明其目的在"德"。例如，《尚书·康诰》云："惟乃丕显考文王，克明德慎罚，不敢侮鳏寡，庸庸，祗祗，威威，显民。"《尚书·吕刑》记载："朕敬于刑，有德惟刑。""惟敬五刑，以成三德。"对于统治者来说莫过于自律保民，获得民之拥护，而民之拥护者即为有德，有德者即得天命，"以德配天"，从而构成其统治的正当性基础。无论是统治者还是其制定的强制性法律规范都需要敬礼、敬德，正所谓"周制刑之意，亦本于德治礼治之大经"[②]。礼沟通天人关系，并将人伦道德作为其基本精神，"亲亲、尊尊、长长，男女有别"，成为礼义不可改变的永恒法则。春秋战国时期，儒家提倡以礼义改良不合时宜的制度与规范。秦亡，汉承周、秦，认为"秦始皇，兼吞战国，遂毁先王之法，灭礼谊之官、专任刑罚"，"天下愁怨、溃而叛之"[③]。故汉后，融合礼法，将法注入礼之精神，一方面立法以礼之精神为指导，另一方面司法引经决狱。礼立足于日常，关乎人情，是社会共识的集中体现。正如《汉书·礼乐志》所言："人性有男女之情，妒忌之别，为制婚姻之礼；有交接长幼之序，为制乡饮之礼；有哀死思远之情，为制丧祭之礼；有尊尊敬上之心，为制朝觐之礼。""故婚姻之礼废，则夫妇之道苦，而淫僻之罪多；乡饮之礼废，则长幼之序乱，而争斗之狱蕃；丧祭之礼废，则骨肉之恩薄，而背死忘先者众；朝聘之礼废，则君臣之位失，而侵陵之渐起。"国家认可礼之精神及所形成的秩序，上至官府，下至百姓，皆以礼相待，出礼则入刑，天下一统。

在传统中国乡村社会治理中，国家对乡村社会的导引、激励是软法之治的另一传统。自古中国就有"明德慎罚"之传统，国家将具有教化、导引作用的礼纳入社会治理体系中，利用柔性之手段，教化乡里，激励善行，构建和谐。尽管秦以武力实现统一，欲以严刑峻法达致久安，然而历史证明，不重视软法，缺乏柔性治理，一味依靠强制、命令，难以长治久安。秦以严刑峻法网络天下，只能收获"杀人之父，孤人之子，断人之足，黥人之首，不可胜数"[④]之后的揭竿而起，短命而亡。因此，自汉以来，一方面融礼入法，另一方面突出

① 贾谊集·新书·礼.

② 马小红."软法"定义：从传统的"礼法合治"中寻求法的共识[J].政法论坛，2017(1).

③ 汉书·刑法志.

④ 史记·张耳陈余传.

礼的导引、教化、激励之作用，重视国家对乡村社会的柔性治理。其中，传统的乡饮酒礼就是典型代表。乡饮酒礼始见周礼，延至明清，虽仪式有别，但目的相通，即教化乡民、和睦乡里、敦厚民风。按照乡饮酒礼，每年冬闲时县级官府会集乡绅、宗室、村民，“恭维朝廷，率由旧章，敦崇礼教，举行乡饮”。在乡饮酒礼上通常宣讲“为臣尽忠，为子尽孝，长幼有序，兄友弟恭，内睦宗族，外和乡党”。要求“凡乡饮酒，序长幼，论贤良，别奸顽”①。由此，国家导引，教化乡民，而此种教化不仅惩恶，更为扬善，朝廷对于善行更是给予礼遇，如《新唐书·孝友传》记载“唐受命二百八十八年，以孝悌名通朝廷者，多闾巷刺草之民，皆得书于史官”。由此可见，在传统中国乡村社会治理中，王朝与乡民并非是二元对立的关系，国家主要不是以强制、命令干涉乡村秩序，而是积极倡导源于日常生活和人情事理的礼且获得了乡村社会的高度认同。所以，在乡村治理文化脉动中，乡民并非被动受制于律令，而是主动循礼，礼作为软法，通过教化深入人心。

在传统中国，乡村社会软法之治传统还表现在依托基层社会组织通过民间规约进行乡村治理。从历史经验来看，一元化的行政管理体制面临着诸多困境：一是在以农业为主的社会，庞大的行政管理体制，势必要以庞大的行政管理机构和人员为依托，政府财政开支与管理成本高企，这对承担赋税的农民来说始终是个不小的负担，一旦难以承受，就会造成失序；二是中国幅员辽阔，人口众多，多民族，地理环境与风俗习惯迥异，一元化的行政管理体制始终存在如何深入基层、满足社会不同需求的问题；三是如果国家权力过度下沉至基层，有可能会造成地方权力过大之风险，如何让地方权力有效运行且不成为对抗中央的割据势力，始终是统治者要解决的问题；四是如何将松散的农民组织起来，发挥民众的作用，以低廉的管理成本完成公共事务，如兴修水利、扶危济困，也是统治者要考虑的问题。② 为了破解一元化的行政管理体制的困境，传统中国形成了民间基层社会组织自我管理的治理机制，开创了最具中国特色的乡村社会软法治理之传统。

“从基层上看去，中国社会是乡土性的。”“从土里长出过光荣的历史，自然也会受土的束缚”，人们“活动范围有地域上的限制”，形成了”生于斯、死于斯的社会”。③ 在传统乡村社会中，村民的交往体现为一种对行为规则的熟悉和不假思索的遵守，这些规则就是我们周知的体现礼之精神的乡规民约和家法族规，构成传统中国乡村治理的主要依据，国家正是利用村社、家族等基层社会组织和民间规约的自我管理来完成对乡村的治理。中国历史上有许多乡规民约、家法族规，著名的有《吕氏乡约》《南赣乡约》《同里公约》《义庄规矩》《居家杂议》《朱子家礼》《曾氏家训》等。相对于国家强制与命令而言，这些乡规民约、家法族规属于软法，体现了国家对乡村社会的软治理且具有文化基础与硬法支持。一方面，儒家所倡导的礼，不仅符合国家统治需求，也深受民间认同，因此国家认可体现礼之精神的乡规民约、家法族规的规范作用，承认乡村社会的自我管理；另一方面，国家

① 清史稿·礼.
② 参见窦竹君.传统中国的多元共治与伦理法制——兼论重塑多元共治[J].河北法学，2012(1).
③ 参见费孝通.乡土中国[M].北京：北京出版社，2005：1-9.

并非完全放任乡村的自我管理，必要时也会进行干预，如明朝家法族规通常要呈请官府批准。不过，一般情况下为了维护基层组织管理的权威，官府干预是有限的。传统乡村社会自我管理的范围十分广泛，包括经济生产与互助、生活救济与救助、组织成员行为的规制、文明风尚之倡导、生态环境保护、纠纷解决与矛盾化解、集体福利之建设，如兴办家塾义学等，实现了因时、因地、因俗而治，并化管理于日常生活之中。

正如有学者所指出的："研究礼法合治、以礼为主的法律体系在中国古代社会治理中所取得的成功，对于软法理论的意义，并不只是为了说明软法在法的体系中不可或缺，更为重要的是这个凝聚了中国古人经验和智慧的法律体系能够为我们现实的法治提供切实有效的借鉴。"[①]事实上，在当下以村民自治为表现的乡村社会的软法之治正面临着种种问题，传统经验或许能为我们提供某些有意义的借鉴。

三、村民自治：当代中国乡村社会软法之治的演进与现实问题

20 世纪前半期的乡村中国不同于传统的两大变化：一是由于西方入侵使得传统乡村经济发生变化；二是国家权力下沉，试图强化对乡村社会的控制。这一时期"所有的中央和地区政权，都企图将国家权力伸入社会基层，不论其目的如何，它们都相信这些新延伸的政权机构是控制乡村社会的最有效的手段"[②]。然而，传统中国乡村社会秩序被彻底改制还是在中华人民共和国成立之后，"土改""农业合作社""人民公社"等一波又一波的政治运动，彻底摧毁了传统乡村秩序赖以存在的基础，国家进而实行对乡村社会的全面控制，小到子女教育、家庭矛盾、邻里纠纷，大到物资调配、生产建设，国家权力无所不在、无所不包。在强大的意识形态的灌输下，国家以其高昂的硬治理成本管理乡村，直至难以维系。事实上，中华人民共和国成立初期，为了把城市居民组织起来，全国各地建立起一些基层群众自治组织，统称为居民委员会，国家层面也曾有人设想把居民委员会这种城市基层群众自治组织与民主形式扩大到农村，但没有成形。[③] 改革开放后，人民公社解体，基层农民自发建立村委会，负责全村公共事务，随后国家积极推进农村基层民主政治建设，历经多年完成了村民自治由底层创新到上层建制的演进，并将村民委员会和居民委员会统称为基层群众自治组织，成为中国民主政治的基本制度之一，开创了当代乡村社会软法之治。

（一）当代中国乡村社会软法之治的底层创新

当代中国乡村社会软法之治是以村民自治为主要载体的。与传统乡治不同，我国现行的村民自治制度产生于 20 世纪 80 年代初，它是在人民公社神话破产、重识基层治理

---

① 马小红."软法"定义：从传统的"礼法合治"中寻求法的共识[J].政法论坛，2017(1).

② 杜赞奇.文化、权力与国家[M].王福明，译.南京：江苏人民出版社，2006：2.

③ 参见白益华.亲历村民委员会组织法制定(上)[J].中国人大，2004(8).

的基础上逐渐发展起来的一项民主政治制度。1980 年年初，在广西壮族自治区宜山县合寨村，当地农民在民主选举基础上组建了我国首个村民自治组织，即村民委员会。村民委员会在村民表决的基础上通过了村规民约，作为自治的规范基础。这种全新的组织完全出自农民的自发行为，随后各地组建村民委员会，由此拉开了村民自治的序幕。此前，我国农村基层治理主要依靠人民公社，然而人民公社体制存在种种弊端，即“难以维护集体经济，尤其是生产队的自主权；政社合一加重农民负担；造成党政企不分，权力集中于党委少数人，削弱了党的工作和政权工作；不利于实行科学的经营管理；不利于农业向专业化、社会化方向发展；不利于发扬社会主义民主”①。随着人民公社被否定、政社分离、公权力的退出，农村公共事务的管理面临真空，进而逐渐失序。“农村基层组织出现了瘫痪、半瘫痪局面，土地分到户，生产队就没人管事了，农村社会治安问题、民事纠纷大量增加，乱砍滥伐树林的情况也出现了，偷牛盗马的事情时有发生。”②在此情形下，村民委员会的出现弥补了农村公共事务管理的真空，有利于维护农村治安、提供公共服务、促进经济发展。

(二)乡村社会软法之治的上层建制与国家导引

村民自治作为乡村社会软法之治的基本载体，虽然起源于底层创新，但是如果没有上层建制，还是难以在全国范围内展开。事实上，我国村民自治制度经历了从“底层创新到上层建制”的发展之路。③ 村民委员会的产生源于底层农民对农村治理的朴素需求，目的在于维护基本的生产、生活秩序，然而人民群众的实践创造得到了中央的高度重视。1981 年，党的十一届六中全会通过的《关于建国以来党的若干历史问题的决议》明确指出“在基层政权和基层社会生活中逐渐实现人民的直接民主”。1982 年 8 月，中共中央下发第 36 号文件，要求各地有计划地开展村委会建设的设点工作。同年 9 月，党的十二大报告第一次明确提出基层自治的思想方针，指出“社会主义民主要扩展到政治生活、经济生活、文化生活和社会生活的各个方面……发展基层社会生活的群众自治”。同年 12 月，五届全国人大五次会议审议通过 1982 年宪法，明确指出村民委员会是“基层群众性自治组织”，负责本居住地区的公共事务与公益事业。至此，村民自治制度作为民主政治的重要内容在宪法层面得以确立。

相对于传统乡治，当代乡村社会实行村民自治亦体现国家认可村民根据村规民约等自治规范进行自我管理，然而不同的是当代乡村社会软法之治的政治基础在于民主建设。纵观村民自治的演进历程，首先形成了以民主选举为重点推进的村民自治制度建设。正如彭真同志所指出的：“群众的事情由群众自己依法去办，由群众自己直接行使民

① 侯晓光.村民自治研究——基于清末民国时期与改革开放时期的比较[D].北京：中国政法大学，2014：86；参见罗平汉.农村人民公社史[M].福州：福建人民出版社，2003：406.

② 白益华.亲历村民委员会组织法制定(上)[J].中国人大，2004(8).

③ 参见王可园.中国农村村民自治制度演进的逻辑和完善路径[J].学术交流，2018(1).

主权利。没有群众自治,没有基层直接民主,村民、居民的公共事务和公益事业不由他们直接当家做主办理,我们的社会主义民主就还缺乏一个侧面,还缺乏全国的巩固的群众基础。""有了村民委员会,农民群众按照民主集中的原则,实行直接民主……这是最广泛的民主实践。"[①]在村民自治制度建设中,村民委员会的民主选举和建设首当其冲。在明确村民委员会宪法地位之后,1983 年中央下发《关于实行政社分开建立乡政府的通知》,要求地方建立乡政府,根据村民的居住状况设立村民委员会,并指示各地在建乡过程中根据具体情况制定村民委员会工作简则。随后,全国各地积极推进民主选举,建立村民委员会,制定工作简则,直到 1985 年年底,原有生产队基本归于历史,取而代之的村民委员会在全国范围内普遍建立起来。[②] 村民委员会建立之后,村民在民主表决的基础上通过村规民约,用于约束村民的行为,维护本村的社会秩序,村规民约成为村民自治所依据的主要规范。1987 年《村民委员会组织法(试行)》颁布,并在全国各地开始贯彻执行。该法的颁布统一了人们的思想认识,即坚持宪法、村民委员会的性质不能变,"坚持自治,凡是村里办的事由村办,不要乡政府插手,这样,一可以减轻政府的负担,二可以改变工作方法,不强迫命令"[③],从而确立了乡政府对村民委员会的指导关系,乡政府"不得干预依法属于村民自治范围内的事项",消除了人们关于两者关系的长期争论。随后,全国各地在试点基础上有序开展村民委员会的选举工作,推动农村基层民主选举制度的建立。[④] 1994 年民政部发布《全国农村村民自治示范活动指导纲要(试行)》,提出"通过民主选举、民主决策、民主管理、民主监督的系统程序和制度,全面增强和提高村民的参政议政意识和能力"。根据近 8 年的实践,村民委员会组织法的修订工作提上日程。1995 年 5 月,民政部召开部务会议,通过修订稿,并上报国务院。随后,经过 3 年的修订工作,1998 年 11 月九届全国人大常委会第五次会议审议通过了《村民委员会组织法》。至此,由底层发端的村民自治完成了上层基本制度的设置,从而进入了有法可依的新阶段。[⑤]

随着工业化、城镇化进程的加剧,"依法治国,建设社会主义法治国家"的推进,权利意识崛起,进入 21 世纪的村民自治逐渐加强民主决策、民主管理与民主监督的制度建设。在经济较为发达的地区,集体经济发展迅猛,村集体收入越来越多,而村级财务管理体制明显滞后。虽然《村民委员会组织法》规定了村务公开制度,但是缺少切实可行的监督机制,村民与村干部时而产生纠纷。2004 年,浙江省武义县后陈村创设村务监督委员会,同时出台《村务管理制度》《村务监督制度》,"一个机构,两项制度"构成了后陈村经验的核心。村务监督委员会被誉为村民自治中的"第三种权力",独立行使村务监督权。对

① 彭真.通过群众自治实行基层直接民主(一九八七年十一月二十三日)[M].彭真.彭真文选(一九四一——一九九〇).北京:人民出版社,1991:606-611.

② 参见邹璟琪,肖克.村民自治制度实践透视[J].重庆社会科学,2018(2).

③ 白益华.亲历村民委员会组织法制定(下)[J].中国人大,2004(8).

④ 参见潘嘉玮,周贤日.村民自治与行政权的冲突[M].北京:中国人民大学出版社,2004:34.

⑤ 参见白益华.亲历村民委员会组织法制定(下)[J].中国人大,2004(8).

于后陈村而言,正是村务监督委员会积极履行职责,村级财务混乱的状况才逐渐好转,村民意见逐渐平息。事实上,在问题面前,自治的村民并不缺乏制度创新的能力,关键是这种创新是否具有合法性和可行性。2004 年 6 月,中央下发《关于在农村普遍实行村务公开和民主管理制度的通知》,要求充分认识村务公开和民主管理工作的重大意义,保障农民群众的知情权,设立村务公开监督小组,负责监督村务公开制度的落实。之后,村务公开监督小组升格为村务监督委员会。2010 年修订的《村民委员会组织法》在立法目的中增加"维护村民的合法权益",要求"村应当建立村务监督委员会或其他形式的村务监督机构,负责村民民主理财,监督村务公开等制度的落实"。"一村之计"再次上升为"一国之策"。村务监督委员会制度的确立,有利于民主选举、民主决策、民主管理、民主监督落到实处,成为我国政治体制改革中取得的重大进展之一。①

正如"改革没有一个蓝图",当代乡村社会实行村民自治,推行软法治理,也并非依据事先设计而行。农民为了维护自身权益,自发地组建村委会,依据村规民约实行自我管理,虽然并没有预想到这种实践活动会转化为制度成果,却成为"自下而上"推动社会治理体制变迁的原动力。事实上"在很多情况下,地方干部甚至许多中国民众利用来自北京的政治动议和领导人之间的政治分歧来'从底层'推进改革,当主要的改革者对由此产生的新情况表示认可时,它就成为全国性的政策"②。不过,我们也应当注意到:正是国家导引着乡村社会软法之治的制度建设。正如在村民自治制度建设伊始彭真同志所倡导的:"我们各级党委和政府,对村委会要抱着热忱支持的态度,都应该懂得它建立的意义,采取热忱、支持、扶持的态度,做不好的应该帮一把,尤其不要像 1953 年那样硬布置,不应该由政府干的事情也让政府来干,要是那么弄就把村委会搞垮了。"③另一方面,从村民自治制度的演进来看,"虽然都始自农民的创新性活动,但国家权力总是适时地对其进行总结和提升,根据形势的发展使之制度化,这也成为改革开放以来中国农村体制制度发展变革的主要模式"④,同时也为乡村社会软法之治构建了制度框架。

(三)乡村社会软法之治的授权与制度框架

从静态而言,乡村社会软法之治是基于宪法、法律等硬法授权,即硬法规定有关村民自治制度,为软法治理留下制度空间。我国《宪法》第 111 条规定:"城市和农村按照居民居住地区设立的居民委员会或者村民委员会是基层群众性自治组织。居民委员会、村民委员会的主任、副主任和委员由居民选举。居民委员会、村民委员会同基层政权的相互关系由法律规定。""居民委员会、村民委员会设人民调解、治安保卫、公共卫生等委员会,办理本居住地区的公共事务和公益事业,调解民间纠纷,协助维护社会治安,并且向人民

① 参见黄庆畅.我国政治体制改革取得重大进展[N].人民日报,2012-5-14(1).

② 李侃如.治理中国:从革命到改革.胡国成,赵敏,译.北京:中国社会科学出版社,2010:140.

③ 白益华.亲历村民委员会组织法制定(下)[J].中国人大,2004(8).

④ 王可园.中国农村村民自治制度演进的逻辑和完善路径[J].学术交流,2018(1).

政府反映群众的意见、要求和提出建议。"由此可见,宪法确定村民委员会是基层群众性自治组织并将其排除在国家政权之外,即村民委员会不是国家机关,不享有国家权力,亦不承担由国家权力机关应负的法律责任。村民委员会是多元的社会自治组织之一,在法律授权下进行自我治理,且国家认可的农村地区基层民主形式是村民委员会制度,其他基层民主形式应以此制度为基础,否则将面临合法性质疑。

"为了保障农村村民实行自治,由村民依法办理自己的事情,发展农村基层民主,维护村民的合法权益,促进社会主义新农村建设",根据宪法,制定《村民委员会组织法》。《村民委员会组织法》第27条规定:"村民会议可以制定和修改村民自治章程、村规民约,并报乡、民族乡、镇的人民政府备案。""村民自治章程、村规民约以及村民会议或村民代表会议的决定不得与宪法、法律、法规和国家的政策相抵触,不得有侵犯村民的人身权利、民主权利和合法财产权利的内容。"根据该条文,村民自治章程、村规民约、村民会议或者村民代表会议的决定构成村民自治软法之主要内容,其效力基础在于国家法律授权村民实行自治,国家认可村民基于民主而制定的自治规范的效力,除非所制定的自治规范与宪法、法律、法规、国家的政策相抵触。《村民委员会组织法》第4条规定:"中国共产党在农村的基层组织,按照中国共产党章程进行工作,发挥领导核心作用,领导和支持村民委员会行使职权;依照宪法和法律,支持和保障村民开展自治活动、直接行使民主权利。"第29条规定:"村民委员会应当实行少数服从多数的民主决策机制和公开透明的工作原则,建立健全各种工作制度。"因此,村党支部制度与村委会制度作为村"两委"制度,亦是村民自治中的软法,得到国家法律认可,授权开展乡村治理。

总而言之,在当代乡村社会治理中,村民自治章程、村规民约、村民会议或者村民代表会议的决定、村"两委"制度是在村民自治框架内创制的自治规范,属于软法范畴。这些软法经国家认可,同硬法一样受制于现代法治精神与理念。从效力等级来看,村民自治中的上述软法较宪法、法律、法规等硬法处于低位阶。然而,从适用来看,村民自治则是以软法为主、硬法为辅的软硬混治。《村民委员会组织法》第5条规定:"乡、民族乡、镇的人民政府对村民委员会的工作给予指导、支持和帮助,但是不得干预依法属于村民自治范围内的事项。"乡政府与村民委员会不是领导关系,而是指导关系,意味着国家对村民自治更多采用软治理手段,指导、支持、帮助村民委员会开展工作,一般不干涉村民自治,而村民和村民委员会在村党支部的领导下,在村民自治范围内依据村民自治章程、村规民约、村民会议或者村民代表会议的决定实行自我治理,施行软法之治,而硬法在此时只是处于辅助地位,只有当软法与国家强制性规定相抵触,侵犯村民的人身权利、民主权利和合法财产权利之时,硬法及其效力才显现。此外,《村民委员会组织法》第3条规定:"村民委员会根据村民居住状况、人口多少,按照便于群众自治,有利于经济发展和社会管理的原则设立。"法律肯定了村民委员会的形式差异,从而为村民自治所需软法的制定保留了必要的组织弹性与开放的协商空间。

(四)乡村社会软法之治的现实问题

任何制度的设置都是有缺陷的,随着实践的推进总会呈现出时滞性和僵硬性,并暴露出制度本身的内在问题。1998 年的《村民委员会组织法》的立法目的在于"为了保障农村村民实行自治,由村民群众依法办理自己的事情,发展农村基层民主,促进农村社会主义物质文明和精神文明建设",并没有强调维护农民的合法权益,制度设置上欠缺对村民委员会偏离轨道侵害农民合法权益情形的深度考量。事实上,以民主选举为重点推进的村民自治在实践中的确遭遇了扭曲。实践中,选举乱象,能够当选村民委员会委员的通常是村民所认为的"能人",然而"能人"当选后,村庄的公共事务由这些所谓的"能人"主导,占人口大多数的村民逐渐被排挤出权力场域,村民自治变成了精英自治,权力日益寡头化,其公共性严重被挤压,民主决策、民主管理、民主监督难以有效实现,村民委员会异化日益严重。另外,村民委员会与村党支部之间的关系时而冲突与紧张。根据《村民委员会组织法》的规定,村民委员会是村民自治的具体执行机关,而处于领导地位的是农村基层党组织,然而法律并没有明确规定村党支部领导的具体职能范围以及行使职能的方式,实践中因"两委"之间职权重叠与交叉造成的摩擦不断。

更为重要的是,乡村社会村民权利保障意识不足,村民自治所依据的村规民约等软法尚需融入现代法治精神。在乡村治理中,多数村民以村规民约为由侵害少数村民合法权益的情形时而发生,村规民约的合法性与司法审查问题凸显。而在国家立法层面,权利救济制度尚未完善,遭受权利侵害的村民难以通过正常途径获得救济,社会矛盾与冲突日益加剧。随着"国家尊重和保障人权"写入宪法,2007 年颁布的《中华人民共和国物权法》明确规定"集体经济组织、村民委员会或者其负责人作出的决定侵害集体成员合法权益的,受侵害的集体成员可以请求人民法院予以撤销"。国家加强了包括村规民约在内的村民自治相关决定的司法审查,被村集体等决定侵害合法权益的村民获得了国家公权力救济的制度性保障。2010 年修订《村民委员会组织法》,在立法目的中增加"维护村民的合法权益",以保护村民的合法权利。然而,矛盾与冲突并没有由此停歇,面对国家强制与命令,村民以不得干预村民自治为由进行抗争。如何理顺村民自治与权利保障的关系,如何融合现代法治精神于乡村社会软法之中,是乡村社会软法之治的效力与功能实现的关键所在。

2006 年,国家取消农业税,村民自治面临着经费问题。由于经费不足,不少村庄不得不压缩开支,减少村务活动,原本由村民和村民委员会自主办理的乡村公益事业几乎难以运转。为此国家推出了"村级公益事业建设一事一议财政奖补"政策以弥补村民自治的经费不足,政府对村民自治的支持与帮助越发重要,由此村民自治的"自主性"在一定程度上有所动摇。乡村社会软法之治虽然离不开国家的导引与帮助,"然而现实中却存在各级政府希望村委会贯彻自己的意愿而影响村民自治的现象,如干预村委会选举,随意撤换、训诫村委会成员，对村财政实行'村财乡管'等"。[①] 另外，城市化进程推动大量农民进城，致使乡村陷入"空心化"境地，"'村民自治'出现了'无人选举、无人议事、无人监督'的局面，导致或是选举质量差、自治能力低，或是宗族、黑恶势力干预村治、扰乱秩序，'村民自治'难以有效运作，部分村庄的自治功能甚至瘫痪"[②]。如何控制政府的越权行为，有效发挥政府的指导作用，真正做到村民的自我管理，是乡村社会软法之治中面临的又一难题。

近些年来，在一些发达省份的农村地区，大量涌入外来人口，出现了较为严重的人口"倒挂"现象。实践中，村民身份与民主选举关联，外来人口被排除在村民自治的主体之外。然而，对于外来人口而言，诸如环境卫生、社会治安等关涉公共治理的议题与其息息相关，因此外来人口有愿望加入村庄的治理中。为了更有效地治理村庄，村民在自治过程中吸纳外来人口参加讨论，共同协商，最终达成共识，形成决策，协商治理似乎成为村民自治有效实现的路径选择。[③] 然而，这亦意味着："乡村社会的治理体系还在自己传统领地上遭遇了城市基层治理体系的功能侵蚀，以提供均等化基本公共服务为主要功能的社区体系进入了乡村社会。"[④]2010 年，新修订的《村民委员会组织法》规定："村民委员会应当支持服务性、公益性、互助性社会组织依法开展活动，推动农村社区建设。"在城乡一体化建设方向上，农村社区建设突破了村民自治的原有自治单元的限制，自治主体从以行政村为基本单元转向"生活共同体"，并在实践中形成"一村一社区""多村一社区""一村多社区"等差异，农村社区建设似乎要突破村民自治体制或致以村民自治为载体的乡村社会软法治理之模式转型。然而，现有体制制约着乡村社会软法之治转型，乡村社会软法之治面临着向何处去之困境。

四、乡村社会软法之治的完善与可能的面向

托克维尔曾阐释过相当于我国"村"之美国乡镇，认为"乡镇是自然界中只要有人聚集就能自行组织起来的唯一联合体"。"在没有乡镇组织的前提下，国家虽然可以建立起自由的政府，但它却没有自由的精神。"[⑤]所以，在现代社会中，村似乎最接近于原始共同体。在宪法、法律授权下村民实行自治，而国家将村民自治固化在层级化的民主结构中乃根源于自治主体的个体权利。国家对乡村治理必须保有"村"之自主意志，推行软法之治。一方面，村民自治参与到民主政治体制中，构成基层民主单位；另一方面，村

① 王德强，周豪．农村软法与软法治理——基于对浙江省金华市 W 村的个案调查[J]．华中农业大学学报(社会科学版)，2014(5)．

② 白益华．亲历村民委员会组织法制定：上[J]．中国人大，2004(8)．

③ 参见王可园．协商治理：村民自治有效实现的路径选择[J]．行政论坛，2017(2)．

④ 张师伟．中国乡村社会多元治理的民主协商逻辑及其法律构建[J]．法学杂志，2018(6)．

⑤ 托克维尔．论美国的民主[M]．高牧缩，译．海口：南海出版公司，2007：57-58．

民自治形成私权领域，排除国家权力的非法干预，这不仅是村民自治亦是作为村民自治的执行机构——村民委员会应具备的双重身份。由此，在完善乡村社会软法之治时，必须要完善村民委员会的制度建设，理顺其与村党支部、乡政府的关系，发挥自治规范的治理功能，应对城乡一体化带来的一系列问题，保障乡村社会软法之治的良性发展。具体如下：

当下村民委员会选举权问题是村民委员会制度建设中较为突出的问题，因为村民选举资格往往关涉村民资格的认定问题，其背后涉及土地权益等一系列的权利问题。根据《村民委员会组织法》的规定，村民选举委员会主持村民委员会的选举工作，选民如果对选民名单有异议，可以在规定期限内提出异议，由村民选举委员会依法作出处理决定。然而村民不服村民选举委员会关于选民资格处理决定，是否可以有其他救济途径，法律则没有明确规定。从学理上而言，村民委员会选举权并不是宪法层面的公民基本政治权利，因为村民委员会不是国家机关或代表机关；村民委员会选举权也不是一般公共团体或私人组织中的选举权，因为后者身份可以自由选择，而村民身份带有较强的政治色彩，其变动受制于政策和法律的约束。然而从治理角度而言，村组织的自主性定位比较明确，一般情况下村作为一个相对独立的自治体系，在自治事项范围内自己做主，自己决定。从制度设置角度而言，"自己不能做自己的法官"是一条自然法则，因此如果村民对村民选举委员会关于选民资格处理决定存有异议，就有必要提供一个相对中立的纠纷解决途径。该制度的设置，一方面要充分尊重村民自治，尊重软法之治；另一方面，要做好软法与硬法的衔接，不能任自治组织违反法律之规定而侵犯个人权利。因此，建议司法介入，对《村民委员会组织法》规定的第 13 条和第 14 条予以完善，即户籍在本村并且在本村居住的村民或户籍在本村，不在本村居住，本人表示参加选举的村民，如果没有被列入选举的村民名单，可以提起司法诉讼予以救济，司法进行合法性审查；对户籍不在本村的村民能否参加选举的决定权则归于村民自治的范围，按照村民会议或者村民代表会议的决定进行，属于软法治理的范畴。①

实践中，之所以存在村民委员会选举乱象，如贿选、暴力威胁、宗族控制选举等，很大程度上是因为村民看中村民委员会所具有的经济职能。《土地管理法》第 10 条规定："农民集体所有的土地依法属于村农民集体所有的，由村集体经济组织或者村民委员会经营、管理。"事实上，长期以来农村集体土地的经营、管理基本由村民委员会"代行"，包括土地承包过程中作为发包方与村民签订承包合同，土地使用权流转过程中与第三方订立转让合同并收取、管理、发放补偿款，村民委员会还可以依法管理支配村集体所得收益、实施村民承包方案、发放政府的救灾赈济等款项。在某种程度上，村民委员会对集体土地所享有的经济职能与集体经济组织的土地经营管理权相重合，加之对村务的管理职

① 参见蒋成旭.阻断司法救济的村民自治——以村委会选举权为视角[J].西北农林科技大学学报(社会科学版)，2015(4).

能，村民委员会如果不加强自身建设以及外部监督，很容易被乡村权势阶层把持而异化。因此，有学者建议，在国家减免农业税费之后，应该进一步削减村民委员会的经济职能，将经济职能归还集体经济组织且与集体经济组织分离。然而，我们应当看到，由于各地农村集体经济发展不平衡，村民委员会经济职能的削减及与集体经济组织的分离不能一刀切。具体而言，在集体经济较发达的农村地区，村民委员会与集体经济组织可以彼此分离。前者执行村务，尊重集体经济组织的独立经营权并承担监督职责；后者履行经济职能，同时提供资金资助以弥补村民委员会在公益事业上的资金短缺。在集体经济较为薄弱的农村地区，应防止村民委员会"空心化"，积极推进村民委员会对集体经济的导引作用，扶持农户建立合作社，促进联合经营，壮大集体经济。总之，"村委会与村集体经济组织因地制宜，有条件地实行组织上的分离与经济职能上的分割，是后税费时代村民委员会经济职能实现的合理化路径选择"①。而为了防止村委会滥用权力，村民自治变成精英自治，权力日益寡头化，有必要在村集体经济体制内明确集体成员权，即赋予集体经济组织成员切实参与管理集体经济的权利，以此对集体经济组织领导及村民委员会予以监督，从而实现村庄内部以权利制约权力的治理格局。②

在乡村社会实行软法之治过程中，必须要理顺村民委员会与村党支部之间的关系。在现行村民自治体制内，村民自治的权力机关是村民大会，村民自治的执行机关是村民委员会，而村党支部作为执政党在农村基层的党组织，在村民自治中居于领导地位。由于法律没有规定村民委员会与村党支部之间的具体职能划分，而《中国共产党农村基层组织法》中又广泛规定了村党支部在乡村治理方面的各种职能，因此现实中村民委员会与村党支部之间存在职能交叉与重叠，导致两者关系紧张。所以建议根据权力制约理论理顺村民委员会与村党支部之间的关系，即村民委员会在执行村民自治过程中，接受村党支部的监督，村党支部本质上应行使法律和政策的监督权。一方面，改变党在基层治理中一元化的领导方式，按照法治思维有效领导村民自治，树立宪法和法律至上理念，尊重和保障村民合法权益，引导村民根据宪法和法律在民主基础上实现自治；另一方面，村党支部对村民委员会的领导不是上级党委与同级政府之间关系的复写，因为村民委员会本质上是宪法意义上的基层自治组织，它与全体村民之间是一种委托代理法律关系，村民委员会在全体村民民主选举基础上产生，其权力来自村民的委托与授权，负责管理村庄的公共和公益事业，因此村党支部的建立必须要符合村民自治的本质要求。"从法思维和村民自治结构的角度而言，农村基层党组织对村民自治的领导地位，本质上表现为一种监督权，特别是对村民委员会执行国家政策和法律的监督。"③具体而言，监督村民委员会执行村民会议或村民代表会议的决议，监督村民委员会日常管理村庄公共和公益事务，纠正村民委员会的违法、违章行为。通过农村基层党组织的有效监督，有利于引导乡

① 石磊．试析农村集体经济视角下的村民委员会职能[J]．当代世界与社会主义，2013(5).

② 参见石磊．试析农村集体经济视角下的村民委员会职能[J]．当代世界与社会主义，2013(5).

③ 梁开银，占昌应．论基层党组织领导村民自治的法思维[J]．时代法学，2011(1).

村社会软法之治建立在现代法治精神与理念的基础上，促进乡村社会软法之治的健康发展。当然，为了实现有效的监督，必须加强农村基层党员干部的培训工作，防止其成为乡村治理中的新"权贵"。此外，为了保障农村基层党组织的领导符合村民自治的本质要求，建议扩大农村基层党组织的民意基础，因时因地推行地方经验，如村党支部选举中的两票制、村代会主席制等，在强化村党支部的领导地位时，必须确保村党支部在村民自治内部发挥良好的沟通、协调作用，促进其与村民委员会各司其职、各尽其能，实现乡村社会的自我管理。

乡村社会推行软法之治，必须加强政府导引，理顺乡镇政府与村民委员会的关系。从历史向度而言，乡村社会治理具有政府导引的传统。在现有村民自治体制下，如何正确发挥政府的导引作用，实现乡镇政府与村民委员会的良性互动，则需要一系列的制度建设。首先，规范乡镇政府指导职能，重视政府软权力的运用，防止借指导之名非法干预村民自治。这要求转换政府职能，建设服务型政府：乡镇政府如何管理村庄应向村民请教；对涉及村民重要事项的决策应汇集多方意见，反复协商与谈论，最大限度地形成共识；在决策执行过程中，乡镇政府应有效利用社会资源，发挥各种积极因素，协调利益关系，保障乡村和谐；乡镇政府应接受村民的监督，将村民评议列入对乡镇政府及其公职人员工作绩效考核体系中。其次，对乡镇政府需要村民委员会协助办理的行政事务予以规范，建议实行协助办理行政事务的准入制度，明确且细化具体协助办理的政务，减轻村民委员会不适当的政务负担，与此同时为村民委员会的协助提供必要的条件与经费支持。再次，完善乡镇政府与村民委员会的有效衔接，"各地有必要根据实际，建立健全乡镇政府与村民委员会的工作联系制度、情况通报制度、听取意见制度、监督反馈制度、社会矛盾调处制度等，使乡镇政府与村民委员会良性衔接与互动有完善的制度保障"①。对于乡镇政府来说，不仅要确保完成法律及上级政府的明确规定，维护乡村公共秩序，还要为乡村提供必要的公共产品与服务，更为重要的是通过必要的导引建立起沟通渠道，激励基层社会政治参与的热情，并通过制度整合实现国家与社会的良性互动。最后，提高村民自治能力，充分发挥基层群众自治组织之功能。在经济欠发达地区，村民自治缺乏必要的经费支持，村民委员会被动依赖乡镇政府的财政拨付。因此，建议一方面加强对村民的教育与培训，提高村民的自治素养；另一方面在加强村民委员会组织建设的同时，积极贯彻科学发展观，力促村民委员会带领村民发展经济，从根本上解决对乡镇政府的依附，实现自治。

为了有效推进乡村社会的软法之治，必须加强村规民约的治理作用，建立健全审查制度。村规民约被视为村民自治中的"小宪法"，是乡村社会实行软法之治的主要依据。村规民约在乡村治理中的作用显著，它能够保障农村基层民主，管理村庄公共事务，保护管理分配村集体资产，保护利用乡村自然资源，维护乡村环境卫生与治安，促进移风易

① 徐大兵.村治背景下乡镇政府与村民委员会结合问题探讨[J].湖北社会科学，2013(9).

俗,弘扬传统文化。[①] 因此,从村民自治伊始,村规民约即成为乡村社会治理之主要规范并得到国家法律之认可。然而,国家虽然肯定了村规民约的法律地位且村规民约乃是在民主基础上产生的,但是我们不可否认的是:民主一旦偏离法治的轨道也会产生消极后果,自治的村民也会违背法治精神与原则,侵犯少数村民的合法权益。为了有效防范村规民约违法,必须要建立健全审查制度。对村规民约的审查可以分为事前审查和事后审查。事前审查主要由乡镇政府负责,村规民约报乡镇政府备案的同时,乡镇政府需要履行审查职责,认为村规民约与宪法、法律、法规和国家政策相抵触,侵犯村民合法权益的,应当责令改正。事后审查主要由司法机关负责,对违反宪法、法律、法规和国家政策、侵犯村民合法权益的村规民约,相关权利人可以依法提起诉讼,提出异议或申请撤销,司法机关依法审查村规民约,认为异议成立,依法撤销,维护村民的合法权益。但是,无论是事前审查还是事后审查,其审查的范围应仅限于合法性审查,不包括合理性审查,因为一方面要保证村规民约不能违背法治精神与原则,不能与国家强制性法律规范相抵触;另一方面又要尊重村民自治,尊重合理性标准由村民自我制定,正所谓"国家有所为、有所不为",有利于有效发挥软法的治理功能。

最后,需要指出的是:随着城乡统筹发展,未来乡村社会有可能依托于农村社区发展软法之治,然而这并不意味着以村民自治为基本载体的乡村社会软法之治只是一种过渡形式,如果村民身份与集体土地产权继续关联,那么无论是规模较大的农村社区建设,还是基层民主治理单元下沉,发展小社区自治,当下乡村社会软法之治并不会发生根本转变。当然,我们可以预测到:"中国乡村社会振兴,不仅需要资金、技术、劳动力、品牌等的下乡,更要有一套能够支撑现代化乡村治理的民主协商政治逻辑及其相应的法制构建。"[②]乡村社会软法之治将是多元化发展,将更加倡导协商治理,并最终以民主协商为逻辑构建乡村治理体系。

Soft Law Governance in Rural Society

Zhang Xiaoping

Abstract: Absract: We must take soft law seriously in rural social governance, because soft law governance has already been regarded as an important way to strengthen public governance and the construction of the rule of law. In terms of history, Chinese rural society has a long tradition of soft law governance, its experience may provide us with some meaningful lessons. The soft law governance has experienced the road from bottom innovation to upper construction in contemporary Chinese rural society, and formed the basic institutional framework under the guidance of the State. With the intensification of industrialization and urbanization, the soft law governance

① 参见陈寒非,高其才.乡规民约在乡村治理中的积极作用实证研究[J].清华法学,2018(1).

② 张师伟.中国乡村社会多元治理的民主协商逻辑及其法律构建[J].法学杂志,2018(6).

faces many problems in rural society. Therefore, it is necessary to strengthen the village committees construction, rationlaize the relationship between the "two committees" and the relations between the village committees and the township governments, strengthen the governance function of village regulations and agreements, and establish a sound review system in order to promote the healthy development of the soft law governance in rural society.

Key Words: rural society; soft law; governance; village regulations and agreements

赫拉克勒斯的中国难题：司法治理、社会正义与民意[*]

张　斌[**]　张训刚[***]

摘要：理论界对司法与民意之间的关系历来颇有争议。善治的有效实现依赖于透明性、参与性、共享性的社会治理。司法作为一种新型治理方式，不仅要体现合法性而且需要展现合理性与正当性。就当下社会治理现实来说，司法裁判审慎地采纳民意，在具体个案中接地气，从而将公平正义运送至社会，可以在一定程度上助益于法治建设的推进。

关键词：民情民意；司法正义；社会治理

一、问题是旧的，思考是新的：从几则案例谈起

案例一：前不久，网络上一篇名为《我国冤案纠正机制之检讨》的文章在社会上引起了广泛关注，该文通过聂树斌案、呼格吉勒图案、念斌案、佘祥林案等二十余件重大冤案平反情况的梳理，揭示了一个令人震惊的规律，那就是几乎没有一件是通过正常的刑事申诉程序予以平反的。

案例二：2018 年 1 月 12 日，河南省郑州市中级人民法院对备受舆论关注的“劝烟猝死案”作出终审判决，最终撤销一审判决，改判杨帆不予承担民事侵权责任。引发沸沸扬扬大讨论的“劝烟猝死案”一审判决最终被反转。①

案例三：2018 年 3 月 23 日，浙江省高级人民法院再次依法公审吴英减刑一案，并当庭作出裁定：吴英的刑罚减为有期徒刑二十五年，剥夺政治权利十年。自 2009 年起，民营企业主吴英经历了被判处死刑到死刑不予核准到死缓再到有期徒刑的过山车般的曲折历程。

客观来看，上述所列基本上都是影响重大的疑难案件或敏感案件。除此之外，它们

---

* 基金项目：贵州省社科一般项目“民间习惯法与贵州乡村治理问题研究”（项目编号：17GZYB01）阶段性成果。

** 张斌，法学博士，贵州财经大学文法学院副教授。

*** 张训刚，宁夏回族自治区石嘴山市红果子地区人民检察院检察官。

① 详情参见民主与法制时报[N]. 2018(15).

还有一个共同点，那就是这些案件的平反处理过程之中民情民意均起到了极其重要的推动作用。甚至可以说，在这些案件中，正是得力于民情民意的不懈表达和呼吁，当事人迟到之正义才有可能实现。上述案件的离奇发展，不仅再一次打破了专业人士心目中的司法神话，也再一次展现了民情民意于司法的强悍影响，当然，在某种程度上也再一次将司法推向了一个尴尬的境地。

也许，某些专业人士会再一次地指责，上述诸案中民情携带着公意绑架了司法，让司法裁判最终沦为了一种缺乏客观标准的“情感法学”。① 然而，正如美国学者孙斯坦所指出的，“好的判决胜过好的规则”。② 虽然判决不能蔑视和逾越规则，但是在法学家庞德看来，法律规则仅仅是一种引领作出公正判决的一般指南，为了满足对正义的需求，司法可以在宽泛的范围内自由地处理个案，以契合普通人的一般理性。③ 很显然，为了获致个案正义，有时法官不得不对法律逻辑之外的东西作出些许妥协，“历史或者习惯、社会效用或某些逼人的正义感，有时甚或是对渗透在我们法律中的精神的半直觉性领悟，必定要来援救焦虑不安的法官，并告诉他向何方前进”。④

在上述系列案例中，幸亏是民情民意的持续发酵引发了整个社会的积极关注从而推动了判决的逆转，否则这些案件最终都可能酿成社会的制度性悲剧。从矫正错误、供给正义到制造冤案，对于当下之司法公信来说，这无疑是一种伤害。正如大法官卡多佐所指出的，“结果不可能改变规则，却有助于确定后者的意义，我们总是用结果来检验规则”。⑤ 有感于此，笔者认为有必要再一次重新审视司法与民意之关系这个老问题，特别是当我们把这一问题放置在全面推进全球治理与善治的社会背景之下。

二、运送正义的方式：迈向一种司法治理

（一）社会治理的革命与转型

自 20 世纪 90 年代起，治理作为一种新的理念便在欧洲得以兴起。随着人类社会进入 21 世纪，全球治理与善治俨然已经从一种修辞话语转换为一种世界主导话语。到目

---

① 转引自卡多佐．司法过程的性质［M］．苏力，译．北京：商务印书馆，2000：65．

② 孙斯坦．法律推理与政治冲突［M］．金朝武，译．北京：法律出版社，2004：163．

③ 转引自阿蒂亚，等．英美法中的形式与实质——法律推理、法律理论和法律制度的比较研究［M］．金敏，等译．北京：中国政法大学出版社，2005：75．

④ 卡多佐．司法过程的性质［M］．苏力，译．北京：商务印书馆，2000：24-25．

⑤ 卡多佐．司法过程的性质［M］．苏力，译．北京：商务印书馆，2000：63．

前为止,有关治理的定义,人们尚未达成一致。[①] 然而,这并不妨碍现实中人们基于不同的理解不断构建和丰富治理的内涵。何谓治理,在英国学者罗茨看来,治理至少有六种不同的用法,即"作为最小国家、作为公司治理、作为新公共管理、作为善治、作为社会—控制系统、作为自组织网络"。[②] 在众多的界定中,相对而言,比较有代表性的乃是全球治理委员会给出的定义,即"治理是各种公共的或私人的个人和机构管理其共同事务的诸多方式的总和。它是使相互冲突的或不同的利益得以调和并且采取联合行动的持续的过程……治理过程的基础不是控制,而是协调"[③]。尽管治理的含义如此多元化和差异化,但是对于治理人们还是在一些基本层面上达成了共识。例如,在有效治理的评价标准方面,大部分学者都倾向于认同法治的实现、行政管理的有效、责任制和政治透明这几个构成性要素的实现。[④]

不过,伴随着经济的突飞猛进、社会的急剧变迁以及全球化的强势扩张,治理范式的兴起并没有起到很好的整合效果;与之相反,现代社会却逐步陷入一种支离破碎的状态。一如英国学者杰索普的预言:"市场、国家和治理都会失败。"[⑤]对于这个判断,法国学者卡蓝默认为问题的根源并不在于治理本身,而在于其治理机制,是以治理需要一种新的革命。对此,有效治理的实现需要经由两个阶段循序推进:二是"从国家的思想变为治理的思想";一是从现实需要出发"建构一种新的治理形式"。[⑥] 在第一阶段,人们需要对治理的含义现状及其所面临的危机有一个新的认识;在第二个阶段,人们需要改变既往的视角和观点,重新组合治理的机制,其中核心在于"正当性—合法性—效率"的交叉展开。[⑦] 具体而言,合法性意味着治理是在宪法、法律等规则的基础上进行的;正当性意味着治理需要得到人们主观情感上的肯定,由此获致社会认同与支持;效率则意味着治理在目标和结果上的实际成果,并由此加强对正当性的支撑。概而言之,新的治理范式不仅要弥合从合法性到正当性之间横亘的鸿沟,还需要"依靠共同的被认可的价值和原则",实现"有效的治理",从而在实际效率方面满足共同体的公平需求。[⑧] 问题的关键是如何来实现这一范式转换呢?

---

① 根据法国学者卡蓝默的考据,治理最初源于古法语(gouvernance)一词,在15世纪由奥尔良率先在治理的实施和治理的艺术意义上使用,后逐渐衍化出对公共事务予以管理的意义。参见卡蓝默.破碎的民主[M].高凌翰,译.北京:生活·读书·新知三联书店,2005:4-5。美国学者李侃如则认为,治理一词在英文中对应的动词是govern,本意是统治、支配和统辖,其对应的名词是government,即政府。治理是治和理的综合,其行为主体不仅是架构于社会之上的政府,也包括社会本身。参见李侃如.治理中国——从革命到改革[M].胡国成,赵梅,译.北京:中国社会科学出版社,2010:序.

② 罗茨.新的治理[C]//俞可平.善治与治理.北京:社会科学文献出版社,2009:87.

③ 转引自俞可平.引论:治理和善治[C]//俞可平.善治与治理.北京:社会科学文献出版社,2009:4-5.

④ 详情参见斯莫茨.治理在国际关系的运用[C]//俞可平.善治与治理.北京:社会科学文献出版社,2009:286.

⑤ 杰索普.治理的兴起及其失败的风险:以经济发展为例的论述[C]//俞可平.善治与治理.北京:社会科学文献出版社,2009:81.

⑥ 卡蓝默.破碎的民主[M].高凌翰,译.北京:生活·读书·新知三联书店,2005:4.

⑦ 卡蓝默.破碎的民主[M].高凌翰,译.北京:生活·读书·新知三联书店,2005:89.

⑧ 卡蓝默.破碎的民主[M].高凌翰,译.北京:生活·读书·新知三联书店,2005:89.

(二)作为社会治理的司法

“在过去的30多年间,全世界见证了一种令人震撼的政治治理范式的急剧转型,运用司法审查权的法院成为政治、社会治理的关键机构。”[①]这种司法主导和协调经济、社会、经济发展的治理范式即美国学者赫希所谓的“司法治理”。司法治理之所以有可能,一个重要的原因就是相对于立法权和行政权,在解决疑难问题和协调利益方面,司法本身所具有的中立性、开放性、公开性、公正性和权威性等特质,这些特质与社会治理的特性有着天然的共通和勾连基础。

其实,早在19世纪学者们便认识到了司法的治理特性。英国学者奥斯丁认为,“法律就是有效的治理”,法律的运作“应当服务于以效率计算的公共福利”。[②] 法国学者托克维尔更是借助实地的考察从美国身上洞悉到了这一点,“在美国,几乎所有的政治问题或道德问题迟早都要变成司法问题”。[③] 以美国的历史经验来看,这种“把极富争议的、持久的政治争端大规模地转到法院来解决,借助司法权和法律话语,以这种看上去更中立性的机构来缓和、应对各具特色的冲突和压力”的治理范式,[④]其成效显然是有目共睹的。正如美国法学家庞德所总结的:“它通过社会控制的方式而不断扩大对人的需求、需要和欲望进行承认和满足;对社会利益进行广泛和有效的保护;更彻底和更有效地杜绝浪费并防止人们在享受生活时发生冲突——总而言之,一项日益有效的社会工程。”[⑤]

的确,相对于其他治理方式来说,司法治理具有一种天然的优势。可能是鉴于司法所具有的正义输送功能,长久以来,对于司法人们往往有一种神话情结,认为司法乃是在一种神圣和庄严形式下绝对和纯粹的规则推理的过程。在这个意义上,司法被形塑为一种对正义的批发行为。但是,也应该清醒地认识到,司法治理的落实需要一个根本性的前提那就是其自身的制度性强力,即独立、公正的司法能够矫正错误,向社会运送正义。换而言之,与自由、民主、公正、高效公开、透明、参与性等社会治理价值目标相适应,司法必须能够回应社会对合法性、正当性的正义需求。然而,在当下之中国社会,司法的权威正面临着前所未有的压力与挑战,尤其是当敏感案件和民意相遭遇的时候。

---

① 扶摇.司法治理与政治司法化——读赫希〈迈向司法治理:新宪政主义的起源与后果〉[J].清华法制论衡,2011(14).

② 科特瑞尔.法理学的政治分析[M].张笑宇,译.北京:北京大学出版社,2013:59-60.

③ 托克维尔.论美国的民主:上卷[M].董果良,译.北京:商务印书馆,1988:310.

④ 扶摇.司法治理与政治司法化——读赫希〈迈向司法治理:新宪政主义的起源与后果〉[J].清华法制论衡,2011(14).

⑤ 转引自博登海默.法理学——法律哲学与法律方法[M].邓正来,译.北京:中国政法大学出版社,2001:147.

三、法律的帝国？治理情境下的司法正义与民意

（一）赫拉克勒斯的中国难题：法治正确还是政治正确？

对于法治的诠释，可以套用用康德的追问，法治是什么，人们一直在回答。法治其实是一个社会动态学的概念，而非社会静力学的概念。从亚里士多德的法治观到拉兹的法治观，人们从不同的角度诠释着法治。虽然大家在定义上未必统一，但是在对法治核心理念的理解上，却基本达成共识：法治乃规则之治，而非意志之治。正如法学家拉兹所指出的，“从字面上来理解，法治是法律之治。从最广义来说，法治意味着人们应该遵守法律并被法律统治”[①]。徒法不足以自行，问题的关键在于，法律之治怎样才能在社会现实中得以落实呢？

对此，历史实践已经给出了回答，那就是通过司法的治理运作。众所周知，司法是守护一个国家社会正义的最后一道防线；不仅如此，司法正义也是一个国家践行法治的试金石。“法律的正义是人类的发明而不是神的礼物，是促进社会福利的工具而不是一种官方的秘密。”[②]司法对人民的福祉具有决定性的影响，正是通过司法的正当程序运作，权利最终得以保护，法治的价值才可能体现。正是基于这样的一种理念，德沃金教授运用修辞手法，将法院建构为一种法律统治的帝国，在这个帝国里面，有一位全能的、公正的大法官，他的名字就是赫拉克勒斯。对于赫拉克勒斯来说，不管是简单案件还是疑难案件，他都可以凭借其对法律整全性的理解，来给出唯一正确的答案，由此实现对权利的尊重和保护。不过，应该清醒地认识到，这仅仅是德沃金教授为了抚慰人们的法治焦虑，而建构的一种西方法治发达情境下的司法神话。即使是在法治发达的美国，现实世界里的司法运作也是与此不同的。

美国法律现实主义学者弗兰克便依据自身法官职业经历揭穿了“法官非人化的神话”。[③] 他指出，司法并非一个在单向度平面上的对规则与事实的逻辑推演进程。恰恰相反，司法是一个在多维空间中多向度发散行进的过程，在这一过程之中，法官的主观心理会对案件审判产生重要的影响。另一位美国学者鲍姆则以主流司法行为模型为研究切入点，发现既往行为模型分析疏忽了司法受众于司法影响的这一变量因素，认为法官在办案过程中并不怎么关心别人怎么看待自己。鲍姆推翻了这种看法，真实的情况应该是法官并不是在孤立地办案；恰恰相反，司法之过程其实可以被理解为法官“对一组受众所进行的自我表演”。[④] 这意味着，法官在进行司法裁判的时候，并非仅仅考虑法律规则对

---

① Raz. The Authority of Law: Essays on Law and Morality[M]. 1979:210-232.

② 波斯纳. 法律、实用主义与民主[M]. 凌斌，译. 北京：中国政法大学出版社，2005:254.

③ 弗兰克. 初审法院：美国司法中的神话与现实[M]. 赵承寿，译. 北京：中国政法大学出版社，2007:158.

④ 鲍姆. 法官的裁判之道：以社会心理学视角探析[M]. 李国庆，译. 北京：北京大学出版社，2014:178.

事实的涵射,跟其渴望得到尊重的人一样,法官也会追寻其受众的尊重与认同,由此,“法官赢得其受众的认同动机可以在很大程度上解释他们作为决策者的选择”。[①] 可以说,鲍姆的研究在一定程度上揭下了蒙在司法裁判上面的神秘面纱。为获得社会的正义感认同,法官会倾向于运用策略性司法来回应民意,而非机械地拘泥于法律规则的推演。当然,法官之所以如此灵活裁判,其最终目的在于实现法治正义。

具体到当下中国之现实来看,众所周知,在具有中国特色社会主义政治体系中,三权分立的制度架构是不存在的。与英美法系不同,我们的司法独立是指法院独立司法,而非法官独立司法。具体而言,法院作为一个组织单位,其司法职能更多的是作为政府向社会提供公共服务的一环。从功能主义的视角来看,这其实体现了一种官僚制和科层化的组织架构,与之相配套,法官的角色也更多地体现了公务员化的特征。正如有的学者所指出的,如此的一种制度化运作很容易导致司法机构与行政机构之间实质性区别的消失。“这主要体现在两个方面,一是法官选任和管理上的非精英化,一是整个管理体制上的官僚化。”[②]司法管理的官僚化体现在日常工作中便是上下级法院关系行政化以及法官的等级化。司法的行政化使得司法活动的政治性越来越强,由此我们的司法除了坚持依法审判之外,便必然要关注政治正确和服务大局。而民情民意对于我国的稳定发展来说,显然是一个不可忽视的政治变量因素。

“难办的案件带出坏法律。”[③]当下之中国正处于社会转型中,伴随着贫富差距的拉大以及社会公平感的缺失,社会矛盾与冲突纠纷大量涌现出来,敏感案件层出不穷。面对这些棘手案件,如果法院不能给出令民众信服的裁判,不仅会对个案中的权利造成伤害,而且会在宏观层面上冲击社会对司法乃至对政府的信任。同时,从有效治理的目标来看,如果在面对相互冲突的利益纠纷中,司法不能以透明性、公平性的姿态契合社会公众“合乎情理”之期待,[④]维护个案正义,那么其能否真正担负起善治之目标就是存有疑问的。一方面,我们正在法治的道路上蹒跚迈进,在宏观的政治层面,司法还未能与行政、立法、市场等进行平等的博弈;另一方面,转型进程中社会矛盾急剧尖锐,司法随时需要应对来自政治稳定的压力。正是基于对上述因素的考量,可以发现在实践中,越是在处理敏感案件时,法院越是倾向于选择运用“政策思路”,[⑤]在裁判的过程之中越是在意民情民意的反应,尽管在一定程度上这也构成了对司法的压力,最终其司法模式越来越展现为一种效果取向的“态度模型”。[⑥]

---

① 鲍姆.法官的裁判之道:以社会心理学视角探析[M].李国庆,译.北京:北京大学出版社,2014:27.

② 贺卫方.中国司法管理制度的两个问题[J].中国社会科学,1997(6).

③ 波斯纳.法官如何思考[M].苏力,译.北京:北京大学出版社,2009:85.

④ 波斯纳.法律、实用主义与民主[M].凌斌,李国庆,译.北京:中国政法大学出版社,2005:80.

⑤ 孔祥俊.法官如何裁判[M].北京:中国法制出版社,2017:41.

⑥ 西格尔,等.正义背后的意识形态——最高法院与态度模型[M].刘哲玮,译.北京:北京大学出版社,2012:37.

近些年来,我国在司法改革领域对群众路线的坚守以及强调两个效果的统一和让群众在每个案件中感受到公平正义,这一系列的具体实践也从侧面印证了民情民意这一变量因素在我国态度司法模型中的重要作用。面对汹涌澎湃的民意,赫拉克勒斯又该如何思考呢?

(二)赫拉克勒斯法官如何审判民意与司法?

既往有关民意与司法的关系的讨论,学界一直存在两种观点的交锋。一种是以司法独立为基点,主张司法的中立性、专业性,强调其不应该为民意所干扰,主张对民意持一种排除的态度,此即法不容情之说;另一种是以司法正义为基点,主张司法目的在于矫正错误供给正义,主张司法裁判应该回应民意,体现社会价值判断,即法律公意说。[①] 在笔者看来,这两种非黑即白的对立观点都有将司法过程极端化的倾向。一种是将司法过度神话,特别是将司法过程真空化;另一种是将司法过度民主化,抛弃了司法的专业性特征。有关这一问题的讨论,笔者认为不宜过度抽象化和对立化,而应放在具体的现实语境和制度架构中去考虑,甚至需要我们运用一定的实用和妥协原则来讨论这个问题。

随着信息社会、媒体社会的到来,特别是大数据技术引发的一系列的革命,信息控制已经无处不在、无时不在。要想杜绝民意对司法的影响,这无疑是一种鸵鸟的埋头式思维。不管愿不愿意,我们都应该理性客观地承认这个现实,司法已经无法避免完全不受民意影响。具体到中国当下之司法现状来说,司法审判是否应该受到民意的影响这其实已经成为一个伪问题。司法无法绝缘于民意影响,真正的问题应该是什么样的民意值得去考量,为保障合理正义避免民粹暴力,司法又该如何衡平民意?正如有的学者所指出的,"关于司法应当如何对待民意的问题,目前的主要争论其实并不在于司法是否要吸纳民意,而在于司法应当吸纳怎样的民意,应当通过怎样的渠道来吸纳民意,司法应当以怎样的方式来回应民意等问题"。[②]

(三)谁之民意?何之民意?

很显然,民意是个宽泛的模糊概念,对于否定民意的一方,往往会将民意界定为一种被塑造起来的主观情绪,它是一种不稳定的易于被操控的群体性评价偏好。而肯定的一方则认为,民意尽管往往带有一种群体性的情绪表达,但这种感觉源于人们的内心良知与道德法则,它是一种朴素的社会公义感的展现。有关民意的界定和讨论,可谓众说纷纭,过多地纠缠于定义问题,对我们的讨论并没有多大的帮助。在笔者看来,问题的关键并不是民意如何界定,而是民意在程序层面上是不是真诚的,在实质层面

---

① 关于司法与民意的关系,国内学界,何兵、孙笑侠等学者主张司法应该具有民主性,赞成司法与民意的互动,贺卫方等学者则倾向主张司法的中立性和专业性,力求回避民意对司法的影响。

② 王荔.当代中国司法民主问题研究[M].北京:中国政法大学出版社,2016:210.

上是不是合理的。

既然,民意自身所具有的波动性、偏好性和直觉性等特点决定了并不是所有被称之为民意的东西都可以被司法所采纳。那么到底什么样的民意才能够进入司法的视野呢?针对现代系统对人类生活世界的侵蚀,德国学者哈贝马斯阐述了一种具有开放性的通过商谈而达成一致的"交往理性"。[①] 尽管哈贝马斯的主张带有一定的乌托邦理想色彩,但它对我们理解民意与司法的关系带来了一定的启发。据此,笔者认为,最终能够为司法所采纳的应该是一种审慎思辨型的民意。这种民意的形成乃是一种立基于信息充分基础之上的多元观点自由表达碰撞的社会活动,而非一种被操控的群氓性的情绪宣泄。在这一过程中"公民彼此对话,公开地相互说理,以使言说者能够互相响应",同时"公民可以理性、互惠的思考,并共同认知到一个道德上值得尊重的立场"。[②] 正是在这种信息流畅的基础平台上,通过自由观点的竞争性表达,一个社会的人文关怀和最起码的良知与正义感最终得以显现出来。这种基于审慎性的思辨过程流露出的民意才是有可能为司法所认同的并最终被筛选出来,也只有这样的民意才有可能为司法所青睐和关注。

(四)司法与民意:一个二难选择?

上述有关司法与民意关系的讨论,最终将我们带到了一个两难悖论中来。这个难题的基本表达如下:一方面,当下司法之公信力的产生离不开民意的认可和肯定;另一方面,将民意引入司法之中又很容易对其公信力产生威胁。这一悖论可以说是横亘在法治道路上的一个必须直面的问题。如何来看待这一难题呢?笔者认为,对于这个难题可以从两个层面予以把握。首先从宏观层面来看,我们应该放弃绝对完美的想法,采取实用主义态度"去忍受不可避免的妥协"。[③] 其次,从微观层面来看,我们需要一种利益衡量的思维,就当下发展来说,目前最重要的事情乃是法治目标的实现。是以在面对上述两难选择时,最终取舍的标准就是如何最大化地推进法治。

众所周知,法治目标的实现依赖于司法,法治最重要的标志就是司法的统治。正如德沃金所比喻的法律帝国,"法院是法律帝国的首都,法官是帝国的王侯"。[④] 然而就当下我们的司法现状来看,司法所面临的最大问题在于公信力的缺失,而公信力之所以缺失,一个重要的原因在于司法裁判合理正当性的问题。实践中,民意之所以频频对一些案件作出强烈的反应,一个最根本的因素在于案件处理过程中正义性和正当性的缺席,特别是当一审裁判罔顾民意忽略民意表达的时候。许霆案、彭宇案和邓玉娇

① 哈贝马斯.在事实与规范之间[M].童世骏,译.北京:生活·读书·新知三联书店,2003:10.

② 转引自黄东益.公共商议与民主治理:审慎思辨民调与线在公民会议的台湾经验[C]//张国清,余逊达.民营经济与政府管理.浙江大学出版社,2006:120.

③ 卡多佐.法律的成长:法律科学的悖论[M].董炯,彭冰,译.北京:中国法制出版社,2002:71.

④ 德沃金.法律帝国[M].李常青,译.北京:中国大百科全书出版社,1996:361.

案无一不是如此。

是以，为了达致善治，对于司法治理来说，仅仅追求合法性的实现，即依据法律法规予以裁判是远远不够的，还需要从合法性迈向合理正当性，只有这样正义才有可能被运送到百姓的家门口，也只有这样才能获得百姓的呼应与支持，同样也只有这样百姓才能服膺治理，乐意参与到治理中来，善治才谈得上有所可能。诚如巴拉克法官所指出的："好法官知道在极端之间平衡。好法官知道，即便法律无处不在，法律也不是万能的；他们知道法律不是一个生活于自身当中的封闭框架。没有社会，法律就毫无价值，而社会价值滋养着法律。"[①]

当然，对于民意的采纳会不会在一定程度上冲击司法的独立性，很显然，这一点是不可避免的。但是就目前中国的法治现状来说，我们最需要的依然是司法公信力的建立，只有司法的公信力树立起来，法治才有所可能。尽管如此，对于司法与民意的关系，我们依然是主张秉持一种审慎对待的态度，而非一味否定的态度。

当然，在有的学者看来，"中国的司法还太幼弱，经不起公众意见的炙烤，需要小心呵护"。[②] 与此相反，在笔者看来，恰恰是因为我们的司法有些柔弱，所以才需要适当地吸纳和回应民意，以此增强自身的力量。特别是当司法面临无法承受之重的压力之时，当司法无法与行政、立法等政治权力进行平等博弈时，恰当地回应民意可以帮助法官有效地突破重重障碍，实现一个个的个案正义。而非"在没有情感的逻辑的驱使下"，"逼迫自己作出了无情的判决"，将个案正义牺牲掉，"成为献给法理学诸神祭坛上的祭品"。[③] 当我们的司法让群众在每一个案子中感受到正义之时，也就是司法治理获得群众信任感塑造其自身公信力之时。对此，我们可以从那些最终得以平凡的冤案，诸如聂树斌案、呼格吉勒图案、念斌案和佘祥林案等中看出些许端倪。可以说，在这些案件中，每一个案件中正义的实现都是在民意的激荡和民意的监督努力下，司法才最终将迟到的正义运送到受害者的家门口。试想当初，司法坚决屏蔽民意，坚持专业化处理，结果又会是如何呢？对此，我们不敢去想象。

四、赫拉克勒斯法官如何思考：来自中国台湾地区的回声

他山之石，可以攻玉。客观来讲，中国台湾地区在法治建设方面，不仅起步较早，而且取得的成效也是有目共睹的，特别是在司法的专业性方面，其先进经验值得我们借鉴。然而，近些年来，司法在中国台湾地区也面临着前所未有的压力。特别是最近几年来，民众对司法的信任感在逐步走低。例如，苏建和案、苏炳坤案、阿扁贪腐案等民众纷纷用脚投票对司法裁判表示了强烈不满。这其中一个重要的原因在于，民众认为司法是不透明

① 巴拉克. 民主国家的法官[M]. 毕洪海，译. 北京：法律出版社，2011：280.

② 何海波. 实质法治：寻求行政判决的合法性[M]. 北京：法律出版社，2009：369-370.

③ 卡多佐. 司法过程的性质及法律的成长[M]. 张维，编译. 北京：北京出版社，2012：127-128.

的、不接地气的，不仅如此法官往往以独立的专业性为借口罔顾民众的公意，以致出现了很多裁判合法但结果荒唐不合理的判决，对于这些法官中国台湾地区民众往往将其戏称为不食人间烟火的恐龙法官。

面对这种司法与民意的隔阂与不信任，在中国台湾地区不管是官方层面还是民间层面都积极开展了有关司法改革的大讨论。有基于此，中国台湾地区很早便开启了民众参与式的司法改革，民间的司法改革基金会更是提出了全民司改运动，以此倡导一种人们参与、多元对话、咨询透明和沟通共识的人民司法。尽管在司改具体目标方面，官方与民间存有很多争议，但是司法需要体现民众的参与性、需要倾听民意，在这一点上双方是达成基本共识的。当然，中国台湾地区的做法实际效果如何，还有待历史实践的进一步检验。但是，这恰恰从侧面反射出了，即使在司法专业化很发达的地方，司法对民意也不能罔顾不视。

美国学者罗尔斯指出，"正义是社会制度的首要价值"。[①] 在这个意义上来说，司法裁判的基本价值就在于"给诉讼当事人主持公道，为了在那些摆在他们面前待以裁决的案件中落实正义"。[②] 然而，"正义有着一张普洛透斯似的脸，变幻无常、随时可呈不同形状并具有极不相同的面貌"。[③] 特别是在当下社会转型和社会治理进程之中，面对日益增长的多元公平需求，司法裁判该如何才能做到既要合法又要让人民切实感受到公平正义，这给我们的赫拉克勒斯大法官提出了新的挑战。

那么，赫拉克勒斯大法官该如何思考呢？"太多的政策会扼杀法律；太多的法律会扼杀正义。"[④]对此，我们的建议就是认真对待民意！给民意以审慎地关注与回应并不意味着司法对民意的盲从。我们坚决反对为民粹所操控的民意司法，但是，我们也应该知道，民情民意对于政治之专断、司法之专断有时未尝不是一剂强有力的解毒剂。特别是当司法成为一种新型的社会治理手段之时，有效治理在一定层面上即意味着司法判决的正当性证成。

正如一位美国学者所言："司法帝国——如果将会有这样的帝国的话，必须一步步地、缓慢地征服建立。一个观念今天可能是隐含的，明天可能会拐弯抹角地陈述，后天就可以直言不讳地宣示。"[⑤]面对中国式难题，赫拉克勒斯大法官到底该何为呢？

---

① 罗尔斯. 正义论[M]. 何怀宏，等译. 北京：中国社会科学出版社，1988：3.

② 瓦瑟斯特洛姆. 法官如何裁判[M]. 孙海波，译. 北京：中国法制出版社，2016：127.

③ 博登海默. 法理学与法律方法[M]. 邓正来，译. 北京：中国政法大学出版社，1998：252.

④ Brooks. Structures of Judicial Decision Making from Legal Formalism to Critical Theory[M]. 2th ed. 2005：4.

⑤ 转引自孔祥俊. 法官如何裁判[M]. 北京：中国法制出版社，2017：96.

Difficult Problems in China of Hercules: Judicial Governance, Social Justice and Public Opinion

Zhang Bin　Zhang Xun gang

Abstract: The relationship between the judiciary and public opinion has always been controversial. Good governance depends on transparent, participatory and sharing. As a new type of governance, judiciary not only embodies legitimacy, but also needs to show rationality and legitimacy. As far as the current institutional framework of the law is concerned, it is beneficial to the promotion of the rule of law ,if the judiciary can carry justice to the society by adopting public opinion prudently.

Key Words: Public Opinion; Justice; Social Governance

走向方法自觉的习惯法研究*

——兼评《习惯法:理论与方法论》一书可能的学术贡献

张 建**

摘要:习惯法、习惯法研究应是当下中国法治构造、法学研究格局中不可忽视的力量,但其并未能获得应有的重视,这与当下法学研究中忽略法理分析、忽略研究的方法论有关。法学研究最终应回归至法理及方法论,法理及方法论也是不同层面、不同纬度的法学研究的整合手段,也应从法理、方法论出发评判不同研究的学术贡献。《习惯法:理论与方法论》一书虽是从习惯法研究的角度切入,但其能够在本体论、功能论及方法论层面来回应问题,从而形成了具有普遍价值的学术贡献。但由于受制于著作本身不成体系、研究议题的繁复性及方法论一以贯之的缺失等,使得研究在理论性、逻辑性等方面还存在诸多的不足。

关键词:习惯法;法理;方法论

在全面推进依法治国的时代背景下,虽然已有学者对法学研究中法理的缺位表示关注,①但这依然不能撼动以国家、以制定法、以各类改革等议题为中心的研究状态,并且所谓的主流学术还会对有关民间法、习惯法的研究表现出一种不屑的态度。殊不知,这种观点实际是对何为秩序、何为法治、何为中国法治等命题误读而导致的后果。具言之,即是将秩序生成、法治、法治中国与国家、制定法等进行了简单的、单向度的联系。其实,从不同层面、不同维度切入开展法学研究并不意味着相互间不能获得共识。比如,部门法的讨论最终都应回归至法的原理、法的价值,那么在法理层面部门法之间就实现了殊途同归的目的;再如,不同学科对法律问题和法律现象的分析也好、讨论也罢,总该要借助

---

* 基金项目:国家社科基金重点项目“良法善治视域下法治与德治关系研究”(项目编号:15AZX021)的阶段性研究成果。

** 张建,常州大学史良法学院副教授,中国政法大学法学院博士后。

① 张文显曾指出,“当下,中国法学界,共识性‘法理’概念尚未凝练出来,把‘法理’作为法理学研究对象和中心主题尚未成为理论自觉,致使‘法理’在应为‘法理之学’的法理学知识体系、理论体系、话语体系中处于缺席或半缺席状态,在部门法学研究中也没有引起足够的关注和倾力”。参见张文显.法理:法理学的中心主题和法学的共同关注[J].清华法学,2017(4).

一定的方法论加以实现，[①]所以在研究的方法论层面就能形成交叉。为此，从法理与方法论的视角看，无论从哪个层面哪个角度切入开展研究其实都不存在边缘与中心之分，关键在于能否将有关法律、法治及法学的法理、方法论开放出来并勾勒清楚，显然，有关民间法、习惯法的研究也不例外。

基于以上上述，可以认为，有关民间法、习惯法的研究同样能够对当下中国法治建构、法学研究作出特定的贡献。[②] 也正是在该逻辑中，越来越能隐约地感知《习惯法：理论与方法论》(后文简称《习惯法》)一书可能的学术价值及贡献。为了尽可能将笔者在阅读《习惯法》一书中所感知到的贡献与不足阐述清楚，故而设定了三个问题来加以论述：一是对习惯法研究在当下兴起的逻辑进行交代；二是将当前习惯法的研究进路与《习惯法》一书的格局进行比较分析；三是分别从本体论、功能论及方法论的角度来重构、分析及评判《习惯法》一书的具体贡献与不足。

一、习惯法研究的兴起逻辑

当代中国习惯法研究的兴起与法制现代化运动在中国的展开有紧密的关联性。在对近现代中国进行理解时，三个一百年的线索值得我们认真对待，即 1911 年至 2010 年、1921 年至 2020 年及 1949 年至 2050 年。在笔者看来，三个一百年分别对应地主要解决了三个问题：用何种方式来领导中国走向独立、富强、民主，谁来领导中国革命与发展以及如何在一国之内分配各种资源。由于文本内容本身的限制，在此对后两个一百年我们存而不论，主要讨论第一个一百年。严格意义上来说，我们还可以将第一个一百年的历史延展至 1840 年的鸦片战争，如此就更能清晰地展现其中的逻辑了。其实，无论是清朝晚期的洋务运动、戊戌变法，还是辛亥革命、新文化运动，实际都是近现代中国实现某个特定目的的手段，在寻找手段方式方法的过程中逐渐聚焦至法制现代化。所以，2011 年时任全国人民代表大会常务委员会委员长吴邦国宣布，“中国特色社会主义法律体系的形成，总体上解决了有法可依的问题，在这种情况下，有法必依、执法必严、违法必究的问题就显得更为突出、更加紧迫”[③]。这就意味着，我们基本告别制定法律为中心的时代。对于法制现代化运动的重要性，对于依法治国的重要性，党的十八届四中全会的报告说得很清楚，“依法治国，是坚持和发展中国特色社会主义的本质要求和重要保障，是实现

① 对于方法论之于研究的重要性，胡玉鸿认为“毋庸讳言的是，在一个不讲究方法论、不注重方法的拣择与提炼的学科研究中，研究活动本身的科学性就令人怀疑”。舒国滢也认为，“对于建立法治国家而言，重要的不是提出制度的框架和方案，而是制度设计的方法论根据”。参见胡玉鸿.法学方法论导论[M].济南：山东人民出版社，2002：104.舒国滢.法哲学：立场与方法[M].北京：北京大学出版社，2010：63.

② 根据此一判断可推定“谢晖之问”迟早能够获得解决，谢晖曾指出，“民间法研究作为法学研究的一个重要命题……但它至今在我国主流法学体系中的地位和作用却相当有限，林林总总、汗牛充栋的法学教材几乎不给其任何地位”。其实，这种根据的可能与“民间法研究的整体格局与理论层次不足”有关。具体参见谢晖.民间法研究的理论提升[J].甘肃政法学院学报，2014(2).张建.民间法研究的理论反思[J].甘肃政法学院学报，2015(1).

③ 吴邦国.形成中国特色社会主义法律体系的重大意义和基本经验[J].求是，2011(3).

国家治理体系和治理能力现代化的必然要求,事关我们党执政兴国,事关人民幸福安康,事关党和国家长治久安"。

在以立法为中心的时代,重要的是解决法律有没有的问题,所以法律被大量制定出来就成为一种必然,其中有些法律甚或是超越当时经济社会发展的需要,如在计划经济与市场经济并存、市场主体还未能发展成熟的时候,我国就于 1986 年制定了《中华人民共和国企业破产法(试行)》,最后的结果套用陈夏红的话就是,"虽然充满改革开放过程中的时代气息,同时也昭示出破产法的不堪重负"①。上述现象的存在反映了一个重要问题,即法律运作与社会需求相互间如何才能实现耦合的问题。通过对《秋菊打官司》电影中秋菊所碰到的困惑的分析,苏力则敏锐地发现并提出该问题,"至少在这个'案件'中,正式法律制度的干预破坏了这种社会关系和这个社会中人们之间的默契和预期"。"而且即使从公民'权利'保护来看,正式法律的运作效果也未必好。"②所以说,"在中国的法治追求中,也许最重要的并不是复制西方法律制度,而是重视中国社会中那些起作用的,也许并不起眼的习惯、惯例"③。此一问题,从制定法的角度看就表现为法律运作、法律实效等议题,从社会的视角看则是何种规则更为有效的问题。在此过程中,习惯法作为一种能有效化解矛盾、解决纠纷及促进秩序生成的规则重新被获得了重视。梁治平在对中国古代法的实际运作效果进行考察时就发现并指出,"在中国古代社会,国家法不但不是全部社会秩序的基础,甚至也不包括当时和后来其他一些社会的法律中最重要的部分。当然这并不意味着某种'秩序真空'的存在。社会不能够容忍无序或至少不能容忍长期的无序,结果是,在国家法所不及和不足的地方,生长出另一种秩序,另一种法律,这里可以先概括地称之为'民间法'"④。

由于中国法治建设本身是在"时空挤压"的环境中不断拓展和进行的,套用学术界比较时髦的话就是,要共时地完成历时性的任务,习惯法的研究同样不可避免地受制于"时空挤压"的外在结构的限制。当前中国习惯法的研究实际是在共时性与历时性两种不同逻辑中展开的,就共识性的逻辑来说,习惯法研究是在规则与规则效果的命题中展开的,是一种对制定法中心主义加以反对的策略;就历时性的逻辑来说,习惯法研究是在中西之争的命题中展开的,在进化主义和西方中心主义的话语中,传统中国包括制定法、习惯法在内的规则都成为与世界结构之中的中国的制定法相对称的习惯法,但以西方发达国家为模板和蓝图制定的法律体系,在实施的过程中,产生了诸多意外后果,所以此种意义

① 陈夏红. 破产法十年话"初心"[N]. 法制日报,2017-5-31.

② 苏力. 法治及其本土资源(修订版)[M]. 中国政法大学出版社,2004:31.

③ 苏力. 法治及其本土资源(修订版)[M]. 中国政法大学出版社,2004:37-38.

④ 梁治平. 清代习惯法:社会与国家[M]. 北京:中国政法大学出版社,1996:31-32.

上的习惯法研究则是一种言明自身主体性的研究。[①] 意识到习惯法研究所包含的两种不同逻辑，这为对有关习惯法研究进行分析、评价提供了基本的参照系，不同的逻辑对习惯法研究提出了不同的学术要求。在第一种逻辑中开展的习惯法研究，既需对国家制定法中心主义予以反思，也需对多元规则在法治秩序生成中各自的功能及方法等予以研究；第二种逻辑中进行的习惯法研究，既需对西方中心主义的法治秩序观加以反思，也需对习惯法所具有的正当性加以分析。同时，就《习惯法》一书来说，还需要讨论的是，研究是否遵循了学术的、方法的逻辑。

二、《习惯法》研究进路重述

就笔者的认识和理解而言，当前对习惯法的研究主要是在三个不同视域/方法中展开的。一是法理学视域中的习惯法研究，呈现出来的研究议题包括但不限于以下，借助于地方性知识、法律多元理论、共治理论等对习惯法的正当性加以分析[②]，在国家法—习惯法二元关系及规则—背景二元关系[③]中对习惯法进行取舍研究，从价值纬度出发对习惯法研究之于法治秩序建构所具有的话语价值给予剖析等等；二是法律社会学、法律人类学视域中的习惯法研究，主要是对习惯法存在的形态进行历史性或现实性勾勒与分析[④]，对习惯法在纠纷解决中所发挥的作用加以评析，对习惯法的历史演化及社会索引予以总结分析以及对域外的习惯法存在的形态或表现加以译介[⑤]等；三是规范法学视域中

---

① 如厉尽国所言，“民间法论者认为，国家法论者从普适性知识出发，把西方的法律概念、理论当作放之四海而皆准的真理，把西方的法律规则或制度视为世界普遍适用的通则。这实际上是在试图把中国的历史和现实变成某一种或某几种西方理论的注脚，后者试图把中国社会推上西方法制这张‘普罗克拉斯提斯之床’”。厉尽国. 法学研究中的民间法范式[C]//谢晖，陈金钊. 民间法：第四卷. 山东人民出版社，2005.

② 张镭在对当代习惯法的正当性予以证成时曾指出，“在生产方式不能很快统一的情况下，法律与规则的冲突就是一个必然存在的现实问题。解决这个问题，我认为仅仅用普及法律的方法去强行推行法律意识，挤压习惯的效力范围是简单粗暴的做法，并不能真正化解两种规则体系之间的矛盾；应当运用共治的理路使得不同的规则系统发挥其效用，达到不同规则共同致力于社会秩序的治理过程和目的，最终实现社会秩序治理的理想化”。张镭. 论习惯与法律——两种规则体系及其关系研究[M]. 南京：南京师范大学出版社，2008：167.

③ 萨其荣桂在对“民间规则”作为分析概念和研究进路予以反思时，发现“民间规则概念的相对狭窄，无法涵盖所有内容，加之民间法研究中地方性与普适性的悖论引发的矛盾，背景性知识可作为辅助性的分析概念，民间规则—背景性知识二元分析模型是解决民间法研究中矛盾的一次尝试”。萨其荣桂. 民间规则与背景性知识——关于民间法研究中一种分析模型的思考[J]. 西南民族大学学报（人文社科版），2007：(3).

④ 淡乐蓉对藏族“赔命价”习惯的研究、张渝对清代中期重庆商界中存在的习惯规则进行的研究。淡乐蓉. 藏区“赔命价”习惯法研究[M]. 北京：中国政法大学出版社，2014. 张渝. 清代中期重庆的商业规则与秩序——以巴县档案为中心的研究[M]. 北京：中国政法大学出版社，2010.

⑤ 朱淑丽借助对西方国家荣誉决斗的研究而开放出的法律与民间规范的问题、高仰光对日耳曼习惯法汇编《萨克森明镜》进行的细致的分析与介绍、梁津明对中世纪后期英国习惯法演化为普通法逻辑的研究、金玄武对韩国习惯法的介绍等。具体参见朱淑丽. 法律与民间规范——以荣誉决斗为视角[M]. 上海：上海人民出版社，2009. 高仰光.《萨克森明镜》研究[M]. 北京：北京大学出版社，2008. 梁津明，张馨艳. 习惯法到普通法：中世纪后期英国法律制度的演化路径[C]//谢晖，陈金钊. 民间法：第 18 卷. 厦门：厦门大学出版社，2017. 金玄武、武庆阳. 韩国习惯法初探[C]//谢晖，陈金钊. 民间法：第 13 卷. 厦门：厦门大学出版社，2014.

的习惯法研究，其更多是如习惯法如何融入立法或司法裁判而开展技术性研究，如习惯法的识别机制、运用机制等[①]，以及从部门法出发对某一领域的习惯法加以系统的总结等。毋庸置疑，上述研究对习惯法研究及法治秩序生成都形成了各自的贡献，遗憾的是，既有的习惯法研究往往缺乏系统性、整全式的视野，也缺乏理论与方法上的主动、自觉，由此更加地凸显了《习惯法》一书之于当前习惯法研究所作出的可能贡献。

《习惯法》一书分为五章，分别是：第一章从习惯到习惯法，第二章习惯法与纠纷解决，第三章习惯法与国家法，第四章习惯法与哈耶克，第五章习惯法研究方法论。[②]《习惯法》一书虽是由不同时期的论文汇编而成的，但不知李可在排布章节时是否意识到了排列的内在逻辑问题，因为至少在笔者看来，这种章节安排方式体现出了学术研究中所应恪守的逻辑，即由概念而起经由具体化操作再予以反思的思维顺序。具言之，可将《习惯法》一书分成三编：第一编为习惯法的本体论，第二编为习惯法的功能辨析，第三编则是习惯法的方法反思。三编分别回答了学术研究中三个比较基础而紧要的问题：一是研究中的概念界定，包括但不限于习惯法研究在内的法学（社会科学）研究的首要前提应在于概念的清晰定位，否则极容易出现关公战秦琼的笑话，这点在当前的习惯法研究中有着非常明显的表现，导致的结果则是研究、对话及交锋不能持续深入地加以推进。二是习惯法作为一种规则，必须要发挥相应的作用，《习惯法》一书则分别从社会与国家两个视角对习惯法作为规则的问题进行了敞开式讨论。三是任何一种研究都应在一定的方法论中展开，习惯法研究也不例外，《习惯法》一书认为从方法角度看习惯法的研究应讨论好方法论的构成要素及层次等。

通过将现有的习惯法研究与《习惯法》一书相比较，笔者发现《习惯法》一书至少作出了两个重要的学术贡献：一是经由与张洪涛的对话，通过将行动的习惯与规则的习惯理清楚，廓清了习惯法的内涵，这能够为日后的习惯法研究提供一个坚实的基础。二是从方法论视角出发，通过对方法论的构造、层次及转向等问题的回答，《习惯法》一书能够为习惯法研究提供研究的方法论根据，打破了随波逐流、随心所欲的思维格局。当然，仅有上述对既有的习惯法研究及《习惯法》一书的编排体例进行浮光掠影的介绍，以及对《习惯法》一书贡献的简要评述，肯定是不够充分，也是不够细致的，有必要继续深入地加以分析与评判。

---

① 代表著述，如：王林敏．民间习惯的司法识别［M］．北京：中国政法大学出版社，2011；贾焕银．民间规范的司法运用——基于漏洞补充与民间规范关联性的分析［M］．北京：中国政法大学出版社，2010.

② 《习惯法》一书五章所讨论的议题分别为：第一章包括对作为规则之习惯的本体论追问、对作为规则之习惯的精神求索、习惯如何成为习惯法及其方法论意蕴三个问题；第二章包括习俗的解纷智慧、宗教力量在应对唐宋民间纠纷中的作用、民间纠纷解决机制与和谐社会建构及民间纠纷解决机制的政治含量四个问题；第三章包括习惯法与国家法的关系、习惯法进入国家法的本体障碍、习惯法进入国家法的制度障碍及习惯法进入国家法的方式四个问题；第四章包括哈耶克规则进化命题中的几对矛盾、"哈耶克的困惑"及其当代启示及从封闭社会走向开放大社会四个问题；第五章包括习惯法研究方法论之构造、习惯法研究方法论之层次及习惯法研究方法论之转向三个问题。

三、走向自觉的(习惯)法学研究

学术研究作为一种知识生产活动,是主体在特定的思想、理论和方法支配下开展的认知活动。从研究自觉的角度看,知识生产活动可分为自觉型与下意识型研究。所谓自觉型研究,是指研究者意识到自身是在某种思想、理论或方法下开展研究的;所谓下意识型研究,指的是知识生产活动仅是研究者感性活动的结果。自觉型研究与下意识型研究最为根本的区别在于:能否对学术研究产生持续性的知识增量。同时,本文又认为自觉型研究也可分为三类:第一类是在思想意识层面的研究自觉;第二类是在理论脉络中的研究自觉;第三类是在方法路径上的自觉。

自主性就是"个体自由和自主性的普遍发达,导致人的自我意识的生成或走向自觉,是现代性的本质规定之一,是全部现代文化精神的基础和载体"①。实际上,任何一种能否思考的主体自从有生命之后都会形成一种自我意识、我他意识,人类如此其他动物也不例外,关键在于能否用一种较为清晰的方式将这种自我意识表达和呈现出来②,这应是人类与其他动物之间的根本区别。当然,人类的这种自我呈现意识也是逐步伸展出来的。在原始社会中,受制于认识能力及表达能力的限制,人类往往会用图画、象形文字的方式将自我意识表达出来;随着人类认知系统的逐渐发达,语言、文字等成为表达人类意识的主要手段;再随着认知系统的成熟和概念化思维能力的提升,使得作为人类自我意识呈现的外在手段具有了一种外在于人类的独立性,思想、理论及方法则成为一个阶段的产物。同时,在人类认知能力和实践能力成长成熟过程中,受到自然环境、经验、习俗、惯例及宗教等因素的结构性影响,人类往往会被外在的结构结构化而忽略自身真正的主体意识。从这个角度看,西方启蒙运动实际就是将人从宗教、日常经验及习俗惯例中解放出来的运动。对此,一如梁漱溟所言,"这种倾向我们叫它:'人的个性伸展'。因为以前的人通没有'自己',不成'个',现在的人方觉知有自己,渐成一个个的起来"③。

随着人类的自我意识及自我意识表达系统的成熟,逐渐形成了一套外在于人类简单生存的概念系统、想象系统和意义系统,这套系统的普遍存在使得不同区域、不同民族的人类形成了一些区别。对于想象系统、意义系统所具有的价值,兰德斯曾指出,"马克斯·韦伯的看法是对的:如果说我们能从经济发展史学到什么,那就是文化使局面几乎完全不一样,文化具有的内在价值观能引导民众"④。随着资本主义及市场经济在世界范围内的蔓延,人类在经济、社会等领域出现了相互融合的迹象,但是在意识形态、文化观念

① 衣俊卿.现代性的纬度[M].哈尔滨:黑龙江大学出版社·北京:中央编译出版社,2011:110-111.

② 张建.他者的幻相:走出法律东方主义的逻辑陷阱[J].湖北民族学院学报,2018(4).

③ 梁漱溟.东西文化及其哲学[M].上海:上海人民出版社,2015:46.

④ 兰德斯.文化使局面几乎完全不一样[C]// 亨廷顿,哈里森.文化的重要作用:价值观如何影响人类进步.北京:新华出版社,2010.

等领域依然是较为共存、对峙的状态，这并不是物质对意识所具有的功能失灵了，而是因为意识形态、文化观念是一个国家、民族得以自我想象的根据。但是，意识形态、文化观念的共存、对峙，并不意味着不同的观念相互间一定会处于相互胶着、平等对话的状态，而是出现了强势文化与弱势文化的区别。就作为个体的中国来说，由于受西方发达资本主义国家文化观念的影响，我国文化观念领域曾一度成为他者观念的跑马场。西方有关中国落后、愚昧等观念全部被中国内化，基于西方视角而审视中国后开出的诸诊治手段被中国全部接纳。加之中国人长期没有自我意识形成的思维习惯，①使得我们敞开地接受了西方基于自身而形成的诸文化观念体系。

敞开地接受西方发达国家形成的诸文化观念，本身并没有问题，紧要在于“要引进西方化到中国来，不能单搬运、摹取他的面目，必须根本从他的路向、态度入手”②。但我们往往忽略后者，而是将本是皮相层面的体制、制度、机制及理论、观念、视角等作为根本，为此形成了许多不良后果。上文所讲的以现代化、城市化、工业化和市场化为模拟场景，经由移植、模仿而构造的法律制度无法有效适应中国的法律需求就是其中的表现之一。所以说，必须要根据中国构造符合中国实际、能够解释中国、能够解决中国问题的法律制度、法律之理，如邓正来所言，“把理想图景引入对中国法学的反思和前瞻，意味着我试图把中国法学的领域中，甚或是中国社会科学的领域中，把那个被遮蔽的、被无视的、被忽略的关于中国人究竟应当生活在何种性质的社会秩序之中这个重大问题开放出来，使它彻底地展现在中国人的面前，并且命令我们必须对它进行思考和发言，而绝不能沦为‘西方法律理想图景’之权威的‘不思’的一大堆”③。张文显也曾指出，“面对世界范围内各种法学思想文化交融交锋的新局面，必须加快建设中国特色的法学体系，构建能够解决中国问题乃至世界性问题、具有国际竞争力的法学学科体系、学术体系、话语体系和人才体系”④。这意味着，中国已开始走出在法学研究中受制于西方的思维陷阱中，意识到建构符合中国实际的法学体系所具有的理论价值、时代价值和现实价值。

有关习惯法、民间法及民族法的研究，是构造中国特色的法学体系学术运用的重要构成，也应根据中国而开展学术研究，对此一如《习惯法》的作者所言，“如果我们敞开胸襟毫无鉴别地吸收来自西方有关习惯法的理论学术，那么我们除了让自己的大脑成为别人思想的跑马场之外，可能也无法构造出一个什么像样的理论体系，更遑论为中国法学作出什么独特的理论贡献了”⑤。从这个角度看，《习惯法》一书至少在作者本人看来是具有强烈的中国立场、学术自觉的。在笔者看来，我们没有任何理由忽略《习惯法》可能作

---

① 对于这点梁漱溟曾予以批评过，如其所言“中国人不当他是一个立身天地的人。他当他是皇帝的臣民。他自己一身尚非己有，哪里还有什么自由可说呢？皇帝有生杀予夺之权，要他死他不敢不死……他们本不是一个‘人’，原是皇帝所有的东西，他们是没有‘自己’的”。梁漱溟.东西文化及其哲学[M].上海：上海人民出版社，2015：46.

② 梁漱溟.东西文化及其哲学[M].上海：上海人民出版社，2015：65.

③ 邓正来.中国法学向何处去[M].北京：商务印书馆，2006：264.

④ 张文显.关于构建中国特色法学体系的几个问题[J].中国大学教育，2017(5).

⑤ 李可.习惯法：理论与方法论[M].北京：法律出版社，2017：28-29.

出的学术贡献，其至少在习惯法的本体论、功能论和方法论三个维度上作出了有见地的思考。

四、习惯法的本体研究及其贡献

何为习惯法？习惯法是发现的还是发明的？上述两个问题应是习惯法研究中最基础，也是最不能绕开的问题，是习惯法研究的本体问题。遗憾的是，一直以来学术界对何为习惯法的研究很多都是在描述层面而非本体意义上的讨论。比如，魏敦友教授在对当代民间法/习惯法的话语逻辑进行分析时，就曾对苏力、梁治平及谢晖等人有关民间法/习惯法的界定进行梳理，认为苏力是从民间法与国家法互动的角度切入、梁治平是从大小传统的角度介入、谢晖则是从纠纷与善治角度出发，又认为上述三位学者研究的缺陷就在于，"民间法研究无法超越国家与社会之二分的观点，民间法研究者试图超越国家主义的法学观，但总体来看，民间法研究者们在研究方法上还依然处于国家主义的束缚之中"①。其实，习惯法/民间法的研究者们之所以无法超越，就在于研究者们并非是从习惯法本质的角度来思考习惯法，而是必须要借助国家法才能思考习惯法所致。从这个角度来看，《习惯法》一书中有关习惯法的思考虽然是在与张洪涛教授的商榷中得以生成，但亦不失为一种学术研究之道。

依照《习惯法》一书所言，张洪涛试图从内部视角对习惯进行普遍理论意义上、本体论上的研究，并且张的研究宣称有这样三个发现：一是社会习惯是源自个体习惯；二是个体习惯源自人之本能和人之情感；三是社会习惯可称为是规则的习惯，个体的习惯可称为是行为的习惯。在对张的发现进行评判时，《习惯法》一书主要是借助三个论据来进行的：一是《习惯法》认为，"在法学界，人们则清醒地认识到：一个习惯的内容如果不具有社会性并为人们广泛接受，就不能成为作为规则之习惯"②。二是经由对西方经典思想家哈耶克、梅因及福山等人观点的梳理来完成自我的论证，如在对梅因观点进行总结时，《习惯法》一书就讲道，"可见，在梅因的叙述中，如果说在部落习惯中，作为规则之习惯是受制于迷信、本能、想象的话，那么到了商业习惯中，本能则被作为规则之习惯关进了笼子中"③。三是《习惯法》一书认为，"作为规则之习惯首先必须是社会性的，其次作为规则之习惯往往又可以成为习惯法，最后社会习惯而非个体习惯是习惯法的本体"④。"作为规则之习惯不仅仅是一种一般化的标准行为，而且也是对生活中的实际行为的调节或评价，因而本能和情感在它这里就成为其规制的对象，而非其自身的本质性组成部分。……由此可见，作为规则之习惯与人之本能和情感有联系，但这种联系不是本质性

① 魏敦友.当代中国法哲学的使命[M].北京：法律出版社，2010：142.

② 李可.习惯法：理论与方法论[M].北京：法律出版社，2017：6.

③ 李可.习惯法：理论与方法论[M].北京：法律出版社，2017：12.

④ 李可.习惯法：理论与方法论[M].北京：法律出版社，2017：18.

的，而是体与用的关系，即后者被前者当作充分实现自身目的的工具。”[①]套用《习惯法》一书中的疑问，“人们到哪里去寻找作为规则之习惯的社会性呢?”《习惯法》回答道，“根据上述物质决定精神的基本原理，我们可以到决定作为规则之习惯的精神的物质性因素中去寻找。……总之，抽象地谈论法或作为规则之习惯的精神，而不给它添加一定的时空条件和意义的边界，从方法论上看是失之严谨的。同时，抽象地谈论法或作为规则之习惯的精神，也只能止于社会性论断”[②]。至此，《习惯法》认为自身完成了对张洪涛有关习惯法界定的反思，并形成了两个主要观点：一是人之本能及人之情感只能构成行为之习惯的基础；二是规则之习惯的基础在于社会性、在于物质性。[③]

经由上述对习惯法本质的分析，《习惯法》一书继续在本体意义上进行了相关的学术探究。比如，对习惯法进行类型学分析，认为“以是否包含一种评价性的行为模式为标准，我们从类型上可以将习惯分为作为行为之习惯与作为规则之习惯”。[④] “以生成的场域为标准，我们可将习惯法分为民间习惯法与官方习惯法。”[⑤]同时，在对习惯如何才能转化为习惯法的问题进行思考时，《习惯法》一书认为能够得到受制于习惯法认可的习惯法是一种途径，而国家认可和赋权是另一种途径，前者可称为“习惯法的内在效力说”或“习惯法的社会认可说”，后一种称为“习惯法外在效力说”或“习惯法的国家认可说”。在途径二分的基础上，《习惯法》又发现途径二分背后的不同图景，“社会认可说背后所潜伏的是一幅社会基本上可自我治理，而国家只是对社会无法或不愿治理，或治理起来成本太高的事物加以管制的理想图景”[⑥]。经由对国家认可说支持下的“大传统”模式、“现代化范式”及其危害进行批判后，《习惯法》认为“习惯法更可能促进一种自发秩序、个体自由和社会正义之生成，而成为法只是为这些价值之生成提供一个外部性的制度框架而已”[⑦]。

不可否认，在对习惯法之本质及其价值进行思考时，借助对张洪涛观点的批判，《习惯法》一书完成了自身有关习惯法本体论的构造，更重要的是，在对张为什么会出现失误进行总结时，《习惯法》还从方法的角度入手予以了反思，认为“主要在于其方法论上出现了若干失误，首先张文的写作手法是观念先行的，且缺乏对此种先行之观念的事实性证成或证伪”[⑧]。这一认识显然是极有洞见的，因为在开展包括法学在内的社会科学研究时，不对作为我们分析问题的前提进行批判性反思则可能会造成种种谬误，尤其是将思

---

① 李可. 习惯法：理论与方法论[M]. 北京：法律出版社，2017：8.

② 李可. 习惯法：理论与方法论[M]. 北京：法律出版社，2017：23-24.

③ 对于这点，余地也是表示认可，如其所言，“人际交往的实践准则指向的精神‘互养’，这就在制度层面可以被视为一种民间规范，这种民间规范又有其区别于其他自发性规则的一面”。参见余地. 论耻感文化与民间规范[J]. 东方法学，2018(2).

④ 李可. 习惯法：理论与方法论[M]. 北京：法律出版社，2017：30.

⑤ 李可. 习惯法：理论与方法论[M]. 北京：法律出版社，2017：34.

⑥ 李可. 习惯法：理论与方法论[M]. 北京：法律出版社，2017：43.

⑦ 李可. 习惯法：理论与方法论[M]. 北京：法律出版社，2017：43.

⑧ 李可. 习惯法：理论与方法论[M]. 北京：法律出版社，2017：24.

考的结果假定为思考前提时更会导致循环论证。但是,《习惯法》一书在对规则之习惯的本质及其与行为之习惯相区分时,以哈耶克、梅因及福山、孟德斯鸠等思想家的相关论断作为知识奥援的理据何在呢?为什么不是边沁、奥斯丁、凯尔森或哈特呢?同时,在对习惯法及其背后的理想图景之于国家法及其背后的理想图景所具有的优势进行比较时,《习惯法》一书也没有坚持从作为习惯法之本质的社会性出发论证两者价值上的高低,同样有着非常严重的价值先行的倾向。[①] 当然,指出上述两处方法上不能一以贯之地坚持,并不意味着否定《习惯法》一书在本体论进行思考所形成的学术贡献。

五、习惯法的功能研究及其贡献

习惯法不仅是一种学术命题,它同时是当下中国法治建设过程中活生生存在的事实。习惯法与纠纷解决、习惯法与制定法之间关系如何,这是《习惯法》一书在第二章、第三章着重解决的问题,笔者将其称之为在功能纬度上展开的研究。

在处理习惯法与纠纷解决的问题时,《习惯法》主要是从现实、历史与政治的视角来搭建相关的研究内容。通过对《习惯法》成书时近两年的三个较为电信的婚姻诈骗案的来龙去脉及其后果进行叙述后,其对现代法律在保护当事人合法权益的可能作用产生了三个疑惑:“一是形式性的法律要求与情感型的婚姻之间的矛盾,二是个人性的法律与团体型的家庭之间的矛盾;三是法律中的要求与现实的直觉之间的矛盾。”[②]比如就第一困惑具体而言,《习惯法》具言道,“上述三桩案件中的受害人或其家庭都是苦于没有法律所要求的形式性证据,而无法将诈骗犯绳之以法”[③]。进而通过对传统社会中结婚时财物往来习俗、离婚时财产处置习俗及丧偶时财产处置习俗的勾勒,《习惯法》一书认为,“如果现代法律能够吸收传统习俗的智慧之处,它或许就能走出前述形式性和个人性困境,从而得以新的面目示人”[④]。同时,《习惯法》一书还认为唐宋民间宗教力量在纠纷解决中有着非常重要的价值,如宗教具有很强的纠纷预防作用并形成了特定的机制,如作者所言,“第一,通过乡里和家族权威带有宗教色彩的日常训诫;第二,本地英雄被尊奉为神祇这一神化机制在树立一种舍己为公的楷模的同时,也为人们树立了一种忧患意识和平等意识;第三,对英雄和神祇的共同尊奉为人们在遇到纠纷时实现相互沟通和作出相互让步提供一个坚实的台阶;第四,借助宗教教义、宗教气氛和公众的宗教参与热情,固化本地、

---

① 价值立场先行与价值判断是两个问题,人文社会科学研究中要警惕价值立场先行现象,承认价值判断的意义。一如施特劳斯所言,“不做价值判断就不可能研究一切重要的社会现象。禁止价值判断从政治科学、社会学或经济学的前门进入,它就通过后门进入这些学科”。胡玉鸿也认为,“在法学研究上适用价值判断,不仅是人文科学的通例使然,同时也是法学的特质所在”。施特劳斯.什么是政治哲学[M].李世祥,等译.北京:华夏出版社,2014:12.胡玉鸿.法学方法论导论[M].济南:山东人民出版社,2002:71.

② 李可.习惯法:理论与方法论[M].北京:法律出版社,2017:74-79.

③ 李可.习惯法:理论与方法论[M].北京:法律出版社,2017:74-75.

④ 李可.习惯法:理论与方法论[M].北京:法律出版社,2017:74-75.

本族成员在利益分配上的既有机制，从而预防和减少纠纷的发生”[①]。民间纠纷自我民间社会的纠纷自我消纳、解决机制，有着自身特定的立场、逻辑、机制和功能，随着现代民族国家的建立，民间社会被涵摄进国家结构之中，民间社会的运作逻辑也被消解。[②] 好在随着改革开放及经济社会的发展，民间社会的自我修复开始运作并有了复兴的迹象，对此《习惯法》也发现并认为，“值得庆幸的是，主流意识形态逐渐认识到，官方对民间纠纷之解决介入过深过频……不仅费力不讨好，还大大压抑了民间纠纷的自我消化机制的形成。”[③]

虽然《习惯法》一书认为，“法治之法并不一定要是国家制定法，国家认可的民间法和国家不认可的民间法也能构成法治之法”[④]。从价值论和法治之原理的角度看，这一判断没有任何问题，但是，这一论断也仅且在价值领域才能为真。从描述性或分析性视角看，现代社会中民族国家、国家政治已成为不可避免的客观事实，亦即现代国家、制定法也成为民间社会、习惯法不可忽视的客观存在。故而，国家法、制定法与民间法、习惯法之间的关系也成为有关民间法、习惯法研究绕不开的议题。《习惯法》一书认为有关习惯法与国家法的关系研究可分为历史、现实与理想三种类型，历史地看“在近现代的纬度上，政治国家自以为实力膨胀，往往倾向于忽视、轻视和鄙视习惯法在整合社会秩序中的功能和作用……”[⑤]两者理想的类型关系“应当是互动的、融合的，或至少是相安无事的，现实中它们之间的断裂、不和谐冲突是不正常甚或是病态的”[⑥]。遗憾的是，由于本体障碍和制度障碍的存在，导致习惯法进入国家法存在诸难题。比如，由于“消解命题”的存在，出现了国家权力万能论；由于“模糊命题”的存在，出现了国家规则万能论；由于“原子命题”的存在，出现了体系万能论。为此，“政治国家必须克制其权力冲动、立法冲动、司法冲动，自觉地为个体和公众营造一个自主选择、平等对话的平台，自觉拓展个体和公众视线有效自治的制度空间”[⑦]。同时，《习惯法》一书还认为习惯法进入国家法可分两个层次：一是总体而言，“民间习惯对国家法的价值进入、文化进入实质是一种整体进入，而非部分进入”[⑧]。二是就具体路径而言，既可以是民间法权威的“以知参法”，[⑨]也可以是立法、

① 李可. 习惯法：理论与方法论[M]. 北京：法律出版社，2017：89-90.

② 通过对1949年中华人民共和国成立后对基层社会改造过程的人类学分析，庄孔韶发现“在政权更迭过程中，共产党人大刀阔斧改造基层农村社会的目标是以新确立的阶级结构代替传统乡村宗族结构。……一场革命以后，黄村内外都恢复了平静，但生活的格局已完全不同往日。”庄孔韶. 银翅：中国的地方社会与文化变迁(1920—1990)[M]. 北京：生活·读书·新知三联书店，2016：81-85.

③ 李可. 习惯法：理论与方法论[M]. 北京：法律出版社，2017：100.

④ 李可. 习惯法：理论与方法论[M]. 北京：法律出版社，2017：128.

⑤ 李可. 习惯法：理论与方法论[M]. 北京：法律出版社，2017：128.

⑥ 李可. 习惯法：理论与方法论[M]. 北京：法律出版社，2017：119.

⑦ 李可. 习惯法：理论与方法论[M]. 北京：法律出版社，2017：130.

⑧ 李可. 习惯法：理论与方法论[M]. 北京：法律出版社，2017：130.

⑨ 所谓民间法权威的“以知参法”，“是指享有习俗性权威的各类民间精英以其习惯、习俗乃至文化、宗教方面的知识、经验主动参与国家法之创新和运行等官方活动，并将有关民间习惯方面的规则输送到国家法之体系当中”。李可. 习惯法：理论与方法论[M]. 北京：法律出版社，2017：160.

检察院及法院等官方权威的"援习入法",还可以是民间与官方的"共谋变法"等。

毋庸置疑,《习惯法》一书有关(当下)习惯法的功能及其与国家法之间的关系的探究,既符合当前法治建设的需要,也有较强的学术贡献,无论是其提出的"消解命题与权力万能论、模糊命题与规则万能论及原子命题与体系万能论",还是"进化命题与工具论处置、分离命题与二元化规制及指向命题与差序化调适"等,都具有较强的概括性和解释力。但是,《习惯法》一书中夹杂的杂音也不容忽视。比如,其认为,"民间习惯只有带着其自身的规则、价值和文化一起进入国家法,才能既不失其尊严也不失其效力,既不损其实质也不损其实效,既能实现规则认同又不至于导致个性混同"①。但其又从知识结构、进入技术、获取手段和导致结果四个方面分析后认为,"近代以来民间习惯进入国家法问题上试探性的零星模式占据主导地位"②。显然,这两种观点之间存在了一定的抵牾。③再如,在对唐宋宗教之于纠纷所具有的功能进行解读时也存在笼统概括、大而无当的趋势,这与《习惯法》一书所主张的提出假设、根据事实进行证明或证伪的研究进路④有所区别。

六、习惯法的方法论研究及其贡献

研究自觉就是立场、思想、理论和方法上的自觉,没有清晰的立场研究就无法判断,没有一定的思想研究就无所适从,没有特定的理论研究就走向空泛,没有方法的指导研究就会参差不齐。为了推动研究自觉性的生成,《习惯法》一书在第五章专门对习惯法研究方法进行了综合论述和总体构造。

《习惯法》一书认为民间习惯法的研究方法应该包含七个基本要素:一是理论立场又被称为"研究立场","其为民间习惯法研究提供哲学和价值上的依据,在宏观上指导和规定民间习惯法牙就的发展方向"⑤。就习惯法研究而言,就要如法律一元论和法律多元论、国家本位观与社会本位观等。二是理论假设又被称为"前提预设","它是从经验中生长出来的并可以用来证明推出它们的原因,是一些不证自明的公理或由公理推出的定理"⑥。三是逻辑起点就是"研究的出发点","是人们开始理论研究的最初立足点"⑦。比如其认为,"我们主张以民间习惯法概念作为民间习惯法研究的逻辑出发点,一方面可以

---

① 李可.习惯法:理论与方法论[M].北京:法律出版社,2017:130.

② 李可.习惯法:理论与方法论[M].北京:法律出版社,2017:178.

③ 《习惯法》一书也曾交代道,"无论是在传统文化还是在法律、法理和实践上,民间习惯以完结性的整体模式进入国家法均无实质性障碍"。对于这种抵牾,可解释成理想与现实的差距,但这同样说明,整体模式进入的命题至少对现代来说不具有强有力的解释力,无疑会削弱命题的生命力。

④ 李可.习惯法:理论与方法论[M].北京:法律出版社,2017:28-29.

⑤ 李可.习惯法:理论与方法论[M].北京:法律出版社,2017:289.

⑥ 李可.习惯法:理论与方法论[M].北京:法律出版社,2017:293.

⑦ 李可.习惯法:理论与方法论[M].北京:法律出版社,2017:295.

为民间习惯法研究准备一个逻辑起点，另一方面又可以为民间习惯法的研究奠定一个大致的框架"①。四是研究路径，"是研究者在基本世界观和价值观的指引下，为达到研究目的而采用的步骤、程序、行动模式等"②。其主张，"在民间习惯法研究的抽象路径上，应当以经验主义为基础，以规范主义路径为导向，而以逻辑主义路径为辅助，这样才能对民间习惯法的事实纬度、价值纬度和逻辑纬度作出全方位的关照。"五是理论参照系，其主张"以社会作为民间习惯法研究的参照系，将民间习惯法看作现代社会法治资源的一个有机组成部分，看作是一种自生自发的秩序因素"③。六是分析框架，其认为当前习惯用的习惯法研究分析框架有"官方法—非官方法—法律原理""民间法—国家法关系"及"民间习惯法—国家制定法关系"等诸框架。七是研究对象，其认为"在民间习惯法的研究中，研究对象的概念构成研究主体开展研究的逻辑起点"④。八是研究主体，在对研究主体予以分析时，其认为"总的说来，在民间习惯法(及法学)研究中，研究主体应当尽可能地采取客观中立的姿态和立场来审视民间习惯法，应当在如实描述民间习惯法的基础上，对其本质、特征和结构等本体论方面作出分析和判断"⑤。九是学科定位，其认为"很显然，民间习惯法研究在总体上属于人文学科，应当用人文科学的方法和认知模式来解释民间习惯法现象，探寻民间习惯法背后所存在的意义、价值和精神"⑥。

经由对民间习惯法研究方法之构成要素构造完成后，《习惯法》一书还对研究方法的层次和转向进行了思考。其认为研究方法的层次涉及四个范畴：一是模式，"从狭义上讲，模式含于理论范式之中，它是人们进行理论建构的一整套原则、原理、概念和方法。从广义上讲，模式与范式基本相当"⑦。就民间习惯法的研究模式而言，在其看来，存在法律多元模式(法律二元分离、冲突、互动模式，法律二元分立三元结构模式，第三领域模式)、法律文化类型模式(法律文化互动、冲突模式及法律文化冲突—互动模式)、法律传统模式(法律大传统模式、法制现代化模式、法律小传统模式)等等。二是理论，"理论就是人们在解决实际问题的过程中所形成的方法及其经验结果"⑧。比如，存在地方性知识理论、文化平等论和不可通约论、自发秩序理论和依附理论及社会模式理论和交往行动理论等等。三是视角，"研究视角是由历史和个人的成长经历等因素所给定的，这些因素无时无刻不在影响研究者对于客观事实的整理、分析和评价"⑨，如法律多元主义视角、主体间视角、个人主义方法论视角及内部视角等。四是方法，所谓方法就是实现一定目的的手段，如人文科学方法、自然科学方法等。基于当前习惯法研究中表现出的方法论的

① 李可.习惯法：理论与方法论[M].北京：法律出版社，2017：296-297.
② 李可.习惯法：理论与方法论[M].北京：法律出版社，2017：298.
③ 李可.习惯法：理论与方法论[M].北京：法律出版社，2017：298.
④ 李可.习惯法：理论与方法论[M].北京：法律出版社，2017：307.
⑤ 李可.习惯法：理论与方法论[M].北京：法律出版社，2017：310.
⑥ 李可.习惯法：理论与方法论[M].北京：法律出版社，2017：311.
⑦ 李可.法学方法论[M].贵阳：贵州人民出版社，2003：180-181.
⑧ 李可.习惯法：理论与方法论[M].北京：法律出版社，2017：336.
⑨ 李可.习惯法：理论与方法论[M].北京：法律出版社，2017：340-341.

不尽如人意之处,《习惯法》一书提出,“在民间习惯法研究中,我们要借助法学以外的其他学科的知识体系,在实现法学与其他学科之间的科际整合的基础上,在研究立场、研究模式、研究视角及研究范围上进行转向”[①]。例如在具体方法上,就可以借助历史学方法、社会学方法及人类学方法等开展有关习惯法的研究。

无可争议的是,《习惯法》一书对民间习惯研究方法要素及层次等问题的思考,至少在笔者看来应是较为系统、前卫的,但同样也是问题累累。每位学者在对特定理论进行要素构造时可能会基于不同的理由而形成不同的思考,如刑法构成要件中的“四要件说”与“三层次说”之间的争议就非常具有代表性,不同学术主张本身并没有高下之分,关键在于能否形成一套逻辑严密、具有解释力的体系,能否与学术中最为通说、基本的概念相吻合,亦即前文所阐述的,能够回归至法理及方法论层面展开讨论。比如,《习惯法》一书在对研究主体内涵进行构造时,其一方面认为“应当尽可能地采取客观中立的姿态和立场来审视民间习惯法”,另一方面又认为“研究视角是由历史和个人的成长经历等因素所给定的,这些因素无时无刻不在影响研究者对于客观事实的整理、分析和评价”。对于两者发生的抵牾,当然可以理解为是有关研究主体的规范性分析与客观性描述,但构筑在包括民间习惯研究在内的人文社会科学研究中不可避免的现象提出规范性要求(或类似的屠龙之术的问题)是否有意义,[②]同样值得认真对待。

代结语:走向更加自觉的(习惯)法学研究

经由对《习惯法》一书在本体论、功能论及方法论等方面思考的重述,使我们既感受了该书对习惯法研究可能具有的学术贡献,同时也在观点与逻辑重构过程中发现了自己的一些不足。被罗列和呈现的不足可能既与笔者自身的主观意识有关,也与《习惯法》一书的体例有关,还与(习惯法)研究的繁复性有关,更与这个时代人文社会科学研究的外在遭遇有关。

我们在对任何研究对象加以研究时都会带着自身的主观性,为避免主观性带来的理解谬误,一方面有必要将自身的前设给开放、呈现出来,另一方面则可以将研究对象的内在逻辑自我呈现,两种手段能降低主观的谬误。又由于任何研究对象及其对研究对象的理解都是多层、多维和多重的,从哪个角度理解都能言之有理,但又是一家之言,习惯法的研究同样也是如此。但如文章开篇所言,我们可以在法理和方法论层面进行总体评判,本文对《习惯法》的分析始终遵循这一预设。同时,更由于我们所处的时代所形成的

---

① 李可.习惯法:理论与方法论[M].北京:法律出版社,2017:354.

② 对于两者的张力,胡玉鸿提出一种解决思路,即“在每一种特定的方法论中,都必然融合着研究者本人的思想意识与价值立场,他正是根据这样一种先在的理论预设而走进研究的场合,并以此建构相关的法学理论,批评现行的法律制度的。从这个意义上说,交代自己的立场界定、前提预设,就成为研究者建构自己的方法论时所首先必须予以做到的”。胡玉鸿.法学方法论导论[M].济南:山东人民出版社,2002:109.

对包括学术 GDP① 在内的评价数量化的偏好,使得研究越来越呈现形式化、追求越来越数字化,使得蕴含在人文社会科学研究中的价值追求被淡化,也使得人文社会科学研究所需的闲暇被打破。

但是,上述的理由似乎又不能构成我们产生不了思想、理论及学术精品的最根本理由,最为根本的或许还在于:我们对我们所处时代发生的巨变把握不够、不深、不透所致,还在于我们用学术来表达、呈现时代巨变逻辑的能力不够,所以说,这是一个需要思想理论巨人,也是能产生思想理论巨人的时代。但思想产生的前提在于,作为学人的我们要能有清晰的学术立场、清楚的逻辑思路和一以贯之的方法论基础,并能对时代有着深刻的理解,这样才能真正地把握自身所厕身其间的时代。② 其实,有关习惯法的研究同样也是如此,我们不能就习惯法而研究习惯法,而是要经由习惯法的研究达至廓清法理的目的、达至清晰方法论的目的、达至解释习惯法背后的时代巨变逻辑的目的。也只有这样,有关习惯法的研究才能与其他部门法的研究、与其他学科的研究一起殊途而同归。

The Consciousness of Methodology in Customary Law Research

Zhang Jian

Abstract:The study of customary law and customary law should be a force that cannot be ignored in the current legal construction of China and the legal research pattern, but it has not be valued. This is related to the neglecting of jurisprudence and methodology in legal studies. Although the book "Common Law: Theory and Methodology" is cut from the perspective of customary law research, it can respond to problems at the level of ontology, function theory and methodology, thus forming an academic contribution of universal value. However, due to the fragmentation of the work itself, the complexity of research topics, and the consistent lack of methodology, the research still has many shortcomings in terms of theory and logic.

Key Words:customary law;jurisprudence;methodology

---

① 如张耀铭所言,"我国所有的高等院校、科研院所,都执行着一个制度化的、量化的、'一刀切'的学术评价体制。依照这些条例,每个院系都制定了相应的考核细则:一个教师每年必须在'核心期刊'上发表多少篇论文,每 2～3 年必须出版多少万字的专著"。张耀铭.学术评价存在的问题、成因及其治理[J].清华大学学报(哲学社会科学版),2015(6).

② 如邓正来所言,"世界结构中的中国的实质不在于个性或与西方国家的不同,而在于主体性,在于中国本身与思想的主体性,其核心在于形成一种根据中国的中国观和世界观(一种二者不分的世界结构下的中国观),并根据这种中国观以一种主动的姿态参与世界结构的重构进程"。邓正来.全球化时代与中国法学——"主体性中国"的建构理论[J].学习与探索,2006(1).

论民间规范结构于地方立法的方式*

高中意**

摘要:地方立法不仅是制定规则的活动,而且是地方社会治理的重要组成部分,它具有过程性、主体性、自治性、多元性的特点。在地方治理视野下,民间规范结构于地方立法具有三种具体方式,即作为地方立法的引发机制、作为地方立法的规范渊源、作为地方立法的评价依据。民间规范通过结构于地方立法过程,进入地方社会治理视野之中,由一种规范事实转变为治理资源,对社会治理实践产生重要影响。同时,结构了民间规范的地方立法能把地方社会治理与国家治理有机勾连起来,在地方社会治理实践过程中贯彻国家治理理念,在构建国家治理结构时关注地方社会治理实践状态。

关键词:民间规范;地方立法;地方治理

一、问题的提出

一方面,国家赋予设区的市地方立法权,明确地方立法权限和范围;另一方面,国家也要求发挥市民公约、乡规民约、行业规章、团体章程等社会规范在社会治理中的积极作用。在推进国家治理体系和治理能力现代化背景下,地方立法是国家治理实践中的重要环节,民间规范则是国家治理实践中的重要制度性资源。在治理视野下二者具有内在的勾连,也只有在治理实践中,二者才能得以有效的互动与良好的整合;随着国家治理重心向基层下移,地方立法与民间规范进行互动成为必然之趋势。因此,在理论上梳理二者的关系,特别是考察民间规范如何结构于地方立法,就具有十分重要的意义。

然而,已有的研究大都没有从治理的维度上分析民间规范与地方立法,仅把民间规范作为社会中的一种制度性资源,把地方立法作为法治建设中一个环节,这样,民间规范就只是地方立法过程中有待认可、吸收的静态规范。但是,民间规范既是一种制度性资源,能被整合到法治实践中;也是一种治理资源,能被结构到治理实践中。地方立法既是

* 基金项目:国家社科基金重大项目“民间规范与地方立法研究”(项目编号:16ZDA070);中南大学中央高校基本科研业务费专项资金资助项目“民间法在社会治理法治化中的作用机制研究”(项目编号:2016zzts176)。

** 高中意,中南大学法学院博士研究生。

法治建设的一个环节,成为地方法治实践的重要组成部分,也是地方治理的重要环节。之所以以往的研究忽视以上方面,重要的原因在于,在考察二者关系时没有以地方立法为中心,而是以民间规范为中心;或者说没有对地方立法进行立体性的考察。具体而言,可以将这些研究作出如下分类:

第一,将地方立法视为规则整合行为,忽视地方立法的过程性。当学者们在谈论地方立法是如何认可、吸收、整合民间规范时,都有意无意忽略地方立法的过程性,把立法仅当作制定规则的活动,进而没有认识到制定规则之前、之后二者所进行的互动。① 治理是主客体之间相互影响的过程,地方立法既然是作为地方的一种治理实践,就一定具有过程性,它通过制定地方规则这一活动调动社会主体参与治理的积极性、协调央地关系、整合社会中已有的规范资源。

第二,忽视地方立法的多元性,只关注到民间规范与地方立法在文化空间中的联系。地方立法既有省一级的,也有设区市一级的;既有人大的立法,也有政府的立法;既有关于社会的立法,也有关于市场的立法。如果没有关注到地方立法的多元性,就不可能关注到地方立法在社会各个具体领域中与民间规范展开的互动。有些研究认为民间规范主要通过少数民族习惯法、村规民约、宗教教规、家法族规等形式得以呈现,因而国家与地方立法也只有就这些内容予以吸收、转化。② 当然,地方立法也有明确的权限和范围,只能在此范围内认可、吸收民间规范。但是,当地方立法作为一种治理实践,除了制定地方性法规之外,它还担负其他治理任务,民间规范也可以在这些任务中与其互动。

第三,忽略地方立法的治理面向,认为它仅是一种制度实践或法治实践,而没有关注到它的治理面向。有些研究注意到了在治理视野下考察二者之关系,但只考察二者静态的关系,没有考察二者动态的互动;③另外一些研究,在治理视野下对二者进行了比较考察,但没有对二者之间的关系予以说明。④ 在治理实践中分析民间规范与地方立法的关系,既是对地方立法的一种全新思考,也是对民间规范的一种新的认识。

任何关系都是相互的,分析民间规范与地方立法的关系,既要查明民间规范对地方立法的影响,也要探求地方立法对民间规范的影响。本文期望从民间规范结构于地方立法的方式中探明二者可能具有的关系,在这里,探究的是民间规范"结构于"地方立法的方式,而不是地方立法认可、吸收、整合民间规范的方式,这样就可以在很大程度上弥补以往研究之不足。立法过程是各种治理制度博弈、各种治理能力对比的主要平台,立法模式是国家现代化治理的重要手段。⑤ 因此,在治理实践中,地方立法是一个重要的环

---

① 高其才,罗昶.尊重与吸纳:民族自治地方立法中的固有习惯法——以《大瑶山团结公约》订立为考察对象[J].清华法学,2012(2);彭中礼,王亮.论地方立法中的民间规范——以设区的市立法为例[J].湖湘论坛,2018(1).

② 廉睿,高鹏怀.来自民间的社会控制机制——中国"民间法"的过去、现在和未来[J].理论月刊,2016(2).

③ 周林彬,蔡文静.社会治理角度下的民间规范与地方立法[J].甘肃社会科学,2018(1).

④ 李胜兰,黎天元.民间规范、地方立法与社会治理效率[J].社会科学战线,2018(1).

⑤ 徐向华.国家治理现代化视角下的《立法法》修改[J].交大法学,2014(3).

节。它不仅是地方治理实践的一部分,也是整个国家治理实践的一部分。而民间规范既是一种社会事实,也是一种制度事实,[①]并且是结构在治理实践过程中的社会事实与制度事实。民间规范与地方立法必然在治理实践中产生联系,民间规范是一种逐步结构于治理过程的制度性资源,而地方立法本就是治理实践中的一个重要环节。可见,民间规范能逐步结构于地方立法中,对地方立法的全过程都产生影响,在地方立法的内部各个环节中发挥不同作用。显然,这个结论中隐含了两个重要的前提:其一,地方立法是一种重要的治理实践,它不仅要对规则予以整合,也要与社会中的规则展开持续性的互动;其二,民间规范是一种重要的治理资源,它的制度性功效就体现在社会治理过程之中。所以,本文将首先对治理视野下的地方立法的特征予以分析,然后再从此种分析中归纳出民间规范结构于地方立法的具体方式,最后对二者之间的关系进行初步的总结。

二、治理视野下的地方立法

(一)何为"地方"?

一般而言,"地方"是"中央"的对称,这才有了"央地关系"这一说。中央在一定程度上代表了一个国家之整体,而地方则是整体中的某一部分。归根结底,中央代表整体,地方代表部分,央地关系也可以说是整体与部分的关系。部分永远都是整体中的一部分,整体对部分具有极大的塑造力,甚至整体已经规定了部分的发展方向。地方立法存在诸多问题,[②]其中之一便是"抄袭",这固然是由多方面原因造成的,[③]其中一个常常被忽略的原因就是,各个地方除了具有"个性"之外,更具有诸多的"共性",况且,真正的原创性也要通过模仿实现,[④]因而各个地方所立之法自然会有诸多值得相互借鉴之处。也因此,立法参照在地方立法过程中就具有一定的合理性和必要性。[⑤] 例如,某个城市开通第一条地铁后,必然需要制定一部地铁管理条例。此时,这个城市制定地铁管理条例就可以借鉴其他城市的经验,因为地铁的管理模式大同小异。在社会科学视野下,地方主要是作为一个行政区划的概念,它既可以指某个省,也可以指称不同的地级市、县、乡镇。在不同场域下,地方这一概念既具有抽象性也具有具体性。我们应在具体的语境下讨论这个概念,使它由抽象转变为具体,这样才能感知到与地方立法相关的那个"地方"概念。

在理论上,地方一词似乎很难与立法勾连起来,立法主要属于国家的职能,特别是在单一制下,立法的国家专属性更强。但是,在日常生活中,地方一词与立法联系最紧密,

---

① 谢晖.论民间法研究的两种学术视野及其区别[J].哈尔滨工业大学学报(社会科学版),2012(2).

② 周伟.论我国地方立法存在的问题及其解决[J].河南财经政法大学学报,2013(2).

③ 孙波.试论地方立法"抄袭"[J].法商研究,2007(5).

④ 理查德·波斯纳.论剽窃[M].沈明,译.北京:北京大学出版社,2010:63.

⑤ 刘佰福.地方立法中的"参照"——以我国水土保持地方立法为样本[J].河北法学,2017(10).

我们对“地方立法”这一提法习以为常,而“地方司法”[①]、“地方执法”[②]的提法则极为少见。法律具有普遍性,业已制定的法律必须得到普遍的执行、适用、遵守,在国家的任何地方,法律的执行、适用、遵守都遵循统一标准,没有所谓的“地方标准”。在这一维度上,地方法制并不是一个与法治相割裂的本体概念,[③]地方立法中的“地方”不是法律体系或法治实践中的例外,而是作为贯彻国家法律的基本单位。根据这一逻辑,地方立法是贯彻国家法律的一种具体方式,它与国家立法并不能完全对应。国家立法为整个国家制定“元规则”,任何其他规则都必须以国家法律为遵循;地方立法是在既有法律体系之下的立法活动,它也必须以国家法律为参照,它所产生的规则并不能构成地方的“元规则”,国家法律才是地方的“元规则”。可见,地方立法中的“地方”不具有独立性,它是中央、国家的一部分,是贯彻国家法律的一个具体场域。

民间规范具有地域性,是在具体的社会场域中生成,也是在具体场域中发挥其制度功效,是根据地方性的生活、地方性的知识、地方性的需求产生的规则。以往的研究特别提倡在司法过程中对民间规范进行整合,把它们作为解决纠纷的规则依据。如果民间规范没有在国家立法中得到认可,至少是最低限度的认可;而在司法过程中又把它们导入法律体系中来,这时它们就具有严格的适用前提和场域,[④]对它们发挥作用造成了一定的限制。在当下的法治实践中,越来越注重在立法中整合民间规范。例如,我国《民法总则》第10条规定:处理民事纠纷,应当依照法律;法律没有规定的,可以适用习惯,但是不得违背公序良俗。不管是在立法中整合的民间规范,还是在司法中适用的民间规范,它们都是在社会具体场域中生成的规则,因而民间规范生成中的“地方”是指社会的具体场域。此种社会场域既可以是家族、民族、村落等文化空间,也可以是公司、企业、社团等自治空间。[⑤] 可见,民间规范生成、成长的空间是地方社会的基本单元,是构成地方社会的基本要素,从这一点看来,在地方立法中整合民间规范更具合理性。

(二)为什么是“立法”?

立法作为法治过程中的一个环节,它是与司法、执法等相对应的。在社会日常生活中,相较于立法,司法与执法受到更多的关注。在法治实践中,立法所承担的任务往往是实现社会有法可依的状态;而司法、执法则是要实现社会的公平、正义,被赋予了更高的期待。在治理视野下,立法能发挥更大的功效,而且这些功效是司法、执法所不可取代

---

① 恰恰相反,司法权地方化是司法地方保护主义的表现,是值得批判的。刘作翔.中国司法地方保护主义之批判——兼论“司法权国家化”的司法改革思路[J].法学研究,2003(1).

② 如果过度强调执法的地方化,就可能导致地方的弹性执法,而地方的弹性执法有着消极的法治后果,也面临着诸多风险。陈柏峰.基层社会的弹性执法及其后果[J].法制与社会发展,2015(5).

③ 葛洪义.“地方法制”的概念及其方法论意义[J].法学评论,2018(3).

④ 谢晖.论民间规范司法适用的前提和场域[J].法学论坛,2011(3).

⑤ 滕尼斯从人类结合的现实中抽象地概括出人类群体生活中的两种类型:共同体与社会,这是对人类群体生活的经典二分法。本文提出的“社会文化空间”与“社会自治空间”划分主要参考了滕尼斯的经典二分法。斐迪南·滕尼斯.共同体与社会:纯粹社会学的基本概念[M].林荣远,译.北京:商务印书馆,1999.

的,可以说立法在治理实践中发挥着独特的功效。立法是对社会资源进行分配的过程,也是对社会利益进行整合的过程,立法所产生的规则是治理所仰赖的重要制度性资源;立法过程本身也可以认为是社会治理的一部分,它能调动更多主体参与到利益整合中,使更多主体的利益诉求得以表达。因此,立法权是治理体系中权力配置和利益分配的本源。[①] 司法与执法都是法律施行的环节,它们针对的主要是社会中具体的事件,每一次司法与执法活动能关涉的主体较为有限,它们可能对当事人产生的影响较大,但对社会整体的影响极为有限,而且主要是间接影响。立法能对社会产生系统性影响,甚至可能重塑社会结构,在一定程度上,司法、执法等法律施行活动也受立法的影响;立法关照的是整个国家、社会中的重要问题,如果能真正实现民主立法,切实回应社会的利益诉求,那么立法将最能彰显社会主体的主体性。在这一点上,立法与社会治理具有极大的契合性,社会治理本质上也是主体的主体性得以彰显的过程,不仅要实现通过司法的社会治理,[②]而且要实现通过立法的社会治理。

从立法内部的纵向关系来看,可以把立法分为国家立法与地方立法。然而,我国地方立法的属性决定了其不能独立于国家立法,而只是贯彻国家立法的一种具体方式,即便地方法治也只是国家法治的一部分,也不可能是一种“承包型法治”,[③]地方立法语境下的“立法”与一般意义上的立法有所不同。上文也提及了,一般意义上的立法主要是指国家立法,它是为社会创造“元规则”的活动,其他一切法治环节都必须以业已制定的法律为根本遵循。地方立法并不是为社会创造“元规则”,它也必须要以国家法律为根本遵循,不能违背国家既有法律,这是地方立法的重要原则。论述至此,我们不禁要追问:地方立法到底是立何种法?也即,地方立法通过何种方式贯彻国家立法?第一种方式是细化性立法。国家立法是针对整个国家而言的,某些规定可能关注到了大部分情况,但在地方适用、执行这些规定时,还会出现新的情况,此时的国家法就成了一种原则性的规定,需要地方立法把其具体化。第二种方式是补充性立法。各个地方或多或少有自身特殊的情况,这就需要具有地方特色的立法。例如,有些地方棚户区比较多,就可能需要关于棚户区改造的立法;有些地方历史古迹比较多,就可能需要关于历史古迹保护的立法;有些地方是工业城市,就可能需要关于环境保护的立法。第三种方式是授权性立法。民族自治地方、经济特区、自贸区的立法在一定程度上就属于此类地方立法。总之,相较于国家立法,地方立法不具有独立性,即便在立法创制方面也主要是基于上位法已有条文的“依附型创制”,[④]而在治理视野下,地方立法就是贯彻国家法律的一种具体方式,也是国家进行地方治理的一种具体方式。

---

① 徐向华.国家治理现代化视角下的《立法法》修改[J].交大法学,2014(3).

② 杨建军.通过司法的社会治理[J].法学论坛,2014(2).

③ 有学者就将地方法治理解为“承包型法治”,这可以是一种理解问题的思路,但与实际情况是不相符合的。丁轶.承包型法治:理解“地方法治”的新视角[J].法学家,2018(1).

④ 俞祺.重复、细化还是创制:中国地方立法与上位法关系考察[J].政治与法律,2017(9).

不管是国家立法还是地方立法，它们都可以对民间规范进行整合。国家法律要能产生内在的说服力，就必须与社会资源、非正式的民间规则、道德观念和习惯等进行兼容与协调，[①]因而国家立法常常需要通过确认民间规范的法源地位，把它们整合到国家法体系之中；地方立法主要是直接把民间规范转化为法律规范，通过认可、吸收把它们整合到地方性法规体系中。在这里，民间规范所关涉的"立法"主要是指一种规则整合行为，并且是立法机关单向度地对民间规范整合的行为，民间规范作为一种制度性资源而存在，并通过立法过程逐步结构于正式秩序之中，[②]而不仅是对人们交往的非正式秩序产生作用。此外，民间规范还可能关涉作为治理实践的"立法"。之所以立法的治理面向在以往的理论与实践中没有得到足够的重视，主要是因为当时我国的法制还不健全，主要是追求有法可依的状态。虽然中国特色社会主义法律体系已经建成，但是法秩序生成意义上所需要的那种法律体系建设，则远远没有结束，法律体系建构需要一种开放性的思考。[③] 我国当下追求的就应当是良法善治，把良法善治作为推进社会治理现代化的重要途径，[④]实现法制体系向法治体系的升华，此时，立法就成为促成良法善治的主要方式。可以说，在当下，立法不仅追求完备的法制体系，实现社会的有法可依状态；更追求有效的规则之治，实现社会的良法善治。地方立法作为贯彻国家法律的一种具体方式，它主要的任务不在于制定规则，而在于如何实现规则之治，成为地方社会治理实践的重要组成部分。倘若忽视了地方立法的治理面向，那么它的实际功效就极为有限，正是因为它具有治理面向，它才可能获得不可替代的地位。地方立法制定规则的功能，可以通过法律解释以及各类司法活动予以部分取代，但是，地方立法的治理功能难以被其他方式所取代。由此，民间规范所关涉的立法还是一种社会治理实践。

（三）治理视野下的地方立法的特点

1. 地方立法的过程性。如果仅把地方立法视为制定规则的方式，那么就难以观察到它的过程性；如果把地方立法作为一种地方治理实践，那么它的过程性就是显而易见的。全球治理委员会在1995年发表的《我们的全球伙伴关系》研究报告中指出，治理具有四个特征：治理不是一整套规则和一种活动，而是一个过程；治理过程的基础不是控制，而是协调；治理既涉及公共部门，也包括私人部门；治理不是一种正式的制度，而是持续的互动。[⑤] 治理不同于管理、控制，它强调不同主体之间的有效互动，而不是主体对客体的强制性管控。主体对客体施加压力可以通过具体的一次行为来完成，但主体之间的互动是一种沟通形式，是一种持续性的沟通，不可能通过一次行为就能完成，这就注定了任何

① 田成有．国家与社会：国家法与民间法的分化与调适[J]．江海学刊，2004(2)．
② 谢晖．论民间法结构于正式秩序的方式[J]．政法论坛，2016(1)．
③ 张志铭．转型中国的法律体系建构[J]．中国法学，2009(2)．
④ 伍治良．良法善治：推进社会治理现代化的重要途径[J]．学习月刊，2014(9)．
⑤ 张国庆．公共行政学[M]．北京：北京大学出版社，2007：597．

维度的治理都具有过程性。公共领域通过交往行动而得到再生产,[①]地方公共领域中的事务往往直接关涉诸多主体的利益,法律也具有沟通之维,[②]进而可以把主体都整合到立法这一过程中,在立法过程中展开充分互动。地方中的各类主体是最为重要的治理要素,任何其他要素都与这些主体相关,社会各类主体的有效互动,在一定程度上也能使其他各类要素有效互动,因而地方立法是地方中各类要素持续互动的过程。

2. 地方立法的主体性。虽然地方立法相较于国家立法没有独立性,它只是贯彻国家法律的一种具体方式,但是这只是在国家的视野下得出的结论。在某一个具体地方中,地方立法并不能为这个地方提供"元规则",国家所立之法仍然是这个地方中的主导性规则。然而,在地方治理视野下,地方立法为地方社会提供的是一种主体性的治理规则,它不是由国家为地方构建起来的,也不是其他外在力量为地方构建起来的,而是地方各类主体在立法平台上互动,地方立法又把地方内部各类力量互动状况表现为规则的结果,在这一维度上可以把地方立法称为地方内部的主体性治理方式。同时,地方立法也使地方各类主体的主体性得以充分彰显。法律中的假定广泛存在,[③]不管在国家立法中把社会主体假定为恶的还是善的,也不管是假定为理性的经济人,还是伦理性的道德人,都极有可能忽视主体的主体性。譬如,当法律规定每个人都是平等的时,社会主体的主体性就有可能被忽视,因为这里的抽象性平等常常把主体也抽象化了。而当地方立法规定地方性事务时,它运用的是地方性知识,整合的是地方性规则,关注的是地方中的实在主体,此时,地方中各类主体的主体性更易得到彰显。

3. 地方立法的自治性。既然是在治理视野下谈论地方立法的特点,那么地方立法作为一种地方治理实践,它一定具有自治性。治理是一种在共同目标和规则支持下的活动,治理主体不一定是政府,也不一定需要依靠强制力量克服挑战而使别人服从。[④] 由此,地方社会治理就具有一定的自治性,作为治理实践的地方立法也就具有自治性。地方立法直接关注地方主体的利益,又常常要吸收地方中生成的规则,它所立之法作用于地方性事务,对地方的发展产生影响,因而地方立法是一种地方自治性的治理方式。值得注意的是,虽然地方立法的权限和范围必须具有国家明确的授权,在实践中,地方立法也经历了一个"从无到有""从小到大"的过程,但是这些并不能否定地方立法的自治性。地方立法的工具性自治决定了它的补充性和自主性特点,[⑤]国家赋予地方立法权,而并不会过多干预地方行使立法权的过程;否则,国家赋予地方以立法权也就没有太大的意义。地方立法的自治性还体现在其培育社会主体自治意识与自治能力过程中。地方治理的

---

① 哈贝马斯.在事实与规范之间:关于法律和民主法治国的商谈理论[M].童世骏,译.北京:生活·读书·新知三联书店,2003:446.

② 马克·范·胡克.法律的沟通之维[M].孙国东,译.北京:法律出版社,2008.

③ 苏晓宏.法律中的假定及其运用[J].东方法学,2012(6).

④ 詹姆斯·N.罗西瑙.没有政府的治理:世界政治中的秩序与变革[M].张胜军,刘小林,译.南昌:江西人民出版社,2001:5.

⑤ 秦前红,李少文.地方立法权扩张的因应之策[J].法学,2015(7).

根本目标就是实现各类主体的自治,进而构造地方社会的自治结构。为了实现这个目标,地方立法彰显社会主体的主体性,使社会主体不断结构于治理实践中,进而转变为社会治理主体。在此过程中,社会主体的自治意识与自治能力得以增强。

4.地方立法的多元性。地方立法客体是次级性的事务、行政性的事务、区域性的事务、具体性的事务、实施性的事务,而且中央立法对这些事务留有空隙。[①] 是故,地方立法有其特定的权限与范围,就正如设区的市可以对城乡建设与管理、环境保护、历史文化保护等方面的事项制定地方性法规。在实践中,就单单"城乡建设与管理"这一事项就涉及地方诸多具体事务,[②]因而在法定权限与范围内,地方立法仍然要对多样性的地方事务进行规定。地方性事务具有多样性,这是就一个地方而言的,而"地方"本就具有多层次性。既有省一级的地方立法,也有设区市的地方立法;既有民族自治地方的立法,也有经济特区的立法。地方有时指称地方社会,有时又指称地方市场。在前者语境下,地方立法是关于社会建设的立法;而在后者语境下,地方立法则是关于市场经济的立法。在一国之内,各个地方之间相比较,都具有各自的特点,所立之法也必然各不相同,因而各个地方立法的差异性也构成了地方立法多元性的重要维度。

三、民间规范结构于地方立法的方式

(一)作为地方立法的引发机制

国家立法具有详细规划,这有利于国家立法机关有序展开其立法活动,符合科学性、民主性的立法规划更是具有诸多功能。[③] 现阶段,我国社会各个领域基本实现了有法可依的状态,此时国家立法主要是为了完善法律体系,就更应该实现有序立法。同时,此种立法规划也体现了国家立法的建构性,特别是我国作为法治后发型国家,立法的建构性更强。在实践中,地方立法不是根据某些特定的立法规划进行的,往往需要根据地方治理实践的需求决定立何种法,这就需要在地方立法过程中逐步建立起立法引发机制。如果一味地强调由人的主观意志决定立法的方向,而不考虑各个地方的特殊立法需求,那么立法抄袭现象将大行其道,地方立法的特色更无从体现。在此种情况下,地方立法所产生的规则仅仅是"纸面上的规则",而不是社会主体交往结构中的规则,更不可能是地方治理所仰赖的制度性资源。地方立法的引发机制这一课题在理论上也没有引起足够的重视,以至于我们空谈地方立法特色,而不去关注地方的特殊立法需求,不去关注地方立法中的那个"地方"。总之,即便地方立法仅被视为法治的一个环节,它也需要引发机制,当它作为地方治理的重要环节时,更需要完备的引发机制。

---

① 张淑芳.地方立法客体的选择条件及基本范畴研究[J].法律科学(西北政法大学学报),2015(1).

② 李小萍.对设区市立法权限之"城乡建设与管理"的界定[J].法学论坛,2017(3).

③ 刘惠荣,柏杨.立法规划的基本要求:科学性与民主性[J].学习与探索,2004(6).

地方立法的引发机制由多种要素构成，本文只讨论民间规范如何成为引发机制。在现代社会中，人具有"脱域"的倾向，①而人的"脱域"却有利于社会异质领域的兴起，地方不仅由家族、民族、村落等社会文化空间组成，也由公司、企业、社团等社会自治空间构成。当地方立法在面对社会新兴领域时，民间规范就是一种可能的立法引发机制。事实上，在大多数情况下，地方立法对新兴领域都持有一种"留白式"治理的态度，也可以理解为地方立法的主动让位态度。因为新兴领域的发展方向还不是特别明确，通过立法难以直接对这些领域进行有效的调整。立法上的"留白式"治理并不代表地方完全放任这些领域的发展，而是使这些领域实现自治；自治意味着不像他治那样，由外人制定团体的章程，而是团体的成员按其本质制订章程(而且不管它是如何进行的)。② 此时，民间规范在这些新兴领域内具有了生成、成长基础。网络打车是一个新兴行业，地方各个城市并没有对此进行系统性的立法，但从事此项业务的各个企业都具有较为完善的内部规则，这些内部规则就属于民间规范。倘若这些领域已经发育成熟，那么可以通过吸收已有的民间规范形成地方性立法；倘若这些领域的发展出现严重问题，有可能威胁社会的安定，那么可以通过制定地方性立法引导这些领域的发展，此时，地方立法也可以部分吸收民间规范中的合理规则。由此，不管在何种情况下，民间规范都是引起地方立法的重要因素，它与地方立法的补位关系是实现引发机制的重要原因。

如果民间规范生成是作为地方立法的准备过程，即民间规范此时是地方立法前的试验阶段，那么它也必然是地方立法的引起机制。其实，改革开放以来中国法律体系变迁已逐步由国家主导的格局，演变成国家、市场、社会和法律体系之间相互直接和间接影响的格局。③ 以设区的市为例，我国《立法法》第72条规定，设区的市的人民代表大会及其常务委员会根据本市的具体情况和实际需要，在不同宪法、法律、行政法规和本省、自治区的地方性法规相抵触的前提下，可以对城乡建设与管理、环境保护、历史文化保护等方面的事项制定地方性法规。我国大多数城市都有较长的历史，城市在其发展过程中对城乡建设与管理、环境保护、历史文化保护等方面的事项都形成了自身独特的逻辑，这些独特的逻辑既可以表现为指导该城市人们生活的规则，也可以表现为当地的独特的人文风情。同时，城市是由诸多的街道、社区构成的，而城市的城乡建设与管理、环境保护、历史文化保护等任务最终都需要由这些基本单位来完成，它们在履行这些职责时，也必然会制定一系列规则。之所以把这些民间规范生成过程视为地方立法的准备过程或实验过程，是因为这些民间规范并不是系统性的，也不是完全合理的，正是这些缺点促使地方产生立法需求，④立法介入这些地方性事务中来。但也不能因此否定这类民间规范的价值，

---

① 安东尼·吉登斯.现代性的后果[M].田禾，译.南京：译林出版社，2000：18.

② 马克斯·韦伯.经济与社会(上卷)[M].林荣远，译.北京：商务印书馆，1997：78.

③ 程金华，李学尧.法律变迁的结构性制约——国家、市场与社会互动中的中国律师职业[J].中国社会科学，2012(7).

④ 石东坡.立法需求的生成与确立问题探究——析《立法法》第72条第4款[J].法学论坛，2016(1).

地方立法可以通过观察它们在实践中的效果，发现处在转型时期的城市的内在治理逻辑，从此种逻辑中又进一步总结出地方的制度需求。

地方立法要能成为一种治理方式，首先必须解决为什么立法、立怎样的法的问题，才可能捕捉到社会的立法需求与利益诉求，而立法需求与利益诉求最为强烈的领域一定是社会治理的重点。民间规范具有引起地方立法的能力，是因为它可以表达，至少是在某些方面表达地方社会中存在的制度性需求，它本身就是社会制度性需求的产物，而它的成长过程则是地方社会制度性需求动态变化的过程。民间规范也可能基于法律产生，[①]这体现了它与国家法律的相互补位关系，特别是对于地方立法而言，民间规范与其具有天然的同质性。故此，民间规范可以作为地方立法的引发机制存在，通过引发地方立法过程又把其自身结构于地方立法之中，这就是民间规范结构于地方立法的初始阶段，也是地方立法展开其治理实践的初始阶段。

(二)作为地方立法的规范渊源

不管是在地方立法实践还是在理论研究中，都主要把民间规范视为一种规范渊源，并因此忽视了民间规范对地方立法的其他可能作用。虽然本文认为民间规范作为地方立法的规范渊源，是其结构于地方立法过程的一种方式，但是这主要是在地方治理语境下来讨论的。在论述此种结构方式之前，必须解决一个前提性问题：如果民间规范都被认可为地方立法，那么地方社会的自治性是否会被腐蚀？人是符号的动物，[②]不仅对规范具有需求，也会创造规范，任何社会空间中的民间规范在本质上都是一种自治规范，即便是在诸如家族、民族、村落这样的社会文化空间中，血缘、姻缘、共同的文化意识等因素对民间规范的生成、成长产生较大影响，但是民间规范仍然主要起着维系文化空间内部自治秩序的作用。倘若民间规范被地方立法认可，那么社会空间内部的自治秩序将由外源型的规则来构造，这势必会对社会的自治结构产生消极影响。其实，从国家对地方立法的定位来看，主要是把其定位于一种地方治理方式，而不单纯是一种规则制定活动，地方立法主体扩容而权限与范围又得到进一步明确，就在一定程度上印证这个结论。同样，国家也更多的是从治理面向上来定位民间规范，市民公约、乡规民约、行业规章、团体章程等规范主要被当作社会治理中的制度资源。当民间规范与地方立法都被整合在地方治理实践中，成为地方治理的制度资源或具体方式，那么二者就具有了同向性，共同促成地方社会治理目标的实现，而地方的良好治理又必然有利于社会主体的自治，也有利于社会自治结构的形成。

具体而言，在所有地方立法类型中，都会对民间规范予以认可，[③]民间规范因此成为规范渊源，此种认可又可以类型化为确定性认可与指引性认可。所谓确定性认可，是指

① 彭中礼，王亮. 论地方立法中的民间规范——以设区的市立法为例[J]. 湖湘论坛，2018(1).

② 恩斯特·卡西尔. 人论：人类文化哲学导引[M]. 甘阳，译. 上海：上海译文出版社，2013：45.

③ 谢晖. 论我国地方立法对民间规范的认可[J]. 湖湘论坛，2018(1).

民间规范直接被地方立法所吸收,成为地方性法规的一部分。确定性认可可能在国家层面立法中并不常见,但在地方立法中却是一种常规性的认可方式。民间规范是地方社会中的一种共识性制度事实,它能成为一种制度事实,是因为它具有整合社会的能力;而它能成为共识性的制度事实,则是因为它也是一种社会整合的结果。民间规范在社会中生成并持续成长的原因就是,它能对社会展开有效整合,保障人们的有序交往,进而构造良好的社会秩序。如果再进一步追问为什么民间规范具有此种整合能力,那么我们将发现民间规范的整合能力是在社会整合实践中逐步培育的;换言之,它生成、成长的过程就是社会整合的过程,它在一定程度上就是社会发展、社会治理的内在逻辑的表征。地方立法对民间规范的确定性认可,表面上是对某些既有社会规则的吸收,而实质上则是对人们交往实践与社会治理实践的内在逻辑的认可。在现代社会,民间规范主要是在具体社会空间中生长,其效力也只可能体现在此种社会空间中;地方立法的确定性认可就是关注不同社会空间中的规则,吸收其中的部分规则。因此,地方立法的确定性认可是对不同社会空间进行整合的过程,而其中的规则整合则是最为重要的内容;不同社会空间中的民间规范逐步结构于地方立法过程之中,最终都或多或少地被转化为地方性法规。

指引性认可也可称之为"不确定性认可",它是相对上述的确定认可而言的,是指地方立法并不直接把民间规范整合到地方性法规中,而是赋予它们一定的法律意义。这里的"指引"主要是指通过地方性法规中的某些条款,引导社会主体在司法、执法等活动中运用那些具有法律意义的民间规范。法律蕴含着一个国家数个世纪发展的故事,我们不能像对待仅仅包含定理和推论的数学教科书一样对待它,①要在人们的日常生活中展开法律叙事,通过指引性认可赋予日常规范以法律意义。我国《民法总则》第10条规定:处理民事纠纷,应当依照法律;法律没有规定的,可以适用习惯,但是不得违背公序良俗。这条规定使得指引性认可在理论与实践中得到越来越多的关注。② 其实,不管是在地方立法还是在国家立法层面上,指引性认可不仅在于赋予民间规范以法律意义,还在于确立民间规范与国家法律的适用位阶,进而调处二者之间的矛盾,为民间规范结构于国家法律体系创造条件。民间规范结构于地方立法,其中很重要的目的就是进一步结构于国家法律体系与国家正式秩序之中,成为国家治理体系中的重要制度性资源。此时,不能忽视的一个重要前提就是,民间规范与国家法律要具有合作的可能,至少二者之间不能存在矛盾;否则,民间规范也就没有结构于国家法律体系与国家正式秩序的可能。因为司法、执法本就是面对具体问题,如果此时不同规则发生冲突,那么在解决具体社会问题

---

① 小奥利弗·温德尔·霍姆斯.普通法[M].冉昊,姚中秋,译.北京:中国政法大学出版社,2005:1.

② 谢晖."可以适用习惯"的法教义学解释[J].现代法学,2018(2);于飞.民法总则法源条款的缺失与补充[J].法学研究,2018(1);汪洋.私法多元法源的观念、历史与中国实践《民法总则》第10条的理论构造及司法适用[J].中外法学,2018(1);彭诚信.论《民法总则》中习惯的司法适用[J].法学论坛,2017(4).

时,还要对不同规则进行整合,这样,司法与执法应有的社会功能就不能得到很好的发挥。[①] 由此,在司法与执法中整合民间规范与国家法律并不是最佳选择,如果在立法中通过指引性认可确立二者适用的位阶,消弭二者在适用过程中可能出现的矛盾,那么民间规范就能进一步结构于法治实践中。

地方立法作为地方治理实践的重要部分,指引性认可就是要引导社会主体在治理实践中自觉援引民间规范;在大多数情况下,社会主体具有自觉援引民间规范的意识,在地方法规中赋予他们所援引规则的法律意义,也就是赋予社会主体规范生活以法律意义。同时,民间规范归根结底是在社会主体日常交往互动中生成的,它凝聚了主体的共识,汇集了主体的智识,展示了主体的意识,当这些民间规范得到法律上的认可,也就代表社会主体的主体性得到了法律上的认可,主体的规范生活具有了法律上的意义。在此维度上,相较于确定性认可,指引性认可并没有把具体民间规范直接表达在地方法规中,似乎它没有使民间规范直接结构于地方立法中,但是,它使民间规范更为彻底地结构于地方立法中。指引性认可首先使某些不特定的民间规范具有法律意义,消解民间规范与国家法律可能存在的矛盾,并彰显社会主体的主体性,成为一种"构成主体性普遍网络的交互主体性"[②],至此,民间规范在地方立法实践中展开了全方面的结构叙事。

(三)作为地方立法的评价依据

上述两种民间规范结构于地方立法的方式,都致力于促成地方法规的产生,而下文将要论述的结构方式则是通过评价地方立法活动实现的。地方立法作为地方治理的一种重要方式,它既要贯彻国家立法,保障国家法律在地方社会中得以有效施行,也要为地方主体的自治提供必要条件,构造地方社会的自治结构,还要促进国家权力与主体权利在治理过程中良性互动。我国《立法法》对地方立法的权限、范围、程序等作出了细致的规定,使地方立法成为一种贯彻国家法律的方式,而不至于脱离国家法律体系。可见,关键的问题在于,如何保证地方立法符合社会主体的基本期待。一方面,地方立法对民间规范进行必要的认可,并把部分规范直接整合到地方法规体系中,这在一定程度上能保证所立之法大致符合民众的期待。另一方面,大部分民间规范并不需要整合到地方规范体系中,这也不能说明地方立法就无须关照这部分民间规范。如果把民间规范作为反思立法过程的一种基本材料,那么可以由此构建法律反馈机制,[③]保证所立之法关注到更多主体的诉求,符合主体的基本期待;而且,多重逻辑与群体间的相互作用影响和制约了制度变迁的轨迹,[④]地方立法必须从民间规范的变迁中探寻社会制度的逻辑,使地方性法规

---

① 不过,在普通法秩序下,可以通过个案对社会利益进行整合。高中意.论普通法中个案的利益整合功能[J].政法学刊,2017(4).

② 弗莱德·R. 多尔迈.主体性的黄昏[M].万俊人,朱国钧,吴海针,译.上海:上海人民出版社,1992:27.

③ 高中意.论法律反馈[J].行政与法,2018(4).

④ 周雪光,艾云.多重逻辑下的制度变迁:一个分析框架[J].中国社会科学,2010(4).

的逻辑与此种逻辑相契合。因此,民间规范结构于地方立法过程,不仅要求部分民间规范能被地方立法所认可、吸收,结构于地方规范体系之中,而且要求没有被整合到立法过程中的民间规范,也能对立法过程产生影响。此时,民间规范的作用力结构于地方立法之中。

当出现民间规范规避地方立法的情形时,此类民间规范不大可能被整合到地方规范体系中,但它们可以作为评价地方立法的材料。"上有政策下有对策",这形象地说明了法律规避的情形。需要注意的是,"规避"在很多情况下只是对客观现象的一种描述,而不表明某种主观上的价值判断。① 如果某些地方立法已经不能适应地方治理中出现的新情况,为了规避地方立法的消极影响而出现了诸多民间规范,此时,地方立法就应当作出适当修改以适应新情况。如果一定社会空间中为了恶意规避地方立法,谋取非法利益,而由此产生诸多民间规范。在此种情况下,地方立法也应当进一步完善,以立法方式消解这些民间规范生成、成长的社会基础。第三种情况就是,民间规范与地方立法的"共谋性"规避。为了维护地方利益,地方立法机关故意不对一些不合理的民间规范作出纠偏式规定,通过立法默认甚至支持此种民间规范的继续存在。此种情况在本质上是对国家法律的规避,此时,民间规范与地方立法是处于一种"失范"的互动状态中,民间规范也就不可能成为地方立法的评价依据。在法治实践中,需要防范执法与司法中出现的地方保护主义,②更需要防范立法上的地方保护主义倾向。此时,需要国家法律展开对地方立法的事后监督。

此外,也可以从权利与权力互动的视角对民间规范的此种结构方式进行解读。一定社会空间内的民间规范是空间内主体权利的制度化表达。而当地方立法作为贯彻国家立法的方式时,它自然承载着国家公权力;当地方立法作为地方社会治理方式时,它又是权利与权力沟通的平台。蕴含主体权利的民间规范可以作为评价地方立法的依据,这就表明主体权利能对国家公权力形成一定的制约,与其展开一定的互动,国家公权力也要以主体权利作为其正当性的重要来源。民间规范作为评价地方立法的依据,使民间规范的作用力结构于地方立法之中,此种作用力中就包含了主体权利的力量;换言之,主体权利也可以逐步结构于地方立法实践中。民间规范基于特定的社会空间而生成、成长,它固然是主体权利的表达,但也是社会空间中公共权力的表达,社会空间中的公共权力即为社会公权力,因而民间规范中也蕴含社会公权力,③当它作为评价地方立法参考材料时,社会公权力与国家公权力也实现了一定程度上的互动。可见,地方立法也是整合主体权利、社会公权力以及国家公权力的重要方式,倘若三者处于冲突状态,不能有效进行

① 法律被规避了也并不能说明法律没有产生某种影响,正因为当事人意识到法律的存在,才需要规避。苏力.法律规避和法律多元[J].中外法学,1993(6).

② 马怀德.地方保护主义的成因和解决之道[J].政法论坛,2003(6);刘作翔.中国司法地方保护主义之批判——兼论"司法权国家化"的司法改革思路[J].法学研究,2003(1).

③ 吕廷君.论民间法的社会权力基础[J].求是学刊,2005(5).

沟通，那么地方社会治理也就难以推进；同时，三者在立法过程中是一种“制度性沟通”，而不是由拥有权利或权力的特定主体进行沟通，因而“制度性沟通”更是理性化的沟通。可以说，民间规范的此种结构于地方立法的方式，把地方社会的理性、经验、智识等要素一并带入了地方立法过程中。

以上分析表明，把民间规范导入地方立法的评价体系中，不仅是为了更为客观地对立法活动进行评价，进而保证地方立法的科学性，而且是为了使更多与主体相关的要素能结构在立法过程中，进而形成地方立法的民主性。在以往的理论与实践中，当谈论民主立法时也强调公众的参与，往往把“公众”假定为一种抽象的主体，进而探究他们参与立法的条件、方式、程序等。[①] 社会成员之所以能参与立法，特别是参与地方立法，乃是由于他们是社会的主体，他们具有主体性。倘若社会主体在参与地方立法过程中主体性不能得以彰显，那么他们的参与不过是一种程序性参与，而不可能是一种实质性参与。民间规范作为地方立法的评价依据，虽然并没有使具体的民间规范结构于地方立法中，也没有促成具体地方规范的创制，但是它使更多的主体性要素结构于地方立法中，为地方立法治理实践的开展奠定了坚实的主体基础。

结　语

民间规范是否还具备存在的社会基础是否具有成长的可能，能否对社会的发展产生积极影响，这些都是民间规范在社会中必须面对的问题。倘若能证明民间法具有结构于国家治理体系之中的能力，那么就能较为有效地回应上述诸种问题。地方立法不仅是法治实践中的重要环节，而且是国家治理体系的一部分，是地方社会治理的主要方式；当民间规范作为宪制的共和基础时，[②]也表明其能进一步结构于国家治理体系中。地方立法在与民间规范互动中，凝聚地方社会治理要素，并逐步展开其治理叙事。不管是民间规范还是地方立法，它们都与社会治理相勾连，本文所梳理的民间法结构于地方立法的三种方式，也正是在地方社会治理面向上而言的。地方立法既然是一种立法活动，它最重要的一个功能就是为地方社会治理提供规则支持，民间规范作为地方立法的规范渊源，有利于地方立法此种功能的实现。但是，当地方立法作为一种地方社会治理实践时，它既要能感知社会治理过程中的制度需求，也要能促进社会各类要素在治理过程中的良好互动，而当民间规范作为地方立法的引发机制与评价依据时，就有利于地方立法的这两种功能的实现。

在转型时期，我国地方社会治理面临诸多问题，不管是在实践中，还是在理论研究中，对地方治理的关注都不多，而更多关注于国家治理的宏大叙事。在探讨央地关系时，

---

① 宋方青，宋尧玺．论我国公众有序参与立法的模式与实现路径[J]．法制与社会发展，2012(6)．

② 谢晖．论民间法作为宪制的共和基础[J]．法治研究，2016(1)．

我们有意或无意把一国之事务划分为中央事务与地方事务,[①]在实践中,任何中央事务最终都将落实为地方事务;同样,任何国家法律都将作用于地方社会,成为地方性的规则。如果不重视地方社会治理的独特价值,而仅把地方治理作为国家治理的自然延伸,那么地方社会治理就难以有效推进,国家治理的推进也将困难重重。当然,这不是否定地方社会治理与国家治理的关联性,也不是否定国家治理的重要性;恰恰相反,要通过地方立法把地方社会治理与国家治理有机勾连起来,在地方社会治理实践过程中贯彻国家治理理念,在构建国家治理结构时关注地方社会治理实践状态。同时,培育社会主体的自治意识与自治能力,是实现良好地方社会治理的重要前提性条件,也是构造地方社会自治结构的关键性因素,地方社会治理如何能关照到社会主体的自治实践?其中重要的条件,就是要关注社会主体的规范生活以及规范生活中所孕育的规范事实,此种规范事实就常常体现为民间规范。因此,民间规范通过结构于地方立法过程,进入地方社会治理视野之中,由一种规范事实上升为治理资源,对社会治理实践产生重要影响。

Discussion on the Modes of Folk Norms Structured in Local Legislation

Gao Zhongyi

Abstract: Local legislation is not only an activity of making regulations, but also an important part of local social governance. It has the characteristics of procedure, subjectivity, autonomy and diversity. From the perspective of local governance, there are three specific modes of folk norms structured in local legislation, which are served as the initiation mechanism, standard origin and evaluation basis of local legislation. By conforming to the process of local legislation, the folk norms enter the view of local administration, which has an important impact on social governance practices by changing from a standard fact into a governance resource. Meanwhile, structured folk norms in local legislation can combine the local governance with the state governance, which implements the philosophy of national governance in the practice of local governance and focuses on the practice status of local governance when constructing the structure of national governance at the same time.

Key Words: folk norms; local legislation; local governance

---

① 董娟.多学科视角下央地关系研究述评[J].北京行政学院学报,2013(1).

人民陪审员适用民事习惯之困境及克服*

余 彦**

摘要:职业法官由于国家法与习惯法的天然紧张关系、现代司法知识和经验的外来性、司法社会性的缺失以及法官个人的局限性,使得其在适用民事习惯时面临诸多困境,亟待陪审制度的辅助。人民陪审员在陪审过程中合理适用民事习惯,有利于增强判决的可接受性,保障实质正义的实现。当前,我国人民陪审员适用民事习惯同样面临困境,其原因主要在于民事习惯自身的复杂性以及《人民陪审员法》带来的新挑战。为了有效克服上述困境,需要以构建民事习惯识别制度、修正人民陪审员选任机制、完善事实审与法律审区分标准为重点,保障人民陪审员审理民事案件中科学适用习惯的实现。

关键词:习惯;《民法总则》;陪审;《人民陪审员法》

作为公民社会生活的"百科全书",民法调整的民事法律关系纷繁复杂,为了提高民事案件判决结果的可接受性,对民事习惯的科学适用是一个无法回避的重要问题。2017年3月15日,第十二届全国人民代表大会第五次会议通过了《中华人民共和国民法总则》(以下简称《民法总则》),其中第10条规定:"处理民事纠纷,应当依照法律;法律没有规定的,可以适用习惯,但是不得违背公序良俗。"科学确定该条规定中"可以适用习惯"的主体,是保障民事习惯得到合理适用的重要前提。有学者指出,"'可以适用习惯'的主体在这里只能是贯彻司法中心主义的法律规定,从而其场合只能是司法'解决民事纠纷',其适用主体只能是法院和法官"①。这一观点具有合理性,然而在此基础上进一步的问题是,对"法官"的理解有广义和狭义之分,前者既包括职业法官,也包括人民陪审员;后者则仅仅为职业法官。"可以适用习惯"的"法官"是否应当将人民陪审员包括在内?本文拟在论证人民陪审员应当作为"可以适用习惯"主体的基础上,对其在民事案件审判中适用习惯的困境进行分析并探索克服这些困境的路径,为人民陪审员科学合理适用民事习惯献计献策。

* 基金项目:国家社会科学基金重大项目"民间规范与地方立法研究"(项目编号:16ZDA069)。

** 余彦,法学博士,广东外语外贸大学广州绿色发展法治研究中心研究人员。

① 谢晖."可以适用习惯"的法教义学解释[J].现代法学,2018(2).

一、陪审员“可以适用习惯”之应然性：职业法官适用民事习惯存在困境

如果职业法官在民事审判中能够积极自如地适用民事习惯，那么强调人民陪审员应当成为适用民事习惯的主体显得既无必要也不合理。与这一假设正好相反，在具体案件的审判过程中，职业法官适用习惯存在困境。造成适用困境的主要原因在于职业法官面临着国家法与习惯法之间不可调和的矛盾，具体到民事立法中，则体现为民事立法对民事习惯的复杂认可[①]和复杂禁止[②]。这一矛盾直接影响着职业法官适用民事习惯的积极性。

一方面，国家—法官—社会三者之间具有非同构性。通常认为，民间习惯是乡土文化的体现，其中不仅有作为沉淀的理性经验的部分，还有很多习惯最终为国家制定法所接纳，亦有如宗教等理性因素之外的内容。作为统治权在司法领域的具体表现形式，司法权存在的依据及其逻辑构造无疑是属于“大传统”的，那么成文法制下的法官自然也就被设定为“大传统”或制定法这一整套机制的行权者。与此同时，社会却具有多重价值面向，那些游离于主流价值体系之外的部分经由历史累积也渐成“小传统”，并成为乡土文化中极富特色的内容之一。尽管司法追求的最理想结果是合法性与公信力兼具，这就要求一个判决实现法律效果和社会效果的有机统一，但是国家与社会的非同构性意味着，法官面对具体案件时不可避免地陷入两种效果之间的矛盾冲突之中，进而影响对习惯的适用。

另一方面，当代职业法官的知识和经验也具有非本土性。在我国前现代社会中，法官并未发展成为一个专门化职业，其生活和断案经验都根植于传统社会，受到传统社会的深刻影响，对于民间习惯和国家法律的理解是同等深刻的，所以在案件处理中可以综合适用以平衡二者关系。但是，当代法官的知识背景发生了根本性转变，绝大多数职业法官所接受的法律知识几乎都来自西方，而且不同法官对传统文化和历史积淀的看重程度相差悬殊。虽然对传统文化以批判为主的历史阶段已经过去，国家也日益认识到民间习惯在社会治理中的特殊作用，在司法场域中，不愿意主动了解民事习惯、不能正确认识民事习惯对于民事审判重要意义的职业法官仍然大有人在。这种情形下出现了一种独特的现象，那就是相当一部分我国本土出身的法官在接受法律教育后，倾向于脱离本土环境和实际情况审判案件。要想改变这种现状，仅仅依靠法官自身的努力和行业自觉并不现实。

此外，考虑到法官群体的个体差异，以及不同审级法官对于查明事实、法律适用上的

---

① 李杰.论民事立法对民事习惯的复杂认可[J].求是学刊，2017(3).

② 李杰.论民事立法对民事习惯的复杂禁止[J].法学论坛，2017(4).

不同侧重，事实上法官对制定法之外的习惯法也存在差异化的认知，这导致不同法官在理解法律法规规章认可的习惯方面存在较为明显的个体差异。① 正是在这一背景下，通过引入陪审制度，发挥人民陪审员相对于法官更加熟悉习惯的优势，对真正彰显司法活动法律效果与社会效果相统一价值目标具有重要意义。在案件的审理过程中让人民陪审员参与其中，一方面直接是司法民主的体现，这种制度下既可以让普通民众按照个人身份参与到案件审理过程中，又能发挥公民的监督和协助职能，避免法官枉法裁判；另一方面，人民陪审员的制度职能是陪和审兼具，除了特殊案件只对事实问题进行裁决外，其他案件中均与法官同审同权，这无疑更加需要其发挥社会知识、经验习惯的外部输入功能，从而真正帮助法官查明事实、决断纠纷。因此，人民陪审员参加民事审判，尤其在针对案件事实的查明和民间习惯的适用上，不得不说是对职业法官的重要辅助。

二、人民陪审员适用民事习惯困境探析

如前所述，相较于法官，人民陪审员在适用民事习惯上更具优势，这种优势主要源自法官和人民陪审员在知识结构、生活环境、工作经历等方面存在客观差异，且将随着法官职业化进程的加速推进愈加突出和明显。但深受数千年的成文法制传统影响，民事习惯这一“非制度化”规范要在司法活动中以制度化外观呈现在裁判文书中，并非想象中的简单，其仍面临诸多障碍。

(一)民事习惯自身的复杂性

从规范的角度理解，大多数学者基本都同意习惯是长期以来在特定区域所形成的、被该区域内所有主体自觉自愿地接受的、具有事实上对其进行权利义务配置功能的行为规范。根据这种理解，地方性、自发性、可接受性以及权利义务的配置性是习惯的四个主要要素，那么对照这四种要素可以发现，在真实社会中符合这些要素特征的习惯实际上大量存在。为了理解方便，也可以根据不同的分类标准对习惯进行更进一步的分类，如可以分为个人的与群体的、心理的与行为的、传统的与新兴的、非法的与合法的、法定的和非法定的等多种具体类型。难怪有学者发出如此的感叹，“习惯是如此复杂的社会现象，且又在分类上如此，着实有些令人眼花缭乱”②。具体到司法实践中，这种感叹意味着必须回答这样一个问题，即是否所有习惯都能够在司法中“可以适用”？如果不是，那么，符合什么条件的习惯才能符合《民法总则》第10条的规定而“可以适用”？这一问题如不解决，势必动摇人民陪审员适用民事习惯的理论基础。

---

① 高其才.民法典编纂与民事习惯——立法、司法视角的讨论[J].交大法学，2017(3).

② 谢晖.“可以适用习惯”的法教义学解释[J].现代法学，2018(2).

(二)《人民陪审员法》带来的新挑战

回顾过去我国的人民陪审员实践,"驻庭陪审、编外法官"和"陪而不审、审而不议"的现象较为突出,这严重地影响了陪审制度预设功能的实现,这一情况也招致了学界的广泛批评,并引起了立法者的高度重视。2018 年 4 月 27 日,经由第十三届全国人民代表大会常务委员会审议,《中华人民共和国人民陪审员法》(以下简称《人民陪审员法》)正式出台,该法总结了我国长期以来陪审制度的实践经验,尤其是司法改革以来审判工作改革试点工作经验,"确立了新时代人民陪审员制度发展的原则、立场和策略,标志着新时代中国特色人民陪审员制度扬帆起航。"[①]但是,在人民陪审员适用民事习惯这一问题上,根据《人民陪审员法》的相关条文,可能仍面临一些挑战。

1. 人民陪审员选人机制和随机抽取机制影响民事习惯的适用

作为人民陪审员制度的主要价值之一,司法民主意味着在司法权行使过程中应尽量吸收人民大众参与其中,从而将"一切权力来自人民""人民当家做主"等政治理念贯穿至司法领域中,这一民主制度设计既提升了司法的参与性,也避免了司法的神秘化。一般认为,真正实现该民主要求的是人民陪审员选任机制和随机抽取机制。就选任机制而言,人民陪审员应当尽量追求主体的差异性和广泛性,即应当尽量涵盖社会上各个职业、阶层以及不同年龄、性别、民族、地域等;就随机抽取机制而言,则是在具体案件审理中确定组成合议庭的人民陪审员应当完全随机抽取,这点已为《人民陪审员法》第 19 条所确认。[②] 在整体意义上,这两项机制确实有助于发挥人民陪审员熟知地域经验和地方性知识的优势,从而为民事习惯的适用提供了较好的保障。但在实际司法活动中,作为"可以适用"的习惯本身是具体的,作为发现"可以适用"的习惯的人民陪审员也是具体的,由于完全随机抽取人民陪审员担任合议庭成员意味着事先无法知晓人民陪审员的"比较优势",而人民陪审员自身也往往具有如工人、教师、企业主、工程师等本职职业和具体地域归属,他们对习惯的理解往往存在一定的理解偏差,最理想的方案实际上是对某类案件应尽量安排熟知该案情领域的人员担任人民陪审员,但这种方案在很大程度上会再次引起陪审员职业化的忧虑。由此观之,在适用民事习惯这一问题上,一方面作为整体上的人民陪审员更为熟知乡规民约和有关社会经验,因此其在制度上被预设成理想的发现主体和适用主体;另一方面又面临着新的悖论,即在随机确定机制下,这种假设的"比较优势"可能大大冲淡,反而消解了其特殊价值。

2. 事实审和法律审的分野割裂了民事习惯适用的连贯性

自 2004 年全国人大常委会审议通过《关于完善人民陪审员制度的决定》以来,人民

---

① 谱写中国特色社会主义司法民主的新篇章[N]. 人民法院报,2018-04-28(004).

② 《人民陪审员法》第 19 条规定:基层人民法院审判案件需要由人民陪审员参加合议庭审判的,应当在人民陪审员名单中随机抽取确定。中级人民法院、高级人民法院审判案件需要由人民陪审员参加合议庭审判的,在其辖区内的基层人民法院的人民陪审员名单中随机抽取确定。

陪审员既参与案件事实认定又参与法律适用认定的职权模式得到确立，随着实践的深入这一模式却遭到理论界的质疑，多年的司法实践也似乎印证了这种判断[①]。基于此，在之后的司法改革过程中，人民陪审员的职能划分开始成为改革的一个重要方面。其中，2014 年党的十八届四中全会发布的《中共中央关于全面推进依法治国若干重大问题的决定》、最高人民法院出台的《人民法院"四五"改革纲要》均提出"逐步实行人民陪审员不再审理法律适用问题，只参与审理事实认定问题"的要求。在 2015 年最高人民法院、司法部联合出台的《人民陪审员制度改革试点方案》中则更为具体地提出了改革方向，规定"人民陪审员在案件评议过程中独立就案件事实认定问题发表意见，不再对法律适用问题发表意见"。但是，这种改革路径实际上也并非毫无问题，尤其是随着实务界试点的深入以及学者研究的跟进，完全剔除人民陪审员参与法律审的职能很可能会对业已确立的法庭构造和合议庭合议规则造成紊乱，因此不能遽然采取一刀切的方式进行调整。这种认识也得到了《人民陪审员法》的认可，最终在立法中采纳了折中处理的方案，即原则上继续保留人们陪审员与法官的同审同权职能配置模式，但是对《人民陪审员法》第 16 条规定的"可能判处十年以上有期徒刑、无期徒刑、死刑，社会影响重大的刑事案件""根据民事诉讼法、行政诉讼法提起的公益诉讼案件""涉及征地拆迁、生态环境保护、食品药品安全，社会影响重大的案件""其他社会影响重大的案件"这四类案件则将人民陪审员的职能限定为"事实审"(尽管保留了其在法律适用上发表意见的权利，但在法律适用上不行使表决权)。回顾这一改革路径，可以发现《人民陪审员法》最后采纳的文本实际上暗含着这一逻辑前提，即在司法活动中，事实问题和法律问题是可以作出有效区分的。

从语义上看，法律问题和事实问题自然是存在显著差异的。其中，纯粹的客观事实包括了事情发生的原因、地点、人物和事件等因素，它具有一定的特殊性，是不以人的主观意志为转移的；法律则是人类主观创制的具有普遍效力的规范体系[②]。这在逻辑上是较为清晰的，但在诉讼实践中，由于所有的事实问题首先都体现为当事人的主张，只是其在最后的法律判断中(体现为裁判文书中的事实认定部分)还需要经过数道机制进行筛选，首先是当事人起诉时根据其诉讼请求筛选整理后呈现给法官的待证事实，其次是法官根据当事人提供的证据筛选推定后形成的事实，这个过程可以归纳为"生活事实—筛选整理—证明—筛选推理—法律事实"[③]。由此可见，所谓事实问题实际上具有两种形态，即在当事人个人体验中的初始意义上的"裸事实"和经由法律程序确认的"法律事实"。作为合议庭成员的人民陪审员，其认定的事实显然应与当事人体验的"裸事实"相去甚远，其中最大的不同就是必须加入相关的法律判断。例如在返还彩礼纠纷中，"男方赠予女方财物"显然应该属于事实问题，而作为是否应当退还这一结论则应当属于法律

① 廖永安，刘方勇. 人民陪审员制度目标之异化及其反思——以湖南省某市人民陪审员制度实践为样本的考察[J]. 法商研究，2014(1).

② 陈杭平. 论"事实问题"与"法律问题"的区分[J]. 中外法学，2011(2).

③ 卡尔·拉伦茨. 法学方法论[M]. 台湾：五南图书出版公司，1996：181.

问题，但“男方赠予女方财物”这一事实必须被赋予“彩礼”这一法律概念才能成为接受彩礼一方“应当退还”这一结论的前提。与此不同，法律则是人类创制的普遍性和规范性的存在，相对于事实问题的真与伪之分，法律规则有存在与不存在两种状态。一般而言，法官适用法律的过程实际上就是法官基于事实基础不断“找法”或将相应的事实与相关联的法条进行勾连的过程，这一过程可以归纳为“认定事实—选择法律—阐释法律—适用法律”。可以看到，事实问题和法律问题之间并不具有泾渭分明的界线。具体到民事习惯的适用上，尽管法律审和事实审的分野或可使得陪审员的陪审过程更加具有对应性和精准性，但是这一分野阻隔了民事习惯适用的连贯性也是应当重视的问题。

三、人民陪审员适用民事习惯困境之出路

基于前文提到的相关问题，人民陪审员适用民事习惯困境之出路需要以以下四个方面为突破口，以期打开有效适用民事习惯的新局面。

(一)完善人民陪审员选任和抽取机制

如前文所述，人民陪审员的产生直接影响司法民主的实现，但在如何适用民事习惯这一问题上，这种民主价值又可能会导致新的悖论，即人民陪审员在识别并适用民事习惯上的优势被随机抽取组成合议庭这一“民主机制”所淡化。要解决该问题，可以从两个方面进行完善：其一是在人民陪审员的选任方面，应当最大化保持来源的广泛性。虽然我国并未将担任人民陪审员规定为成年公民的法定义务，但根据《人民陪审员法》第 8 条第 2 款“人民陪审员的名额数不低于本院法官数的三倍”之规定，可以发现立法者已经采取了绝对数量保障的方式进行了回应。同时，《人民陪审员法》第 13 条还规定了人民陪审员的任期为五年且一般不得连任，这也有利于拓展人民陪审员的广泛来源性。此外，《人民陪审员法》通过后不久，司法部、最高人民法院和公安部就印发了《人民陪审员选任办法》(以下简称《办法》)。《办法》也明确了随机抽选的选任原则，并在其中第 5 条、第 8 条[①]对人民陪审员的具体选任方式进行了明确。但是也应当认识到，单纯的绝对数量也并非必然能保证人民陪审员可以涵盖社会各个层面主体，还有必要具体针对各个行业、职业、地域、年龄等情况进行更精细的考量。例如，假设某一地区特定产业从业人员较多，则可以适当增加其中人民陪审员的数量，以此确保人民陪审员人员结构的均衡性和匹配度。其二是在确定具体人民陪审员组成合议庭方面，应当在坚持随机抽取原则下，适当缩限抽取范围。在识别民事习惯上，人民陪审员的能力同样存在个体差异，由于社

① 《人民陪审员选任办法》第 5 条规定：基层人民法院根据审判案件的需要以及本辖区人口数量、地域面积、民族状况等因素，并结合上级人民法院随机抽取人民陪审员的需要，提出不低于本院法官数三倍的人民陪审员名额数的意见，提请同级人民代表大会常务委员会确定。第 8 条规定：通过个人申请和组织推荐产生的人民陪审员，不得超过所在基层人民法院人民陪审员名额数的五分之一。

会分工的日益精细化，一般而言其对与自己本职职业相关领域的习惯是较为熟悉的，对其他领域则可能同样面临着与法官一样的知识困境。基于此，在从人民陪审员名单中随机抽取人民陪审员时，可尽量从具有与案由相关的知识背景的人群中随机抽取，这样既避免了过去的"职业陪审员"现象的发生，也从实质上有益于彰显人民陪审员的职能，从而真正在识别和查找民事习惯中发挥出应有的价值。

(二)明确事实问题与法律问题的区分标准

如前所述，事实问题与法律问题本身就具有复杂性，而且我国的审级制度设计并没有采纳如西方国家实行"事实审"和"法律审"的分立，这些均导致人民陪审员要在短时间内清晰分辨出二者的区别还存在困难，这同样也给其适用民事习惯造成了障碍。基于此种境况，可以借鉴西方两大法系的相关经验，弹性地设置两者的区分标准，同时赋予法官一定的自由裁量权，在实践过程中不断调整。一般而言，从程序与实体的标准看，程序性问题基本可归属于法律问题；从是否需借助证据证实的标准看，需要直接借助证据判断的是事实问题，反之则多为事实问题；从是否可借助经验常识判断的标准看，如果一个问题需经专业训练才能知晓，则其基本可归于事实问题。根据这种大致的划分，在人民陪审员适用民事习惯问题上，由于在与法官同审同权的普通案件中，无论是事实问题还是法律问题，人民陪审员都需进行认定和适用。

(三)"可以适用"的习惯具体类型的初步确定

根据《民法总则》第10条，"可以适用习惯"是具有适用前提的，即必须在"法律没有规定"时方能适用。此外，即使是适用也"不得违背公序良俗"。显然，这两种限定都是从排除法意义上作出的限定，这当然并非意味着只要是法律存在空白且习惯符合公序良俗，司法者就对所有的习惯都"可以适用"。原因在于，作为裁判依据的民事习惯不仅应具备"准法"的形式外观，还应当在实质上符合公平正义理念。具体而言，可以借助前述关于民事习惯的分类对这一问题进行更深入的分析。

1. 从民事习惯的主体类型看，司法者可以适用的习惯应当是群体习惯而非个体习惯。原因在于个体习惯并不一定对案件纠纷中的双方当事人均产生拘束力。对群体习惯，法官不但可以纳入适用的框架，而且在司法实践中，法官只能选择适用群体习惯。诚如格雷在谈及习惯的司法适用时所指出的，"法院有时采纳某些规则……是因为法院发现这些规则在社会成员的相互交往中被大范围遵守，或是被局部遵守"①。

2. 从民事习惯的主体范围来看，作为"可以适用"的习惯既应包括全国习惯同时也应包括地方习惯。前述关于习惯的主体类型，主要是从单个主体和复数主体的角度进行的分析，而在复数主体内部，又可以根据主体范围大小再次进行基本分类，其中在为全国或

① 约翰·奇普曼·格雷.法律的性质与渊源[M].马驰，译.北京：中国政法大学出版社，2012：242.

全民，无论地方习惯，还是全国习惯只要没有被国家法律所直接认可，成为正式法律，且在一定范围内能够被人们普遍遵守和运用，并给其分配权利义务，那么，其就可以作为司法适用的内容。当某一地方习惯和跨地方习惯产生冲突，或者两者与全国习惯相冲突时，可以借用法律的阶梯效力理论，按照全国习惯优于跨地方习惯、跨地方习惯优于地方习惯的原理来处理。

3. 从民事习惯的具体内容来看，可以适用习惯的范围只能是行为习惯，而不能是心理习惯。在现代法治下，为了维护人们的思想自由，法律已经通过放任性调整和保护性调整的方式进行了保障，其中前种调整意味着任一主体其究竟如何思想、有何心理动机，完全属于其自由的范畴，法律推定其为绝对的权利，不加任何干涉。后种调整则意味着法律明确否认一个主体有权对另一个主体进行思想干预，当这种绝对的权利受到他人侵犯之时，法律出面保障之。“可以适用习惯”一旦进至人的心理领域，毋宁说这种司法已迈向专制。司法即使涉及人们的心理习惯，也是出于保护的目的，因此，其所适用的习惯一定指向能保护人们心理自治、思想自由的外在的行为习惯。

4. 从民事习惯的历史样态来看，司法者对于传统习惯和新兴习惯都可纳入可以适用习惯的范围。习惯本身对时间跨度长短的要求在不同历史阶段是存在差异的，如在传统历史中，作为调整特定地域范围内的大众行为方式的习惯往往都是经由数代人相传才最终确立下来，因而呈现出较为悠久的历史面貌，这种时间累积的“威信”反过来又强化了后人对这种习惯的遵从程度。但在现代，随着社会转型的加剧，尤其是受到科技发展的影响，人们很多生活方面的习惯都发生了很大的变化，如消费习惯、支付习惯等等，此时由于习惯事实本身的变化周期也大大缩短，加上立法的滞后性，很多习惯无法得到立法的确认，但其对于司法者而言具有较强的参考作用。总体而言，过去司法者在裁判中可能更关注传统习惯，而新兴习惯因有待经过反复“经验”论证，故可接受性相对较弱，但在今后可能需要更多受到重视。

5. 从民事习惯的合法性角度看，显然司法者可以适用习惯的范围只能是合法习惯，而不能是非法习惯。这是毋庸置疑的，但需要说明的是，所谓合法的习惯与非法的习惯之间其实并没有明确的法律标准。在此问题上，由于社会秩序以自由为基本价值，奉行的是“法无禁止即可为”，因此只要一种被一定群体所接受的习惯不是法律规定所明令禁止的，就是合法的。但是，对于那些明显属于糟粕的习惯，则应当排除在适用之外。

6. 从民事习惯是否得到法律确认的角度看，“可以适用”的习惯只能是非法定习惯。由于法定习惯已经是经由立法认可的法律之一部分，故对它的适用是“应当”而非“可以”。只有还未被法律所认可的非法定习惯，才是法官“可以适用”的范畴。

（四）构建民事习惯的司法识别程序

习惯的司法识别是习惯被诉讼参与人引入法庭审理过程中并作为审理依据。这一过程包括以下环节：当事人对某项习惯的主张、当事人对该项习惯的举证、法官依据职权对该习惯的查明和确认。[①] 由于习惯的非明文规定性，在实际生活中，习惯都是以一种约定俗成的形式存在并发生作用，所以习惯如果想要和成文法一样对案件反复发生法律效力只有遵循一定的程序，经过法院的确认成为习惯法才具有法律效力，即习惯的司法识别。这一过程起码应当包含以下核心要素。

1.首先查明习惯的真实性和价值性。其中真实性是指作为非正式制度的一种具体类型，习惯是否真的存在？尤其是双方当事人所在的地方是否真的存在？当地的人民群众是否自觉遵从？因此，在对习惯进行查明与识别时，表示的则是对与当前案件相关的习惯是否存在查明与识别。在此过程中，基于司法层面来看，也应对于当前案件有关的习惯给予更多的关注，是否满足合理性的要求。其中关于合理性的界定比较广泛，涉及很多方面，不仅包含这一习惯的应用效果与活动，同时也关系其是否与公序良俗以及法律理念背道而驰。

2.对习惯的准确表述。习惯的司法识别是法院根据一定规则应用习惯对纠纷案件进行解释的过程。习惯在识别之前只是一种民间的无强制性的自我约束力规则，只有成为习惯法以后才能真正地适用具体的案件，而且效力仅限于该具体案件，没有普遍的适用性。在法律适用中习惯通过对法律条文的解释产生不同效果。法院在对习惯进行适用中，需要对习惯进行文字表述，这种表述的前提是词语的意思，也就说每一个词语是什么意思，决定了习惯整体意思的前提。必须指出的是，在有专门规定的时候必须严格按照规定进行表述，如果没有专门规定时就要按照通常意义或者现实生活中通用的意思确定习惯的含义。

3.协助职业法官制定相应的审判规范。民事习惯识别的目的是为了使案件得到更合理的解决，其关键在于职业法官能够基于案件事实和识别后的习惯制定出相应的裁判规范，进而可以使案件得到合理的判决。裁判规范主要包括两个方面，首先是引用某项规则，其次是适用当前的案件情况。在此过程中，法官引用的法律规范，抑或是基本规则；或在缺乏法律规范、法律授权能够对习惯进行援引的条件下，实现援引习惯规范；抑或是在法律与习惯均不具备的条件下，并且法律授权能够对其他规范或者法律制度进行援引时，可以继续应用。针对职业法官来说，在对法律规范进行援引的过程中，即使需要进行论证，但是在成文法国家则无须对法律规范进行过多的论证，究其原因，则是其本身具有明确性与肯定性。但是在援引社会规范以及民间法的过程中，不仅要明确得到法律的授权，此外，虽然规范自身是十分明确的，法官也需要承担很多的论证责任，因为这终归是法官的工作，而法律则是监管法官的重要途径，同时也是陪审员适用民事习惯和民事习惯司法识别的重要价值所在。与此同时，还存在法官构造裁判规范。它表示的是法官对案件进行处理裁决时，由于案情十分复杂，并且充满很多疑点，在无法援引法理、法律条例以及社会规范的条件下，法官必须遵循法律的基本原则与精神理念，利用自身长

① 王林敏.民间习惯的司法识别[M].北京：中国政法大学出版社，2011：67-68.

期的工作经验与智慧能力，构造出适合这一案件的审判方法。从某种程度上来看，也可将其称之为“法官之法”。所以通过这些我们能够发现，从习惯的司法识别与确认来说，主要作用是为了协助法官进行援引，进而确保案件可以有效处理。事实上，基于习惯的司法识别考虑，职业法官和陪审员并非可以完全适用具体习惯，习惯如果被识别之后，若与法律精神与原则理念严重不符，甚至出现违反公序良俗的状况，职业法官和陪审员必须要摒弃此种习惯，另辟蹊径。

Difficulties and Overcoming of Jurors' Application of Civil Customs

Yu Yan

Abstract: Professional Judges face difficulties in their application of civil customs because of strained relations between state law and customary law, externality of modern judicial knowledge and experience, vacancy of judicial sociality and judges' personal limitation. Therefore, the assistance of jury system is urgent. A reasonable civil custom's application of jurors is helpful for improving acceptability and realization of substantive justice. At the present, jurors' application of civil customs also face difficulties because of civil customs' complexity and new challenges of *People's Juror Law*. In order to overcome those difficulties, construction of civil customs identification system, amendment of jurors' appointment mechanism, improvements of division standard to trial of fact and trial of law should be considered as the key points, to which guarantee the realization of jurors' scientific application of civil customs.

Key Words: customs; *General Provisions of Civil Law*; jury; *People's Juror Law*

论事实判断的外观展示*

——基于证据制度历史的分析

李 峰**

摘要:作为司法权威性的基础,事实判断必须具有正义外观,以使其审理过程及结果具有可接受性。在早期司法中,基于民间规范形成了事实判断外观展示的方式,即神判的形式化展示。随着宗教观念变化和智识能力的提升,国家法通过证据法定的路径优化形式化展示方式,并最终演化为心证公开的实质化展示。分析事实审理权威性产生的机理,形式化展示基于民众的司法信念,实质化展示基于理性与经验,只有两者形成相互支撑的合理架构,方能实现事实判断外观展示的价值目标。

关键词:民间规范;国家法;事实判断;形式展示;实质展示

一、引言:事实判断的正义外观

司法活动须展示出鲜明的正义外观,以获取民众的认同并产生权威性。就事实判断与法律适用两个司法审判的基本问题而言,法律因公之于众,其运用本生具有一定的外化色彩,而裁判者对证据和案件事实的判断多属于心理范畴,呈现突出的内化特征,如何将事实判断过程及其结果予以充分展示,成为司法公开的重要内容。事实审理中的心理活动投射在程式化、仪式化的司法审判之中,形成事实审理的外观。其理想化的外观展示包含两个基本内涵:其一,在事实审理中直接展示事实判断的形成过程及其依据,包括事实判断的步骤、形式、方法、依据等;其二,在作出事实判断后,通过解释、说理复原判断过程及其依据。然而,受人类认知和表达能力的限制,不可能将心理活动全部准确地外观化,完整、准确地展示事实判断的外观,从来都是案件审理的一项难题。

审视司法的历史发现,展示事实判断的外观离不开仪式化的程序行为。司法仪式实则为社会文化仪式的组成部分,而文化仪式是人类社会最古老、最有持续生命力的社会活动外观,通过语言、行为、符号等程序内容构筑族群的共同信仰和观念,成为人类启蒙

---

* 本文系教育部人文社会科学规划基金项目“民事诉讼视听传输技术作证研究”(14YJA820013)成果之一。

** 李峰,法学博士,上海师范大学法政学院教授。

的必要条件。司法程序脱胎于文化仪式,并与文化仪式具有同样的本质:通过诉讼程序实现社会成员之间的沟通与妥协,树立公共权力活动的权威性。[①] 文化仪式通常具有正义、智慧、和谐等方面的象征意义,司法程序的外观同样具有象征性的文化功能。因此,建立在正义外观基础上的事实审理结果就使司法审判具有正当性基础,比司法活动的强制性更有优点。[②] 无可否认,真实发现是事实审理的核心目标,认知能力决定这一目标的接近程度,司法正义外观设计以有效弥补认知能力的缺陷为重要目的之一,证据制度完善的过程实际是不断寻求对该目的的接近,借助仪式化行为构建事实判断的正义外观,当属认知能力之不足与真实发现目标之间的妥协。问题在于,形式化的司法仪式也存在局限性:一方面,文化本身在不断演进发展之中,随着知识、心理、观念及生活方式的改变,包含程序内容的司法仪式未必始终都表现出进步、文明以及可接受的一面,当其落后、狭隘、僵化的因素逐步暴露后,会严重弱化事实判断外观的正义性,仪式改造的必要性得以凸显;另一方面,司法仪式与认知能力存在一定的冲突,其效能会因为认知能力的发展而有所减弱,认知能力进步往往伴随着仪式化活动缺陷的发现,仪式化活动即被赋予禁锢人类认知的感受,因此强化了摆脱仪式化禁锢的动力。于此而言,在事实判断领域,对待程式化、仪式化的司法活动存有矛盾心态,人类总在试图克服认知能力的局限,但面临目标追求与能力的落差,不得不借助程序制度及其实践活动的正义外观增强事实审理的说服力和权威性,同时又力图冲破仪式化的牢笼,使事实审理回归认知活动的本质,将权威性建立于事实认知一致性基础之上。历史上先后出现的各种证据制度,都具有针对当时认知能力的特殊正义外观,尽管不同证据制度支持下的事实审理外观包含诸多程序、方法、形式等方面的内容,但总可以归纳出事实审理外观符号化的集中表达,以体现其特质。具体分析之,大体表现出形式化的外观展示和实质化的外观展示两种基本类型。如何理解事实判断外观的正义性,在当下司法环境中处理不同展示方式的关系,成为揭示司法发展规律,修正司法文化观念,以及深化司法改革的重要基础。

二、形式展示:从神意展示到证据法定

神明裁判与法定证据分属于先后演进的不同阶段,但就事实判断外观展示的方式来看,两者实际存在相同的基本特质,始终在形式化展示的轨迹上进行充实和修正。

(一)神意展示的形式性特质

初民社会人类认识能力极为有限,还没有掌握固定证据资料、认定事实的方法,欲使司法裁判被服从,不得不借助弥漫在群体生活中的原始宗教信仰。以宗教仪式展开的神

---

① 樊崇义.诉讼原理[M].北京:法律出版社,2003:75-80.

② 徐亚文.程序正义论[M].济南:山东人民出版社,2004:350.

判意味着神灵参与审判，确定事实真相，当事人与民众出于对神灵的敬畏而接受裁判结果。[①] 早期成文法中实体法和程序法内容的起源存在明显差异，实体法内容多源于世俗生活经验和生活需要，程序法内容则与宗教信仰有密不可分的关系。公元前十八世纪古巴比伦王国的《汉谟拉比法典》，已经整理破译的内容共有 282 条，绝大部分涉及自由民、奴隶、土地、房屋、婚姻、牲畜、作物等方面的实体规范，充满浓厚的生活气息。程序规范则不同，明文规定通过宗教仪式及其相关的活动进行司法裁判。存在于大约公元前二十世纪的中亚述法典泥版残片中，同样显示出大体相同的特点。[②] 可见，司法与宗教的结合是人类社会发展的阶段性所决定，也是宗教生活在司法中的反映，一定宗教仪式活动形成可以直接感知的结果，并将这种结果作为神意的展示来判断案件事实。

神判是展示神意的基本方式。古代神明裁判中设定可以直接观察到的神意"客观化"的形式，一般通过水审、火审、决斗、食审等方式实现。《汉谟拉比法典》规定，"倘自由民控自由民犯巫蛊之罪而不能证实，则被控犯巫蛊之罪者应行至于河而投入之。倘彼为河所占有，则控告者可以占领其房屋；倘河为之洗白而彼仍无恙，则控彼巫蛊者应处死；投河者取得控告者之房屋。"[③]日耳曼的热水审与火审在外观判断方面基本相同，观察沸水烫伤或者炽热器物灼伤的伤口愈合情况判定神意。决斗也被赋予丰富的神意内涵，认为知晓案件事实的神灵会站在正义者一方，得到神灵帮助的一方将在决斗中获胜。[④] 因各地区原始文化之差异，神明裁判的方式远比想象要丰富得多，除上述方法之外，还有食审、毒审、触审、灯火审、称审、签审、盐审等诸多事实审理方法。[⑤] 另外，神誓亦能间接展示神意，其源于神灵维护正者而惩罚不正者的信念，认为只有如实陈述者，才敢于向神灵起誓。当事人、证人都可采用宣誓的方式，神誓不像水审、火审那样直接根据宗教仪式活动结果判断事实真相，而是将神意的威慑力间接地投射在当事人、证人对宣誓的态度，或者宣誓过程的表现方面。事实上，神誓比其他客观化的神明裁判运用更普遍。《汉谟拉比法典》中关于神誓的条款有 15 条，而其他神判方式只有 1 条。[⑥]《中亚述法典》泥版残片中共有法条 91 条，涉及神誓的条款高达 31 条之多，约占总条款数的 30%。[⑦]

神意展示具有典型的形式化特征。主要表现在如下方面：其一，案件事实为神明所喻示，而非裁判者个人的发现。至少在古代利用神意展示事实判断的外观时，笼罩在司法过程中的是神明意志，事实真相被认为由神明直接或者间接表达出来，即使由审理人员宣布裁判结果，也不是其个人自主意志的表述，法官主要是扮演审判仪式主持人的角

① 樊崇义.诉讼原理[M].北京：法律出版社，2003：88-90.

② 由嵘.外国法制史参考资料汇编[M].北京：北京大学出版社，2004：19-50.

③ 由嵘.外国法制史参考资料汇编[M].北京：北京大学出版社，2004：21.

④ 孟罗·斯密.欧陆法律发达史[M].姚梅镇，译.北京：中国政法大学出版社，2003：72-75.

⑤ 穗积陈重.法律进化论（法源论）[M]，黄尊三，译.北京：中国政法大学出版社 2003：19-39.

⑥ 《汉谟拉比法典》中涉及宣誓的条款为第 1 条、第 9 条、第 20 条、第 23 条、第 103 条、第 107 条、第 120 条、第 126 条、第 131 条、第 206 条、第 207 条、第 227 条、第 240 条、第 249 条、第 281 条。

⑦ 由嵘.外国法制史参考资料汇编[M].北京：北京大学出版社，2004：39-50.

色，并不积极地发现真实，事实裁判的权威性由民众的信念所决定。其二，关于案件事实的神意借助某种媒介表达。古人认为，山川草木都附着有灵魂，神灵对世间万物无所不知。随着语言、文字等交流工具的发展，激发了人们的思维和想象力，原始宗教、巫术、神话、幻想混杂而生，现实世界与想象世界被紧密联系起来，所谓水审、火审、食审、毒审等形式，其实是将客观存在之物作为表达神意的媒介，当人的自我意识尚未充分认识发现时，附着神意的物品即为客观化的神意展示工具。其三，仪式化、程式化的行为在神意展示中具有重要意义。宗教仪式作为早期社会生活必不可少的组成部分，舞蹈、咒语、符号、祭品等构成宗教仪式程式化的基本内容，满足人们知晓神意的心理需求。可以认为，通过宗教仪式试图知晓神意是当时人类认识世界的重要手段，司法活动中有关事实问题如果超出认识能力，求诸神意即为顺理成章，具体而言，大多以宗教献祭的形式求得神意。① 由此，宗教仪式的象征性、互动性、表演性渗透在司法审判之中，仪式化行为的正确性决定着获取神意、展示神意的有效性。其四，神意展示的具体形式源于民间规范，体现某一族裔的宗教信仰等文化特性，具有地域性和稳定性。应当承认，宗教往往先于国家而存在，宗教仪式为长期根植于民间的习惯行为所形成，那么不同族裔的民间习惯自然差异很大。在古巴比伦王国的冷水审中，被审者沉入水下为所控罪行属实，浮于水面则属诬告。日耳曼的冷水审则相反，认为水纯洁之物，不会容纳污浊之物，被审者浮于水面表示神灵不予接纳，沉入水下表示神灵与其友好，予以接纳，所控罪行应属虚无。可见，神意展示的相应司法文化呈现碎片化、差异化状态。

（二）国家法对形式化外观展示的修正

国家统一治理的需要与碎片化的宗教文化、民间司法习惯存在冲突，尤其是当国家统治地域超出民间规范所能影响的范围时，国家法改造或者取代民间规范即成必然。同时，建立于神意基础上事实判外观的形式展示又会受到认知能力提升的冲击，原始宗教支撑的神意大多被国家权力冠以迷信的符号。不言而喻，国家法对神意展示的改造或者取代，并不意味着全面否定历史上形成的法律精神，毕竟法律精神已经渗入民族文化的血液里，是民族精神和文化不可分割的组成部分。②

西方基督教与日耳曼人的原始宗教存在竞争关系，对日耳曼神判的批判首先来源于基督教。主要表现在三方面：其一，神判的权威依据不足。认为神判是人为手段，不是上帝的喻示；其二，不得试探上帝是圣经中的信条，神判就是对上帝的试探，违反了基督教教义；其三，神判手段存在逻辑矛盾，依据圣经故事上帝应当保护无辜之人，但在冷水审中浮在水面之上却被认为有罪，有悖于圣经喻义。同时在司法实践中曾出现一些荒谬的后果，例如经神判认定为已死之人却在判案之后重新现身。③ 1215 年的第四次拉特兰宗

① 杜文忠.神判与早期法的历史演进[J].民族研究，2004(3)：48.

② 程政举.先秦法家的司法公正观[J].河南财经政法大学学报，2019(2)：148.

③ 盛宏意.中世纪教会对神命裁判法的终结[J].首都师范大学学报(社会科学版)，2005(5)：35-36.

教会议明令禁止教士参与神明裁判。神判的合法性被否定,意味着司法事实发现任务只能由人判来完成,罗马法时代的纠问制方式被重新采纳。但是,人判最大的问题是如何让当事人或者公众对事实审理结果的信服,维持事实认定的客观化,神判终结后事实审理正当性的外观急需填补。12世纪兴起的法律教育和法律科学,为构筑新的事实审理外观创造了条件。排斥神判的教会司法不可能像以往那样,可以轻松地通过展示神意宣示事实审理结果,纠问制审理方式急需大量有经验的法官。大学肩负了当时法律职业者的培训任务,法学院师生主要任务是从传统的罗马法文献和案例中归纳案件审理规则,该学习方式既是掌握裁判技能的必要途径,又推动了法律文献和司法经验的归纳整理。同时,经院主义思维方式的兴起也推动了法律科学的形成,法律现象的概念化、法律活动的规则化都在法律科学发展中成为可能,从而在归纳经验的基础上,依照法律语言设置事实审理规则。因此,社会对司法的更高需求和人类智识条件的进步,才可能制订符合一定理性形式的证据规则。

法定证据制度下的事实审理外观表现是,对证据资格和证明力设计一套严密精细的规则体系,并在司法审判中严格执行,法官的事实判断被牢牢封固在证据规则之中,以此展示事实审理的所有现象被法定规则预先确定。《教皇英诺森二世教令》为评价证据精心设计了一整套规则,将各种证据的诉讼价值数量化,根据证人身份之不同分别确定证言的诉讼价值。① 例如,制订了多余证据、无关证据、模糊证据、过泛证据、与事物性质相反之证据的排除规则。证据效力值分别设定为:完全之证据、折半之证据、1/4之证据、1/8之证据等。女性证言的证据效力只及男性的一半,还必须至少有一名男性证言加以补充,教士的证言在诉讼效力上高于俗人,贵族的证言在诉讼效力上高于平民,基督徒的证言在诉讼效力上高于犹太教徒。② 滥觞于教会诉讼的证据规则以其标准明确、易于适用、利于填补神判取消后的空白而迅速影响到欧洲各地,并且被不断充实。南意大利若曼王国1231年颁布的《奥古斯都法典》规定了不同案件的证人数量以及身份要求,对伯爵的刑事指控为:具有伯爵身份者为2人,具有男爵身份者为4人,具有骑士身份者为8人,市民者为16人;对男爵的指控为:具有男爵身份者为2人,具有骑士身份者为4人,市民者为8人。博马努瓦尔著于1283年的《博韦的习俗和惯例》真实反映了法兰西王国的法定证据规则,书中列举了誓言、书面文件、司法决斗、证人、法庭记录、对方供认、法院通知、推定八种证据。明确以下证人及其证据被排除:神父和修道士、妇女、精神病患者、未成年人、外国人、有犯罪或者作伪证经历的人、私生子、农奴、犹太人、当事人的家庭或者家室成员等。③

① 田璐.罗马—教会民事诉讼程序概要[J],云南师范大学学报(哲学社会科学版),2010(2):153.

② 哈罗德·J.伯尔曼.法律与革命——西方法律传统的形成[M],贺卫方等,译.北京:中国大百科出版社1993:304-306.

③ 哈罗德·J.伯尔曼.法律与革命——西方法律传统的形成[M],贺卫方等,译.北京:中国大百科出版社,1993:523-574.

证据法定并未去除事实判断外观的形式展示特质，本质上属于对形式展示的修正和充实。原因在于：其一，证据法定虽然有认知经验提炼的成分，但将国家规范凌驾于裁判者的个体判断之上，预先规定真实，否认裁判者在事实发现中的认知主体性。其二，将神灵崇拜转化为规范崇拜，失却经验与理性在事实发现中的地位，事实判断的权威性不是理性认知的结果，而是建立于社会公众的信念之上。其三，事实审理过程仍然立足于形式化的工具、手段、标准。形式合法性是事实判断真实性的基本依据，裁判者只需要在证据形式、证据数量等形式内容方面审核和计算，以此得出事实结论，也即事实是计算出来而不是认识判断出来的，哪怕裁判者自己内心存在对事实的确定判断，如果与法定的形式审核与计算结果不符，也只能采取法定的形式确定事实结果。可见，此阶段事实判断外观展示的是法定证据规范，以及由该规范审核、计算的结果，其核心要素由统一规范取代零散的、不可捉摸的神意，推动司法规则的统一适用。

三、实质展示：从自由心证到心证公开

过度形式化的事实判断外观展示招致强烈批判，激发事实判断认知属性的理解，促使外观展示的实质化转向。自由心证与心证公开是一体两面的关系，尽管心证公开目前仍有不足，但具有自由心证客观化保障之功能，构成现代事实判断外观展示的基本样态。

（一）自由心证对外观展示过度形式化的否弃

毋庸置疑，不论神意展示还是证据法定的事实判断外观展示，都有合理性与有效性的一面，但饱受过度形式化诟病。尤其是证据法定的合理部分在很大程度被过度形式化所扭曲、掩盖。法定规则有助于消除在智识能力虽有发展但还有限的历史条件下，人们对神判揭示“真实”方式消失后的不适应，维持一定时空中司法的统一标准。不过，法定证据的思维基础是经院主义哲学，将作为认识判断基础的前提绝对化，抑制了人的批判能力，同时，其规则直接源于古罗马和现实司法经验的归纳总结，鲜有理论创新基础上的规则创制，形式化、绝对化、机械化成为鲜明的特性。就法官而言，法定证据规则的适用愈严格，愈能显示中立地、客观地判断案件事实，消除肆意决断、徇私枉法的嫌疑。法官和当事人完全服从于刚性、机械的证据规则，不再有自主的事实判断，司法实践中的绝对化适用即成必然。法定证据规则的产生，与其说是司法经验和法律科学发展的产物，毋宁是基于政治、经济、宗教等方面的社会选择，说明司法尚未从“神判”向“人判”的完全转变，只是刚刚迈入“人判”的门口。虽有自我认识能力的初步发现，但还没有充分利用自身知识、能力、经验来准确认识判断案件事实的信心。再者，法定证据规则下的预定真实，对间接主义审理方式提供了条件，间接主义运用中的法官与当事人隔离，在一定程度上避免当事人或者其他因素干扰审理裁决，法官无需直接调查当事人和证人，可凭书面材料和证据规则裁断事实，但脱离证据的事实认定终归主观臆断的成分过大。为弥补书

面审理带来的证据不足问题，口供的地位空前强化，刑讯逼供泛滥成灾。因此，真实预定的法定规则绝对化适用，形式展示过度化，有悖于真实发现，诉讼迟延、刑讯逼供等问题成为后世批判的焦点，事实审理方式也在对这些问题的批判和改进中演进。

文艺复兴催生了理性精神的张扬和人文主义的勃兴，为批判法定证据制度提供了有力武器。笛卡尔、斯诺宾沙等哲学家对中世纪以"唯名论"和"唯实论"为核心的经院哲学进行猛烈批判，开启理性主义的时代。理性主义学者认为理性高于信仰，用感觉带来的知识是不可靠的，甚至是虚假的，试图用数学和逻辑学重新构造世界。[①] 在早期的理性主义者看来，理性成为人类知识的信条，一切认识活动都应由理性指导，无需通过观察就可以依照理性规则获得知识。[②] 康德进一步发展了理性主义，认为理性基于认识活动的对象不同而具有不同的功能和限度，实践理性高于理论理性，区分出理论与实践两个哲学领域，指出如何达至真善美的不同法则。[③] 与理性主义同期存在的哲学流派还有经验主义，休谟、洛克、贝克莱等思想家是其代表。休谟认为，推理都具有或然性，经验才能告诉我们原因和结果的本质、界限，才能从一个事物推导出另一事物之存在，这构成人类知识的大部分，是人类一切活动和行为的源泉。[④] 经验主义认为知识必须来源于可以感知、观察的外在世界，而理性主义只是将知识作为内心世界演绎的结果。[⑤] 两种学派思想的对立和互动，丰富了认知的理解。伴随哲学思想的迅猛发展，人文主义思潮全面渗透到法律活动中，人文主义不是一个哲学流派，其核心是把人上升到一切事物和过程、政治法律制度、社会生活以及意识形态的中心地位，从人的视角观察世界、评价行为和事件的意义、安排社会关系和社会秩序。[⑥] 人文主义包含了当时理性主义、经验主义的思想内涵，体现对人的尊重，重视人的优越性和创造能力，主张法律制度应当为人类的幸福和促进人的发展而服务。职是之故，理性主义和经验主义支撑下的人文主义思潮极大解放了人类思想，促进人类智识的进步，高度提升人们认识事物的能力和自信，证据规则绝对化适用的事实审理外观已经丧失社会思想基础。1790 年底，法国制宪会议废除法定证据制度，理由是：法定证据不能达到准确判断事实的目的，严格适用法定证据规则与法官的内心确信相矛盾。此后，欧洲各国先后确立了自由心证制度。

（二）心证公开喻示外观展示的实质化转向

自由心证下的事实判断，不论是理性、经验抑或良知的要素，都属于裁判者的内在观念或者认识，并且这些要素通常会对法官的心理活动产生综合性影响，一般情况下，不可

① 王秋梅.笛卡尔理性主义哲学透视[J].哈尔滨工业大学学报，2005(4)：37-38.
② 任晓.何谓理性主义？[J]."欧洲研究，2004(2)：149-150.
③ 冯玉珍.康德的意志两重说及其对现代非理性主义的影响[J].吉林大学社会科学学报，1994(6)：14.
④ 休谟.人类理智研究[M].北京：商务印书馆，1999：152.
⑤ 陈巍，郭本禹.超越经验主义与理智主义：从意向性到交互肉身性[J].自然辩证法研究，2013(3)：21.
⑥ 侯健，林燕梅.人文主义法学思潮[M].北京：法律出版社，2007：7.

能区分每一要素在事实判断中的具体地位和作用。早期自由心证制度不要求法官公开自己的心证,被称为传统自由心证,表现出隐秘性和神秘性,使事实判断转向内化,当事人和社会公众难以了解法官的心理活动,如果法官不充分公开自己内心的事实判断,就失去了反映心证形成的事实审理外观。[①] 传统自由心证的特点很难避免法官在案件事实判断上的主观性甚至随意性,当事人只能猜测法官心证形成的原因和过程状况,事实裁断缺乏传统司法的客观化标准,判决的信服程度势必大打折扣。实行自由心证制度的国家面临心证客观化的呼声,认为自由心证乃相对于法定证据主义的机械评估而言,并无得以任意推测、随心所欲之意义,衡量证据力须有证据为前提,并应依照适当程序求取真实,借以获得正确的心证,不得违背论理及经验的法则。[②]

自由心证客观化观点的本质是弥补传统自由心证制度下事实认定内化之不足。萨维尼认为自由心证需要两个保障,一是法官对良知、正义感、真实发现观念的坚守,以及充分的认知能力;二是确立判决理由公开制度,以此保障法官自由心证的正当性。[③] 在此观点影响下,德国《民事诉讼法》第 286 条规定、法国《民事诉讼法典》第 455 条规定,以及日本 1926 年的旧《民事诉讼法》和 1996 年的新《民事诉讼法》都规定判决书应当记明判决的事实和理由,即公开法官的心证。同时,德国《民事诉讼法》第 139 条对阐明权作出规定,审判长应使当事人就一切重要事实进行充分说明,并提出有利申请,在对事实说明不足时应予以补充,还需表明证据方法。为此,审判长与当事人于必要时共同就事实和法律关系加以阐明,并提问之。[④] 阐明权制度对扩展心证公开的事实审理外观意义重大,法官在诉讼中为使当事人正确充分地阐述其主张及依据,势必要对自己关于案件事实的内心确信程度向当事人披露,方能使当事人能够理解法官提问或者提示的意义,以便采取正确的补充方式,有效地促进诉讼程序。

以自由心证为基础的心证公开具有事实判断外观实质化展示的特质。心证公开的内涵有以下几方面:第一,心证公开的核心是理性认知,立足于法官对事实的内心确信,属于完整意义上的人的判断,将影响心证形成的理性、经验、品格等因素与心证结果直接勾连,并按照法定程序公之于众,第一次将裁判者的判断、社会智识、案件事实完整地、实质地展示。第二,心证公开除法官对案件事实认识的确信程度外,还包括法律见解在内,法官披露内心确信实际隐含解决法律适用的各项要件理解,从而为法律后果的判定提供依据,事实与法律这两项基本纠纷解决要素在心证公开中均有一定表达。第三,心证公开并不仅仅限于已经确定的法官心证之披露行为,而是伴随心证活动的发展过程,不是最终确定的心证也有公开的可能,因而心证公开语境下的"心证"实际为确定和尚未确定的心证状态。在案件审理阶段以及裁判阶段均存在心证公开的活动,并有明确的目的

① 叶自强.从传统自由心证到现代自由心证[M]//诉讼法论丛(第 3 卷).北京:法律出版社,1999:383-385.

② 李学灯.证据法比较研究[M].台北:五南图书出版有限公司,1992:686-713.

③ 庭山英雄.自由心証の抑制について(二)[J].中京法學,1968(3):94-95.

④ 谢怀栻,译.德意志联邦共和国民事诉讼法[M].北京:中国法制出版社,2001:36-37.

性。在此意义上,暂定的心证与确定的心证均在公开之列,显示出法官就案件事实内心确信形成的过程,使得当事人以及社会公众可以完整检视、监督法官事实审理的合法性与合理性。第四,心证公开所依托的制度主要有阐明权制度和裁判理由公开制度,法官行使阐明权的方式之一为心证公开。① 在大陆法系,阐明权为诉讼指挥权之基本构成,也表现为行使诉讼指挥权的手段。诉讼指挥权是法院督促诉讼程序合法进行,谋求完全、迅速的审理,尽快解决纠纷条件下所进行的活动及其权能的总称。② 那么心证公开的意义就不限于事实审理外观所赋予的真实发现、裁判权威性等方面,而是包含诉讼促进等案件审理的整体性作用。据上而言,心证公开属于实质化的事实判断外观展示方式,比证据法定这种形式化的外观展示,具有更加充实的内容和更能体现司法认识活动特质的优势。

不过,由人类智识能力的有限性所决定,心证公开并非至臻完美的事实审理方式,目前仍然存在挑战,主要表现在:第一,影响裁判者事实判断的因素不可能全部公开。直觉、前见等隐性知识往往无法公开,而这些内容实际会影响法官内心确信的形成。第二,事实裁判者有关事实判断的全部心理活动过程无法公开。心理活动的多维性、交叉性、多边性、模糊性等特征决定事实判断过程异常复杂,极难全部公开。第三,法律语言发展的阶段性和局限性,时常存在语料匮乏以及语义模糊的现实,③无法准确表达出事实判断心理活动的所有内容。第四,心证公开有法官特定生活经验和案件审理过程的场景要求,呈个性化的特质,与一般化的社会大众认知并不完全相同,个性化与一般化存在天然冲突,进而消减心证公开的权威性,也即心证公开并不必然导致说服性和可接受性的后果。那么,最终可形成一个判断,依据理性获得正当性的心证公开的实质化外观展示,也未必能独立完成事实判断权威性和可接受性的构建任务,依据信念获得正当性的证据法定的形式化外观展示,亦不应排除在事实审理之外。

四、互补架构:形式展示与实质展示的关系模式

神意展示的事实判断外观在现代司法中已无正当性基础,但证据法定的形式展示方式仍然成为事实审理的重要保障之一。大陆法系国家所坚守的自由心证原则,英美法系国家孜孜以求的证据法典化,成为当今司法制度建设中两道独特的风景线,同时也喻示事实判断外观的形式展示与实质展示均为现实所需,两者不存在互相否定的可能。与此同时,即使在同一国家的诉讼制度及其运用中,证据法定与自由心证也同时存在。那么,形式展示与实质展示也不应理解为本质上是分离的模式,应当统合,构建两方面均衡互

① 台湾地区学者邱联恭认为,法官行使阐明权的方式包括心证公开的方式和非心证公开的方式。参见邱联恭在 1991 年 3 月 10 日民事诉讼法研究会第 39 次研讨会上的发言记录。

② 韩红俊.释明义务研究[M].北京:法律出版社,2008:10.

③ 徐梦醒.法律语言的含混性[J].河南财经政法大学学报,2018:83-91.

补的模式。

(一)形式展示与实质展示的共同指向

可接受性为形式展示与实质展示的共同指向,也是两者互补关系的基础。司法裁判结果被当事人或者社会公众所接受或者认同,已成为基本的司法理念,促成裁判说理、司法文书公开上网等一系列的改革举措。只是,裁判结果的可接受性很难孤立存在,通常由过程与结果、内容与形式交互作用下而形成,仅仅是裁判结果的解释说明,不足以构成事实审理与判断的可接受性。程式化诉讼行为的形式展示与表达裁判者内心确信的实质展示,既是制度建设的基本构成,也是司法裁判者运用的重要方面。审视证据制度的发展历史及现状,法定证据虽已失去基本制度的地位,但是证据法定的现象并未消失,大陆法系国家诉讼程序中仍然嵌入了自由心证、直接言词等证据原则与规范,英美法系国家则大多制定了系统的证据法典,与诉讼程序规范并立。与此同时,法官根据需要披露案件审理及其裁判理由中的事实判断,也成为各国司法活动中的惯常做法。事实判断外观的形式展示与实质展示,只有存在共同的价值取向时,方能如此和谐的组成一个有机整体。

现代证据制度下的外观展示有其具体内容。形式展示主要表现在证据法定程序方面的内容,涉及证据原则、证据资格、举证时限、证人作证、当事人证明行为、法官的证据与事实审理裁判行为等形式化的规定。实质展示主要为法官不仅依照法定程序披露自己符合理性与经验的内心确信,并且其披露的内容符合法律适用的要件要求,主要涉及披露内心确信的规范性以及确认法律要件事实的有效性。比较两大法系的证据制度,英美法系国家形式化展示的内容较多,而大陆法系国家实质化展示的色彩更加浓厚。我国长期以来对证据法典化存有争议,徘徊于大陆法系与英美法系国家不同的证据理念之间。主张延续大陆法系传统者,认为基于大陆法系事实审理与法律审理合一的传统,无需制定专门的证据法,证据规范与诉讼程序规范融为一体,皆为纠纷解决的司法程序组成部分,只需要在诉讼程序中以自由心证原则、直接言词原则等构建基本的事实审理原则、规范体系即可。主张接受英美法系司法理念者,认为事实审理与法律审理并非不可区分,我国面临事实审理规范性不足的问题,其原因在于证据立法严重滞后,加之我国并无证据法定的历史发展阶段,缺乏规范进行事实审理的文化积淀,实际上需要在事实审理的规范性方面补课,因而发达的英美法系证据法典可资借鉴。迄今为止,两种思路纠缠不清,难解难分。应当承认,我国目前在坚守大陆法系证据制度传统的同时,确实面临英美证据证据制度的影响与冲击。但是,是否单独制定证据法典并不是问题的实质,也不是当前的急务。首先要解决的是,我国证据规范目前仍然需要解决价值取向设定合理化问题,不论在事实判断外观的形式展示,抑或实质展示,均未达至理想状态。以直接言词原则为核心的证人出庭作证、证据排除规则等是形式展示的重要内容,但其立法及司法均有严重滞后。而以自由心证与心证公开为核心的法官阐明义务、裁判理由公开等实质展示的制度建设虽有一定进步，但由于目前尚未确立实质展示最核心和基础的自由心证原则，制度建设始终呈现非稳定性、碎片化的色彩。因此，应厘清证据制度建设及其实践的基本理念，克服短期行为，将可接受性作为明确指向，不论是形式合理性，还是实质合理性，都应以满足民众司法需求，获取民众对事实审理的司法认同为基本目标，构建以自由心证原则、直接言词原则为核心的证据规范体系，同时将相应的司法能力建设作为必要臂助，以事实审理的社会共识性与可接受性作为评价依据。

(二)形式展示与实质展示的互补架构与强度关系

从事实判断外观形式展示与实质展示的发展过程中，可以清晰看出，事实判断外观不论是突出程序仪式的形式展示，还是突出理性认知的实质展示，都存在固有的局限性，无法独立承担获取可接受性与司法权威性的任务。两种方式在结构上互相勾连、不可分离，在效能上互相促进、互相牵制，并且权重和内容上呈现反比例关系。案件事实的神明裁判时期，之所以设置繁复的诉讼仪式与程序，盖因认知能力低下，无法准确认识和表达案件事实，人判的条件尚不具备，不得不借助复杂的宗教仪式，将司法认识纳入整个摸索客观事实的神断活动体系，以信念弥补理性之不足，那么追求形式化的外观展示，实则为实质化外观展示能力不足所致，通过强形式弱实质的方式达到事实判断外观展示模式的平衡。反之，当人类认知能力发展，科学与理性昌明，事实认识摆脱宗教迷信的桎梏，则会弱化由信念支撑的形式化外观展示的依赖，通过事实判断合乎理性与经验，法律与事实审理结果满足社会共识的能力展示，获得司法的权威性效果。由是以观，良好的事实判断外观展示模式，应是形式展示与实质展示互相弥补，从而实现展示能力与效果的最佳状态。不过，两种展示方式的关系模式并非如上述那么简单，它们虽在制度理论结构上是负相关，但就司法实践个案而言，形式展示与实质展示的强度要求，又与案件事实判断难度呈正相关。当案件事实复杂，判断的难度加大时，形式展示与实质展示的强度均应强化，而对于一些事实相对简单、判断难度较小的案件，两者的强度要求均可降低，采取相对简略的展示方式。

两种展示方式的互补架构以及强度关系，对当下司法热点问题的处理具有重要意义。主要有：第一，庭外作证与事实判断。满足事实审理在场性要求的直接言词原则，是证人证言、当事人陈述、鉴定意见等证据形式审查运用的基本要求，也是相关事实判断外观形式展示的标准。证人等不出庭情况下的事实陈述则与此标准疏离，对形式展示有所弱化。为保持外观展示总体的平衡，一方面严格限定对其弱化的条件，只能在证人确有出庭困难的情况下适用，诸如路途遥远、交通不便、有严重疾病等；另一方面，须强化事实裁判的说理，理想的做法是，既阐明允许证人不出庭情况下作证的程序事实判断，也披露对证人证言采纳与否以及由此作出实体事实判断的内心确信。可见，根据《民事诉讼法》第 73 条等的规定，通过书面证言、视听资料、视听传输技术作证时，事实判断外观的形式展示与实质展示关系应作相应调整，以强化后者弥补前者弱化之不足。第二，电子证据与心证披露。因电子与网络技术而存在的证据目前司法审判中已属常见,尤其是互联网司法中,案件本身就属于互联网活动中的纠纷,大数据、云计算、区块链技术的支持,使得纠纷事实的发展过程几乎在网络上全程留痕,法官进行事实判断获得强大的技术理性支撑,其心证披露的说服力易于形成,事实判断外观的实质展示得到空前强化。相对而言,事实审理行为的形式展示可以大幅度弱化,以简化程序,追求诉讼效益的提升。直接言词原则为核心的诉讼行为体系,是事实判断外观形式展示的基准,当事人、法官、证人等诉讼参与者应会同于同一物理空间,进行直接主义、口头主义指引下的各种诉讼活动,然而因实质展示能力的空前强大,形式展示要求亦可较大幅度地脱离直接言词原则的羁束,虚拟空间的远程审理获得可接受的理由。当然,杭州互联网法院首创的“异步审理模式”突破了各主体法庭诉讼行为的同时性要求,其背后的支撑仍为电子证据承载的实质展示能力。① 是否存在背离直接言词原则过度的问题,固然可能成为司法实践中的热门话题,但这种讨论本身显示出电子证据对形式展示已经造成极大弱化的事实。第三,裁判说理的分层处理。基于前述事实判断外观展示的强度关系认识,鉴于案件事实复杂性存在难易分层的现实,相应的外观展示亦应类型化,判决书说理不应采取一刀切的要求,应当分层设计,可分为省略说理、简易说理和系统说理三种形式。在省略说理方面,对于当事人均同意的不记载判决事实与理由的简单案件,法官可以省略判决书中的相关记载。缺席判决和当事人对对方当事人的请求认诺的情况下,也不需要记载裁判事实和裁判理由。在简单说理方面,对于简单民事案件,特别是适用小额程序的案件,法官可以在判决书中只记载要点,作出简单说理,不需要就全案的证据采纳和依据、事实推论过程等全面地记载说明,而是载明对应实体法要件的主要事实判断结果。在系统说理方面,对于重要及事实复杂的案件,法官则应按照裁判文书完整说理的规范要求,就当事人争议之事实、证据采信、主要事实之认定以及法律后果等进行全面系统的说明,完整展示法官就证据、事实进行判断的思维线路和内容。通过裁判理由公开的分层分类设计,实现有限司法资源的合理配置,更符合诉讼经济的价值取向,使得法官能够将主要精力集中于复杂案件事实裁判的心证公开,保障裁判理由说明的质量。

五、结语

历史已经证明,无论何种证据制度,必须在事实判断方面展现出清晰的外观,使当事人及社会公众能够对事实判断合规则性进行评价,仅有内在事实审理判断机制而失去可以观察的外观,是有缺陷的审理判断形式,除非通过不断完善加以弥补,否则不可能具有长久的生命力。理想的事实判断外观展示应为形式展示与实质展示协调均衡的模式,而司法信念与理性认知并非始终处于恰到好处的和谐状态,静态结构的两种展示方式往往

① 怡悦.全球首个异步审理模式在杭州互联网法院上线[N].中国商报,2018-4-12(06).

为不均衡的强弱两分。司法改革的任务就是基于强弱两分的现实,以司法观念与认知发展为基础,调整两者强弱关系状态,使之实现动态均衡,提升事实审理裁判的可接受程度。不过,作为司法发展的规律,这种关系模式的动态调整以认知发展为基本驱动力,以理性认知为核心的实质展示能力带动以信念为核心的形式展示手段的调整,同时形式展示围绕实质展示的状态而调整,从而引起整个关系模式的变化。由此,以科学技术为支撑的认知能力驱动实质展示的变化,进而决定形式展示的调整方式与力度。显而易见,电子技术、人工智能时代的到来,脑科学、神经科学的飞速发展,使人类认知能力必将迈上新台阶,现代司法已进入事实判断外观形式展示与实质展示关系新一轮的调整进程之中。

On the Appearance Display of Factual Judgment
—Research on the History of Evidence System

Li Feng

Abstract: As the foundation of authority of justice, factual judgment must possess the appearance of justice in order to own acceptability during proceedings and outcome of the trial. In the early justice, factual judgment and appearance display measures were created based on the civil rules, which regards the formal presentation of ordeal. As the changing religious perception and improvement of the knowledge capacity, national law optimize the formal presentation by adopting evidence mandatory, eventually evolved as the substantive presentation of disclosure of discretionary evaluation. Analyzing hearing facts authority' s mechanism, which indicate formal presentation were built on people's judicial conviction and substantive presentation came from reason and experience. However only if both of them can support each other's reasonable structure, they can achieve value and objectives of factual judgment and appearance display.

Key Words: civil rules , national law , factual judgment , formal presentation , substantive presentation

经验解释

微信的权利空间

吕廷君*

摘要：微信是一款高科技改变公众生活方式的应用程序。在微信塑造的虚拟社区中，公众的精神权利得以拓展，每个人的"精神之子"都有面世的机会和可能，精神交流的空间被无限拓宽。微信不仅赋予财产权更多的文化性、趣味性内涵，还使得获取和占有财富的手段更便捷、更高效。微信使公众的知情权领域圈占更大的地盘，并倒逼国家机关信息公开机制的发展和完善。微信提升了公众参与公共事务的积极性，拓宽了公众参与国家事务和社会事务的渠道和手段。微信构建的各种权利行走在习惯权利的延长线上，并沿着"自然权利—习惯权利—适法权利—法定权利"的发展逻辑，逐步形成具有正当性和合法性的微信权利制度。

关键词：微信；微信权利；精神权利；习惯权利

"再小的个体，也有自己的品牌。"①

微信（WeChat）是由深圳腾讯控股有限公司于2011年1月21日推出的一个为智能终端提供即时通信服务的免费应用程序。2018年第一季度，微信月活跃用户数10.4亿，微信占据了国内网民23.8%的时间。② 由于微信功能不断增加，使用人数越来越多，人们的生活越来越离不开它，因此，微信官网把微信定义为"一个生活方式"是对微信实践的真实反映。我们的真切感受是，微信不仅是一种每日刷朋友圈找存在感、为我们的生活和工作提供很多便利的生活方式，还对我们的人生态度、工作方式和思维方法也有着很大影响。当我们的生活和工作日益离不开微信的时候，说明微信给我们带来了前所未有的体验和感受。这些体验和感受是不是理论法学所说的"好处""益处"？我们如何用法学的权利话语来认识和界定它呢？

一、重构个人的精神权利空间

传统的精神权利主要是一个知识产权概念，它起源于古希腊时代的个人理想主义的

---

* 吕廷君，法学博士，北京行政学院法学部教授。

① 微信公众平台广告词[EB/OL].[2017-8-3]. https://mp.weixin.qq.com/.

② 2018年中国微信登录人数、微信公众号数量及微信小程序数量统计[EB/OL].[2017-8-11]. https://www.chyxx.com/industry/201805/645403.html.

作品观念,即作品是作者的“精神之子”。“本源意义上的精神权利是理想主义的,反映了人们自由地生活和创作,不受任何强力控制的善良愿望,是对封建特权的蔑视和对个人价值的尊重,在权利表征上把作者和作品之间的联系神圣化,只要作者真实地进行智力创作,则不问创作者的国籍、作品的出版地和出版日期,作者和作品之间就形成了不可阻却的联系,不可被剥夺、限制、转让、放弃,也不因时效而消灭,原则上可享受跨国界、无限期的保护,因为它是作者身份所固有的。”[①]随着市场经济的发展,西方法治国家把作品的精神权利逐步定位到独立于著作财产权的发表权、署名权、因作品而获得的名誉权和荣誉权、修改权和保持作品完整权等具体的精神权利。

随着生产力水平的发展和人类文明程度的提高,人们逐步认识到精神权利应当有更加丰富的内涵。它不仅指依附于作品之上的精神权利,还包括因为人身、亲属、特殊物品和特殊行为等产生的精神权利,如交通肇事致人死亡的,死亡家属的精神损害赔偿请求权;又如,最高人民法院于 2001 年 2 月发布的《关于确定民事侵权精神损害赔偿责任若干问题的解释》第 4 条规定的特定纪念物品因侵权永久灭失或者损毁的精神损害赔偿权。[②] 所以说,随着文明程度的提高和法律制度的演进,法定精神权利的内涵和外延都呈现出不断扩大的趋势。

当我们用精神权利理论分析微信如何开启一个新的权利时代的时候,我们会发现,微信除了能够通过微信广告等形式扩大人们的物质财产权之外,多数微信使用者之所以痴迷于微信,主要在于微信带给公众的精神享受,这就属于微信的精神权利空间。我们可以从四个层面分析微信的精神权利空间。

首先,微信能够使每个人有机会随时发表自己的作品。每个人都是这个时代的作者,每个人都有权利看到自己的“精神之子”通过文字、图像、视频等多种方式诞生和传播,这就是自媒体时代之精神自由和自由意志的充分表达。黑格尔时代的德国哲学曾经把精神自由看作人的最主要属性,“赋予人的智力以巨大的强力和力量,并且认为经验是在很大程度上是由人的思想所构设或产生的观念形成的” [③]。如果说传统媒体时代是一群人在欣赏少数人的精神产品的话,那么,现代科学技术已经赋予每个人自我欣赏和相互欣赏精神产品的新渠道和新手段。也就是说,在发表作品的问题上,微信使每个人获得了展示自我精神产品的最大自由,只要你有发表作品的欲望和能力,你的作品就会立刻呈现在微信等网络新兴媒体上。如果你的作品足够好,哪怕只有一点点闪光,都会得到诸多好友以点赞、评论和其他方式的肯定。正如微信官网所说:“再小的个体,也有自己的品牌。”每个个体都会通过自己哪怕是微不足道的作品获得独有的精神享受,获得存

---

① 张建邦.精神权利保护的一种法哲学解释[J].法制与社会发展,2006(1).

② 2001 年 2 月 26 日最高人民法院审判委员会第 1161 次会议通过的《关于确定民事侵权精神损害赔偿责任若干问题的解释》第 4 条:“具有人格象征意义的特定纪念物品,因侵权行为而永久性灭失或者毁损,物品所有人以侵权为由,向人民法院起诉请求赔偿精神损害的,人民法院应当依法予以受理。”

③ 博登海默.法理学:法律哲学与法律方法[M].邓正来,译.北京:中国政法大学出版社,1999:75.

在感和自我价值的实现,使自己的精神权利得到更多的满足。

其次,微信能够使每个人获取和欣赏更多的自己喜欢的精神作品。一个人的精神自由一方面是自我自由意志的充分表达,另一方面是寻找、获取和欣赏与自己志趣相合的精神作品。微信不仅为我们自己的自由意志实现提供了更大可能性,还使我们能够寻找到更多的个人感兴趣的精神产品,从而进一步扩大我们精神权利实现的空间。笔者喜欢汽车,喜欢与汽车相关的新闻、技术分析、新车推广、汽车维修、赛车信息和汽车产业发展等几乎所有有关汽车的信息。为此,笔者参加了两个汽车微信群:"闲聊汽车"和"爱车小组";订阅了"AutoMan""汽车行业发展与研究""越野世界""越野车""平行进口车在线""越玩越野"和"蜜蜂与熊4WD"等十几个有关汽车的微信号;关注过不下百个有关汽车的微信号。每次打开微信,必看汽车微信号推送的文章,了解汽车行业发展动态、新车目录和越野技术发展等海量信息,也不断转发汽车驾驶技术、行车安全和汽车碰撞试验结论等相关实用性文章。每天的汽车阅读必修课带给了笔者很高的精神愉悦和心理满足,特别是转发文章及其附随评论获得了不少好友的赞许,有一种自我价值实现的满足感。所以,微信能够为人们的职业兴趣和业余爱好提供更多的精神食粮,使人们的精神权利实现有了更加广阔的空间。

再次,微信能够方便人们的精神交流。人天然是一种群居动物,群居不仅为人提供了安全需求,更提供了对话、交流的心理依赖。市场经济的物质财富追逐使人的精神越来越孤独,人需要实现群居动物的精神沟通。有学者在论及微信的"聚群功能"时讲道:"微信这样的媒介突出的是熟人类型的群体传播,它基本上可以说是一座不设防的城市,然而,它看上去并不是混乱的组合,而是比较精确的到达,不追求无限度的庞大,而是讲究小而精。"①微信的朋友圈、微信群、公众号等平台都具有点赞、留言(包括文字和语音两种形式)的交流功能,还有个人对个人的"私信"、语音通话、视频通话的深度交流功能。这一切在Wi-Fi环境下都是免费的,免费并不仅仅是一种物质需求,其实也是一种解除经济压力、免除物质压迫的心理暗示。相较于手机的通话、短信功能,微信的个体交流更方便快捷、更经济,也更容易让人接受、认可和使用。微信的精神交流不仅能够进行一般层次的如"点赞"等感情沟通,还能进行较高层次的理论对话、答疑、小型研讨会等知识层面的精神交流。因此,与传统的电话、短信、面谈等方式相比,微信实现的精神交流手段更多、层次更丰富、成本更低、效率更高、使用更便捷。

最后,微信对于塑造人们的世界观、价值观具有重要意义。价值观的形成除了学校教育灌输和社会实践历练之外,微信提供了更大的平台和更好的效果。微信朋友圈里曾经传播过一篇《17岁少年决定把海洋洗干净,21岁的他做到了》的励志文章,传播过纽约的一位亚裔理发师给穷人免费理发的文章,传播过催人奋进的《有的人25岁就死了只是到75岁才埋葬》的文章……诸如此类的文章微信点击量都几百万,而且会持续增加。这

① 刘宏.微信的三大传播功能[J].青年记者,2014(10).

些文章充满了关注公益、关爱自然、教人向善、助人为乐等正能量,对于塑造和重构人们的世界观、价值观都具有重要的文化熏陶之潜移默化的力量。2018 年 8 月 16 日,微信公众号搜索“励志”,共获得“励志名言语录故事”“心灵鸡汤之励志正能量”“早安励志正能量”“励志小故事”“励志微刊”“大学生励志网”“励志青春”“励志人生”“励志周刊”“励志学”等微信公众号近千个。关注“励志名言语录故事”(微信号:wmlizhi)公众号的多数文章浏览量达数万,有些文章浏览量是 100000+,由此足以看出微信对人们的世界观、价值观影响范围的广泛性程度。当然,微信公众号的相关调查只是从侧面反映出微信对人们的世界观和价值观塑造具有的重要意义,其实微信朋友圈、微信群中海量信息对人们的世界观、价值观的影响也同样不可低估。

二、赋予财产权新内涵、财富实现新渠道

当今社会,“需求被过度满足,任性被过度地诱导。这并不符合人性追求自然宁静、追求和谐平衡的一面”[①]。所以,公众物质欲望的满足不仅在于物质财富的增加,更在于物质财富内涵的扩展。物质财富在法律意义上表现为财产权,财产权以物为对象,以财产利益为内容,以满足人的物质欲望为目的。在人类社会发展过程中,财产权不断促进人类文明的进步;反过来说,人类文明的进步也不断促进财产权形式和内容的拓展。蒙昧时代,人类的财产权主要表现为维持人类生存和发展的粮食、房屋和武器等基本的物质财富。随着科学技术水平的提高,人类的财产权范围在不断扩大,财产权及其实现形式都呈现出了多样化趋势。

休谟曾经说过:“财富产生快乐和骄傲,贫穷引起不快和谦卑。”[②]所以说,“财产之于人生的幸福既是一种朴素的情感,也是财产权理论中的一个根本性问题”[③]。对于公众而言,能够增进人类幸福的财产权的一个主要意义是通过物的使用以满足自己身体的、生理的幸福体验。同样的财产,由于技术水平和能力等原因,可能有不同的幸福体验。比如同样数额的金钱,在不同的餐馆消费可能就有不同的享受和幸福感。微信带给公众的就是更多、更高和更有用户体验的幸福感。我们以“海底捞”利用微信增加商业服务内涵的案例加以说明。与多数企业将微信用于宣传、广告和服务功能不同,海底捞只考虑将微信与服务对接,提升顾客的用餐体验。海底捞除了利用微信订餐和支付,提高顾客用餐效率之外,还通过“美图打印”使顾客的等待更有情趣。长期以来,海底捞为排队等座的顾客提供美甲、擦皮鞋等免费服务,顾客已经习以为常,顾客的用户体验不断衰减。从 2012 年开始,顾客可以通过自己的微信给海底捞发送两张照片免费打印,这是一种更加新奇的体验。[④]从财产权的占

① 微信团队.微信因你而美[M]//谢晓萍.微信思维. 广州:羊城晚报出版社,2014:1.

② 大卫·休谟.人性论[M].关文运,译. 北京:商务印书馆,1980(3).

③ 易继明. 财产权的三维价值——论财产之于人生的幸福[J]. 法学研究,2011(4).

④ 谢晓萍.微信思维[M].广州:羊城晚报出版社,2014:238-239.

有、使用、收益和处分四种权属来看,微信不是增加了占有、收益和处分权属的功能,而是扩展了财产权的使用功能,同样消费500元钱但有着更加丰富的消费内涵和感受,正如消费者所说:"玩转海底捞微信公众号,就餐真是一个愉快又好玩的享受过程。"①这在一定意义上,扩展了物质财产权的内涵,是微信带给公众的一种新的权利空间。

微信不仅能够增加财产权的内涵,使财产使用更有趣、更赋魅力,它还可以扩展获取财富的渠道,使财富获取的成本更低、效率更高。获取并占有财富是每个社会主体的一种本能,"每个人的内心都有一种深层的心理需要,就是去所有和控制自己已获得的东西或者与他自己有着某种关联的东西"②。当然,每个社会对获取和占有财富都规定了严格的法律制度,也就是说,合法性是获取和占有财富的重要前提。制度前提往往不是公众的主要关注对象,而获取和占有财富的渠道和手段才是财产权之个人价值③的首要关注。"微信网红"是近几年来刚刚兴起的一种新职业,其获取财富的能力越来越逼近"微博网红"④。据中青华云的统计分析,2016年1—4月,"微信网红"排名第一的"任真天"在统计时间段内共发布888篇文章,拥有88800888人次阅读。⑤ 该微信订阅号有三个栏目,第一个栏目"唐唐节目"包括"大唐日报""唐唐神吐槽"等四个子栏目。该栏目于2016年8月4日发布的《警惕!夏季伤肾杀手,别怪我说得太迟!》是一篇养生文章,给公众提供了大量的夏季养肾知识。一篇养生文章如何赚钱呢?阅读过程中,我们就会发现,文章中间穿插了"上手机淘宝或天猫搜一粒果旗舰店……""购买时请认准:一粒果旗舰店……"等广告,文章中还穿插该旗舰店的"芝麻核桃黑豆粉""一粒果红豆薏米粉""一粒果葛根绿豆粉"和"一粒果阿胶红枣枸杞粉"等多种产品的介绍,文章最后还为没有注册淘宝天猫的朋友提供注册方便。⑥ 这种新型的商品销售方式依赖于公众号每天海量的公众阅读量(任真天的公众号日平均阅读量达到74万)形成的广告效应,不同于传统广告的是,在知识、理念熏陶下的"粉丝团"更容易接纳"偶像级"人物的知识型推销。任真天公众号的第二个栏目"游戏"共包括五款游戏,利润丰厚的网络游戏还属于传统商业营销的范畴,但其依赖于"偶像人物"与"粉丝团"的相互信任基础上的游戏推销具有更好的市场前景。任真天公众号的第三个栏目是"联系我们",主要有"商务合作"和"加入我们"两个子栏目,这属于完全的商业运作,在此不作分析。一般来说,"微信网红"具有商业营销得天独厚的条件,他们或因为知识渊博,或因长得漂亮,或因能够说学逗唱而吸引海量"粉

---

① 谢晓萍.微信思维[M].广州:羊城晚报出版社,2014:249.

② Andreas Rahmatian, Psychological Aspects of Property and Ownership, 29Liverpool Law Review 287 (2008).

③ 易继明.财产权的三维价值——论财产之于人生的幸福[J].法学研究,2011(4).

④ "微博网红"张大奕有400万粉丝,年收入超过3亿元人民币。上海专门有一家名为Tophot的"网红孵化器"公司,已经和超过3万个在网络上小有名气或者想成为"网红"的人签了约。(《WangHong!! 这一次,BBC终于把目光盯上了中国的网红们》,"英国那些事儿"(微信号:hereinuk)2016-08-02)

⑤ 中青华云.2016年1～4月微信"网红"排行榜[EB/OL].[2016-8-4].http://yuqing.cyol.com/content/2016-04/25/content_12466616.htm.

⑥ 任真天.警惕!夏季伤肾杀手,别怪我说得太迟[EB/OL].[2016-8-4]微信号:rzt317.

丝”,他们在微信中的文章、视频、语言传达着某种被“粉丝”所关注的信息,举手投足间就赢得了“粉丝”的喜爱和追捧,因此,“职业网红更多是指通过社交媒体的强大粉丝量进行变现的群体”①。与高高在上的影视明星相比,“网红”的生活化、平民感更强,与“粉丝”的亲近感具有更强的商业营销杀伤力,这恰恰命中了商业经营的命门。

是不是只有微信“网红”能赚大钱、能获取更多的物质财富呢?不是的,普通的微信文章也能以赚取“打赏”或者“赞赏”费的形式获得财富。笔者关注的某微信号一般每隔几天就发一篇时事评论文章,截止到2016年8月5日11:00,该微信号最近5篇文章的“打赏”人数分别是:858、1278、1339、747和1150,其打赏费数额(人民币元)档次分别是:2、5、20、50、100、200,其他金额(可填写)。笔者关注的另一个以情感随笔为主题的微信号,几乎每天发一篇情感随笔,阅读量多数是100000+,截至2016年8月5日11:10,该微信号最近5篇文章的打赏人数分别是:1017、599、418、457、355,其打赏费数额(人民币元)档次分别是:10、20、50、100、200、256,其他金额(可填写)。虽然我们不知道两位微信文章作者打赏费的实际收入,但粗略计算每个月少说也在5万元左右,加上每篇文章的广告收入,吸金效应还是很强的。“打赏费”就像读者付给作者的稿费,古代中国一些文人墨客就是依靠打赏费生存的,李白的“赠汪伦”诗就曾经获得“赠名马八匹、官锦十端”的打赏。② 微信的作者与读者素昧平生,但可以通过微信平台而直接进行知识产品的交易,这就大大扩展了微信文章原创作者之物质财富获取的渠道和手段。当然,由于写作、阅读和付费等行为都是在微信这个虚拟空间完成的,至于其是否需要缴税、如何缴税,目前国家法及行业规范均未有规定,由于不是本文主题,我们在此不展开分析。

一个微信公众号其实就像一家公司,在一定意义上比一家普通公司影响力还要大。虽然我们没有准确的统计数据,但是我们的一个基本推测是,微信公众号获取和占有财富的能力一定十分强大,否则不会有那么多风投公司愿意把宝押在它们身上。微信获取物质财富的新型商业模式不仅颠覆了传统的产品营销模式,甚至颠覆了长期以来被人们所逐步接受的直销模式。它集合了传统商业模式加直销模式的优势,另外附加了较高的知识价值和精神价值,更容易被消费者所认可和接受,具有更加广阔的市场前景。除了微信公众号之外,有些微信群也直接或间接地具有获取和占有财富的目的。比如,笔者加入的一个法律界和媒体界的共享微信群,就曾经通过两个行业的沟通,达成了多项具有经济效益和社会效益的合作项目。

三、提高公众知情权的实现效率

广义的知情权是指知悉和获取各种信息的权利。狭义的知情权包括私法意义上的

---

① 韩森.“网红经济”还能在风口上站多久?[EB/OL].[2016-8-4].http://yuqing.cyol.com/content/2016-04/25/content_12464270.htm.

② 刘黎平.靠打赏获财务自由[N].广州日报[2016-6-8].

知情权和公法意义上知情权，私法意义上的知情权具有主体的特定性，如患者知情权特指患者对医院诊疗过程及结论等详细信息的知悉和获取权利，消费者的知情权特指消费者对自己购买的商品和接受的服务等相关信息的知悉和获取权利。公法意义上的知情权是指公民知悉和获取有关社会事务和国家事务等公共事务信息的权利。微信对于知情权的意义虽然在特定条件下可能指向私法意义上的知情权，如医生微信群有意或无意透露了某位病人诊疗失误的材料，使患者获悉相关诊疗过程存在的医疗过错。但在一般意义上，微信对于公法意义上的知情权的意义更大，我们也主要是在这个层面上分析微信对于提高公众知情权的价值。

在传统媒体时代，公众知情权的实现途径主要是相关公共事务在广播电视报纸杂志和官方网站等传统媒体的主动公开，也有部分是公众依申请公开或者其他非正式渠道的知悉和获取。在公共事务公开问题上，包括官方网站在内的传统媒体的传播存在速度慢、效率低、效果差等问题，非官方网站的传播虽然对于公众知情权具有积极意义，但毕竟存在着信息孤岛、网络和电脑终端等各种限制性条件。而伴随着 Wi-Fi 技术出现的微信，在信息传播方面呈现出了理念、技术和方式的颠覆性改变。微信借助手机移动终端这个普及性很强的平台迅速发展起来，微信信息的爆炸性传播，具有内容大、范围广和速度快等优势，能够极大地满足公众的知情权需求。

我们以雷洋事件为例对此进行简要分析。2016 年 5 月 7 日晚发生在北京的雷洋事件，在雷洋家属 8 日凌晨获知相关信息后几个小时，一篇对雷洋离奇死亡、警方执法存疑的短文就在微信圈广泛传播，并开始成为覆盖魏则西事件的微信圈内的社会热点头条。雷洋事件相关信息传播主要有三种声音：一是雷洋家属、同学、法律界相关人士发布的对雷洋死亡和警察执法的广泛质疑；二是以《人民日报》为代表的一些媒体及部分学者发布的有关雷洋事件需要冷静理性分析、以调查揭示真相的文章；三是以昌平警方 5 月 9 日、11 日发布的有关雷洋案的通报为代表的为警察执法辩护的文章，这些文章将雷洋描述为“暴力抗拒执法的涉嫖男子”。在这三种声音中，传播范围广、速度快、数量大的当属第一种声音，这在一定意义上是由公众知情权的需要所决定。前文已经述及，公众的知情权的起源和发展主要指向的是国家事务，行政机关的执法行为是国家事务中被公众所广泛关注的焦点，而雷洋事件中公众对警察执法的质疑恰恰是因为它与公众知情权的靶心相重合。公众质疑警察执法的合法性其实就是对警察执法过程中“执法记录仪坏了”“录像的手机被雷洋打坏了”“沿途的摄像头坏了”等巧合掩盖的秘密的质疑，公众急迫地想知道作为公共事务的警察执法行为有什么不为人知晓的秘密，这些有意无意掩盖的秘密是否与雷洋死亡之间存在因果关系。因此，雷洋事件在微信上的。传播如此广延和迅速，主要在于公众对雷洋死亡与警察执法行为之间的因果关系的知情权没有得到满足。而当昌平警方的两个通报的内容在微信圈里被信友们分析挖掘出了十几条违反常识的漏洞后，公众对警方执法合法性的怀疑就愈加浓烈了。在这里，我们不得不说的是，《人民日报》在 5 月 10 日发表的《“涉嫖被抓身亡”：以公开守护公正》和 6 月 1 日发表的《雷洋案正沿法治程序轨道走向真相与正义》两篇评论文笔犀利、语言平和、分析理性、结论中肯，对引导雷洋事件的舆论走向起到了积极作用，笔者在微信朋友圈里也分别予以转发与好评。问题是，包括微博、微信在内的官方媒体在舆论引导、信息披露和分享的及时性和有效性方面还存在较大差距，如何对突发性事件进行信息披露和舆论引导是宣传部门下一步需重点打造的能力和素养。毕竟，满足公众的知情权不仅仅是平息事态、稳定社会秩序之所需，更是一个国家、一个政府信息公开的法定职责之所要。保障公众知情权的重要途径是政府、立法、司法等国家机关的信息公开，如果公众从这些渠道不能满足知情权需求，他们就会依靠微信等各种自媒体去努力搜寻真相。从这个角度看，各级各类国家机关都应当重视微信、微博等自媒体建设，及时把握自媒体带来的信息披露的便捷性，有效沟通权利与权力的关系，确立公众对国家机关的认可、接受和信任。正如美国开国元勋杰斐逊所言，"我们政府的基础源于民意，因此，首先应该做的，就是要使民意正确。为免使人民失误，有必要通过新闻，向人民提供有关政府活动的充分情报。进一步则要研究把新闻广泛地传递到全体人民中去"①。

与传统媒体的传播效率相比，微信传播对于公众知情权实现的效率具有极大的促进作用。魏则西事件、雷洋事件、北京野生动物园老虎伤人事件等突发性事件之所以能够迅速引发极大的社会关注，主要在于微信、微博等新兴媒体的高效率传播。"一小时不看微信，感觉像错过了几个世纪"②虽属于夸张的表达方式，但也从侧面说明了为什么高科技时代微信等自媒体传播速度快、效率高的根本原因。虽然，法律意义上的知情权并没有给出知情权的高效率要求，但是在尽可能短的时间内知悉获取相关信息，应当是知情权实现的构成要件。从信息传播的方式、途径和效率看，微信恰恰是大数据时代公众知情权知悉和获取的最佳途径和主要渠道，起码是倒逼公共部门尽可能快、尽可能多地公开公共事务的一种有效机制。

四、提高公众参与权的实现程度

传统的公众参与权仅指公民的政治参与权，也就是公民参与国家事务的权利，包括选举权、被选举权、担任公职权、参加听证、批评建议权等政治权利。现代社会的公众参与权不仅扩大了传统的公民参与权等政治权利的外延，还扩到了公众参与社会公共事务的权利。因此，现代公众参与权既是一项国家权力意义上的政治权利，也是一项社会权力意义上的社会权利。

现代法治对公众参与权的一个重要评价指标是公众参与权实现的程度，亨廷顿就曾指出："公众参与是影响政治发展的重要渠道，公众参与的程度和规模是衡量一个社会政

① 赵正群．情报公开法制化的世界潮流与政府上网工程的意义[M]．夏勇．公法(第2卷)．北京：法律出版社，2000：333.

② 王一．微信症候群正袭来：不在微信中进化就在微信外落伍？[J]．创新时代，2016(1).

治现代化的一个重要尺度。"①公众参与权实现的程度包括参与公共事务的公众人数的多寡,以及公众参与的公共事务的范围和程度两个主要方面,当然也包括国家和社会为公众参与权实现准备的制度要素等因素。公众参与的人数越多、积极性越高,参与的公共事务的范围越大、融入深度越深,国家和社会为公众参与提供的制度支持越充分,公众参与权的实现程度就越高,反之就越低。"真正的民主应当是所有公民的直接的、充分参与公共事务的决策的民主,从政策议程的设定到政策的执行,都应该有公民的参与。只有在大众普遍参与的氛围中,才有可能实践民主所欲实现的基本价值如负责、妥协、个体的自由发展、人类的平等等。"②在我国,在国家事务方面实现公众的政治参与权还需要在基层民主反复实践的基础上逐渐完善和发展,但是在具体的公共事务管理方面,公众参与权的实现还是有基本的制度机制保障的,特别是在社会公共事务管理方面,公众参与的意义会更高、可能性会更大。

在具体的公共事务管理方面,微信的作用已经日益凸显。2013 年 10 月 15 日,国务院办公厅发布的《关于进一步加强政府信息公开回应社会关切提升政府公信力的意见》(国办发〔2013〕100 号)强调了政务微信的重要地位和突出作用,《意见》指出:"着力建设基于新媒体的政务信息发布和与公众互动交流新渠道。各地区各部门应积极探索利用政务微博、微信等新媒体,及时发布各类权威政务信息,尤其是涉及公众重大关切的公共事件和政策法规方面的信息,并充分利用新媒体的互动功能,以及时、便捷的方式与公众进行互动交流。"根据微信官网发布的消息,2015 年,微信与政务的跨界连接更为丰富全面,涵盖公安、医疗、党政、人社、司法等 54 个领域。截至 2015 年 8 月底,全国政务民生微信公众号的总量超过 8.3 万个,其中经认证的账号占到 62.6%。除中国台湾地区外,政务民生微信覆盖全国 31 个省级(省、自治区、直辖市)行政区及香港和澳门特别行政区。同时,加拿大、美国、澳大利亚等 40 余个国家的政府部门也将微信作为"连接中国"的新方式,纷纷开通订阅号和服务号为中国公众提供信息和服务。③

2018 年 8 月 16 日,我们把"政务通"输入微信公众号搜索,搜索到包括"南海政务通""佛高区佛山政务通""月坛政务通""数字福建政务通""敖汉政务通"等 31 个"政务通"微信公众号。当然,政府主办的各种微信公众号还有多种名称和不同形式,我们只是选择了名称中含有"政务通"的一类进行搜索,可能只是政务微信的一小部分。我们以 2014 年 4 月 22 日完成微信认证的北京市西城区"月坛政务通"为例,简要分析一下政务微信在增强政府服务,提高公众参与政府和社会事务能力方面的作用。

"月坛政务通"有三个栏目:走进月坛、信息互动和生活服务。"走进月坛"共有"通知公告""社区动态""月坛政务"和"最新活动"四个子栏目。其中,"月坛政务"是以《人文月

① 塞谬尔·亨廷顿.变化社会中的政治秩序[M].李盛平,等译.北京:华夏出版社,1988:67.

② 卡罗尔·佩特曼.参与和民主理论[M].陈尧,译.上海:上海人民出版社,2006:36.

③ 腾讯研究院.2015 微信政务民生白皮书发布[EB/OL].[2016-8-3].http://www.tisi.org/Article/lists/id/4357.html.

坛》的杂志形式展示出来，下设“月坛宣讲”和“月坛安监”两个小栏目。“信息互动”下设三个子栏目：“我有话说”“服务大厅”和“便民电话”。“我有话说”栏目是“通过更加灵活方便的微信对话模式功能提交您的建言献策”。打开该栏目，就是一个选择框：“请选择上报事件类型：反恐线索、安全隐患、社区环境、社会治安、矛盾纠纷、流动人口与出租房屋管理、突发事件、民意诉求、好人好事、建言献策、意见征集。”“生活服务”包括了“身份认证”“服务地图”“优惠活动”“会员中心”和“联系我们”。服务地图包括：公共服务、家政服务、便民服务、休闲娱乐、便民购物、瓜果蔬菜、出行生活、美丽人生、教育培训、餐饮服务、母婴生活和医药服务等12类。其中，家政服务包含了“洗衣店12家、家政服务公司7家、保洁店5家、水站3家、修车修锁3家、擦鞋店2家、快递5家、废品收购站1家等”。[①]

在以上简要的调研基础上，综合国内相关研究资料，我们可知，政务微信在政府信息发布、与民众沟通和社会服务与管理手段创新等方面具有较大发展，对于提升公众参与公共事务的积极性和便捷度具有重要意义。腾讯研究院联合微信团队发布的《“互联网+”微信政务民生白皮书(2014)》(以下简称《白皮书》)显示，政务微信成为政府施政的新平台，80.4%用户称政务微信提高了公众参与度。2014年10月，人民网舆情监测室对全国政务微信(2014年10月20日至26日所发内容)影响力排行周榜显示，排名第一的“上海发布”总阅读量168.4万，头条阅读量67.3万人次，平均阅读量39171人次，总点赞量18082个。[②] 可见，政务微信在提高公众关注公共事务方面的作用之大令人赞叹。但是，我们在调研中也发现，政务微信仍然存在政务微信的信息更新不够及时[③]，微信语言“官味”过重，沟通的亲和力不足，对公众关注的热点、难点问题关注不够、回应不力等问题，这些问题或多或少会影响公众参与微信问政的积极性。

相比于政务微信对民众参政问政的作用，微信在公众参与社会公共事务方面的作用更接地气、形式也更加灵活。当代社会是一个高科技社会，也是一个高风险社会。高科技为公众参与社会治理提供了可能性，高风险提高了公众参与社会治理的必要性。我们说当前社会是一个高风险社会，不仅仅是指各种公共危机越来越多，更重要的是强调各种突发性事件转化为公共危机的可能性被迅速放大。比如“医闹”就曾经令医院管理者、卫生主管部门伤透了脑筋，而诸如“医闹”等社会风险之所以出现，与我们的医患关系中缺乏沟通交流、出现问题缺乏有效的解决问题的协调机制有关，而这些问题本质是公众的参与权实现程度不够。就“医闹”而言，如果平时有一种宣传医生职业、理性看待病患的机制，有一种医患都在场的交流平台，有一种专门的医患纠纷解决的常设机构和平台，

---

① 北京市西城区人民政府月坛街道办事处.“月坛政务通”微信公众号.2016-8-1.

② 人民网舆情监测室.全国政务微信影响力排行周榜(第1期)[EB/OL].[2016-8-3].http://yuqing.people.com.cn/n/2014/1027/c209043-25915697.html.

③ “月坛宣讲”2016年共更新两条信息，2015年更新一条信息，2014年更新88条信息。“月坛安监”分为“政策法规(共8条信息)”“案例分析(共2条信息)”“安全知识(共3条信息)”“行业安全(0条信息)”“培训动态(0条信息)”“监察执法(0条信息)”。

就可以把工作做在日常、化矛盾于无形。因此,利用现代科技手段构建有效的社会风险调控机制就是顺应时代发展的有力举措,微信就是解决这些问题的有力而有效的途径。有一家医院在开通微信公众号之后,不仅可以在公众号上预约专家门诊,还可以通过微信与医生沟通交流,这些医患见面前后的交流有助于缓和医患紧张关系,而且为减少或解决医患纠纷留下了一定的书面证据。又如,一个小区的业主微信圈,能够通过语音、文字、图像等方式交流小区管理中存在的问题、提出业主共同关心的话题、组织业主与物业管理者进行谈判磋商。可以说,微信的便捷、高效和实效大大提高了业主维权的参与度,使业主真正体会到了主人翁的权利意识和责任意识。一个单位内部的管理问题也常常会因为单位内部职工的微信圈的曝光、传播、评论、讨论和争论而得出相对科学合理的解决方案,即使问题没有得到圆满解决,职工们也觉得已经抒发了自己胸中的郁闷,心理得到了某种程度的缓解与满足。一个小区、一个单位是这样,一个社区,甚至一个地区也是这样,虽然微信朋友圈限定人数5000人、微信群限定人数500人,但对于普通民众的一般社会参与来说,这个数量已经足够。所以说,微信为公众参与权的实现提供了新手段、新渠道,变革了新观念,使公众社会参与的广度和深度得到了很大提高,微信成为公众参与的社会治理的有效途径。

结语:行走在习惯权利的延长线上

微信产生之初,就像一个嗷嗷待哺的婴儿,其啼哭声并没有引起家长和社会的广泛关注,其生存就正如婴儿主要依靠自己寻找乳头的本能和活下去的渴望一样。正如一个健康婴儿的迅速成长,微信的产生及其发展也非常迅速。但微信所包含的各种权利并没有上升为公众的法定权利,还没有得到国家法的足够重视和合理安排。

国家网信办于2014年8月7日发布《即时通信工具公众信息服务发展管理暂行规定》(以下简称《微信十条》)对公民隐私权保护进行了保护警示。2016年11月7日,全国人民代表大会常务委员会发布了《中华人民共和国网络安全法》,对包括微信在内的网络信息安全及相关主体的法律责任进行了明确界定。国家互联网信息办公室于2017年9月7日印发了《互联网群组信息服务管理规定》,对包括微信在内的互联网群组的行为进行了规范和约束。这三个规范性文件的立法目的都在强调维护公民的合法权益,但立法目的主要还在于维护网络安全和互联网秩序。从应然意义上,平衡权利与权力、权利与权利的关系是国家立法的应有的价值追求,平衡社会秩序与个人权利是每一部法律的基本立足点。但权利一定是立法的出发点和归宿,权利的安排及其实现必然是每一部法律的核心内容。在这个意义上,微信权利必须在国家层面的立法上得到张扬。但通读这三部相关法律规章,法律条文并没有对微信的权利空间进行法律意义上的框定和实质性安排。

其实,社会的发展就是一个伴随新生事物的出现而不断产生新型权利的过程,如其他新生事物产生带来的新型权利一样，微信也同样带来权利的创新和再造。因此，我们说，微信的权利空间不是哪个人、哪种制度赋予的，是自然生成的，是行走在习惯权利延长线上的新型权利。恰如微信团队所言："微信崇尚社会和商业的自然生长，遵循人们原有的行为习惯、价值偏好和自由选择，而不是给人们提供模式固定的解决方案。"①

习惯权利是人们在社会实践中反复经验而形成内心确信的习俗化、固定化的权利。习惯权利之所以能够被公众所认可与接收，形成内心确信，主要在于其有益性，也就是习惯权利带来的利益和好处。因此，千百年来，习惯权利一直在影响、支配人类社会各种不同形态的法律制度。科学技术时代的微信把人们从传统的实体的权利空间带到了虚拟的权利空间，很多时候，人们不再是面对人群和实在物行使权利，而是在微信创设的朋友群、微信群、公众号、微信红包等虚拟空间中追寻好处、享受快乐。陶醉于微信权利空间中的每个人，多么像一个个天真烂漫的孩童，天真无邪、无遮无掩，喜怒哀乐尽享其中，折射出了人类最朴素、最原始的权利体验。这是人类社会的权利实现的一种返璞归真，是行走在习惯权利延长线上的一种自然状态。

我们渴望国家立法能够更好地回应社会需求，关照习惯权利，与民间法一道塑造公民的微信权利空间，为微信权利的实现保驾护航。

The Rights of the WeChat

Lü Tingjun

Abstract: WeChat is a high-tech app that changes the way people live. In the virtual community shaped by WeChat, the public's spiritual rights have been expanded, everyone's "children of the spirit" has the opportunity and possibility to come out, and the space for spiritual communication has been expanded infinitely. WeChat not only endows property rights with more cultural and interesting connotation, but also makes the means of acquiring and occupying wealth more convenient and efficient. The field of the public's right to know has expanded and forced the development and improvement of the information disclosure mechanism of state organs. WeChat enhances the public's enthusiasm to participate in public affairs and broadens the channels and means for the public to participate in national affairs and social affairs. The rights constructed by WeChat walk on the extension line of customary rights, and follow the development logic of "natural rights—customary rights—proper rights—legal rights", and gradually form WeChat rights system with legitimacy and legality.

Key Words: WeChat; rights of WeChat; moral rights; traditional rights

---

① 微信团队. 微信因你而美[M]//谢晓萍. 微信思维. 广州：羊城晚报出版社，2014：1.

从官方法到民间“法”

——以“孝妇”案件的正史书写为中心*

李冰逆**

摘要:“孝妇”型的女性是帝制中国较为典型的一类群体,她们在夫死、无子的情况下孝顺舅姑,承担起家庭的重担。自《汉书》中关于“东海孝妇”的记述开始,由于舅姑身故而加诸这类孝妇身上的人命案件便进入了史家的视野,不同时代的官方正史对这类案件的书写也经历了明显的变化过程。两汉时期孝妇案件的书写作为灾异警示的典型例证,展现了汉代最为主流的天人感应理论。到了《晋书》,史家着重于对案情的描写和对人物的刻画,无论是孝妇的“冤”与死后的异象,还是裁判者的分辨能力,都得到了充分的展现。明清时期的孝妇案件书写发生了转向,孝妇的自我裁判和国家司法审判的缺失成为主要特征。这一历史演变过程,既清晰呈现了正史中对法律案件书写的三重路径,也体现了孝妇案件从严格依据国家法进行调整到倡导女性遵从民间道德与民间“法”的转变。

关键词:民间法;孝妇;历史书写

“东海孝妇”的故事经过不同历史时期的多次书写,终于在关汉卿笔下演绎为家喻户晓的古典悲剧《窦娥冤》。后来,这个故事又被改编为喜剧结局。顾颉刚详细考察了相关文学作品发展的五个阶段,指出“每一个故事都是有生命的,经过一个时代有一个时代的变化,传到一个地方染一个地方的色彩,它们是最自由最真实的文学作品,绝不似记载正经事那样要受种种事实的限制”①。学界现有的很多相关研究基本都是以这些“最自由

* 基金项目:2015年度教育部人文社会科学研究青年基金项目(15YJC820023);2015年度教育部留学回国人员科研启动基金(教外司留〔2015〕1098号);2015年度四川大学中央高校基本科研业务费研究专项项目(skgb201503)。

** 李冰逆,法学博士,四川大学法学院副研究员。

① 参见顾颉刚.《六月雪》故事的演变[J].民间文学论坛,1983(1).

最真实”的文学文本为基础展开的。①

但如果我们把目光聚焦到案情本身，那么，这个案件的背景其实具有相当程度的普遍性。作为案件焦点的孝妇是帝制中国一类典型的女性形象，她们在较为年轻的时候便失去了丈夫，又没有能够延续宗族、寄托希望的子嗣，只能凭一己之力支撑起家庭的重担，侍奉舅姑，却又因为舅姑的身故而卷入诉讼之中。而在被认为“要受到事实限制”的官方正史中，对这类“孝妇”案件的书写经历了明显的时代变化。在不同的时空里，生活背景大致相似的孝妇展现出了截然不同的姿态，她们的人生也有着迥异的结局。对此，已有的研究几乎没有述及。因此，本文拟以官方正史的列传中所记载的“孝妇”案件为中心，对其中的历史案件书写与法律观演变等问题进行梳理和分析。

一、《说苑》与《列女传》的两条线索

正史中关于“孝妇”案的记载最早见于《汉书》的“东海孝妇”案，而《汉书》又大体照搬了《说苑》的记述。所以不妨先看看《说苑·贵德》的描述：

> 丞相西平侯于定国者，东海下邳人也。其父号曰于公，为县狱吏，决曹掾，决狱平法，未尝有所冤。郡中离文法者，于公所决，皆不敢隐情。东海郡中为于公立生祠，命曰于公祠。东海有孝妇，无子，少寡，养其姑甚谨，其姑欲嫁之，终不肯。其姑告邻之人曰：“孝妇养我甚谨，我哀其无子，守寡日久，我老，久累丁壮奈何?”其后，母自经死。母女告吏曰：“孝妇杀我母。”吏捕孝妇，孝妇辞不杀姑。吏欲毒治，孝妇自诬服，具狱以上府。于公以为养姑十年以孝闻，此不杀姑也。太守不听。数争不能得，于是于公辞疾去吏。太守竟杀孝妇。郡中枯旱三年。后太守至，卜求其故，于公曰：“孝妇不当死，前太守强杀之，咎当在此。”于是杀牛祭孝妇冢，太守以下自至焉，天立大雨，岁丰熟。郡中以此益敬重于公。于公筑治庐舍，谓匠人曰：“为我高门，我治狱未尝有所冤，我后世必有封者，令容高盖驷马车。”及子封为西平侯。②

---

① 根据顾颉刚的总结，东海孝妇故事的文本演变，经历了五个显著阶段：(1)自《淮南子》至《孝子传》(期间经历了《说苑》《汉书》《太平御览》《搜神记》等文献的演绎)；(2)《窦娥冤》；(3)《金锁记》；(4)旧黄皮本《六月雪》；(5)全本《金锁记》。而现有的绝大部分的研究都以前两阶段的文本为中心展开。文史方面的研究，可参见姜志信，刘文义.关于《窦娥冤》中的几个问题 [J].河北大学学报，1984(4)；张一木.浅谈窦娥的“节”与“孝”——读《窦娥冤》札记 [J].东北师大学报(哲学社会科学版)，1992(6)；施静.近二十年《窦娥冤》研究综述 [J].前沿，2003(3)；王馗.《窦娥冤》的民间品格与祭祀功能 [J].文化遗产，2008(1)；孔丽君.叶宪祖《金锁记》的思想内涵探析 [J].戏剧文学，2010(5)；徐玉如.文学地理视野下的“齐地庶女”与“东海孝妇”[J].江西社会科学，2014(11)；何智丽.东海孝妇型故事研究[D].昆明：云南大学，2015 等等。法学方面的研究，主要是围绕《窦娥冤》进行的分析阐发。苏力基于“法律与文学”的交叉视角，在《法律与文学》第三章“窦娥的悲剧”中论述了“厌讼”的根源、司法悲剧的成因等经典法理学问题，参见苏力.法律与文学[M].北京：生活·读书·新知三联书店，2006。徐忠明则根据戏剧中的情节探讨了元代的一些具体法律制度。参见徐忠明.《窦娥冤》与元代法制的若干问题试析 [J].中山大学学报(社会科学版增刊)，1996(3)。此外还可参照：易延友.冤狱是怎样炼成的：从《窦娥冤》中的举证责任谈起 [J].政法论坛(中国政法大学学报)，2006(4)等.

② 刘向撰，向宗鲁，校证.说苑校证[M].北京：中华书局，1987：108-109.

《贵德》这一标题很直白简明地说明了这段材料的主题，作者的写作意图在于歌颂案件中官吏于公的操守，孝妇的悲剧经历只是铺叙主人公形象的素材。但如前所述，如果我们把本案中的孝妇作为实际生活中千千万万个同样背景的女性的真实缩影，那么，她们的人生都会面临怎样的情况呢？在刘向撰写的另一部著作中，便暗示了这类孝妇的另一种人生可能性，《列女传》卷四贞顺传《陈寡孝妇》：

> 孝妇者，陈之少寡妇也。年十六而嫁，未有子。其夫当行戍，夫且行时，属孝妇曰："我生死未可知。幸有老母，无他兄弟，借吾不还，汝肯养吾母乎？"妇应曰："诺。"夫果死不还，妇养姑不衰，慈爱愈固。纺绩以为家业，终无嫁意。居丧三年，其父母哀其年少无子而早寡也，将取而嫁之。……因欲自杀，其父母惧而不敢嫁也，遂使其养姑。二十八年，姑死，葬之，终奉祭祀。淮阳太守以闻，汉孝文皇帝高其义，贵其信，美其行，使使者赐之黄金四十斤，复之终身，号曰孝妇。君子谓孝妇备于妇道。……①

综合两段材料，我们可以拼凑出现实中这类孝妇在人生道路方面的多种选择。她们可能会受不了生活的艰辛寂寞，听从父母之命改嫁；也可能在压力下加害舅姑，成为杀人凶手；还有些人会选择兢兢业业为舅姑养老送终，等待她的结局，或许是默默无闻、无声无息地终了一生，也或许是如陈寡孝妇一般地受到朝廷嘉奖，又或许是东海孝妇那样冤屈枉死。

那么，在不同时代和地域的众多孝妇经历中，哪些人生范式能够进入史家的视野？刘向的贡献在于他为后世的历史书写提供了两条路径：一是将孝妇案件作为点缀官吏功绩或品行的重要材料，《说苑》中东海孝妇的死亡和郡中枯旱成全了于公的高义。二是将孝妇的经历赋予某种顺应正统思想的意义，作为典型加以提倡。于是在《列女传》中，孝妇不再是男人的陪衬，而是传记的主角，陈寡孝妇的坚贞和隐忍最终得到了来自官方的认可和嘉奖，成了贞顺人物的典型。

而本文的关注点是，历代官方正史的书写者会选择怎样的孝妇形象进行记述？他们在记录孝妇案件的时候又会采取怎样的观察视角？问题的答案既体现了正史书写者的个人立场和取向，同时往往与时代风气、正统意识、社会法律观与道德观乃至士大夫阶层的妇德观等因素息息相关。事实上，从两《汉书》到《清史》，对于孝妇案件的历史书写，基本上遵循了刘向开启的这两种路径，但又并非生硬地照搬模仿，而是赋予了新的时代意义，特征鲜明，且意味深长。

① 刘向撰，绿净，译注. 古列女传译注[M]. 上海：上海三联书店，2014：190.

二、汉书的记载:符号化"孝妇"的开端

一般认为"东海孝妇"案的原型可以追溯到《淮南子》中"庶女叫天"的故事,[①]但该版本更多的是叙述了一个尚保留了神话色彩的具有"天罚"意味的民间传说。而《说苑》中的于公却是汉代的真实人物,冤案的内容也铺叙得非常完整而合理。因此,《汉书》基本上是按照《说苑》的叙述来展开情节的。《汉书·于定国传》云:

> 东海有孝妇,少寡,亡子,养姑甚谨,姑欲嫁之,终不肯。姑谓邻人曰:"孝妇事我勤苦,哀其亡子守寡。我老,久累丁壮,奈何?"其后姑自经死,姑女告吏:"妇杀我母。"吏捕孝妇,孝妇辞不杀姑。吏验治,孝妇自诬服。具狱上府,于公以为此妇养姑十余年,以孝闻,必不杀也。太守不听,于公争之,弗能得,乃抱其具狱,哭于府上,因辞疾去。太守竟论杀孝妇。郡中枯旱三年。后太守至,卜筮其故,于公曰:"孝妇不当死,前太守强断之,咎党在是乎?"于是太守杀牛自祭孝妇冢,因表其墓,天立大雨,岁孰。郡中以此大敬重于公。[②]

两相对照,《说苑》和《汉书》虽然文字有别,但案情基本无异。出入比较大的细节,一是《说苑》记载于定国为东海下邳人,而《汉书》改成了东海郯人。二是《说苑》将该案放在"贵德"篇中,核心在于赞颂于公的品行,对其子于定国只是一笔带过。而《汉书》以于定国传为主,又保留了于公的事迹,还增加了定国之子于永的生平。这说明班固不是不加甄别地照搬材料,而是进行了一定的修正和重新编排。那么,他之所以抄录于公参与的"东海孝妇"案,显然也是经过了考虑的。虽然他对案件本身并没有太多的发挥和深刻的评价,但冤狱引发亢旱的情节,除了能够体现郡吏于公的个人品行外,显然还有承载更多政治含义的空间。

自董仲舒上《天人三策》,提出"刑罚不中,则生邪气;邪气积于下,怨恶蓄于上。上下不和,则阴阳缪戾而妖孽生矣。此灾异所缘而起也",[③]"天人感应说"便逐渐成为汉代的代表性学说,"灾异说"也开始在刑罚领域发挥日益重要的作用。[④] 作为"灾异说"的典型体现,在后世的政治话语中,"东海孝妇"逐渐发展成了"天人感应"的代名词,其所指代的含义也不再局限于个案的冤屈或不正义,而是在广泛意义上象征着理想政治的反面,频频出现在奏对中。东汉霍谞为了给叔父申冤,对大将军梁商上奏云:"昔东海孝妇见枉不

---

① 参见顾颉刚.《六月雪》故事的演变[J];祝肇年.《窦娥冤》故事源流漫述[M]//麻国钧,祝海威,选编.祝肇年戏曲论文选.北京:文化艺术出版社,1998:103-114。"庶女叫天"的故事见于《淮南子》卷六《览冥训》:"庶女叫天,雷电下击,景公台陨,支体伤折,海水大出。"高诱注云:"庶贱之女,齐之寡妇,无子不嫁,事姑谨敬。姑无男有女,女利母财,令母嫁妇,妇益不肯。女杀母以诬寡妇,妇不能自明,冤结叫天,天为作雷电,下击景公之台。陨,坏也,毁景公之支体,海水为之大溢出也。"(参见何宁.淮南子集释[M].北京:中华书局,1998:443-444.)

② 汉书卷七十一:列传第四十一于定国传[M]// 汉书:第10册.北京:中华书局,1962:3041-3042.

③ 参见汉书卷五十六:列传第二十六董仲舒传[M]//汉书:第8册.北京:中华书局,1962:2500.

④ 关于汉代的灾异观,可参见杨世文.汉代灾异学说与儒家君道论[J].中国社会科学,1991(3);王保顶.汉代灾异观略论[J].学术月刊,1997(5);袁海瑛.汉代灾异话语与刑罚实践[J].文艺评论,2015(4)等等.

辜,幽灵感革,天应枯旱";[①]刘宋范泰在陈奏灾情时提出"雩禜之典,以诚会事,巫祝常祈,罕能有感,上天之谴,不可不察。汉东海枉杀孝妇,亢旱三年;及祭其墓,澍雨立降,岁以有年"[②];南齐孔稚珪劝谏皇帝选拔精通法律的人出任官吏,执掌刑狱,上表中有"狱吏虽良,不能为用。使于公哭于边城,孝妇冤于遐外。陛下虽欲宥之,其已血溅九泉矣"等语;[③]唐代韦嗣立针对"刑法滥酷"的时弊,上疏曰"昔杀一孝妇,尚或降灾,而滥者盖多,宁无怨气!怨气上达则水旱所兴,欲望岁登,不可得也";[④]元代张珪在遭遇天灾时谏言"汉杀孝妇,三年不雨;萧、杨、贺冤死,非致沴之端乎!死者固不可复生,而情义犹可昭白,毋使朝廷终失之也",在弹劾按梯不花等人时又论曰"古人有言,一妇衔冤,三年不雨,以此论之,即非细务"。[⑤] 甚至皇帝也会以孝妇案件督促臣子躬身自省,魏世宗就曾下诏:"酷吏为祸,绵古同患;孝妇淫刑,东海燋壤。今不雨十旬,意者其有冤狱乎?尚书鞫京师见囚,务尽听察之理。"[⑥]可见在后世的历史书写中,"孝妇"一词已经符号化,无论是刑罚失中或是任人失当等,当官僚阶层想要表达负面的、非正义的,甚至可能引发上天感应从而造成严重后果的含义时,常常会使用这个典故来提醒统治者(出现在诏书中则是提醒臣下)警戒和反省。

在"孝妇"一词逐渐转向为抽象的政治符号的同时,官方正史对具体孝妇案件的书写并非千人一面,而是随着时代变迁衍生出了不同的版本,需要加以充分的关注和论说。

三、《后汉书》的继承:天人感应下的沉冤昭雪

继《汉书》之后,《后汉书》中再一次记载了同样背景的孝妇案件。《后汉书·循吏传》云:

> 上虞有寡妇至孝养姑。姑年老寿终,夫女弟先怀嫌忌,乃诬妇厌苦供养,加鸩其母,列讼县庭。郡不加寻察,遂结竟其罪。尝先知枉状,备言之于太守,太守不为理。尝哀泣外门,因谢病去,妇竟冤死。自是郡中连旱二年,祷请无所获。后太守殷丹到官,访问其故,尝诣府具陈寡妇冤诬之事。因曰:"昔东海孝妇,感天致旱,于公一言,甘泽时降。宜戮讼者,以谢冤魂,庶幽枉获申,时雨可期。"丹从之,即刑讼女而祭妇墓,天应澍雨,谷稼以登。[⑦]

上虞孝妇案所涉及的主要人物与东海孝妇案一样,包括了姑女(原告)、妇(被告)、姑(死者)、前后两任太守(裁判者)和郡吏(参与者)。案件的基本经过也同样可分为如下几

---

① 参见后汉书卷四十八:列传第三十八霍谞传[M]//后汉书:第6册.北京:中华书局,1965:1616.

② 参见宋书卷六十:列传第二十范泰传[M]//宋书:第6册.北京:中华书局,1974:1620.

③ 参见南齐书卷四十八:列传第二十九孔稚珪传[M]//南齐书:第2册.北京:中华书局,1972:837.

④ 参见旧唐书卷八十八:列传第三十八韦嗣立传[M]//旧唐书:第9册.北京:中华书局,1975:2868.

⑤ 参见元史卷一百七十五:列传第六十二张珪传[M]//元史:第13册.北京:中华书局,1976:4074、4076.

⑥ 参见魏书卷八:帝纪第八世宗纪[M]//魏书:第1册.北京:中华书局,1974:196.

⑦ 后汉书卷七十六:列传第六十六循吏传 [M]// 后汉书:第9册.北京:中华书局,1965:2472-2473.

个阶段：

(1A)孝妇事姑甚谨，而姑死。

(1B)姑女告官，指控孝妇行凶。

(1C)前任太守判处孝妇死罪。

(1D)郡吏力争无果。

(1E)孝妇含冤而死。

(1F)郡中连年枯旱不雨。

(1G)继任太守访问旱灾的缘故，郡吏陈情。

(1H)继任太守祭拜孝妇，孝妇昭雪，天降大雨。

对比《汉书》，《后汉书》中(1A)、(1B)、(1H)部分略有变动，姑不再是为孝妇自尽，而是自然终老，姑女乃系因前嫌诬告，因此有了继任太守刑讼姑女以祭奠孝妇在天之灵的情节。但这些改动并没有影响案件的基本走向。

关于这起案件的书写，笔者提请注意的地方，并不在于案情的延续，而在于传主选择的延续——《后汉书》依然选择了郡吏作为传主。如果说《汉书》以于公为主线记载这起案件，是因为有《说苑》的文本在前，客观上受到限制的话，那么《后汉书》记载的是不同的案件，在传主的选择上理应有更大的空间和自由。并且，《汉书》中没有设置《列女传》，除《高后纪》《外戚传》与《元后传》中的皇后嫔妃外，平民阶层的女性并没有进入班固的书写视野。而《后汉书》首开正史书写《列女传》的先河，在体例上，完全具备了以孝妇为中心进行描述的基础和可能性。更值得一提的是，《后汉书》的作者范晔是南朝刘宋人，在此之前，东晋的干宝已经在《搜神记》中为东海孝妇案加入了新的元素。《搜神记》中的前半段与《说苑》和《汉书》旨趣相同，后半段则引用了长老的说法，成为亮点：

> 长老传云：孝妇名周青，青将死，车载十丈竹竿，以悬五旛。立誓于众曰："青若有罪，愿杀血当顺下；青若枉死，血当逆流。"既行刑已，其血青黄，缘旛竹而上极标，又缘旛而下云尔。①

这段文字跳出了《说苑》和《汉书》以于公为主线、以孝妇为背景的叙述定式，孝妇的形象变得血肉丰满，不仅有了姓名，还有了抗争的意识。尽管个人的满腹冤屈无从对抗国家司法权力，但她依然通过主动立誓的方式，在死后即刻验证了自己的清白。后世相关文学作品的创作基础基本由此奠定。但范氏在正史中书写上虞孝妇案时，并没有以孝妇为传主进行展开。

案件中的六位登场人物，除姑和姑女并非中心人物外，孝妇是冤狱的主角，前后两任太守作为裁判者，一个是制造冤案的责任者，一个是平反冤案、祭墓祈雨从而解决了郡中百姓生活问题的行动者，都对案件产生了重大的影响。甚至后任太守在《后汉书》的传记

---

① 参见新辑搜神记卷八：感应篇"东海孝妇"条[M]//干宝撰，李剑国，辑校. 新辑搜神记. 北京：中华书局，2007:149。此外，引文中的"长老传云："，顾颉刚先生标点为"《长老传》云："，本文不采用这种标点法。

中有了具体姓名，不再是一个面目模糊的人物。但三人都不是传主，反而是相对而言与案件关系最不密切的郡吏，在《后汉书》中依然是传主的人选。他虽然能对旧太守据理力争，却没有能力改变裁判的结果，只能黯然辞职以示抗争；虽然能在新太守面前为孝妇申冤，但促成太守为孝妇平反的主要理由，在于灾异的发生。史传称其"少修操行"，可见范氏的思路同样是以孝妇案件衬托官吏的品行。另外，郡吏在案件中发挥的作用，在于亲口道破了冤狱和灾异的关系，并在继任郡守寻访旱灾原因的时候，适时地为其"指点迷津"。从郡吏"昔东海孝妇，感天致旱，于公一言，甘泽时降"的语句可以看出，范氏明确意识到了这又是一起"天人感应"的典型案件，并在此立意之上展开书写，并没有重新赋予其历史含义的意图。东汉时期，"灾异说"与刑罚的联系更加紧密，皇帝也频频因为各种灾异而大赦天下，《后汉书·五行志》便有"和帝永元六年秋，京都旱。时雒阳有冤囚，和帝幸雒阳寺，录囚徒，理冤囚，牧(收)令下狱抵罪。行未还宫，澍雨降"等多处记述。① 且《五行志》还注引《春秋考异邮》"国大旱，冤狱结"的说法，②可见冤狱引发旱灾的观念尤为深入人心。写史者通观前朝，自然难以摆脱先入为主的前见，范氏采用重"灾异"而轻"孝妇"的笔法记载案件，也就不足为奇了。

四、《晋书》的改变：个体形象的塑造和赞颂

时代的风气并非永世不易的。当唐人回溯历史的时候，他们眼中的晋代气象想必与两汉时期截然不同。因此，在唐代史家笔下，孝妇案件发生了本质性的变化。《晋书·列女传》云：

> 陕妇人，不知姓字，年十九。刘曜时嫠居陕县，事叔姑甚谨，其家欲嫁之，此妇毁面自誓。后叔姑病死，其叔姑有女在夫家，先从此妇乞假不得，因而诬杀其母，有司不能察而诛之。时有群鸟悲鸣尸上，其声甚哀，盛夏暴尸十日，不腐，亦不为虫兽所败，其境乃经岁不雨。曜遣呼延谟为太守，既知其冤，乃斩此女，设少牢以祭其墓，谥曰孝烈贞妇，其日大雨。③

在这个案件中，当事人包括：姑女(原告)、孝妇(被告)、叔姑(死者)、前后两任裁判官。案件情节与《后汉书》对比，可分为如下阶段：

(2A)孝妇事叔、姑甚谨，而叔、姑死。

(2B)姑女告官，指控孝妇行凶。

(2C)前任裁判官判处孝妇死罪。

(2D)无。

(2E)孝妇含冤而死。

---

① 参见后汉书志第十三：五行志(一)[M]//后汉书：第11册.北京：中华书局，1965：3277.

② 参见后汉书志第十三：五行志(一)[M]//后汉书：第11册.北京：中华书局，1965：3277.

③ 晋书卷九十六：列传第六十六列女传[M] //晋书：第8册.北京：中华书局，1974：2520-2521.

(2F)尸身等出现异象。境中连年不雨。

(2G)无。

(2H)新任太守祭拜孝妇,孝妇昭雪,天降大雨。"谥曰孝烈贞妇"。

从两《汉书》到《晋书》,差异主要体现在三个方面。第一,(2D)和(2G)的部分在两《汉书》中都与"郡吏"有关,也就是说,《晋书》最突出的变化,在于"郡吏"角色的消失。在两《汉书》中,"郡吏"作为传主,是一语道出冤狱和旱灾关系的关键人物;而在《晋书》的孝妇案件中,已经无须郡吏的剖白,这固然是因为天人感应说已经根深蒂固,没有必要再假人物之口来强调,但同时也说明,流行的书写元素已经有所改变。两《汉书》通过对孝妇案件的记述,使得郡吏形象的塑造和天人感应现象的渲染相得益彰;而《晋书》在同样的案件背景下,种种灾异现象的记载反而成为赞颂孝妇的铺垫,郡吏"缺失",孝妇成为浓墨重彩的主角。第二,孝妇在《晋书》中依然没有姓名,但第一次有了具体年龄。她依然没能像在文学作品中那样在刑场"开口"立誓,但是除了一直以来的亢旱感应外,在(2F)的部分,史传以四分之一的篇幅描写了孝妇死后的异象——群鸟悲鸣尸上,盛夏暴尸不腐,这一情节的加入有可能是受了《搜神记》的影响。第三,在(2H)的部分,增加了"谥曰孝烈贞妇"的情节,说明孝妇的品行得到了朝廷的肯定。这是来自官方而非民间的认可,孝妇也因此成为值得进入正史的人物形象。

《晋书》中除《列女传》外,还存在另外一种记载孝妇案件的模式。《晋书·良吏传》云:

> 县有寡妇,养姑甚谨。姑以其年少,劝令改适,妇守节不移。姑愍之,密自杀。亲党告妇杀姑,官为考鞫,寡妇不胜苦楚,乃自诬。狱当决,适值摅到。摅知其有冤,更加辨究,具得情实,时称其明。①

在这个案件中,主要当事人有亲党(原告)、寡妇(被告)、姑(死者)、前后两任裁判官。案件的主要阶段包括:

(3A)孝妇事姑甚谨,而姑死。

(3B)亲党告官,指控孝妇行凶。

(3C)前任裁判官判处孝妇死罪。

(3D)无。

(3E)新县令及时查明真相,孝妇性命得以保全。

(3F)—(3H)无。

这一案件的背景情节与《汉书》极为相似,都是姑劝说孝妇改嫁不成,选择以自杀来成全。孝妇又都是在刑讯逼供下屈打成招,被判处极刑。但是后续的发展完全不同,这个案件不仅没有两《汉书》中"郡吏"的角色,也没有前三个案件那样的冤狱和灾异。新任县令及时查明了真相,挽救的不仅是孝妇的生命,按照天人感应的套路,挽救的更是郡中

① 晋书卷九十:列传第六十良吏传[M]//晋书:第8册.北京:中华书局,1974:2334.

百姓的生活,显然是意义重大的。"时称其明"的说法虽然看上去有些低调,但孝妇案只是曹摅三起刑狱事迹中的一个,史传中还有"号曰圣君"的记载,可见评价之高。明代人杨昱在《牧鉴》中辑录了这起案件,并一语道破了孝妇案件在史传中的传承和发展:"此与于公明东海孝妇之枉,孟尝明上虞孝妇之冤酷相似。然于孟二公权不在手,不克白之于生前,仅能明之于死后,较之摅能卒出其死,则尤可尚也。"①

综上,我们可以看出,在注重"人的觉醒"和"个体意识"的晋代所发生的孝妇案件,史家在书写时虽然也一定程度地保留了"天人感应"的情节,但其已经不是焦点所在。而个体的行为,无论是孝妇还是裁判者,都得到了更加鲜明的刻画,并产生了两种书写路径。如本文第一节所示,这两条路径基本沿袭了刘向在《列女传》和《说苑》两书中的设定,但又有所损益。将孝妇案件第一次置于正史的《列女传》中进行书写,昭示着正统思想对这一类型的女性的接受和认可,命运飘零、引发天地感应的女性也成了需要书写和赞颂的对象。

以官吏为中心展开书写的范式,同样有所发展。传主变更的背后,实际上隐藏着对官吏评价标准的转变。在两《汉书》中,史传对传主郡吏的正面评价主要源于品德。他们在不能改变太守裁决时选择独善其身、辞官而去,正体现了儒家学说对理想君子人格的要求。但是《晋书》选择以继任裁判官曹摅为传主,又将其编入《良吏传》,而良吏的择选标准是"政绩可称者",可见史传对曹摅的赞颂主要集中在能力上。此外,在元杂剧《窦娥冤》的第四折中,窦天章说了这样一段话:"昔日汉朝有一孝妇守寡,其姑自缢身死,其姑女告孝妇杀姑。东海太守将孝妇斩了,只为一妇含冤,致令三年不雨。后于公治狱,仿佛见孝妇抱卷哭于厅前。于公将文卷改正,亲祭孝妇之墓,天乃大雨。"② 关汉卿在这里改编了历史,直接将平反冤案和祭妇祈雨的功绩归给了于公。这样写固然有文学作品的杜撰和修辞因素,但也反映出在后世的观念中,品行并不值得单独被称道,官吏辨明是非、恰当审理案件的能力才是最重要的。笔者曾比较过两《汉书》和两唐书中的《循吏传》与《酷吏传》的变化,两《汉书》中的循吏和酷吏基本上各自继承了先秦儒家和法家的学说主张,但在两唐书中,无论是类似汉代循吏型的官吏,还是接近酷吏型的官吏,一律被放入《循吏传》中,而司马迁在《史记》中评为暴虐又不称其位的"何足数哉"的官吏,在两唐书中填补了《酷吏传》的位置。从这种变化中,可以看出由汉入唐官僚评价体系从重视道德操守到重视能力政绩的转变。③ 而这一点,从《晋书·良吏传》对孝妇案件的书写转变已经端倪可察。

---

① 参见杨昱.牧鉴卷之六:讯谳[M]//官箴书集成:第1册.合肥:黄山书社,1997:348.

② 关汉卿,等.窦娥冤[M].北京:人民文学出版社,1958:42.

③ 李冰逆.从汉、唐审判实践看儒法之争[D].上海:复旦大学,2008.

五、明、清史的转向:孝妇的自我审判

《晋书》之后,只有《宋史》中记载了孝妇因姑死而被诬陷身死的案件,入《五行志》,作为"木"类的事迹之一。[①] 而到了明、清时代,正史中《列女传》的传主人数虽然空前之多,夫死、无子,倾力奉养舅姑的女性也不在少数,却没有了与前代类似的孝妇案件的记载。在展开分析之前,我们不妨先看一段《明史》中的文本:

> 陈襄妻倪氏。襄为鄞诸生,早卒。妇年三十,无子,家贫,力女红养姑。有慕其姿者,遣媒白姑。妇煎沸汤自渍其面,左目爆出,又以烟煤涂伤处,遂成狞恶状。媒过之,惊走,不敢复以聘告。历二十年,姑寿七十余卒,妇哀恸不食死。[②]

这段记述的结构主要可以概括为:

(4A)孝妇事姑甚谨,而姑死。

(4A-1)孝妇自杀。

(4B)—(4H)无。

通过与前代孝妇案件主要结构的对比,可以看出,在《明史》中,史传的背景(4A)与前代是一脉相承的。按照前代正史书的模式,叙事应该从"家人提告"(4B)开始逐步展开,孝妇作为命案的犯罪嫌疑人,接受官吏的裁判(4C),直到(4H),情节尽管有所不同,但国家司法权力的介入是不可或缺的。然而在《明史》中,孝妇在(4A-1)的部分对自身的命运进行了决断,并以自杀的方式终结了诉讼的可能,导致(4B)到(4H)的部分全部缺失,这就造成了史传中官方元素的消失。清代的史传叙事也同样如此,《清史稿》中有如下记载:

> 钟某妻蔡,嘉定人。生农家,年二十一而嫁,嫁三月夫死。力作,日断布三疋,易粟养姑。姑怜之,劝使更嫁,蔡泣誓以死。有女妹嫁无赖子,欲得蔡,语姑伪为其弟娶者。姑察蔡志坚,弗许,因构蜚语蠛蔡。姑审其诬,将率蔡愬诸县,无赖子阳使其妻归谢,而阴告母,将结恶少夜劫之。姑惶遽无所出,缢焉。蔡觉,趋救得苏,姑哽咽语曰:"吾女遇不淑,重为新妇累,吾不忍见新妇之受其累也!"蔡曰:"母无虑!妇留,母不得安;妇去,母不得食。虽然,叔幼,非母焉依?请得卒哭焉以往。"乃奠夫,恸,入户,解经自经死。[③]

在整个事件当中,姑怜惜妇劝其改嫁而妇不从的情节与前代孝妇案件的设定是非常相似的,但姑并没有以死成全,情节发生了第一次转向。无赖子对妇的垂涎和谋划(与《窦娥冤》有类似之处),导致姑自缢,如果其身死,想必会出现姑女和无赖赴官诬陷妇行

---

① 《宋史》卷六十五志第十八《五行志》三"木"中记载:"初,郡狱有诬服孝妇杀姑,妇不能自明,属行刑者插髻上华于石隙,曰:'生则可以验吾冤。'行刑者如其言,后果生。"(宋史[M].北京:中华书局,1977:1418.)

② 明史卷三百二:列传第一百九十列女传二[M]//明史:第25册.北京:中华书局,1974:7724.

③ 清史稿卷五百十一:列传第二百九十八列女传第四[M]//清史稿:第46册.北京:中华书局,1977:14185.

凶的后续。但姑自杀未成,情节发生了第二次转向。而最终的结果,是孝妇选择了自杀,以保全姑的性命。记述戛然而止,官方元素在这段材料中同样是缺失的。

史传中的"有"的变迁固然值得关注,但史传中的"无"也同样不可忽视。在两《汉书》乃至《晋书》的记述中,都是由国家权力主导裁断了舅姑之死引发的孝妇案件。那么,在明清正史中,为何在极其相似的人生背景下,官府却完全无从登场呢?难道是前代的孝妇都爱惜性命,宁愿被污服刑,也期待官府能够明断是非;而明清时代的妇人则全部性情刚烈,将自己的人生价值都系于舅姑身上吗?显然,比起不同时代的女性存在着截然不同的行为准则的类型化视角,各个时期的史家在史书中塑造了迥然不同的社会风气和法律观的观点是更具有说服力的。《明史》的编撰者、清人张廷玉曾在奏疏中论及:

> 奏为请定旌表守节之例,以广皇仁、以彰风化事。钦惟我世祖章皇帝统一寰区,厚生正德。我圣祖仁皇帝化成久道,仁渐义摩,重伦常以端本原,阐幽光以宏训教,匡直劳来,渝肌浃髓。四方风动,革薄从忠。以至妇人女子凛冰蘖之心,坚松筠之操,以完节著闻者,倍多于往昔。我皇上初膺宝祚,恩诏下颁,即以广举孝子、顺孙、义夫、节妇为首务,又恐有司视为具文,奉行不力,复颁谕旨,谆敕各省大吏,博访节孝,据实上闻,不使或遗。于深山穷谷之遥,与部屋茅檐之贱,皇上之敦伦饬纪,维风振俗之盛心,至矣极矣。[①]

可见在清初,对女性贞顺节义的提倡是包含了深刻的政治含义在其中的。作为异族统治者,清代的皇帝反而比前朝更加提倡传统的伦理纲常,宣扬社会中的典型人物事迹,以此来证明统治的正统性和正当性。另外,明末清初的文人对于理想女性形象的刻画也与前代不同。研究明清女性问题的很多学者都注意到了在对节烈女性的描写背后,蕴含了浓厚的时代色彩和感情因素。"在这一时期,国家和儒家精英也更致力于以道德准则来规范民众的生活,儒家的修身持家治国平天下的理论被看作政治领导的指导原则。通过在全国表彰道德楷模的'旌表'等制度,政府在城镇乡村推广正统道德价值的措施日趋成熟。……寡妇守节在明代不再只是一种道德理想,而是一种道德实践。不仅如此,至明代后期,无论男女,道德实践变得更为激烈。面临王朝覆灭、异性侵犯(对女子而言)或丈夫死亡,自杀作为道德品格的终极表达成为风尚。明清两朝将几十万道德楷模表彰为'节烈',其中绝大多数为女性。而受到地方政府和儒家文人表彰的人数则更多。"[②]多种因素的交织,导致明清正史中对女性形象的刻画呈现出比前代更为夸张的套路。在刘向所开创的两条孝妇书写路径中,除了含冤而死的孝妇形象,还有一类是《列女传》中得到了朝廷嘉奖的孝妇,她们满足了夫死无子、不愿改嫁、孝顺舅姑三个条件,皇帝便已经"高其义,贵其信,美其行",并且"赐之黄金四十斤,复之终身,号曰孝妇"。但是到了明清时代,能够被明确冠以"孝妇"标签的女性,她们的行为几乎都要上升到以损伤身体的方式

① 澄怀园文存卷四:疏"请定旌表守节年例疏"[M]//张廷玉.张廷玉全集.江小角,杨怀志,点校.合肥:安徽大学出版社,2015:71.

② 卢苇菁.矢志不渝:明清时期的贞女现象[M].秦立彦,译.南京:江苏人民出版社,2012:4.

侍疾的程度。[①] 而符合初始的三个条件、在前代被视为孝妇的女性，在这一时期甚至不再具有“孝妇”的标签，在正史中，她们的形象变为根据社会中蔚然成风的“民间法”完成自我评价和自我审判，不再因为姑叔的离世而出现于象征着国家司法权力的裁判过程之中，而是以死亡实践了对当时女性伦理道德观念的遵从。只有逼嫁并造成悲剧的男性，有时会受到官府的审判和惩罚。

结 语

与文集、墓志铭和地方志等载体中对女性更为私密而鲜活的记述相比，正史的记述被认为是高度类型化和程式化的，也承载了更多统治阶层所宣扬和提倡的政治道德和社会道德。近年来的研究成果多注意和强调官方正史中的女性书写由宋至清转变为对女性忠贞的日益强调和推崇，[②]而如果立足于法制史的视角，则会发现史传之中除了生活领域的变化外，法律领域的转变也同样清晰可见。

关于官方正史中的“孝妇”案件书写，存在着两条观察线索。就掌握着司法权力的裁判者而言，在两《汉书》中他们存在的意义，一方面是用以衬托郡吏的高尚品德，更重要的是，作为灾异警示典型例证的参与者，见证汉代最为主流的天人感应理论。在《晋书》中，裁判者取代郡吏成为主角，充分展现了他们分辨是非的审判素养，也挽救了国家法度的权威和尊严。同时，这一时期也是官吏评价标准的变化过渡时期，能力逐渐取代品德，成为考察官吏的重要条件。进入明清时期，裁判者并没有登场审判孝妇的机会，国家法也几乎没有发挥作用的空间。就孝妇而言，在两《汉书》中，史家记述孝妇案件的目的并不在于载明孝妇的生平，与裁判官一样，她们是阐释天人感应理论的工具，并逐渐在后世演变为具有象征意义的符号。在《晋书》中，孝妇案件的情节虽然与两汉时期没有本质的改变，但孝妇的“孝”和“冤”变成了史家眼中值得记录的内容。她们成了《列女传》的主角，死后的奇异景象也得到了生动的刻画。更重要的是，孝妇最终得到了朝廷的表彰，即获得了官方正统的认可。进入明清时代，孝妇并没有如同前代一样成为冤狱的对象，而是在司法权力介入之前，按照民间习惯“法”完成了自我审判和了结。从两汉到明清，“孝妇”案件的正史书写变化，暗示了国家对女性生活及可能发生的相关案件的态度变化，即从严格依据国家法进行调整到倡导女性遵从民间道德与民间“法”。

① 例如《明史》中有：“刘孝妇，新乐韩太初妻。……刘事姑谨，姑道病，刺血和药以进。……及姑笃疾，封肉食之……”(明史卷三百一：列传第一百八十九列女传一[M]//明史：第25册.北京：中华书局，1974:7691)又有：“李孝妇，临武人，名中姑，适江西桂廷凤。姑邓患痰疾，将不起，妇涕泣忧悼。闻有言乳肉可疗者，心识之。一日，煮药，药香祷竈神，自割一乳，昏仆于地，气已绝。”(明史卷三百二：列传第一百九十列女传二[M]明史：第25册.北京：中华书局，1974:7734-7735).

② 还有一些成果试图根据其他类型的史料来勾勒出古代女性广阔而丰富的实际生活，展现其多面的精神世界和多变的生存空间。参见游鉴明，胡缨，季家珍，主编.重读中国女性生命故事[M].南京：江苏人民出版社，2012:1-57；高彦颐.“空间”与“家”——论明末清初妇女的生活空间[M]//邓小南，王政，游鉴明，主编.中国妇女史读本.北京：北京大学出版社，2011:174-199等等.

从中,也可以看出正史对法律案件的三重书写模式。第一重是单纯地记录案件本身。在《晋书》中,无论是孝妇的"冤"还是官吏的"能",只要有值得发掘的闪光点,就可以留下痕迹,不被时光淹没。第二重是借案例阐发和宣扬时代的法律观念。两《汉书》中的记载表面上看是在记录孝妇案件,实际上的指向却在于警示统治阶层要重视冤狱和灾异的关系,因此才开启了后世符号化孝妇的用法。第三重则是借案件来进行教化,并引导社会中的女性践行某种正统道德观。虽然都是描述孝妇的经历,但是《晋书》中记载的是一起冤案,冤案并不是统治者希望看到和大力提倡的。而《明史》《清史》过滤掉了冤狱的素材,将孝妇的死作为"事件"而非"案件"呈现,着力突出的是孝妇顺应正统道德观的"行为"。行为是可以模仿的,行为的累积更可以塑造出新的时代风气。正是统治者的大力倡导和民间的不断实践相结合,才使得明清时代的女性观表现出与前代不同的特点。唯有认识到这种书写模式上的差异,才能更好地了解史传叙事背后未竟的话语,也才能更好地理解史家所描述的时代和时代法律观念。

From State Law to Non-governmental Law: Centered on the National History Writing of the Filial Piety Women' Cases

Li Bingni

Abstract: Filial piety women are a typical group of Imperial China. They served their parents in the case of husband death and childless, and took the burden of their families. Starting from the description of "filial women in the East China Sea" in Han Shu, cases of life imposed on such filial women by the death of their parents-in-law have come into the view of historical writers, and the official history of different times has undergone obvious changes in the writing of such filial women. As a typical example of disaster warning, the writing of filial piety women' cases of the Han Dynasty show the most mainstream theory of heaven-man induction at that time. In Jin Shu, historical writers focus on the description of the case and the characterization of the characters. Both the filial piety woman's "injustice", and the judge's ability to distinguish, have been fully demonstrated. The writing of filial piety women' cases in Ming and Qing Dynasties has changed, and the lack of the national judicial trial and the self-adjudication of filial piety women have become the main characteristics. This historical evolution not only clearly shows the three ways of writing legal cases in the official history, but also reflects the transformation of the filial piety women' cases from strictly adjusting according to national law to advocating women's compliance with folk morality and non-governmental Law.

Key Words: non-governmental law; the filial piety women; history writing

藏区命案加害方利益的制度平衡

王林敏*

摘要：由于赔命价习惯法，藏区命案的加害方产生了一种特殊的利益诉求：赔偿免死甚至免罪。虽然从内地法律文化来看，加害方的利益诉求具有"花钱买刑"的性质，但该利益诉求基于藏区传统法制具有文化上的合理性，需要藏区司法机关理性对待。虽然法官运用赔命价解决纠纷，能够更为有效地解决纠纷，但法官不能直接引用赔命价规则。只有通过正式制度整合加害方利益，赔命价规则的司法运用才能获得形式合法性。

关键词：藏区命案；赔命价；加害方利益；刑事和解

一、藏区命案中加害方利益的文化根源

在中国法制史的制度演进过程中，迄今为止，本土的命案处理方式，有三种传统和三种观念，按照作为正式制度出现的时间先后，分别是：

第一种传统是中原华夏文化中以死刑和赎刑为核心的"赔了不打、打了不赔"模式，赎刑是对具备某些条件的加害方的一种优待。"赔"和"打"之间是二选一的关系，具备赎罪条件的当事人有一定的选择余地。关于故意杀人罪的触犯，汉初刘邦确立的"杀人者死"规则简洁直白；唐律中对杀人的各种情形做了区分，但也是以"杀人者死"为核心，其他刑法典大体如此。需要指出的是，儒家化之后的中原法制关于"杀人者死"的规定主要围绕准五服治罪的伦理关系和君臣上下的统治关系展开。

第二种传统是藏族法律文化中以赔命价为核心的"打了不赔"或"赔了不打"的法定二选一模式，是适用死刑还是赔命价，命案当事人没有选择的权利，而由法律直接规定。法律对某些性质严重的命案（如杀死活佛）规定死刑，不赔命价；而对其余的普通命案则规定赔命价，不需要再负其他责任。藏区古代赔命价主要围绕等级制度展开，维护社会等级关系，是社会等级关系的一个侧面。

第三种传统是蒙古文化中以"烧埋银"制度为核心的"既赔又打"模式，即对命案加害

* 王林敏，法学博士，曲阜师范大学法学院副教授。

方既要处以刑罚,又要责令其赔偿。《元典章》规定:“凡杀人者虽偿命讫,仍征烧埋银五十两。若经赦原罪者,倍之。”蒙古烧埋银制度是蒙古习惯法的制度化。

显然,当下中国刑事法制对命案的处理方式,与蒙古烧埋银制度有相通之处,而古代中原法制处理模式和藏区古代赔命价处理模式在正式制度中失去了合法性。但是在藏区命案的司法实践中,自改革开放至今,赔命价传统在民间又恢复了活力,对藏区刑事司法产生了重大影响。官方处理命案的法定依据是刑法典中关于杀人罪的规定,而赔命价规则是藏区民间社会解决命案纠纷的依据。现代藏区赔命价简化最为抽象的表达方式:杀人者赔命价;因此,其内在结构是:“致人死亡(行为)”+“赔偿命价(后果)”。这个规则是藏区命案当事各方共同的规范,但是从不同的当事人的角度,其意义是不同的。对于受害方而言,赔命价规则意味着索取命价的正当性;对于加害方而言,赔命价一方面意味着其赔偿命价理所当然,另一方面则意味着其因杀人罪而需要负担的制裁(报复)随着命价的赔偿而终结。对于负责纠纷处理的第三方而言,赔命价是其公平处理命案、平衡当事人利益的依据。因此,赔命价事实上具有三重意义:索赔的依据(受害方)、责任的依据(加害方)、制裁的依据(第三方)。

在古代藏区社会,赔命价规则允许当事人通过经济赔偿手段解决问题,因此,赔命价规则是用财产责任解决刑事纠纷。根据藏区传统,杀人行为只需要负赔偿责任,除此之外并没有其他后果,不需要负其他责任。也就是说,按照藏区传统,一个杀人者在其赔偿命价之后,就算是“案结事了”了。基于此,藏区命案加害人产生了一种特殊利益:赔偿免罪,或者至少免死。这是藏区文化传统给予藏区刑事加害人的一种“合理”期待。所以,在有些命案中,当司法机关介入处理时,有关藏民受害方觉得司法机关多管闲事:“我们的事情已经解决了。”①的确,按照藏区赔命价的逻辑,命案当事人双方已经通过赔偿命价把仇怨“做空”了,司法机关的干预只是在给他们添麻烦。对于加害人而言,赔了命价又追究刑事责任是“一羊剥两皮”。② 可见,刑事法制与赔命价规则之间存在着一个巨大的鸿沟,这条鸿沟可能是一条人命、终身监禁或者至少是数年的牢狱之灾。这是藏区赔命价规则与刑法规则的核心冲突,需要司法者在处理案件时加以平衡。

所以,在藏区的命案中,传统的赔命价一方面驱动着被害方索取命价;另一方面又驱动着赔付命价的加害方主张免除刑事责任。藏区司法机关在处理命案时必须在各方当事人的利益之间达致平衡。由于赔命价传统的存在,藏区司法机关既要应对受害方对命价的诉求,又要应对加害方对免除刑事责任的诉求。任何一方不满意,案件就难以处理妥帖。因此,藏区赔命价实体规则的现代化整合,需要刑事规则的责任形式对赔命价的责任形式的同化与吸收,以平衡刑事加害方的利益诉求,这个问题相对而言比较难办。要想平衡加害方的利益诉求,就需要在赔命价与刑事法制之间寻求折中方案。对通过司法

① 张济民.藏区部落习惯法对现行执法活动的影响及对策建议[J].青海民族研究,1999(4).

② 杨方泉.民族习惯法回潮的困境及其出路——以青海藏区“赔命价”为例[J].中山大学学报,2004(4).

途径赔偿受害方物质损失的加害人，除了极少数罪大恶极必须判处死刑的，司法机关在量刑时应当作为减轻处罚的一个情节加以考量。即使这种折中方案也可能会受到藏区群众的质疑，加害人无论受到何种刑罚都是"一羊剥两皮"①。

平衡赔命价案件的利益结构，需要促使加害方积极偿付。因为只有在加害方没有偿付能力的情况下，国家救济才替补出场。因此，在赔命价案件中，如果加害方有赔偿能力，司法机关就需要充分调动加害方的赔偿意愿，特别是加害方家属的赔偿意愿，从而使受害方的利益得到平衡。但在这种情形中，又隐含着另外一个难题：如何避免加害方的、另一种表现形式的"人财两空"，从而不至于使得加害方的利益失去平衡？一般而言，加害方及其家属支付命价进行赔偿是希望通过积极赔偿获得某种司法利益，即免死甚至是免刑。如果加害方的这种利益诉求在司法操作中得不到满足，那么，其赔偿的意愿就会大打折扣，赔命价案件的受害方利益无法得到平衡从而进一步引发赔命价改造的障碍。实践证明，不是所有藏族犯罪人因为有命价规则的存在而主动进行赔偿。所以，司法机关需要对此慎之又慎，既不能突破法律的底线无原则地满足当事人的利益诉求，又要在当事人之间折中平衡做到案结事了。在这个过程中，赔命价规则既是加害方利益诉求产生的根源，又是其诉求正当性的文化根基。司法者如能充分利用这种本土资源，可以为赔命价的司法运用、进而为刑事法制的现代化作出一定的贡献。

二、花钱买命：加害方利益平衡的观念障碍

从司法实践来看，法官平衡加害方的利益需求比平衡受害方的利益需求更难操作。这是因为，平衡受害方利益的主要障碍来自社会质疑。按照当下的法制观念，"赔命价"这个词最易使人联想到的可能就是"花钱买命""以钱赎罪"②。因此，承认藏区赔命价的合理性，将其作为藏区命案的一个文化方面的考量因素而加以运用，可能会使案件的处理受到"花钱买命""赔钱减刑"的诟病。"赔命价"的司法运用可能使有钱人逃脱严厉制裁，而贫穷的加害人则没有这种机会，由此造成刑罚适用的不平等。人们的推理是：有钱人在违法犯罪后，通过赔偿命价可以使法官的自由裁量权倾向自己，从而获得宽大处理，即使杀人，也可以获得缓期执行；而缓期执行则基本上意味着不再执行死刑。如此一来，有钱的犯罪人就可以逃脱"杀人偿命"的逻辑，法律的公平与正义便受到了挑战。③ "花钱买命"是个否定性词汇，人们将这个概念与"特权"联系在一起，表达了对司法中富人通过赔偿逃脱死刑制裁的否定性评价。法律面前人人平等是最基本的法律原则，而"花钱买命"现象的存在则在富人和穷人之间画了一道线，造成同案不同判。所以，"花钱买命"现

① 杜宇.重拾一种被放逐的知识传统：刑法视域中"习惯法"的初步考察[M].北京：北京大学出版社，2005：118-119.

② 张济民.藏区部落习惯法对现行执法活动的影响及对策建议[J].青海民族研究，1999(4).

③ 姚兵.刑事和解在严重暴力犯罪中也有适用空间[N].法制日报，2008-11-9.

象挑起的是人们内心对社会不平等的最原始的愤恨。“花钱买命”诘难使得命价规则司法适用的正当性成了一个难题。

现实和历史中，都不乏“花钱买命”的例子。据说，清代乾隆年间，郑板桥就曾经处理过一个震惊朝野的“花钱买命宰白鸭”的案例，凶手买通县衙胥吏找人顶罪被郑板桥识破。当然，基于清代的特定背景，这个案子中的钱并不是花在被害人及家属身上，而是用来贿赂官吏，但“花钱买命”的实质是昭然若揭的。[①] 而在中国当前的国情条件下，“花钱买刑”在一些地方已经发展成为一种潜规则，有些加害方通过司法人员向被害人施加压力，迫使被害人接受其提出的和解条件，从而达到从轻处罚或免于处罚的目的。而司法人员则将案子“做”成符合相应条件的刑事和解，从而使“花钱买刑”在表面上符合法律规定。[②] 这种没有法律和政策依据，或者以法律为伪装进行的暗箱操作，是严重违法的司法腐败行为。

不用说，“花钱买命”现象是必须否定乃至铲除的司法毒瘤。但是，把任何加害人赔偿从而获得减刑的案例以及与之相关的司法政策都扣上“花钱买命”帽子加以否定则是错误的，是典型的以偏概全。“花钱买命”这个概念将人们对为富不仁者的愤恨一般化，一提到“花钱买命”，人们便痛恨不已，这是概念、观念的神奇作用。甚至，当最高人民法院于 2010 年发布《关于贯彻宽严相济刑事政策的若干意见》时，人们也将其与“花钱买命”联系在一起大加鞭挞，认为这个政策为“花钱买命”开了绿灯。[③] “宽严相济”刑事政策都会受到此种礼遇，更不用说藏区“赔命价”这种更容易令人望文生义的概念了，内地人一看到“赔命价”这个概念就可能会产生否定情绪。所以，赔命价规则司法适用的观念障碍的一个原因是，人们对“花钱买命”这个概念不分青红皂白地使用，导致了认识方面的误区。[④]

规则运作则会出现令人们感到不平的结果，在各个历史时期的各个国家、各个社会均可能存在。因为，有些犯罪人及其家属是“有钱人”，于是“花钱买命”在司法实践中便可能演化为富人的特权。而这是国人所不愿意看到的。但是，这真的有悖于公平正义吗？难道判处犯罪人死刑、让受害人一无所得就真的很正义吗？正义首先存在于每一个具体案例中的当事人之间，其次才存在于耍嘴皮子的评论者之间。“花钱买命”话语的背后，是对当事人之间的利益的重新分配和重新平衡。穷人在“花钱买命”中可能获益较少，这是整体的社会不公；不公的原因不是“赔钱减刑”的客观运作效果，而是穷人之所以“穷”的那个根源。并且，表面相似的“花钱买命”现象，其实际的情形差别是极大的。清除命价规则司法适用的观念障碍，一方面要在学术研究和政策制定过程中慎重使用这种词汇；另一方面则需要细致分析，区分各种不同具体情形，根据不同的情形进行判断而不

① 柯文.为富不仁犯死罪　花钱买命“宰白鸭”[J].史学月刊，2009(3).

② 潘洪其.刑事和解不能让“花钱买刑”合法化[J].楚天主人，2013(3).

③ 张玉胜.“赔钱减刑”并非为富人开绿灯[N].人民法院报，2010-2-20.

④ 邓红阳.“判前赔偿减刑”一类制度为何屡引争议[N].法制日报，2007-9-28.

能大而化之地一概否定。

第一种情形是在有些赔命价案件中,犯罪人的确没有赔偿能力,但是通过某种激励,可以"激发"出其赔偿能力。比如,年轻人犯罪,其本人可能并无多少经济积累;但是其父母可能会在看到挽救孩子的希望后可能"倾家荡产"而积极赔偿。另外,一些成年犯罪人自身虽然没有赔偿能力,但是其近亲属则具有充分的财力,所以,如果能够得到他们的支持,那么受害人的经济补偿就不成问题。反之,如果犯罪人家属即使代为赔偿也无法获得减刑的话,那么受害人或其家属得到赔偿的可能性便会大大降低。在法律上,犯罪人与其父母和其他家属是独立的法律人格,父母或其他家属对受害人并无赔偿义务。但在一般人的理念中,父母家人是一体的,所以,受害人及其家属可能会向加害人家属索赔;如果得不到赔偿,便会引发令司法机关头痛的"上访"。因此,司法政策的制定者面临两难:一方面要顾及罪责刑相适应的法治原则;另一方面又要考虑"案结事了"的社会效果,避免涉讼信访的发生。在这种背景中,灵活运用"命价"规则既可以为犯罪人提供自新的机会,又可以使受害人获得及时的经济赔偿。这似乎是一种双赢的局面,较之于两败俱伤的情形更加可取。

第二种情形是在犯罪人自身有赔偿能力的案件中,人民法院依法判决后,犯罪人有义务也有能力赔偿。问题的关键在于,人民法院如何在案件审理中防止其转移财产,如何在判决生效后有力地执行判决。法官是不是因为加害人自己有赔偿能力就可以弃赔命价理念于不顾呢?"赔钱"在刑事法律中只是减刑的一个酌定情节,法官"可以"考虑减刑,但在赔命价案件的实际操作中,一般"必须"减刑,因为案例具有社会示范效果。如果犯罪人家属即使积极赔偿也得不到预期的效果,而社会舆论又对此大张旗鼓地加以褒扬的话,那么,此后再发生类似案件,受害人想要获得赔偿便难上加难了。所以,法官通过平衡刑事案件的犯罪人和受害人之间的利益而获得自己预期的息讼的裁判效果,似乎必须要向加害人妥协。

第三种情形是情节恶劣的重大案件如何处理,这需要法官特别斟酌。经过反复权衡,犯罪人情节恶劣必须处以死刑,那么即使犯罪人及其按照命价规则积极赔偿,法官也要根据实际情况判处死刑,并且积极努力地促使受害方及时得到赔偿。

所以,在第一种情形中,法官可以为了激发犯罪人家属的赔偿意愿而考虑减轻处罚;在第二种情形中,法官为了案件的示范效应而考虑减刑。总之,笔者认为,在前述区分的三种情形中:对第一种情形适用"赔钱减刑"一般是可以接受的;而对第二种情形需要慎重,经过权衡减轻处罚大体上获取良好的社会效果也具有可接受性。但对第三种情形,则不能适用"赔钱减刑",该判死刑的就应当判死刑。

"花钱买命""同案不同判"的诘难背后,是社会舆论对司法公正的担忧。[①] 但我们不能因噎废食,因为担心出现司法不公而放弃命价规则的现代化改造;而是应该在现有的

① 黄春景."赔钱减刑"裁量权不能乱用[J].各界导报,2014-8-14.

制度框架内积极地寻求命价规则现代化可资运用的理论和制度资源,从而证立命价规则司法运用的正当性,促使命价规则在现有制度框架内顺利实现转化。在这个前提下想方设法消除司法不公,避免因命价规则的现代化可能产生的负面因素。

三、被害方处分权:加害方利益平衡的法理依据

赔命价规则本身就蕴含着赔命价司法运用的有利因子,即受害方对自身诉讼利益的处分权。司法机关对赔偿命价的刑事加害人减轻处罚,其理论基础是对刑事被害方处分权的尊重,因此符合刑事法制尊重当事人诉权的基本精神。就赔命价案件而言,可能发生的“花钱买命”、诘难一般来自藏区外部,即内地人根据当下的法制观念对藏区的命案隔空喊话。藏区社会对此反而可能不会持此种否定态度。如果当事人自身都不认为存在着司法不公,愿意按照自身的意志处分自己的诉讼利益,那么,诉讼关系之外的其他人何必“念三国掉眼泪——替古人担忧”呢?所以,如果司法机关在赔命价案件中充分尊重被害方的意见,那么,“花钱买命”“同案不同判”的诘难就会得到有效消解。因此,“赔命价”理念既可能成为司法机关处理命案的障碍,也可能成为其成功化解纠纷的有利资源。

在赔命价案件中,设定刑事责任的法律规范事实上设计了一种如图1所示的三方关系:

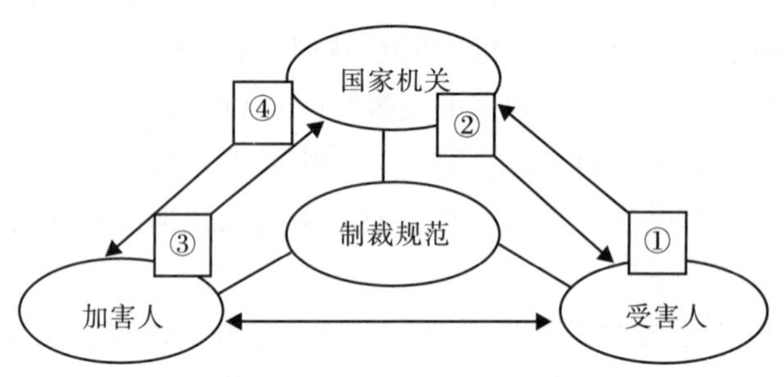

图1 刑事管辖关系示意图

图1是一个典型的保护性规范背后的主体关系,显示出国家机关介入私人主体之间的纠纷,阻隔私人之间的责任追究,并垄断了纠纷解决的权利。该保护性规则所设定的条件是如果加害人犯罪,那么,①对受害人来讲,就产生一种救济请求权,这是一种“可为”模式,它对应:②有关国家机关的救济义务;对国家机关来讲,它设定了一种履行救济义务的职责,是一种必为模式,在公诉性刑事案件中,国家救济义务不以受害方请求为前提。③对加害人来讲,该规范设定了一种接受制裁的义务,这是一种必为模式;它对应:④有关国家机关的制裁权,根据公权利不得放弃的原则,这种制裁权也是一种必为模式。

而赔命价规则背后则呈现出如下结构关系,如图2所示。

根据当下的赔命价规则,赔命价案件被视为私人之间的事情,当事人通过复仇机制或者赔偿机制加以解决,所以,赔命价规则的背后是当事人对案件的私人处分权。但国

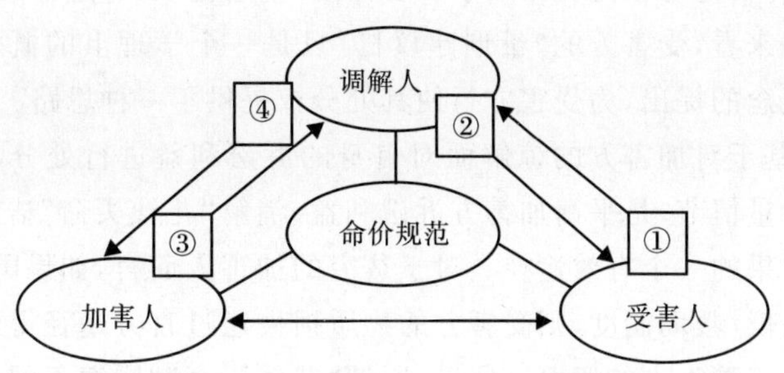

图 2　赔命价纠纷解决机制示意图

家基于赔命价纠纷的严重性而介入其中，以国家的名义通过公共权力进行解决。在当下中国的刑事诉讼模式中，赔命价案件的受害方在刑事诉讼中的诉讼地位被国家公诉机关取代，仅保留了在民事部分的诉讼地位，而在刑事部分几乎没有话语权。在理论上，公诉机关代表受害方的利益并与受害方的利益相一致，但实际上，通过拟制产生的国家利益往往掩盖了受害方的私人利益，并且公诉已经演化成一种形式性极强的职权行为。由此产生的问题是：在赔命价案件中，公共权力是否完全替代了私人的处分权？或者换个角度说，私人处分权在命案纠纷中占有何种程度的话语权？

在藏区赔命价案件中，加害方赔偿物质损失是为了弥补自己的过错、求得对方的谅解。如果根据传统的命价机制解决命案问题，受害方接受命价后便会放弃对加害方的复仇，两方从此握手言和。赔偿了命价的加害人一般都会得到被害方的谅解，因为赔命价的实质就是要将仇恨“做空”，命价原初意义上的规范效果便是双方仇怨一笔勾销。所以，对于藏区赔命价的当事人而言，“花钱买命”并非是难以接受的事情；相反，根据藏区法律文化传统，加害方赔了命价而得到受害方的宽恕顺理成章，从受害方角度来看则必须宽恕加害方。而命价规则所衍生的一个直接结果是，要求减轻刑罚甚至免责成为加害方的一种真实的诉讼利益，这种利益通过赔命价规则打包镶嵌在藏区民众的观念中。而内地命案当事人只是通过不赔付民事判决而消极地主张自己“免死”的诉讼利益，并没有赔命价规则这样概念化的正当性依据。这是内地命案与藏区命案的最大不同。

此处，被公诉机关替代和掩盖的原本属于受害方的处分权便显示出其重要的司法价值。假如赔偿之后，受害方谅解了加害方，司法机关有什么理由不考虑减轻加害方的刑事责任呢？从司法技术的层面讲，受害方意愿能否通过某种程序传递并体现在司法判决中呢？在个案中，尊重刑事被害方的处分权，有利于化解赔命价案件当事人之间的恩怨，修复被破坏的社会关系。如此一来，受害方的处分权为处于“法律白条”“花钱买命”诘难和“案结事了”等多重困境中的司法者提供了一根救命稻草。而随着公民权利观念的兴起，现代法制发展的趋势是司法者越来越尊重受害方的处分权。基于此种考量，司法者乐于借坡下驴，而有的论者甚至提出刑事受害方的"量刑建议权"这样的概念。[1] 当然，从法律实证主义立场来看，受害方的"量刑建议权"只是一个学理上的概念，而不是一项法律权利。但这个概念的提出，为受害方行使其处分权提供了一种思路。

所以，受害方基于对加害方的谅解而对自身的诉讼利益进行处分，作为司法者对加害方量刑的一个考量情节，是平衡加害方诉讼利益、消解"花钱买命"诘难、使案件最终达到案结事了理想效果的一个有效途径。对于贫穷的加害人而言，如果国家建立起有效的刑事被害人国家补偿/救助制度，则受害方的物质损失通过官方途径得到救济，那么是否谅解加害人也取决于受害方的意愿。所以，所谓"花钱买命""同案不同判"只是一种形式上的判断，其背后的决定性因素之一是刑事被害方的处分权。问题是：司法者是不是必须将受害方的处分作为考量情节，从而必须据此作出相应的判决？这个问题实质上是法官的自由裁量权与受害方处分权之间的关系问题。

受害方行使处分权的结果无非两种，一是谅解加害方，二是不谅解加害方。在现有的司法体制中，从逻辑上讲，受害方的谅解是法官减轻刑罚的必要条件，而非充分条件。在一般情况下，法官会按照赔命价传统和受害方的请求，对加害方作出减轻刑罚的判决；但是如果加害方的行为极其恶劣、社会危害程度极大，司法机关也给自己留下了回旋余地：即使加害方赔偿，也不能免予死刑。也就是说，案件最终如何处理，决定权和主动权完全掌握在法官手中，受害方谅解只是法官处理案件的一个权衡因素而已。

这并不意味着受害方处分对法官没有制约作用。受害方行使处分权对法官的最大制约在第二种情形，即受害方拒不谅解加害方，坚持要求判决死刑。在这种情况下，法官则需要谨慎权衡，一般必须要尊重受害方意愿。因为一旦受害方毫不退让，法官不顾受害方的意见而坚持己见生硬判决的话，则可能引发受害方上访、缠讼。当然，对于信奉命价规则的藏区群众来说，第二种情形只是一种逻辑上推测出来的可能性，现实中发生此类情况的可能性并不大。这是藏区司法机关所享有的独特的民间资源。所以，除非受害方不谅解加害方的情形之外受害方处分权，对于赔命价规则的司法适用具有积极意义，司法机关和法官应对此善加利用，以期达到司法判决的最佳法律和社会效果。

四、刑事和解：加害方利益平衡的制度途径

赔命价规则的司法运用，进而赔命价案件的加害方根据命价规则主张免死的诉讼利益，需要更具体的法律制度的支撑。如果按照被害人处分权的思路来理解按照命价规则平衡加害方利益问题，我们可以发现，赔命价规则与"刑事和解"存在契合之处，二者之间至少存在着交叉点。但赔命价案件特别是杀人案件属于重案，最高可以判处死刑，按照

---

① 何刚，王建荣，曾昌斌. 刑事附带民事案件"空判"现状与破解路径[J]. 人民检察，2013(24).

新刑事诉讼法的规定,当下刑事和解制度不适用于死刑案件。① 所以,按照刑事和解的思路吸纳赔命价规则,在当前的刑事法制中依然存在着某些障碍,但这并不妨碍我们从理论上探讨通过刑事和解吸收赔命价规则的可能性。

所谓刑事和解"是指在刑事诉讼程序运行过程中,被害人和加害人(被告人或犯罪嫌疑人)以认罪、赔偿、道歉等方式达成谅解以后,国家专门机关不再追究加害人刑事责任或者对其从轻处罚的一种案件处理方式,即被害人和加害人达成一种协议和谅解,促使国家机关不再追究刑事责任或者从轻处罚的诉讼制度"②。"死刑和解"是一个纠结于利益与正义之间的两难命题,③不仅事关被告人的生死,更可能关乎转型期中国刑事法治的具体走向,所以死刑案件的刑事和解是转型期中国刑事法治必须直面的一个"真问题"。④ 基于藏区赔命价案件的特殊性,赔命价案件中能否适用刑事和解更是藏区刑事司法实践面临的一个紧迫问题。关于死刑案件是否适用刑事和解,理论上历来就有两种截然不同的主张。

一种意见认为,刑事和解制度不能适用于死刑案件。在形式方面,反对意见的最主要的依据是现行法律的规定,根据规则中心主义坚守形式法治的基本立场。在实质方面,反对意见认为,刑事和解易于演化为"花钱买命"的赤裸裸交易,导致司法不公。⑤ 法治最为重要价值是追求正义,司法公正和司法腐败是决定法治能否建成的最直接因素,权利、秩序、效率是下位价值。死刑案件适用于刑事和解,在整体意义上却是反法治的,它易于削弱民众的司法公正感,隐藏着司法腐败和司法不公的风险,对中国法治的构建具有消极影响。⑥ 按照这种主张,刑事和解制度在赔命价案件中没有适用空间,因此不能作为赔命价司法运用的制度资源。

另一种意见则主张刑事和解可以适用死刑案件。"审判阶段贯彻刑事和解理念的重点在于追究刑事责任但从轻处罚的情形。此类刑事和解的适用范围最为广泛,从可能判处较轻刑罚的案件到可能判处死刑的案件都可以纳入和解因素。对于不明显损害公共利益但又无法定从轻情节的公诉案件,只要案情中有和解因素,被害人在与被告人和解后请求从轻处罚的,人民法院可以在征求公诉人的意见后从轻处罚。"⑦并且提出了死刑案件适用刑事和解应当具备三个条件:(1)只限于婚姻家庭、邻里纠纷等民间矛盾所引发的可能判处死刑的杀人案件。有些类型的案件如危害国家安全、有组织暴力犯罪、黑社会性质组织犯罪案件,累犯、职务犯罪案件不应列入刑事和解范围。第二,案情本身具有

---

① 蒋志如.死刑案件刑事和解"破立"之博弈解读——以S省M市中院239件一审刑案为视角[J].法治研究,2013(4).

② 陈光中.刑事和解的理论基础与司法适用[J].人民检察,2006(5).

③ 陈洪杰.死刑和解的"义利之辨"[J].苏州大学学报,2014(1).

④ 梅传强,周建达.刑事和解能否承受死刑司法控制之重?——基于案件社会学的分析[J].法律与社会发展,2012(2).

⑤ 梁根林.死刑案件被刑事和解的十大证伪[J].法学,2010(4).

⑥ 王满生.死刑案件刑事和解——法治与反法治之辩[J].行政与法,2011(11).

⑦ 陈光中,葛琳,刑事和解初探[J].中国法学,2006(5).

可不杀因素，被告人主观恶性与人身危险性相对较小。如事先没有预谋、一时激愤作案，事后及时抢救被害人，被害人有过错等。第三，加害人在案发后真诚认罪、悔罪，并且积极赔偿被害方经济损失，取得被害方谅解。① 死刑案件适用刑事和解的主张突破了形式合法性的束缚，而以合正当性为依据，呼应了和谐社会、能动司法、限制死刑等多种“政治正确”，因此更加容易在司法实践中获得市场。

尽管现行刑事法制并未承认死刑案件可以适用和解制度、理论研究中仍然存在着巨大分歧，但是以“政策文件打头，案例引导在后”为模式②的死刑和解实践仍然在各个省份展开，很多藏区司法机构在命价规则的影响下更是不甘落后。较之于内地，藏区的此种实践虽然没有刑事法律的依据，但有“两少一宽”刑事政策做后盾，这是藏区司法机关的政策优势。为刑事和解在赔命价案件中的适用获得充分的形式合法性，有关藏区司法机关甚至建议设立诉讼内和解制度以吸纳命价规则，但将死刑和解仅限于刑的和解，包括两种情况：“一是对检察机关移送的和解案件审理后对和解结果予以确认，并在量刑时作为从宽处理的情节；二是检察阶段没有和解的刑事案件移送至法院后，被告人及其家属或被害人及其家属要求依据‘赔命价’习惯法进行和解的，法院应当采纳并主持和解，并将和解程度作为从宽量刑的情节予以考虑。”③

从赔命价规则的司法运用角度来看，建立死刑和解制度可以更好、更充分地吸收赔命价规则。从法治的形式层面的要求来看，藏区司法机关的上述举措的确具有合法律性瑕疵，但从藏区社会稳定和民族团结这个“大局”来看，形式法治的压力可以通过“政治正确”获得释放。毕竟，法律是社会控制的工具，形成良好秩序、达到社会稳定是法律运作的最终目的，所以，藏区司法机关的“试点”应该得到支持。至于死刑和解在赔命价案件中的适用是否真的会演变成“花钱买命”，造成司法不公，这取决于死刑和解制度设计是否严密、合理，运作是否合乎规程。“试点”允许犯错，只有经过不断地试错纠错，制度才能完善和进步。

五、两少一宽：加害方利益平衡的政策依据

在现行刑事法制框架中，司法机关处理藏区赔命价案件、平衡加害方的利益诉求主要通过政策依据获得正当性支持。具体而言，即沿用30余年的“两少一宽”民族刑事政策。甚至可以这么认为，在过去30年藏区刑事司法实践中，赔命价规则司法运用的最主要依据就是“两少一宽”刑事政策。命价规则通过“两少一宽”刑事政策获得了司法运用的正当性，在藏区的刑事司法中得到了贯彻实行。所以，“两少一宽”刑事政策是藏区司

① 陈瑞华.刑事诉讼的私力合作模式[J].中国法学，2006(5).

② 陈药.被害人谅解影响死刑适用研究[D].湖南师范大学，2012:26.

③ 青海省高级人民法院课题组.青海藏族地区“赔命(血)价”习惯法情况的统计与分析(之四)——对待青海藏区“赔命(血)价”习惯法的意见和建议[N].法制日报，2013-8-28.

法机关整合赔命价规则、发挥赔命价规则优势的最主要的手段。

自中华人民共和国成立以来，中国死刑政策的基本基调是“保留死刑，坚持少杀，严禁错杀”。[①] 但1983年的“严打”运动对这个死刑政策形成了巨大冲击，为了缓和“严打”运动对少数民族地区刑事司法的冲击，中共中央在1984年的5号文件中提出在少数民族地区打击刑事犯罪应该从宽掌握，对少数民族的犯罪分子要坚持少捕、少杀，防止扩大化，并特别强调在藏族地区执法要特别慎重。[②] 第一次“严打”之后，少数民族地方的政法机关继续贯彻“两少、从宽”的政策，并在实践中总结出了执行“两少、从宽”政策的一系列具体原则、标准和办法，从而使其成为常态化的少数民族地区刑事政策。[③]

所谓“少捕少杀”是以对汉族犯罪分子的定罪量刑为参考标准的。[④] 在刑事司法实践中，有些藏区司法机关对“两少一宽”政策的具体实行方法，总结出“一个核心，两个基本内容，三个环节”的操作模式：第一，“一个核心”是指从案件的具体情节出发，在处理上一般要宽。“从宽”包括从轻、减轻、不追究刑事责任和不以犯罪论处等情况，按照犯罪构成要件，按照犯罪的事实、情节等酌情从宽。第二，“两个基本内容”。一是“一般”要宽不是“一律”从宽，即对少数民族中绝大多数犯罪分子在一般情况下要从宽处理，而对其中手段残忍、情节恶劣、罪行严重的犯罪分子，就不能从宽；对于罪该处死，不杀不足以平民愤的，就要坚决杀掉。二是“一般”要宽，不是“绝对”从宽，即与汉族犯罪分子所犯相似的罪行及其认罪态度相比较，少数民族犯罪分子在处理上相对从宽；不是不问罪恶大小不加区分地绝对比汉族中的犯罪分子从宽。第三，“三个环节”是通过侦查监督来体现“少捕”，通过审判监督来体现“少杀”，通过决定免诉、起诉、不起诉来体现“处理上一般要宽”。[⑤]

从满足加害方诉讼需求，缓和刑事法制和民间习惯之间的紧张关系的视角来看，“两少一宽”民族政策对赔命价的意义主要体现在“少杀”上。在刑法许诺的“民族地区变通适用”迟迟未能出台的情况下，“少杀”政策极大地缓和了赔命价案件中死刑适用与命价规则的冲突问题。司法机关对“少杀”的理解是“可杀可不杀的”就判死缓或者不判死刑。司法机关对少数民族中的犯罪分子，罪大恶极应当判处死刑而考虑到少数民族的特殊情况可以不必立即执行的，坚决适用“死缓”或不判处死刑；对于一案中有数人应当判处死刑的，坚决控制判处死刑的数字，减少判处死刑的人数。[⑥] 这样，“少杀”政策为处理命价规则与相应刑法条款之间的冲突提供了较大的空间。部分藏区司法机关认为，只要把“两少一宽”刑事政策的基本精神贯彻到藏区刑事司法实践中，“赔命价”与刑法之间的冲

① 梁根林.公众认同、政治抉择与死刑控制[J].法学研究，2004(3).

② 雷振扬.关于“两少一宽”民族刑事政策的三点思考[J].西南民族大学学报，2011(11).

③ 肖扬.中国刑事政策和策略问题[M].北京：法律出版社，1996：262-263.

④ 吴大华.论“两少一宽”的少数民族犯罪刑事政策[C]//犯罪学论丛：第3卷，北京：中国检察出版社，2005：108.

⑤ 张济民.对少数民族中的犯罪分子必须实行“两少一宽”政策[J].青海民族学院学报，1991(1).

⑥ 龙久顺.“宽严相济”视野下对少数民族“两少一宽”刑事政策的反思[J].贵州警官职业学院学报，2008(5).

突就可以从刑事司法政策层面得到解决。[①] 这样,不仅赔命价的司法运用有了正当的制度途径,花钱买命的诘难在某种程度上也可以得到消解。

"两少一宽"刑事政策作为对少数民族犯罪人的一种"优待",在实践中对刑法的相关规定进行了软化,很容易导致汉族犯罪人和少数民族犯罪人在法律适用方面的不平等,从而引发人们的诟病。随着人权观念的勃兴,轻刑化已经成为中国法制发展的一个基本取向,因此,体现犯罪人人权保护普遍化理念的"宽严相济"政策逐渐成为中国刑事司法的基调,取代了之前的"惩办与宽大相结合"政策。中国刑事司法的指导精神发生了根本转向,在这个情况下,有人认为"两少一宽"刑事政策作为"惩办与宽大相结合"政策的配套下位政策已经不适合当下的法制形势,应当予以取消或者进行"法律"化。[②]

但笔者认为,虽然"两少一宽"刑事政策不是针对"宽严相济"政策配套制定出来的,但是在新的法制条件下,两者之间存在颇多契合之处,"两少一宽"刑事政策完全可以作为"宽严相济"政策在少数民族地区的特别政策继续发挥其作用。同时,"宽严相济"政策也为命价规则的司法适用提供了空间。2010 年最高人民法院《关于贯彻宽严相济刑事政策的若干意见》第 23 条规定:"被告人案发后对被害人积极进行赔偿,并认罪、悔罪的,依法可以作为酌定量刑情节予以考虑。因婚姻家庭等民间纠纷激化引发的犯罪,被害人及其家属对被告人表示谅解的,应当作为酌定量刑情节予以考虑。"其第 29 条则规定:"要准确理解和严格执行'保留死刑,严格控制和慎重适用死刑'的政策。……要依法严格控制死刑的适用,统一死刑案件的裁判标准,确保死刑只适用于极少数罪行极其严重的犯罪分子。……对于罪行极其严重,但只要是依法可不立即执行的,就不应当判处死刑立即执行。"所以,加害方基于命价规则而产生的免死诉求在很多情况下都可以得到"宽严相济"刑事政策的支持。这样,"宽严相济"政策就可以兼容并吸收命价规则,特别是从最高人民法院规范文件的角度为命价规则的司法适用打开了合法性之门,命价规则的现代化之路又有了一个较高层次的配套措施。

但从规范性方面而言,刑事政策较之于具体的法律制度仍嫌抽象、笼统,并且"出身"方面也存在问题,在法治的背景下,以刑事政策作为命价规则司法适用的正当性根据,容易遭受诟病。为了更好地实现"两少一宽"和"宽严相济"刑事政策的政治功能,兑现最高人民法院"慎重适用死刑"的承诺,需要尽快在藏区进行刑事和解的试点,这既是刑事政策法律化的要求,也是赔命价规则司法运用合法化的要求。

---

① 青海省高级人民法院课题组.青海藏族地区"赔命(血)价"习惯法情况的统计与分析(之四)——对待青海藏区"赔命(血)价"习惯法的意见和建议[J].法制日报,2013-8-28.

② 龙久顺."宽严相济"视野下对少数民族"两少一宽"刑事政策的反思[J].贵州警官职业学院学报,2008(5).

Institutional Balance of the Interest of the Injuring Party in the Homicide Case in Tibetan Area

Wang Linmin

Abstract: Because of the wergild as a customary law, the injuring party of the homicide cases in the Tibetan area has a special interest. Although in the view of the legal culture of inland, the interest of the injuring party is paying off the penalty in a sense, it has some cultural rationality according to the Tibetan traditional legal institution, which deserves the rational treatment by the Tibetan judicial department. The judges can solve the disputes harmoniously by applying the rule of wergild, but they couldn't adduce it the sentence. The application of the rule of the wergild can get the formal legality through the balance of the interest of the injuring party by the official institution.

Key Words: the Homicide Case in Tibetan Are; wergild; the interest of the injuring party; criminal reconciliation

论民间规范对调解的意义*

——基于对“枫桥经验”的研究

张 宁** 余 地***

摘要:民间规范是自生自发的乡土秩序,它独立于国家法而存在,表达乡民的日常生活利益。调解活动对民间规范的应用利用的是民间规范与社群秩序的紧密关系。“枫桥经验”的价值也来自这种关系。从实证上看,民间规范在调解活动中也被广泛地利用。它背后的理论意义也在于调解的目的和民间规范的功能的一致性——对社群和谐价值的追求。因此在实践中,我们要坚持并完善“枫桥经验”中利用民间规范展开调解活动的机制。

关键词:民间规范;调解;枫桥经验

不同于国家立法,民间规范源自乡土社会的秩序渴求。它面向的是乡民在日常行为中的物质事实和精神事实,从而成为格尔茨视野下的“小传统”。乡民个体的利益是多元的,这使得乡民之间的利益纠葛会不可避免地发生。对利益纠葛的解决,民间规范的出场会起到与国家法迥异的效果。关键在于,如何借助民间规范的独特性实现对利益纠纷的理性处置?对利益纠纷的处置的典型方式是调解。作为“东方经验”,它为纠纷的解决提供了便利的渠道,也有效地化解了人们的诸多矛盾。“枫桥经验”之所以被广泛推崇,重要原因就在于其成功地利用调解机制使“大事化小,小事化了”。民间规范的调解本就是“枫桥经验”的重要组成部分,考察其本身的存在样态和发挥的作用是极其重要的,但我们不能仅满足于现象层面的描述,它背后的理论意义以及未来的应然发展取向,也是我们应当关注的问题。

一、民间规范的调解机理与“枫桥经验”的价值

民间规范很容易与习惯法、民间法等概念混同,确立概念的妥切表达的关键在于我们对“法律”的理解。马克思认为以一定的物质生产关系为前提的“占统治地位的个人除

* 基金项目:国家社科基金重大项目“民间规范与地方立法研究”(项目编号:16ZDA070)。

** 张宁,广东省惠州市大亚湾经济技术开发区人民检察院科员。

*** 余地,中南大学2016级博士研究生。

了必须以国家的形式组织自己的力量外,他们还必须给予他们自己的由这些特定关系所决定的意志以国家意志即法律的一般表现形式……由他们的共同利益所决定的这种意志的表现,就是法律”。[①] 这意味着,法律与国家相生相伴。而由民间生成的规则在马克思眼里就不能算“法律”。但在其他法学家眼中未必如此,如萨维尼就认为:“如同民族之存在和性格中的其他的一般性取向一般,法律亦同样受制于此运动和发展。”[②]但毕竟中国的法律观受马克思的影响较为深入。当然,法和法律毕竟是两个不同的概念,但在现实的语词使用中也存有较大的混同可能。为了概念的明晰化,我们选择了以“民间规范”的表述,既将其与法律区分开,又凸显它的调控社会的属性——权利义务性、反复适用性、强制性等。在英国政治学家埃德蒙·柏克看来,民间社会如果被看作是习俗惯例的产物,习俗惯例也就成了民间社会的法律。在此种意义上,我们认为,乡民的习俗、习惯等等,都属于民间规范。它源自乡民在生活生产行动中的经验沿袭,在沿袭的进程中,乡民们试图总结出某种在社群范围内具有普遍的调控功能、能够满足利益需求的规则。所以,民间规范与国家的产生无关,其在国家产生之前就存在了。布莱克早就指出,在法律产生之前,人类社会早已存在并有秩序地运行着。甚至在现今的许多法治社会,如美国,大多数的冲突和纠纷也并非是通过法律手段解决的。[③] 霍贝尔考证了因纽特人、伊富高人和平原印第安人的习俗,而这些习俗都是在国家政权产生之前——原始社会时期——存在的,但它们都为当地人的生活提供了制度保障,当地人也倚赖这些制度的调控而生活。正如棚濑孝雄所言:“规范的重要性,很大程度上源自人类社群生活的秩序性导向。因为即使表面上偶在的相互接触,实际上却是各自的喜好和关系结成各种关系的、大大小小形形色色的网络纵横交错所形成的紧密的生活世界。”[④]社群的维系离不开规则。人类交往的意向性,总是围绕着一定的规则进行的,即使两人间纯粹的私人交往,也存在以规则为前提的交往意向性问题。[⑤] 或者说,没有规则,人们的交往也就失却了依凭,会陷入霍布斯所描述的人类难以自保的丛林世界。因此即使没有国家存在,人类也会因对良性社群行为的需求而生发出民间规范。所以民间规范源自人类的类属性,是人类自发地借助群体的利益公约数而导出的治理形态。如果套用姚建宗的“生活化”法律观和法治观——法律是对现实的人的生活的最为直接的规范性诉求,法治亦是对现实的人的生活的最为直接、最为全面的规范性观照[⑥]——的话,民间规范又何尝不更加地关照现实的生活呢?包括梁治平对习惯法的定义——在乡民长期的生活与劳作过程中逐渐形成,被用来分配乡民之间的权利、义务,调整和解决他们之间的利益冲突,并且主要在一套关系网

① 马克思恩格斯全集(卷3)[M].北京:人民出版社,1960:378.

② 萨维尼.论立法与法学的当代使命[M].许章润,译.北京:中国法制出版社,2001:9.

③ 唐·布莱克.社会学视野中的司法[M].郭星华,译.北京:法律出版社,2002:81.

④ 棚濑孝雄.现代日本的法和秩序[M].易平,译.北京:中国政法大学出版社,2002:38.

⑤ 谢晖.民间法研究的两种学术视野及其区别[J].哈尔滨工业大学学报(社会科学版),2012(2).

⑥ 姚建宗.生活的场景与法治的向度[J].吉林大学社会科学学报,2000(1).

络中被予以实施[①]——也能被用来看待笔者对民间规范的理解。扎根于淳朴的乡民生态，民间规范对利益的分配和矫正，也必然面向淳朴的乡愿。

本文的论域在于如何借助民间规范调解纠纷，从字面上看，它涉及两个方面：一是民间规范本身的内容就是对调解事项的规定；二是民间规范的利益分配机制被用于调解活动。但本文既然落足于"枫桥经验"，其已经蕴含了特定政策之下的调解方式，所以本文只需探讨民间规范作为实质的调解内容是如何发挥作用的。如上文所言，个体的人置身于"群"，不同个体之间的利益冲突在所难免，解纷机制的建立是必要的。解纷的目的在于消弭纠纷，所以我们需要建构一种使纠纷双方信服的处置方式。调解之所以被广泛推崇，就在于它针对纠纷当事人的实际情况——这种实际情况不仅仅指纠纷背后的利益本身，还包括当事人的心理状况、经济状况、家庭情况等等——予以全面关照，当事人往往在这种"关照"中情绪得以平复，矛盾也因而被化解。也就是说，调解的机理在于调解者应努力促进当事人在内心深处认同调解者传递的解纷理念，这种内心的确信必然依托于当事人根深蒂固的价值观。调解者要探求这种价值观，就必然要在调解过程中阐述与这种价值观契合的准则。上述的民间规范显然与民众的内心准则有较强的亲缘关系。正如笔者所言，民间规范源自民众的日常行为与心理，尽管其外化为人之外的规范，却在内容上密切关联着人们习以为常的意义世界。所以说，调解者以民间规范为行为标准，容易说服当事人。

当然，前提还在于，调解者使用的民间规范必须是双方当事人生存的社群内适用的民间规范。如此一来，只有当双方当事人都生活在同一社群中，或是同一家族的成员时，民间规范发挥的说服效用就会很强。或者说，纠纷当事人之间的社群文化越接近，民间规范对调解的作用力就越大；反之，纠纷当事人之间的社群文化间隔越远，民间规范对调解的作用力就越小。费孝通的"差序格局"理论与之非常类似：

"以'己'为中心，像石子一般投入水中，和别人所联系成的社会关系，不像团体中的分子一般大家立在一个平面上的，而是像水的波纹一般，一圈圈推出去，愈推愈远，也愈推愈薄。"[②]

地缘或血缘关系将人们聚合为团体，支配这个团体的民间规范在调解团体内的纠纷时就会相对容易地与当事人产生共鸣。对于调解主体而言，为有效地展开调解，应独立于双方当事人，即使他也有可能属于当事人所属的社群。无怪乎滕尼斯对法官的标准的期待是："白发老人作为冷静的旁观者超然其上，他最少会由于偏爱或憎恨，出面帮助一方，为难另一方。"[③]尽管调解者未必是法官，但滕尼斯的观点也足以表达我们心目中的理想调解主体的形象。在社群关系中，调解者运用民间规范时，要实现调解的取效，也就必须将外化的、客观的民间规范作为调解的准则，要尽可能地凸显它的权威地位，才能表现

---

① 梁治平. 清代习惯法：社会与国家[M]. 北京：中国政法大学出版社，1996：1.

② 费孝通. 乡土中国[M]. 北京：北京出版社，2005：34.

③ 滕尼斯. 共同体与社会[M]. 林远荣，译. 北京：商务印书馆，1999：69.

出调解的中立性,而民间规范也才能发挥作用。施密特认为“国家高于法律规范的有效性”[①],从而推导出“决断”的重要地位。本文虽无意探讨这一观点的正当性,但民间规范的调解,确乎与调解者如何借此“决断”息息相关。

“枫桥经验”源自20世纪60年代,最初是在“以阶级斗争为纲”背景下总结出的对敌斗争经验,[②]历经半个多世纪的沧桑,“枫桥经验”在治理层面已成为不可或缺的手段,它依靠群众的广泛参与,在基层领域化解纠纷从而维护基层秩序的稳定。1963年,毛泽东同志曾对“枫桥经验”作出亲笔批示,“要各地仿效,经过试点,推广去做”。2013年11月,习近平总书记就坚持和发展“枫桥经验”作出重要指示,强调各级党委和政府要充分认识“枫桥经验”的重大意义,发扬优良作风,适应时代要求,创新群众工作方法,善于运用法治思维和法治方式解决涉及群众切身利益的矛盾和问题,把“枫桥经验”坚持好、发展好,把党的群众路线坚持好、贯彻好。2017年9月,习近平总书记在全国社会治安综合治理表彰大会上,再次明确要求将枫桥经验与现代化治理模式相结合,创新群众工作方法。2018年3月,最高人民检察院工作建议专门提出要运用新时代“枫桥经验”,加强检察环节预防和化解社会矛盾机制建设。同月,最高人民检察院检察长张军同志在全国检察机关学习贯彻两会精神电视电话会议上强调,要深入推进检察环节社会治安综合治理,积极打造“枫桥经验”的检察版。而“枫桥经验”之所以被推崇,意义之一就在于,其能够妥善地利用调解机制处理纠纷。所谓“小事不出村,大事不出镇,矛盾不上交”,就意味着调节机制在里面发挥了重要作用,早有学者总结出了“枫桥经验”中对调解的要求,这其中的“六个用心”[③]是值得我们思考的。因为这其中就指向了如何根据当事人的具体情况作出处理的意思。民间规范的调解也就因之大有用武之地,事实上,民间规范也已经在“枫桥经验”中发挥其作用了。

既然民间规范对于调解而言具有积极的促进作用,调解又能大力助益于纠纷的处理,我们就有必要审视“枫桥经验”中如何利用民间规范实行调解,并且基于民间规范的调解机理,对“枫桥经验”采取的这一调解进路予以完善。并且要处理好民间规范在这一场域下与国家法之间的关系。就如谢晖描述的那样:“人们对国家权力的高度依赖,远胜于宗教统治的神圣时代,也远胜于社会自治的世俗时代。”[④]

---

① 卡尔·施密特.政治的概念[M].刘宗坤,等译.上海:上海人民出版社,2004:9.

② 1964年1月14日,在由中共中央发出的《关于依靠群众力量,加强人民民主专政,把绝大多数四类分子改造成为新人的指示》中,附发了浙江诸暨枫桥区的对敌斗争经验,即“枫桥经验”.

③ 谌洪果.《“枫桥经验”与中国特色的法治生成模式》[J].法律科学,2009(1).具体内容是:“倾听当事人陈述要专心,调查取证要细心,开展疏导要耐心,调处纠纷要诚心,下达结论要公心,遇到反复要有恒心。”

④ 谢晖.民间法结构于正式秩序的方式[J].政法论坛,2016(1).

二、基于对“枫桥经验”的实证考察：民间规范在调解活动中的使用情况

那么，在“枫桥经验”的调解语境下，民间规范是怎样发挥作用的呢？在“互联网+”的推动下，“枫桥经验”已经成功升级。据统计，浙江枫桥法庭的调解率在75%以上。而老杨工作室成立近20年，调解成功率高达98%；截至2017年，诸暨市累计受理各类矛盾纠纷14821件，调解成功率达99.8%。[①] 经验事实证明，民间规范在民事、刑事案件中均能出色地发挥调解作用：

案例一：湖北省恩施自治州鹤峰县B村位于山谷，沿河分布，每逢春夏涨水，流水缓慢且河床较宽的地方会沉积大量的细沙，该中细沙有较高的经济价值。村民罗某待涨水后，及时用自制标记“占领”了一块细沙沉积的区域。后来同村的王某也看中了这块细沙资源，便叫车到此装沙谋利。罗某和王某二人就细沙权属发生纠纷。当地村干部根据本村传统习俗即谁先占谁享有所有权的惯例将细沙的所有权“判”归罗某。事后，王某也未再去争夺这块细沙。[②]

案例二：外来务工人员赵某在毫无心理准备之下于宿舍内突然产子，新生命的降临让其感到不知所措，遂将初生婴儿装入环保袋从二楼阳台丢下，造成新生儿轻伤一级。未检办检察官经过仔细审查案卷，认为如果对赵某追究刑事责任，可能会人为割裂家庭关系，不利于孩子的成长和家庭的和谐，遂积极协调，事后赵某主动肩负起为人母的责任，帮助孩子恢复健康，同时她也得到了孩子父亲的谅解。最终，检察院决定对赵某作出相对不起诉的处理。

案例三：高某和被害人刘某均在一工厂门口摆水果摊，后因争摊位发生冲突，高某将刘某打成轻伤。承办检察官阅卷后发现，他二人均来自河南省，是一个村子的老乡，且案发后，高某对自己的冲动行为深感悔恨；而刘某家境贫寒，他并不在意高某被判处刑罚的轻重，只希望自己的医疗费用得到合理赔偿。经过调解，双方最终握手言和，高某赔偿了刘某的医疗费用，其本人也得到了法院的从轻判处。

从中我们可以看到，“枫桥经验”意义上的调解之所以能够起到在短时间内化解矛盾的作用，就在于调解人员使用了当事人日常生活的民间规范。案例一的调解活动运用的是当地有关所有权的民间规范；案例二的调解活动则借助了父母子女之间的抚养情理，其在内容上面向了当事人的原初利益；案例三利用的则是在外打拼老乡之间的交往情理，也必然地实现对当地秩序的有效修复。南宋理学家真德秀说：“夫法令之必本人情，犹政事之必因风俗也。”而柏克的观点——将习俗与法律等同视之——与真德秀的这一

---

① 张丽玮，杨光照. 矛盾调解率高达98%群众是最大的秘诀[J/OL]. [2018-04-10]. http://zj.people.com.cn/n2/2017/0924/c228592-30769507.html.

② 罗世龙，骆东平. 论非诉调解在恩施土家族中的实践[J]. 湖北民族学院学报(哲学社会科学版)，2014(3).

言论暗合,都强调了风俗人情对社会的调整。因此,民间规范在调解活动中有效地为当事人的内心认同确立了规范基础,而其内容就源自传统、习俗,源自对人情常理的承认。我国以儒家伦理道德立身,《曲礼》提出了一套内涵丰富的伦理准则:道德仁义,非礼不成;教训正俗,非礼不备;分争辩讼,非礼不决……是以君子恭敬、撙节、退让以明礼。礼,又是礼俗,即社会自发秩序。当事人因之从内心服从了大局利益,从而走出了局部利益的纠葛。当然,这种对民间规范的运用离不开民间规范的"群"特质,调解主体也牢牢地抓住了这一特质,以民间规范对群体成员交往纽带的维系为动因,从而实现对被破坏的群体关系的回复。在具体使用民间规范调解的时候,调解主体也一定会阐明民间规范对社群和谐的意义所在,将"和为贵"的理念融入其中。正如莫兰所说:"共同体伦理是普遍的,因为在所有社会——从氏族形态到国家——都把互助与责任视为内在规范。"[①]而这里的互助和责任,又何尝不是社群和谐形态的表现。

三、基于对"枫桥经验"的理论思辨:民间规范对调解活动的影响

"枫桥经验"对矛盾行之有效的化解离不开民间规范的解纷特质。正如前文所说,民间规范落足于社群的生活经验,直面人性的本能需求,在产生和运行机制上也表现出"自发性"。人们每时每刻都浸润在这种自发形成的群体关系中。就如布劳所言:"正是在人们建立的社会关系中,他们的利益得到表达,他们的欲望得以实现。"[②]我们也不可否认,在社会结构的许多层面上,反复地打破均衡和回复均衡的力量被反映在结构变迁的辩证性之中。[③] 社群关系的稳定性会因为利益的纠葛而受到折损,但相应的解纷机制起到了修复社群关系的作用。探讨民间规范对调解活动的影响,实质也在于对"恢复秩序机制"的探讨。

首先,民间规范预设了社群关系的和谐性。规范产生的目的不是为了将现实的事物分毫不差地映现在规范内容中,而是以某种行为标准推动人们的价值理想的实现。因而,民间规范自身应当预设某种价值,从它对社群关系的维系目的来看,社群生活的有序化,自然就应当成为重要的价值预设。就如谢晖所言,无论理论上的法治还是实践中的法治,其本身都是人们预设的产物。[④] 预设是一种修辞,民间规范也同样寄寓着人类的理想而预设着和谐秩序的价值,因此,民间规范的运行必然朝着这种和谐理想的路径前行。当民间规范用于调解活动时,它的运行也一定是试图将双方从剑拔弩张的关系带入其乐融融的境地,因为民间规范预设的就是这种"和"。在"枫桥经验"的调解活动中,调解主

① 埃德加·莫兰. 伦理[M]. 于硕,译. 上海:学林出版社,2017:222.

② 彼得·M.布劳. 社会生活中的交换与权力[M]. 李国武,译. 北京:商务印书馆,2012:49.

③ 彼得·M.布劳. 社会生活中的交换与权力[M]. 李国武,译. 北京:商务印书馆,2012:477.

④ 谢晖. 法治预设与设问修辞——制度性修辞研究之三[J]. 文史哲,2014(2).

体在利用民间规范时，将这种“和”的预设融入案件场域，也生成了和谐的社群关系。

其次，民间规范是落足于人们的生活生产经验的，关切的是人们在日常中经常与之打交道的事实，是长期的惯习性作用下的模式化行为或思维。因此，民间规范与人们的心理有着相对敏感的触点，在调解活动中这种敏感的触碰容易促成当事人的内心认同。“枫桥经验”的调解主体也利用了民间规范的这一特性，在调解中凸显民间规范的日常意义，这种凸显有时甚至超越了纠纷事实本身，面向的是当事人在社群中的整体生存样态。但这种超越又是以民间规范的内容为切入的超越，毕竟民间规范本身就能开出个体和社群的生态。谢晖认为，习惯权利因为内生于主体交往行为的实践，内生于主体的生活必需。[①] 习惯权利往往是民间规范的重要组成部分，对乡民的利益纠纷的调处也往往需要面对习惯权利的内容和作用机制。

再次，民间规范在调解活动中之所以能发挥作用还在于它的独特修辞。规范必然以语言为载体，而规范语言的组织与规范的取效密切相关。语音、构词与句法都关涉规范受众的接受。有学者认为，法律语言应当具有中立性。它“摈弃了全部情感的表达，并且不带有任何情感的因素”[②]。但这一观点是否成立是值得商榷的。规范的取效是因为它能够满足某种人类的价值，规范语言如果被价值取向裹挟，则不可避免地也将这种价值观释放于字里行间。语言本身就反映了使用这种语言的群体的意义世界，就如魏德士所言：“语言的内容必须经过若干人的共同实践，并在社会交往中达成一致。它一切的词意、内容联系和使用规则都是在某个语言群体的‘集体意识’中逐渐累积起来的。正是在这个意义上，我们称之为语言共同体。”[③]维特根斯坦的“语言游戏”隐喻也说明了语言的“共识性”，所以他认为“语言的述说乃是一种活动，或是一种生活形式的一个部分”[④]。民间规范的语言表达也正遵循此理，它与民间规范本身的生成机理一样，是在社群关系的“集体意识中”形成的语音、语义、句法结构，与社群成员固有的表意方式具有强大的亲和力。所以，民间规范在调解时能够发挥制度修辞的优势，即以言辞的艺术实现对当事人的说服。“修辞者对修辞主题进行解释和提炼→提出修辞的战略模式→输出到修辞受众→接收并分析反馈→对主题修辞进行调整和完善”[⑤]这一修辞的运行进路如果置于民间规范的调整场域下，也能恰如其分地说明构造民间规范的语词对纠纷双方的有效回应。而这种回应，基于民间规范的秩序性价值，也一定是推动秩序的有效方式。

最后，民间规范的调解意义还在于它能产生良性的社会效果。因为民间规范在发挥调节作用时，针对的是社群的固化惯习，也指涉的是社群成员的生活之维。调解主体在利用这种日常准则维系成员关系的同时，也意味着民间规范以另一种特殊的方式被传

① 谢晖.民间规范与习惯权利[J].现代法学，2005(2).

② 张法连.中西法律语言与文化对比研究[M].北京：北京大学出版社，2007：44.

③ 魏德士.法理学[M].丁晓春，吴越，译.北京：法律出版社，2005：72.

④ 维特根斯坦.哲学研究[M].李步楼，译.北京：商务印书馆，2000：17.

⑤ 李小博，郭贵春.科学修辞学与“解释学转向”[J].自然辩证法通讯，2004(2).

播,且传播的场域被纠纷双方所在意的利益所结构,也就意味着至少在纠纷双方看来,民间规范容易在内心被强化。事实上基于社群整体的相对开放性,某一个成员对民间规范的内心强化会感染到其他社群成员,从而推动社群整体的和谐秩序。换句话说,民间规范在发挥调解作用时,其借助外在的传播促进内化的认同,而由此内化的认同转化为外在的遵循。

由此可见,当"枫桥经验"利用民间规范的调解机制发挥解纷作用时,其背后的法理指向的是社群的和谐秩序,这是民间规范的应有价值,也是我们之所以推崇"枫桥经验"的原因。通过对之在理论上的证成,我们将形成理论自信,从而有把握推动"枫桥经验"这一机制运行在正确的轨道上。在上述的案例一中,从现有法律规定及法治观念等来看,简单地将河床沉积的细沙权属归于先占先得的原则,显然有不公平、不合法之处。根据《中华人民共和国物权法》第46条之规定,矿藏、水流、海域属于国家所有,当地村干部对河道没有管理权和处分权,河道清淤属于政府部门职责,那么清出来的细沙是应该归属国家、村集体,还是谁清理谁受益?这些都不是一概而论的。该案适用了本村土家族的传统习俗,在当地能够被普遍接受和认同,而且在特定的情境下,调解结果并未损害国家和集体的利益,也未扰乱正常的社会秩序,可以作为"活的法"适用。如果说案例一是依照传统习俗来调解纠纷,那么案例二、三就是依照情理进行调解了。情理就是常识性的正义衡平感觉,即在处理纠纷时,不拘泥于诉讼双方的诉求,更倾向于给诉讼双方都适当施加一些痛苦和损失,寻找正义的衡平感。[①] 法不外乎人情,早在明清,天理人情就是司法审判过程中的重要法源。案例二中,赵某是婴儿的母亲,有别于他人,从家庭伦理来考虑,婴儿在她的爱护下会更健康地成长,且赵某也绝非心怀歹意,因而适度介入缓和婴儿父母双方关系,合情合理,也不与法律规定相悖;案例三也是借助基层群众最朴实的"情、理"劝解当事人双方,搞好同村关系,各退一步,各取所需,最终实现矛盾冲突的最小化处理。

四、基于对"枫桥经验"的路径因循:民间规范对未来的调解活动的应然助力

"枫桥经验"下的调解活动常常依托于民间规范的特定调控机制且已取得了一定的实效,这一调解机理带来的高效是司法程序所无法比拟的;并且,当调解活动以民间规范为准则时,其发挥的修辞伟力也是其他调节方式无法企及的。所以,我们应继续因循这一调解路径,努力为未来的"枫桥经验"的运作提供实践助力。

首先,要坚守对调解行为应然遵循的原则——自愿与平等原则。在遵循纠纷双方当事人调解意愿的前提下施行调解。如果一方当事人不愿接受调解,调解活动则不应展

---

① 滋贺秀三.中国法文化的考察[M].王亚新,等译.北京:法律出版社,1988:13.

开。并且,调解主体应当对双方予以平等对待,以不偏不倚的姿态对待当事人的利益诉求,以客观公正的视角审视当事人的纠纷形态。必要时采取一定的阻隔措施,使当事人感受到被调整主体平等对待。

其次,调解主体应当熟谙纠纷双方当事人的生活场域内的民间规范。这需要调解主体从事相应的调查工作,以全方位地了解民间规范的内容、民间规范对当事人的生活影响以及当事人对民间规范的认同度。必要时制成正式的调研报告并附在调解文书内。当然,对这一调查活动,应当建立配套的制度予以支持,甚至建立制度以督促调解主体在平时注重对民间规范的学习并设置相应的考试制度亦不为过。尽管"案多人少"的问题一直困扰着司法机关,但追根究底,矛盾的根本在于案多而非人少。面对我国如此庞大的人才基数和每年人才数量的不断递增,矛盾点集中在案件的递增速度远高过人才的递增速度,所以,控制好案件数量才是解决"案多人少"的釜底抽薪之计。借鉴枫桥经验"矛盾不上交"的就地化解矛盾思维和最终达到"捕人少治安好"的社会效果,司法机关应在必要环节提高调解能力,特别是在处理好轻微刑事案件上多努力。而对民间规范的长期接触,无疑能提升司法机关的调解能力。

再次,调解主体在使用民间规范调解纠纷时,应当将民间规范与纠纷事实结合起来。"枫桥经验"在调分止争时注重将"因时因人因地"与"抓重点重分类"相结合。例如枫桥派出所的"老杨调解工作室","老杨们"坚持走群众路线,走访恳谈群众千余次,体验群众的感受,换位思考,因案施策,及时将矛盾化解在基层。施瓦布说过:"法律制度的任务首先是要解决冲突,而解决冲突的理智做法只能是,每个冲突都要依据其个案特点来解决,并且要与众多其他可以事先预见的相同或近似的冲突联系起来作出评判。"①民间规范发挥调解功能时更是如此,它必然要在纠纷的具体语境中才能消弭纠纷,而且民间规范也只有在与纠纷事实融合时,才能释放其对纠纷当事人的有效修辞,毕竟,陷入纠纷的当事人最在意的显然是纠纷本身指向的利益。调解时对这种"结合"的注重才能导向"必也使无讼乎"的和谐境地。

复次,调解主体要灵活运用语言表述民间规范。正如前文所述,民间规范的取效在于它的独特修辞,调解主体也应利用这种乡土气息浓厚的语词表达这种规范的内容。所以,在调解活动中,民间规范的表达艺术是调解主体需要掌控的,吐字发音与措辞都应符合民众的惯习,尤其应契合纠纷当事人的习性。调解主体在当事人之间传播民间规范时,又应当注意以当事人能够接受的言辞表达民间规范的重要意义。一般而言,语词的使用服务于我们生活中一些相当具体的功能、需要或目的,而那些功能构成了一门语言中使用这一语词或那一语词的原因所在。② 但这又是建立在调解主体对民众的语言惯习足够了解的基础上的。

---

① 迪特尔·施瓦布.民法导论[M].郑冲,译.北京:法律出版社,2006:12.

② 安德瑞·马默.社会惯习:从语言到法律[M].程朝阳,译.北京:中国政法大学出版社,2013:101.

最后,要依托国家与社会对"枫桥经验"的推崇,形成社会整体对优质解纷模式的借鉴,努力实现社群的广泛和谐。"党政主动带头,群众广泛参与"是枫桥经验的主要工作模式,特别在偏远且法治普及率低的地区,党政干部应充分运用其知识、观念优势,协调统筹调解工作;依靠群众不仅有助于信息资料的收集,也有利于群众对调解工作进行监督,而群众积极响应参与的村民会议、村民会议表决通过的村规民约在实践中就分别发挥着"小人大"和"小宪法"的作用,真正实践了基层民主自治,形成"政府—群众"的良性互动局面。民间规范与人民群众的基本生态密切相关,对它的熟练应用也正意味着"枫桥经验"对群众意识的贯彻。当然,这也要倚赖媒体的传播技术,要使人们广泛地熟知这一调解方法。

总之,我们要吸收民间规范在解纷层面的有益之处,充分发挥现有的资源优势,努力在调解领域实现民间规范对利益的有效整合以及对社群的和谐秩序的确认与维护。而这,也是"枫桥经验"的宗旨所在。而因循"枫桥经验"这一被充分证实对社群秩序具有积极作用的规制模式,我们积极探究如何借助民间规范化解矛盾的实践时,一定结合我国的实际情况,对纠纷形态、民众心理、社会"小传统"、国家政策与法律等因素的全面考量,求得妥当的民间规范调解之路。

结　语

民间规范是人类对自我生活利益的调整形成的自发性规则,它能面向人类的日常纠纷并以人们乐于接受的方式妥善处理。"枫桥经验"的核心就在于以简便的方式将纠纷尽早地解决,它对民间规范的吸纳无疑能够有效地达到这一目的。法治国家的建立需要尊重市民社会的自治性规则,就如马长山所言,"外生秩序"的构建必须立足于并体现市民社会的"内生秩序"。① 忽视了市民社会的内部规则,而仅仅依靠国家精英智识的单向管控,法治国家的建立是不到位的,因为它忽略了大众的朴素"秩序情感"与民间规范更为接近这一事实。"枫桥经验"能够达致对乡土秩序的维护,本文通过对其与民间规范的调解机制的关系分析,能够开示出乡土秩序的重要地位,当然更重要的是,它为民间规范的未来调整铺就了康庄大道。

The Research on the significance of the folk norm to mediation

—Based on the study of the "Fengqiao Experience"

Zhang Ning　Yu Di

Abstract: The folk norm, which is independent of the National law, develops from the spontaneous native orders and presents people's interests of their daily lives. The

① 马长山.国家、市民社会与法治[M].北京:商务印书馆,2002:28.

close relationship between folk norms and community order can be utilized by mediation, which values the "Fengqiao Experience". From the empirical point of view, folk norms are widely used in mediation activities. Its theoretical meaning also lies in the consistency between the purpose of mediation and the function of folk norms: the pursuit of the value of community harmony. Therefore, we should keep making the mechanism of mediation through folk norms of the "Fengqiao Experience" work and improve it in practice.

Key Words: folk norm; mediation; the "Fengqiao Experience"

布依族“扫家”习惯法研究*

——以规范分析为路径

王林丽** 周俊光***

摘要:“扫家”习惯法是通过民间宗教权威予以保证所形成的一套规范体系,在维护布依族社会秩序稳定方面发挥重要作用。从规制体系及运行机制分析,其通过对两造的权利/义务及裁决者——“摩师”的权力/责任进行相应设定,并将矛盾归入“扫家”仪式环节中化解,借神秘力量保障实施,消除隔阂,修复熟人社会关系。文章分析了“扫家”习惯法的成因,反思民间信仰支配民族习惯法的制定问题,归纳“扫家”习惯法的运作机理,进而探讨其对布依村寨的社会治理所具有的价值。鉴于“扫家”习惯法被广泛适用及其本身具有的价值而言,说明民族习惯法作为弥补国家法漏洞的存在有其深刻的社会背景,亦是社会发展的选择。

关键词:习惯法;布依族;扫家;民间信仰

引　言

“扫家”习惯法是布依族解决因触犯某种禁忌而引发纠纷的一种非正式制度事实,同时表现为一种宗教性清洁仪式。该习惯法起因于布依族万物有灵、鬼魂敬畏观念和祖先崇拜观念,通过对两造的权利/义务及裁决主体即“摩师”①的权力/责任进行规制,借神秘力量保障实施,进而将矛盾置于相应程序中。“扫家”习惯法渊源于布依族摩教的《摩经》教义中。中华人民共和国成立后,人口的增长致使村寨规模逐渐变大,“扫寨”②需耗费巨大的物资,已不再适应时代发展,进而演变为“扫家”。该习惯法广泛存在于布依族地区,并在当地得到普遍遵守和执行,深刻影响布依族的社会生活,必然有其内在的运作机理。笔者以规范分析为路径,梳理布依族“扫家”习惯法的成因,深入剖析其规范的内容、运作

* 基金项目:国家社科基金重大项目“民间规范与地方立法研究”(项目编号:16ZDA070)阶段性研究成果;中南大学中央高校基本科研业务费专项资金资助项目“‘一带一路’文化产业法律体系研究”(项目编号:2019zzts378)。

** 王林丽,中南大学法学院硕士研究生。

*** 周俊光,中南大学法学院博士研究生。

① 布依族认为该人作为人和鬼神沟通的中介。

② “扫寨”是指因某种禁忌发生,由全村人员参与将布依村寨中的“不洁”物清除的大型宗教仪式。

机理及其存在的社会价值。本文通过规范分析，以“扫家”习惯法为研究对象，思考民间信仰与民族习惯法的内在关系，探讨该类习惯法存在的社会基础和实际作用，进而从内在逻辑上佐证“民间法消亡论”的不可发生性。在依法治国的当下，民族习惯法不应成为被忽略的社会治理要素，应当引起足够的重视并展开深入的研究，使之发挥更大的作用为社会服务。

一、“扫家”习惯法的成因

（一）万物有灵观念

恩格斯在谈到美洲印第安人部落宗教信仰时指出：“他们已经给自己宗教观念——各种精灵——赋予人的形象，但他们还处在野蛮时代低级阶段，所以还不知具体的造像，即所谓偶像，正是一种正像多神发展的对大自然与自然力的崇拜。”①可见，在原始部落，人们为求生存，将人与某种动物或植物建立特殊关系，避免因对某物的伤害，导致与之相关的另一物遭受同样的伤害，由此把该物视为该氏族的神物加以崇拜。封闭的地理环境及落后的生产力同样促使布依族先民将个人安危与生活环境周围之物建立某种联系，因为还不知道具体的造像，而产生对大自然的崇拜，万物具备灵魂，无论天上地下、飞禽走兽、草木虫鱼。所不同的是，万物有灵在布依族世界所代表的意义特殊，万物皆有各自的存在、运作方式，其具有阻止或者预见灾难、祥瑞发生的功能，对自然毁坏，便是对生命的杀戮，必定遭受异己力量的惩罚。如布依族典籍《洪水潮天》描述日月星辰、闪电雷鸣皆具灵性，自然诡异现象的出现，皆因某种杀害生命的行为发生，是天神执行“天罚”的结果。

“扫家”制度基于万物有灵观念而存，首先，“扫家”习惯法规定，“牲畜进入住宅需适用‘扫家’习惯法救济”。从“扫家”仪式举行地点分析，被害住宅位于村寨中，在该环境中，当然存在“祖先”神灵、树木神灵或其他神灵。牲畜进入住宅，导致牲畜神灵与祖先神灵或者树木神灵冲突，“扫家”规则出于规范有序的生存场所，将牲畜神灵与其他神灵的遭遇认定为违背规则。其次，“扫家”习惯法规定，“妇女分娩后，四十日内进入他人住宅的，需适用‘扫家’习惯法救济。”妇女分娩自身带有危险性，其碰触的东西会给主人带来不幸的观念存在于许多族群。② 布依族因不能解释产妇分娩，将该种现象认定为孩子出生时，其他不祥神灵也跟随出现，当进入他人住宅时，该种不祥会与祖先神灵冲突，故而，“扫家”习惯法给予产妇四十日之宽限期，预示超期后，不祥物已离开，方可出入。布依族将自然现象的发生视为万物有灵惩罚的结果，“扫家”规则能够补救万物有灵的惩戒风

① 马克思，恩格斯. 马克思恩格斯选集(第4卷)[M]. 北京：人民出版社，1995：88.

② J. G. 弗雷泽. 金枝[M]. 耿丽，译. 重庆：重庆出版社，2017：126.

险，通过宗教仪式对神灵感召，能将触犯行为招致的灾祸消除，构成布依族与自然相处过程中出现对立时的矛盾解决方式。

(二)鬼魂敬畏观念

灵魂离体的观念存在于多个部落中。① 从布依族的生活习惯中可看出，布依族相信人死后灵魂不灭，鬼魂有异己的力量。其将灵魂分为善魂和恶魂，善魂主要代指已故亲人之魂，恶魂代指死于非命之人并作恶于他人的灵魂。类别繁多，如“独岜上”魂能致人头痛；“独然”魂作乱致使发生奇异征兆；“独热”魂使霍乱或传染性疾病发生；“独相”魂致使皮肤病发生；“独塘”魂致使妇女难产而死；“堕魂”致使孩子灵魂离开；“堕血凡”魂导致孩子不吃饭。② “堕防凶”魂被视为最恶的魂，能够使活着的人作出各种诡异的行为。③由此可知，布依族的鬼魂观念关乎一个人的生老病死，从一个人出生时需作法将其灵魂接来，在成长过程中遭受各种鬼魂作恶时，需作法将其驱除，至死亡后需举行丧葬礼将其灵魂送走，预防祸害他人。

另外，在布依族“鬼节”夜间，族内成员通过点燃香火，分两份握于手中，进行大规模舞蹈，俗称跳“鬼舞”。由此可见，布依族“鬼节”与鬼魂敬畏观念存在密切联系，在氏族繁衍经验中，某一团体为求集体的生存和发展，却不能解释或者克服某种神秘力量时，往往将其视为禁忌或者设法取悦，以缓和社会矛盾。布依族虽然畏惧鬼魂，在将鬼魂视为禁忌的同时也设法取悦，以求安稳。例如，“鬼舞”的编制，其姿态与布依族丧葬礼上所舞相似，目的在于通过跳“鬼舞”送走灵魂或者庆祝节日。布依族通过制定节日，以及跳“鬼舞”取悦鬼魂，使其在各自的支配范围内，约束自身的行为，互不惊扰。

“扫家”习惯法深受鬼魂敬畏观念影响。如果说，“跳鬼舞”为一种人鬼相处的和谐方式，那么，“扫家”实为一种强制方式。“扫家”习惯法规定，“碰触尸体七日内进入他人住宅的，需适用‘扫家’习惯法救济。”灵魂不灭是布依族及部分民族对世界的认识观念，如毛利人习惯法存在将接触过尸体者隔绝的规定。灵魂不灭的观念造成布依族将灵魂与接触之人产生联系，逝世之人的灵魂将会附着于碰触该尸体之人，该人进入他人住宅时，将造成住宅神灵与死去之人灵魂的冲突。正如前几类事例，在布依族地区普遍发生，情

① J. G. 弗雷泽. 金枝[M]. 耿丽，译. 重庆：重庆出版社，2017：106.

② 黄仁义. 布依族宗教信仰与文化[M]. 北京：中央民族大学出版社，2002：28-32.

③ 2004年暑期，该组一男李某约30岁，突然神志不清，穿他妻子的衣服出现在大街上，自己搭建一个小石孔，要往里穿，之后反复去爬一棵小树，整个过程自言自语大约经过几个小时，众人发现情况不对，众人合力用绳子将其困住带回住所。后“摩师”以水勺口盖住其脸部，使劲敲勺低，用布依语问“你是谁?”该人回答是某某（村里已逝一妇女）。问者便说“我们人多在明处，你敌不过我们在暗处，回到你该去的地方。”其便说“不给我饭吃。”问者说“给了你吃完就走了。”答者要求鸡、肉、香、酒之类。便根据其要求，迅速摆设燃香、酒、肉，“摩师”念请其吃饭的词。后李某便睁开眼，他并不知道发生的事。2008年末，赵某结婚，结婚当天晚上，赵某忽然神志不清，发疯狂跳，并一直说有人要抓他走，众人惊慌失措。最后，选择用案例一之方法得以解决。

形复杂多样,解决方式如一。如在病死于租出房屋案中,[①]该组村民认为该逝之人死于非命,鬼魂可能作恶他人,要求对全组每一住宅举行“扫家”仪式,将恶鬼魂驱除,方能平息民愤。根据“扫家”习惯法规定的程序可知,仪式的举行由能与鬼神沟通之人“摩师”操纵,辅助相应的“法物”和经文,实为一种强制性的驱除惩戒方式。“扫家”不仅能够在事故发生后进行救济,同时通过教义劝告的形式约束第三人,防患于未然,保证业已存在的秩序、价值得到强化,持续沿着有利于群体的生存和发展方向演进。

(三)祖先崇拜观念

布依族祖先崇拜是万物有灵和鬼魂敬畏的进一步发展,薄弱的生产力决定某一集团的生存必定依靠集体的力量,由依靠自然的力量转变为依靠氏族的力量,目光由自然转向自身,自然,氏族首领当然成为崇拜的对象,父系氏族社会单个家庭的建立导致人们逐渐将崇拜对象转移到与自身有直接血缘关系的祖先上。[②] 涂尔干说:“每个个体都拥有自己的神圣存在,它来自自己的意向,关联着自己的内心生活,牵连着自己的命运,这就是灵魂,个体的图腾,他的佑护祖先。”[③]布依族对祖先信仰的“神圣”性由设置于住宅内部空间中心的“堂屋”[④]可知。“堂屋”中间的墙壁上,贴有红纸黑字表示祖先神位以及祝福平安等,墙上放置“神杆”[⑤],墙前放置桌子,桌上摆放祭祀盛器。“堂屋”是祖先所在之地,是最神圣的境地,必须保持整洁,不得堆放杂物、不得用作起居地、不得大声喧哗、更不得谈吐不吉利之语,只用于结婚摆放嫁妆或丧事举办场所等。逢年过节,饭前必须祭祀祖先。祖先具有庇佑家族兴旺发达、人人顺利平安、牲畜满圈、五谷丰登的功能,生活指向及个人利益的追求,促使万物有灵的信仰内化为以血缘关系为基础的单个家族的祖先崇拜。

“扫家”习惯法规定,“未婚性行为发生于他人住宅的,需适用‘扫家’习惯法救济”。关于早期对未婚性行为的认识,存在多种解释,其中主流观点是未婚性行为具有导致庄稼减产的风险。[⑥] 然而,布依族对未婚性行为的解释为,当未婚性行为被发现时,女性被称为“奢”,男性被称为“奢达”。奢,即被妖魂附体。[⑦] 即将未婚性行为解释为身体被其他妖魂控制,在住宅之内发生,促使妖魂与祖先神灵冲突,导致住宅所有人的祖先信仰空间被侵犯。“堂屋”是住宅中心,是住宅人员内心所向为族员提供一个安置信仰的空间,在这个空间内,每一族员都可将自己期望寄托于神圣物之上。祖先崇拜教义对族内成员的社会交往关系产生制约与引导作用,当圣地遭到侵犯时,与之相应的崇拜也会产生同样

---

① 2019年1月黄土村A组村民王某将自家住宅租给负责修建经过A组路段的高速建筑工人居住,其中有一人因病死于出租住宅中。王某要求该路段负责人李某支付因该死亡行为导致的住宅被污染的损失以及修建房屋的费用,李某拒绝支付,在寨老的调解下,李某支付A组全户“扫家”费用。

② 周国炎.中国布依族[M].宁夏:宁夏人民出版社,2012:166.

③ 涂尔干.宗教生活的基本形式[M].上海:上海人民出版社,1999:559.

④ 布依族人将住宅最中间的一个隔间作为供奉祖先的地方,一般设在第一层或第二层。

⑤ “神杆”布依族语,即供奉祖先的地方。

⑥ J.G.弗雷泽.金枝[M].耿丽,译.重庆:重庆出版社,2017:67.

⑦ 陶钟灵,韦兴儒.布依族的婚俗特点和性禁忌的法价值[J].云南社会科学,2007(6).

的风险，将面临神秘力量的惩罚。从某种意义上来说，祖先崇拜的终极意义表现为对内心的道德法则约束成员行为，同时又给予成员美好未来的憧憬。未婚性行为发生于住宅打破个体的生活现状以及未来期望，故而引发该空间成员之间的内部冲突以及家族成员与侵犯者之间的外部冲突，破坏平稳的家庭秩序和村寨秩序，"扫家"习惯法通过宗教性清洁仪式将厄运清除，缓和神灵冲撞矛盾。

综上，"扫家"习惯法实质上是布依族对万物有灵观念、鬼神敬畏观念以及祖先崇拜观念相结合的产物。根据蔡华的"信仰理论"概念可得，他认为"人类行为不仅受其生物存在及其运作机制的支配，而且还受她自身对一切物质事实之解释的信仰所支配"①。由此，"扫家"制度实质上是布依族宗教信仰支配下理性选择的结果，其起因于布依族对牲畜、产妇、鬼魂以及性行为等其他被视为"不洁"行为的解释，将这些诡异的现象与神灵建立某种联系，幻想"幻境"之中的神灵冲撞，进而危害现实之中人的利益。"扫家"习惯法以外在形式强制规范成员行为，解决因违背信仰愿望产生的纠纷，同时又利用"摩师"能够与鬼魂沟通的神秘权威，从精神上约束当事人的行为，同时起到化解矛盾和精神慰藉的效果。不可否认的是，作为非正式制度事实存在的"扫家"制度，维护原始宗教思想和行为烙印是其与主流社会价值观相冲突的内容，但必须接受的是，在具有浓厚原始信仰观念的布依族社会，有其存在深厚社会基础，并在此基础上，即便从纯粹的习惯法规则本身分析，该制度完全具备法所具有的基本价值，这也是民间法所共有的基本特征。

二、"扫家"习惯法的规制体系

在规制体系上，"扫家"习惯法对被害人的权利请求、加害人的义务履行、家长的协助、监督及"摩师"的权力和责任进行相应的规制，构成一套完整的规范体系。不当行为的发生，造成祖先崇拜和神灵崇拜信仰的侵害，引发宗教意义上的因果报应关系。为防止不利后果发生，确立"扫家"规则中的宗教性仪式作为补救信仰损失的必为性规范，实现祛除"不洁"，恢复"圣洁"，祖先信仰秩序得以维护的目的。"扫家"习惯法规定，被害人享有请求加害人因不当行为导致的不利后果而承担支付"扫家"费用的权利，加害人男性一方需履行支付"扫家"费用的义务，"摩师"享有举行"扫家"仪式决定权，同时需承担公平、正义地举行"扫家"仪式的责任，家长需承担协助与监督的责任。

(一)被害人请求"扫家"的权利

在"扫家"规则中，发生牲畜、产妇分娩后未满 40 日、某人触摸过死人未满 7 日进入他人住宅或未婚性行为发生于他人住宅时行为时，造成该住宅供奉的祖先神灵、住宅本身、家庭成员产生或将产生的损害结果为：其一，祖先信仰被亵渎。祖先信仰代表子嗣传

① 蔡华.人思之人[M].云南：云南人民出版社，2009：89.

承、民族延续和小家庭甚至整个村寨的稳定发展利益。祖先信仰规定维护住宅的“圣洁”、保持祖先的神圣是家庭成员的义务。未能履行看护义务，导致祖先神灵被亵渎，难免被视为不孝，遭受村寨舆论谴责。其二，住宅被贴“不洁”标签。祖先被亵渎，神灵离开，住宅成为没有神灵护佑的场所，容易为“邪祟”所控制，成为“不可进入”的忌讳场所。在互助型生活环境条件下，某一住宅被贴上“不洁”标签，可能面临被其他成员孤立的困境，不利于正常生活秩序的运转，影响住宅成员正常的社会交往关系。其三，住宅成员将遭受“厄运”困扰。祖先崇拜本质上是以血缘关系为基础，祖先给族人以生命，祖先神灵具有神秘力量能够保护本族或家庭免于危难，同时作用于个体的外在行为表现。当祖先被亵渎而离开，居住于该场所的成员将无法获得祖先的庇佑，容易被“邪祟”所害，从而遭受疾病、灾难等。基于此类损害，“扫家”规则赋予被害人请求消除损害的权利。

基于“扫家”规则所涉及的范围而言，请求权利的主体具有广泛性。由于加害人的行为导致整个住宅成员共同信仰的祖先被亵渎，生活环境的“圣洁”性被破坏，将被“厄运”侵害，因此“扫家”赋予该住宅居住所有成员请求损害赔偿权。若该住宅祖先是某个家族或者整个村寨所有成员的祖先，那么家族或村寨的任何一个成员均有权向加害人主张损害赔偿。如在黄土村A组李某女与王某男留宿李某住宅后被李某父母要求承担“扫家”费用案中①，不仅李某的住宅成员具有“扫家”请求权，其家族成员、寨老在请求费用负担时同样具有损害赔偿请求权。若侵犯单个家庭、家族、全寨的祖先神灵，则家长、族长、寨老分别代表主张“扫家”的权利。

基于损害后果的宗教性而言，权利请求具有多重性。“扫家”习惯法规定，根据加害人的不当行为导致的三种损害结果，住宅成员中任何一人对加害人享有主张赔礼道歉、恢复原状、采取相应补救措施的权利。赔礼道歉是由加害人当面向被害人忏悔自己的行为并口头道歉；恢复原状指恢复住宅的“圣洁”；采取补救措施主要是消除住宅成员潜在的“厄运”。赔礼道歉、恢复原状、采取补救措施是被害人权利主张的主要内容，也是必选内容。赔礼道歉表明加害人主动承认错误以求被害人谅解，这也是“扫家”仪式举行的前提。如在房屋出租案中，由寨老调解，全组每户均可主张损害赔偿。基于恢复住宅的“圣洁”性和消除“厄运”的重叠关系，唯有举行“扫家”仪式方得以实现，因此“扫家”成为不可或缺的权利主张内容。

(二)加害人履行“扫家”的义务

基于损害后果的宗教性而言，义务履行具有多样性。当“不洁”行为发生后，受害人发现并控制加害人，为恢复住宅的“圣洁”、迎请离开的祖先神灵、祛除潜在的“厄运”，必

---

① 2016年8月，黄土村A组布依族李某女与邻村C组汉族王某男相恋，后王某男多次留宿李某住宅，被双方父母知道。李某父母认为，王某多次留宿李某住宅，亵渎神灵，玷污风气，需要请摩师“扫家”将污气除掉，要求王某父母承担“扫家”费用。王某辩称，王某已经过李某同意才留宿，本身不受“扫家”约束，拒绝承担“扫家”责任，双方协商未果。最后经寨老要求，“扫家”活动由女方父母举行，费用由王某承担，纠纷得以解决。

向加害人主张赔礼道歉、恢复原状等采取补救措施。鉴于权利/义务的对等关系，加害人需履行向受害人当面进行赔礼道歉并配合“扫家”仪式举行后，负担因“扫家”支付的必要费用的义务。加害人在具体履行义务中，主要义务在于配合“扫家”仪式的举行以及支付仪式举行的必要费用。配合“扫家”仪式主要在于加害人将居住地址、姓名告知于“摩师”，便于“摩师”在念咒语时向被触犯的祖先神灵说明加害人的不当行为，罪过由加害人承担，为住宅成员开罪，这也是加害人对自己行为负责的义务之一。

基于“扫家”仪式的宗教仪性而言，义务履行具有先后性。在履行“扫家”费用支付方面，加害人可选择两种支付形式。一是于“扫家”仪式前支付。在该支付形式中，通过对“扫家”所需物，如狗、鸡、菜籽油等祭品结合相关案例协商数量和重量后，根据当时的市场价格评估总费用，最后得出一个相对公平的金额。如发生在黄土村A组因未婚性行为发生于他人住宅，并以“扫家”解决案中①，韦某女父母要求韦某男支付“扫家”费用400元，韦某男提前支付“扫家”费用后，纠纷得以解决，也即加害人可选择仪式举行前支付费用，完成义务的履行。二是于“扫家”仪式结束后支付。这种情况则是根据“扫家”实际支出的费用支付即可，但受害人在举行“扫家”仪式中，依然根据“摩师”的安排，听从“摩师”指挥。根据传统案例的费用，在适当的范围内消费，如果费用过高，加害人有提出抗辩而拒绝支付过高部分的权利。若加害人没有提出承担义务的抗辩事由，拒绝提供信息以及拒绝支付费用，则被害人有权将加害人之行为公之于众，让其遭受社会舆论谴责，加害人也会被视为“不洁之人”，将会被社会孤立、唾弃。在熟人社会环境中，若被孤立，形成的互助关系将会被打破，该人生产生活的代价将会提高，甚至面临困境，督促加害人积极履行义务。

基于互助型社会生活条件而言，权利请求与义务履行具有不对等性。矛盾消解的环节全围绕“扫家”的内容展开，这些义务的履行本质在于消除受害人的损害后果，并且这种损害后果带有宗教性、不可预见性。“扫家”赋予加害人只需要举行“扫家”仪式，将这种具有不可预见性的祸患消除即可，不存在惩罚性的特征，即便在“扫家”费用支付上，只要求支付必要费用，也体现着朴素的公平原则。这些因素互助型社会生活条件决定，布依族社会是以血缘关系为基础的熟人社会，如能进入社会成员住宅并且在重要房间休息的人，不是家族成员，就是亲朋好友。在重义轻利的思想影响下，只要能够恢复原状，避免不利后果的发生就可以获得谅解。这些权利、义务的设置目的都是为了消除侵害的直接后果以及修复由此引发的熟人关系的破裂，实现维护宗教信仰和社会秩序的良性运转。

---

① 2015年7月，黄土村A组韦某男与其同学王某女在B组韦某女家里过生日，晚上韦某与王某留宿韦某女住宅大房客厅并发生关系，被韦某女父母发现。韦某女父母咨询“摩师”，被告知应当举行“扫家”后。韦某女父母遂找韦某要求承担“扫家”费用。最后经“摩师”调解，韦某支付购买一条狗、一只大公鸡、两斤菜籽油即“扫家”仪式所需物约400元，纠纷得以解决。

(三)"摩师"操纵"扫家"的权力/责任

基于"摩师"的社会地位而言，裁决主体具有专属性。"扫家"不仅是祖先信仰利益受损的纠纷解决机制，同时更是布依族社会诸多宗教仪式中较为普遍的一种大型宗教性清洁仪式，"摩师"对仪式的举行享有决定权和操纵权，占总支配地位，决定仪式举行的日期、地点、参与主体、硬件设施，并对协助主体——家长，发号命令，操纵仪式各环节。在仪式进行时，由"摩师"独自掌控经文诵读的内容，以及控制仪式进展速度，并决定在某一环节应由某一主体承担何种工作，以及掌控被害人的权利请求、加害人的义务履行。基于"摩师"指挥，双方当事人将矛盾交由"摩师"裁判，听从其安排，家族中年长者协助并听从"摩师"命令。"摩师"在该种纠纷解决中，其社会地位和权威是化解矛盾的核心，由其对两造的权利/义务进行分配，行使裁决权。

基于"扫家"仪式的程序性而言，裁决主体具有专业性。"摩师"基于自身对"扫家"仪式的操纵权、解释权以及两造的信任，享有规则分配决定权。"摩师"对宗教"法物"即狗、大公鸡、菜籽油、纸钱等的提供主体享有决定权，可要求加害人承担，也可要求被害人承担，即可偏向加害人或被害人，这种权力仅由"摩师"专享，容易引发权力膨胀，进而导致裁判结果得不到应有的公正。在诵读经文时，"摩师"享有经文解释权，其以唱古歌或者诵经文的形式行走于住宅每个隔间，当事人并不能判断经文诵读是否正确，无法证实"不洁"是否被清除，不能证实被害人的权利请求是否得以实现。另外，"摩师"虽享有仪式操纵权，但没有请求支付劳务报酬权，实践中，"摩师"凭借仪式解释权而要求住宅主人提供若干人民币作为法物之用，并在仪式结束后，通过解释用以作法之用的人民币需由"摩师"带走，从而有利于仪式更灵验。知识垄断容易造成"摩师"权力膨胀，导致两造利益损失。

基于民间信仰的普遍性而言，权力监督具有双重制约性。虽然"摩师"享有宗教独裁权，但其权威施展的基础和运作的空间是一种植根于血缘关系和民族认同之上的信仰系统，"摩师"独裁权的形成是根据信仰教义的指示以及鬼神敬畏的内心恐惧基础而建立，享有独裁权力是其承担宗教事务，为族员服务的前提。虽然"摩师"在主事过程中，会引发权力膨胀的风险，但是"摩师"职业并非一般人能胜任，家长只有经过学习布依族传统文化知识，掌握《摩经》教义才能担任"摩师"之职。除此之外，从内力制约因素上分析，"摩师"作为布依族之一，同样拥有对祖先崇拜和鬼神的敬畏民间信仰，万物有灵和祖先信仰权威对"摩师"权力具有制约功能，只有具备较高资质之人才能得到社会群体的信任，信任是"摩师"行业得以维系的基础，"摩师"是纠纷解决的特殊符号，是公平与正义的化身，在拥有崇高社会地位与权力独裁的选择上，"摩师"必然通过内心的道德约束持公平与正义的理念为两造解决纠纷。从外力制约因素上分析，家长同样具有较高的社会地位，作为维护布依族村寨秩序以及家庭和谐关系的主要社会责任主体，掌控一定知识，在听取以及配合"摩师"指挥的过程中，对"摩师"行使命令权具有平衡制约功能。不仅如此，祭祀物在一定程度上具有公平、正义的特殊意义，能够约束“摩师”以公平、正义的理念行使权力，进而实现权力享有的同时承担相应的社会责任。

三、“扫家”习惯法的运行机制

埃利希认为，法律规则只是社会诸种规则的一部分，并且在很大程度上是该社会群体内部秩序的映照和重述。法律从业者应当意识到，法律规则背后的社会事实、社会内在秩序的强大力量才是法律效力的真正来源，埃利希称之为“活法”的统治。[①] 布依族“扫家”制度，作为社会事实之一，内含的赏罚原则是布依村寨秩序最有效的组织原则，针对不当行为者施加同等的或更大的痛楚，其通举行宗教仪式的方式，将不当行为人的排斥情绪和被害人的复仇本能消除于庄严的程序操作中，借助神秘力量即内心的信仰权威和主权者“摩师”的权威保障其运行，以设宴的方式弥合两造之受伤情绪，并以庄严的仪式震慑布依族其他成员，预防未来发生新的痛苦。

（一）以程序消解矛盾

当矛盾经过“摩师”裁决，确定举行“扫家”仪式后，并通过被害人申请，由“摩师”确定仪式举行日期，“摩师”可根据矛盾涉及的主体范围、社会影响力、天气状况等因素确定吉日，通常与事发之日相隔 10 日或者 20 日。这一期间，目的在于给予两造相应的冷静期，正所谓冲动是魔鬼，有利于抚平两造尖锐的对立情绪，给予加害人足够的准备时间和阻止行为人冲动的复仇本能。布依族具有举行重大活动必选吉日的习惯，“吉日”象征吉祥、幸福美好之意等。矛盾化解选择于吉日举行对行为人而言，“扫家”举行并非对其进行制裁，而是代表将来的某种吉祥，对被害人而言，其也蕴含着将“不洁”清除，迎接祥瑞之意。“摩师”通过把握布依族对祖先和吉日崇拜的心理特征，选择“吉日”举行对两造之对立情绪具有消散和安抚功能。

不仅如此，仪式由具备社会崇高权威地位的“摩师”操控，被害人家族中长辈参与协助与监督，防止“摩师”滥用职权偏向当事人一方，同时“摩师”又可通过行使操控权，防止被害人家长请求苛刻、滥用监督权，防止行为人承担过重负担，两者形成相互制约与平衡之势。被害人通过家长维护其利益请求，行为人通过“摩师”公正主持维护其义务履行，可增强加害人自愿履行义务的心理，消除被害人无人担负“扫家”费用以及利益受损补救程度的顾虑心理，推进“扫家”仪式的顺利举行。另外，在“扫家”仪式所需物上，狗、公鸡、菜籽油等祭品及纸钱竹竿等在布依族社会中象征特殊意义。狗象征勇猛、忠诚、吉祥等，在很多宗教仪式及邪术破除上是常用之物，公鸡作为布依族的神明裁判物之一，具有识辨事实真相的灵性，象征公平与正义。鬼畏惧火，燃烧菜籽油目的在于驱除恶鬼。“扫

① 埃利希.法社会学基本原理[M].舒国滢,译.北京:中国大百科全书出版社,2009:1.

家"利用这些物所代表的勇猛、正义、吉祥、光明象征意义以及"摩师"代表正义并受家长的制约的功能化解矛盾,无论在内含上还是表现形式上,都以公平与正义的意义满足两造于行害与受害后内心急待的需求。

于仪式举行之初,被害人将一沓纸钱挂于一根竹竿,立于行为发生住宅出入口,警示他人此住宅正在进行"扫家",不得擅自进入,否则需承担因此所遭受"扫家"不"灵验"而再次举行"扫家"的损失,以及在"扫家"进行中,处于该住宅内成员禁止与住宅之外的人交流,若发生内外人员交流则由被害人自行承担或者由交流者承担仪式"不灵验"的后果。虽然"摩师"根据布依族《摩经》在住宅外念一段经文,随后作法步行于整个住宅内每个隔间,杀狗取血、燃烧菜籽油驱撵"不洁,能够消除被害人对仪式清洁的完整性的顾虑,恢复住宅的纯洁性,抚慰被害人祖先信仰利益受损的创伤。但是被害人需自行承担狗血溅地以及燃烧菜籽油产生的油烟导致墙壁被污染或者发生火灾的风险。可接受的是,仪式举行中因第三者入侵导致的"不灵验"以及火灾、狗血溅地责任由被害人或者第三者承担,消除加害人再次承担责任风险的顾虑,保障"扫家"仪式顺利举行。

于仪式结束后,住宅得以恢复洁净,需举行"安家神"和设宴环节。"安家神",即通过"摩师"念经作法,借用大公鸡光明、圣洁、吉祥的象征迎接被玷污而离开的"神灵"。布依族根据公鸡鸣叫的时间和鸣叫的次数判断时辰以及预测吉祥或凶兆的降临,公鸡报晓,能够驱除邪物,布依族认为祖先与公鸡所具有的吉祥、光明属性存在隔时空的联系,祖先可作用于公鸡从而实现对住宅成员的保护。"安家神"环节由"摩师"主持念经文,用公鸡敬拜安抚祖先,迎接因"不洁"侵入而离开的祖先,住宅得以恢复原状,满足受害人渴望因祖先受玷污而离开后再次被迎接回来庇佑家族的和平顺遂的愿望。同时对行为人而言,受害人祖先被迎接回来消除行为人恐惧遭到被害人祖先报复或者本人祖先的抛弃心理,促使双方心灵得到解脱。最后通过宴请环节,在于消除双方的矛盾阴影,弥合双方因纠纷导致的关系破裂疤痕,恢复村寨生活的正常关系。

(二)借神秘力量保障运行

"扫家"制度得以顺利执行的根据源自布依族对祖先崇拜和对鬼神的畏惧的民间信仰心理与"摩师"权威之内、外力相互作用的结果,并非由专门的机构或组织、个人担任。民间信仰作为一种社会意识,必定关注社会现状,以神秘力量反作用于社会成员。布依族万物有灵观念认为无生命的物体也具有生命的特质,动物、植物及天体具有生命和意志,但是灵魂具有善恶之分。人作为自然之灵,其灵魂也存在善恶之分,正常死亡的灵魂为善,通过举行丧葬礼能够通向"天堂",成为其生者亲属的保护神,非正常死亡者因有为完成的心愿,拒绝通向"天堂",或者"天堂"拒收,从而祸害人间,称为恶魂或鬼。恶魂为邪恶,具有超人的力量能够支配人的行为。善魂为正义,具有保护其亲属防止恶魂危害的能力。祖先信仰规训族员自行选择行为自由,以不伤害他人为前提。侵犯祖先信仰将遭受本人祖先的抛弃从而导致被恶鬼危害的风险,以及被害人祖先的神秘力量惩罚。当该社会群体之人因自己的行为导致他人信仰利益受损时，加害人也因此感到自卑、失落、无助，渴望有一种方法将内心的畏惧消除，“扫家”习惯法正满足这种心理需求。

“摩师”在布依族社会中操纵特定的政治、经济、文化和神职权力，既可在宗教领域内发挥作用，也可在村寨社会权力关系、人际关系领域发挥作用，不同于一般的巫师。“摩师”不仅主持较小的宗教仪式，也举行大型的宗教仪式，如葬礼、“安家神”等，仅由男性担任。在宗教权威领域，“摩师”作为人与鬼神交流之媒介，具有宗教仪式操纵权和解释权，“扫家”作为一种纠纷解决机制同时为宗教性仪式，该规则分配均有“摩师”操纵。在知识与文化权威领域，“摩师”掌握布依族传统文化全部，是布依族传统文化的集中者，在布依族传统社会文化层级中，享有最高地位，被认为是布依族文化的“智者”。在人际交往领域，“摩师”除了担任宗教仪式的操控者和传统文化传承之外，还担任约束、指导族员行为、维护村寨交往秩序、村寨对外交往关系、处理社会生活等多重角色。“扫家”习惯法由该族群中集宗教、政治、经济、文化解释权于一身之“摩师”掌控，更加强化两造的信任。借助“摩师”权威镇压加害人之抵抗情绪、制约被害人报复本能，保障“扫家”仪式得以有效执行。

（三）预防新痛苦生发

“扫家”以特定的宗教仪式呈现于社会第三者，“仪式”具有多种含义，“取法”是其中之一意。《诗·周颂·我将》载：“仪式刑文王之典，日靖四方。”《朱熹集传》载：“仪、式、刑，皆法也。”由此可知，在古代，“仪”具有惩罚之意，与“式”组合，具有警告之意。“扫家”以仪式的方式规制加害人和被害人，具有惩戒的功能。对行为人而言实质体现为一种仪式制裁，仪式制裁是指“在远古时代，人们认为，妖术是触犯神明，使社会蒙受不洁的行为，除了将犯人驱除处境或者处以死刑外，还需要宗教清洁的仪式来洗涮玷污”①。但“扫家”相对仪式制裁具有一定的进步性，虽都采用宗教清洁仪式的方式洗涮玷污。但“扫家”并未将加害人驱除或者处死，而是利用“摩师”所具备的宗教权威，将加害人的不当行为认定为该仪式举行的原因，是矛盾产生的事实因素，“摩师”念经文将矛盾生发归因于加害人，其不仅需承担仪式费用，还需承受亲友的舆论谴责和巨大的心理压力。该种仪式所具有的威慑力不仅能够达到清洁的作用，对被害人和加害人所发挥的损失补救和行为惩戒功能，以及对布依族社会中矛盾解决机制的多元化具有重要意义，同时对社会第三人发挥的行为警示与指引，预防新的痛苦发生，维护村寨秩序具有极为重要的意义。

从以上“扫家”规则的运行方式和所发挥的功能看，其以仪式和程序化的方式将纠纷放置于特定的氛围中展开，有效纠纷化解，恢复社会和谐秩序。“扫家”作为社会事实，能够有效调整布依地区社会关系，是布依族地区“活的法”，基本内容是灵魂不灭，因果报应，为个体行为导向提供信仰力量之保证，它不是作为法规被成文化于纸面上，却支配着

---

① 瞿同祖.中国法律与中国社会[M].北京：商务印书馆，2013：307.

实际的社会生活，其所推崇的祖先崇拜信仰具有增强族群认同与凝聚的功能，是民族意识、民族认同及民族文化传承的制度保障。"扫家"正是通过信仰制裁，震撼内心，警示族内成员自觉维护和遵守祖先信仰的神圣性，促使布依族未婚青年以及其他可能危害祖先信仰神圣性的行为者约束自身行为，明白社会认同或者否定的行为类别，强化族员的社会角色意识，弃恶从善，减少族内矛盾。通过"扫家"习惯法的实行，能够有效调整布依族社会中人与人、人与社会、人与自然之间的相互关系，对维护互助型社会条件下的社会互助、和谐、稳定发展发挥重要作用。

四、"扫家"习惯法的价值

"价值"不仅属于哲学范畴，也在其他学科及人们日常生活中被广泛使用，其强调主体需求与客体被需求之间的关系，具有满足主体需要的属性，即能满足主体需求就具有价值。法的价值因使用方式不同因而具有不同含义，"第一，用法的价值来指称法律在发挥其社会作用的过程中能够保护和助长哪些值得期冀、希求的或美好的东西。第二，用法的价值来指称法律自身所应当具有的值得追求的品质和属性。第三，用法的价值来指称法律所包含的价值评价标准。"①价值在表现形式上，具有多元性。"所谓价值多元，存在于人们的日常生活中，存在于主体多元、族群多元、地方多元以及由这些多元所引致的观念、文化和意识多元中。"②"扫家"习惯法是布依族融合民族意识、民族文化及生活方式等，以外在的、强制性的形式规范成员行为的一种方式，其在发挥规范社会行为的过程中，能够解决因民间信仰冲突而引发的矛盾，满足布依族的内心信仰需求和村寨秩序稳定的期冀。故而，"扫家"习惯法有利于规范家族堂屋和祭祖秩序，保障布依族"摩教"的文化统治权威，维护布依村寨秩序和谐稳定。

(一)规范家族堂屋和祭祖秩序

布依族族训要求祭祀祖先在每年的农历正月初一至初三、正月十五及布依族的其他节日举行。祭品为布依族佳肴，并烧香焚纸、鸣放鞭炮，叩拜祈祷。"堂屋"具有特定的意义，将"堂屋"设为祖先灵魂的安放地，构成家庭"幻境"，避免无处安放从而作恶他人生活安宁，庇佑当代之人生活环境和谐稳定及后嗣延绵。韦伯说："没有一种共同体行动，也没有一种个人的行为，是可以没有其对应的神祇的。的确，如果结合体关系要得到永久的保障，就必须有这样的一个神。"③"家族及氏族团体需要有自己的一个神，而且自然会求之于祖先的精灵——不管是实在的还是虚构的。"④布依族正是基于团体的生存需要而

---

① 张文显.法理学[M].北京:高等教育出版社,2011:250-251.

② 谢晖.论法律价值与制度修辞[J].河南大学学报(社会科学版),2017(1).

③ 韦伯.宗教社会学[M].广西:广西师范大学出版社,2006:17.

④ 韦伯.宗教社会学[M].广西:广西师范大学出版社,2006:17.

求之于祖先的神灵,并以“堂屋”安置之。将“堂屋”视为圣地,讲究圣洁、安静,不得堆放杂物和起居之用,仅作供奉之用,禁止一切被视为“不洁”之物接近。它成为民族生活中对抗不可预测灾祸的“精神避难所”,给予家庭“迎吉纳祥、辟邪禳灾”的心理寄托。若某单个家庭从一个大家族分门别户,则必设“堂屋”,逢年过节必供奉,以规制其铭记“堂屋”秩序,供奉祖先,约束个人行为。通过祭祀祖先,使族人有归属感,增强族人凝聚力,强化家族观念,加强血缘纽带关系,铭记族规族训,捍卫本民族的整体利益。

家长享有祭祖支配权与祖先之神居于众神之最高地位的规定深受父系氏族社会的影响。祖先之神位列最高与祭祀由家长专职,两者并非简单的对应关系,将祖先之神位于最高,并以一家之长的最高控制权专职,才能强化祖先之神的和家长最高支配权的地位,形成一种极强的人际结合关系,对家族及本民族形成巨大的影响力,将“幻境”中众神以及现实中的家族成员凝结成一个牢固的团体,这种凝聚力对家族成员关系以及对外的人际交往关系产生重要作用,从家族团体而言,“不洁”进入住宅之所以“扫家”,是它会带来一种情况,一个基于个体联系的团体的神祇与神灵当然会拒绝该团体之外的人或物进入该团体,团体之外物可能是其他家族之神,发生于本家族冲突时被视为“不洁”,将会扰乱祖先之神的权威,故而将其驱除以维护祖先之神的支配地位。家长专权祭祀祖先,可促成家族成员安分守己,维护家族内部成员有序的生活秩序。“堂屋”虽贵为神圣,仅以一种自愿的、神秘的、松散的形式规范族员行为,而“扫家”则以一种强制性的、看得见的、程序严谨的仪式要求行为人积极履行义务,有利于督促族员维护“堂屋”神圣和祖先神威。

(二)保障“摩教”文化的传承

摩教是布依族固有的民族宗教,因布依族宗教专职者“摩师”而得名,“它是一种由多神教演变过程中,具备了一神教雏形的宗教形态,因而,它是一种准人为的宗教形态”。[①]首先,摩教的宗教活动由具备摩教专业知识的“摩师”担任,“摩师”享有掌控和解释布依族宗教文化的权力。其次,《摩经》是布依族传统文化经典,由《殡亡经》《访几经》《退仙经》等组成,是“摩师”进行宗教活动的根据,其中包括“扫家”仪式的举行。最后,摩教具备固定的礼仪规范,具有一套规范本民族在生产生活中的教义,如丧葬礼需请“摩师”根据《殡亡经》规定的程序进行相应的“祭棺”“转场”等,以及约束族内人员履行相应的义务,如祭祀、报丧、守孝等。“摩师”和“雅丫”[②]具有解决族内成员在生产生活中因与摩教知识产生的矛盾的义务,但是“雅丫”掌握《摩经》的知识较少,只负责小型的宗教活动,一定程度上,只起到辅助的作用,但仍与“摩师”构成掌控布依族传统文化的摩教集团。摩教通过宗教仪式,操纵族员文化传播、人际交往关系,以及调解、平息、裁决族员因宗教文

---

① 周国茂.摩教与摩文化[M].贵州:贵州人民出版社,1995:21.

② “雅丫”是布依族宗教活动主持者,仅由女性担任,职业范围较窄,社会地位比“摩师”较低。

化交往过程中产生的矛盾。

“扫家”作为布依族多元纠纷解决机制之一,仅由“摩师”按照《摩经》经文裁定。不可忽视的是,《摩经》种类繁多,浩如烟海,一般人难以理解,仅有“摩师”团体掌控,其对“扫家”程序享有程序操纵权和解释权,对两造之权利享有和义务履行享有裁决权,当事人只能选择服从,履行义务。不难理解,摩教通过《摩经》以及其他经文说教,将万物有灵及鬼魂敬畏观念制造“幻境”,引发成员产生恐惧的心理,又将祖先崇拜与美好愿景建立联系,从恐惧和期望的矛盾心理支配族人内心世界。由此引发的一系列宗教仪式,如丧葬礼需请“摩师”参照《殡亡经》将灵魂超度、违背《殡亡经》举行丧葬礼则引来鬼魂祸患、设“堂屋”供奉祖先等。摩教将“扫家”矛盾的产生解释为鬼魂或其他“不洁”进入住宅亵渎祖先神灵,导致神灵愤怒出走,以未来可能遭遇不顺遂督促造事者积极适用“扫家”习惯法补救损失。再而,将“摩师”标榜为能够与鬼神沟通的代言人,是布依族渴望人、鬼安好,互不惊扰的使者或者能够对抗鬼魂的战神,督促当事人服从“摩师”裁决,从而有利于化解矛盾,裁判得到执行。因此,摩教利用人们排斥祸患,祈愿美好的心理,制定一套能将矛盾化解、损失补救、祸患防御的“扫家”制度展示于众人。毋庸置疑,“扫家”是摩教支配布依族传统文化的结果,同时又通过“摩师”操纵“扫家”仪式,裁决是非,对两造发号命令,化解矛盾,有利于进一步保障摩教文化的传承。

(三)规制布依村寨民俗

布依族社会以血缘关系为基础,村寨以家庭或家族为基本单元,往往一寨一姓聚集而居。族员之间通过签订契约或口头约定构成行为规范体系,指导族员的行为方式,具有相互制约和平衡功能。在形式上表现为不断发展、变化的风俗习惯、道德规范、宗教信仰等,是以利于家庭稳定、家族团结、村寨发展为基础而构建的一系列规则,这些因素在布依村寨系统运行中,相互协调,构成村寨秩序。村寨习惯法规则围绕布依族社会血缘纽带核心理念集中体现的祖先崇拜和借助具有超验奖惩因果关系的万物有灵观念为导向约定俗成。违背行为规范首先借助宗教信仰的神秘约束力促使违背规范者自觉履行赎罪性补救措施,若其拒绝采取补救措施,家长、族长、寨老等根据习惯法实施人为的惩罚性措施强制其赎罪,形成以神秘力量实施的“天罚”与村寨成员实施的“人罚”并行的特殊观念和规则。这是制裁违背规范者的基本理念和形式,有些规则根据实际效果的不同或重于“天罚”或重于“人罚”,但重“天罚”轻“人罚”是其基本特征。“天罚”与信仰相联系,从思想深处影响民族成员思想实现约束成员行为的目的,辅以“人罚”为最后保障,成为维护村寨秩序最有效的法律规制形态。

“扫家”习惯法将牲畜进入他人住宅、妇女分娩后未满 40 日进入他人住宅、某人触摸过尸体未满 7 日进入他人住宅、未婚性行为发生于他人住宅的事实行为认定为“厄运”,玷污祖先灵位环境“圣洁”,弱化祖先“保佑”力度,进而影响家庭命运走势的判断,促成布依族将该种行为与“天罚”产生关联。住宅主人只有将该不利后果归咎于“不洁”行为实施者,要求"不洁"行为实施者实施补救措施,才能消除"天罚"后果。"不洁"行为发生,住宅主人与实施"不洁"行为者容易产生纠纷,甚至引起双方家庭、家族、村寨的矛盾,与布依族追求村寨正常的生产生活秩序相冲突。"扫家"习惯法基于解决双方的纠纷,维护村寨秩序,促进家庭、家族、村寨良性发展的目的,根据"不洁"行为侵犯祖先信仰的事实,引入具有宗教清洁内容的"扫家"规则进行补救,从而通过缓和平稳的宗教仪式处理方式恢复住宅"圣洁",化解纠纷,缓和村寨矛盾,维护布依村寨的风俗民情。

结 语

布依族"扫家"习惯法作为一种非正式制度事实,在相对封闭的民间信仰系统中,基于布依族对万物有灵、祖先崇拜、鬼神敬畏的宗教信仰观念以及对村寨生活环境秩序安定的追求,"扫家"习惯法具备宗教清洁和纠纷解决双重属性,以宗教仪式的形式清除不当行为造成的信仰利益损害,同时又以程序化的方式对两造权利请求与义务履行以及主权者"摩师"的权力与责任进行相应的配置,借助神秘力量保障其得以有效执行,并营造特定的宗教氛围对两造及社会第三者产生威慑作用,避免将来产生类似的痛苦,最后通过宴请环节缝合两造因纠纷导致的创伤,进而实现维护布依族民间信仰的神圣性以及布依村寨秩序的稳定发展。

在民族地区,类似于"扫家"习惯法的规则繁多,这些习惯法规则能有效且正在、并将继续发挥着"活的法"的功能,较好的化解当地纠纷,修复被破坏的各种社会关系,维护当地社会秩序协调运转。在全面依法治国进程中,应当力倡理性商谈的进路,重视该类习惯法,在充分挖掘习惯法、民间信仰等所具有的时代价值基础上,吸收和借鉴其中先进的社会组织及管理形式,将民族传统文化中的村寨自治和监督机制与民族地区法制建设相结合,发挥民族习惯在法制建设中的功能,为民族地区法制建设做出符合时代特征的新贡献。

A Study on the Customary Law of "Saojia" of Buyi Nationality

—Take Normative Analysis as the Path

Wang Linli　Zhou Junguang

Abstract: The common law of "saojia" is a set of standard system which is guaranteed by the folk religious authority and plays an important role in maintaining the social order and stability of the buyi nationality. Based on the analysis of the regulation system and operation mechanism, it establishes the rights and obligations of the two parties and the rights and responsibilities of the adjudicator, the "moshi", and dissolves the contradiction in the ritual of "saojia", ensures the implementation by mysterious force, eliminates estrangement, and repairs the social relations between acquaintances.

This paper analyzes the causes of the "saojia" customary law, reflects on the formulation of the national customary law dominated by folk beliefs, summarizes the operating mechanism of the "saojia" customary law, and then discusses its value to the social governance of buyi village. In view of the wide application of the "saojia" customary law and its own value, it shows that the existence of national customary law as a remedy for the loopholes of national law has its profound social background, and is also the choice of social development.

Key Words: customary law ;buyi nationality ;saojia ;folk beliefs

制度分析

民间借贷违约金问题的司法判例分析*
——兼议最高人民法院《关于审理民间借贷案件适用法律若干问题的规定》的问题与完善

蓝寿荣** 罗梦婷***

摘要:通过司法裁判文书梳理发现,最高人民法院《关于审理民间借贷案件适用法律若干问题的规定》对利息和违约金数额的24%上限规定,极大地提高了法院司法裁判的效力。民间借贷的民间性决定了民间借贷形式及其纠纷具有更加的多样性和复杂性,而法律的限制性规定,忽视了民间借贷的复杂实际和违约金的实质及其性质,致使法院审理中客观上存在说理各异、笼统、牵强的现象,同时作为法律制度也并没有起到引导民间借贷行为规范社会经济秩序的作用。因而,违约金并不能简单地等同于利息,需要明确违约金的属性及其功能。

关键词:民间借贷;利息;违约金;司法裁判文书

2015年最高人民法院《关于审理民间借贷案件适用法律若干问题的规定》(以下简称《民间借贷司法解释》)对民间借贷双方约定的违约金作出法律规制,将违约金与利息"混同",明确借贷双方约定违约金和逾期利息的,其总额不得超过年利率24%的上限①。该项限制性规定将违约金直接与利息相融通,为法院依据统一裁判标准审理民间借贷案件提供了方便。学界对民间借贷的研究主要集中于借贷利率尤其是高利贷问题上,对于违约金这一自古以来就存在的合同内容很少涉及。民间借贷的民间性决定了民间借贷形式及其纠纷更具多样性和复杂性,违约金条款作为借贷双方对违约责任的合意确定内容,与违约情形存在牵连关系,充分体现了当事人的意思自治,但也存在天真、盲目、蓄意、欺诈等各种不同的主观心态,当事人没有约定违约金和利用违约金条款谋取不正当

---

* 基金项目:2018年度国家社科基金重大项目"深化基层矛盾纠纷化解共建共治机制及其风险预判研究"(项目编号:18ZDA166)。

** 蓝寿荣,法学博士后,南昌大学法学院教授。

*** 罗梦婷,南昌大学法学院硕士研究生。

① 《关于审理民间借贷案件适用法律若干问题的规定》第26条规定:"借贷双方约定的利率未超过年利率24%,出借人请求借款人按照约定的利率支付利息的,人民法院应予支持。借贷双方约定的利率超过年利率36%,超过部分的利息约定无效。借款人请求出借人返还已支付的超过年利率36%部分的利息的,人民法院应予支持。"第30条规定:"出借人与借款人既约定了逾期利率,又约定了违约金或者其他费用,出借人可以选择主张逾期利息、违约金或者其他费用,也可以一并主张,但总计超过年利率24%的部分,人民法院不予支持。"

利益的现象都时有发生,由此引发诉讼纠纷,给司法的公正裁决带来了难度。

一、从司法裁判文书看《民间借贷司法解释》实施后的案件样态

在法学研究中,司法判例研究是实证研究的方法之一,因为司法判例源于真实发生的社会纠纷和法官对法律条文的适用,有其无可替代的作用。法院的裁判既是对抽象的法律规范的具体化,也是法律创制过程从一般到个别的延续。裁判文书作为司法运作的终端和公共产品,不仅记录了案件审理过程中法院原告与被告及双方代理人的主张和焦点问题的争议,还忠实地呈现了法院作出判决的推理过程、判决依据和理由等重要因素,是体现法治水准和法律运行的最好载体。因此,本文试图从我国公开发布的裁判文书中,检视《民间借贷司法解释》实施后法院审理民间借贷中违约金约定条款的现状与问题。

检索中国裁判文书网数据库,以"民间借贷和违约金""2015 年 9 月 1 日至 2017 年 12 月 31 日""民事案件"为限制条件,显示共有 204050 份裁判文书涉及民间借贷的违约金纠纷案件。为进一步剖析具体个案中原被告约定违约金条款的形式,深入分析法院、当事人在援引法规过程中存在的问题,通过中国裁判文书网检索,共 117 份裁判文书中使用了"民间借贷违约金"一词,从中选取争议焦点中涉及违约金条款的案件 95 份,并剔除"一人多案""一案多判"的 7 份文书,有效样本共 88 份。在中国裁判文书网收录的 3000 多万份裁判文书中,这 88 份文书所占的比例是微乎其微的。但是通过对近百份裁判文书样本的仔细研读、整理和归类,与同一时期的总体数据进行对比分析发现,各种数据的比率数据基本一致,说明这 88 份文书所涉及的案件具有一定的代表性。经统计分析,这些诉讼案件呈现出以下特点:

第一,案件数量逐年增长。这个数量增长非常明显,无论是以民间借贷和违约金作为限制词语,还是以民间借贷为案由、以违约金为关键词,得到的数据都是逐年增加。可能是民间经济不断活跃、对资金需求增加,也可能是当事人的法律观念不断增强。特别需要提到的是,在 2015 年《民间借贷司法解释》实施后,案件正态增长的趋势一样。

第二,一审结案率逐年下降。从审判程序上看,2015—2017 年,该类案件的一审案件的结案率较高,为 87%左右。只是从比率上看,进入二审、再审与审判监督程序的案件数量呈逐年上升趋势。通常而言,由于民间借贷案件只涉及自然人、法人或其他组织之间的民间借贷债务纠纷,属于权利义务关系明确、争议不大的简单民事案件,法院在审判时大多采用简易程序甚至小额程序审理,一般为一审审结。然而,由于民间借贷本身的形式多样、借贷双方约定的借贷条款往往不明确不规范或者未约定违约责任,甚至有少数涉及恶意诉讼、虚假诉讼,进入二审不可避免。

第三,被告(借款人)缺席宣判的现象大量存在。从民间借贷行为的主体上看,借款人作为被告方缺席判决的案件占比近 50%。这里描述的仅仅是现象,造成这一现象的原

因可能有多个方面,有的可能是一方当事人的诉讼意识淡薄,也有的是借款人的信用意识差,还有的是虚假诉讼等等,还需要进行专门的调研。

第四,从案件分布区域上看,无论是大数据的,还是筛选后的88份裁判文书,都显示民间借贷纠纷中违约金问题的案件数量,浙江省占比最多,其次是山东省,说明这两个地方的民间经济发展最为活跃。

二、《民间借贷司法解释》实施对当事人的违约金约定影响不大

从中国裁判文书网数据库检索需要的分析样本,输入的关键词或限制条件不同,得到的样本数不一样,但涉及民间借贷违约问题的特征是一致的。

第一,借贷主体以自然人为主,借贷用途以商事性借贷为主。相比于法人主体,自然人之间借贷纠纷引发的诉讼更多,在样本中占比达67.05%。从自然人之间借贷和有法人参与借贷来看,约定的违约金与本金的比率,都很高,相差不大,折算为年息分别为110.93%和113.53%。为解释这一现象,笔者对样本数据按借款用途划分,发现在明示了借款用途的裁判文书中,86.7%的借款是用于生意资金周转、工程资金周转等商事性开支,只有13.3%是用于买房、买车等消费性消费,可见即使是自然人之间的民间借贷,其借款用途也多为生产商事。而生产商业性借贷和生活消费性借贷,两者的约定违约金比例折算为年息分别为112.72%和78.00%,前者明显高于后者。这是由于用于商事的借款资金风险大、收益高,民间借贷双方约定的违约金相对较高;若借入款项用于生活消费,资金风险相对较低,其对应的违约金也低;而自然人之间借贷用于临时急用的,也就全凭个人信用,有迟延还款的,也能够协商解决,很少发生诉讼。

第二,约定违约金条款的名目杂乱。对样本中88份裁判文书中相关的当事人约定违约金条款进行归类整理发现,当事人约定的违约金名目较为杂乱,常见名目有"逾期违约金""逾期利息""罚息""滞纳金""债权实现费用"等等,且存在"逾期利息+滞纳金"等多项同时约定的情况,可见社会主体对逾期利息、逾期付款违约金、罚息等名目的性质和相互关系并不清楚。《民间借贷司法解释》第30条、第31条对此加以了规制。虽然法院审判时大多依此判定上述名目皆属于违约金范畴,但当事人约定违约金条款名目的不清晰与不规范给法院裁判工作带来了挑战。

第三,违约金条款的约定形式有定额、日息、月息等,近半数采用日息形式。借贷双方的违约金数额主要采取定额式(占比14.17%)和利息式(占比78.00%),其中利息式可细分为日息、月息两种形式,各项数量占比分别为56%、22%。对比分析以日息、月息形式约定的违约金比例,日息形式的违约金约为月息式的3倍,超过国家规定违约金上限24%的6倍。可见违约金形式不同,对违约金约定的数额具有较大影响。

第四,《民间借贷司法解释》的实施,对民间借贷的利息和违约金数量约定的影响不大。由于民间借贷的民间性,也就必然存在复杂性,违约金条款设置不能一定说是借贷

双方意思自治的产物，但体现了借贷双方的当时状况，如需求的实际。法律限制性规定的违约金上限未能契合民间借贷现状，对民间借贷当事人诉求的影响有限。从选取的样本来看，在《民间借贷司法解释》实施前，借贷双方约定的违约金以年息方式核算，平均为年息112%，约为法律规定年息上限24%的4.7倍；而《民间借贷司法解释》实施后，借贷双方约定违约金数额，折合年息平均为102%，是国家规定年息上限24%的4.25倍。只有少数的案件显示借贷双方在年利率24%限度内。可见《民间借贷司法解释》出台后借贷双方约定的违约金依旧处于阶段性高位，相关规定的限制高利率作用并未得到良好的发挥。

三、《民间借贷司法解释》实施后当事人的诉讼主张

《民间借贷司法解释》实施后，在诉讼案件中，原告提起诉状的主张及其理由都不同程度地依据了《民间借贷司法解释》的条文内容，而被告应诉不多，在不多的应诉被告中，答辩状适用《民间借贷司法解释》更少。

1. 原告诉状积极援引了《民间借贷司法解释》

第一，原告诉状中普遍依据了《民间借贷司法解释》的利息限制规定。相比于被告，原告援引《民间借贷司法解释》的利息限制规定是比较普遍的。原告主动适用国家上限规定的情况有所增加，由《民间借贷司法解释》实施前的27.3%增至30.3%。这个也很自然，因为原告提起诉讼，一定是咨询了律师或者是研究了相应法律规定的，这里的法律规定就包括《民间借贷司法解释》。在本文选取的88份样本中，九成以上当事人约定的违约金比例是高于国家上限的，其中有26位原告在诉求主张中依据《民间借贷司法解释》的利息限制规定采取主动降低违约金。可见民间借贷出借人对《民间借贷司法解释》认可度有所提升，该法为民间借贷出借人依法维权提供了统一的参考标准。

第二，原告主张的利息和违约金数量各有不同。从适用规则标准上看，尽管《民间借贷司法解释》规定了年利率24%的比例上限，仍有20.83%的原告主张依据1991年《民间借贷司法解释》规定的银行同期贷款利率四倍加以调整，按前者调整的占比54.17%；从适用范围上看，有60.61%的原告主张违约金，42.42%的原告同时主张了违约金和借款利息，还有少数的原告同时主张了24%违约金和债权实现费用，4.55%用于逾期利息，4.55%同时主张24%逾期利息和违约金。

2. 被告应诉不积极、对法律规定的适用差

被告大量的缺席判决，是民间借贷纠纷案件的突出特征之一。在本文选取的样本中，大约有3/4的案件显示被告没有应诉，法院作出了缺席判决。并且，这样的现象也没有因为《民间借贷司法解释》的实施有所改变，相反还略有下降，样本中的被告应诉比率从施行前的28%降至25%，《民间借贷司法解释》实施后的66例案件中只有14位被告出庭，这也导致样本中可供研究的裁判文书数量不多。但对裁判文书中被告的答辩意见进

行整理分析，仍可看出被告适用《民间借贷司法解释》具有主观性、模糊性。例如有的案件中被告辩称“原告对违约金的诉讼请求超出法律规定的标准”①，也有的案件被告辩称“利息、违约金计算不合理，数额过高”②等等，皆未指明具体的法律依据和违约金标准。

由于法律制度实施的强制性，当事人起诉一定要充分考虑法律制度的规定，这是一种提起诉讼的必然状态。而被告的应诉不积极、对法律规定的适用差，也客观上体现了民间借贷的实际。

四、《民间借贷司法解释》实施后的法院审理

《民间借贷司法解释》实施后，极大地提高了法院审理民间借贷违约金纠纷案件的效力，但还存在一些问题。

1. 援引《民间借贷司法解释》规定效果明显

毫无疑问，该《民间借贷司法解释》的出台为法院审判实践提供了法律依据。在本文选取的 88 份样本中，有 66 份是在《民间借贷司法解释》实施之后作出的，其中的 58 份适用了《民间借贷司法解释》条文。在这 58 份司法裁判文书中，都直接或间接沿用了《民间借贷司法解释》的规定，对约定违约金采用年利率 24%上限规定，其中 26 份以“根据国家相关法律规定”“国家关于民间借贷违约金最高限制”等方式抽象表述，33 份明确了具体适用的条文。在这 33 份明确具体适用《民间借贷司法解释》条文的司法裁判文书中，大约有一半的司法裁判文书具体引用了《民间借贷司法解释》第 30 条、第 31 条关于违约金的规定，还有一半的司法裁判文书具体引用了第 29 条关于逾期利率的规定和第 25 条至第 28 条关于利息的规定。

2. 裁决中适用法律规定的表述不准确

通过对样本裁判文书做整理分析，发现少部分司法文书在适用《民间借贷司法解释》时存在不妥，依然适用了已被废止的最高人民法院《关于人民法院审理借贷案件的若干意见》规定的四倍标准。③ 虽然《民间借贷司法解释》对借贷双方约定的利息、预期利率、违约金等统一采用了年利率 24%的规定标准，但笔者认为在法条对违约金已有明文规定的情况下适用法条不一，将违约金、预期利率、利息等概念混同，既不利于发挥违约金的担保约束功能，也有损法律的严肃性和准确性。同样的，《民间借贷司法解释》第 33 条已经明确“本规定公布施行后，最高人民法院于 1991 年 8 月 13 日发布的《关于人民法院审

① 《李晓轩与刘拥军民间借贷纠纷一案一审民事判决书》，北京市海淀区人民法院民事判决书(2016)京 0108 民初 5780 号，发布日期：2017-10-01。

② 《夏靖与徐方生民间借贷纠纷一审民事判决书》，安徽省安庆市宜秀区人民法院民事判决书(2016)皖 0811 民初 79 号，发布日期：2016-12-29。

③ 《吴士钦与曹艳敏、张爱霞民间借贷纠纷一审民事判决书》，山东省泗水县人民法院民事判决书(2015)泗商初字第 715 号，发布日期：2016-07-05；《郑润佳与陈宝华、卢玉连民间借贷纠纷一审民事判决书》，广东省中山市第一人民法院民事判决书(2015)中一法坦民一初字第 195 号，发布日期：2016-09-26。

理借贷案件的若干意见》同时废止;最高人民法院以前发布的司法解释与本规定不一致的,不再适用",且1991年《民间借贷司法解释》中并无涉及借贷双方约定违约金条款的适用规定,因此法院沿用1991年《民间借贷司法解释》确为不妥。此外,还有少数法院在原告未提出违约金诉讼主张时,纠纷裁决理由表述为适用"国家对民间借贷违约金的相关限制性规定"加以裁判,此属于对法条规定内容理解有误,可能是由于《民间借贷司法解释》将违约金与利息混同,一律式适用年利率24%的规定标准,导致个别法院援引条文时表述不准确成为可能。①

3. 强制调整了大部分案件的违约金数额

依据《民间借贷司法解释》对民间借贷中本金之外的利息违约金等的最高限制,法院在司法裁判中表现为对当事人事先约定的过高违约金数额进行调整。从裁判结果来看,在本文选取的88起纠纷案件中,法院直接支持约定违约金的有7起,占比7.9%;诉讼过程中降低违约金的78起,占比88.64%;不支持约定违约金的3起,占比3.40%。在支持案件中,法院大多援引《民间借贷司法解释》,以约定违约金未超过年利率24%作为裁判理由;在不支持案件中,法院认为违约金和逾期利息、利息不能同时主张,因此判决按照年利率24%核算利息而不支持原告的违约金诉求。其中,在诉讼过程中降低违约金的78起案件中,法院的裁判理由不一。其中,26件属于原告出于本金的快速收回的考虑,主动调整约定违约金比例,获得法院支持;18件属于被告在答辩时认为约定违约金过高要求法院调整;另有34件由法官强制调整约定违约金,占比达到44%。

4. 没有区分利息与违约金

受诉讼当事人习惯用语的影响,借贷双方在违约金条款中约定的条目较为混杂,如逾期利息、违约赔偿金、违约责任、债权实现费用等等。对此,《民间借贷司法解释》无具体规定,只是明确原告可以同时主张多项,但总和超过年利率24%的部分,人民法院不予支持。然而根据样本数据分析,少数法院不支持出借人提出的多项违约金主张,认为违约金和逾期利息、利息损失不能重复计算。在笔者收集的案件中,在14例案件中的原告诉求借款人支付实现债权所支出的律师费、交通费、诉讼费等费用,但仅有3起获得法院支持,其余的均驳回了原告的该项诉求。②

5. 忽略了违约金的惩罚担保功能

从样本统计来看,在裁判文书中明确违约金属于利息的占比达49%,认为属于逾期

① 《苏元东与曹艳敏、张爱霞民间借贷纠纷一审民事判决书》,山东省泗水县人民法院民事判决书(2015)泗商初字第714号,发布日期:2016-07-05;《蒋彤彤与山东泗水鼎鑫彩印有限公司、蔡令国等民间借贷纠纷一审民事判决书》,山东省泗水县人民法院民事判决书(2015)泗商初字第257号,发布日期:2015-10-29。

② 《徐道平与甄文婷、刘学萍民间借贷纠纷一审民事判决书》,安徽省芜湖市镜湖区人民法院民事判决书(2016)皖0202民初3898号,发布日期:2017-07-06;《王波与史平、秦建民间借贷纠纷一审民事判决书》,湖北省武汉市武昌区人民法院民事判决书(2015)鄂武昌民初字第02687号,发布日期:2016-04-30;《傅烨与陈龙燕民间借贷纠纷一审民事判决书》,广西壮族自治区南宁市江南区人民法院民事判决书(2015)江民一初字第1466号,发布日期:2016-03-29。

利息的占比21%,还有30%没有提及其属性判定,无一案例提及违约金的惩罚担保作用。在民间借贷纠纷中,法院的案件审理显示主张违约金具有补偿性质,在裁判时将违约金归于利息、逾期利息范畴。

五、《民间借贷司法解释》违约金规定存在的问题

法院在审理民间借贷违约金纠纷案件司法裁判中存在的问题,是源于目前《民间借贷司法解释》中利息和违约金的限制性规定引起的。《民间借贷司法解释》将违约金与利息"混同",违约金和逾期利息的总额不得超过年利率24%的上限,这一规定从司法实践来看,存在"适应性"[①]不够的问题。

1. 将违约金与利息混同,忽视了违约金不同于利息的性质与功能

目前,我国学界普遍认同违约金设置的独立给付功能[②],"从法意解释可知,当事人约定的违约金与当事人约定的损失赔偿额的计算方法分属不同的制度、措施"[③]。在民间借贷中,违约金是借贷双方事先约定由违约方向守约方支付一定数额的金钱,可以督促合同双方严格遵守约定义务,具有担保惩罚等制度功能。利息是借贷关系中由借款人付给出借人的报酬。逾期利息是借款人超过还款期限仍未还款时按约定比例支付给出借人的罚息。由此可见,违约金与利息皆具有补偿性质,但违约金与利息在功能、责任主体、适用情形等方面均存有较大差异。《民间借贷司法解释》并未明确界定民间借贷中违约金条款的性质,给法院审判说理带来歧义,如有的法院审理案件中认为"本案属于民间借贷,违约金在性质上属于利息"[④],或认为"民间借贷违约金等同逾期付款利息属性"[⑤],有的法院则认为"我国合同法对违约金性质界定为补偿性为主,即违约金数额要与因违约遭受的经济损失相匹配"[⑥],不一而足,影响了案件的司法公正性。《民间借贷司法解释》第30条中将违约金与逾期利息之和设定年利率24%上限,将民间借贷利息和违约金之和设为定值上限,使得违约金与利息形成此消彼长的反差值关系,只要借款的利息数额达到法条规定上限,违约金将最终为零,违约金条款即形同虚设。

2. 未能适应民间借贷的民间性实际

《民间借贷司法解释》对民间借贷中本金之外的利息违约金等的最高限制规定,与民

---

① 蓝寿荣.论金融法的市场适应性[J].政法论丛,2017(5).

② 郭明瑞,房绍坤.民法[M].高等教育出版社,2010:354.

③ 崔建远.违约金的边缘问题[J].江汉论坛,2015(11).

④ 《钟坚与黄庆祥,汪琼娜、黄炳祥、深圳市旭源达木业有限公司民间借贷纠纷一审民事判决书》,广东省深圳市福田区人民法院民事判决书(2015)深福法民一初字第5877号,发布日期:2017-01-05。

⑤ 《杜志明与田保平、董玉景民间借贷纠纷一审民事判决书》,河北省邯郸市肥乡区人民法院民事判决书(2016)冀0428民初1508号,发布日期:2017-10-31。

⑥ 《高韵旗与马玉良民间借贷纠纷一审民事判决书》,新疆维吾尔自治区新源县人民法院民事判决书(2017)新4025民初1609号,发布日期:2017-06-27。

间借贷的实际情况有一定的差距。从主体来看,民间借贷案件的当事人有近2/3为自然人,与银行借贷等规范借贷方式相比,民间借贷中的双方约定的违约金条款表现出任意性与混乱性,约定的违约金比例依借贷主体、借贷用途、借贷方式不同而各有差异。对本文选取的司法裁判文书进行数据统计可知,样本案例所涉借款本金的平均数为112万,以此为基数设置违约金数额,对日息方式(折合年息均值为148.20%)和月息方式(折合年息均值为49.49%)对比分析发现,如果以一年为违约期进行核算,其违约金数额分别约为166万和55万,两者相差超过百万,可见以日息方式设置的违约金数额远高于月息方式的约定。从借款用途来看,有39起案件属于商事借贷,其约定违约金比例的均值折合年息为112.7%,而其他的用于消费的违约金比例折合年息均值为78.0%,两者相差近30个百分点。但是法院在强制适用年利率24%上线时并未全面考虑实际损失,只是一律适用法条,未能充分考虑实际用途的不同和当事人的意思自治。从适用法条上看,虽然法院普遍依据年利率24%标准对违约金进行规定,但在适用情形上仍然标准不一,主要体现在两个方面:一是对原告主张的债权实现费用的诉求,有的支持①,有的没有支持②。二是对原告同时主张违约金与利息的诉求,法院裁决都是依据不超过年利率的24%为上限,就出现了有些案件裁决是支持了原告的利息、违约金、诉讼费等,因为之和没有超过24%。然而,更多的案件裁决结果是支持不超过年利率24%的逾期利息,其他就一概否决。从结果上看,简单明了;但从说理上看就有些笼统、牵强。

3. 没有起到社会引导的作用

民间借贷的相关法律法规,确实是方便法院有效裁决,也一定程度上保护借款人利益、打击高利贷行为,但是对民间借贷市场的良性发展并没有起到引导和规范的作用。如上分析可见,从利息和违约金等的设置来看,近九成由民间借贷主体约定的违约金比例超过了国家规定的年息24%上限;从约定形式上看,在民间借贷案件中,借贷双方约定的违约金形式繁多,对违约金与利息的表述各异;从约定主体上看,近2/3的案件发生在自然人之间,也有相当部分是企业法人,对比分析不同借贷主体的裁判文书发现,不同主体约定的违约金比例相差不大;从约定用途上看,用于商事性借款的约定违约金比例均值折合年息达到112.72%,是国家规定24%上限的4.7倍,高出消费性借款的违约金约定比例相差近1.5倍。很明显,《民间借贷司法解释》对利息违约金等违约形成费用的总数额限制性规定,并未能阻止高利贷的"盛行",事实上在民间借贷中保持高压的刑法规定也没有消灭高利贷现象。原因在于我国幅员辽阔、情况差别很大,总会有人急需使用

---

① 《徐道平与甄文婷、刘学萍民间借贷纠纷一审民事判决书》,安徽省芜湖市镜湖区人民法院民事判决书(2016)皖0202民初3898号,发布日期:2017-07-06;《夏靖与徐方生民间借贷纠纷一审民事判决书》,安徽省安庆市宜秀区人民法院民事判决书(2016)皖0811民初79号,发布日期:2016-12-29。

② 《郑润佳与陈宝华、卢玉连民间借贷纠纷一审民事判决书》,广东省中山市第一人民法院民事判决书(2015)中一法坦民一初字第195号,发布日期:2016-09-26;《严喜元与辛政民间借贷纠纷一审民事判决书》,南充市嘉陵区人民法院民事判决书(2017)川1304民初1170号,发布日期:2017-07-03。

资金。且民间借贷中的违约金条款本为双方合意自治的产物，为最大限度维护自身权益、降低借款风险，处于相对优势地位的出借人往往会适度提高违约金比例，以威慑借款人按期还款；而借款人为顺利获得借款，一般会在一度限度内同意较高比例的违约金，由此推高了借贷双方约定的违约金比例。可以说，民间借贷自发产生，当事人约定的违约金条款各异，若法院在审判时一律适用24%上限，当事人必会尽力规避，甚至由此引发一系列的暴力讨债事件，影响稳定的社会生活生产秩序。

六、《民间借贷司法解释》违约金问题的修改建议

民间借贷的一个突出特征就是民间性，这个在民间借贷纠纷案件显示的当事人约定条款表述得各式各样中得到了验证，也说明解决民间借贷纠纷不能脱离民间性的实际，依据民间性的实际是求解问题的路径。

1. 区分违约金与利息，使违约金与利息的设置符合民间借贷的实际

违约金的设置，是民间经济活动自发形成的，有其内在的必然性，恢复和认可违约金的担保惩罚功能，将有利于形成一个诚信的社会经济环境。一是将违约金与利息“解绑”。若民间借贷双方同时约定利息和违约金，应该以借款人约定还款之日为分界点，在还款期限内的部分以利息规制，超过还款期限的部分按违约金规制。二是将逾期利息、罚息等计入违约金范畴。三是单独划定民间借贷中的违约金上限。可以区别设定利息上限和违约金上限，适用于当事人约定还款日的之前费用和之后费用。出于防止私权滥用和打击高利贷的考量，对其进行适度的司法干预，有利于保护借贷双方的公平利益。法律应在尊重当事人意思自治的前提下，综合考虑各方损失，制定契合各方利益的上限标准。

2. 将违约金与借款人未还欠款数“挂钩”，违约金的计算不能以借款本金为核算基数

根据我国《合同法》第114条及最高人民法院《关于适用合同法若干问题的解释(二)》第29条的规定，法院应该以实际损失为基础，兼顾合同履行情况、当事人过错程度及预期利益等综合考量，对于约定的违约金过分高于造成的损失的，当事人可以请求适当减少。而在民间借贷中，若借款人逾期未还款，出借人的主要损失应为借款人未还金额的预期利益，因此以借款本金计算违约金是不妥的。《民间借贷司法解释》仅在第30条中规定“总计超过年利率24%的部分，人民法院不予支持”，对于违约金的核算基数并未明确，而法院在审判实务中采取的标准不一，部分依据借款本金，部分依据欠款数额。

3. 区分商事借贷和消费借贷的限制标准

如前所述，商事借贷主体约定违约金比例的均值折合为年利率112.7%，而消费借贷的为78.0%，前者是后者的近1.5倍。一般而言，商事借贷主体具有更为充分的风险预估能力和风险承受能力，因此相较于生活性消费借贷，商事借贷大多用于投资生产等营利活动，收益高、风险高，其民间借贷违约金比例也相应较高。出于民生普惠和实质公平

的价值考量,应鼓励生活消费性的借贷,而商事借贷的违约金上限可以适当高于生活消费性借贷。

4. 明确日息式金额限制标准

在实际生活中,民间借贷基本上是以日息为约。如前统计分析,超过半数的民间借贷主体约定的违约金为日息式(如约定违约金为日息 0.1%、每日 1000 元等表述),22% 为月息式(如月利 10%),没有年息式约定。而即使双方约定日息 0.1%,换算为年息 36%后也属于国家规定的"自然债务"范畴,如果借款人未自愿支付,其中超过年息 24% 的部分也难以得到法院支持。在司法实践中,不少民间借贷纠纷是由于当事人在约定时未能注意到该项引发的。应该调整法条表述方式,明确日息式金额限制标准,以更符合当下借贷需求。

结 语

《民间借贷司法解释》的实施,明确了民间借贷中利息包括违约金的最高限制,法院审理也是将适用该项法规规定作为事实审查、说理和判决的标准,对司法裁判具有相当大的作用。诉讼当事人主要是原告,将《民间借贷司法解释》作为表达诉求和辩称的依据,通过适用该项法规表达诉求,维护自身的合法权益,说明《民间借贷司法解释》在民间借贷案件的审理中发挥着实际作用,其操作性、合理性、有效性都已经有所提升。但是,在实践中,客观上仍旧存在法院审理民间借贷纠纷案件时说理各异,甚至笼统、牵强的现象,其原因在于法律规定没有充分体现民间借贷的民间性实际。可以说,当下的法律规定为司法裁判提供了便利,却并没有起到引导民间借贷行为规范社会经济秩序的作用。违约金作为一项自古以来就存在的借贷合同内容,无论是理论界还是司法实践对其法律规制问题都尚未形成一致的观点,这本身也说明违约金问题的独特性,并不能简单地等同于利息。

Judicial Cases' Analysis on Liquidated Damages in Private Lending Lawsuit
—Also Discussion on Problems and Perfection of "Provisions of the Supreme People's Court on Several Issues concerning the Application of Law in the Trial of Private Lending Cases"

Lan Shourong　Luo Mengting

Abstract: By combing the adjudicative documents through the China Judgments Online, we can find that the implementation of "Provisions of the Supreme People's Court on Several Issues concerning the Application of Law in the Trial of Private Lending Cases" has greatly improved the effectiveness of the court's judicial referee, which stipulates the 24% upper limit of the amount of interest and liquidated damages. However, the court also has problems in the trial of civil debit and loan disputes, such as the difference in the interpretation of judicial jurisprudence, and the judgment is not sufficient, which is generally vague and far-fetched. The reason for this is that the folklore of private lending determines the diversity and complexity of the form of private lending and its disputes, and latest judicial interpretation on the trial of private lending cases has not played a role in guiding the behavior of private lending or regulates the social and economic order. Therefore, to improve the "Provisions of the Supreme People's Court on Several Issues concerning the Application of Law in the Trial of Private Lending Cases", a deficient nature of liquidated damages cannot be simply equivalent to interest. Furthermore, it is necessary to specify the legal nature and functions of liquidated damages.

Key Words: private lending; interest; liquidated damages; adjudicative documents

清代贵州苗例入例的历史疏义*

崔 超** 田莉姝***

摘要:清代贵州苗例是指黔东南清水江与都柳江之间,以古州厅为中心的少数民族聚居区在长期的实践中逐步形成的苗侗等少数民族习惯法。伴随清政权开辟苗疆的历史进程,大致有二十八类四十五条贵州苗例逐步被纳入《大清律例》等国家法之中,作为条例得到清政权的认定与适用,在民族地方发挥积极的法功能,弥合国家法与制定法的不足,缓和清政权与边疆民族地区的冲突矛盾。清代贵州苗例入例的本质是国家法吸收民间法、制定法选择民族习惯法的结果,然而学界尚未系统梳理狭义苗疆苗例的入例状况,本文旨在还原清代贵州苗例增入《大清律例》的历史情况,并对我国民族地方立法吸纳和司法适用民间法与民族习惯法进行历史性借鉴与现实性反思。

关键词:清代贵州;苗例入例;疏证反思

清代立法的最大特点是律例结合,具体表现为例以辅律、例以代律与例多于律。① 作为清代最基本国家大法的《大清律例》,其条例类别有"原例""增例"和"定例",增加、修改、废止条例是《大清律例》的主要立法活动,最突出的是以苗例作为《大清律例》条例的重要法源和主要渊源。一般认为,《大清律例》专门制定二十四个有关苗疆地区事务的条例,散见各卷。② 而清人薛允升所撰的《读例存疑》记载有关苗疆地区的条例为三十六个,其中有十二个是乾隆五年(1740)后所增加。③《大清律例》有关苗疆地区的条例内容涵盖行政管理、刑事犯罪、民事纠纷和司法程序,以刑事法和行政法为最多。值得注意的是狭义苗疆苗例的入例,即清代以黔东南古州厅为中心的苗侗等少数民族习惯法被纳入《大清律例》的类别、条数与内容都多于广义苗疆的苗例入例,呈现苗疆地域范围与苗例入例数量的反变关系。学界已经梳证广义苗疆,即泛指今云、贵、川、两湖、两广等省区少数民

* 基金项目:国家社科基金重大项目"民间规范与地方立法研究"(16ZDA070)的阶段性研究成果。

** 崔超,法学博士,贵州中医药大学人文与管理学院讲师,贵州省中医药(民族医药)产业发展研究中心研究员,兼职律师。

*** 田莉姝,法律硕士,贵州大学法学院教授,硕士研究生导师。

① 周东平.中国法制史(第二版)[M].厦门:厦门大学出版社,2009:346.

② 有关苗疆地区的条例主要集中在《大清律例》卷4、卷5、卷6、卷12、卷19、卷20、卷23、卷24、卷25、卷30、卷31、卷32、卷35、卷37。

③ 刘广安.清代民族立法研究[M].北京:中国政法大学出版社,1993:114.

族民间法或民族习惯法纳入《大清律例》的数量与内容，却未注重考察还原以黔东南古州厅为中心的狭义苗疆苗例入例的特殊之处。贵州是清朝重要的边疆民族地区，黔东南的民族历史文化与地域自治机制不同于西藏、回疆、青海、蒙古等地，加上贵州苗疆“三十年一小反，六十年一大反”的民族起义，[①]不断促使清中央政权通过《大清律例》的变通立法和适时修改，尤其是吸收贵州苗例进入《大清律例》，以作为主要律文的增例和定例，因俗而治地处理好贵州边疆民族地区的行政、司法、军事、教育与贸易等诸多事务。清政权在国家立法中秉持“修其教不易其俗，齐其政不易其宜”的治疆理念，采取顺应时代地域需求的灵活立法策略，顺利实现对贵州苗疆的抚绥与王化，使得贵州苗疆逐步从动乱走向稳定，成为中央王朝的编户齐民，履行输粮纳籍的基本义务。

一、清代贵州苗例的含义厘定

（一）清代贵州苗例的内涵

欲解析清代贵州苗例的内涵，必先回溯苗例之源起。据考，苗例一词最早出现在乾隆元年(1736)六月贵州布政使冯光裕的奏折中，其奏称：“苗人此前不知礼仪法度，其苗例杀人伤人赔牛十余条、数条而止，弱肉强食得谷十余石、数石而止。”[②]此处“苗例”大致是指苗人的民间习惯法，其一说明苗人聚居区长期不适用官法；其二说明苗人自有内部约束规范，其民间法或少数民族习惯法的地位远远高于国家法或制定法；其三说明苗人的民间习惯法主要表现为赔财，其责任机制不同于官方法制。另外，还应当注意到此处的“苗人”并非只指苗族，而是对整个生活在苗疆地区少数民族的统称，主要以苗侗族为主。

关于苗例的内涵界定，存在一定的争议。有的学者认为苗例就是《大清律例》中有关苗疆立法的二十四个或三十六个条例；有的学者认为苗例是《大清律例》《大清会典》等清代国家法中涉及的苗例；有的学者还认为苗例就是纳入大清法权体系中特定的苗族习惯法。[③] 总体而言，学界一方面立足国家制定法的角度，认为苗例是《大清律例》中的法定条例，排除未被吸纳入大法的苗疆民族习惯法；另一方面立足民间习惯法的角度，认为苗例是清代苗族习惯法。此前后两种苗例概念的界定范式均缩小了苗例的外延，存在一定的瑕疵和不足。

笔者认为：苗例既不是清代国家法中有关苗疆的律文条例，又不是专门以“苗”“例”

① 清代贵州苗疆发生诸多苗民起义，雍乾时期有包利、红银起义，乾隆时期有石柳邓、吴八月起义，咸同时期有杨元保起义，最著名的是张秀眉、姜应芳起义；此外还有潘新简、覃朝纲起义，徐廷杰起义，潘名杰起义及何得胜起义等。

② 苏钦.“苗例”考析[J].民族研究，1993(6).

③ 杜文忠.边疆的法律：对清代治边法制的历史考察[M].北京：人民出版社，2004:197-199.

二字组成的地区性特别法，也不只是苗族习惯法。笔者认同徐晓光先生的观点，[①]并在此基础上认为，所谓苗例是生熟苗区以苗族为主的各民族在长期生产和生活中逐步形成的，并被普遍适用和遵守的不成文民间习惯法。其一是苗例主要适用于苗疆，包括广义苗疆和狭义苗疆，也包括生苗区和熟苗区，但主要产生和适用于黔东南以古州厅为中心的狭义苗疆，即苗疆是苗例的地域范畴。其二是苗例是少数民族习惯法，主要是苗族和侗族的民间习惯法，即民间法和少数民族习惯法是苗例的内容范畴。其三是苗例主要出现在清代，尤其是雍正朝开启武力征辟苗疆的措施使得苗例被广泛知晓，即清代是苗例的时间范畴。

清代黔东南系苗疆的腹地，系典型的边疆民族地区，地域广阔，重峦叠嶂，苗民众多，清中央政权在不同时期采取不同的治疆策略，既有抚绥的缓和之策，又有武力的强硬之计，在中央政权开辟贵州苗疆的历史进程中，尤其是在黔东南设置“一道三府六厅”的行政建置，使得其行政、司法、军事等治理措施除依据《大清律例》等国家法外，还必须依托苗例。一方面直接适用苗例而置国家法于不顾；另一方面修改变通立法，将贵州苗例吸纳入例，上升为国家法的重要组成。故清代贵州苗例专指黔东南清水江与都柳江之间，以古州厅为中心的少数民族聚居区在长期的实践中逐步形成的苗侗等少数民族习惯法，既包括被纳入《大清律例》的条例，又包括未被官法吸纳而在实践中广泛适用和遵从的民间习惯法。

(二)清代贵州苗例的特点

第一，清代贵州苗例得到官府认定。清代贵州大部分苗例被纳入《大清律例》之中，从民间法或少数民族习惯法上升到国家法或制定法，从不成文规范演变为成文规范，得到中央政权的认可。例如乾隆朝确定：“苗民风俗与内地百姓迥别，嗣后，苗众一切自相争讼之事，俱照苗例完结，不必绳以官法。”[②]又如《大清律例》“断罪不当”条规定：“凡苗夷有犯军流徒罪折枷责之案，仍从外结，抄招送部查核。其罪应论死者，不准外结，亦不准以牛、马、银两抵偿，务按律定拟题结。如有不肖之员，或隐匿不报，或捏改情节，在外完结者，事发之日，交部议处。其一切苗人与苗人自相争讼之事，俱照苗例归结，不必绳以官法，以滋扰累。”[③]又如《大清会典》规定：“苗夷犯军流徒者、折枷情重者，同家口迁徙六百里外安置，罪应论死者，如常法，其自相讼者以苗例科之。”[④]再如《大清会典》规定：“凡化外人犯罪者，依律拟断，理藩院者依蒙古例，苗夷犯军流徒者，折枷情重者，同家口迁徙六百里外安置，罪应论死者，如常法，其自相讼者以苗例科之。”[⑤]此几条清代国家大法或

---

① 徐晓光先生认为苗例是苗疆各民族在长期生产和生活中形成的，并被普遍遵守的不成文习惯法。徐晓光.中国少数民族法制史[M].贵阳：贵州民族出版社，2002：264.

② 王先谦撰.乾隆朝东华续录[O].乾隆四.清光绪十年长沙王氏刻本.

③ 大清律例[M].田涛，郑秦，点校.北京：法律出版社，1999：601-602.

④ 允祹撰.乾隆朝大清会典[O].卷六十八刑部.清文渊阁四库全书本.

⑤ 允祹撰.乾隆朝大清会典[O].卷六十八刑部.清文渊阁四库全书本.

常法反复强调贵州苗疆少数民族犯罪的适法原则，并将有关犯罪纳入“化外人有犯”条中，多次肯定《大清律例》有关贵州苗疆苗人自相争讼各依本俗法的处置规定，形成一律多法反复强调适用贵州苗例的局面，足见清政权对贵州苗疆适用少数民族习惯法的重视认可度。

第二，清代贵州苗例覆盖范围广泛。清代贵州苗例的产生与适用主要以黔东南为地域范围，就行政司法主体及管辖范围而言，主要涵盖“一道三府六厅”，具体而言：“一道”是贵东道，“三府”是都匀府、镇远府和黎平府，“六厅”是八寨厅、都江厅、丹江厅、台拱厅、清江厅和古州厅。就地理民族文化而言，主要囊括生苗区与熟苗区，清代贵州的生苗区大致包括：其一是湘、黔、川三省交界的“红苗区”，以腊尔山脉为中心，故又称“腊尔山苗”。其二是黔东南地区，以雷公山脉、月亮山系为中心，主要属“黑苗”。其三是除上述湘黔和黔东南两大块生苗区之外的其他地区，主要是大小麻山。清代贵州的生苗区并非仅仅位于黔东南，黔北、黔西、黔中等区域也有生苗区的存在。例如《圣武记》所载：“黔边东西南三面广顺、定番、镇宁生苗六百八十寨，镇宁、永宁、永丰、安顺生苗千三百九十八寨，地方千余里，直抵粤界。”①。而清代贵州的熟苗区则是中央政权统治较强或与中原文化联系较为密切的地域，即汉化程度较高的区域。由于熟苗区官方举办义学，北方人口的大量迁入，不断催生汉文化和中央法制的渗入，使得清代贵州熟苗区的苗例逐步式微，故清代贵州苗例主要产生和适用于生苗区。

第三，清代贵州苗例性质游离不定。其一是清代贵州苗例有的被纳入《大清律例》，有的并未上升到国家制定法之中，因此，清代贵州的苗例不能简单地与《大清律例》《大清会典》等清代国家法中的苗疆条例画等号。其二是清代贵州苗例属于普遍意义上的苗例，但与其又有所差别。一方面，清代贵州苗例被纳入《大清律例》的类别量和条例数大于普遍意义上的苗例，即狭义的苗疆苗例上升到国家大法的类别和数量多于广义的苗疆苗例。另一方面，清代贵州苗例有的内容与普遍意义上的苗例相同或相似，但又有自身特有的规制对象和调整内容。例如《大清律例》“犯罪事发在逃”条、“盗卖田宅”条与“恐吓取财”条中的条例便仅仅适用于贵州苗疆。其三是清代贵州苗例并非贵州省例，②亦并非都是官法的法定条例，其起初是贵州苗疆苗侗等少数民族的习惯，并在长期的实践中逐步成为习惯法，苗例便是这些少数民族习惯法的汇编，只不过有些上升为国家大法的增例和定例，具有成文化制定法的性质，但有些依旧是不成文化的民族习惯法性质。

二、清代贵州苗例入例的疏证

笔者通过梳理历代版本的《大清律例》，认为其涉及贵州苗疆的律文条例类别大致有

① 魏源撰．圣武记[M]．韩锡铎，孙文良，点校．北京：中华书局，1984：288.

② 清政府在苗疆和贵州苗疆并未制定诸如《蒙古律例》《回疆则例》等专门性地区民族立法，亦未制定《苗疆则例》《贵州省例》，故贵州苗疆最基本的法源仍为《大清律例》。

二十八类，除去贵州作为极边、烟瘴充军刑的执行地条例外，[①]有关贵州苗疆的条例为四十五个，其中有二十个是乾隆五年(1740)后增加的。清代贵州苗例的内容主要涉及土官犯罪的惩处，贵州苗疆犯罪行为的加重处罚，少数民族犯罪的刑罚与执行，土官承袭，严禁贵州民人侵占苗疆苗人田产，苗人与民人结婚的程序要件，禁止民人与土司进行借贷往来，禁止少数民族带刀及私藏违禁物，禁止苗人与民人相互擅入其地，严控土官土人到外办公的程序和违反惩处，禁止私通土苗，严管硝黄、铁、铅的生产与销售，少数民族严重犯罪行为的惩处，伏草捉人，贩卖人口的惩处，严惩复潜贵州的累犯，土苗案件的审理与逮捕期限，贵州特殊地区的司法管辖等内容。

(一)清代贵州苗例入例的类别数量梳理

表1 《大清律例》有关贵州苗疆律条的分布数量及产生变动情况统计

序号	内容及条数	所属律条	所在律例	产生时期	修改变动
1	土官犯罪的惩处(2条)	卷四“职官有犯”条	律文6/条例1	前明问刑条例	雍正三年修改 乾隆五年删定
		卷五“徒流迁徙地方”条	律文45/条例6	雍正五年定例	乾隆五年改定
2	加重贵州苗疆犯罪行为的处罚(1条)	卷五“犯罪事发在逃”条	律文31/条例6	雍正五年定例	乾隆五年修改

① 清代贵州作为极边、烟瘴充军服刑地所涉及的律条主要为：“犯罪存留养亲”条、“工乐户及妇人犯罪”条、“徒流人又犯罪”条、“徒流迁徙地方”条、“充军地方”条、“举用有过官吏”条、“盗卖田宅”条、“强占良家妻女”条、“多收税粮斛面”条、“仓库不觉被盗”条、“转解官物”条、“盐法”条、“禁止师巫邪术”条、“私越冒度关津”条、“私出外境及违禁下海”条、“宰杀马牛”条、“谋叛”条、“盗内府财物”条、“盗园陵树木”条、“监守自盗仓库钱粮”条、“常人盗仓库钱粮”条、“强盗”条、“白昼抢夺”条、“窃盗”条、“盗马牛畜产”条、“盗田野谷麦”条、“恐吓取财”条、“略人略卖人”条、“发塚”条、“盗贼窝主”条、“谋杀人”条、“斗殴及故杀人”条、“斗殴”条、“越诉”条、“诬告”条、“子孙违犯教令”条、“教唆词讼”条、“官吏受财”条、“伪造印信时宪书等”条、“私铸铜钱”条、“买良为娼”条、“赌博”条、“罪人拒捕”条、“徒流人逃”条、“盗决河防”条。

续表

序号	内容及条数	所属律条	所在律例	产生时期	修改变动
3	少数民族的犯罪、刑罚、执行(3条)	卷五 “徒流迁徙地方”条	律文45/条例3	雍正五年 定例	乾隆五年改定
			律文45/条例4	乾隆二十九年 并纂	/
			律文45/条例5	乾隆二十五年 定例	乾隆二十八年修改 嘉庆六年改定
4	土官承袭(5条)	卷六 “官员袭荫”条	律文47/条例10	前明 问刑条例	乾隆五年改定
			律文47/条例11	兵部 现行例内	康熙年间增例
			律文47/条例12	兵部 现行例内	康熙年间增例
			律文47/条例13	康熙五十四年 兵部议复	雍正三年定例
			律文47/条例14	雍正年间 定例	乾隆五年改定
5	严禁贵州民人侵占苗疆苗人田产(1条)	卷九 “盗卖田宅”条	律文93/条例11	道光十三年 增例	/
6	苗人与民人结婚的程序要件(1条)	卷十 “嫁娶违律主婚媒人罪”条	律文117/条例3	乾隆二十九年 定例	/

续表

序号	内容及条数	所属律条	所在律例	产生时期	修改变动
7	禁止民人与土司进行借贷往来(1条)	卷十四 “违禁取利”条	律文149/条例6	乾隆四十六年 定例	/
8	禁止少数民族带刀及私藏违禁物(1条)	卷十九 “私藏应禁军器”条	律文214/条例2	雍正六年 定例	/
9	禁止苗人与民人相互擅入其地(1条)	卷二十 “私越冒度关津”条	律文220/条例3	顺治时期 定例	/
10	严控土官、土人到外办公的程序和违反惩处(1条)	卷二十 “私越冒度关津”条	律文220/条例4	雍正十三年 定例	/
11	禁止私通土苗(1条)	卷二十 “盘诘奸细”条	律文224/条例1	前明 问刑条例	顺治三年修改 雍正七年定例 乾隆五年改定

续表

序号	内容及条数	所属律条	所在律例	产生时期	修改变动
12	严管硝黄、铁、铅的生产与销售(3条)	卷二十 “私出外境及违禁下海”条	律文214/条例10	咸丰五年定例	/
			律文225/条例8	雍正十二年定例	乾隆五年改定
			律文225/条例10	雍正九年定例	/
13	少数民族严重犯罪行为的惩处(3条)	卷二十四 “白昼抢夺”条	律文268/条例4	乾隆九年定例	/
			律文268/条例19	康熙四十四年定例	/
		卷二十六 “谋杀人”条	律文282/条例6	乾隆二十九年定例	/
14	土官管理苗民(1条)	卷二十四 “白昼抢夺”条	律文268/条例20	康熙四十四年定例	/
15	帮助匪徒窃盗的惩处(1条)	卷二十四 “窃盗”条	律文269/条例19	乾隆四十五年定例	/
16	匪徒冒顶大五、小五等名号的处罚(1条)	卷二十五 “恐吓取财”条	律文273/条例10	道光七年定例	咸丰元年改定

续表

序号	内容及条数	所属律条	所在律例	产生时期	修改变动
17	伏草捉人(1条)	卷二十五“恐吓取财”条	律文273/条例4	康熙四十四年定例	乾隆三十六年改定
18	附近官民无故擅入实施犯罪惩处(1条)	卷二十五“恐吓取财”条	律文273/条例5	乾隆十四年定例	/
19	贩卖人口的惩处(4条)	卷二十五“略人略卖人”条	律文275/条例5	雍正五年定例	/
			律文275/条例7	乾隆六年定例	乾隆八年改定
			律文275/条例8	乾隆十二年定例	/
			律文275/条例9	乾隆十二年定例	/
20	严惩官员索财(2条)	卷三十一“在官求索借贷人财物”条	律文349/条例3	前明问刑条例	雍正三年修改 乾隆五年改定
			律文349/条例4	雍正五年准例	乾隆五年改定
21	禁止外来匪徒教唆原住民犯罪(1条)	卷三十二“诈教诱人犯法”条	律文365/条例1	乾隆二十五年定例	/
22	严惩复潜贵州的累犯(1条)	卷三十五“徒流人逃”条	律文390/条例12	乾隆二十七年定例	/

续表

序号	内容及条数	所属律条	所在律例	产生时期	修改变动
23	土苗案件的审理与逮捕期限(2条)	卷三十五“盗贼捕限”条	律文394/条例3	雍正五年定例	乾隆五年移附嘉庆六年改定
			律文394/条例27	乾隆二十五年定例	乾隆三十二年改定
24	官府处置案件的程序(1条)	卷三十五“盗贼捕限”条	律文394/条例10	雍正六年定例	/
25	秋审情实案件咨文到达地方的期限(1条)	卷三十七“有司决囚等第”条	律文411/条例1	康熙年间现行例	乾隆三十二年改定
26	贵州特殊地区的司法管辖(3条)	卷三十七“有司决囚等第”条	律文411/条例32	嘉庆十四年定例	/
			律文411/条例33	乾隆四十七年定例	乾隆四十八年，嘉庆十年，道光元年、四年、七年、十二年、三十年分改定
			律文411/条例34	道光六、七年纂辑为例	道光十四年、十九年，咸丰二年分改定

续表

序号	内容及条数	所属律条	所在律例	产生时期	修改变动
27	习惯和习惯法的司法适用(1条)	卷三十七“断罪不当”条	律文422/条例1	雍正三年定例	乾隆五年改定
28	极边、烟瘴充军刑的执行地	七篇均涉及	共涉及《大清律例》二十六卷、四十五条律文		

资料来源:(1)《大清律例》,清文渊阁四库全书本。

(2)《读例存疑》,清光绪刊本。

(3)《读例存疑点注》,中国人民公安大学出版社,1994年6月。

(4)《大清律例》,法律出版社,1999年9月。

(二)清代贵州苗例入例的主要内容分析

就清代贵州苗例入例的法律关系而言,涵盖刑事法律关系、民事法律关系、行政法律关系、经济法律关系和诉讼法律关系。就清代贵州苗例入例的法源形式而言,主要是以条例(增例和定例)的方式进行立法,体现“例多于律”“以例代律”的基本特点。就清代贵州苗例入例的立法时间而言,有的是在《大清律例》制定之前,就在皇帝的圣谕和奏折的批复中确定;有的是在《大清律例》制定之后,逐步增加、删除和修改,时间跨度从顺治朝至光绪朝。就清代贵州苗例入例的规范内容而言,既有流官管制,又有土官惩处;既有民事婚姻缔结要件,又有刑事犯罪制裁措施;既有严重刑事罪行,又有轻微民事纠纷;既有域内犯罪,又有涉外犯罪;既有涉及贵州苗民风俗习惯的规定,又有保护贵州苗疆民人权益的规定;既有相似内地的行为规范,又有贵州苗疆特有的行为规范;既有侦查的内容,又有审判的内容;既有实体规范,又有程序规范;既有授权性规范,又有禁止性规范。

例如,《大清律例》有关土官犯罪惩处、土官承袭、土官管理苗民的贵州苗例,交织着行政法律关系和刑事法律关系。“职官有犯”条,明确规定包括贵州苗疆在内的地方土官犯罪时,实行分流裁审的程序机制。[①]“徒流迁徙地方”条,细化贵州苗疆土司犯徒罪以下和绞、斩、军流罪时,该土司及家人将被迁徙和安插的地方。[②]“官员袭荫”条,明确土官承袭的合法性及子孙承袭年龄的规定,在土官无子时,作出谁人承袭的意见,当土官妻子承

① 大清律例[M].田涛,郑秦,点校.北京:法律出版社,1999:89.

② 大清律例[M].田涛,郑秦,点校.北京:法律出版社,1999:131.

袭时，地方官负有查验的责任，还规定土官承袭的程序及承袭的职位。[①] 之所以大量不断增加、删除和修改有关苗疆土司的立法，其原因是贵州苗疆土司制度沿革已久，在地方具有一定的势力和影响，清廷在开辟贵州苗疆的不同历史时期，对土司采取不同的态度。当利用土司时，在立法上极为宽松；当"改土归流"时，在立法上极为严苛。

又如，《大清律例》有关贵州苗疆特有的立法条例，涉及民事法律关系和刑事法律关系，主要采用禁止性立法规范，并且大多系重惩罪行的规定，亦存有部分授权性立法规范。"盗卖田宅"条，立法目的在于保护贵州苗疆苗人的田产，维护其基本的生产、生活，避免因生活困境而诱发动乱。[②] "私藏应禁军器"条，明确西南黑铅的买办只能由官采，严格管控贵州苗疆黑铅资源的生产与销售，防止苗民将黑铅用作武器制造，以防事端发生。[③] "白昼抢夺"条，明确规定贵、湘、鄂交界的红苗少数民族犯聚众抢夺罪时，主犯、从犯各自将受到的刑罚，证明清中央政权非常重视规制、惩处贵州苗疆少数民族实施的抢夺行为，毕竟"王者之政，莫急于贼盗"。同时，注重区分主、从犯在定罪及刑罚上的差别，更加强调行为人行为方式在罪数形态上的界定。[④] "恐吓取财"条，详细规定贵州苗疆独有的伏草捉人罪，确定其犯罪构成要件，尤其是区分初犯与再犯，主犯与从犯在量刑上的差异，同时规定所管辖的土官对此类犯罪负有的法律责任及处罚细则。[⑤] "略人略卖人"条，表明清初允许外地人买卖贵州穷民、男妇，但有严格的条件和程序的要求。[⑥] 康熙朝开始，官方禁止贵州本地人在本省买卖本地人，并提出拟科断的罪名及刑罚。[⑦] 同时，更加细化有关买卖贵州人口的结合犯罪行为要件，在外来人勾结贵州本地人杀害民苗、贩卖被害人子女的犯罪行为基础上，区分初犯、再犯，主犯、从犯的定罪量刑，此条是清中后期新增的条例，表明清政府注重打击买卖贵州人口的各种犯罪，确保贵州苗疆人口的稳定与安全。[⑧] 此外，还规定知情收买贵州苗人的法律责任，表明清政府在清中后期，在打击贩卖主体的同时，还注重打击买入主体，以确保贵州苗疆苗人的人身权益。[⑨]

又如，《大清律例》有关贵州苗疆特有的立法条例，还涉及域内犯罪与域外犯罪的情况，还有不少立法规范与贵州苗疆苗民的日常习俗和民族文化密切联系，体现内外法律关系的交叉，法律关系与民族文化的交织。"私越冒度关津"条，因贵州苗疆与湖广接壤，属广义苗疆范畴，为防止相邻区域的民人和苗人越境犯罪，带来各种纠纷或动乱，故规定禁止苗人擅入民地和禁止民人擅入苗地。[⑩] "诈教诱人犯法"条，规定外来到贵州苗疆教

---

① 大清律例[M].田涛，郑秦，点校.北京：法律出版社，1999：141-142.
② 薛允升撰.读例存疑[O].卷十.清光绪刊本.
③ 薛允升撰.读例存疑[O].卷二十一.清光绪刊本.
④ 三泰修.大清律例[O].卷二十四.清文渊阁四库全书本.
⑤ 大清律例[M].田涛，郑秦，点校.北京：法律出版社，1999：403.
⑥ 大清律例[M].田涛，郑秦，点校.北京：法律出版社，1999：407.
⑦ 三泰修.大清律例[O].卷二十五.清文渊阁四库全书本.
⑧ 三泰修.大清律例[O].卷二十五.清文渊阁四库全书本.
⑨ 三泰修.大清律例[O].卷二十五.清文渊阁四库全书本.
⑩ 大清律例[M].田涛，郑秦，点校.北京：法律出版社，1999：328.

唆引诱少数民族犯罪的,在刑罚上加重处罚;同时,追究所管官员的法律责任,以减少苗疆少数民族的犯罪发生率,维护边疆少数民族地区的稳定。此条充分反映了贵州苗疆存在域外犯罪的情况,其中的一种表现为域外人员到贵州苗疆腹地实施教唆犯罪。[①] “私藏应禁军器”条,其立法与贵州苗疆苗民世代具有佩刀的民族习俗有关,目的在于严禁苗民私藏刀具,防止苗民叛乱,破坏中央政权在苗疆的统治秩序。[②]

再如,《大清律例》有关贵州苗疆特有的立法条例,不仅有实体规范,而且有程序规范,散见在管辖、审限、执行等律文条例中。另外,其还对贵州苗疆少数民族习惯法的司法适用作出了规定。“盗贼捕限”条,规定盗案、命案、窃案及杂件的审理期限,又规定四个月内及六个月内捕获罪犯的时限及超期处理办法。[③] 此条后被修改,减少命案及盗案的审理期限,并停止加展期限的规定,其目的是尽快侦办、审结贵州苗疆的重大刑事案件,维护边疆民族地区的安定。[④] “有司决囚等第”条,直接规定贵州普安州的命盗重案,不再按照县、州、厅、府、道、两司、督抚的逐级审转复核程序,而是直接规定由提刑按察使司负责审理。[⑤] 笔者认为其主要原因是,贵州普安州命盗重案多发,严重侵害当地少数民族的基本权益,损害清中央政权在此地的权威力量,还有就是基于地理、机构、人员、管辖、审理等因素,追求司法审判的最大效率。同时,此条对于地处偏远、经济落后地区在秋审人犯的押送管辖方面作出变通规定,直接将贵州苗疆几个厅、州、县秋审人犯交由贵东道负责押送,即条例直接作出指定管辖。[⑥] 此外,对地处偏远、经济落后地区,在一般遣送流徒人犯、命案拟徒人犯的押解上作出变通规定,条例直接作出指定管辖,由贵东道、贵西道及有关府、州负责执行。[⑦] “断罪不当”条,明确贵州苗疆司法适用民间习惯的条件及适用案件的范围,既遵从民间习惯在苗疆解决自相争讼案件的传统,又维护重大刑事犯罪由官府审判的制度,确保法制统一。[⑧]

三、清代贵州苗例入例的原因

(一)外因:清政权征辟贵州苗疆的反思

清代贵州苗例入例,主要是因为雍正朝对贵州苗疆大力实施“武力征辟”,导致爆发数次民族起义,带来诸多统治危机。自雍正六年(1728)张广泗率兵征讨八寨苗开始,到

① 三泰修.大清律例[O].卷四十六.清文渊阁四库全书本.
② 大清律例[M].田涛,郑秦,点校.北京:法律出版社,1999:321.
③ 大清律例[M].田涛,郑秦,点校.北京:法律出版社,1999:554.
④ 薛允升撰.读例存疑[O].卷四十七.清光绪刊本.
⑤ 薛允升撰.读例存疑[O].卷四十九.清光绪刊本.
⑥ 薛允升撰.读例存疑[O].卷四十九.清光绪刊本.
⑦ 薛允升撰.读例存疑[O].卷四十九.清光绪刊本.
⑧ 大清律例[M].田涛,郑秦,点校.北京:法律出版社,1999:601-602.

雍正十一年(1733)哈元生平定高坡九股苗为止,历时 6 年,经过大小多次军事征剿,清廷完成新辟贵州苗疆,并设置"三府六厅"。但军事征服给贵州苗疆带来极大冲击,激起贵州苗疆少数民族数次起义。雍正五年(1727),湘黔交界处的"花衣苗"仅仅三四十户,丁壮五六十人,却敢对清军进行英勇抵抗。① 雍正六年(1728),贵州清平、丹江的苗民抵制贵州巡抚张广泗实施的"招抚化悔"。② 同年,贵州古州、八万的苗民反抗清军,甚至获得汉人支持。③ 雍正七年(1729),贵州古州鸡呼党寨苗民在寨领计包辛、往包章的率领下,攻打清军兵营,只是因内奸告密而失败。④ 雍正九年(1731),贵州铜仁府"三不管"苗区因吏目张公佐等"藉端勒索""索银钱余",便将其击毙,揭竿而起。⑤ 雍正十年(1732),贵州镇远府台拱苗民为反对清政府建立城营,攻打清军营汛。⑥ 最为严重的是雍乾苗民起义,雍正十三年(1735)二月,贵州古州八妹寨包利、红银自称"苗王",借助神仙和利诱,聚众两万余人,且附近的清江、台拱、丹江苗民纷纷响应,兵分四路攻打官府防守薄弱的凯里、清平一带,后又打败哈元生、董芳率领的川、楚、粤等六省官兵。同年九月,乾隆皇帝即位,命令张广泗主持苗疆军务,张广泗与哈元生率领清军万余人分三路进攻苗民,于同年十二月才打败"起义军"。乾隆元年(1736)二月,苗民首领包利、红银在大、小丹江战役中被俘,本次起义遂被镇压。⑦ 乾隆朝充分反思雍乾之际的数次"苗乱",改而对贵州苗疆采取相对缓和、灵活的治理策略,在贵州苗疆立法中,逐步尊重和采纳少数民族习惯法,甚至将其纳入《大清律例》,表明清政权对贵州苗疆民间习惯法的承认和适用。尽管这主要出于政治目的,但不可否认,官方以立法的形式接纳贵州苗疆少数民族习惯法,亦反证贵州苗疆的苗侗少数民族习惯法在清代具有广泛的适用性、现实性、需要性,能发挥优于官法的法律效果。总之,《大清律例》之所以不断吸纳贵州苗例入例,是基于"因俗而治"的治疆谋略。正如清代名吏陆陇其所言:"民情土俗,万有不奇;立法更制,随方便宜,随时润泽可矣。"⑧统一的国家法制固然有统一的立法,但尚未完全开化入籍的贵州苗疆,清廷须考虑本地民情、土俗之万有不奇,专门制修贵州苗疆的律例规范,才能及时向该域有效供给行政、司法、军事等法源,满足清中央政权在贵州苗疆建立和运作各种制度的立法需要。

(二)内因:清代贵州苗例的现实功用性

清代贵州苗例入例,就其本质而言,是国家法吸收民间法,制定法选择民族习惯法的

---

① 中国第一历史档案馆.雍正朝汉文朱批奏折汇编(第 9 册)[M].南京:江苏古籍出版,1991:956-957.

② 中国第一历史档案馆.雍正朝汉文朱批奏折汇编(第 13 册)[M].南京:江苏古籍出版,1991:706-708.

③ 中国第一历史档案馆.雍正朝汉文朱批奏折汇编(第 13 册)[M].南京:江苏古籍出版,1991:105-107.

④ 中国第一历史档案馆.雍正朝汉文朱批奏折汇编(第 18 册)[M].南京:江苏古籍出版,1991:155-157.

⑤ 中国第一历史档案馆.雍正朝汉文朱批奏折汇编(第 19 册)[M].南京:江苏古籍出版,1991:1041-1044.

⑥ 中国第一历史档案馆.雍正朝汉文朱批奏折汇编(第 23 册)[M].南京:江苏古籍出版,1991:461.

⑦ 中国第一历史档案馆,中国人民大学清史研究所,贵州省档案馆.清代前期苗民起义档案史料(上)[M].北京:光明日报社,1987:4-5.

⑧ 陆陇其辑.莅政摘要[O].卷下治人治法.光绪八年刊本.

结果，此两种不同性质、不同特点与不同形式的规范从并行不悖到吸纳增例，主要是清代贵州苗例所具有的本土性、可用性、解决性所决定。贵州苗例是贵州苗疆广大苗侗等少数民族在长期的生产与生活实践中所形成的规范体系，具有悠久的历史性、价值的认同性、现实的可适性与遵从的自觉性，正如梁治平先生所指："习惯法是这样一种知识传统：它生自民间，出于习惯，乃由乡民长时期生活、劳作、交往和利益冲突中显现，因而具有自发性和丰富的地方色彩。这套知识主要是一种实用之物。"①首先，清代贵州苗疆蕴涵大量形式多样、内容丰富、颇有实效的民间法或少数民族习惯法，诸如清水江文书、侗款、议榔词、乡约、家谱、族规、谱牒、契据等，都是贵州苗疆苗侗等少数民族世居以来调处纠纷、裁审犯罪、地方自治等主要依据，其类别与数量远远多于《大清律例》所吸纳的二十八类四十五条，在漫长的历史岁月中镌刻在贵州苗疆苗侗民人心中，具有非常强大的生命力与适用遵从的内化力。其次，清代贵州苗疆生熟苗区交织，生苗与熟苗处于经常变动的状态，地方官府行政司法管辖的力量与地域有限，且官方法在该地域推行常常基于民族文化、文字语言、价值观念、地理地貌等因素而受到阻滞，面对地区事务的解决与审判需要，促使清中央政权不得不考量适用贵州苗例，并且在多次实践中发现贵州苗例具有很好的现实适用效果，不仅弥补官法之不足，而且发挥官法之不能，故而不断吸纳入《大清律例》。最后，清代贵州苗例是"地方性知识"的历史地域代表，具有很强的历史惯性，此民族民间规范的地位、效力、价值、作用远远高于彼时的国家大法。诚如格尔茨所言："民俗法律就是习俗，习俗就是惯例，惯例就是至高无上的王。这么一个'应然'与'实然'的破碎循环，它遂以'法治国'这种外来的秩序意识来表达一种关于正义本土意识。"②例如被誉为中国环保第一碑的"六禁"碑，是清乾隆年间贵州黎平府所辖文斗寨苗民，③针对栽杉种粟、禁伐禁砍、田产耕种等事项所作出的禁止性规范，是极为珍贵的清代贵州苗疆乡约，其目的就是保护村寨的生态环境，维护人工林的种植，实现保护环境与栽杉种粟的协调发展，内容如下：

六禁公约

众等公议，条禁开列于左。

一、禁不俱远近杉木，吾等所靠，不许大人小孩砍削，如违，罚银十两。

一、禁各甲之阶分落，日后颓坏者，自己修整，不遵者，罚银五两，与众修补，流传世代子孙遵照。

一、禁四至油上，不许乱伐乱捡，如违，罚银五两。

一、禁后龙之阶，不许放六畜践踏，如违，罚银三两修补。

一、禁逐年养鸭，不许众妇女挖阶，前后左右锄缮，如违，罚银三两。

① 梁治平.清代习惯法[M].桂林：广西师范大学出版社，2015：129.

② 克利福德·格尔茨.地方知识——阐释人类学论文集[M].杨德睿，译.北京：商务印书馆，2014：240.

③ 文斗寨位于黔东南苗族侗族自治州锦屏县河口乡，原分为上寨村、下寨村与河边村，河边村于2003年因修建国家重点工程三板溪水电站而被淹没。

一、禁不许赶瘟猪牛进寨,恐有不法之徒宰杀,不遵禁者,送官治罪。

乾隆叁拾捌年仲冬月

姜弘道书撰　立①

该乡约禁止村民实施乱砍滥伐杉木和楠木、毁坏田阶、乱伐乱捡、放六种牲畜践踏龙阶、妇女挖阶锄缮及放瘟疫猪牛进寨的行为;同时,对违反者,在经济责任上处以罚银,在民事责任上处以修补,还将某些禁止行为送官治罪。之所以乾隆年间文斗寨就有关于环保、经济、生活等内容的乡约自治,一方面,此地位于崇山叠嶂之中,不通陆路,只能通过清水江溯江而至,大山阻隔使得地方官府难以深入管辖此地,该地域属于典型的"生苗区";另一方面,该寨全部为苗族,其传统规范意识和内治文化促使苗民在特殊时期,基于生产、生活的现实需要,发布类似乡约的自治规范。乾隆年间的"六禁"碑,还说明清代贵州苗疆的乡约自治制度具有早生性与成熟性,毕竟在官府审判管辖有限的地域,必须依赖自治方式实现各种规制功能,以维系林业生产、村民生活、村寨环境及民族习俗。在发生重大罪行和不可调和的纷争时,苗民仍会通过诉诸公权力,通过司法审判来解决,如碑文所记"不遵禁者,送官治罪"。清代中后期,文斗寨依靠乡约契约进行地方自治,使得文斗寨还被誉为著名的"契约之乡"。尽管"六禁公约"的内容没有完全被增入《大清律例》的有关条例中,但不可否认以其为代表的贵州苗疆苗例在历史现实场域中发挥远远超于官法的作用与效果,本土化的民间法及民族习惯法具有强大的生命力与效果的信效力,这正是《大清律例》等国家大法不得不考量吸纳其入例的内在因素。

结　语

清政权逐年根据贵州苗疆司法审判的现实困境与适法冲突,不断吸收苗例入例,并且因地制宜地增加、修改、删除与贵州苗疆息息相关的律文和条例,实行动态的法源调整,不断满足司法审判的法源需要,更加满足维护清政权苗疆统治的政治需要,实现民间法、少数民族习惯法对国家法、制定法的良性互动和积极补充,对于当下我国民间规范的立法及司法制度的调试具有重要的历史反思价值。笔者认为:就民间规范的地方立法而言,在维护国家法治统一的前提下,采取因地制宜、因需而用、因俗而治的立法策略,有的放矢地启动民族地区民间规范的立法活动,不断推进民族地区民间规范有序科学立法,健全民族地区立法体系,实现民族地区民间规范有效补充国家法源的目的,构建符合民族地区纠纷解决和社会治理所需要的多元有机法源体系。② 就司法制度的调适变通而言,可以在遵循宪法、法律的前提下,在国家统一司法制度的指导下,根据民族地区的政

① "六禁"碑立于今贵州省黔东南苗族侗族自治州锦屏县(清代为贵州黎平府所辖锦屏县)文斗乡文斗村上寨山顶寨门处,笔者曾二次前往,原碑文已经风化侵蚀,后经拓片新立,碑文内容来自笔者拍摄。

② 崔超.刍议民族地区民间规范立法的现实困境与路径设计[M]//谢晖,蒋传光,陈金钊.民间法:第20卷.厦门:厦门大学出版社,2018:71-72.

治、经济、文化、历史、社会、生态等特点，对司法主体的设置、司法审判的流程、裁判文书的执行等方面进行有的放矢的调适变通。总之，“观今宜鉴古，无古不成今”，无论当代我国的科学立法还是公正司法都必须从清代贵州苗例入例的历史中汲取有益启示，实现国家法与民间法、制定法与习惯法的健康共生。

On GuiZhou Miao-Li Absorbed by *Code of Qing Dynasty*

Cui Chao　Tian Lishu

Abstract: The Guizhou Miao-Li in Qing Dynasty referred to the customary law of Miao and Dong minorities, which was gradually formed in the minority inhabited areas between Qingshui River and Duliujiang River in southeastern Guizhou Province and centered on Guzhou. Followed the historical process of the Qing Dynasty's opened up of Miao frontier, there were roughly twenty-eight categories and forty-five Miao-Li in Guizhou, which were gradually absorbed into the *Code of Qing Dynasty*. As a regulation, they were recognized and applied by the Qing Dynasty, played an active role in the minority areas, bridged the shortcomings of the national laws and statutes, and eased the Qing regime and the border areas. Contradictions and conflicts were in the ethnic areas. The essence of the Miao-Li in Guizhou in Qing Dynasty was the result that the national law absorbed the folk law and the statute law choosed the national customary law. However, the academic circles have not systematically combed the narrow Miao-Li. The purpose of this paper is to restore the historical situation that the Miao-Li in Guizhou in Qing Dynasty were added to the *Code of Qing Dynasty*, and it also reflects on the legislation and judicial application of folk law and national customary law.

Key Words: guizhou in the qing dynasty; miao-li absorbed by *code of qing dynasty*; explanation and reflection

论民间法作为行政诉讼法之法源

范乾帅*

摘要：在当今世界，善治正越来越成为时代的宏旨所在。为达致善治，必须要有公权力建构的国家法和自生自发的民间法之间的交互、共生。民间法的意义由此可见。但在我国，从成文法，尤其是从行政诉讼法的现状看，治理规范系统的多元性并未完全形成，民间法的作用并未得到立法者的高度重视；从行政诉讼的现状看，司法者援引民间法评判行政行为合法性的案件颇为稀少，且存在当事人举证不足与裁判理由不足的缺陷。对此，在未来，可尝试采取明确认肯民间法的法源地位、强化原告的举证责任、明确第三人的举证责任、充实裁判理由等措施，以求充分发挥民间法在追求善治过程中的作用。

关键词：民间法；善治；多元；行政诉讼法；法源

导　言

在当今世界，善治正越来越成为时代的宏旨所在。这正如时任新加坡外交部无任所大使的 Tommy Koh 在曼谷的“善治研讨会”上所指出的：①

> 在国家的发展过程中，一个最重要的因素是善治。如有善治，那么一个国家，不论它是广袤还是狭小，不论它的资源禀赋是多还是少，不论它所在何方，都可以获得成功。若无善治，那么一个国家，即便它拥有丰富的自然资源，也不会成功。

那么，应如何实现善治？治理是“公共或私人的个人与机构管理其共同事务的总和”，②因此，为达致善治，必须要有多元主体的参与、协作，必须要有公权力建构的国家法和自生自发的民间法之间的交互、共生。民间法的意义由此可见。

所谓民间法，“广而言之，民间社会规范”，“简而言之，民间习惯、风俗、道德、章制、礼

* 范乾帅，南开大学法学院博士研究生。

① Tommy Koh, The Principles of Good Governance[EB/OL]. [2018-11-22]. https://lkyspp. nus. edu. sg/docs/default-source/gia-documents/sp_tk_the-principles-of-good-governance_07100944c6087b46bc6210a3aaff0100138661. pdf? sfvrsn=877a6a0a_2.

② The Commission on Global Governance. Our Global Neighborhood[M]. Oxford: Oxford University Press, 1995:2-3.

仪也”,其“将除国家制定法之外的、只要能够对人们的行为起规范、指导、约束等作用的大多数非国家性的社会规范统统纳入自己的麾下”,其中的许多习俗、传统、惯例等都可成为法律的渊源。①

但民间法的法源地位并非一成不变的。相反,其将随着部门法的不同而有所差异。例如在民法领域,《中华人民共和国民法总则》(2017)第10条已颇为明晰地建构起“法律—习惯”的二位阶法源体系;②但在刑法领域,学界有两种主张并存:一是坚持绝对罪刑法定原则,禁止民间法成为刑法法源;二是在相对罪刑法定原则下,允许民间法成为非正式刑法法源,其主要作用于刑法解释。③

那么,具体就行政诉讼领域而言,民间法是否具有法源地位?如果是,其法源地位有何种体现?当下法制有何缺憾?针对此种缺憾,应如何谋求应因之道?纵览既有文献,其探讨对象多为整体意义上的行政法中的民间法,且侧重于行政惯例,尚未真正深入行政诉讼层面;而后者作为行政法的“基本法”,发挥着羁束与规范公权、卫护私权、维持法秩序的重大作用,是构筑法治政府、完善国家治理体系、谋求良法善治过程中的关键一环。鉴于此,本文拟以“论民间法作为行政诉讼法之法源”为题旨,以期对填补学术缺漏、推进法律实践有所助益。

一、成文法中的民间法

在我国,成文法是最为核心、最为基础的法源。与不成文法相比,一部成文法令未必能够实现更多前者所无法实现之事,但它能够“给予十倍于不成文法的安定性、简易性与高效性”。④ 在行政诉讼中,根据《中华人民共和国行政诉讼法》(以下简称《行政诉讼法》)(2017)第63条的精神,如果成文法对民间法的地位和适用有所规定,则法院就应当“依据”或“参照”。鉴于此,欲探讨民间法作为行政诉讼法法源的情况,须先厘清成文法当中的相关规定。以下将从“宪法”“行政诉讼法及司法解释”“其他立法”等维度出发分别进行论述。

(一)宪法

在《中华人民共和国宪法》(以下简称《宪法》)(2018)中,与民间法有关的规定不在少数。其中,最为核心的规定当属第4条第4款,即“各民族都有使用和发展自己的语言文字的自由,都有保持或者改革自己的风俗习惯的自由”。此处的“民族”,既包括少数民族,也包括汉族。虽然该条款是从加强各民族团结的宗旨出发的,但无疑为尊重各民族

① 刘作翔.具体的“民间法”——一个法律社会学视野的考察[J].浙江社会科学,2003(4).

② 于飞.民法总则法源条款的缺失与补充[J].法学研究,2018(1).

③ 池建华.作为非正式刑法法源的习惯法[J].湖北社会科学,2017(4).

④ Written Law and Unwritten Law[J]. Jurist, or Quarterly Journal of Jurisprudence and Legislation, 1829(2).

习惯提供了宪法依据。①

“行使职权，替国家执行公权力，应该以维护人的尊严，保护人民的权益为最高理念。”②各民族公民既然享有“保持或者改革自己的风俗习惯的自由”，那么国家也就负有通过各种手段来尊重、保护乃至实现此种自由的责任。此处的“国家”，在横向上包括所有的政府机构及其他公权力机构，在纵向上包括全国、地方、基层等所有层级。③ 法院自然也不例外。在行政诉讼中，其一，法官应尊重民间法、不可漠视其存在；其二，法官应保护民间法，制止机构及个人的戕害；其三，法官应实现民间法，譬如可以以民间法为法源，鉴别行政行为的合法性并维护公民权。当然，这一切的前提在于民间法本身合法且合乎善良风俗；否则，法院可拒绝赋予其法律实效。④

除第4条第4款之外，《宪法》序言、第22条、第24条、第36条、第47条、第89条、第107条等对民间法也都有所涉及。例如第24条第1款，即“……通过在城乡不同范围的群众中制定和执行各种守则、公约，加强社会主义精神文明的建设”，便是为各类乡规民约构筑起宪法秩序层面的正当性。

当然，“宪法规定的规范性和导向性之间的灰色地带是不可避免的缺陷”，“人民不可能消除而只能减少其中的难题”，⑤且我国法院并不能直接适用宪法。因此，在具体的行政诉讼中，民间法若要发挥法源的效用，尚待立法作出规定。

(二)行政诉讼法及司法解释

至今为止，尚无行政诉讼方面的立法或司法解释将民间法在司法中的地位和作用作出详致规定。

其一，《行政诉讼法》几乎不包含任何民间法方面的内容。例如，该法第63条仅规定法院审理行政案件应以法律和行政法规或民族自治地方的自治条例和单行条例为依据，并参照规章，但完全未述及民间法。

其二，行政诉讼方面的司法解释同样未对民间法作出规定。例如，《最高人民法院关于适用〈中华人民共和国行政诉讼法〉的解释》(2017)第100条规定法院审理行政案件，适用最高人民法院司法解释的，应当在裁判文书中援引；此外，亦可在裁判文书中引用合法有效的规章及其他行政规定，但并未规定法院可以适用、援引、采纳民间法。

① 高其才，等.当代中国法律对习惯的认可研究[M].北京：法律出版社，2013：79.

② 城仲模.行政法之一般法律原则[M].台北：三民书局，1999：8.

③ UN Human Rights Committee (HRC). General comment no. 31 [80], The nature of the general legal obligation imposed on States Parties to the Covenant [R/OL]. [2018-11-22]. https://www.refworld.org/docid/478b26ae2.html.

④ 例如，在俞霞诉互助土族自治县高寨镇人民政府行政登记行政纠纷案(2017)青0222行初34号中，第三人曾广伯与原告俞霞于2011年按照民间习俗举行了婚礼，但第三人在彼时尚未成年，且其在原告不知情的情况下，向民政局申领了结婚证。对此，青海民和回族土族自治县法院认定民政局的行政行为违反了《中华人民共和国婚姻法》，遂判决撤销结婚证，否认了民间习俗的法效力。

⑤ 汉斯·J.沃尔夫，奥托·巴霍夫，罗尔夫·施托贝尔.行政法(第3卷)[M].高家伟，译.北京：商务印书馆，2007：55.

(三)其他立法①

在行政诉讼之外的立法中,对民间法作出规定者确有存在,且为数不少。因我国立法对"民间法"的表述不一,故本文以"北大法宝"为检索平台,以习惯、风俗、民俗、习俗、惯例等为检索关键词,所获结果如表1所示。

表1 "习惯"等关键词检索结果

	习惯	风俗	民俗	习俗	惯例
法律	105	64	2	11	30
行政法规	309	71	41	35	96
部门规章	2932	726	571	265	1298

当然,表1所呈现的只是初步的检索结果,相关条目可能重复,②也可能与本文主旨无关。③ 鉴于法律、行政法规、部门规章不胜枚举、无法彻底穷尽,且本文的研究对象是行政诉讼法,故而以下将以我国政府的职能领域为纲目,④以若干法律、行政法规或部门规章为示例进行说明,如表2所示。

表2 政府各大职能领域中的民间法立法示例

	立法示例
经济调节	暂无适例
市场监管	《中华人民共和国电影产业促进法》(2016)第16条、《中华人民共和国消费者权益保护法》(2013)第10条、《中华人民共和国标准化法》(2018)第13条、《出版管理条例》(2015)第25条、《娱乐场所管理条例》(2016)第13条、《音像制品管理条例》(2016)第3条
社会管理	《戒严法》(1996)第29条、《中华人民共和国集会游行示威法》(2009)第2条、《中华人民共和国人民武装警察法》(2009)第21条、《中华人民共和国老年人权益保障法》(2012)第83条、《中华人民共和国人民警察法》(2012)第20条、《中华人民共和国监狱法》(2012)第52条、《中华人民共和国城乡规划法》(2015)第18条、《中华人民共和国反恐怖主义法》(2018)第6条、第81条、《中华人民共和国集会游行示威法实施条例》(2011)第4条、《拘留所条例》(2012)第17条、《殡葬管理条例》(2012)第6条、《全国年节及纪念日放假办法》(2013)第4条、《宗教事务条例》(2017)第57条

① 有几点须予说明:一者,因篇幅所限,此处的"其他立法"主要指法律、行政法规及国务院部门规章,不包括地方性法规与地方政府规章;二者,基于研究主旨的考虑,与行政诉讼无关的规定,如《中华人民共和国刑法》第251条、《中华人民共和国驻外外交人员法》第8条、《中华人民共和国香港特别行政区基本法》第8条等,均不在本文的探讨范围内;三者,民商法中的有关民间法的规定,如《中华人民共和国合同法》第22条、《中华人民共和国物权法》第85条、《中华人民共和国海商法》第49条等,其有可能成为行政诉讼法的法源,与本文主旨不无关联。但鉴于当前立法对行政审判是否可以援引民商法规范未作规定,且相关情形十分复杂,本文对此也暂不作探讨。

② 例如《反恐怖主义法》(2015)与《反恐怖主义法》(2018)均位列其中。

③ 例如《中华人民共和国教育法》(2009)第43条规定:"受教育者应当履行下列义务:……遵守学生行为规范,尊敬师长,养成良好的思想品德和行为习惯。"此处的"习惯"与本文主旨无关。

④ 政府职能领域的划分,参见国务院关于印发《国务院工作规则》的通知(国发〔2013〕16号)[EB/OL].[2018-11-22]. http://www.gov.cn/zhengce/content/2018-07/02/content_5302908.htm.

续表

	立法示例
公共服务	《非物质文化遗产法》(2011)第16条。
生态保护	暂无适例①

以上是对我国立法中的有关民间法的规定的简要梳理。

善治作为国家治理现代化的理想样式,强调治理的多元性。此种多元性,不仅仅包括治理主体的多元性,同时也包括治理规范系统的多元性。后者表现为作为治理依据的规范系统不仅是国家法这样的正式制度,同时也包括民间法这样的非正式制度。② 但从我国的立法现状,尤其是从行政诉讼的立法现状来看,治理规范系统的多元性并未完全形成,民间法的作用并未得到立法者的高度重视。这便难免对民间法在行政诉讼中的适用造成阻碍。

二、行政诉讼中的民间法

在厘清成文法的相关规定之后,即可着手从行政诉讼本身的视角观察民间法。

总体上看,民间法作为法源发挥作用的途径主要有两种:其一,当成文法毫不含糊地要求尊重民间法,即"法有明文"之时,对此等规定,法院应予遵从或参照;其二,当成文法并未明确要求尊重民间法,且相关领域的立法存在空白或失之粗概、抽象,即"法有缺漏"之时,法院可援用民间法予以补全。以下将分别予以阐述。

(一)法有明文

当立法明确要求尊重民间法之时,法院应从其规定。如表2所列举的《中华人民共和国电影产业促进法》《中华人民共和国消费者权益保护法》《中华人民共和国集会游行示威法》《中华人民共和国人民武装警察法》《中华人民共和国拘留所条例》《中华人民共和国殡葬管理条例》《中华人民共和国宗教事务条例》等立法均明确要求尊重民间法。当行政争讼涉及此类规定时,法院应当"依据"或"参照"。此时,民间法便有可能获得法源的地位,可成为判别行政行为合法性的基准。如果后者与前者相契合,则其合法性可以成立;反之则否。当然,这一切的前提是当事人主张的事实确属立法所规定的民间法。否则,法院可拒绝适用。

① 某些生态保护立法虽有涉及民间法,但实为对民间法的否认,故本表不予列举。

② 钱锦宇.善治视域下民间规范的价值定位和正当性基础——以地方立法权扩容为基点的分析[J].湖湘论坛,2018(1).

以“谢祖明与重庆市开州区公安局处罚上诉案”①为例，2015 年 11 月 13 日，该案一审被告、二审被上诉人重庆市开州区公安局对案外人陈克亚等处以行政拘留的处罚。该案一审原告、二审上诉人谢祖明等人不服该处罚，遂在未作任何申请的情况下，于同年 11 月 21 日组织游行，其路程有 2 公里多，持续时间约 1 个小时，吸引上百群众围观，致交通壅塞。为此，开州区公安局于 12 月对谢祖明作出行政拘留 12 日的处罚。谢祖明不服，遂向开州区法院提起行政诉讼。

该案存在诸多争议焦点，其中之一便是谢祖明所组织的活动是否属于《中华人民共和国集会游行示威法》第二条所规定的、不适用本法的“传统的民间习俗活动”。对此，法院持否定立场。其指出：

众所周知，民间风俗活动是一个民族或社会群体在长期的生产实践和社会生活中逐渐形成并世代相传、较为稳定的文化活动，具有传承性、广泛性、稳定性，目的大多为消灾祈福或者纪念具有特别意义的事件，并不包含政治诉求。谢祖明组织的上述活动不具有传承性、稳定性、广泛性，主要目的不是为消灾祈福或纪念，而是表达其“反腐”的政治诉求，亦表达对公安机关行政拘留陈克亚等人的不满和抗议，该活动内容、目的已超出民间风俗活动的范围，故谢祖明组织的活动不属《中华人民共和国集会游行示威法》第 2 条第 5 款中规定的传统民间习俗活动的范围。

基于此，法院认定谢祖明不经申请即组织游行的行为系属非法，并最终判决驳回谢祖明的诉讼请求。谢祖明不服一审判决，遂向重庆市第二中级人民法院提起上诉。后者所持的立场与开州区法院大致相同，此处不再赘述。

（二）法有阙漏

在法有缺漏之时，法院可以民间法为行政诉讼法法源，以判断行政行为的合法性。与“法有明文”的情况不同的是，法院即便认定某种行为确系民间法，也没有必须以之为法源，并予以遵从的义务。

纵观各省市的司法实践，法院在法无明文的情况下以民间法为法源作出裁判的案件为数十分稀少，但确有存在。法官或以之填补立法空白，或以之弥补立法粗疏。从既有案例看，前者主要涉及行政确认、行政裁决、行政处罚、行政补偿及行政给付等行政行为，后者则主要涉及行政处罚等行政行为。

---

① 谢祖明与重庆市开州区公安局处罚上诉案（2016）渝 02 行终 278 号[A/OL].[2018-11-22]. http://www.pkulaw.cn/case/pfnl_a25051f3312b07f326c391a6aebfa6b6620b20df9bbc15bcbdfb.html? keywords=谢祖明与重庆市开州区公安局处罚上诉案 &match=Exact. 类似案件还有刘云云与广州市公安局海珠区分局行政处罚上诉案（2013）穗中法行终字第 828 号[A/OL].[2018-11-23]. http://www.pkulaw.cn/case/pfnl_a25051f3312b07f312af538d65eb8854742e9cd7e9f05768bdfb.html? keywords=刘云云与广州市公安局海珠区分局行政处罚上诉案 &match=Exact.

1. 以民间法填补立法空白

(1)行政确认

“郑某某1与郑某某2等土地行政登记纠纷上诉案”①是法院以习惯为基准，考量行政确认行为合法性的典例，其主要牵涉浙江舟山地区的多人共有的房屋外界檐归属的问题。

该案一审第三人、二审上诉人郑某某1与一审原告、二审被上诉人郑某某2系堂兄弟关系，二人按份共同拥有舟山市定海区小沙镇增辉社区的一套祖传房屋。1988年，郑某某2外出经商。1993年，相关部门将郑某某1东首一正间南墙壁以外界檐(郑某某2屋正门外界檐)登记在其名下。郑某某2直到2012年6月11日方才发现这一情况，遂先后向定海区国土部门提出异议登记申请、向定海区法院提起民事诉讼，但均无法获得救济，故而提起行政诉讼，请求法院撤销定海区政府颁发给郑某某1的定集建(籍)字93.26101095号“集体土地建设用地使用证”。

经审查，定海区法院指出：

本案登记机关在没有证据依据的情况下，违背民俗习惯，任意将本应属于共用的屋外界檐土地使用权，登记确认归一方使用。该项行政登记必然引起房屋所有权人双方矛盾，并在以后的旧房修缮改造、转让租赁、拆迁补偿等房屋所有权的行使上，埋下纷争隐患，实属不妥。

最后，法院判决撤销定海区政府颁发的“集体土地建设用地使用证”。细读以上判词，不难看出法院已将当地的民间法视作裁判的基准，其推演逻辑为：如有证据，则依证据；如无证据，则从习惯。在二审判决中，舟山市中级人民法院虽未提及民间法，但其认为“原审判决认定事实清楚，适用法律正确，审判程序合法，应予维持”，从而肯定了定海区法院的结论。

(2)行政裁决

“李益民与樊旭初土地行政处理纠纷案”②是法院根据民间法评判行政裁决行为合法性的案件，其主要关系河南省睢县地区的老宅基堂屋后的“滴水”的归属及其宽度问题。

该案一审被告、二审被上诉人樊旭初与王金生(案外人)、王金亮(案外人)系邻居，樊旭初居东，王金生、王金亮居西，双方均居于李益民北侧。1988年，樊旭初与王金生、王金亮因宅基地出路发生纠纷。1990年，睢县法院作出民事判决，认定“从被告(王金生、王金亮)南邻(李益民)堂屋后墙往北量一米五十公分，东西取一直线，为原告(樊旭初)的出

---

① 郑某某1与郑某某2等土地行政登记纠纷上诉案(2013)浙舟行终字第22号[A/OL].[2018-11-23]. http://www.pkulaw.cn/case/pfnl_a25051f3312b07f315df6e8f79cdc4206134e4d8b1405b64bdfb.html? keywords=郑某某1与郑某某2等土地行政登记纠纷上诉案&match=Exact.

② 李益民与樊旭初土地行政处理纠纷案(2010)商行终字第122号[A/OL].[2018-11-23]. http://www.pkulaw.cn/case/pfnl_a25051f3312b07f3b19384e202b428e393780b781c2caa41bdfb.html? keywords=李益民与樊旭初土地行政处理纠纷案&match=Exact.

路,被告也可以走此出路,原告垒墙在直线以南”。商丘市中级人民法院维持原判。据此,樊家筑起一道墙,逐渐形成李益民房屋后的东西走向的胡同。

以上情形,李益民到1997年方才知悉,其认为法院将其老宅基房屋后的三尺“滴水”划归樊家作为出路,已构成对自身权益的侵犯。经再审、行政裁决、行政复议之后,睢县政府将三尺滴水的使用权划归李益民,但要求其只能作滴水之用。李益民不服,遂向睢县法院提起行政诉讼。

经审查,法院认为:

在睢县县城老集街,老宅基堂屋后都有滴水,滴水宽度一般为三尺,故李益民主张其堂屋后有三尺滴水,依法应予支持。鉴于该滴水部分已形成东西胡同多年,系樊旭初住宅出路的一部分,故该滴水部分李益民只能作为滴水使用。

由上可见,法院已将民间法作为评判睢县政府行政决定合法性的标准,其逻辑思路为:依习俗,各家老宅基堂屋后均有滴水,其宽度一般为三尺,故而李益民堂屋后也应有滴水,其宽度也应为三尺。睢县的上述民间法据此获得行政诉讼法法源的地位。

法院援用民间法判断行政裁决行为合法性的案件较多。除以上案件之外,还有“张占元与北京市平谷区东高村镇人民政府土地行政裁决纠纷上诉案”“欧天筹等与全州县才湾镇人民政府林木行政裁决纠纷上诉案”“原告肖庆余不服被告资源县中峰乡人民政府山林确权行政纠纷案”等。详见下表3,此处不再一一阐述。

表3　法院援引民间法判断行政裁决合法性的案件示例

	诉由	一审法院	二审法院	所涉民间法
张占元与北京市平谷区东高村镇人民政府土地行政裁决纠纷上诉案(2013)二中行终字第1064号	不服土地使用权行政裁决	北京市平谷区法院	北京市第二中级人民法院	建房应留有滴水基
欧天筹等与全州县才湾镇人民政府林木行政裁决纠纷上诉案(2012)桂市行终字第85号	不服林木所有权行政裁决	广西壮族自治区全州县法院	广西壮族自治区桂林市中级人民法院	祖坟边的树应归坟主家所有
肖庆余诉资源县人民政府登记案(2017)桂03行初1号	不服杉树、竹子所有权和管理权及土地使用权行政裁决	广西壮族自治区资源县法院	广西壮族自治区桂林市中级人民法院	竹山占地、松杉杂木不占地及不允许在他人竹山头的荒山种植竹子

(3)行政处罚

“何某甲与舟山市定海区城市管理行政执法局等不履行规划行政强制法定职责纠纷上诉案”①是法院借助民间法判断行政处罚决定的合法性的适例,其主要涉及以相对人去世为由中止行政处罚是否合法的问题。

该案一审原告、二审上诉人何某甲与何某乙(已逝)系邻居。2011 年,何某甲认为何某乙侵害其相邻权,遂向一审被告、二审被上诉人浙江省舟山市定海区城市管理行政执法局(以下简称“执法局”)举报。后者于当年 12 月 20 日对何某乙作出《行政处罚听证告知书》。2012 年 3 月 10 日,何某乙病逝;当月 21 日,执法局作出《行政处罚中止决定书》,决定“根据《行政处罚法》的规定精神,参照最高人民法院《司法解释》第 51 条的规定,决定本案中止处理”。何某甲不服,遂向定海区法院提起行政诉讼,要求判令执法局履行法定职责。

定海区法院对《行政处罚中止决定书》的合法性进行了颇为全面的检讨。其认为:

在何某乙患病死亡后,被告参照最高人民法院《司法解释》第 51 条的规定,对该案决定中止处理,虽法律依据不足,但……根据民间习俗,本着和谐执法、人性化执法的精神,被告在相当时间内暂缓作出处罚是符合情理的。

通过解读以上判词可发现,法院虽然承认执法局类推适用司法解释、中止行政处罚确有“法律依据不足”的瑕疵,但仍以“民间习俗”为基准、肯定该行政行为的合法性。民间法的“补充性法源”的角色,在该案中的体现不可谓不充分。

(4)行政补偿

“高纪念与澧县国土资源局行政征收案”②是法院将民间法视作行政诉讼法法源、判断行政补偿行为合法性的典型案例,其主要涉及农村地区的家事代理问题。

该案第三人高守杭是湖南省澧县码头铺镇观斗村 10 组的村民,与原告高纪念系父女关系。2011 年前,二人一直共同居住于码头铺镇 1006 号房屋。后高纪念迁出另住。2015 年,因高压电工程建设的原因,需对 1006 号房屋进行征收拆迁。高守杭遂与澧县国土局征地拆迁事务所签订了征地补偿安置协议。但在房屋拆除完毕后,高纪念认为协议违法,遂于 2017 年提起行政诉讼,请求确认该协议无效。法院认为:

争议的焦点在于第三人高守杭是否有权与被告澧县国土资源局签订补偿协议,以及协议内容是否低于同类房屋补偿标准……第三人高守杭系高纪念亲生父亲,其作为家庭主要成员,按照习俗与他人签订协议应该得到尊重和遵守。

---

① 何某甲与舟山市定海区城市管理行政执法局等不履行规划行政强制法定职责纠纷上诉案(2012)浙舟行终字第 15 号[A/OL].[2018-11-23]. http://www.pkulaw.cn/case/pfnl_a25051f3312b07f3bc7b1c9238f8248f510d75735c5f5415bdfb.html? keywords=何某甲与舟山市定海区城市管理行政执法局等不履行规划行政强制法定职责纠纷上诉案 &match=Exact.

② 高纪念与澧县国土资源局行政征收案(2017)湘 0723 行初 1 号[A/OL].[2018-11-23]. http://www.pkulaw.cn/case/pfnl_a25051f3312b07f30fae9a4d99b4b65ba36b832fb67078b3bdfb.html? keywords=高纪念与澧县国土资源局行政征收案 &match=Exact.

随后，法院对原告是否知情、第三人是否具备完全行为能力、协议是否系第三人真实意思表示等问题一一加以阐明，并最终认定协议合法有效。

该案所涉的民间法，是家庭主要成员，尤其是父女之间的家事代理权。对此，我国立法并无直接规定。《最高人民法院关于适用〈中华人民共和国婚姻法〉若干问题的解释(一)》(2017)第17条虽有触及，但其指向的是夫妻而非亲子。澧县法院凭借“习俗”这一法源填补了规范上的空白，合乎法理与公义。

除“高纪念与澧县国土资源局行政征收案”之外，“原告刘美兰不服被告湘潭县国土资源局安置补偿一案”①也是法院利用民间法鉴别行政补偿行为合法性的案件，其主要涉及农村集体经济组织成员资格的认定问题。

该案原告刘美兰本系湖南省湘潭县易俗河镇上马村茅塘村民小组的集体经济组织成员，其于2006年结婚、于2011年离婚，但户口一直未迁出。2013年3月，湘潭县政府决定对茅塘组等地域的土地进行征收。2013年4月，该案被告湘潭县国土资源局发布公告，其认为刘美兰并非茅塘村民小组的集体经济组织成员，故不予安置。刘美兰不服，遂提起行政诉讼。

欲判断国土资源局的行政补偿决定是否合法，要害在于判断刘美兰是否系茅塘村民小组的集体经济组织成员。对此，法院颇为精到地指出：

集体经济组织成员资格，目前尚无法律规定，应当综合考虑以下因素：一是具有依法登记在集体经济组织内的常住户籍；二是长期居住在该集体经济组织所在地，以农村土地为基本生活保障，履行与其他村民同等义务；三是参照风俗习惯、村规民约。

尽管法院在随后的分析中并未实际动用“风俗习惯、村规民约”，但这并不妨碍民间法获得法源的身份地位。

(5)行政给付

“许靠山与日照市东港区民政局民政行政管理(民政)案”②是为数不多的、与民间法有关的行政给付争讼案件之一，其主要关系优抚对象的认定问题。

在该案中，烈士许延亮系原告许靠山堂兄，但自幼被许靠山之父收养。其于1947年入伍，并于1951年牺牲。2014年，许靠山以许延亮的烈士证明书遗失为由，要求被告山东省日照市东港区民政局补办。2014年12月，民政局将补办的证明书下发许靠山，但后又将其收回。为此，许靠山提起行政诉讼，请求法院判令民政局履行法定职责，并补发证明书。对此，法院指出：

---

① 原告刘美兰不服被告湘潭县国土资源局安置补偿一案一审行政判决书(2015)潭行初字第91号[A/OL].[2018-11-23].http://www.pkulaw.cn/case/pfnl_a25051f3312b07f32522c719b6c49f57e92dd40eb72f7f7abdfb.html?keywords=原告刘美兰不服被告湘潭县国土资源局安置补偿一案一审行政判决书&match=Exact.

② 许靠山与日照市东港区民政局民政行政管理(民政)案(2016)鲁1102行初76号[A/OL].[2018-11-23].http://www.pkulaw.cn/case/pfnl_a25051f3312b07f3a50c1c496161f465be2d3d7e464901e0bdfb.html?keywords=许靠山与日照市东港区民政局民政行政管理%28民政%29案&match=Exact.

根据《山东省民政厅关于启用〈烈士通知书〉〈烈士证明书〉和换发〈烈士证明书〉的通知》(鲁民函〔2013〕319 号)第 2 条《烈士证明书》的启用第 5 项规定,《烈士证明书》按照以下顺序确定一名执证人……烈士许延亮的亲生父母以及××(原告许靠山父母)以及许延亮的亲兄弟姐妹均已去世,许延亮又无配偶及子女。虽然许延亮实为原告许靠山之堂兄,但是许延亮幼年时被许靠山父母收养直至成年,且收养时许靠山父母家中仅有女孩,符合民间"过继"的习俗。

值得注意的是,在许靠山父母收养许延亮之时,《中华人民共和国收养法》尚未出台。在法有缺漏的情况下,法院根据民间的"过继"习俗,认定许靠山父母与许延亮之间存在事实上的收养关系、许靠山与许延亮之间存在事实上的养兄弟关系,并据此判令民政局履行法定职责、对许靠山的请求予以审核上报,维护了原告的正当权益。

2. 以民间法弥补立法粗疏

与"以民间法填补立法空白"不同,"以民间法弥补立法粗疏"的案件更为稀少,且主要存在行政处罚等领域。"徐用军诉米易县公安局治安行政处罚申诉案"①便是典型。

2014 年 2 月 22 日,该案一审原告、二审上诉人、再审申请人徐用军与徐用权、徐用书等人到李学华的坟墓杀狗、洒狗血、埋死狗。次日凌晨,李家发现情况,遂引发群体性事件。直到一审被告、二审被上诉人、再审被申请人四川省米易县公安局和丙谷镇政府公务人员赶到现场,方才平息纠纷。同年 3 月 12 日,米易县公安局作出行政处罚决定,对徐用军处以行政拘留 12 日的处罚。后者不服,遂提起行政诉讼。

在该案中,米易县公安局的行政处罚是否合法,关键在于徐用军的行为是否属于《中华人民共和国治安管理处罚法》第 65 条所规定的"情节严重"。对此,立法虽未规定,但米易县法院仍借助民间法弥补了这一粗疏:

污损他人坟墓,是指用污秽物泼洒在他人的坟墓上的行为,侵犯的客体是社会管理秩序和社会风俗风化……徐用军等人污损李学华坟墓的行为,给死者亲友造成精神上的伤害和侮辱,破坏了我国善良的风俗习惯和民族传统,同时还引发了大规模的群体性治安案件,在当地造成了严重影响,属于"情节严重"。②

最终,法院判决维持米易县公安局的处罚决定。对此,徐用军虽先后提起上诉、申请

① 徐用军诉米易县公安局治安行政处罚申诉案(2015)川行监字第 297 号[A/OL].[2018-11-23].http://www.pkulaw.cn/case/pfnl_a25051f3312b07f38dd93266a10723281acefbf60352c096bdfb.html? keywords=徐用军诉米易县公安局治安行政处罚申诉案&match=Exact.

② 徐用军诉米易县公安局处罚案(2014)米易行初字第 3 号[A/OL].[2018-11-23].http://www.pkulaw.cn/case/pfnl_a25051f3312b07f333c6c14a1337bdca5c4cad68f96f1e10bdfb.html? keywords=徐用军诉米易县公安局处罚案&match=Exact.

再审，但攀枝花市中级人民法院、四川省高级人民法院均判决维持原判。①

除“徐用军诉米易县公安局治安行政处罚申诉案”外，“鄂温克族自治旗国土资源局等诉鄂温克族自治旗民政局处罚案”②也是法院以民间法为法源，填补《中华人民共和国行政处罚法》的粗疏的适例。

该案被申请人内蒙古自治区鄂温克族自治旗民政局因未经国土资源局批准即违法圈占土地 569.97 平方米用于种菜，被后者责令立即停止违法占地行为，并须在 15 日之内自行拆除违法建筑。民政局拒绝履行，国土局遂向法院提出强制执行申请。鄂温克族自治旗法院经审查后指出：

拆除公墓属于影响众多人群切身利益的行为，且按照中国社会的公序良俗公墓的搬迁拆除是有很多忌讳及习俗的，故该处罚行为明显属于情节较复杂的行政处罚行为，申请人鄂温克族自治旗国土资源局应该依据法律规定集体讨论决定。但在申请人提交的申请材料中没有相关的讨论会议记录，不符合《最高人民法院关于执行〈中华人民共和国行政诉讼法〉若干问题的解释》第 95 条 3 项的规定。

基于如上理由，法院最终认定国土资源局作出的行政处罚决定程序违法，裁定不准予强制执行。

以上是对行政诉讼中的民间法的梳理。从类型上看，作为行政诉讼法法源的民间法，既可以是较为地方性的、内容较为特殊的行为规则，即“特殊习惯法”，如屋檐后应当有“三尺滴水”，祖坟边的树木应归坟主家所有，竹山占地、松杉杂木不占地及不允许在他人竹山头的荒山种植竹子等；也可以是较具普适性的民间风俗，即“一般习惯法”，如尊重逝者，禁止污损、破坏坟墓等。③ 从数量上看，被法官援引以评判行政行为合法性的民间法颇为稀少。在民法领域，民间法作为“公民间的默示协议”，“在无成文法可循的情况下，民间习惯法具有完全的法律依据地位”。④ 这一原理，在一定程度上同样适用于行政诉讼领域。尤其是在民事纷争引发行政争议之时，民间法的作用显得尤为重要。然而，行政诉讼的现况与民间法的此种地位并不相符。追根究底，产生这一现象的根本原因在于行政诉讼法制对民间法的法源地位的漠视，而我国的法政传统与文化则进一步加深了司法者对成文法的尊崇。

---

① 徐用军与米易县公安局处罚上诉案(2015)攀行终字第 11 号[A/OL].[2018-11-23]. http://www.pkulaw.cn/case/pfnl_a25051f3312b07f3fb76f96d4de6565e4233ba630a3c3748bdfb.html? keywords=徐用军与米易县公安局处罚上诉案&match=Exact;徐用军诉米易县公安局治安行政处罚申诉案(2015)川行监字第 297 号[A/OL].[2018-11-23].http://www.pkulaw.cn/case/pfnl_a25051f3312b07f38dd93266a10723281acefbf60352c096bdfb.html?keywords=徐用军诉米易县公安局治安行政处罚申诉案&match=Exact.

② 鄂温克族自治旗国土资源局等诉鄂温克族自治旗民政局处罚案(2017)内 0724 行审 11 号[A/OL].[2018-11-23].http://www.pkulaw.cn/case/pfnl_a25051f3312b07f3f3deae61ccfa1e77d6265813633aee9bbdfb.html?keywords=鄂温克族自治旗国土资源局等诉鄂温克族自治旗民政局处罚案&match=Exact.

③ 关于民间法的分类，参见李可.习惯法——一个正在发生的制度性事实[M].长沙：中南大学出版社，2005：96-97.

④ 桑德罗·斯巴奇尼.民法大全选译：正义和法[M].黄风，译.北京：中国政法大学出版社，1992：63-64，9.

三、行政诉讼中的民间法适用之不足:以民间法的识别为视角

在行政诉讼中,民间法既可能是待证事项,也可能是免证事项,但从整体上看,其并不必然为司法者所知,故而在相当程度上具有加以识别、证明的必要性。① 毕竟,即便是"全国普通之惯习",也"不可谓裁判所全员,常能知之",②更何况是那些地方性较强的、仪态万千的民风民俗。譬如,曾有研究者就"男方悔亲,女方不返还彩礼;女方悔亲,彩礼全部返还"这一民间法对江苏省盐城市两级人民法院进行调查,其中有 81 名法官表示有,39 名法官表示没有,20 名法官表示不清楚。③ 司法者对民间法的知悉程度,可见一斑。

综上,不论民间法是待证事项还是免证事项,其在一定程度上都有加以识别的必要性。但在司法实践中,存在当事人举证不足与裁判理由不足的缺陷。以下将予分述。

(一)当事人举证不足④

1. 原告举证不足

从法理上看,当原告主张适用民间法时,理应负担起相应的举证责任。但通过司法现状的检视可以发现,诸多案件的原告都未能承担起此种责任。以"李玉英诉安阳市殷都区人民政府土地使用权争议纠纷案"⑤为例,该案所涉及的核心争议之一,是滴水檐下土地使用权的归属问题。原告李玉英一方面称其已实际使用房檐向下滴水近 15 年,故根据河南安阳地区的民间习俗和常识,滴水地也应归其所有;但另一方面,其并未提供足以证明"谁的滴水檐下的土地使用权应归谁所有"这一民间法存在的有力证据。

原告举证不足,固然有专业知识、技术经验与诉讼能力有限、民间法证明难度大的原因,但也有证据法制不完善的原因,即当前法制对原告举证责任范围的规定太过狭窄,未能贯彻"谁主张、谁举证"的原则、要求主张适用民间法的原告承担相应的举证责任。

具体而言,根据《行政诉讼法》第 34 条、第 37 条,被告对其所作出的行政行为负有举证责任。原告可以提供证明行政行为违法的证据。其所提供的证据不成立的,不免除被告的举证责任。根据《最高人民法院关于行政诉讼证据若干问题的规定》(法释〔2002〕21 号),原告应承担举证的事项仅限于:起诉符合法定条件;在起诉行政不作为的案件中,原

---

① 中国台湾地区"行政诉讼法",第一百三十七条[A/OL].[2018-11-23]. http://www.calaw.cn/article/default.asp?id=3120;松冈义正.民事证据论[M].张知本,译.洪冬英,校.北京:中国政法大学出版社,2004:27.

② 高木丰三.日本民事诉讼法论纲[M].陈与年,译.洪冬英,勘校.北京:中国政法大学出版社,2006:274.

③ 徐清宇,周永军.民俗习惯在司法中的运行条件及障碍消除[J].中国法学,2008(2).

④ 行政诉讼当事人包括原告、第三人、被告。从实践上看,三者在不同程度上均存在举证不足的现象。但前两者在相当程度上归咎于制度原因,而第三者则主要归咎于自身原因(行诉法已对被告的举证责任作出了较为明确的规定)。鉴于此,本文着重探讨原告和第三人的举证不足的情况。

⑤ 李玉英诉安阳市殷都区人民政府土地使用权争议纠纷案(2010)安行初字第 5 号[A/OL].[2018-11-24]. http://www.pkulaw.cn/case/pfnl_a25051f3312b07f3c5a5a4d286bb0855354499921e8c0bedbdfb.html?keywords=李玉英诉安阳市殷都区人民政府土地使用权争议纠纷案&match=Exact.

告曾提出过申请的事实;在行政赔偿诉讼中,原告受损失的事实等。

不可否认,上述规定所设计的原告举证范围太过狭窄。从学理维度看,“谁主张,谁举证”原则是公平价值观的具体体现。这样一种证据规则,不唯民事诉讼所有。相反,其对行政诉讼同样适用。① 归根究底,行政诉讼被告对其所作之行政行为承担举证责任本身也是“谁主张,谁举证”原则的特殊体现,而非该原则的例外。在被告有充分、确凿的证据证明其行为合法,而原告则主张该行为违法但又无法证明自己的主张的情况下,后者应承担败诉的后果。②

综上所述,在原告就民间法的适用问题提出主张的情况下,由其承担相应的证明责任,可谓理之当然,但现行证据法制对此未作任何规定,遑论民间法的证明标准等细节性问题。证据规则的缺失,难免令原告无所适从,其举证不力也就不足为怪了。

2. 第三人举证不足

纵观各案,第三人,即《行政诉讼法》第 29 条所规定的“同被诉行政行为有利害关系但没有提起诉讼,或者同案件处理结果有利害关系”的“公民、法人或者其他组织”,也可能主张适用民间法。从法理上看,第三人若提出此等主张,则理应承担相应的举证责任。但从司法现实看,诸多案件中的第三人都未能很好地承担起此种责任。譬如在“姜继贤等诉沛县人民政府登记案”③中,一审第三人姜继成虽称“其是家中最小的儿子,按农村习俗,父母将其使用的宅基地及房屋给家中的老小并无不当”,但并未提供足以证明此等习俗的证据。

第三人举证不足,既不利于第三人维护私权,也不利于查清事实、消弭纠纷、维持法秩序。例如在上述“姜继贤等诉沛县人民政府登记案”中,一审原告、二审上诉人姜继贤便以“一审以符合民间习俗作为裁判理由,但没有证据证明存在着这种习俗”为上诉理由之一,质疑一审裁判,反对一审第三人享有宅基地及地上房屋的相关权利。④ 且不论姜继贤的诉求是否于法有据,第三人举证不足这一事实本身确不利于定分止争。

与原告举证不足类似,第三人举证不足既有其诉讼能力有限、民间法证明难度较高的原因,也有证据法制不健全的原因。遍观当下立法及司法解释,与第三人的举证责任有关的规定主要是《行政诉讼法》第 34 条与《最高人民法院关于行政诉讼证据若干问题的规定》第 7 条、《最高人民法院关于适用〈中华人民共和国行政诉讼法〉的解释》(法释〔2018〕1 号)第 35 条、第 45 条、第 46 条等。

---

① 杨寅.行政诉讼证据规则梳探[J].华东政法大学学报,2002(3);孔祥俊.行政诉讼证据规则通释[J].工商行政管理,2002(19).

② 姜明安.行政诉讼法学[M].北京:北京大学出版社,1993:145,170.

③ 姜继贤诉沛县人民政府登记案(2016)苏 03 行初 58 号[A/OL].[2018-11-24].http://www.pkulaw.cn/case/pfnl_a25051f3312b07f35a9b144b1eb317f19d1792c25d2699a0bdfb.html? keywords=姜继贤&match=Exact.

④ 姜继贤等诉沛县人民政府登记案(2017)苏行终 1135 号[A/OL].[2018-11-24].http://www.pkulaw.cn/case/pfnl_a25051f3312b07f351973f52aa0459718eb2a14e103fac31bdfb.html? keywords=姜继贤等诉沛县人民政府登记案&match=Exact.

与行政诉讼施行之初相比,以上规定确已取得长足进步,但不可否认,当前立法及解释在第三人的举证责任的范围、其所提供的证据的法效力、①民间法的证明标准等事项上,仍语焉不详。规则的缺失,是第三人举证不足的一大重要原因。

(二)裁判理由不足

如前所述,法官若要援引民间法为法源,须事先进行充分调查。调查后,基于强化说服力、提升司法权威、便利当事人维护权益的考虑,法官应在裁判文书中将其结论及相关理由予以展现。从根本上看,即使双方当事人都同意适用民间法,法官依然负有论证义务。民间法多种多样、不一而足,这就给法官提出了更高、更重和更大的论证义务和要求。这种论证,更容易为社会所接受。一起案件的裁判,绝不仅仅是当事人接受就可以完全案结事了。其他社会主体的接受同样意义重大。②

但在现实中,法官往往在未就民间法的真实性、合法性以及其与系争事项的关联性作深入阐释的情况下,便直接得出结论。论证过程显得颇为匮缺。以"焦作市舒翰劳动服务有限公司与焦作市人力资源和社会保障局等确认及行政复议上诉案"③为例,法院在判决中写道:

家属希望按照农村习俗让刘胡行在家中去世,因此才放弃救治……在刘胡行救治无望的情况下,其家属放弃救治让其于12月14日凌晨5点50分左右在家中去世,实属无奈之举,符合人之常情和当地农村习俗,并且也不违反法律的禁止性规定……2014年12月13日刘胡行××在48小时之内经抢救无效死亡的情况符合视同工伤的情形,应当被认定为视同工伤。

随后,法院便以"在家中去世"的农村习俗为依据,作出相关判决。然而,此等习俗在当地是否客观、普遍地存在、是否具有实效性?其与法规范之间是否有所抵牾龃龉?其是否具备良善之法或公序良俗的性格?对这些问题,法院均未阐释理由。根据《行政诉讼法》第89条,任何判决、裁定均应做到"认定事实清楚,适用法律、法规正确"。未对相关民间法进行全方位检视便予以适用,又如何能做到认定事实清楚、适用法规范正确?即便法官可以做到内心确信,但在没有充分的判决理由的情况下,又如何能令当事人信服,如何能维护并提升司法的社会公信度?

在普通法国家,判决理由(ratio decidendi)是法官从个案当中发展出普适性的法律原则与规则的机制、连接类推推理和规则推理之间的津梁、④是"联结不同世代的人和法律

① 《行政诉讼法》虽然已在第三十四条对第三人所提供证据的法效力作出规定,但其内容仍失之粗疏。

② 谢晖.民间法与裁判规范[J].法学研究,2011(2).

③ 焦作市舒翰劳动服务有限公司与焦作市人力资源和社会保障局等确认及行政复议上诉案(2017)豫08行终149号[A/OL].[2018-11-24].http://www.pkulaw.cn/case/pfnl_a25051f3312b07f3b657e09a42d7fd54a6532432a14e1fe7bdfb.html?keywords=焦作市舒翰劳动服务有限公司与焦作市人力资源和社会保障局等确认及行政复议上诉案&match=Exact.

④ John H. Farrar. Introduction to Legal Method[M]. London: Sweet and Maxwell, 1977:61.

规则的、不可或缺的有机链接”。对于法官而言,它是作出后案判决所必须依循的规则,其意味着“法的统治”,是司法权威的泉源。[①] 对于公民而言,它是解读法院立场,并进而谋求救济的必要途径。如果无法知悉判决理由,则无法做到有的放矢、无法进行有效的上诉与抗辩。我国虽非普通法国家,但裁判理由同样重要。在尚未深彻阐明理由的情况下,便将民间法作为依据的裁判,既无助于公民维护私权不受侵害,也无法最大限度上形成服从裁判的公众心理、构筑司法权威。

四、行政诉讼中的民间法适用之法律建构

(一)明确认肯民间法的法源地位

如前所述,民间法成为行政诉讼法法源的情况有两种:一是法有明文,即《中华人民共和国人民警察法》《宗教事务条例》《殡葬管理条例》等若干法律、法规、规章等明令行政机关与法源应尊重民间法,并以之为执法或司法的基准。二是法无明文,但法官可基于裁量权在个案中借助民间法填补立法的匮缺。在学理上,有研究者将前者称为“习惯法律化”,将后者称为“习惯自在调整”。[②] 但不论如何,若干部法律、法规、规章的规定是远远不够的。《行政诉讼法》及相关司法解释几乎完全未涉及民间法的法源问题。这在很大程度上成为法官适用民间法以定分止争、获致正义的制度障碍。

的确,与私法相比,囿于行政诉讼法的公法性质,民间法在其中所能扮演的角色、所能发挥的功用较受限制。毕竟,“公法的基本机制是控制,它的存在就是要保证行政行为合法,并防止公权力的滥用”。[③] 随着行政法治逐渐迈入法典化时代,“依法行政的推行唯恐不周密”。因此只有少数的行政领域允许习惯进入。[④] 但这并不意味着民间法可有可无。“所有的部门法都有习惯法。行政法的不完善为习惯法提供了特殊的可能性。”[⑤]此外,诸多行政争议皆涉及民事纠纷,如行政确认、行政裁决、行政处罚、行政补偿、行政给付等等。此等行政争议的裁判,必须以民事纠纷的解决为前提;而民事纠纷的解决,又无法离开惯习。在这种情境下,民间法的存在意义便更加突出。总而言之,法院“不可以与养育它们的民众和惯习失去联系”。[⑥]

---

① J. L. Montrose. Ratio Decidendi and Denning L. J. [J]. The Modern Law Review, 1954, 17(5); Julius Stone. The Ratio of the Ratio Decidendi[J]. the Modern Law Review, 2011, 22(6); 王申. 法官的理性与说理的判决[J]. 政治与法律,2011(12).

② 眭鸿明. 习惯自在调整与习惯的法律化[J]. 山东大学学报(哲学社会科学版),2007(6).

③ Carol Harlow. Law and Public Administration: Convergence and Symbiosis[J]. International Review of Administrative Science, 2005,71(2).

④ 陈新民. 行政法学总论[M]. 台北:三民书局,2015:63.

⑤ 哈特穆特·毛雷尔. 行政法学总论[M]. 高家伟,译. 北京:法律出版社,2000:63.

⑥ Ezra Rosser. Customary Law, the Way Things were, Codified[J]. Tribal Law Journal,2008(8).

综上,因国家权力机关未"表态",民间法尚未能全面地、名正言顺地成为行政法上的不成文法源。但博登海默式的"非正式渊源"实质上早已存在。眼下所需要的,正是权力机关对民间法的法源地位的承认,以便赋予其司法上的统一适用性。①

在未来,可尝试如下改革进路:其一,可在立法中体现如下趣旨:人民法院审理行政案件,法律、法规、地方性法规对民间法有规定的,应从其规定。地方性法规适用于本行政区域内发生的行政案件;规章对民间法有所规定的,可参照适用。人民法院审理民族自治地方的行政案件,该民族自治地方的自治条例和单行条例对民间法有所规定的,应从其规定。法律、法规、规章、民族自治地方的自治条例和单行条例均无规定的,可以适用民间法,但不得违背公序良俗。其二,可具体例举若干可以适用民间法的典型行政领域,以增加裁判结果的可预期性。其三,应进一步完善各行政领域有关民间法的规定,以求为行政审判提供更为详细的、实体法上的导引。

(二)强化原告的举证责任

为解决原告举证不足的弊病,必须改革现有的证据规则,强化其举证责任。

第一,应秉持"谁主张、谁举证"的原则,扩张《行政诉讼法》《最高人民法院关于行政诉讼证据若干问题的规定》等法律文件所设定的原告举证范围,以求充分回应司法现实的需求。

第二,应明确民间法的证明标准,亦即原告若主张适用民间法,其举证应达到何种程度,才能令民间法得到法院的认可,获得法源的地位?

针对"民间法获得法源地位的条件"这一问题,各家观点有类似之处,但皆不尽相同。譬如,有英国学者认为,一项习惯若要享有法源地位,应满足如下条件:(1)其须是合理的。(2)人们须有法的确信。(3)不得违反制定法。(4)须自古以来就存在。这适用于地方习惯。(5)不得违反普通法。这适用于新生成的习惯。② 在日本,学界有"承认说"与"确信说"之分。前者认为,习惯的法源性来自法律或地方自主法的承认;后者则认为,长期形成的习惯,作为一般法而为国民所确信时,即使无成文法承认,也具有法源性。换言之,习惯法是否成立,应当依据社会通识来确定。③ 在法国,有文献认为,习惯法的成立,须以一个"实质要素"与一个"心理要素"的结合为前提。前者系指必须存在一个古老、固定、众所周知且一般的惯例,后者系指必须存在一个"依据一个强制性规则行事的信念"。④ 相比之下,朱新力教授(2002)的观点较为契合我国的法制现实。他认为,习惯成为法源应具备如下条件:(1)客观上存在长期未间断的习惯并得到民众认可;(2)该习惯

① 朱新力.论行政法的不成文法源[J].行政法学研究,2002(1).

② W. Jethro Brown. Customary Law in Modern England[J]. Columbia Law Review, 1905,5(8).

③ 室井力,主编.日本现代行政法[M].吴微,译.罗田广,校.北京:中国政法大学出版社,1995:17.

④ 雅克·盖斯旦,吉勒·古博.法国民法总论[M].陈鹏,张丽娟,石佳友,杨燕妮,谢汉琪,译.谢汉琪,校.北京:法律出版社,2004:478-479.

具有明确性和合法性;(3)原则上习惯法只可补充成文法的缺位,不可推翻成文法。[①] 据此,本文将民间法获得法源的条件归纳为如下五项:长期存在的习惯、法的确信、明确性、合法性、补充性。

那么,原告若主张适用民间法,是否须就以上五点承担全部的举证责任?对此,有研究指出,不论在民事领域还是在刑事领域,主张适用民间法的一方当事人应承担“形式意义上的举证责任”,即证明该习惯的存在,即其具有实效性;而反对适用民间法的一方则应证明其不具有合法性与合理性。[②] 这一观点,对本文具有较大的启发意义。在行政诉讼中,原告若主张适用民间法,则其应主要就“长期存在的习惯”“法的确信”“明确性”承担举证责任。在司法实务中,这三项要件可能较为凝练地表现为“在‘特定之时间’有该习惯之存在”。[③] 例如在“崔镇海诉仙居县人民政府强制案”[④]中,被告浙江省仙居县政府在未经原告崔镇海同意,也未就坟头树等物进行补偿的情况下便强行迁移其祖坟。崔镇海遂提起行政诉讼,并呈交证明书,以证明“坟头树的传统习俗”在当地确有存在。与此相应,被告若反对适用民间法,则应当就民间法享有法源地位的各项条件,尤其是“合法性”与“补充性”承担反向的举证责任。[⑤]

之所以作如上制度设计,一者,所谓“古老的习惯经人们加以沿用的同意而获得效力,就等于法律”,[⑥]民间法系脱胎于人们长期的、反复的“甄选”与实践,具有天然的、预设的正当性。二者,对主张适用民间法的一方而言,“合法性”与“补充性”往往无法穷尽所有情况、加以彻底证明;相反,对反对适用民间法的一方而言,只需提出一项证据,便足以证明“合法性”与“补充性”不成立。基于司法规律与程序正义的考虑,将这两项的举证责任分配给反对适用的一方,较为妥当。

(三)明确第三人的举证责任

1. 举证责任的配置原则与民间法的证明标准

如前所述,在行政诉讼中,当事人之间的举证责任的配置原则是“谁主张、谁举证”。基于此,第三人若主张适用民间法,也应承担相关的举证责任。此外,就民间法的证明标准而言,与原告类似,相对人也应主要就其长期存在、法的确信及内容确定承担证明责任。对此,上文已述,不再重复。

---

① 朱新力.论行政法的不成文法源[J].行政法学研究,2002(1).

② 张晓萍.论民间法的司法适用[M].北京:中国政法大学出版社,2010:124.

③ 骆永家.民事举证责任论[M].台北:商务印书馆,1981:102.

④ 崔镇海诉仙居县人民政府强制案(2017)浙10行初180号[A/OL].[2018-11-25].http://www.pkulaw.cn/case/pfnl_a25051f3312b07f3ec9d633996ce8e3b56dc3a73d2e3d219bdfb.html?keywords=崔镇海诉仙居县人民政府强制案&match=Exact.

⑤ 以上法理,亦同样适用于被告主张适用民间法而原告反对的情况。

⑥ 查士丁尼.法学总论——法学阶梯[M].张企泰,译.北京:商务印书馆,1997:11.

2. 第三人举证的法效力

与原告相比,在明确第三人的举证责任的过程中,除须明确举证责任的配置原则及民间法的证明标准之外,还须厘清其所提供的证据的法效力问题。之所以如此,原因在于第三人的利益既可以与原告一致(下称"原告型第三人"),也可以与被告一致(下称"被告型第三人"),还可以具有独立的诉讼利益(下称"独立型第三人")。不同类型的第三人,其举证的法效果自然也有所不同。

第一,就原告型第三人和独立型第三人而言,其举证的法效果相对简单明确。未来立法应规定:若此类第三人能成功举证,则其主张成立;反之则否。

第二,就被告型第三人而言,《行政诉讼法》第 34 条虽已规定,"被告不提供或者无正当理由逾期提供证据,视为没有相应证据。但是,被诉行政行为涉及第三人合法权益,第三人提供证据的除外",但此条的内容仍较为粗疏,可操作性不强。在未来,应作如下规定:(1)被告在行政过程中已经收集相关证据,但某种原因怠于举证,导致在法定举证期限内未能提供证据。此时,第三人如果补充提供证据,法院应判决适用驳回原告诉求。(2)被告在行政程序中未收集相关证据而第三人补充提供此类证据的,则法院不得据此认定行政行为合法。但如果第三人所提供的证据是"辩驳证据"的,则法院可以采纳,用以否决原告的诉求。[①]

(四)充实裁判理由

裁判理由不足的弊病,前文已述。为消除这一病灶,须大力推进裁判文书说理改革,充实裁判理由。

我国裁判文书说理改革的历史流脉至少可回溯到 20 世纪 90 年代。1992 年 6 月,最高人民法院发布《最高人民法院关于试行法院诉讼文书样式的通知》(法发〔1992〕18 号);1999 年 10 月发布的《最高人民法院关于印发〈人民法院五年改革纲要〉的通知》(法发〔1999〕28 号)要求"加快诉讼文书的改革步伐,提高诉讼文书的质量",以克服"裁判文书千案一面,缺乏认证断理,看不出判决结果的形成过程,说服力不强"的弊端。2013 年 11 月发布的《中共中央关于全面深化改革若干重大问题的决定》再次要求"增强法律文书说理性"。2015 年 2 月发布的《最高人民法院关于全面深化人民法院改革的意见——人民法院第四个五年改革纲要(2014—2018)》(法发〔2015〕3 号)就"推进裁判文书说理改革"提出了具体的指导意见。

不可否认,自裁判文书说理改革启动以来,此前的不会说理、不愿说理、不敢说理的情况已颇有改观。但从与民间法有关的行政审判判决来看,判决理由仍显薄弱。为纠正这一积弊,可采取如下改革进路:

---

① 张耀泽.行政诉讼一审中第三人举证规则——以新行政诉讼法第三十四条为视角[J].人民司法(应用),2016(31).根据张耀泽法官的定义,"辩驳证据"系指用以证明对方提出的理由或者证据不成立的证据。

其一,应修改《行政诉讼法》等相关立法、司法解释的规定。与民间法有关的裁判文书理由不足这一现象的存在,有着立法上的原因。譬如《中华人民共和国法官法》第7条规定,"审判案件必须以事实为依据,以法律为准绳",《行政诉讼法》第63条也规定,"人民法院审理行政案件,以法律和行政法规、地方性法规为依据。地方性法规适用于本行政区域内发生的行政案件"。以上规定,并无一字述及民间法。由此,成文法规似乎成为行政裁判的唯一依据,法官在很大程度上扮演着"专业书记官"的角色,无法、不敢,也不愿大胆援用民间法。审判过程被置于成文法规—案件事实—案件判决的学究式三段论范式之中。[①] 在未来,应在《行政诉讼法》等相关立法及司法解释中认肯民间法的法源地位,并就举证责任的分配、证明标准等事项作出规定。对此,前文已有叙述。

其二,应提升法官的职业涵养。民间法的适用,是一个颇为复杂的过程。法官不仅要熟知国家法的规定,同时要了解民间法的状况,或至少应当深谙甄选识别民间法的程序。在涉案争议上,国家法是否的确未作任何规定?如果是,那么应如何判断相关民间法是否存在?如果存在,那么其是否具备良法的性格、是否合乎公序良俗?以上问题的解决,无不要求法官具备较高的职业素养。基于此,应加大对法官的培训力度,培训的内容须包括其所任职地方的惯习风俗。

其三,应去除妨碍法官说理的体制障碍。追根溯本,裁判文书说理不足的原因不只是法官不会说理。更为重要的是,法官不敢说理、不能说理、不愿说理。司法地方化、司法行政化、案件汇报制度、裁判文书审批制度、内部请示制度、法院和法官管理制度、裁判文书说理的激励机制不足和保障机制不到位等均是判决理由不足的深层原因。鉴于此,应坚持整体司法改革观,协调推进裁判文书改革与其他相关改革、深化审判权运行机制改革,真正实现让审理者裁判,才能根治裁判文书说理不足这一顽疾。[②]《最高人民法院关于完善人民法院司法责任制的若干意见》(法发〔2015〕13号)第3条、第28条的规定,即"法官有权对案件事实认定和法律适用独立发表意见。非因法定事由,非经法定程序,法官依法履职行为不受追究"、因"对法律、法规、规章、司法解释具体条文的理解和认识不一致,在专业认知范围内能够予以合理说明的"等原因导致案件在再审后被改判的,不得作为错案进行追究等等,便是一个很好的尝试。

结　语

综合上文,作为行政诉讼法法源的民间法的现况可概括如下:

其一,实体法有所规定,行政诉讼法整体失语。如前所述,实体法,如《中华人民共和国集会游行示威法》《中华人民共和国消费者权益保护法》《中华人民共和国监狱法》《拘

---

① 约翰·亨利·梅利曼.大陆法系[M].顾培东,禄正平,译.北京:法律出版社,2004:36-37.

② 罗灿.推进裁判文书说理改革要避免的五大误区[N].人民法院报,2015-2-6(005).

留所条例》《殡葬管理条例》等对民间法分别有所规定，这些规定赋予了民间法以法源地位，法院应予依据或参照，但其总体上较为零散，且内容十分粗概；《行政诉讼法》及相关司法解释则未对民间法作出任何规定，更没有认肯民间法的法源地位的只语片言。

其二，案件数量稀少、相关论证薄弱。与民商事诉讼不同，在行政诉讼中，以民间法为法源、判别行政行为合法性的案件数量十分稀少。此外，这类案件还呈现出论证薄弱的特征。不论是当事人举证还是裁判文书说理，均呈现出轻识别而重结论的态势。

"法之极，即不法之极"(summum ius summa iniuria)。国家法虽然享有"守一而制万物"的崇高地位，但倘若以其为裁判的唯一依据、所有纷争均一决于国家法、舍其之外无物，则也可能造成对正义的毁损，①毕竟国家法存在"不介入低交易成本条件下的私人自主博弈""高交易成本条件下不可替代利害关系人自主博弈""避免公共选择对集体选择的替代和排挤"等限度。② 那些未充分吸收民间法养分、未真正体现法律多元主义、未全面贯彻善治与良俗之精神的国家法，便无法在最大程度上维护公民权、增进公共福祉。行政诉讼法制便带有此种缺憾，其对民间法的漠视、各方当事人举证责任配置规则的不明晰、民间法证明标准的缺位、司法体制的不完备、法官履职保障机制的孱弱，共同导致行政诉讼中的民间法法源地位的"式微"乃至"流失"。为彻底解决这一问题，须从根本、从全局着眼，从裁判依据的范围、从证据规则、从各类审判机制入手，从整体上推进改革，以求收釜底抽薪之效。

On Folk Law that Acts as a Source of Law of Administrative Litigation Law

Fan Qianshuai

Abstract: In today's world, good governance is becoming the main theme of this era. To achieve good governance, the interaction and intergrowth between state law, which is constructed by public power, and folk law, which germinate by itself, is indispensable. Thus the significance of folk law could be seen therein. Nevertheless, in China, viewing from the *status quo* of statute law, especially administrative litigation law, we may see that pluralism of governance normative system has not yet fully come into shape, the role of folk law has not yet received the attention of legislators; viewing from the *status quo* of administrative litigation, we may see that the cases, where judges quote folk law as the judgment standard of legality of administrative actions, are quite rare. Besides, those cases are also defective. The evidences concerning folk law proposed by litigation parties and the grounds of judicial decision are both insuffi-

① Tamás Nótári. Summum Ius Summa Iniuria-Comments on the Historical Background of a Legal Maxim of Interpretation [J]. Acta Juridica Hungarica, 2004, 45(1-2).

② 赵海怡，钱锦宇. 法经济学视角下国家法的限度——民间规则与国家法关系的重新定位[J]. 山东大学学报(哲学社会科学版)，2010(1).

cient. Against this, in the future, we may try adopting measures like acknowledging explicitly that folk law is a source of law, increasing plaintiffs' burden of proof, specifying third parties' burden of proof clearly, enriching the grounds of judicial decision, and etc. , so as to bring the role of folk law in the process of pursuing good governance into full play.

Key Words: folk law; good governance; pluralism; administrative litigation law; source of law

援引交易习惯裁决的方法论审视*

宋　菲**　宋保振***

摘要：援引交易习惯裁决既是对已有法源体系的完善又是司法科学化的要求。面对裁决中的"标准欠缺"难题，我们需要诉诸规范性的法律方法分析，探寻交易习惯运用的一般性规则。交易习惯作为裁判依据必须经过规范性转化，转化关键在于裁判者对交易习惯的"事实性审查"，主要方法是法律解释和法律论证。结合司法实践中的"习惯识别"和"习惯运用"两阶段，交易习惯的解释要符合"以制定法和合同明示条款为可能意义边缘""当事人之间交易习惯优先于一般交易习惯""必须符合体系解释规则"及"习惯解释要优先于基本法律原则解释"等解释标准。

关键词：交易习惯；法律渊源；事实性审查；法律解释规则

一、问题的提出

习惯作为人类自发生成的秩序规范和秩序体系，自始以来就在司法活动中扮演着重要角色。① 尤其体现在民商事裁判中，大量的惯常模式或习惯性做法都以"交易习惯"的形式得以呈现，并通过诉讼行为产生强制拘束力。现实中，许多民商事法律规范都不是建立在特定制定法或判例基础之上，而是渊源于惯例或习惯性做法，通过对大量民商事习惯和案例经过汇编和整理，最终以法律文本的形式呈现。② 因此，诸多国家都把习惯写入立法，赋予其以正式的法源地位。具体到我国，新修订《中华人民共和国民法总则》(以下简称《民法总则》)第10条规定："处理民事纠纷，应当依照法律；法律没有规定的，可以适用习惯，但是不得违背公序良俗。"毋庸置疑，该条款针对现实诉讼中既有法律体系的不周延性，以一般条款明确了习惯的法源地位，在完善我国法源体系的同时兼顾了民事裁判的本土性及开放性要求。但同时我们也要看到，完善的立法并不必然导向有效的裁判，有关民事交易习惯的概念界定模糊、运用标准混乱、自由裁量边界不清等诸多问题都

---

* 基金项目：上海市哲学社会科学规划项目"司法标准化背景下法律解释运用研究"(项目编号：17BFX165)。

** 宋菲，华东政法大学2017级博士研究生，法律方法研究院研究人员。

*** 宋保振，上海对外经贸大学讲师。

① 参见谢晖．论民间法与纠纷解决[J]．法律科学，2011(6)．

② 哈罗德·伯尔曼．法律与革命[M]．北京：中国大百科全书出版社，1993：477．

是制约交易习惯运用实效的重要因素。面对大量的民商事疑难案件,裁判者一方面急需运用交易习惯弥补制定法的不足,另一方面又因欠缺这些习惯适用的规则而"无从下手"。对于援引习惯裁决,必须进行方法论上的审视。

一直以来,这些适用标准问题都被认为是交易习惯运用的难点,诸多法学研究者和司法实践者也均围绕此内容进行了深度探索。综观这些成果,其研究进路可大体分为两类。第一,在宏观层面围绕法律渊源理论展开。通过探讨习惯作为法源的标准及合理有效性,论证交易习惯作为裁判依据的效力和位阶问题。① 第二,集中于特定法律行为或法律关系分析交易习惯的运用标准和要求。通过深度剖析某类案件或单个典型案例,从而对《中华人民共和国物权法》(以下简称《物权法》)、《中华人民共和国合同法》(以下简称《合同法》)等相应法律条文进行解释和评注。② 毋庸置疑,此两方面的研究对交易习惯司法运用意义重大。但与此同时我们也要注意到一个问题,这些成果要么从宏观角度抽象探讨交易习惯的运用,要么集中微观角度分析某特定交易习惯的识别技术,鲜有从方法论角度进行的针对性分析。如上所提到的交易习惯概念界定模糊、运用标准混乱、自由裁量边界不清等问题,如果不能通过法律解释和法律论证进行规范性分析,进而归纳出一般性的裁判规则指引法官思维,所谓交易习惯的运用仍是法官的自说自话。甚至在"具体问题具体分析"的口号的掩饰下,还有可能导致司法不公甚至司法腐败。这种方法论分析恰恰是运用习惯进行裁判的核心内容,因为证成交易习惯与裁判结果之间关联性的一个重要方式就是法律解释和法律论证。基于此,本文以最高人民法院公报案件等一些涉及交易习惯运用的典型案例为素材,从方法论视角展开交易习惯运用的理据与方式分析。文章首先指出,交易习惯作为裁判依据必须经过从"事实"向"规范"转化,该转化过程的核心在于运用法律解释、法律论证等方法,主要难题在于欠缺方法运用的可操作标准;之后在这些理论基础之上,结合案例深入论证"交易习惯运用要以制定法和合同明示条款为解释限度""当事人之间交易习惯优先于一般交易习惯"等一般性解释标准。

二、实践中交易习惯的规范性转化

运用交易习惯的第一步是对其进行准确识别。对此,诸多学者都选择习惯与习惯法的界分作为研究进路,试图厘清事实性习惯、可作为法源的习惯以及习惯法之间的界限。从司法角度来看,该目标"听起来很美",但是在现实实践中不易操作,而且从理论上来看

---

① 代表性成果如彭中礼.论习惯的法律渊源地位[J].甘肃政法学院学报,2012(1);汪洋.司法多元法源的观念、历史与中国实践[J].中外法学,2018(1);刘智慧.习惯作为民法法源的类型化分析[J].新疆社会科学,2017(4);彭中礼,金梦.论习惯成为法源的判断标准[J].//谢晖,陈金钊.民间法.山东:济南出版社,2011:93.

② 代表性成果如彭中礼.交易习惯在民事司法中运用的调查报告——基于裁判文书的整理与分析[J].甘肃政法学院学报,2016(4);杨立新.网络交易规则研究[J].甘肃社会科学,2016(4);郑尚元,王艺非.用人单位劳动规章制度形成理性及法制重构[J].现代法学,2013(6);林锦平.论我国合同法中的交易习惯[J].福州大学学报(哲学社会科学版),2003(1).

也很难成立。[①] 因为相对条分缕析的概念界定,三者之间更多是在满足特定"规范性要件"之下所发生的演进过程。也就是说,当交易习惯运用于司法裁判时,我们不应仅从证据层面来考量,将其确定过程认为是单纯的事实认定。[②] 交易习惯兼具事实和规范双重属性,其司法适用包括事实认定和价值判断两个方面。如若保证交易习惯的司法实效,就必须实现从"事实"向"规范"的转化。

(一)交易习惯作为法源所需满足的规范要件

根据《最高人民法院关于适用〈中华人民共和国合同法〉若干问题的司法解释(二)》的规定,交易习惯主要包括两类:一是"交易行为当地或者某一领域、某一行业通常采用并为交易对方订立合同时所知道或者应当知道的做法";二是"当事人双方经常使用的习惯做法"。当形形色色的交易习惯存在于纷繁复杂的民事活动中,此时如何区分交易习惯与事实习惯就是首先需要解决的问题,其中最核心的方面就是该"事实习惯"是否符合一定的规范性要求,进而符合司法中所运用交易习惯的基本特征。此规范要件主要表现为三个方面:

第一,形式要件——要有默示的表示方式。作为人类长期商业行为的产物,交易习惯通常并不具有成文形式,大都蕴含在具体实践中,以"无须言传"的方式在特定主体之间默认与遵守。也就是说,交易习惯所需满足的第一个规范性要件就是双方当事人能够以默示的方式作出意思表示。人们用自己的行为作出对该习惯性做法的认可,这样运用交易习惯进行案件裁决才会具有权威和可接受性。例如拍卖行为中的"三声报价法"作为该行业的惯例,虽无具体相关法律规定,但在多年的商业实践中人们已经默认了此行为的效力。行业中人们的行为方式也已默认了这种拍卖规则,相关当事人就必须遵守。[③]

第二,内容要件——体现特定权利义务关系。既然交易习惯可以区别于事实习惯而具有法律效力,那么它必须能引起权利义务关系的产生或变更,从而影响主体间利益分配而具有规则属性。而且从法治建设角度来看,法必须具有一般性,在将特定权利义务"规则化"的同时保证人们对自我行为的预测和警示。[④] 交易习惯作为因人们内心确信而实际遵守的商业行为规则,必须为人们的行为提供"规则性"指引,这样运用习惯裁决案件才能具有更强的说服力。事实习惯正是不具有此规范性特征,自然不会导致主体间的权利义务关系变动,尽管有些习惯性做法确实在特定人群中广泛运用,如一些民族建立在自力救济基础上的商业禁忌和习惯等。[⑤]

第三,程序要件——具有司法上的可证明性。交易习惯虽然并不具有成文形式而只

① 参见陈景辉."习惯法"是法律吗?[J].法学,2018(1).

② 潘艺.交易习惯的司法适用[J].法治论坛,2008(4).

③ 判决书详情参见最高人民法院(2005)民一终字第43号。

④ 富勒.法律的道德性[M].郑戈,译.北京:商务印书馆,2005:64-93.

⑤ 艾围利.商事习惯研究[D].湖北:武汉大学,2012:5.

是特定主体间的“惯常规则”,但是其作为裁判大前提的属性要求它必须具有司法上的可证明性,而不是含混且缺乏稳定性的日常行为。因为在裁判过程中,当缺乏法律规范而需要启动某商业习惯时,双方当事人都会作出有利于自己的解释。此时,该交易习惯能够被司法者采用的必备要件就是具有司法上的可证明性。这种证明又包括两种形式:一种是当事人提供或法院主动查明,如一些助力或无需牌照的电动车是否可认为是“机动车”?① 另一种是默认为可以进行有效证成,如《最高人民法院关于适用〈中华人民共和国民事诉讼法〉的解释》第93条中所列定的无须证明或可以推定的事实等。

(二)转化关键在于裁判者对交易习惯的“事实性审查”

如果说以上三方面是习惯可以作为法源的形式化要件,真正使得一项交易习惯具有裁判效力还必须满足特定的实质性要求——必须经过裁判者的“事实性审查”。从已有的实践案例可知,该“事实性审查”主要涉及交易习惯的真实性、合法性及合理性三个方面。

首先,真实性审查和习惯的默示表示方式直接相关,主要涉及“该习惯规范在当地是否存在,存在多久,是否是一种习惯,它是不是民众普遍认可的习惯规则,民众对它的认同度有多高”②等问题。一项交易习惯作为法官裁判的大前提,必须得到社会大众的广泛认同。也只有在符合了真实性要求之后,该交易习惯才能进行合法性和合理性的深入考察。不过在此真实性认定上我们也要注意到,交易习惯需要符合合同的相对性要求,即如合同双方当事人甲乙之间形成的某项交易习惯符合真实性要求并具有对甲乙的拘束力,但是对第三人丙就不一定可以准用此交易习惯,如若运用必须再次经历真实性审查。

其次,合法性审查指的是交易习惯的内容要符合法律的相关规定,或者在鼓励交易原则要求下,至少与成文法律规范不违背。而且,该合法性审查不仅要审查交易习惯是否符合成文法律规范,还要审查是否与民商事交易中的公平正义、公序良俗等基本原则以及立法目的和法律精神相违背。因为涉及交易习惯运用的大量案例都是发生在习惯与规则交织的地带,事实认定上的细微偏转都有可能导致裁判结果截然不同。例如在“避风塘公司诉德荣唐公司不正当竞争纠纷案”③中的“避风塘”含义认定、“刘雪娟诉乐金公司、苏宁中心消费者权益纠纷案”④中的化妆品“限用合格日期”解释中考量基本原则来运用交易习惯等。

最后,不同于真实性和合法性审查,交易习惯的合理性审查是指该习惯的内容要符合人类的生活规律和经验理性,满足合理性审查要求的交易习惯必须体现集体智慧,是

① 参见最高人民法院公报(2014年卷)[M].北京:人民法院出版社,2014:527.

② 韦志明.习惯权利论[M].北京:中国政法大学出版社,2011:268.

③ 参见最高人民法院公报(2004年卷)北京:人民法院出版社,2004:378.

④ 参见最高人民法院公报(2005年卷)北京:人民法院出版社,2005:444.

群体经验的总结。[①] 相对于如上二者,该审查更多涉及价值判断和利益衡量,主要满足裁判的可接受性要求。也因此,交易习惯的合理性审查由于标准的不确定性也具有更大的审查难度。司法实践中,法院有权以某种交易习惯"不合理"为理由,拒绝该习惯的运用或者仅是作为具有弱参考效力的裁判理由。对此,当下裁判的认为抢注商标违反诚实信用原则"第一案"[②]就是有关交易习惯合理性的成功诠释。该案针对抢注商标者一直以来的"付费撤诉""恶意售卖""囤积商标"等行为,通过《中华人民共和国反不正当竞争法》和《中华人民共和国商标法》(以下简称《商标法》)的立法目的及可能带来的社会影响,否认它们作为商业习惯的合理性。

三、转化过程中的交易习惯解释

由上可知,能否实现交易习惯从"事实"到"规范"的转化,是将交易习惯用作案件裁判大前提的第一步。但是该转化并不能自然实现,裁判者必须诉诸规范性方法指引自我行为并约制事实性审查中可能出现的"恣意判断"。从本文主要分析的案例可知,这些方法主要是法律解释和法律论证,通过目光在事实与规范之间的"来回游离",实现交易习惯在制定法不备时确立法源的司法价值。

(一)针对不同类型条文的解释方法选择

作为一个抽象概念,交易习惯必须与待裁决案件紧密契合,这就需要裁判对交易习惯主动进行解释。也因此,习惯解释就被视为是合同解释或合同漏洞补充的重要方法。其实,一直以来,当法律规范制定不明或依据已有规范不能得出合理性裁决时,运用习惯解释方法就成为各发达国家及国际合同立法中的一个通例。例如,《法国民法典》第1159条规定"有歧义的文字依契约订立的习惯解释之"、《德国民法典》第157条规定"契约应依诚实信用的原则及一般交易上的习惯解释之"、《意大利民法典》第1368条规定"模棱两可的条款要根据契约缔结的一般惯例进行解释";《美国统一商法典》(UCC)授权法院运用交易习惯去解释和补充合同,以及《联合国国际货物销售合同公约》规定的对当事人一方的声明或其他行为的解释所依据的规则也有"习惯做法和惯例"等。[③] 这些立法实践都可以视为我国《民法总则》中将习惯作为制定法法源并充分运用习惯解释方法的域外借镜。

也就是说,交易习惯作为法源存在的场域不是任意和武断的,而是必须要得到既有规范的明确或认可,从而在此范围内充分运用解释方法抚平事实与规范之间的"褶皱"。换言之,交易习惯只能在有具体法律条文可援引的情形下才可进行事实性审查。而区别

① 博登海默.法理学:法律哲学与法律方法[M].邓正来,译.北京:中国政法大学出版社,1998:495.

② 内容详见判决书(2017)浙0110民初18627号。

③ 张燕玲.习惯解释规则与合同法中交易习惯之认定[J].唯实,2011(11).

在于，受制于交易习惯适用的语境不同，法官就运用了不同的解释方法并遵循了不同的解释规则，即《合同法》第22条、第26条、第60条、第61条、第92条、第125条、第136条、第293条、第368条，《物权法》第85、116条以及《民法总则》第10条、第140条、第142条都对习惯或交易习惯有所涉及，从而赋予习惯以进入法源范围的资格，但在习惯解释上却迥然不同。比如，《合同法》第60条规定“当事人应当按照约定全面履行自己的义务。当事人应当遵循诚实信用原则，根据合同的性质、目的和交易习惯履行通知、协助、保密等义务”。此时，交易习惯解释主要就是“确认具有法律意义、能够与法律规范结合从而引起法律关系变化的社会事实”；[①]再如，还有一些条文将交易习惯视为一般法律行为的例外，如《合同法》第22条规定“承诺应当以通知的方式作出，但根据交易习惯或要约表明可以通过行为作出承诺的除外”。第293条规定“客运合同自承运人向旅客交付客票时成立，但当事人另有约定或者另有交易习惯的除外”。第368条规定“寄存人向保管人交付保管物的，保管人应当给付保管凭证，但另有交易习惯的除外”。在对此类条款进行解释时，由于交易习惯以“但书”的形式对前文的法律行为进行限制，我们就不能机械地恪守文义解释，而是只能通过日常生活中的“一般性规范”来探索该交易习惯的边缘意义，此时裁判者主要运用的就是扩张解释或目的性扩张等方法；与以上两类不同，还有一些条文通过位序规定交易习惯的适用，如《物权法》第85条规定“法律、法规对处理相邻关系有规定的，依照其规定；法律、法规没有规定的，可以按照当地习惯”。第116条第2款规定“法定孳息，当事人有约定的，按照约定取得；没有约定或者约定不明确的，按照交易习惯取得”。对于此类条款的解释，主要通过体系解释方法来实现。

（二）最大的解释难题是欠缺可操作标准

从方法论视角分析，我们对相应法条中所列定的交易习惯进行如上三类划分，并找到它们各自所应适用的解释方法。通过这种解释路径架起事实习惯与作为法源的习惯之间的桥梁，其实这也正是之前所述的交易习惯规范化过程。当我们搞清楚此习惯解释的运作逻辑和所应遵守的一般性规则，援引交易习惯进行裁决的“运用难”问题就会迎刃而解。当前，尽管越来越多的法官开始秉持法律解释的知识性理解，但是考虑到各种解释方法运用中不可或缺的价值判断过程，法律的整体性和融贯性、裁判的逻辑标准与政策标准以及解释结论的可接受性，都成为他们最终采取教义学解释还是后果导向裁判的重要指标。相对于恪守解释理论可能引发的“风险”，现实促使法官必须立足中国语境，从一种发展、多样和开放的视角来把握解释标准和裁判规则。[②] 裁判者也深知，无论法律解释理论建构得多么完善，事实与规范之间的“褶皱”都不可能被客观地填平，至多就是依靠抽象、简约的解释标准，证成法律渊源与法律决定之间的大前提，并以之作为“转换

① 厉尽国．论民俗习惯之民商法法源地位[J]．山东大学学报(哲学社会科学版)，2011(6)．

② 参见孔祥俊．司法哲学与裁判方法[M]．北京：人民法院出版社，2010：85-110．

规则”弥补法律论证或推理中的“跳跃”。[①]

正是这种具有可操作性的解释标准，成为制约交易习惯解释的关键一环。个案正义、社会影响等考量因素可以依靠开放的解释方法予以实现，但必须通过解释方法的适用规则来约制解释者的主观恣意。尽管交易习惯也是在特定地区、领域或行业反复实践而被广为知悉并普遍遵从，或为特定当事人反复实践而持续遵守的交易规则，但是该规则主要是从认定标准和举证责任方面来界定，同司法中的法律适用规则具有本质区别。从现有的民商事司法理念和裁判实践看，试图完全解决交易习惯解释中的标准问题并不现实，我们只能不断趋向对习惯解释的运用条件和认定标准等内容的规范化追求。基于此现实需求，《最高人民法院关于适用〈中华人民共和国合同法〉若干问题的司法解释（二）》对交易习惯的认定及举证问题作出了解释性规定，明确了四项认定标准：一是客观标准，即在交易行为当地或者某一领域、某一行业通常采用；二是主观标准，即交易对方订立合同时所知道或者应当知道；三是时间标准，即当事人双方经常使用；四是价值标准，即不违反法律、行政法规强制性规定。这“四项标准”从技术层面上提供了交易习惯的裁判规则，使得习惯解释活动有章可循。但此同时我们必须看到，此“四项标准”只是在认定技术层面上进行的界定，并未能完整体现交易习惯理论，如交易习惯与制定法的关系、交易习惯的法律适用等；而且在具体司法适用中，这四项看似是“具体标准”，实质上是认定交易习惯的原则性解释。[②] 相比之下，裁判者更需要运用交易习惯进行合同解释的解释规则和标准。这也正是接下来我们要重点讨论的内容。

四、交易习惯解释的具体标准

由上可知，若想有效援引交易习惯进行裁决，必须解决交易习惯解释的标准问题。因为在裁判实践中，法律解释方法完备并不意味着法律解释方法“有效运用”，二者无缝对接的关键在于是否具有一套可操作的解释方法运用标准，从而指引解释方法运用并协调不同方法运用中可能产生的冲突，这也被称为法律解释规则（Legal Interpretation Rule）。[③] 对此内容，王利明教授早就曾针对裁判中解释的运用规则进行了细致研究。[④] 而对于《合同法》《商法》《国际贸易法》等法律规范中的一些条款，也有学者进行了解释标

---

① 参见王夏昊．论法律解释方法的规范性质及功能[J]．现代法学，2017(6).

② 李绍章．商事合同视域下交易习惯的规范功能及其裁判技术[J]．新疆社会科学，2012(1).

③ 在我国法学研究和实践中，法律解释规则并非解释方法的代名词，而是一个特定的法律实践概念。它源于对解释位序理论的反思，以解释方法的运用位序为重点内容，但同时又不局限于方法的运用位序；在形式上，解释规则尽管以“规则”形式表达，但不是形式化的法律条文和纯粹解释技术，它隶属调整性法律规范范畴；在性质上，法律解释规则具有法律原则属性，不具有应用上的强制性，实质是证成特定法律思维之前提的“转换规则”，主要功能是对裁判者的思维活动予以指引或规制。具体参见陈金钊．法律解释规则及其运用研究（上）[J]．政法论丛，2014(3).

④ 参见王利明．法律解释学[M]．北京：中国人民大学出版社，2011：132-159.

准问题的探讨,如崔建远教授、朱晓喆教授等。① 近年来,一些法理研究者意识到此问题,从而展开方法论视角下解释规则的分析,如孔祥俊教授、刘成安法官、杨力教授、郑智航教授等。② 这些研究契合到中国语境中探讨法律解释和运用的标准问题,具有一定的现实指向性。也即是说,在我国法学研究和实践中,这些作为标准内容的解释规则并非解释方法的代名词,而是一个特定的法律概念。它源于对解释位序理论的反思,以解释方法的运用位序为重点内容,但同时又不局限于方法的运用位序;在形式上,解释规则尽管以"规则"形式表达,但不是形式化的法律条文,也不同于纯粹解释技术,它隶属调整性法律规范范畴;在性质上,法律解释规则具有法律原则属性,不具有应用上的强制性,其实质是证成特定法律思维之前提的"转换规则",主要功能是对裁判者的思维活动予以指引或规制。该部分正是以有关交易习惯运用的典型案例为基础,通过分析其中法律解释的运用逻辑,挖掘出法官援引交易习惯裁判的一般性解释规则,进而对法官裁判类似案件进行指引或规制。具体表现如下:

(一)交易习惯解释要以制定法和合同明示条款为可能意义边缘

在裁判中,该解释规则又可细化为两条具体的解释标准——交易习惯"不应违背制定法"和"未被合同明示条款排除"。如果说"必须客观存在"和"要以默示方式呈现"是有关交易习惯确定的裁判规则,那么该"不应违背制定法"和"未被合同明示条款排除"则是有关交易习惯解释的运用规则。这也是现实裁判中对交易习惯进行解释的最常用标准,如对《合同法》第 26 条、第 60 条中交易习惯的解释。不同于英美法国家,我国民事裁判必须以制定法为基础。在诸多的民商事规范特别是司法解释中,它们都是由特定的民事交易习惯发展演变而来。此解释规则的直接依据就是《民法总则》第 10 条法源条款的规定"处理民事纠纷,应当依据法律;法律没有规定的,可以适用习惯,但是不得违背公序良俗"。在此条款中,法律运用以"应当"进行修辞,而习惯运用则以"可以"进行修辞,这就表明二者具有不同的司法运用强度。或者说,适用法律是法官的"义务",它强制性要求法官无须对其进行效力审查而当然予以适用;而适用习惯则是法官的"权利",司法者可以进行自我选择将习惯运用于案件裁判中,只不过要进行严格的事实性审查。③ 从此解释规则来看,我们日常生活中所熟知的诸多"交易习惯"可能都因违背民商事法理基础或制定法规范,而失去了适用上的正当性。例如,公交行业中的"恕不找零",服务行业中的

① 代表性成果可参见崔建远.意思表示的解释规则论[J].法学家,2016(5).游冰峰.解开法律解释的面纱——刍议民商事审判中法律解释的基本规则[J].法律适用,2006(3);于鸿.试论法律解释规则的司法适用问题[J].经贸实践,2016(6);赵耀彤.面向纠纷解决的法律解释规则[J].山东审判,2014(1);陈海峰.评析 WTO 法律解释规则[J].福建论坛,2007(6).

② 参见刘成安.论裁判规则——以法官运用法律的方法为视角[D].山东:山东大学,2009,序言;杨力.基于利益衡量的裁判规则之形成[J].法商研究,2012(1);郑智航.论最高人民法院裁判规则的形成功能——以最高人民法院民事司法解释为分析对象[J].法学,2013(11).

③ 宋菲.论习惯作为民法法源——兼对《民法总则》第 10 条法源条款的反思[J].//陈金钊,谢晖.法律方法(第23 期).北京:中国法制出版社,2018:176.

“最低消费”“开瓶费”以及“过了中午12点加收半天房租”等“行业规则”等。从规范意义上来讲，这些“约定俗成”的做法就不应被视为是交易习惯。除此之外，该解释规则还可用于探寻一些特定民事概念的特定含义，如“消费者”“善意”等。对此指导案例23号“孙银山诉南京欧尚超市有限公司江宁店买卖合同纠纷案”就是一个典型适用案例。

与“不应违背制定法”这一解释要求相比，“未被合同明示条款排除”具有更强的个案针对性，主要用于特定案件裁判中的某些“行为”是否可以解释到交易习惯的范畴之中，从而可以作为法源而具有适用上的强制性。这也在一定程度上说明，司法上的自治并非任意，契约具有最原始的拘束力，除非被之后的合意所修订或解除。一起发生在广东有关民间借贷的案例就清晰阐释了此解释规则。[①] 在该案中，A主张按月1%计算利息的依据是借条记载“利息以1%计算”，B却认为借条因没有明确利息的计付方式，根据《合同法》第211条第1款关于“自然人之间的借款合同对支付利息没有约定或者约定不明确的，视为不支付利息”的规定，该借款应视为不支付利息。结合现实情况考察该案，其中的“利率约定不明”并不是“没有利率”的意思，而是根据当地的交易习惯来确定利率。也就是说，B应支付利息的行为要求并未被合同明示条款排除。该解释规则的上层基础是交易习惯解释的一致性原则，即运用交易习惯对合同条款进行解释不同于直接适用法律，当事人可以在合同中明示地排除适用某项惯例或习惯，这种排除显然是有效的。如果合同当事人对有关的交易习惯在合同中明确进行了排除，则不能适用有关交易习惯对合同的条款进行解释。

(二)当事人之间交易习惯要优先于一般交易习惯

作为民商事活动中的主体行为，交易习惯既具有抽象意义上的一般性又具有针对特定案件的特殊性。以此为标准，交易习惯就自然可分为“当事人之间的交易习惯”和“一般意义上的交易习惯”两类。当事人之间的交易习惯只适用于合同当事人之间，往往具有解释上的特殊性。例如在古玩藏品的交易中，长期以来形成“还价后不能反悔”和“成交后不能退货”两条约定俗成的行规。也因此，在古玩市场上就存在所谓的“打眼”和“捡漏”。但是，如若某合同双方当事人约定忽视此两条行规，赋予双方以特定条件下的合同解除权，这就可视为是当事人之间的交易习惯。当合同当事人在后来的合同条款中出现了条款空缺和约定不明时，就应当按照在先的合同规定或当事人之间的交易习惯，允许合同变更或解除。这种保留特定情形和特定时间内的“合同解除权”逐渐成为拍卖行业的惯常做法，进而有效减少如上两条交易习惯裹挟下所可能发生的恶意欺诈现象。对此“当事人之间的交易习惯优先于一般习惯”解释规则，我们还可以选择“陆永芳诉中国人

① 该案A和B系同村人，B因做生意需要资金，2017年12月20日，B与C共同向A借款2万元，每人1万元。同日，B与C立下借条交给A，该借条载明：“兹有B、C两人向A借款20000元，利息以1%计算，借款日期：2017年12月20日，借款人：B、C。”后来，C还清了借款，B经A催讨，共计偿还了8000元。之后，A、B之间发生纠纷。A主张B应按月利率1%向其支付利息，而B主张双方对利息的约定不明确，其不应向A支付利息。

寿太仓支公司保险合同案”[①]为例进行说明。在该案中，合同双方虽未约定具体的保费缴纳方式，但投保人与保险人之间长期形成的固定的保费缴纳方式，就可以视为是双方之间形成“上门收取保费”这一特定的交易习惯。该交易习惯在司法适用上优先于邮寄“催缴通知书”。而当之后邮寄“缴费通知书”这一交易习惯产生变更时，保险公司就必须附有通知的义务而不应推定投保人接受变更。此时，保险公司单方改变交易习惯，违反了诚实信用原则，因此必须承担相应的违约责任。

(三)交易习惯解释必须符合体系解释规则

当事人之间交易习惯尽管可以优先一般行业交易习惯解释，但这并非表明该“特殊交易习惯”就可以根据当事人的描述随意认定，裁判者在进行“特殊交易习惯”解释时，必须满足体系解释的基本规则。根据作用方式不同，该体系解释规则又具有“内部体系解释规则”和“外部体系解释规则的划分”。所谓内部体系解释规则，主要是体系解释方法的运用标准，主要包括“结合语境和上下文理解合同文义”“明示其一、排斥其他”及“同类规则”等。比如在最高人民法院公报案例“杭州啄木鸟鞋业有限公司与中华人民共和国工商行政管理总局商标评审委员会、七好(集团)有限公司商标争议行政纠纷案”[②]中，根据《商标法》第40条第1款的规定，“已经注册的商标，违反该法第十条、第十一条、第十二条规定的，或者是以欺骗手段或者其他不正当手段取得注册的，由商标局撤销该注册商标……”。其中，根据一般性交易习惯可知，所规定的“不正当手段”就不应再包含欺骗，而是除此之外的扰乱商标注册秩序、损害公共利益等其他不利于商标管理的不当方式。而对于单纯损害某特定民事权益的行为，则并非此款所规定的“不正当手段”。这即是在“明示其一、排斥其他”规则指引下的有效解释。

相比之下，外部体系解释规则主要处理的是不同法律规范之间的关系，运用交易习惯解释合同时，要注意结合有关法律规定判定补充。这些规则主要有“客观把握法律文本的整体与部分”“规则先于原则”及例示规定的解释规则等。在此我们仅以第一条解释规则分析交易习惯的运用。当运用《合同法》总则第60条、第61条无法确定交易习惯运用时，合同法分则条款及其他法律就对如何适用交易习惯裁决直接从法律层面作出了补充性规定。这些规定的内容，就是我们解释交易习惯时不可忽视的重要标准。例如《合同法》第136条规定：“出卖人应当按照约定或者交易习惯向买受人交付提取标的物的单证以外的有关单证和资料。”《中华人民共和国消费者权益保护法》第21条规定，经营者提供商品或者服务，应当按照国家有关规定或者商业惯例向消费者出具购物凭证或者服务单据；消费者索要购物凭证或者服务单据的，经营者必须出具。《中华人民共和国发票管理办法》第20条规定，销售商品、提供服务以及从事其他经营活动的单位和个人，对外发生经营业务收取款项，收款方向付款方开具发票。这些内容都是有关交易习惯的重要

---

① 参见(2013)苏中商终字第0067号。

② 参见最高人民法院公报(2012年卷)[M].北京：人民法院出版社，2012：389.

解释性条款，法官在运用时必须遵循体系解释的基本要求，借以辅助交易习惯或商业惯例的确定。①

(四)交易习惯解释位序优先于基本法律原则解释

如果说以上三条解释规则主要存在于交易习惯本身，是交易习惯解释的内部规则，还有一类解释规则产生和运用于交易习惯与其他裁判依据之间，其中最有代表性的就是解释和运用法律时，交易习惯和法律原则的位序关系。新修订《民法总则》第 10 条在赋予习惯以法源地位的同时，也规定了习惯运用的限制条件——不得违背公序良俗。该条款规定似乎潜意识地向我们表明，公序良俗原则的适用要居于习惯之前。但据此我们是否就可以推知，像民法上的公平正义、诚实信用等其他法律原则，是否都可以优先于交易习惯解释和运用？对此一种观点认为，民法基本原则是法律的一部分并且在法条中已明文规定，其适用顺序当然优先于习惯；另一种观点认为，习惯具有具体的行为指向并且确定了具体的权利义务关系，其适用顺序应优先于抽象、笼统的法律原则。

欲解决交易习惯与法律原则之间的适用位序矛盾，我们不应只是从形而下的运用层面讨论，还必须探究立法者原意。对此我们可以从《民法总则》有关公序良俗的规定入手。根据立法体系，《民法总则》第 8 条显然属于作为基本原则的公序良俗，而紧接着第 10 条又再次提到习惯不得违背公序良俗，这种立法重复到底是立法者失误还是有其特定原因？其实公序良俗作为一种最低社会伦理标准，与习惯息息相关。习惯提供的行为规则必须要满足这一最低伦理标准才能进入法源范围，而公序良俗原则的"内容审查"则为习惯进入法源提供了强有力的论证理由。该"内容审查"主要是对法律行为的内容进行审查，使之符合现行有效的法秩序，不能通过这一审查的，将不能成为法律行为的一部分，这一效果主要通过法律行为的无效来实现。② 也就是说，第 10 条限制习惯进入法源的公序良俗其实质是一种作为适用语境的"概括条款"，即规制法律行为意义上的公序良俗——习惯提供的行为规则若是违反公序良俗，则不具有法律上的效力。作为基本原则的公序良俗比规制法律行为意义上的公序良俗更加宽泛，前者包含后者又不限于后者。综上分析，我们就很容易理解为何《民法总则》第 10 条特意提出以公序良俗作为习惯进入法源的限制条件。因为此条中的"公序良俗"并不同于公序良俗原则，而只是存在于"规制法律行为"的意义上。作为类似于公平正义、诚实信用等民法的基本原则，公序良俗原则本应在习惯之后予以适用，只不过公序良俗的"内容审查"决定了它必定要作为限制习惯进入法源的条件而优先于习惯适用，故需凸显出公序良俗不同于其他民法基本原则适用顺序而具有优先适用地位。所以，当裁判者运用交易习惯等来解释合同时，就具有优先于公平正义、诚实信用等民法基本原则解释的效力。这也是为什么要求利用原则进行解释时，必须将法律的基本原则具体化为构成要件和裁判后果，从而防止法官过度

① 万学斌．论习惯解释规则在合同履行中的适用[J]．吉首大学学报(社会科学版)，2002(6)．

② 参见于飞．公序良俗原则与诚实信用原则的区分[J]．中国社会科学，2015(11)．

行使自由裁量权导致法律解释和适用依据"向一般条款逃逸"。

Methodology Review of Citing Trading Habits in Referee

Song Fei Song Baozhen

Abstract: Citing the transaction custom in referee is not only the perfection of the existing legal source system, but also the requirement of judicial scientificalization. Faced with the problem of "lack of standards" in adjudication, we need to resort to normative legal methods to analyze , to explore the general rules of the usage of trading habits. As the basis of judgment, trading habits must undergo normative transformation. The key to transformation lies in the referee's "factual review" of trading habits. The main methods are legal interpretation and legal argumentation. Combining the two stages of "customary identification" and "customary application" in judicial practice, The interpretation of trading habits should conform to a series of criteria, such as "taking statute law and express contract clauses as possible edges of meaning", "trading habits between parties prior to general trading habits", "must conform to the rules of systematic interpretation" and "Customary interpretation should take precedence over the interpretation of basic legal principles" etc.

Key Words: trading habits; sources of law; factual review; rules of legal interpretation

公安户籍管理"立户分户"规范与民间"分家"习惯的冲突与调和

——以S省农村立户分户问题为切入点

刘 冷*

摘要:实例分析S省户口管理规范性文件中"立户分户"的规范与民间"分家"习惯的冲突,通过历史的长镜头回溯政府户籍管理与民间习惯的张力,试分析这种张力产生的原因,并探索调和户籍管理"立户分户"规范性与民间"分家"习惯的冲突的可行路径。

关键词:"立户分户"规范;"分家"民间习惯;调和

导 言

户籍问题与每一个中国人的生活息息相关,一个人从出生、升学、就业到结婚、安家都要到公安机关户籍管理部门办理相关手续。公安行政管理中的户籍管理,是公安机关依照户口管理法规赋予的权力对居住在境内的居民及其居住场所实施的以编户,制作、查验、颁发户籍证件,收集、确认、存储、统计、提供人口基本信息为主要内容的国家行政管理。① 编户是户籍管理的一项重要内容,立户和分户问题,尤其是在笔者曾经工作的S省,很多农村居民有立户和分户诉求,但因为没有单独的宅基地,这种诉求很难得到满足。基层一线的户籍民警面对很多针对分户的咨询,依据S省户籍管理规范性文件规定给出不予立户和分户的答复。由立户和分户问题引发的上访问题也不在少数。缘何立户和分户②会成为S省广大农村群众关心的问题?本文以公安户籍管理中的立户和分户为切入点探讨在公安户籍管理中"立户分户"规范与民间"分家"习惯存在的冲突,尝试以

---

* 刘冷,中国人民公安大学法学院博士研究生。

① 刘雨红.公安人口管理[M].北京:中国人民公安大学出版社,2014:2.

② 需对立户和分户进行说明:在《中华人民共和国户口登记条例》中只有对立户的规定,规定了立户的标准。但在现实中,在立户的家庭户中,通常家庭因人口的扩张或按民间习惯"分家"后,需要从原来家庭户中分离出来,重新立户,这样就被称为分户。分户的规定在《中华人民共和国户口登记条例》中没有具体规定,但在日常户籍管理中,核实申请人有固定住所的,予以办理分户。笔者认为虽然称为分户,但实际上也是一种立户。在文章中笔者采用公安户籍管理中约定俗成的称法,将采用立户和分户的称法。

历史视角审视这一冲突，并分析当今冲突产生的原因，试从国家法民间法的角度提出弥合这种冲突的可能路径。

一、S省立户和分户的规定及农村居民立户分户诉求现状

目前S省公安系统受理立户和分户业务的法律依据主要是全国人大常委会1958年制定的《S省户口登记管理规范》。其中对立户的规定如下：家庭户立户的标准，将有亲属关系，同居一处，共同起伙生活的人立为一个家庭户，以家庭主管人为户主；家庭成员较多，或子女成家，分开生活，并有居住条件的，可分别立户。① 法律并没有对分户作出单独规定。时至今日，公安户籍管理实践中，对公民申请分户，需社区民警调查核实，报公安派出所所长批准后，给予变更。②

各省根据地方实际制定，制定适合本地方的户口管理规范。2016年S省公安厅施行《S省户口登记管理规范(试行)》，其中对农村地区家庭户的设立规定为："农村地区公民申请设立家庭户的，应当同时提交集体土地使用证明。"③对于分户问题《S省户口登记管理规范(试行)》没有涉及。

笔者从S省公安厅官方网站民生警务平台中，摘取2018年1月1日到9月7日专栏中群众立户和分户问题典型提问及平台答复，整理如表1所示。

表1

地区	咨询内容	答复
济南	我和哥哥两人现在已结婚生子，我们的户口和父母在一起，老婆的户口在外地就不能和父母分户了吗？	根据济南市公安局《关于进一步规范市区范围内农村地区户籍管理有关问题的通知》(济公通〔2017〕246号)文件规定，农村分户要求。农村地区立户条件及受理程序：本村常住户口村民，家庭成员共同居住生活在一起的立为一户家庭户。其中，因家庭成员结婚且经济生活独立并实际分居他处(包括在本村有其他成套住房，或无其他产权住房、在一个院内其他房屋分家居住)的，该家庭成员夫妻双方及子女可另立一户。符合条件的，完备下列申报材料后，由派出所当场办结。(1)立户人申请(需经立户人、房屋所有权人双方共同签字确认)；(2)立户人及成员居民户口簿、居民身份证；(3)结婚证；(4)村(居)委会出具的产权(写明立户地址房屋权属及立户人有无房产)、居住情况及同意落户意见证明，并经社区民警核实签字；(5)亲属关系证明材料(户口簿已记载家庭成员关系的除外)。④

① 刘雨红.公安人口管理[M].北京：中国人民公安大学出版社，2014：9.

② 刘雨红.公安人口管理[M].北京：中国人民公安大学出版社，2014：42.

③ 山东省公安厅官方网站关于印发《山东省户口登记管理规范(试行)》的通知 http://www.sdga.gov.cn.

④ 山东民生警务平台 http://www.sdmsjw.gov.cn/channels/ch00657/? siteId = 811165ad-8064-4a60-96ce1cfeffbca6&id=9fadcdc3-7967-452c-8b92-558d990173fd.

续表

地区	咨询内容	答复
临沂费县	和父母共用一个户口簿，现在结婚有小孩了想办理分户，请问需要准备什么资料？本人名下没有房子。	农村居民申请设立家庭户的，需提供居民户口簿和居民身份证、合法稳定住所证明、家庭成员关系证明。对于拥有两处以上房产的农村居民，其成年子女单独在其中一处实际居住生活，申请设立家庭户的，经房屋所有权人同意后可以办理。①
临沂	没结婚可以分户吗？	分户不以是否结婚为办理条件。②
临朐五井	现在在外地上班，现在户籍还和老人在一个户口本上，因孩子上学等需要户口本，我想问一下可以和老人的户口本分开，单独一个户口本，需要什么资料？	经查您反映的跟家里老人分户的问题根据《山东省户口登记管理规范》的要求，分户需要的手续有：(1)村委开具两套房产证明，加盖村委公章、镇规划办盖章；(2)村委开具分户介绍信；(3)土地承包经营权证；(4)分户人需为满16周岁以上公民。③
滨州	是农村的，想分户，和老人住在一个院里，可村里没有我名下的宅基证，派出所不给分，请问我该怎么办？	设立家庭户，应当由房屋所有权人或者使用权人持有效身份证、合法稳定住所证明、家庭成员关系证明申报。农村地区公民申请设立家庭户的，应当同时提交集体土地使用证明。④
菏泽	我30岁了，能独立生活，有经济来源，我想立户可以吗？	根据《山东省户口登记管理规范》第11条　设立家庭户，应当由房屋所有权人或者使用权人持有效身份证件、合法稳定住所证明、家庭成员关系证明申报；农村地区公民申请家庭户的，应当同时提交集体土地使用证明。⑤

分析这几则咨询意见，关于立户和分户的咨询者基本都是居住在农村的居民，S省立户分户所依据的户籍管理规范性文件，除了济南市公安局在2017年2月下发的《关于进一步规范市区范围内农村地区户籍管理有关问题的通知》外，其他地市的咨询者的答复

① 山东民生警务平台 http://www.sdga.gov.cn/col/col9223/index.html? uid=48445&pageNum=23.

② 山东民生警务平台 http://www.sdmsjw.gov.cn/channels/ch00657/? siteId=811165ad-8064-4a60-96dc-ce1cfeffbca6&id=5a2dba6b-cda5-400e-a51c-0bb458064121

③ 山东民生警务平台 http://www.sdga.gov.cn/col/col9223/index.html? uid=48445&pageNum=12.

④ 山东民生警务平台 http://www.sdga.gov.cn/col/col9223/index.html? uid=48445&pageNum=17.

⑤ 山东民生警务平台 http://www.sdga.gov.cn/col/col9223/index.html? uid=48445&pageNum=6.

都是依据《S省户口登记管理规范》。但这两个规范表现出了不一致。[①] 济南市公安局《关于进一步规范市区范围内农村地区户籍管理有关问题的通知》中增加了"因家庭成员结婚且经济生活独立并实际分居他处(包括在本村有其他成套住房,或无其他产权住房、在一个院内其他房屋分家居住)"的要求。上述从交流互动栏目中摘取的第3则提问"没结婚可以分户吗?",回答"分户不以是否结婚为办理条件"。此种回答如果针对的是S省内除济南市农村地区的情况,完全可以这样回答;如果是针对济南市农村地区咨询人这个答复就与《关于进一步规范市区范围内农村地区户籍管理有关问题的通知》规定不符。貌似济南市公安局关于立户和分户的规定比《S省户口登记管理规范》中立户的规定严格,有"结婚""经济生活独立""实际分居他处"(包括在本村有其他成套住房,或无其他产权住房、在一个院内其他房屋分家居住)的实质性条件规定。《S省户口登记管理规范》中农村立户规定的条件需满足"合法稳定住所""农村集体土地使用证明"。但实际上济南市公安局的通知中对市区范围内农村立户规定是一种更加灵活的变通规定,针对了近郊农村[②]的实际,在一定程度上尊重民间习惯和现实情况。在华北地区农村,中国的传统上的分家,以财务分离和"灶"的分离为衡量子女与父母是否实际分户的依据。现实情况是S省很多农村地区也保留着这一民间习惯。S省农村居民家庭户口簿上一户人口有时候超过十几口,家庭成员使用户口本极不方便,一方面,老人的社保和医疗要求使用户口本;另一方面,晚辈们的入托、升学、结婚、子女的落户需要户口本,经常出现办理各种业务使用户口本相冲突的情况。

① 《山东省户口登记管理规范》对农村地区家庭户的立户规定在第二章第十一条:设立家庭户,应当由房屋所有权人或者使用权人持有效身份证件、合法稳定住所证明、家庭成员关系证明申报。农村地区公民申请设立家庭户的,应当同时提交集体土地使用证明。根据《山东省户口登记管理规范》的规定,农村地区家庭立户需要拟分户人合法住所,且要有集体土地使用证明。根据济南市公安局《关于进一步规范市区范围内农村地区户籍管理有关问题的通知》文件规定,农村分户要求。农村地区立户条件及受理程序:本村常住户口村民,家庭成员共同居住生活在一起的立为一户家庭户。其中,因家庭成员结婚且经济生活独立并实际分居他处(包括在本村有其他成套住房,或无其他产权住房、在一个院内其他房屋分家居住)的,该家庭成员夫妻双方及子女可另立一户。符合条件的,完备下列申报材料后,由派出所当场办结。(1)立户人申请(需经立户人、房屋所有权人双方共同签字确认);(2)立户人及成员居民户口簿、居民身份证;(3)结婚证;(4)村(居)委会出具的产权(写明立户地址房屋权属及立户人有无房产)、居住情况及同意落户意见证明,并经社区民警核实签字;(5)亲属关系证明材料(户口簿已记载家庭成员关系的除外)。

② 当前,济南市针对市区农村的规定和非市区农村的规定不同。济南市公安局在2017年2月下发了《关于进一步规范市区范围内农村地区户籍管理有关问题的通知》主要是离城市较近的农村地区立户和分户的情况。离城市距离较远的农村地区,主要还是根据《山东省户口登记管理规范》。之所以对市区范围内农村的立户和分户问题作出不同于《山东省户口登记管理规范》的规定,笔者认为,与市区范围农村宅基地的划分有关。国土资源部2010年3月12日发布的《关于进一步完善农村宅基地管理制度切实维护农民权益的通知》中,对农村宅基地申请落实"一户一宅"的规定,农村居民一户只能申请一处符合规定面积标准的宅基地。对城市范围内的农村(也包括近郊农村),很多村集体中已经没有新的宅基地可以规划。所以,以户口来控制宅基地分配的情况就不存在了。但是对于距离城市较远的农村城市中情况可能不同。

二、历史视野下政府户籍管理与民间习惯的张力

(一)古代户籍制度:管制和身份的缘起

战国时期秦国开始实行以户为单位的人口管理,以后中国历朝历代的人口管理都是沿用秦制以户为单位对人口进行管理。秦献公统治时期,将户籍编制与人户伍的行政编制统一起来,"为户籍相伍",为我国户籍编制的首创。秦献公用商鞅变法,继承秦孝公的做法,又"令民为什伍二相牧司连坐",并推行分户与国家授田制,使小农个体家庭在社会、政治、经济上取得独立地位,成为国家的公民,通过编制户籍使其直属于国家版图,将其纳入行政系列的控制,这就是国家齐民编户制的确立。① 秦确立立户标准,实行小家庭制,户口登记是以户为单位进行的,如果一家之中有两个男子不分户的话,那么加倍收税。可见秦国以户进行社会管理,秦国户籍制度在商鞅变法后承载着征税、摊派及征兵等多重功能,整个国家行政管理建立在行之有效的户籍制度基础上。②

秦户籍最基本的统计单位是户。一家即为一室,也就是最小的、最基本的社会生产、生活组织细胞。家与户的概念在意义上就此产生了差异。家,更多地来自民间意义上的家庭;户,则与国家管理相联系,秦在户之上再编制为伍、里、乡、县等级别的组织单位,这样国家便通过户籍将人口纳入行政编制,以便按国家意志来管理、控制和运用人口。③ 至此,作为国家行政管理的"户"与个人亲属关系结合的社会学意义上的"家"产生分立。日本学者滋贺秀三论述家在中国不仅是私法意义上存在,还是公法意义上的存在,是通过国家权力掌握人民的单位。"户"字对应的是国家意义上的对个体家庭的管理。所谓的户籍恰好是字面意义上的"户"的账册,即是为了把家作为公法上的——主要是作为课税的对象——来掌握的底账,并非是以明确的私法上的家族关系为目的制作出来的东西。④ 这种将自然家庭转化为政治家庭的创造,自秦代后影响中国历代的社会构造,户与家并不总是一致的,然而户又是某种有天然联系的,如地域和血缘关系为基础存在的,家和户之间相互依赖,家庭共同体的行为和户组织的行为、具有某种一致性。然而二者依靠的调整方式不同,家庭关系的调整依靠的是民间自发的习惯、习俗的调整;而户的调整依靠国家制定的行政性的法律调整,以自上而下的行政命令的形式进行。在儒家倡导的血缘关系成为限定家庭成员共同基本标准的前提下,由于法律并未将"户"组织所承担的社会功能完全取消(只是将家庭内部的社会保障任务回归到家庭,家庭对国家的义务仍然由户为主体承担,只是户主也为家长把持),从而导致自西汉后期以来,尤其伴随着曹魏"除

---

① 张金光.秦制研究[M].上海:上海古籍出版社,2004:775.

② 王耀海.商鞅变法研究[M].北京:社会科学文献出版社,2014:259.

③ 张金光.秦制研究[M].上海:上海古籍出版社,2004:775.

④ 滋贺秀三.中国家族法原理[M].北京:法律出版社,2003:40-41.

异子之科”、魏晋“户调制”及明清的赋役改革的推行，户籍登记的户组织逐渐与现实中的家庭相分离，一家一户的立户原则逐渐被多家（析产）合户共籍或一人一户的“丁口立户”原则所取代，户组织逐渐演变为单纯的课税单位和依附在同一户籍下的宗族的代名词。[①]对户的管理构成国家的纵向行政管理。

（二）民间的“分家”习惯

以家庭为单位还有一套民事和民间规则的调整，国家通过法律也向民众的民事生活渗透甚至掌控公民的民事生活。在民间生活中家庭的分立有一套成熟的民事习惯进行调整，即“分家”[②]。“分家”源自中国人古代家庭的同居共财的特点，同居共财并不仅仅指在一个家中居住，它主要是一个家庭所有的成员的全部劳动所得归入家庭统一支配，同居中成员的消费从家庭共同收入中支出，家庭中的剩余被当作家庭共同财产加以储蓄。同居共财的关键是家庭中人和财的集中管理和集中支配，在家庭规模扩大或家庭成员因为利益分配不均产生矛盾时都会成为家庭分立的离心力，“分家”提上日程。在进行家产分割时，作为原则必须履行召请适当的几名家庭成员以外的人作为见证人，在他们的建议下协议财产的分割方法，并将商定的结果制成法律文书，把这些文书称为“分书”“分契”“分家单”，只按兄弟的人数制作，每个人各保存一份。没有分单，分家就是无效的。分家后几组家庭围绕着一个院子生活的状态仍在继续，分家并不是简单地分财产，分家完成的标志是灶[③]和会计与原来家庭的分离。

（三）政府户籍管理与民间习惯的张力

中国历史上官方户籍管理中对立户和分户的控制，目的是征收赋税徭役。为便于征收赋税徭役就需要把人口限制在一定的地域范围内。但民间随着家庭的扩大、家庭矛盾以及财务统一管理造成的不公，使得大家庭产生离心力。官方通过户籍管理，限制这种民间“分家”行为，历史上产生过不止一次在官方管理和民间习惯上的不一致。这种冲突唐代和宋代都有发生。例如，《唐律》在《户婚律》中规定子孙别籍异财罪、同居卑幼私辄用财罪，对因为祖父母、父母健在，子孙另立户籍分家或分割家财以及不经家长同意私下擅自使用和处置家庭财产的人给予法律惩罚。[④] 唐代就存在另立户籍和分家析产这种官方行为和民间行为的二重性，对于官方而言，别籍才承认是分家；而对于民间来说，异财就是分家，于是出现唐代民间父子、兄弟异财分居但持有共同户籍的“实分名不分”现

---

① 张文江.秦汉家、户法律研究[M].北京：人民日报出版社，2016：30.

② 学者有用家产分割来表示这种行为的。中国俗语一般用“分析”“分异”“分财”“析居”“分家”等表述。

③ 家产分割，房屋把原有的房间平均分成几室，但是唯有灶台另起。灶，用来做饭，做饭问题占有重要地位，可以说，灶是家庭的中心。

④ 曹漫之.唐律疏议译注[M].长春：吉林人民出版社，1989：466-476.

象。[①] 旧唐书《食货志上》记载唐天宝元年的一则敕令“其一家之中，有十丁以上者，放两丁征行赋役。五丁已上，放一丁。即令同籍共居，以敦风教”。[②] 可见唐代天宝年间，在禁止子孙别籍异财的同时，也给民间留有一定的呼吸空间，允许家中有十个男丁以上的家庭，减免两个男丁的赋税徭役；拥有五个男丁的家庭，减免一个男丁的赋税徭役。唐肃宗时有则敕令规定“百姓中有事不亲不孝，别籍异财，玷污风俗，败坏名教，先决六十，配隶碛西。有官品者，禁身奏闻”[③]。将父母在子孙别籍异财视为一种不孝及败坏名教的行为，给予较为严厉的惩处。这种禁止别籍异财的政策十分奏效，从统计数据上可以明显反映出来。唐玄宗开元十四年(726)的每户平均人口数是5.86，到肃宗乾元三年(760)时，出现了唐代也可以说是封建时代每户平均人口数最高值8.79。[④] 严刑峻法下，人口达到了高度集中。宋代官方和民间的冲突比唐代更为激烈。首先宋代像唐代一样在法律上明令禁止父母在子孙别籍异财，但比唐代更为严酷并将之列入《宋刑统·明例》之“十恶”中。[⑤] 在宋太祖开宝元年六月，对西川及山南诸道地区存在已久的“亲在多别籍异财”风俗，进行打击禁绝，特颁诏所在长吏“明加告谕，不得更习旧风”，申戒百姓“违者论如律”。[⑥] 宋朝对四川地区民间别籍异财的趋势采取高压政策，并没有考虑四川地区民间的特殊经济情况。宋代商品经济已经有一定程度的发展，与汉唐相比，宋代土地交易频繁程度、财产流转的频率都是汉唐所无法企及的，商品经济的发展，使得宋人的私有财产观念比之前任何朝代都要强，[⑦]家庭成员也希望从同居共财的共产制家庭中解放，拥有私产。政府对“别籍异财”的惩戒可以说是对这种社会需求以及民间诉求的蔑视和强行压制，也势必在执行时遭遇阻力。宋太祖的诏令在蜀地收效甚微，其再次颁诏，加大重罚力度，明令川峡诸地“察民有父母在而别籍异财者，论死”[⑧]。这是中国封建时代发生于唐宋的比较严苛的禁止分户与民间习俗的一种冲突，背后隐含着试图以礼教进行的社会控制与民间自发产生的家庭离心力的一种博弈。

中华人民共和国成立后的中国户籍制度，最先在城市施行，然后形成比较成熟的制度推广至全国。中华人民共和国成立初期户口登记对户口性质进行了“农业”和“非农业”的界分。即使在今天，全国大部分地区已经取消了这种户口性质的界分，这种户口界分法还在潜意识里影响着中国人对户口的认知。依靠户口的性质的划分，不同户口出现享有权利、收入、地位和声望的差异。中华人民共和国成立后对立户的第一次规定是在1958年颁布的《中华人民共和国户口登记条例》(以下简称《条例》)中有比较概括的涉及，

① 张国刚.唐代家庭与社会[M].北京：中华书局，2014：30.

② 刘昫.食货志上[M]//旧唐书：卷48.北京：中华书局，1975：2091.

③ 王钦若.册府元龟：卷612：刑法部.定律令四[M].南京：凤凰出版社，2006：7070.

④ 梁方，仲编.中国历代户口、田地、田赋统计[M].上海：上海人民出版社，1980：7.

⑤ 宋刑统卷1：名例[M].北京：中华书局，1984：192.

⑥ 转引自王美华.唐宋时期分家律法严禁趋势论析[J].人文杂志，2016(4).

⑦ 张本顺.宋代家产争讼及解纷[M].北京：商务印书馆，2013(1).

⑧ 宋史卷2：太祖本纪二[M].北京：中华书局，1977：30.

主要目的是控制农村人口向非农业人口转移，这部法律是当时社会背景下政府选择的结果。该法律无法应对改革开放四十年后今天的社会现实，也无法有效回应现实中农村居民立户分户的诉求。但目前立户分户的规定，都是以《条例》的规定为准的，并没有考虑作为社会基本细胞的家庭，在现实当中还是延续"分家"即分户的观念和传统，根据《条例》进行管理的公安户籍部门在审核群众分户诉求时都是按照独立的房产来界定，这就造成民间有大量的立户和分户诉求，而实际达到户籍管理规定的立户分户要求的很少，同时也造成群众的不理解，激发了社会矛盾。全国的统计数据显示，我国 2011 年乡村三代户占乡村总户数的比重是 20.45%，二代户占乡村总户数的比重是 45.59%，山东平均家庭户规模在全国处于中间水平。①

三、当代户籍管理规范性文件与民间习惯冲突成因分析

（一）法律的官方叙事

法律的官方叙事，造成了纵向户籍管理制度与以家族脉络横向发展为依托的民间习俗的分离。法律的官方叙事，大体是指把人类以法律规范构造秩序的实践悉数交给国家统领，且除国家外，便没有其他可供人们叙述的法律对象。② 根据谢晖教授的观点，法律官方叙事立场，受中国传统观念也受到法律实证主义的影响。中国传统上的法律以刑为主，刑法是由国家统一制定和执行，体现了国家意志性。当今中国关于法的定义受到法律实证主义关于法是"主权命令说"的影响，这种影响体现在法的定义上，法是由国家机关创制并有国家保障实施，反映在一定物质条件决定的统治者的意志。谢晖教授指出，法律的官方叙事，导致法律和法学话语是一种囿于官方叙事的垄断话语而不是开放话语、独断话语而不是参与话语。③ 行政执法中的任务，就是把国家制定法的意义内容应用于我们面临的实际问题，不用考虑民情、民意，也不用考虑自己所辖土地上人们日常的风俗习惯。

在立户和分户问题上，官方和老百姓各持一套话语系统，官方所持有的是行政管理关系的"户"，而老百姓认为的立户和分户是"户"的更多侧重于血缘上的"家"。对有的群众来说，自己已经结婚，和父母虽然同住在一个宅院内，家庭财政和生活起居基本都是分开进行的，自己的立户分户诉求为什么得不到满足。国家对户的管理依靠的是公安户籍管理"立户分户"规范，而居民的立户分户的认知是在自己头脑中根深蒂固的民间"分家"习惯。国家户籍管理规范与民间习惯处于一种张力之中，这也是居民立户和分户诉求得不到回应的症结所在。在新的时期尊重传统价值和民间习俗理应成为建设社会主义法治国家的题中应有之义。处在和群众最为密切接触的执法和行政管理最前沿的户籍管

---

① 国家统计局人口和就业司编. 2011 中国人口[G]. 北京：中国统计出版社，2013：65-66.

② 谢晖. 民间法的视野[M]. 北京：法律出版社，2016：80.

③ 谢晖. 民间法的视野[M]. 北京：法律出版社，2016：84.

理,理应回应基层群众的诉求。

(二)户籍制度与农村土地制度的盘错

户籍制度与我国农村宅基地使用权制度密切联系在一起,S省立户分户难点的症结也在农村宅基地分配。我国土地所有权采用二元制,划分为国有土地和农村集体土地,意味着城市居民住房和农村居民住房二元土地使用权制度的形成。① 城市居民住房和农村居民住房分属于国有土地和农村集体土地,城市居民购买的在城市国有土地上建造的房屋,持有国有土地使用权证;农村居民在集体土地上建筑房屋,称为宅基地使用权,持有集体土地使用权证。对宅基地使用权,《中华人民共和国土地管理法》第62条对农村宅基地使用权进行了严格的限制,其中规定农民居民一户只能拥有一处宅基地,且宅基地面积不得超过省级标准。《农村宅基地管理办法》第10条主要规定了建房农户人口计算,规定建房人口以本户农村常住人口为准。国家规定农村宅基地的申请以户为单位进行申请,按一户一宅原则。S省以地方法规形式,在2001年颁发《S省人民政府关于加强农村宅基地管理的通知》对省内村庄宅基地审批等问题进行了规定。其中"农村建房实行一户一宅制。凡年满20岁,在本村落户的农村农民,可凭身份证按有关程序申请一户宅基地",申请后还需要履行一定的程序,即"经村民会议或者农村集体经济组织全体成员讨论同意,有村委会张榜公布"②。从上述规定中不难看出宅基地使用权与农村户籍身份密切联系,以"户"来确定宅基地申请,而以家庭为依托的"户"是有分离合并等趋势,不可能保持稳定不变的状态,居民分户的为求便利立户和分户的诉求是客观存在的,而农村的土地,特别是离城市较近的农村,集体土地资源紧缩,不可能有更多的土地用来为集体成员建造房屋,根据《条例》如果没有自己单独的住宅,就无法进行立户和分户,势必造成农村居民立户分户诉求得不到满足。

(三)行政中官僚制的缺陷

行政科层制是官僚制的典型特征。公安部作为国家级人口管理机构,内设治安管理局,是全国最高层次的人口管理决策机构。治安管理局下设户政管理处,主要职责是研究、指导户籍管理法律、法规。规章的贯彻和执行工作,研究常住人口登记管理政策等。在省一级公安厅(局)治安总队(局)下设户政管理支队(处或科)、流动人口管理支队(处或科)等,也是人口管理的决策机构,负责落实中央、国务院、公安部关于人口管理的指示精神、指导意见、政策和法规,又负责研究制定本省(自治区、直辖市)有关人口管理的政策和法规。各县(市、区)公安局(分局)户政科(或治安管理大队)和公安派出所是人口管理的执行机构,具体负责户口登记等工作。③ 人口管理的人员主要是从事人口管理工作的民警。在基层派出

---

① 朱识义.户籍制度与农村土地制度联动改革[M].北京:法律出版社,2015:183.

② 山东省人民政府公报[R].2001(18).

③ 张雷,伍先江主编.公安人口管理[M].北京:中国人民公安大学出版社,2014:9-10.

所，户籍内勤民警负责公安人口管理，每天处理大量基础性的工作，接受群众咨询，对立户分户诉求有直接的感知，也最能体察到公安户籍管理规范性文件和基层群众传统习惯的分歧，但科层化管理要求他们执行户籍管理规定，对群众现实的诉求无法进行主动回应。具体到村庄户口登记等事务，由村委会成员中的某一个人担任。《中华人民共和国村民委员会组织法》中将村委会的性质界定为基层群众自治组织，农村地区的人口、户口及人事变动的登记工作由村委会完成。村委会法律上界定为农村自治组织，但当前农村户籍管理村干部处于一个比较尴尬的境地，政府和村委会处于一种"体制吸纳组织"的状态，根据村民自治条例，村委会的成员都是由村民经过直接民主产生，需经过上级政府的任命。负责村庄户籍登记辅助户籍员工作的村委会成员可以从基层政府得到补贴。原本村民委员会是基层群众性自治组织，现在已经被纳进国家的正式治理体制，失去了应有的社会自治权。① 这也就造成原来依靠乡村习惯可以解决的问题、可以反映出来的问题，都被国家的法律话语所湮没。官僚组织科层结构遵循层级节制的原则，以保证组织目标实现为目的，关注的是如何最有效地实现上级对下级的控制。② 韦伯指出"官僚体制的行政管理按其倾向总是一种排斥公众的行政管理"。③ 官僚制有其反民主的倾向。官僚制是一把双刃剑，在具有优越性的同时，也具有它的弱点，官僚制有反民主的倾向④，也有对人性的压抑⑤，公安户籍管理要避免在管理中丧失自我，避免把管理变成目的本身。

四、公安户籍管理规范性文件与民间习惯调和路径

（一）规范性文件的民间话语

中国当代法治建设属于政府推进型的制度变迁，强调运用国家权力资源对社会进行规制，制定法自上而下对以习惯为标识的民间法进行征服和改造。在法治进程中，一定程度上可能忽视处于农村边缘地区的民间习惯法的价值和它在人们的思想行为中的控制作用，也造成了法律在农村社会缺乏内在亲和性。公安机关作为行政部门，承担执法和管理职能，基层的行政活动，尤其是在具有服务性质的户籍管理中，基层民警所面对的都是关系群众基本生产、生活的事情，户籍管理规范性文件应给基层行政主体留出一部分自由裁量的空间，使得行政主体可以根据民间习惯和情势回应群众诉求。

（二）实现规范性文件内含价值的转换

户籍管理规范性文件应现从秩序向自由的转变。在计划经济时代形成的《条例》对立

① 赵晓峰，刘涛. 农村社会组织的生命周期分析与政府角色转换机制探究[J]. 中国农村观察，2012(5).
② 张乾友. 社会治理的话语重构[M]. 北京：中国社会科学出版社，2017：218.
③ 马克斯·韦伯. 经济与社会：下卷[M]. 林荣远，译. 北京：商务印书馆，1997：314.
④ 马克斯·韦伯. 经济与社会：下卷[M]. 林荣远，译. 北京：商务印书馆，1997：306.
⑤ 丁煌. 西方行政学说史[M]. 第2版. 武汉：武汉大学出版社，1997：78.

户分户的规定以及宅基地申请"一户一宅"都是城乡二元社会结构下对人口、农村居民居住用地进行管理的表现,户口和宅基地使用权制度都产生在计划经济时代,在维护社会秩序方面起着举足轻重的作用,也更多地具有社会福利性质。商品经济时代户籍制度更应该凸显实现自由价值,通过向自由的价值的转化赋予人更多的尊严。这也与法治建设保证人民依法享有广泛的权利和自由是一致的。乡村民间习惯植根于乡村生活实践,是居住于乡村居民世代传承、自发选择、认同的结果,在农村土地改革中尝试剥离土地与户籍的粘连,赋予农村居民在立户分户上更多的自由选择,是全面建成小康社会的题中应有之义。

(三)在服务型政府建设中完善户籍管理规范性文件

在管理型政府中,管理过程是一个政策过程,也是一个行政过程。从政策到行政的转化都是通过组织来实现的,即通过设立相应的行政机构来将特定政策分解成一整套组织活动,进而通过行政人员对这些组织活动的承担来转化为具体的管理行为。这个过程中行政人员在规则范围之内裁量行事,但绝不允许行政人员将裁量权力凌驾在规则之上。① 服务型政府与管理型政府不同,它改变了公共政策的性质,把公共政策从一种管理工具变成一种服务手段,政府的科层制弊端得到一定程度的克服,在执行环节可以促进政策的灵活性和创造性。户籍管理规范性文件的适用情形是我国户籍立法没有具体规定的问题,在依法行政中扮演着重要角色,户籍管理规范性文件合理吸收民间习俗和传统的合理内核,推进服务型政府建设。

The Tense Between "Lihu and Fenhu" Norm in Household Management and "Fenjia" in the Folk Custom and Probable Solution

Liu Leng

Abstract:By analyzing the examples which were downloaded from the platform of Shangdong Public Security Bureau , the essays shows the tense between the Lihu and Fenhu"in household management and "Fenjia" in the folk custom in S province . Trying to traces this tension between the government household management and the folk custom through the long lens of history, analyzing the causes of this tension, and exploring the probable solution of harmonize the "Lihu and Fenhu" norm of household management and custom of"Fenjia ".

Key Words:"Lihu and Fenhu" norm;" Fenjia" folk custom;probable solution

① 张乾友.社会治理的话语重构[M].北京:中国社会科学出版社,2017:167.

习惯法中证据的分类研究

马连龙[*] 马晓萍[**]

摘要:在证据法史上对证据进行分类是一个理论与实践的进步,是证据法治化的主要体现方式,通过对史料和现有习惯法中证据形式的梳理,结合现代证据学理论,习惯法中的证据理论可以分为实物证据、言词证据、神意证据和其他类型证据四种。习惯法时期的各种纠纷解决机制中证据应用的实践奠定了近现代证据学或证据法学的基础,并促进了近现代证据制度的形成。

关键词:习惯法;证据;分类;意义

在习惯法时期,各个民族均较欠缺将证据进行分类的主动性,导致各种证据分散于各类纠纷解决机制中。为了方便更为深入地了解当时的各种证据在裁决中的作用,笔者尝试依据现代证据学理论的分类标准,结合习惯法时期各种证据的表现形式,将习惯法时期的各种证据归整为以下几类。

一、实物证据

(一)物证

物证是当前证据学中的法定证据种类之一,主要是指以其外部特征、存在状况或在相应的场所足以"证明案件真实情况的物品或者痕迹。一直以来,物证以其存在状况、外部特征和属性发挥证明案件事实的作用"①,并始终具有举足轻重的地位。在习惯法时期,物证相较今日更为简单,在刑事案件中一般是指赃物、血迹、凶器等,在民事案件中一般是指向物的所有权、使用权等的争议标的、侵权客体、遗留痕迹(印记、标识物)等。笔者结合物证在习惯法时期的形态和人们的认知水平,简单将其划分为实体证据、痕迹证据、物质感官证据三类。

1.实体证据。顾名思义,实体证据是指与争议案件有关或与其他待证事实存在联系

* 马连龙,法学博士,青海省黄南藏族自治州泽库县人民检察院一级检察官。

** 马晓萍,青海省汇元律师事务所律师。

① 卞建林.证据法学[M].北京:中国政法大学出版社,2002:61.

的物质实体。因其具有一定的物理特征，故笔者以“实体证据”命名。

以西周为例，当时盗窃案件中的凶器与所盗财物就是被当作“实体证据”纳入裁决中，如《秋官 · 司厉》中的记载：“掌贼盗之任器、货贿，辨其物，皆有数量。”其中，“任器”，即杀人越货所使用的凶器；“货贿”，即缴获的赃物。尽管《周礼》可能成书于春秋战国时期，但不容置疑的是，其内容均为《法经》尚未颁布的习惯法时期的各种社会关系，所以由此记载，便足以从侧面推断当时裁决者们已经注意到利用凶器、赃物等物证以证明犯罪事实的存在。在我国少数民族的习惯法中，除了神判，最著名的物证是清华大学法学院高其才教授在大瑶山调研时发现的“茅标”物权习惯法，其中的“茅标”在裁决中便是一个典型的证明物之归属事实的证据，故“茅标”作为一个实体物的存在，当然地属于实体证据范畴。此外，徐晓光教授在《芭茅草与草标——苗族口承习惯法中的文化符号》①一文中提到的“芭茅草”与“草标”，在当地少数民族习惯法的纠纷解决机制中同样是一种实体证据。

在西欧、印度、日本等地区的习惯法时期，虽然现有史料证明当时以神判为主要纠纷解决机制，但是从今天证据法上证据和事实间的关系观察，神判只是一种证据证明方法，其本身并不属于证据法上的证据，然辅助神判的外在物品确实发挥了以其物质实体证明案件待证事实的作用，故这些外在物品属于物证，只是按照现今的证据法理论，这些物品通常都属于间接证据。所以火审中的“火”、水审中的“水”、动物审中的“动物”等，都是在神判中起辅助证明案件事实作用的物证。再如进行誓言神判时，适用者对着“圣物”发誓，而圣物本身即能够证明“曾经适用过誓言神判”的事实，进而辅助神判证明适用者所述是否为真、是否有罪，故该圣物也属于实物证据。

2. 痕迹证据。顾名思义，痕迹证据是与案件或其他待证事实有联系的物质痕迹。这种痕迹通常是在案发时或者案件裁判中物与物相互作用留下的。在习惯法时期的裁决中，这种痕迹证据随处可见。例如《散氏盘铭》记载的一个侵权赔偿案例②，将铭文翻译过来，就是夨(人名)造成了散家的田地损坏，经协商，夨要赔偿散家两块隔离的田地。经散家同意，双方举行了授田仪式。本案中，散家被毁坏的田地就起到了痕迹证据的作用，进而可得出案件性质属于侵权案件的结论。

在西欧、日本、印度、非洲等地的神判中也有类似的痕迹证据，如西欧中世纪时涉及

---

① 徐晓光. 芭茅草与草标——苗族口承习惯法中的文化符号[J]. 贵州民族研究，2008(3).

② 散氏盘铭文：“用夨践散邑，乃即散用田。履：自瀗涉以南，至于大沽，一奉。以陟，二奉，至于边柳、复涉瀗，陟。以西，奉于敝城。楮木，奉于刍仇，奉于刍道，内陟刍，登于厂湶，奉诸、陵、刚。奉于单道，奉(封)于原道，奉(封)于周道。以东，奉于棹东强。右还，奉于履道。以南，奉于仇道。以西，至于莫。履井邑田。自根木道左至于井邑，奉，道以东，一奉，还，以西一奉，陟刚三奉。降以南，奉于同道。陟州刚，登，降棫二奉。夨人有司履田：鲜、且、武父、西宫襄、豆人虞丂、录贞、师氏右眚、小门人、原人虞艿、淮司工虎、孝、丰父、人有司丂，凡十又五夫。正履夨舍散田：司土逆寅、司马单、人司工君、宰德父；散人小子履田：戎、(微)父、教父、襄之有司橐、州就、焂从，凡散有司十夫。唯王九月，辰才乙卯，夨卑鲜、且、旅誓，曰：‘我既付散氏田器，有爽，实余有散氏心贼，则爰千罚千，传弃之。’鲜、且、旅则誓。乃卑西宫襄、武父誓，曰：‘我既付散氏湿田、畛田，余有爽变，爰千罚千。’西宫襄、武父则誓。厥受图，夨王于豆新宫东廷。厥左执史正中农。”

亲子关系的案件，在启动赤烙铁神判后，往往需将被适用者持过赤烙铁的手进行包扎、封印，并于三天后查验其伤情再进行裁断。其中，以赤烙铁对手烫伤遗留的痕迹作为物证来辅助证明案件事实，可推知伤情本身就是一种痕迹证据。同理，在著名的尸棺审中，尸棺内尸体是否有血液流出关系着适用者是否有罪或陈述真假，足以说明尸体的血液在尸棺审中同样属于痕迹证据。此外，非洲、印度、日本的毒物神判中，毒物被服用或使用后通常会在被适用人身上产生中毒反应，以中毒的轻重与案件事实裁决结果相连，故毒物造成的被适用者身体中毒的生理痕迹也是一种痕迹证据。相似地，在我国少数民族习惯法中遗留的捞汤神判中，捞汤导致手部的灼伤、烫伤也应属于痕迹证据。

3. 物质感官证据。所谓物质感官证据就是指与案件或其他待证事实有联系的物质气味、视觉、触觉等，在具体案件中，"物质感官"可能是物质本身的气味、颜色，也可能是物质变质后的气味、颜色、人体气味等，一般由司法裁决者的感官断定，是客观存在的物质。西周时期，这类证据以"五听"中的"色听""耳听""气听""目听"为代表，以裁决者的感官感触作为证据断定两造"情实"之真伪，从而起到证实犯罪嫌疑人主观方面构成要件的作用。

在西欧中世纪的神判中，吞食神判是相对比较接近此类证据的神判法。适用者将被要求吞下一定数量的面包或奶酪，裁判者若观察到适用者有被噎住这一客观事实，则判定适用者有罪或陈述为假。这一过程是客观的，自然应归入物证，加之其中涉及由"视觉"感触到的被适用者吞食的过程，即为典型的物质感官证据。当然，按现今证据法中对证据的可采性等方面的要求，该类证据或许会因其背后的法理有限而直接被排除出证据的范畴，但是在当时人们的认知中这的确是证据的类型之一，并作为物证在神明裁判的检验中发挥着有效的鉴别作用。

（二）书证

作为实物证据的重要种类之一，"书证是指以文字、符号、图画等记载的内容和表达的思想来证明案件事实的书面文件和其他物品"①。在习惯法时期，书证也是较为常见的一类证据，在习惯法纠纷裁决中常被当作直接证据使用。

1. 我国中原地区古代习惯法时期的书证。西周时期，我国中原地区的民商事习惯法已经相当发达，笔者对"书证"相关的内容进行整理，认为可以分为以下两类：

（1）契约类书证。西周最著名的书证是"傅别"和"质剂"。据《周礼》记载，"凡以财狱讼者，正之以傅别、约剂"。郑玄注有："傅别，中别手书也。约剂，各持券也。故书别为辩。"郑司农注解说："傅或为付。辩读为风别之别，若今时市买，为券书以别之，各得其一，讼则案券以正之。"②《秋官·朝士》还记载："凡有则者，有判书以治，则听。"郑玄注：

---

① 卞建林．证据法学[M]．北京：中国政法大学出版社，2002：72．

② 贾公彦．周礼注疏：卷35[M]//阮元校刻．十三经注疏．上海古籍出版社，1997：878．转引自温慧辉．《周礼·秋官》与周代法制研究[M]．法律出版社，2008：247．

"判，半分而合者。故书判为辩。"郑司农就此注解说："谓若今时辞讼，有券书者为治之。辩读为别，谓别券也。"贾疏对此注解说："即质剂、傅别，分支合同，两家各得其一者也。"[①]其中，"正之傅别"说明在当时已经出现了以文字记载作为内容和表达契约或所有权的书证，并以此书证作为判断纠纷的依据。其中"傅别""约剂""判书"等都属于经过双方当事人协商一致而达成的契约，一旦发生纠纷就可以作为书证提交给裁判者。在《周礼》的《地官·小司徒》中提到"地讼，以图正之"，意思就是若出现关于土地方面的所有权、使用权等争议，应当以保存在官府的土地契书(其上有土地四界址的地图，类似今天的不动产登记证书)为证加以判断，由此说明当时的"图"作为证据完全具有定分止争的作用，可以用来证明案件事实，属于官方认可的直接证据。这也直接影响了我国成文法时期土地纠纷的裁决。唐朝的《折狱龟鉴》卷六《证匿》中有"王曾判田"的案例，该案在土地纠纷的处理上采用"争田之讼，税籍可以为证；分财之讼，丁籍可以为证"[②]。值得注意的是，在习惯法时期的中原地区，盟誓神判中的"誓词"也是一种典型的书证，因为无论是在兵法中还是在一般案件中，"誓词"都可以起到证明达成之盟约或誓言真实性的作用，实质上辅助了誓言神判查明案情。此外，商朝时期各种鼎上的铭文也往往是当时案件处理时留下的书证，对于后续案件的处理具有约束效力。

(2)登记盟誓类书证。笔者认为，西周时期的"盟誓"(又被法制史学者称为"盟诅")也是一种书证，因为相关研究[③]显示，当时"盟誓"分为两种。其一是"合意盟"，用于交换；其二属于"宣誓盟"，用于承担违约责任。但二者都需要在官方机构登记，并在盟誓时有旁人监督作为证据保留(这与我国少数民族的盟誓略有不同)。这种证据经过登记就变成了类似于现今公证式的书证，若一方违反此类盟誓，另一方便可以去官府起诉并出示先前登记的书证，令其承担违约责任，官府一般也会据此书证予以判决。西周时期的《训匜》[④]是我国发掘最早的判决书，可以说明当时盟誓中这种经过登记形成的书证，在当时具有很强的证明力。

2.西欧中世纪，日本、非洲、印度等习惯法时期习惯法中的书证。西欧作为现代证据法制度的发源地，在习惯法时期也有丰富的书证，且早在古罗马时期，书证的雏形就已出现。笔者认为当时最主要的书证是"盟誓神誓法"(誓言神判)中的誓词，据何家弘教授考证，9世纪的英国盎格鲁-撒克逊人的习惯法中就有："(1)索赔被窃财物的原告人誓词：'我在上帝面前宣誓指控他就是盗窃我财物的人。这既不是出于仇恨、妒忌或其他非法目的，也不是基于不实传言或信念'；(2)被告人的誓词：'我在上帝面前宣誓，对于他对我的指控，我在行为和意图上都是无罪的'；(3)誓言帮手的誓词：'我在上帝面前宣誓，他的

---

① 温慧辉.《周礼·秋官》与周代法制研究[M].北京：法律出版社，2008：247.

② 郑克.《折狱龟鉴》卷六《证匿》"王曾判田"按语[M].刘俊文译注点校.上海：上海古籍出版社，1988：374.

③ 李交法.中国诉讼法史[M].北京：中国检察出版社，2002：12-19.

④ 参见西周青铜器上记载的"牧牛案"[EB/OL].[2017-12-25].https://baijiahao.baidu.com/s?id=1579344156390773236&wfr=spider&for=pc.

誓词是清白的和真实的'①"……这些证词在今天来看自然不属于与案件事实有关的"信息",但是在以神明裁判作为解决疑难案件主要裁决方式的习惯法时期,这就是与案件事实有关的可以被记载的"信息",从而作为书证,成为"誓言审"中不可或缺的证据种类。同理,在日本、非洲、印度等地曾经或正在存在的神明裁判中,被书写的誓言也是书证。

3.我国少数民族地区习惯法中的书证。我国少数民族习惯法中的书证种类更为丰富。笔者认为可以分为以下几种:

(1)具有"民间法"性质的书证。清华大学高其才教授研究发现,以现今诉讼的视角观察,瑶族习惯法中的"瑶碑"便是一个用来在适用习惯法时证明案件事实的书证。同理,侗族的"侗款"也是书证。上述二者的规律性共同前提是,在内部纠纷处理中,这些被记载起来的"习惯法"往往会起到"法"的作用。但在当今国家司法中,书证则往往作为证据形式被提交给法官,进而由法官纳入诉讼。据此,笔者推断,若在我国的立法上不认可习惯法的法源效力,那么任何现有的成文化的"民间法",在法庭上被当作成的"证据"实质就是一种书证,这些书证与案件事实并不直接相关,而是与案件处理的待证事实有关。随着时间的推移,这些书证的载体从石刻、锦布、兽皮逐渐演变为纸张。例如四川大小凉山地区的彝族人的"节威"习惯法,其实质就是记录在羊皮卷上的传说和格言,但是具有习惯法的效力,当地人对此习惯法的适用从实践和心理上都认为有权威性和普适性。自古至今都不乏将其作为书证纳入当地纠纷解决中的案例,但与此同时,它和其他习惯法一样在不同的地区甚至同一地区的不同部落(家支)适用时会有一定的差异,从而体现出其作为一种习惯法灵活、具体、易变的特点。

(2)成文盟誓习惯法类书证。如前文所述,盟誓在我国的少数民族中十分常见,其中以藏族的盟誓习惯法研究最为成熟,正如西北师范大学牛绿花教授所言:"盟誓属于神灵崇拜下的契约。"②虽然盟誓习惯法体系宏大,但若将其置于习惯法的各类纠纷裁决中,这种书面的"契约"往往起到书证(记载与案件事实有关联的信息)的作用。"盟"与"誓"在不同的案件中应用不同,"盟"因其特殊性在一些涉外案件中常被引用为书证,"誓"则在民间各类纠纷中以书证形式证明某些案件事实。盟誓在不同的时代所借助的物质材料不同,形式也可能有所不同——近现代可能是纸张,在古代可能是金属、石块、竹木、布、兽皮等材质,从书证记载的形式上看可能有印刷、手书雕刻等。无论是在借助神判还是在人判的纠纷解决机制中,书面化的盟誓词都是一种具有直接证明力的证据。此外,盟誓词的易保存性和相对稳定性,使得其作为一种习惯法足以盛行上千年。

(3)民事契约类书证。就我国的少数民族习惯法而言,尽管在纠纷解决机制上以神判最为学界所关注,但是在各个民族的实践中也不乏今天证据法意义上的书证,这些书证中又以契约类书证最为有名。例如,西南政法大学陈金全教授通过多年的田野调查,收集了在黔东南文斗苗寨的清代清水江流域民间林业契约共九百余份,收入其主编的

① 何家弘.司法证明方式和证据规则的历史沿革——对西方证据法的再认识[J].环球法律评论,1999(4).

② 牛绿花.藏族盟誓研究[M].北京:中国社会科学出版社,2011:206.

《贵州文斗寨苗族契约法律文书汇编——姜启贵等家藏契约文书》，其内容涉及买卖、租佃、利润分成、借贷、分关合同等类型。中国社会科学院的张冠梓研究员的《中国少数民族传统法律文献汇编》中也专门汇编了各少数民族传统纠纷解决机制中用到的各种契约文书。这些契约文书在这些地区的纠纷解决中通常具有直接证明性的书证作用，在学者陈国光《关于清代新疆伊斯兰教民法问题——契约文书探讨》[①]一文中就可以清晰地看到，存在于清代新疆用于处理民事纠纷的"宗教法庭"，就是将这些契约文书视为类似于今天司法中的书证去处理，解决当时、当地的土地、房屋等所有权和继承权纠纷。

(4)现代遗存习惯法中的书证。笔者发现，这种书证主要于藏族的"赔命价习惯法"和"夸富宴习惯法"中存在。对于前者，在第一章中讨论证据法中的习惯法时，笔者就曾举例说明在现今刑事附带民事诉讼、刑事和解制度等逐步完善的带动影响下，"赔命价习惯法"常在实践中经中间人调解和启用藏族民间誓言达成双方的"谅解协议"。该协议一般用藏文写成，其上有中间调解人、双方当事人的签字和誓言(主要针对嫌疑人一方，发誓以后不再就此事和被害人家一方再多纠缠)，并写上具体"赔命价"的数额，以及原谅犯罪嫌疑人的话语，附上帮助嫌疑人一方向当地法院、检察院请求从宽处理的内容等等。这种书证一般会由犯罪嫌疑人的辩护律师于庭前会议或当庭提交给法检，并经检察院质证，给予认证。"夸富宴"同理，往往在一方当事人破产后，破产方会在"夸富宴"上请求债权人给予债务减免，一般出席"夸富宴"的债权人都会给予全部或部分的减免，并签署相关"协议"，日后一旦被相关债权人因履行借款合同不及时而被起诉到法院时，举办"夸富宴"的一方往往会出示此类"协议书"作为书证以证明自己被减免全部或部分债务的事实。近年来，维吾尔族、彝族等少数民族中也存在类似的"协议"变成法庭上有利"书证"的事实，需要我们进一步从证据法的角度予以发掘。

二、言词证据

(一)证人证言

"证人证言是指知道案件真实情况的人向办案人员所做的有关案件全部或部分事实的陈述。从普遍的学术观点来看，都认为证人证言属于证据的一种"[②]，这在习惯法上也是成立的。依据习惯法中证人证言的特征，笔者将其划分为如下几种：

1.以西欧誓言类为代表的证人证言。习惯法中的证人证言，通常是知晓案件相关情况的自然人所作的陈述。值得注意的是，当时的纠纷解决机制容许以证人证言证明嫌疑人的品性，而置于今日，这应当属于不可采的证言。对此，西欧中世纪的誓言神判中的

① 陈国光.关于清代新疆伊斯兰教民法问题——契约文书探讨[J].西域研究，1992(2).

② 王进喜.刑事证人证言论[M].北京：中国人民公安大学出版社，2002：3.

“共誓人神判法”体现得最为明显。共誓人神判法，通常是被告在诉讼中进行宣誓以证明自己无罪，再由其他的11或12名宣誓辅助人进行辅助宣誓给予证明。其中，宣誓辅助人所证明的事实就不是案件事实，而是让裁判者相信被告的品性及其宣誓内容的事实。如果被告找不到或找不全宣誓辅助人，则会被判败诉。正如巴特莱特在其《中世纪神判》中对神判评价道：“神判的历史与这些其他证明形式密切相关。这些证明形式可能包括宣誓或共誓涤罪（笔者所称的共誓人神判法）、对书面证据的审查或对证人的调查、或者某些形式的咨询调查，所有这些皆是神判时代（习惯法时代）所认可的证明形式，且人民通常会首先诉诸它们。”[①]他还举例说明，《萨利克法典》（著名的私人习惯法汇主编作）中提到神判和证人（包括证言）的比率为1∶6，这足以说明证人证言在那个时代已经是比较主要的证据之一。查尔斯·李在其书《历史中的宣誓、决斗、神判与酷刑》中展示了当时的控方共誓证人的使用情况，据其考证，在当时萨利人的习惯法中，起诉人要提供一定数量的共誓人来支持其诉讼行为，共誓人的数量与诉讼标的大小密切相关，且相比于控方，被告需要提供的共誓证人则更多，且“估计是法官权衡双方主张的可能性大小，从而据此作出判决”。且据查尔斯·李考证，结合习惯法的地域性，可得在当时的巴伐利亚地区习惯法中，民事不动产权利的主张者需要提供6名共誓证人一同起誓，但是被告则只需要一名证人就可能推翻这种共誓；当时的索斯特地区对于杀人罪指控方需要6名证人，若找不到6名证人，而被告方就可以通过11名共誓人洗脱其罪名。[②] 这说明，西欧中世纪的习惯法和一般神明裁判法相同，共誓证人均起到了处理疑难案件的作用。可见，习惯法中的证人地位高于在一般诉讼中的地位，且范围广于今日——不仅有一般现代意义上的证人，还包含共誓证人。此外，习惯法时期对证人作证资格已经有所限制，如大多数西欧地区的习惯法已经明确证人的品性必须良好。现有文献也足以证实西方伪证渊源就是这种包含共誓的誓言神判[③]，这也反证了笔者关于共誓属于证人证言的推断。

2.我国西周时期“辞”类为代表的证人证言。西周时期，证人证言被《周礼》记载为“辞”，这也是西周法制史上“五听断狱”中“辞听”的由来。《秋官·朝士》曰“凡属责者，以其地傅，而听其辞”，这就说明在当时的土地纠纷类诉讼中，必须提交书证且需听取证人证言才能判案。清朝著名的文人曾钊曾对此考证注解道“属责者，谓远贾异方而死者，属伴侣之人收取其责，负者或赖不偿，因讼於官，则官必召其地相比近之民，问是果与亡者为侣伴否，然后听而责负者偿之”[④]，可见询问证人是当时司法官员进行司法调查的必经程序，同时也可以说明证人证言在当时司法裁决活动中适用的频繁性。在上文中提到的《周礼·地官·小司徒》中也记载为“凡民讼，以地比正之”。对此，汉代的经学家郑众（即

① 罗伯特·巴特莱特.中世纪神判[M].徐昕，等译.杭州：浙江人民出版社，2007：39.

② 亨利·查尔斯·李.历史中的宣誓、决斗、神判与酷刑[M].X.LI，译.广西：广西师范大学出版社，2016：105-109.

③ 陈娟.伪证与16、17世纪英国民众的法律观念[J].湘潭大学学报（哲学社会科学版），2006(4).

④ 孙诒让.周礼正义：卷68[M].中华书局，1987：2830.

郑司农)注解道:"以田畔所与比,正断其讼",隋唐之际的三礼名家贾公彦(贾疏)对此注解曰"民讼,六乡之民有争讼之事,是非难辨,故以地之比邻知其是非者,共正断其讼"[①]。这说明至少在当时的物权纠纷中,官府司法人员知道依据"比邻人"的证言来查明案件事实。此外,我国习惯法末期的东周春秋时期的《左传》已经记载了关于伪证的问题:《左传·昭公六年》记载的宋平公驱逐华合比案中就出现了伪证,而作为当时宋国最高的司法官宋平公却未予查明就进行了裁断[②],这一年的三月正好郑国子产"铸刑鼎"颁布成文法,之后我国便进入了成文法与习惯法相互补充的历史阶段。在《左传·召公二十五年》还记载了鲁季公死后,其妻季姒与厨子通奸的相关案例。其中季姒怕被治罪,故意让仆人打伤自己而陷害知情人申夜姑,导致裁判官季平子听信季姒相关人的证言而杀了申夜姑。这从侧面说明了当时被害人陈述和证人证言被相当重视,甚至可以决定处理结果。而且,受这些习惯法影响,现代出土的秦朝睡虎地秦墓竹简中记载的"包山楚简舒庆杀人案"中就已经出现了明确的证人名单。[③]

上文曾提到《周礼·秋官·朝士》"有凡属责者,以其地傅,而听其辞",并结合郑鄂的注解,可以从另一方面说明西周对亲属作证已经有了初步限制[④]。而孔子生于春秋末年,其生活的时代也属于本文所讨论的我国中原地区的习惯法时期,故其提出的"父为子隐,子为父隐,直在其中矣"[⑤]的思想也说明当时对证人作证资格已经有了明确的伦理限制。

(二)当事人的陈述

"当事人陈述,是指刑事诉讼中的自诉人、被害人、犯罪嫌疑人、被告人,附带民事诉讼的原告人和被告人,以及民事、行政诉讼中的原告、被告和第三人,就有关案件事实所作的陈述。"[⑥]笔者认为,习惯法时期的当事人陈述应当包含今天的"犯罪嫌疑人的供述和辩解",因为习惯法时期"诸法不分"。全世界所有民族习惯法时期的经验告诉我们,当时尚未形成完整的诉讼制度,且如前所述,当时的诉讼中普遍奉行"有罪推定",故更难以界定"犯罪嫌疑人"与"被告"。在当下,当事人陈述的内容理论上包含"(1)关于案件事实的陈述;(2)关于诉讼请求的说明和案件处理方式的意见;(3)对证据的分析和应否采纳的意见;(4)对系争议事实的法律评断和适用法律的意见"[⑦]等。结合习惯法时期的案例,笔者对习惯法时期的证据中当事人陈述分为如下几类:

---

① 贾公彦.周礼注疏:卷11[M]//阮元校刻.十三经注疏.上海:上海古籍出版社,1997:713.

② 参见《左传·昭公六年》"宋寺人柳有宠,大子佐恶之。华合比曰:'我杀之。'柳闻之,乃坎、用牲、埋书。而告公曰:'合比将纳亡人之族,既盟于北郭矣。'公使视之,有焉,遂逐华合比。合比奔卫。於是华亥欲代右师,乃与寺人柳比,従为之征,曰'闻之久矣'……"

③ 温慧辉.《周礼·秋官》与周代法制研究[M].北京:法律出版社,2008:244.

④ 徐正英,常佩雨,等译注.周礼.中华书局2014年版相关解析。

⑤ 《论语·子路》。

⑥ 张保生.证据法学[M].北京:中国政法大学出版社,2014:237.

⑦ 卞建林.证据法学[M].北京:中国政法大学出版社,2002:102.

1.我国西周时期习惯法中当事人的陈述。西周时期当事人的陈述在《周礼·秋官》中的《乡士》《遂士》《县士》《方士》《小司寇》中都有记载,在当时,当事人的陈述和证人证言统称为"辞",而现代的一些法制史学者将其统称为"口供",这在笔者阐释本章第一节时已经说明,这种总结从证据法角度看是不够周延的,应该通称其为言辞证据。这中间最出名的还是"五听"之——"辞听"。依据《周礼》的记载,当时包括大小司寇在内的各级裁判者在审理案件时都注重"听其狱讼,察其辞",而"辞"在这里就是当事人供述、证人证言的意思。这说明当时一般的案件已经将当事人陈述当作诉讼证据之一,若没有当事人的陈述,诉讼便无法正常开展。正如陈光中教授所说,我国古代证据制度的特别之处"重视被告人口供的口供主义"①也正源于此时的习惯法。除了《周礼》,另一个考察西周时期社会生活的文献《尚书》也有很多关于西周时期当事人陈述被当作证据的记载。例如上文中我们提到过的《尚书·吕刑》中有"两造具备,师听五辞",《尚书正义·吕刑》中有"各得其辞,乃据辞定罪。与众狱官公听其辞,观其反状,斟酌入罪……既得囚证将五刑之辞,更复简练核实,知其信有罪状,与刑书正同,则依刑书断之"等等,这些都能够说明习惯法时代当事人陈述应用的广泛性。《吕刑》中已经明确裁决者要听取双方当事人的陈述后再兼听有关证人证言、查看有关实物证据,在进行综合判断后再给予判决。源于《诗经·召南》十四首的《行露》②"是一个被欺凌、被诬告的劳动女子在法庭上的申诉之词"③,生动地记载了当事人在裁判庭上陈述自己由于路途上露水过大所以没有及时出庭的情形。后世的多数学者将本诗的内容阐释为一桩离婚诉讼,并且认为涉事女子坚贞不屈地阐述了自己的意见。笔者认为,其"阐述的意见"其实就是在法庭上的当事人陈述,而这首诗中的"虽速我讼,亦不汝从"就是当事人陈述的内容之一。由此可以说明在当时,当事人的出庭陈述已经制度化。另外,《左传》作为一部编年体史书,也有诸多涉及纠纷解决机制的案例描述,且对当事人的陈述及其地位均有所涉及。

如前文论述,从《周礼·秋官·小司寇》中"以五刑听万民之讼狱,附于刑,用情讯之"的论述以及汉代贾疏注解"以囚所犯罪附于五刑,恐有枉滥,故用情实问之,使得真实"看,当时刑讯的主要目的就是获得当事人陈述,也即通常的"口供"。这说明为解决疑难复杂案件而被创造和使用的刑讯制度中,当事人陈述的地位更高,这其中既有让当事人说清楚案件原委、认罪的意思,也体现着"慎刑"的思想。

2.诸民族誓言神判类当事人陈述。誓言虽然在习惯法中常常被归入神明裁判的范畴,在现代证据制度中也已演化为证人出庭前的程序,但是笔者认为在习惯法时期,其实质是一类言辞证据。其中"共誓涤罪"中的"共誓",实质为证明当事人品性的证人证言,而一般的当事人誓言就完全是一种当事人陈述,这种陈述的目的是以自己的信仰来证明

---

① 陈光中.陈光中法学文集[M].北京:中国法制出版社,2000:152.

② 《行露》:厌浥行露,岂不夙夜,谓行多露。谁谓雀无角?何以穿我屋?谁谓女无家?何以速我狱?虽速我狱,室家不足!谁谓鼠无牙?何以穿我墉?谁谓女无家?何以速我讼?虽速我讼,亦不汝从!

③ 王元明.从《诗经·召南·行露》一诗看周代的诉讼[J].法学研究,1984(3).

自己无罪或陈述为真。这在西欧中世纪、非洲、印度、日本及我国少数民族的誓言神判中都是成立的,如印度的《摩奴法经》就规定了"誓言是证据缺失时的充分证据"①,宣誓就是对着裁决者陈述"案件处理方式的意见"。来源于伊斯兰教法中的誓言习惯法在一些纠纷解决机制中也属于此类的当事人陈述。既然能够被现有文献记载的解决疑难案件的神判中的当事人宣誓属于当事人陈述,那么自另一个解决疑难案件的机制——刑讯中逼取的"口供",也自然属于当事人陈述了。

3.少数民族习惯法中一般纠纷解决机制里的当事人陈述。这里需要总结说明的是,言辞类证据在习惯法中是最常见的证据,从原始社会末期习惯法开始形成起,任何纠纷解决机制中都少不了言辞证据中的当事人陈述。可以设想,当事人陈述既存在于类似原始的血亲复仇,也存在于相对文明的部落、氏族内的纠纷处理商议、头人裁决。怒江地区的傈僳族头人、老民在解决纠纷时"两造各一碗酒、一只鸡致献,于是原告蹲左,被告踞右,先由原告取长寸许之竹片若干节,逐条诉陈理由。原告诉毕,复由被告诉陈理由。中席之判事者,倾耳静听,待两造诉毕,判词已成竹于胸,于是按是非情理,予以判决"②。青海"玉树地区的习惯做法是起诉由原告直接向部落头人告发,如果头人同意受理,就算完成了起诉手续。而后部落头人找双方进行审理,并在当场给予判决。平常审理案件采取'伦理'的方式,即一般由部落头人或管家主持,让双方当事人陈述自己的理由,而后让双方根据理由进行辩论,受理人根据双方陈述的理由和辩论的胜负裁决官司的输赢"③。西双版纳地区的傣族在1949年以前"人民遇有田土、婚姻、口角及冤抑不平之事时,既往投之。保甲受理,便僻壤双方当事质问。谈判场所,是借民房。通常原被两不同室,踞远尤近。原告发言,被告不知,被告发言,原告莫闻"④,可见当事人陈述在少数民族习惯法的各种纠纷裁决中适用的经常性。

三、神意证据

通过前文的分析,我们看到神明裁判作为一种证据证明制度,本身是一种以神意来直接证明案件事实的证据。但是如果按现代的证据法理论划分,这种证据无法归入任何一类中,故笔者在此将其单独罗列,视为一种特殊的证据种类,且借用古罗马法中关于此类证据的论述称其为"神意证据"⑤。从学理上,任何的神明裁判法都可以被视为本类证

① 亨利·查尔斯·李.历史中的宣誓、决斗、神判与酷刑[M].X.LI,译.桂林:广西师范大学出版社,2016:19.

② 怒江州地方志办公室.怒江史志资料:第1辑[M].怒江州地方志办公室,2003:349.转引自胡兴东.西南少数民族地区纠纷解决机制史[M].北京:中国社会科学出版社,2014:107.

③ 张济民.渊源流近——藏族部落习惯法法规及案例辑录[M].西宁:青海人民出版社,2002:50.

④ 云南省西双版纳地方志办公室.西双版纳傣族自治州志:下册[M].曲靖:云南省地矿局,2003:900.转引自胡兴东.西南少数民族地区纠纷解决机制史[M].北京:中国社会科学出版社,2014:106.

⑤ Cfr. A. BlSCAKDl, Lezionisulprocessoromano antico e classico, Totiao 1968, pp. 99ss。转引自胡东海.古罗马法律诉讼中的证据[J].私法研究,2016(1).

据之一。当然，在论及“神意证据”时还需再强调一点——神意证据无疑是非理性的，按今天证据法中关于证据的功能来评价，神意证据其实是让人感到荒谬的。今天的证据主要功能在于透过“证据之镜”还原已经发生的某个案件事实或案件相关的其他事实，但神意证据以神的意图来证明“案件事实”。以理性的视角看待，这个所谓的“案件事实”很有可能并未发生，也即“神意证据”的本质是面向未来探知神的旨意，而不是调查已发生之事[①]。通过当今世界对证据法的认识，我们发现，若某些纠纷需要神明裁判，那么就不是今天我们所认知的“证据”，而是无其他证据证明时作出裁判的一种标准。但是，我们同时也应注意，依据习惯法时期的历史条件和当时人们的认知，“神意证据”的确发挥了证据的作用，甚至是一种超然的证据，因为其往往作为补充性证据，或者在没有其他证据时方才应用。笔者的此种论证也得到了我国少数民族近现代遗存习惯法的支持，如在陈金木、巴且日伙主编的《凉山彝族习惯法田野调查报告》中就有关于当地程序习惯法中“赌咒”等神意证据种类的记载。[②]

四、其他证据

笔者认为，从民族学、人类学文化等多元角度观察，任何的纠纷解决机制都存在证据的问题。就世界范围而言，由于习惯法时期相当漫长，部分民族至今还处于习惯法时期，所以这一时期的各种纠纷解决机制往往在生产、生活中呈现出“多元”化的倾向。由于习惯法处于非成文法化、“口承”的状态，里面的很多证据及其制度未被文字所记载。而现代的证据制度来源于西方，将习惯法时期的部分证据按照今天的证据法理论归类，难免过于牵强，其中就包括西欧最著名的决斗纠纷解决机制中的证据问题。再如，对神判中各种“神迹”进行“勘验”是否属于现代意义上的“勘验”也是存疑的，笔者在此暂将这些证据归类为“其他证据”，以便日后再行探讨。

五、对习惯法中证据(法)的评价

从现代的证据法理论出发，当时的证据(法)尚处于诉讼制度形成时期的原始状态，很多证据自然是非科学的，且对证据的认识和应用尚未上升至制度层面。可以断定，在习惯法时期，无论何种证据证明制度，其本身尚无证据意识的自觉，而之所以说其是“证据”，缘起其符合现今证据法上“证明所主张事实之存在可能性的信息”[③]的认识。例如，在本文中笔者始终坚持将西周时期作为我国法制史上最典型的习惯法时期，因为现有史

① R. FIORI，iagerarchia come criterio di verità，cit.，p. 218. 转引自胡东海. 古罗马法律诉讼中的证据[J]. 私法研究，2016(1).

② 陈金木，巴且日伙. 凉山彝族习惯法田野调查报告[M]. 北京：人民出版社，2008：89-90.

③ 张保生. 证据法[M]. 北京：中国政法大学出版社，2014：9.

料证明当时就并未对诉讼中各种“证据”进行严格划分，也无成文法或专门习惯法对证据的形式、效力、开示、证明力等问题进行规定，证据制度尚处于萌芽时期。无论是言词证据还是实物证据，中间有很多都带有明显的神权色彩，虽然有一些证据与案件事实或其他事实相关，但这些证据在审判中只起辅助证明相关事实的作用。本文之所以对其开展论述，是因为想通过今天证据法的相关证据分类理论对其进行整理，以形成更清晰的认知。通过梳理展现习惯法中的理性部分，进而让大家认识到习惯法时期是世界各大法系诉讼制度的萌芽时期，整个习惯法时期的各种纠纷解决机制中的证据实践奠定了今天证据学或证据法学的基础，并促进了近现代证据制度的形成。

The Taxonomic Study of Evidence in Common Law

Ma Lianlong　Ma Xiaoping

Abstract: In the history of the law of evidence, it was theoretically and practically a great progress to classify evidence. Besides, it was mainly a method of legalizing the evidence. This part through in the foundation which combs to both historical data and form of evidence, as well as the theory of the evidence law at this moment, the evidence of the common law can be theoretically classified into four forms: physical evidence, divine evidence, verbal evidence and the others. The practice of evidence laid the foundation of the resolution mechanisms for the common law and have been greatly served the evidence system in the modern times.

Key Words: the common law; evidence; classification; meaning

英烈条款的规范目的:保护社会公共利益*

——基于政治考量之重构

田炀秋**

摘要:“英烈条款”尚存在概念界定模糊、规范目的不清、诉讼主体不明等缺陷。死者人格利益保护说未能客观看待“英烈条款”之制定背景,过于强调部门法理念,且论证方法多有瑕疵。既有社会公共利益保护说虽注重“英烈条款”之立法背景的考察,却未全面考察其特殊性。“英烈条款”之保护对象及构成要件具有特殊性,需以政治考量的方法对其进行重构。目的视角下“英烈条款”的适用对象为“英雄烈士等”,其既包括死者,也包括自然人;适用范围包括“英雄烈士等”与社会公共利益内容相关的所有人格权益。本条中社会公共利益的适用应作限缩解释,主要表现为缩小其内涵范围、以量化形式评判受损度、以本国的历史政治背景为判断前提。

关键词:英烈条款;政治考量;英雄烈士;公共利益

2017年3月15日,《中华人民共和国民法总则》(以下简称《民法总则》)由第十二届全国人民代表大会第五次会议审议通过。学界对其讨论颇多,尤以第185条为盛。该条规定:“侵害英雄烈士等的姓名、肖像、名誉、荣誉,损害社会公共利益的,应当承担民事责任。”(以下简称“英烈条款”)目前学界对该条款的争论①,主要集中在概念界定、规范目的与诉讼程序三方面,即如何解释条文中的“英雄烈士等”概念、该条款之目的在于保护死者人格利益还是社会公共利益、如何确定其诉讼主体资格以及怎样启动公益诉讼程序。其中,规范目的为另两者的前提。只有在明确了英烈条款是属于死者人格权益保护条款还是属于社会公共利益保护条款之后,才能对“英雄烈士等”概念的范围进行准确界定,由此才能明晰到底何者拥有诉讼主体资格,以及该怎样完善该条款的诉讼规则设置。

基于此,本文将对既有讨论英烈条款规范目的之学说进行整理和分析,试图通过政治考量的路径重构英烈条款之目的,以期能进一步明确该条款的具体内容,为司法实践提供有益指导。

---

* 基金项目:国家社科基金重大项目“民间规范与地方立法”(项目编号:16ZDA070)。

** 田炀秋,中南大学2017级硕士研究生。

① 代表有王叶刚.论侵害英雄烈士等人格权益的民事责任——以《民法总则》第185条为中心[J].中国人民大学学报,2017(4).罗斌.传播侵害公共利益维度下的“英烈条款”——《民法总则》第一百八十五条的理解与适用[J].学术论坛,2018(1).刘颖.《民法总则》中英雄烈士条款的解释论研究[J].法律科学,2018(2).

一、"英烈条款"之规范目的:死者人格权益抑或社会公共利益

学界对英烈条款之规范目的看法不一,主要存在死者人格利益保护说和社会公共利益保护说两种观点。

(一)死者人格权益保护说[①]

死者人格权益保护说认为:英烈条款是"对死者人格利益保护的规定,特别强调了对侵害英雄烈士死者人格利益的保护"[②]。

该说以建构和完善民事制度为出发点,认为英烈条款是对我国死者人格权益保护制度的继承与发展。首先,该条款在文义上已明确其保护客体为英雄烈士的姓名、肖像、名誉、荣誉四项人格权益,而非与之相应的人格权;且《民法总则》第 13 条规定自然人民事权利始于出生,终于死亡,为与之保持一贯,此条款应排除对生者的适用,故其为死者人格权益保护条款无疑。[③] 其次,我国已不乏保护死者人格权益之司法实践。自 1989 年"荷花女案"[④]到 2001 年最高人民法院《关于确定民事侵权精神损害赔偿责任若干问题的解释》[⑤](以下简称《精神损害赔偿司法解释》)出台这 20 年间,我国已逐步确立了全面保护死者人格权益的原则。[⑥] 但既有规定仅在损害死者人格权益并由此造成其近亲属精神痛苦时适用,保护对象为自然人而非死者。英烈条款将保护重心转移至死者人格利益,弥补了既有规范之不足。最后,英烈条款系从法律上确立我国死者人格权益保护制度,在形式上使该制度得到进一步完善。

然而,英烈条款模糊不明的原因在于,其同时规定了人格利益和社会公共利益的内容,却没有对此两者作出明确解释。对此,死者人格权益保护说坚持该条款的私益属性,认为其中"损害社会公共利益"的内容与条文之规范目的无涉。至于其具体作用,该学说内部存在分歧:其一否认将"损害社会公共利益"作为侵权责任之构成要件。认为只要英雄烈士等的人格权益受到侵害,不论其是否损害社会公共利益,相关人都可以据此条提

---

① 关于死者人格权益保护理论,学界主要有"死者权利保护说""死者法益保护说""近亲属权利保护说"或"间接保护说"以及"人格权益继承说",我国一般采用的是"近亲属权利保护说"。

② 杨立新.英烈与其他死者人格权益的平等保护[N].法制日报,2017-3-15.

③ 刘颖.《民法总则》中英雄烈士条款的解释论研究[J].法律科学,2018(2).

④ 1989 年作家魏锡林创作小说《荷花女》,描写了 20 世纪 40 年代已故艺人吉文贞的生活经历。其中虚构的吉文贞恋爱经历以及被奸污等情节让吉文贞的家人不满,他们认为作者的行为损害了吉文贞的名誉权,遂向法院提起诉讼。

⑤ 《精神损害赔偿司法解释》第 1 条、第 3 条规定了对侵害死者姓名、肖像、名誉、荣誉、隐私以及遗体和遗骨等人格权益的,构成侵权责任,应当承担精神损害赔偿的责任。

⑥ 杨立新.英烈与其他死者人格权益的平等保护[N].法制日报,2017-3-15.

起侵权之诉。[①] 其二则认为在依本条款认定侵权责任时,行为人的侵权行为必须具备"损害社会公共利益"要件。反之,该侵权行为不能适用英烈条款,应当据《侵权责任法》第6条第1款或者《精神损害赔偿司法解释》第3条进行责任认定。

可见不论是在解释"英雄烈士等"概念的方式上,还是在归纳侵权责任构成要件的过程中,死者人格利益说都在尽力避免公共利益和政治因素的介入。究其原因,概在于持该观点的民法学者以能够编纂出一部体系化、精纯化的民法典为希冀[②]。当面对现实中具有明显政策化倾向的英烈条款时,以理想民法典为目标的民法学者必然会充分利用法条的可解释空间,以有益于实现法典纯粹化的解释方式来维护民法的私法属性,从而排除政策影响。此种努力虽值得肯定,但实为徒然。纵观整个民法典编纂,无论其制定程序之安排,还是具体规则之设置,皆未能达致完全去政策化[③]。相反,民法典编纂得以顺利进行的原因正得益于其背后强大的政策推动。若因过分注重部门法理念和法解释技巧而一味排除政策影响,与民法典编纂的现实不符,且会导致特定条款的立法目的落空,造成立法资源的浪费。

与此同时,死者人格利益保护说在其论证过程中也存在诸多问题:首先,以偏概全。文义解释的方法要求解释者以法律条文的内容为基础来理解法条的含义,全面理解各部分内容之联系,从而作出整体判断。但该学说在运用文义解释之方法解读英烈条款时,只着眼于"英雄烈士等"概念及"姓名、肖像、名誉、荣誉"四项人格权益,对于其中"损害社会公共利益"的内容未作细致分析,部分学者甚至直接将其忽略,由此其所得结论定难以全面。其次,前后矛盾。在《民法总则》其他部分并无对一般死者人格权益保护进行规定的前提下,该学说承认英烈条款为保护"英雄烈士等"人格权益的特别条款,将在价值层面违反《民法总则》第13条的平等原则。虽然该说对此进行了回应,其认为:承认英烈条款为特殊死者人格权益保护条款,并不能得出法律对其他死者的人格权益不予保护的结论。英烈条款与其他规定之不同,仅在于当行为人侵害英雄烈士人格利益并损及社会公

---

① 王利明.中华人民共和国民法总则详解:下[M].北京:中国法制出版社,2017:858.杨立新也认为:"无论这种侵害死者人格权益的行为是否损害了社会公共利益,都是对死者人格权益的保护,都是对私益的保护,而不是对公共利益的保护。"杨立新.中华人民共和国民法总则要义与案例解读[M].北京:中国法制出版社,2017:688.

② 如王利明认为:"如果说1804年《法国民法典》是19世纪风车水磨时代的民法典的代表,1900年《德国民法典》是20世纪工业社会的民法典的代表,我国的民法典则应当成为21世纪民法典的代表之作。"王利明.民法典的时代特征和编纂步骤[J].清华法学,2014(6)。薛军认为:民法典的编纂应该"摒弃长官意志和拍脑袋做决策的任性……回归科学立法的思路,真正尊重学术研究,以理性的态度,而非逢迎上级的态度,深入民法学说的内在机理,发挥学者在立法中真正的主导性地位,以民法典编纂这一系统工程,引导中国民事立法真正走向科学化"。薛军.当我们说民法典,我们在说什么[J].中外法学,2014(6).苏永钦也认为"民法典必须去政治化",只由其处理"所有无特别法规范时的私法关系"如此,才能使其功能得以稳定发挥。苏永钦.现代民法典的体系定位与建构规则:为中国大陆的民法典工程进一言[J].交大法学.上海:上海交通大学出版社,2011:82.民法学者对于民法典的希冀反映了他们对法典精纯化、去政策化的要求。

③ 程序上,民法典的编纂并未专门组建由学者和法官组成的法典编纂委员会,而是沿用了过去的组织体例,即由全国人大法工委全面负责编纂工作,最高人民法院、最高人民检察院、国务院法制办、中国社会科学院以及中国法学会共同参与;具有明显政策性特征的具体规则如《民法总则》第184条。

共利益的情况下，可以由有关国家机关提起公益诉讼。因此，法律对英雄烈士的保护与对一般死者的保护并无不同，该条款不违反平等原则。[①] 但是，该学说忽略了法律位阶这一一般事实。显而易见，《民法总则》的效力位阶高于《精神损害赔偿司法解释》，若将英烈条款解释成人格利益保护条款，则前者有可能取代后者的旧有规定而获优先试用。但与旧有规定相比，英烈条款的保护主体仅限于"英雄烈士等"，保护对象仅限于姓名、肖像、名誉、荣誉四项权益。其大大缩小了死者人格权益保护的对象和客体范围，在事实上弱化了法律对死者人格利益的保护，而非如该学说所言是对死者人格利益保护制度的发展。且由于效力的冲突，英烈条款还可能造成当一般死者人格权益受到侵害时将陷于无法可依之困境的事实。

由此可见，单纯为了法典纯粹化，而将英烈条款单纯解释为死者人格利益保护条款，将存在逻辑难以自洽且有违背客观事实之嫌。基于此，有学者提出了社会公共利益保护说，以期从另一角度解读英烈条款之规范目的。

(二)社会公共利益保护说

社会公共利益保护说认为：英烈条款"是侵害人格权益民事责任制度的重大发展"[②]，其突破了私权保护的局限，目的在于保护社会公共利益。

该学说主要从内部立场出发来寻求英烈条款之规范目的[③]，力求尊重立法者原意。首先，以内容观之，王叶刚、罗斌等人认为英烈条款中有关人格权益的规定为穷尽式列举，旨在说明立法者之立法目的在于保护与该四项人格权益密切相关的社会公共利益，而非死者人格权益[④]。其次，在立法背景上，该条款为后来增置条款[⑤]，有关该条的提案建议[⑥]和立法理由[⑦]都以"社会公共利益""弘扬社会主义核心价值观"为重点，并未述及"英雄烈士等"人格权益的私益保护，可见其目的在于保护社会公共利益。最后，以立法技术考量之，该说以为，条文中"损害社会公共利益"之规定的功用在于确立该条规范目的。因为当"英雄烈士等"的人格权益受到侵害时，"即使没有损害社会公共利益，也会依

---

① 杨立新.英烈与其他死者人格权益的平等保护[N].法制日报，2017-3-15.

② 王叶刚.论侵害英雄烈士等人格权益的民事责任——以《民法总则》第185条为中心[J].中国人民大学学报，2017(4).

③ 谢晖认为在对法律进行目的解释的过程中，存在外部立场的目的解释和内部立场的目的解释两种类型。外部立场的目的解释，即通过寻求法律之外的真谛和目的，来克服法律与实践之间价值颠倒的现象；内部立场的目的解释，即寻求立法和法律本身的目的的过程。谢晖.法律哲学——司法方法的体系[M].北京：法律出版社，2017：62-65.

④ 否则将尽可能穷尽死者人格权益的内容，在无法穷尽的情况下，也应该设置兜底性文字。

⑤ 《民法总则(草案)》前三次审议稿中均出现过英烈条款，直到十二届全国人大五次会议，才有代表提议增置该条文。

⑥ 针对英烈条款的提案认为："现实生活中，一些人利用扭曲事实、诽谤抹黑等方式恶意诋毁侮辱英烈的名誉、荣誉等损害了社会公共利益，社会影响很恶劣，应对此予以规范。"石宏.中华人民共和国民法总则条文说明、立法理由及相关规定[M].北京：北京大学出版社，2017：440.

⑦ 全国人大法律委员会经研究认为："加强对英烈姓名、名誉、荣誉等的法律保护，对于促进社会尊崇英烈、扬善抑恶，弘扬社会主义核心价值观意义重大。"

照前述相关法律规定构成民事责任"。所以"如果不以保护社会公共利益为主要目的,则不必规定'英烈条款',更不必规定'损害社会公共利益的'"①。且英烈条款属"民事责任"一章。该章除第 176 条至第 179 条是对民事责任的一般规定外,其他各条都是对特殊民事责任的规定。因此,英烈条款理应属特殊民事责任之类,并具备与其他一般民事责任之不同处——以"损害社会公共利益"为责任构成要件。

除此之外,社会公共利益保护说还注重从法律体系层面解读英烈条款。例如王叶刚、罗斌等人认为,如果承认英烈条款为英雄烈士的特别保护条款,将在价值层面违反《民法总则》第 13 条的平等原则,且与《中华人民共和国宪法》第 38 条,《民法总则》第 4 条和第 109 条相冲突②。迟方旭认为,《民法总则》第 1 条、第 8 条、第 131 条和第 132 条皆强调了维护社会公共利益之重要性,英烈条款应在体系上与上述条款保持一贯,即以社会公共利益保护为中心③。

由上可知,社会公共利益保护说较死者人格利益保护说视野更为开阔。其以英烈条款之制定背景为出发点,并不排斥将社会公共利益内容接引到具有私法属性的民法中来,反而将其看作是民事责任制度的重大发展。然而纵观该学说,其在论证英烈条款的规范目的时仍以文义解释和体系解释为主,在方法运用层面与人格利益保护说并无二致。毫无疑问,文义解释及体系解释方法为法律解释的基本方法,在解释法律的活动中通常被普遍和优先适用。然而事实证明,单独适用该类方法并不必然带来唯一确定之结果。因为"既要对法律做目的解释,就意味着法律在字面上的目的是模糊不明的",而解释者在依据文义寻求法律之目的的过程中,所得也只能是一种趋近于立法者本意的"近似目的","而不可能是法律文字所明示的目的"。④ 以英烈条款为例,正由于该条文语义不清,固需要解释者对其进行解释,以明晰条文含义。而在解释的过程中,死者人格权益保护说和社会公共利益保护说都运用了文义解释和体系解释的方法,但由于他们各自"隐含的思维过程"⑤不同,导致其选择了不同的推理路径,最后得出的结论也截然相反。死者人格权益保护说认为英烈条款所列明的是人格权益而非人格权,又依《民法总则》第 13 条之规定,该条应排除对生者适用,因此该条为死者人格权益保护条款;社会公共利益

① 罗斌.传播侵害公共利益维度下的"英烈条款"——《民法总则》第一百八十五条的理解与适用[J].学术论坛,2018(1).

② 《中华人民共和国宪法》第 38 条:"中华人民共和国公民的人格尊严不受侵犯。禁止用任何方式对公民进行侮辱、诽谤和诬告陷害。"《民法总则》第 4 条:"民事主体在民事活动中的法律地位一律平等。"《民法总则》第 109 条:"自然人的人身自由、人格尊严受法律保护。"

③ 《民法总则》第 1 条"弘扬社会主义核心价值观"的立法总目标"贯穿于民法的基本原则和具体制度设计中",而英烈条款"所创设的英雄烈士人格利益民法保护制度也不例外"。且《民法总则》第 8 条规定民事主体应当遵守公序良俗原则,第 131 条、第 132 条确认民事主体在行使民事权利时不得损害国家利益及社会公共利益。将英烈条款解释为社会公共利益保护条款,符合上述原则规定。参见迟方旭.《民法总则》第 185 条的核心要义是维护社会公共利益[J].红旗文稿,2017(11).

④ 参见谢晖.法律哲学——司法方法的体系[M].北京:法律出版社,2017:66.

⑤ 参见桑本谦.法律解释的困境[J].法学研究,2004(5).

保护说则认为,人格权益的穷尽式列举及整个《民法总则》"弘扬社会主义核心价值观"的目标需要决定了英烈条款之规范目的在于保护公共利益,而非个人私益。该种情形的出现,一方面在于文义解释和体系解释皆为解释的工具,难以具有确定的导向意义。解释者在运用文义解释的过程中,不可避免地会将自己对文字的理解带入解释结果中,造成法律目的的增生[①]。另一方面在于法律解释中,解释者的主观影响不可避免。不论何种法律解释活动,都是解释者自主的思维活动,"只要用法律规定之外的解释工具对法律目的作出说明,就势必带入解释者的意思"[②]。实际上,解释者在运用解释方法之前,已有了关于解释的结果,其在解释过程中所做的努力只是挑选合适的逻辑和论证方法,使之导向自己想要的结果而已[③]。

虽然社会公共利益保护说在论证过程中也使用了背景分析的方法,但该种分析只停留在立法讨论层面——仅对英烈条款的提案建议与立法理由作出分析,而没有涉足英烈条款背后更深层次的政治考量。英烈条款之特殊性不仅仅体现在其特别的立法过程中,条款所针对的对象及社会公共利益亦具有不同于其他一般条款的特别之处,仅依字面意义难以寻求到其真正的含义。因此,更稳妥的做法是:以比较分析的方法,从历史和政治的视角全面挖掘英烈条款之特殊性,深入体察其背后所蕴藏的政治考量。非此不能完全理解英烈条款之本质。

二、"英烈条款"的特殊性及其政治考量

(一)作为特殊主体的"英雄烈士等"

英雄烈士作为英烈条款的保护主体,具有不同于其他民事主体的特殊性,这也是该条文引发争议的原因之一。

首先,英雄烈士是主观评价的结果,带有明显的政治性。不同于未成年人、无民事行为能力人、胎儿、死者等概念,后者依法律规定的年龄或其他客观标准就能精准确定其外延,很难存在标准认定的争论——即使存在也是关于到底该适用何种标准的问题[④]。但一个主体要被认定为英雄或者烈士,他必须具备某种经由社会普遍认同的品

① 谢晖.法律哲学——司法方法的体系[M].北京:法律出版社,2017:66.

② 谢晖.法律哲学——司法方法的体系[M].北京:法律出版社,2017:66.

③ 参见桑本谦.法律解释的困境[J].法学研究,2004(5).

④ 如对死亡的认定标准存在呼吸停止说、脉搏停止说、心脏搏动停止说和脑死亡说等。其中每一种学说都有一套明确的客观标准,而法律上所争议的内容只是到底该适用何种标准的问题。

质或者特征。虽然《烈士褒扬条例》和《军人抚恤优待条例》中明确规定了烈士的评定标准[①]，但“英雄”主要依赖于人们的主观评价。且在不同的历史时期，其评定标准也不尽相同：一个民事主体，其可能是无民事行为能力人同时又是英雄，是死者同时也是烈士；可能在几十年前是英雄，而依现在的主流价值则很难再被归入英雄之列；也可能在某一领域或者地域范围内是英雄，而在其他领域或者其他地方则不被承认为英雄。如此则给英烈条款的适用带来主体认定的难题，而该难题的背后是个人之间的观念与价值之争。正如有学者所言：“‘英烈’概念之界定……更多的是一个历史评价和政治取态的问题。”[②]

一国英雄烈士之保护于国家必不可少，如美国在1944年颁布《美国军人法》，后来又相继出台了《老兵权益法》《国防法》和《退役军人优先法》等，从不同的方面保护本国军人烈士。同样，俄罗斯颁布有《卫国烈士纪念法》《关于俄罗斯军人荣誉日和纪念日》《军人地位法》等法律法规；此外还设有俄联邦军人优抚委员会，专门负责管理军人优抚事务。另外，英雄烈士与本国历史息息相关，不同国家对英雄烈士之内涵的定义也不相同。例如，《中华人民共和国英雄烈士保护法》认为“英雄烈士”是：“近代以来，为了争取民族独立和人民解放，实现国家富强和人民幸福，促进世界和平和人类进步而毕生奋斗、英勇献身的”[③]人；而俄罗斯《卫国烈士纪念法》则规定烈士包括：“第一，在军事行动及其他作战任务或执行公务中，为保卫祖国而牺牲的；第二，在其他国家的领土上执行军事任务牺牲的……”[④]可见与自然人、胎儿、死者等纯粹法律概念不同，英雄烈士带有强烈的政治属性，其无法脱离具体的政治国家背景而成为普适性的纯粹法律概念。一方面，作为历史的参与主体，英雄烈士是民族国家存在与发展的确证。其依附于主体国家之上，只有在主体国家的框架下，英雄烈士才可能获得其内涵和意义，这也是其在不同的国家意义也不相同的原因。例如，战争中交锋的两国，其对本国的英雄烈士评定标准正好相反。另一方面，英雄烈士与国家的意识形态密切相关。英雄烈士虽是主观评价的结果，但其评价标准必然与该社会主流价值观相符。例如川航机长刘传健因在紧急时刻成功备降受损客机，保住了全体乘客和机组人员的生命财产安全而被授予“中国民航英雄机长”称号。其坚守岗位、尽职敬业的事迹符合当下“爱国、敬业”的社会主义核心价值观，故被社会一致评价为“英雄”。此外，英雄烈士也是民族精神的体现，如鲁迅、狼牙山五壮士、黄继光等都属于英烈条款中所列“英雄烈士等”的范

① 《烈士褒扬条例》第8条：“公民符合下列情形之一的，评定为烈士：(一)在依法查处违法犯罪行为、执行国家安全工作任务、执行反恐怖任务和处置突发事件中牺牲的；(二)抢险救灾或者其他为了抢救、保护国家财产、集体财产、公民生命财产牺牲的；(三)在执行外交任务或者国家派遣的对外援助、维持国际和平任务中牺牲的；(四)在执行武器装备科研试验任务重牺牲的；(五)其他牺牲情节特别突出，堪为楷模的。”

② 魏磊杰.中国民法典编纂的政治学[J].中国法律评论，2017(6).

③ 《中华人民共和国英雄烈士保护法》第3条。

④ 参见杨清望，张磊.俄罗斯烈士保护立法及其对我国的借鉴价值[J].邵阳学院学报，2018(2).

畴。英雄烈士还是宪法理念的体现①，其作为民族国家文化政治的重要组成部分，是该国家“对自身的爱或者是对自身的情感、伦理、道德的自信”，其“包含一种自己为自己辩护、自己捍卫自己的意志”②。

其次，英雄烈士的人格利益具有双重属性。实际上，英烈条款被提上议程的直接原因在于实践中发生的邱少云案以及狼牙山五壮士案③。法院在审理此类案件的过程中，除了确定行为人侵害了英雄烈士的人格权益外，还将社会公共利益纳入损害后果之列。以“狼牙山五壮士”案④为例，法院在论证洪振快发表的涉案文章是否构成侵权时认为：“狼牙山五壮士”是“中国共产党领导的全民抗战并取得最终胜利的重要事件载体……这些英雄人物及其精神，已经获得全民族的广泛认同，是中华民族共同记忆的一部分，是中华民族精神内核之一，也是社会主义核心价值观的重要内容。而民族的共同记忆、民族精神乃至社会主义核心价值观，无论从我国的历史看，还是从现行法上看，都已经是社会公共利益的一部分”。因此洪振快所侵害的“不仅仅是葛振林个人的名誉和荣誉，并且侵害的是由英雄人物的名誉、荣誉融入的社会公共利益”⑤。“狼牙山五壮士”被赋予民族精神的象征，而民族精神又是社会公共利益的一部分。在该逻辑下，英雄烈士的人格权益已不再局限于私益范围之内，同时还具有社会公共利益的性质。当“狼牙山五壮士”的名誉、荣誉受到侵害时，附着于其上的社会公共利益亦受损害。此外，法律委员会在论及制定英烈条款的缘由时认为：“英雄和烈士是一个国家和民族精神的体现，是引领社会风尚的标杆，加强对英烈姓名、名誉、荣誉的法律保护，对于促进社会尊崇英烈，扬善除恶，弘扬社会主义核心价值观意义重大。”⑥可见不论在司法实务中，还是在立法考量上，英雄烈士作为一个特殊群体，有关其人格权益的论述往往与社会主义核心价值观、公共利益等表述结合在一起。英雄烈士的人格权益具有不同于一般死者人格权益的双重属性。

---

① 《中华人民共和国宪法》在序言中提道：“中国人民为国家独立、民族解放和民主自由进行了前仆后继的英勇奋斗”，“在经历了长期的艰难曲折的武装斗争和其他形式的斗争以后，取得了新民主主义革命的伟大胜利”。其中包含了肯定英雄烈士的历史功绩，和缅怀、尊敬英雄烈士的价值取态。

② 张旭东.跨国传媒时代的文明论——《从文化政治与中国道路》谈起[EB/OL](2015-12-03)[2018-6-12]. https://mp.weixin.qq.com/s/DeJcuxCSrds9fauHPBn9zA。

③ “邱少云案”，即“邱少华诉孙杰、加多宝(中国)饮料有限公司一般人格权纠纷案”，北京市大兴区人民法院(2015)大民初字第10012号民事判决书。“狼牙山五壮士案”，即“洪振快与宋福保名誉权、荣誉权纠纷上诉案”，北京市第二中级人民法院(2016)京02民终6271号民事判决书。

④ 该案起因于洪振快发表了两篇针对“狼牙山五壮士”这一历史事件的考据文章，“五壮士”其中两名英雄葛振林、宋学义的后人葛长生、宋福保认为他侵害了自己先人的名誉权和荣誉权，向法院提起诉讼。法院经审理认为洪振快侵权，判决其停止侵害、赔礼道歉、消除影响。

⑤ “洪振快上诉葛长生名誉纠纷一案”，北京市第二中级人民法院(2016)京02民终6272号。

⑥ 石宏.中华人民共和国民法总则条文说明、立法理由及相关规定[M].北京：北京大学出版社，2017：440.

(二)作为特殊构成的"社会公共利益"

条文中有关社会公共利益①的表述,是英烈条款不同于《民法总则》其他条文的又一特别之处。对此,持死者人格利益保护说的学者有两类主张:其一认为该"损害社会公共利益"的内容没有实质作用,不影响英烈条款保护死者人格利益之规范目的;其二认为,"损害社会公共利益"的表述虽不影响条文保护死者人格权益之规范目的,但其应当作为该条款的侵权责任构成要件之一,在司法实践中予以适用。而社会公共利益保护说直接将该内容上升为英烈条款的规范目的予以肯定。

产生上述分歧的原因,源于不同学者对民法与社会公共利益关系之看法不同。社会公共利益作为模糊的、不确定的开放概念,在不同的民法规范中有不同的含义。

在民事规范里,社会公共利益主要有两种表现形态②:(1)消极表现形态,即为使社会公共利益免受损害而对私权进行限制。在法条中惯以"不得损害社会公共利益"、违反则"无效"等否定性表述为标志。例如我国《民法总则》第 132 条规定"民事主体不得滥用民事权利损害国家利益、社会公共利益或者他人合法权益",对民事主体行使民事权利进行了限制,确保其他权利不会因个人权利的行使而受损。《中华人民共和国合同法》第 52 条规定:"有下列情形之一的,合同无效:……(四)损害社会公共利益。"对合同法上的意思自治予以不得损害社会公共利益的限制。《中华人民共和国物权法》(以下简称《物权法》)第 7 条规定:"物权的取得和行使,应当遵守法律,尊重社会公德,不得损害公共利益和他人的合法权益。"该规定背后的法理在于"现代社会不承认有不受限制的权利,并且随着社会化的发展,物权因公共利益的需要受到越来越多的限制"③。因此物权的取得和行使应当以不损害公共利益为前提。(2)积极表现形式,即为实现社会公共利益而剥夺和限制私权。此种限制以政府对个人财产的征收和征用为主,大量出现在行政许可法、土地管理法和对外贸易法中。由于关涉所有权问题,《物权法》第 42 条亦对其作了原则性规定:"为了公共利益的需要,依照法律规定的权限和程序可以征收集体所有的土地和单位、个人的房屋及其他不动产。"

总而言之,私权的行使以不损害社会公共利益为边界,而社会公共利益的实现也要以最小限度损害私权为原则。社会公共利益无论以何种表现形式出现在民事规范中,其与私益保护始终存在着难以消弭的张力。对此,如何限制公共利益向私法领域扩展,从

① 在学理上,社会利益与公共利益并非同一概念。庞德认为社会利益"是事关社会维持、社会活动和社会功能的请求,是以社会生活的名义提出的、从文明社会的社会生活的角度看待的更为宽泛的需求与要求",包括公共安全、社会制度安全、公共道德、保护社会资源、公共发展和个人生活六个方面。参见罗斯科·庞德.法理学:第 3 卷[M].廖德宇,译.北京:法律出版社,2007:19,203-244.社会利益与公共利益的内容存在交叉之处,但并不相同。然而在我国民事立法中,社会利益与公共利益往往被一起使用,组合成"社会公共利益"这个概念。因此本文对该概念的使用遵循民事立法的习惯,不再对其进行细致区分。

② 参见李永军,胡亚妮.民法上的公共利益考[M]//私法研究(8).北京:法律出版社,2010:89-91.梁上上.公共利益与利益衡量[J].政法论坛,2016(6).

③ 胡康生.中华人民共和国物权法释义[M].北京:法律出版社,2007:33.

而最大限度地使私权免受掣肘，成为民法学者们孜孜追求的目标。《民法总则》第 117 条[①]的规定从规范层面强调了公共利益维度下私权保护的重要性，而部分学者欲将英烈条款解释为人格权益保护条款的努力则在法解释层面上显露了此种目标。

然而，英烈条款与上述一般民事规范并不相同。虽然该条文中“损害社会公共利益”的表述亦属公共利益的消极保护形态之列，但其与一般消极保护的条款有别：在英烈条款中，公共利益并非表现为限制某一具体权利的行使，而是作为关联着英雄烈士的人格利益，并与民事责任相关的内容被述及。

当然，社会公共利益的此种表现形式并非无迹可寻。与之类似，《精神损害赔偿司法解释》第 3 条中，就有对损害死者人格利益与社会公共利益关系之论述[②]。只是在该司法解释中，侵害公共利益仅“作为认定侵害私益即死者人格权益、死者近亲属精神损害的‘方式’”[③]被适用。待至《民法总则》中的英烈条款，“损害社会公共利益”擢而成为民事责任的重要构成之一，并进一步影响着该条款的解释与适用。此举可视为社会公共利益之于私法规范的进一步扩张，其背后是政治与法律的复杂纠葛，也是英烈条款招致颇多批评的重要原因之一。那么，为何社会公共利益独在英烈条款中以特殊的表现形式出现？其与英雄烈士的人格权益又有何独特的联系？

除了前文所述作为英烈条款的适用主体具有特殊性外，现实的社会时代背景与整个国家的意识形态建设背景，也是英烈条款中社会公共利益所以不同的缘由。首先，英烈条款是国家在互联网时代背景下能动作为，主动预防网络风险的产物[④]。在英烈条款出台之前，社会上损害英雄烈士荣誉、名誉的案件也时常发生[⑤]。但由于网络不发达，不当言论仅能在有限的范围内传播，不致造成大范围影响——即使有影响，相关机构也能通过采取快速有效的限制传播手段对其进行拦截，很少能够达到损害公共利益的程度。因此，此种行为危害不大，主要由最高人民法院颁布相关文件予以规范[⑥]。及至当下互联网

---

① 《民法总则》第 117 条：“为了公共利益的需要，依照法律规定的权限和程序征收、征用不动产的，应当给予公平、合理的补偿。”

② 《精神损害赔偿司法解释》第 3 条规定：“自然人死亡后，其近亲属因下列侵权行为遭受精神痛苦，向人民法院起诉请求赔偿精神损害的，人民法院应当予以受理：(1)以侮辱、诽谤、贬损、丑化或者违反社会公共利益的其他方式，侵害死者姓名、肖像、名誉、荣誉；(2)非法披露、利用死者隐私，或者以违反社会公共利益、社会公德的其他方式侵害死者隐私；(3)非法利用、损害遗体、遗骨，或者以违反社会公共利益、社会公德的其他方式侵害死者遗体，遗骨……”

③ 罗斌.传播侵害公共利益维度下的“英烈条款”——《民法总则》第一百八十五条的理解与适用[J].学术论坛，2018(1).

④ 凯尔森在《法与国家的一般理论》中提出国家和法律秩序合一的观点。马克思认为法律是维护统治者统治的工具，其本身就是“一种政治措施，一种政治”。参见列宁全集.第 28 卷[M].北京：人民出版社，1990：104.因此，当国家面对新的治理挑战时，以颁布法律的形式(如制定英烈条款)对挑战进行回应，可以看作是国家的治理手段之一，是能动作为的政治产物。

⑤ 早年影响较大的如袁殊子女起诉尹骐及中国人民公安大学出版社和人民出版社侵害袁殊名誉案，后又相继出现了对雷锋、赖宁、董存瑞等人的“解构风”。

⑥ 如 1993 年 6 月通过的《关于审理名誉权案件若干问题的解答》、2001 年 3 月 10 日起施行的《精神损害赔偿司法解释》。

时代，信息快速、广泛传播的时代特征营造了新的社会环境和政治生态。其为公民言论自由提供广阔空间的同时，也给政府的监管和治理带来挑战：针对英雄烈士的不当言论风行，英烈形象大受贬损[①]，建构于其上的民族精神和社会主流价值面临解构危险，整个社会的意识形态建设受损。时势所驱，有关英雄烈士人格权益保护的话题遂乘着此次民法典编纂的东风，一跃成为讨论焦点，并最终作为《民法总则》的条文之一，以法律形式获得确立。其次，英烈条款是国家文化意识形态战略的体现，是国家公意转化成法律规范的成果。近年来，国家对英雄烈士的重视与保护程度明显提高。2014 年 3 月，民政部公布了《烈士公祭办法》，详细规定了举办烈士公祭活动的各项内容；同年 8 月，全国人大常委会通过了《关于设立烈士纪念日的决定》，规定每年的 9 月 30 日国家举行烈士纪念日活动；2015 年 9 月，中国共产党和国家领导人出席烈士纪念日活动；2017 年，新出台的《民法总则》中规定了英烈条款；2018 年 5 月 1 日，新颁布的《中华人民共和国英雄烈士保护法》正式实施。这一系列有关纪念和保护英雄烈士的规定，出于国家增强文化自信的需要，是重建现代国家的重要举措。具体到英烈条款，其中"损害社会公共利益"的内容正是此种公意在规范领域内的特殊表达。

通过以上对作为英烈条款特殊主体的英雄烈士，以及作为其特殊构成的社会公共利益之分析可知：英烈条款所涉并非纯粹的民法学问题，它是国家政治与法律规范复杂关系之体现，单纯以文义解释等分析视角不足以窥其全貌。事实上，国家政策与法律之间具有相互融合的特征。从自然法学派代表人物洛克到公法理论代表人物狄骥，再至纯粹法学创始人凯尔森，都认为"国家与法律本身具有某种程度上的统一性"。其"既可以制定法律，也可以发布国家政策，国家政策既可以通过法定的形式合法化，也可以法律化"[②]。只有在充分理解英烈条款的政治考量后，才能为其在司法实践中的适用提供明朗方向。

社会公共利益保护说相比死者人格利益保护说更为全面、合理，符合立法者的原意，也更能凸显出英烈条款本身所具有的鲜明的政治性与时代性特征。应当将英烈条款的规范目的解释为保护社会公共利益。

三、以公共利益保护为目的的"英烈条款"

明确英烈条款的规范目的在于保护社会公共利益后，有关"英雄烈士等"概念的界定、诉讼主体资格的确定以及侵权责任的认定等都应当以规范目的为准则进行解释，并予以适用。

---

① 如 2013 年拥有 900 万微博粉丝的孙杰在新浪微博上发布了一条侮辱邱少云的博文，仅短短半个小时即被转发 662 次、点赞 78 次、评论 884 次。2015 年 4 月 16 日，被加多宝公司以"加多宝活动"的账号加以引用。截至 2015 年 4 月 17 日 11 时 20 分，相关微博被迅速转发 10000 多次。足见网络信息传播速度之快、范围之广。

② 张红．论国家政策作为民法法源[J]．中国社会科学，2015(12)．

(一)目的视角下英烈条款的保护对象及范围

1. 目的视角下"英雄烈士等"概念界定

首先,为确保社会公共利益得到保护,此处"烈士"的评定应当依据《烈士褒扬条例》第8条以及《军人抚恤优待条例》第9条规定的标准进行;"英雄"应当看作名词,包括尚在人世的英雄和已死的英雄,与"烈士"并列,共同成为英烈条款的保护对象。死者人格利益保护说的主要观点认为,为避免"英雄人物尚在人世"的情况,"英雄"应当被解读为修饰"烈士"的形容词,指"具有英雄品质的烈士①";或者即使将"英雄"作为与"烈士"并列的名词理解,此处的"英雄"也应作缩小解释,仅指"已故的死者,而不是生存的自然人"②。此两者皆以保护死者人格利益为核心,力主将英烈条款的适用对象严格限制在死者范围内,排除对生者的适用。实际上,该种观点缩小了英烈条款的对象范围,不利于英烈条款规范目的的实现。这是因为,英雄烈士作为特殊主体,其本身所具有的政治性特征以及双重权益属性并不因其生命状态而改变。对于英雄人物而言,不论其是否去世,当其人格权益受到侵害时,以之为载体的民族精神和主流价值观将面临解构的危险,从而危及社会公共利益③。譬如,当行为人对尚在人世的英雄人物发表不当言论,侵害了该英雄的人格权益和社会公共利益时,依死者人格权益保护说的观点,该案不可适用英烈条款,被侵权的英雄可以依据《中华人民共和国侵权责任法》和《精神损害赔偿司法解释》提起诉讼。依该方案,英雄自身的人格利益无疑可以得到法律救济,但该案中同样受损的社会公共利益将处于无法可依之困境④。若以社会公共利益保护说适用之,则不存在此类问题。

其次,该条款中的"英雄"及"等"字应比照"烈士"作同类解释⑤,要求能够体现社会公共利益。为了防止该条款保护范围被不恰当地扩大或缩小,应注意以下问题:其一,在时间范围上,主要指近代以来的"英雄烈士等"。在《关于设立烈士纪念日的决定》和《中华

---

① 张新宝认为:"如果该英雄人物尚在人世,则其在人格权益被侵害但未达到损害社会公共利益的程度时,应当由其自主决定是否要求侵权人承担民事责任,这是民法尊重意思自治的基本要求。只有在英雄烈士已经牺牲,其在事实上已经无法要求侵权人承担民事责任时,才需要本条特别规定该侵权人仍然需要承担民事责任。"参见张新宝.侵害英烈人格权益应当承担侵权责任的规定解读[Z].[2018-05-12]. http://www.legaldaily.com.cn/fxjy/content/2017-03/22/content_7063485.htm?node=70948.

② 参见杨立新.英烈与其他死者人格权益的平等保护[N].法制日报,2017-3-15.

③ 参见王叶刚.论侵害英雄烈士等人格权益的民事责任——以《民法总则》第185条为中心[J].中国人民大学学报,2017(4).

④ 当然,在司法实践中,不乏以公序良俗作为裁判依据的案例,影响较大的如四川"泸州二奶遗赠纠纷案"。但在这些案件中,公序良俗并未作为一种实体利益被看待,而是成为裁判的理由被适用,其最终目的还是为了满足民事主体的诉讼利益。

⑤ 参见王利明.中华人民共和国民法总则详解:下[M].北京:中国法制出版社,2017:858.

人民共和国英雄烈士保护法》中，英雄烈士都被加以“近代以来”的时间限制①，英烈条款也应当比照其规定进行解释；且“英雄烈士等”概念具有强烈的政治性，对其保护对象进行时间限制不至于无限制扩大其保护对象，从而损害个人言论自由和学术研究自由。其二，在特征上，“英雄烈士等”的人格利益应当已经转化为社会公共利益，并具有广泛的社会影响力。其人格权益不具有社会公共利益之属性的英雄烈士，应当直接适用一般人格权益保护规范。其三，该条所指“英雄烈士等”不局限于中国共产党内，只要其属于“近代以来，为了争取民族独立和人民解放，实现国家富强和人民幸福，促进世界和平和人类进步而毕生奋斗、英勇献身的英雄烈士”，都可以适用英烈条款。

2.目的视角下“英烈条款”的保护范围

依据该条款内容，当“英雄烈士等”的姓名、肖像、名誉、荣誉受到侵害，且社会公共利益也因此受损时，实施该侵害行为的人需承担民事责任。其具体内容如下：

首先，判断行为人侵害英雄烈士姓名、肖像、名誉、荣誉的标准应当与其他一般民事主体的侵害标准保持一致。此举既出于遵循民法平等原则的需要，也是平衡公共利益与个人自由之需要。如果侵害英雄烈士之人格权益的判断标准比一般自然人更严格，则会出现侵权认定的双重评价标准。此举违反平等原则，且极易给社会造成“不能触及”英雄烈士之紧张氛围，不利于学术研究自由。其次，虽然条款中只列明了英雄烈士的姓名、肖像、名誉、荣誉此四项人格权益，但若行为人侵害了英雄烈士等的隐私、遗骨、遗体等人格权益，并损害了社会公共利益时，该行为同样可以比照适用英烈条款。域外英雄烈士保护立法中，死者的遗体、遗骨也是重要的保护对象。例如《俄罗斯联邦刑法典》第 244 条关于“亵渎死者遗体及其埋葬地”人规定：“亵渎死者遗体或毁灭、损坏或玷污埋葬地、坟墓上的构筑物或举行安葬或悼念死者礼仪的公墓建筑的，处数额为 4 万卢布以下或被判刑人 3 个月以下的工资或其他收入的罚金；或处 360 小时以下的强制性社会公益劳动；或处 1 年以下的劳动改造；或处 3 个月以下的拘役。”②美国国会制定的《尊重美国阵亡英雄法案》禁止在葬礼举行前后 1 小时在国家公墓管理局管理的任何墓地入口 90 米内进行示威抗议，否则会处以高达 10 万美元罚款和 1 年监禁。在我国，英烈条款仅列举了英雄烈士的姓名、肖像、名誉、荣誉四项与社会公共利益关联最为紧密的人格权益，而忽略了同属人格权益中更具私人属性的隐私权益，和与传播侵害无直接关联的遗体、遗骨权益。其原因在于英烈条款立法过于仓促，且其出台的直接促因源于具有传播侵害特征③的“邱少云案”和“狼牙山五壮士案”。在此种情况下，若严格按照文义解释，将无法解决

① 《关于设立烈士纪念日的决定》中规定：“近代以来，为了争取民族独立和人民自由幸福，为了国家繁荣富强，无数的英雄献出了生命，烈士的功勋彪炳史册，烈士的精神永垂不朽。”《中华人民共和国英雄烈士保护法》中规定：“近代以来，为了争取民族独立和人民解放，实现国家富强和人民幸福，促进世界和平和人类进步而毕生奋斗、英勇献身的英雄烈士，功勋彪炳史册，精神永垂不朽。”

② 黄道秀.俄罗斯联邦刑法典[M].北京：中国法制出版社，2004：113.

③ 罗斌认为“英烈条款”的核心目的是维护媒体传播所侵害的社会公共利益。参见罗斌.传播侵害公共利益维度下的“英烈条款”——《民法总则》第一百八十五条的理解和适用[J].学术论坛，2018(1).

行为人侵害英雄烈士的隐私、遗骨、遗体权益，并给社会公共利益造成损害的问题。

(二)英烈条款中社会公共利益的界定

社会公共利益既是英烈条款的规范目的，也是构成该侵权责任的结果要件之一。对于何为公共利益，学者从不同角度，以不同的方式对其进行了回答。主要有个人利益总和说、整体利益说、不特定多数人利益说、统治阶级利益说、弱者利益说①等几种观点②。在这些学说中，每一观点都有其逻辑自洽性，但它们都无法说服其他学说而统一公共利益的标准。此种局面的出现，由公共利益自身特性所致。公共利益具有模糊性和变动性的特点，其内涵和外延没有明确的指向和边界，且在不同的法律规范中，其内涵也随之不同。例如我国《国有土地上房屋征收与补偿条例》第 8 条规定，当出于“由政府组织实施的科技、教育、文化、卫生、体育、环境和资源保护……公用事业的需要”，市、县人民政府可以作出房屋征收决定。此时，环境和资源保护作为公共利益的内容之一被强调。而在《中华人民共和国对外贸易法》第 16 条中，“人的健康或者安全，保护动物、植物的生命或者健康、保护环境”是与公共利益相并列的概念，并不属于公共利益的内容③。由此，当我们以公共利益作为英烈条款之规范目的与责任构成要件，却又不对其范围加以限制时，就会带来一系列问题：首先，法官的自由裁量权过大。公共利益的不确定性使法官在裁判过程中对其进行任意解释成为可能。若不加以限制公共利益的范围，不仅可能导致英烈条款规范目的的落空，而且容易使其成为只要涉及英雄烈士便能适用的“万金油”条款，有损法律的权威。其次，不利于私益保护。社会公共利益产生于 19 世纪末 20 世纪初出现的“法律的社会化”过程中，是法律由个人本位转向社会本位的产物，本身即带有限制个人自由的内容。虽然社会公共利益之根本目的在于保护个体权益，但其介入私法领域的范围和程度也应当有所节制，否则将会出现由于公共利益无限扩大，而损害个体私益的结果。具体到英烈条款中，则表现为人们的言论自由以及学术研究自由受损④。

由此，为保障英烈条款的准确适用，应对该条款中的公共利益作限缩解释。已有研究中，王叶刚从英烈条款的立法背景以及立法目的出发，认为“应当将该条中的‘社会公

① 个人利益总和说是以边沁为代表的功利主义法学的观点，认为公共利益是“组成共同体的若干成员的利益总和”。参见边沁.道德与立法原理导论[M].时殷弘，译.北京：商务印书馆，2002：58.主要代表人物有张千帆，他认为：“‘公共’不是抽象的，而是由一个个实实在在的个体构成。”参见张千帆.“公共利益”是什么？——社会功利主义的定义及其宪法上的局限性[J].法学论坛，2005(1)。整体利益说认为公共利益是全体社会成员共同的、整体的利益的体现，其既不同于个人利益，也不同于个人利益的简单相加。多数人利益说认为公共利益是社会上不特定多数人的利益的体现，代表人物有梁上上等。统治阶级利益说认为公共利益即统治阶级的利益，代表人物有余能斌等人。弱者利益说认为只要社会中的弱势群体利益得到保障，那么整个社会的公共利益也得到了保障，代表人物有佟丽华等。

② 有关以上几种学说的详细内容，参见李永军，胡亚妮.民法上的公共利益考[J].私法研究，2010，8(1).

③ 详细比较参见梁上上.公共利益与利益衡量[J].政法论坛，2016(6).

④ 若不对公共利益的界定加以限制，则只要人们谈论英雄烈士，或者从事有关英雄烈士的研究，都有可能产生侵权责任。在此种语境下，个人的言论自由以及学术研究自由是受限制的。

共利益'界定为维护社会风气与社会公共道德[①]";罗斌以全国人大法律委员会及最高人民法院发布的典型案例陈述为依据,认为英烈条款中的公共利益内涵是指"民族的共同记忆、共同情感和民族精神;社会主义核心价值观;尊崇英烈、扬善抑恶的社会风气"[②];刘颖为了防止公共利益判断的恣意性,认为应当引入利益衡量的方法,对案件所涉及的各种利益状态作出详细调查,充分展现,并比对其强弱大小,作出谨慎取舍,从而得出最为合理的结论[③]。以上方法皆于界定英烈条款之公共利益有益,但也存在不足之处。王叶刚和罗斌的界定方法是依英烈条款的具体背景与权威机构的解释而得出的,有其合理根据;且达到了缩小公共利益的范围,将其内涵限制在道德风气与精神价值领域的结果。但在其解决办法中,作为评判标准的道德风气与精神价值仍具有不确定性,该举并没有解决司法实践中可能存在的法官恣意裁判问题。刘颖主张引入利益衡量的方案,为法官裁判提供了可适用的方法和标准:通过对比各种利益的强弱大小,可以得出取舍结果。该方法为法学理论和实务界讨论的热点,有利于解决司法实践中的裁判难题,增强判决的合理性和可接受性,不失为解决英烈条款裁判问题的有效途径。然而,利益衡量的方法也存在一定缺陷:首先,其对法官的能力要求很高。利益衡量作为一种复杂的司法技艺,要求法官具备全面分析与取舍的能力,且要在裁判时保持中立,不能依主观偏见而随意取舍利益。其次,利益衡量的结果不必然具有公正性。利益的强弱大小之分并不能决定利益的是非轻重之别,法官据以利益衡量之后,尚有正当性说明的义务。最后,具体到英烈条款,其规范目的正在于保护社会公共利益,也即只要行为人侵害了英雄烈士人格权益且损害了社会公共利益,则构成侵权。若以利益衡量方法裁判之,其他利益有可能将公共利益遮蔽而使英烈条款的保护目的落空。

欲避免以上方法之缺陷,为英烈条款中公共利益的适用提出可行性方案,须从英烈条款自身特性出发,综合王叶刚、罗斌的范围界定方法与刘颖的标准适用方法,如此或许能更好地实现该条款的规范目的。

英烈条款自身的特殊性影响其公共利益之属性。首先,英烈条款以"损害社会公共利益"作为责任构成要件之一,如此则决定了此处的社会公共利益是作为评价客体出现的,而非评价标准。公共利益作为评价客体与评价标准之区别由德国学者 Westermann 提出[④],其影响着公共利益在司法实践中的适用。当公共利益作为评价标准时,其被当作

---

① 王叶刚.论侵害英雄烈士等人格权益的民事责任——以《民法总则》第 185 条为中心[J].中国人民大学学报,2017(4).

② 罗斌.传播侵害公共利益维度下的"英烈条款"——《民法总则》第一百八十五条的理解与适用[J].学术论坛,2018(1).

③ 参见刘颖.《民法总则》中英雄烈士条款的解释论研究[J].法律科学,2018(2).

④ 参见吴从周.概念法学、利益法学与价值法学:探索一部民法方法论的演变史[M].北京:中国法制出版社,2011:397.

判别其他利益是否合理、合法的理由而适用,典型的如"泸州二奶遗赠纠纷案"①;而作为评价客体的公共利益则是司法裁判中应予以具体考察的利益对象。两者之属性不同,司法实践中的适用方法也不同。其次,"英雄烈士等"保护对象是民族精神和社会主流价值观的载体,该特点决定了此处的公共利益是一种抽象利益。不同于征收、征用行为中常见的以修建公路、铁路、火车站等公共场所为代表的具体的公共利益,英烈条款中的公共利益系属于文化、精神等抽象范畴,不具有实在性,无法直接通过量化考察的方法加以界定。再次,侵权人主要通过媒体传播的方式侵害英雄烈士的人格权益,也即该条款中公共利益的受损路径以传播侵害为主。相较于其他法律规范,英烈条款的出台带有明显的即时性和针对性。虽然其根本目的在于保护社会公共利益,但其在规制方式上明显倾向于防范传播侵害。因此,在讨论其中的公共利益时,务必要考虑侵权行为的作用方式。最后,英烈条款具有明显的政治性。英雄烈士等所承载的社会主流价值观与精神文化皆属意识形态范畴,其作用于整个社会的精神文明建设,并最终体现为统治阶层的利益。由此,该条款中的公共利益也应当具有政治属性,有关其内涵的解释应当注重本国特定的历史文化背景,因为其不纯属法解释的问题,它同时也是一个"历史评价与政治取态"的问题。

针对英烈条款中公共利益的以上特性,我们可以从以下几个方面综合界定其范围。

其一,确定作为评价客体的公共利益之基本范围。此举与王叶刚、罗斌等人的方法类似,旨在甄别出公共利益中与英烈条款立法目的有关的含义,剔除不相关的内容,从而缩小公共利益的适用范围。例如,英烈条款中的公共利益势必不包括环境保护法中公共利益的内容,也与经济法中维护市场秩序、营造良好的交易环境等公共利益内容无关。其作为与精神文明和社会主流价值观相联系的概念,在内涵上必然以人们精神领域的观念与价值为主,也即主要表现为"民族的共同记忆、共同情感和民族精神;社会主义核心价值观;尊崇英烈、扬善抑恶的社会风气等"。

其二,借助具体标准尽可能量化公共利益。英烈条款中的公共利益具有抽象性特征,单靠主观推断无法直接测定其受损程度,只有凭借一定的可量化标准才能给予认定。而在司法实践中,侵权人又主要通过传播侵害的方式损害英雄烈士的人格利益和社会公共利益。其不当言论或影像在互联网上传播的速度和范围,正可作为公共利益受损程度的参考标准。以"邱少云案"为例,侵权人孙杰拥有 900 万微博粉丝,其发布的侮辱邱少云的博文仅半个小时就被转发 662 次、评论 884 次;后经由加多宝转发传播,该含有侮辱内容的博文又被迅速转发 10000 多次。通过计算其评论转发数,可知该博文已被网民广泛阅读传播。此类案件中公共利益的受损程度即可参考其评论和转发数量的多少,将抽

① 2001 年,黄永彬立下遗嘱将自己的财产赠给情人张学英,该遗嘱得到泸州市纳溪区公证处公证。但黄的妻子蒋伦芳拒不将黄永彬的财产交付给张学英,张遂向法院提起诉讼,要求蒋伦芳交付财产。法院直接适用公序良俗原则,认为黄和张系不正当关系,违背社会公德,驳回了张学英的诉讼请求。参见四川省泸州市纳溪区人民法院民事判决书(2001)纳溪民初字第 561 号。

象的损害转变为数量标准。

其三,在判断英烈条款中的公共利益时要以我国特定的历史文化背景为前提,并符合政治考量之需要。在以征收、征用及环境保护等为内容的公共利益中,其内涵体现为公共福祉和绿色健康等内容,具有普遍性特征,并非为某一国家所特有。但在以主流价值以及精神文化为内容的公共利益中,其判断标准不可脱离于一国的历史政治背景。例如,"狼牙山五壮士"对于我国来说是"中华民族共同记忆的一部分,是中华民族精神的内核之一,也是社会主义核心价值观的重要内容"①,属于公共利益的一部分,但其之于其他国家则不具备此种意义。因此,要据以历史文化传统,对该条文中的公共利益进行甄别。

总之,以上关于英烈条款中公共利益的适用标准与英烈条款本身的特性息息相关。具体到司法实践中,案件可能千差万别,法官在遵循适用原则的同时,还应当根据具体案情综合运用各种方法,如此,才能保证英烈条款的规范目的能够得到确切落实。

结　语

在对英烈条款进行目的解释的过程中,死者人格利益说和既有的社会公共利益保护说皆存在缺陷。欲准确把握英烈条款之规范目的,应充分认识其保护对象及构成要件的特殊性,以政治考量方法对其进行重构。英雄烈士作为英烈条款之保护对象,具有主观性和政治性特征,且其人格权益具有双重属性;社会公共利益作为英烈条款的特殊构成要件,与互联网时代背景及国家层面的意识形态战略息息相关。因此,英烈条款的规范目的在于保护社会公共利益。而在该目的视角下,英烈条款的适用对象及适用范围都应作相应调整,且在适用过程中社会公共利益之含义应得以限制。

英烈条款之规范目的的明晰有益于司法实践,然而这也只是解决了该条款的现实适用之需。应如何看待该条款背后所反映的法典编纂与国家政策之关系,以及公共利益之与私益之间的整合,是我们该继续深思的问题。

The Normative Purpose of the Heroic Clause: to Protect Public Interests
—Based on the Reconstruction of Political Considerations

Tian Yangqiu

Abstract: There are still some defects in the terms of "heroic provisions", such as vague definition of concepts, unclear purpose of norms, unclear subjects and so on. The theory of protecting the personality interests of the deceased fails to take an objective view of the background of the enactment of the "heroic clause". It overemphasizes the concept of departmental law, and there are many flaws in the method of argumenta-

① "洪振快上诉葛长生名誉权纠纷一案",北京市第二中级人民法院民事判决书(2016)京02民终6272号。

tion. Although the social public interest protection pays attention to the investigation of the legislative background of the "heroic clause", it does not fully examine its particularity. The object of protection and constitutive requirements of the "heroic clause" are special and need to be reconstructed by political considerations. The application of "heroic martyrs" to the "heroic martyrs" is not excluded from the application of the "heroic martyrs", and the scope of application includes all the rights and interests of the heroic martyrs and the content of social public interests. In this article, the social and public interests should be constriction interpretation, which is mainly manifested in narrowing the scope of its connotation, introducing the quantitative evaluation criteria, and taking the historical and political background of the country as the precondition of judgment.

Key Words: heroic clause; political situation; heroic and martyr; public interest

法律阴影下的习惯权利

——律师劳动者的内部权利及其秩序功能

魏小强*

摘要:尽管从相关法律、规章到律师协会的行业规范乃至律师事务所的内部规章制度,都对律师作为劳动者的法律权利有明确规定或者确认,但是这些"纸面上的权利"在律师的执业实践中通常是被虚置的。实际调整律师和律所之间关系的是通行于律所内部的规章制度、行业习惯等"活法"。律师和律所之间的关系名为法律关系实为习惯关系,律师劳动者的内部权利,包括业务自主权和收费分配权,也因而成了法律阴影下的习惯权利。这些以"活法"为依据的实有权利激励了律师的业务积极性,保障了律师相对独立的主体地位;但是同时也便利了律师的流动,消解了律所的管理秩序。这是理解律师的流动乃至律所分裂现象的因果机制之一。

关键词:律师事务所;律师;劳动者;法律权利;习惯权利

一、问题的提出

律师流动乃至律师事务所分裂是律师行业比较普遍的现象。早在10多年前,就有律师发现我国的律师事务所"分多和少,数年一分裂几成规律"。① 对此人们多从经济社会发展、法律服务市场化竞争、律师的利益追求、律师事务所管理,②以及律师对律所忠诚价值的观念变迁、律师流动的成本与效果等角度,③寻找律师与律所关系"破裂"的原因,却少有人关注律师作为劳动者(以下简称"律师劳动者")的权利在其中所起的作用。

律师不只是当事人的律师,也是律师事务所的律师,倘若以律师事务所为中心考察的话,就会发现律师对内对外呈现出不同的身份,具有不同的权利。作为为当事人提供法律服务的执业人员,律师接受委托或者指定,代表律师事务所"维护当事人合法权益,维护法律正确实施,维护社会公平和正义",以诉讼代理人、辩护人、法律顾问等身份行使

* 魏小强,法学博士,江苏大学法学院副教授。

① 潘跃新.规模化律师事务所民主管理的制度设计[J].中国律师,2003(1).

② 王进喜.律师流动法律问题与对策[M].知识产权出版社,2013:2,11,13,45,68.

③ 罗伯特·W.希尔曼.论律师的流动管理——合伙人退伙和律师事务所解散的法律及道德问题[M].王进喜,唐俊,译.中国人民公安大学出版社,2005:5-6.

其执业权利。而作为律师事务所的工作人员，律师和律所之间是劳动关系，律师应当遵守律所章程和规章制度，维护律所的形象和声誉，接受律所的管理和对其执业行为的指导、监督、教育。

对于律师作为执业人员的执业权利，法律法规、部门规章、行业规范以及行政、司法政策等均给予了明确的规范和保障。与此形成鲜明对比的是，这些法律及行业规范等对律师作为劳动者的权利则轻描淡写，于是律师劳动者的权利在实践中通常得不到实现和保障。比如很多律所实际上并不给律师支付劳动合同所约定的工资以及“五险一金”等劳动者应有的社会保障费用，以致有律师为此与所执业的律所打官司的情形。[①]

从这些表象看，似乎存在一个以“维护当事人合法权益，维护法律正确实施，维护社会公平和正义”为宗旨的职业群体的自身权利却缺乏法律保障的悖论。但是深入了解律师与律所关系的实际，就会发现法律、行业规范等正式制度并非有意忽视律师的内部权利，而是因为律所的内部秩序是一种美国法学家埃里克森所说的“无需法律的秩序”，[②]律师与律所以及律师与律师之间的关系在其共同遵守的非正式制度的调整下就可得以维系。换言之，律所的内部秩序实际遵循的并不是法律的逻辑，而是按照“法律阴影下”的内部规范运行。因此，律师之于律所的权利很大程度上并不是基于法律的权利，而是一种基于习惯和约定的内部权利。律师的内部权利是律所内部关系的核心内容，律所的内部秩序就是围绕律师内部权利的行使、实现而建立与维系的。这些内部权利是支撑律师主体地位的权利基础，也是理解律师的职业特点及其流动性的重要依据。

二、律师劳动者的法律权利

尽管相比于一般生产经营性企业的员工，律师并不是“典型的”劳动者，但是尊重律师权利就是尊重法律精神，[③]而保障律师的权利，最重要的是把法律规定的律师的权利落到实处。[④] 律师劳动者的权利是有法可依并可以通过制度途径予以保障落实的。

（一）法律对律师劳动者权利的规定

《中华人民共和国劳动法》（以下简称《劳动法》）第3条规定，劳动者的基本权利包括：“平等就业和选择职业的权利、取得劳动报酬的权利、休息休假的权利、获得劳动安全卫生保护的权利、接受职业技能培训的权利、享受社会保险和福利的权利、提请劳动争议

① 毋冰.拖欠辞职律师6000元律所与三合伙人皆成被告[EB/OL](2018-09-30).https://www.chinacourt.org/article/detail/2009/03/id/349157.shtml.

② 罗伯特·C.埃里克森.无需法律的秩序：相邻者如何解决纠纷[M].苏力，译.中国政法大学出版社，2016:4.

③ 王俊峰.宣示律师执业权利的里程碑[J].中国律师，2015(10).

④ 孟建柱.依法保障执业权利切实规范执业行为充分发挥律师队伍在全面依法治国中的重要作用[J].中国律师，2015(10).

处理的权利以及法律规定的其他劳动权利。"《中华人民共和国劳动合同法实施条例》第3条规定:"依法成立的会计师事务所、律师事务所等合伙组织和基金会,属于劳动合同法规定的用人单位。"这一规定明确了律师和律师事务所之间的劳动关系,明确了律师的劳动者身份。

除了《劳动法》所规定的基本权利,《中华人民共和国律师法》(以下简称《律师法》)及《律师事务所管理办法》等对律师劳动者的内部权利也作了原则性的规定。其中《律师法》第14条规定,律师事务所应当有自己的名称、住所和章程。依照《律师事务所管理办法》第16条的要求,律师事务所的章程中应当包括本所律师的权利与义务,以及律师事务所有关执业、收费、财务、分配等主要管理制度的内容。《律师事务所管理办法》第41条则以规定律师事务所义务的方式明确了律师劳动者的权利:"律师事务所应当保障本所律师和辅助人员享有下列权利:(一)获得本所提供的必要工作条件和劳动保障;(二)获得劳动报酬及享受有关福利待遇……"

(二)行业规范依法对律师劳动者法律权利的保障

依照《律师法》第45条:"律师、律师事务所应当加入所在地的地方律师协会。加入地方律师协会的律师、律师事务所,同时是全国律师协会的会员。律师协会会员享有律师协会章程规定的权利,履行律师协会章程规定的义务。"律师协会是律师行业的管理组织,律师和律师事务所应当遵守律师协会依法制定的行业规范和惩戒规则。对于律师劳动者的权益,律师协会主要以规定律师事务所义务的方式予以保障,如《中华全国律师协会律师执业行为规范》第87条:"律师事务所应当依法保障律师及其他工作人员的合法权益,为律师执业提供必要的工作条件。"《律师协会会员违规行为处分规则(试行)》第14条规定:"团体会员有下列行为之一的,由省、自治区、直辖市及设区的市律师协会给予训诫、通报批评、公开谴责:……(九)聘用律师或者其他工作人员,不按规定与应聘者签订聘用合同,不为其办理社会统筹保险的……"

(三)律所内部规章制度对律师劳动者法律权利的落实

依照《律师法》及《律师事务所管理办法》的要求,律所的章程应当对本所律师的权利和义务作出规定。除此之外,实践中有不少律所还会通过制定管理规范的方式,进一步确认以落实律师的法律权利。比如笔者在某省大江律师事务所(普通合伙)作田野调查时发现,[①]该所章程规定其律师的权利是:"(1)律师有权获得本所提供的必要工作条件;(2)律师有权获取劳动报酬及享受有关福利待遇;(3)律师有权参加本所的民主管理;(4)法律、法规、行政规章及行业规则规定的其他权利。"另外,该所的规章制度规定:"本所录

① 依照学术规范,对本文调查所涉及的律师事务所的名称、所在的地名、所属的人名等都作了化名处理,以下同。

用的聘用人员，必须与本所签订《聘用合同》。《聘用合同》应订立以下主要条款：1. 聘用期限、工作岗位及基本素质要求；2. 聘用期间的报酬及福利；……”其中对律师薪酬分配的规定是：“本所对聘用律师实行两种分配制度：薪金制或创收提成制，由聘用律师选择适用。本所对行政人员实行薪金制分配制度。”另外，关于如何落实律师的社会保险、年休假制度等也都有相应规定。

（四）司法行政机关及律师协会对律师劳动者法律权利落实情况的监督

根据《律师法》及《律师事务所管理办法》的相关规定，律师事务所应当建立年度考核制度，对律师在执业活动中遵守职业道德、执业纪律的情况进行监督，并于每年的年度考核后，向设区的市级或者直辖市的区人民政府司法行政部门提交本所的年度执业情况报告和律师执业考核结果。依照《律师事务所年度检查考核办法》之规定，司法行政机关定期对律师事务所上一年度的执业和管理情况进行检查考核，对其执业和管理状况作出评价。主要检查考核律师事务所遵守宪法和法律、履行法定职责、实行自律管理的情况，其中对律师事务所“内部管理情况”的检查内容中包括了律所的收费、分配等管理制度以及管理聘用律师和辅助人员的情况。同时，依照《中华全国律师协会律师执业年度考核规则》，律师协会在律师事务所对本所律师上一年度执业活动进行考核的基础上，对律师的执业表现作出评价，并将考核结果报司法行政机关备案，记入律师执业档案。这些来自司法行政机关和律师协会的检查考核活动，其内容包括对律师劳动者权利情况的检查考核，是维护和实现律师劳动者法律权利的制度措施。

三、律师劳动者的内部权利

前已述及，律师劳动者的权利首先是法律权利。律师尤其是律所的聘用律师与律所的关系适用劳动法的调整，律师也因而享有劳动者应有的权利，如获得报酬权、休息休假权、社会福利和保险权等。作为用人单位的律师事务所，至少从法律的形式要求而言，从满足其作为社会组织的外部合法性的角度，其应当为律师劳动者这些权利的实现提供必要的条件。在实践中，这些法律规定的律师权利的确也得到了一定程度的实现。比如律师要与聘用律师签订书面的劳动合同，其中详细约定了双方的权利和义务，包括按月支付的最低工资、社会福利与保险等。而在作为律师法律制度组成部分的执业年检制度中，律所是否保障了律师的上述权利是一个必要的检查环节。

但是，笔者通过对一些律所的实地调查发现，就律师和律所关系的实践情况而言，法律的调整通常是被虚置的。各种明面上的法律调整或者体现被法律调整的表象，仅仅是律所和律师“合谋”以满足现行律师管理制度合法性要求的行为策略而已。律师及律所的管理者内心并不会真正认同这类法律制度，自然也不会认真对待来源于其中的法律权利。对律师和律所之间的关系起实际调整作用并非是这些法律规范，而是通行于律所内部的行业习惯、惯例和律所的规章制度等。因此律师和律所之间的关系名为法律关系，实则为习惯关系，律师在这些习惯关系中所享有的权利是习惯权利。因此说，律师劳动者的内部权利实际上是一种法律阴影下的习惯权利。

这些习惯权利的成因与律师作为执业人员的身份有关，与其完成执业任务的目标有关，也与其生存与发展的内在需要有关。倘若没有对律师劳动者权利特性的这一理解，便无法理解为什么律师之于律所有那么大的行为自由，也就无法对律师频繁流动的行业现象予以有效解释。那么，律师为什么拥有以业务自主权和收费分配权为核心的内部权利？回答这一问题，需要从分析律师的主体特点和劳动特点入手。

(一)律师的业务自主权及其必要性

作为专业法律服务机构的律所不同于一般的生产经营性企业，其营业收入是建立在律师个人劳动的基础上的。首先，个人律师的独立劳动构成了律所业务活动的基本单位。每个律师都是持有政府颁发的执业证书的独立劳动者，从理论上来讲每个人都可以独立完成相关业务，与他人的合作仅仅是出于分担"工作量"的考虑，而不是工作性质的要求。正因为如此，律师在律所执业，也仅仅是因为律师法律制度的要求使然。倘若法律允许律师以个人名义执业，则必然会有大量的律师从律师事务所辞职而成为"自由职业者"。即便在法律允许设立个人律师事务所的情况下，律师们仍然选择与他人合伙，很大程度上仅仅是利益衡量的结果，所谓"众人拾柴火焰高"，至少从汇集执业力量和分担执业成本的角度考虑是这样。

其次，现行法律有关代理人、辩护人的数量限制，使得律师只能尽可能地独立承担相应的服务业务。依照我国民事诉讼法、刑事诉讼法、行政诉讼法以及仲裁法等的相关规定，当事人、法定代理人可以委托的代理人、辩护人的人数为1～2人。这些制度规定在适当控制了诉讼、仲裁参加人规模的同时，也客观上对律师的业务模式产生了影响。一个当事人的代理人、辩护人最多只能是两人。通常情况下，尤其对于不复杂的案件，律师都是一人独立承担代理人、辩护人的工作职责；即便有些律所从制度上要求每个案件应当由两人承办，但实际完成工作的也往往只是一个人。

再次，律师个人也是独立承担业务责任的主体。《律师法》在法律责任的设定上，采取的是律师和律所二元并立又彼此承担连带责任的方式。比如该法在分别规定了律师和律所的违法责任后，又特别规定了律师和律所之间的连带责任。即便如此，律师独立承担执业责任仍然是法律规定的基本原则。按照权责相统一的原则，既然律师是可以独立承担法律责任的，那么其就应当以独立权利主体的身份存在，享有执业所需要的各种权利。

由此便产生了律师内部权利的第一项核心权利业务自主权，这一权利包括业务开拓的自主权和业务办理的自主权两个方面。前已述及，业务是体现律师价值、维系律师生存发展的基础，有业务可做是任何一位律师的头等大事，也是任何一个律师事务所经营的前提。所以,律师必须把开拓业务放在其业务活动的首要位置。否则一切都无从谈起,诚如前述大江所的一位分所主任谈及律所发展时所讲的:"任何没有业务基础的专业化都是扯淡。"意即律所的发展必须建立在踏实的业务基础上。道理很简单,只有有业务可做时,律所才会有收费,有收费才能有发展的经济基础。所以,从业务的重要性和业务开拓自身的规律的角度,必须给予律师以业务开拓的自主权。这种自主权的通俗含义是,只要能够获得可以收费的业务就行,至于业务的性质和类型如何则由相关律师自己负责,律所原则上不得干涉。这一权利是建立在律师和律所的生存需要的基础上的。

如果说获得了可以收费的业务只是律师生存与发展的基础的话,那么办好业务,为当事人提供其所需要的法律服务便是律师生存与发展的关键。作为经过系统知识学习和职业训练的专业人员,律师应当以自己的判断和行为完成当事人所需的服务。从执业主体的角度而言,必须给予律师以完成业务的自主权。这并不是说律师为完成执业任务、满足当事人的需要便可以不择手段、为所欲为,而是说某项业务如何办理应当首先充分尊重承办律师的意愿,尊重他对相关问题的判断和行动方案,而不是以其他人或者律所的意见取代之,更不能对律师的合法的执业行为采取不合理、不合法的干涉行为。这既涉及律师执业权利的保障问题,从内部关系的角度看,这也涉及律师和律所的关系问题。作为律师的执业机构,律所有权利也有义务来尊重、保障律师的业务办理的自由。

(二)律师的收费分配权及其必然性

基于业务自主权,便产生了律师的另一核心权利——收费分配权,即律师有参与分配自己业务收费的权利。这一权利也是体现律师与一般企业的员工不同的地方。虽然《律师法》规定"律师承办业务,由律师事务所统一接受委托,与委托人签订书面委托合同,按照国家规定统一收取费用并如实入账",因此无论相关业务的来源如何,其收费都应当进入律所的账户,作为律所的业务收入。但是法律并没有规定律所的收费具体应当如何分配,所以律所的收费分配是律所的内部自治事项。由于各个律所的运行机制不一样,其所实行的分配制度也不一样。但是有一点是相同的,那就是律师的薪酬是建立在其所开拓或者办理的业务的基础上的,律师因而大都有权利参与自己创收或者办理的业务收费的分配。

落实律师的这一权利的是我国律所普遍实行的收费分配提成制。所谓提成制,简单地说就是以一笔业务的收费为分配对象,在律师和律所之间按照一定的比例进行初次分配。分配比例可以遵照行业惯例确定,也可以由律所自己确定或者由律师与律所商定。律师与律所之间以及律师彼此之间在业务收费的分配上所遵循的一个基本原则是,只要对业务的开拓或者办理有实质性的贡献,就有参与收费分配的权利。

从律师执业和律所管理的实践来看,律师参与自己所创收或办理的业务的收费分配,通常被认为是自然而言的行业惯例。一旦提成的原则和规则被确定下来,律师依照这样的分配制度参与收费的分配便是其应有的权利。任何对这一制度的改变都会影响律师的切身利益，并因而可能引发律师的流动。这正是一些学者把律师的流动归结为利益驱动的原因所在。正是这种分配机制极大地刺激了律师个人开拓业务的积极性，并因这种对律师个人(尤其是个人业务能力突出的律师)而言最具吸引力的分配制度的作用，律师和律所之间才"合谋"规避了劳动法中有关劳动者权利的适用。而这也正是律师业务收费分配权合理性的依据之一。

认知了律师内部权利的缘起、内容及特点，就能理解律师的这些基本权利对于这一职业的标志性意义。可以说律师所享有的这些来自行业习惯和内部惯例的权利是其作为特定的社会职业群体的内在依据之一。在诸多具有专门技能的职业群体中，只有律师等少数职业者拥有包括业务自主权、收费分配权在内的内部权利。正是这些内部权利，使这一职业群体中的律师个人被认为如同瀚海中的沙粒，即便身处一个具体的社会组织之中，却仍然是一个个独立的存在，具有很强的流动性。这种独立性及流动性，出自这种职业群体的主体特性，确切地说是其主体的权利属性使然，因而属于自然而言的事情。

四、律师劳动者内部权利的秩序功能

相比于律师与当事人之间的法律服务关系、律师与司法行政机关以及律师与律师协会之间的管理关系等外部关系，律师和律所的习惯关系则属于律师事务所这一非法人组织的内部关系。对于律所内部秩序的构建及维系而言，律师劳动者习惯权利的功能既有积极的方面亦即正功能，也有消极的方面亦即负功能。[①]

(一)律师劳动者内部权利的积极功能

1. 激励律师执业的主动性和积极性。赋予律师以业务自主权和收费分配权，是一种直接针对律师执业行为的激励制度，其功能是多方面的。业务自主可以给律师根据自己的实际情况开拓及办理业务的自由，是一种行为过程意义上的激励。律师可以根据自己的专业能力、业务兴趣以及所掌握的社会资源自主决定业务的开拓、办理等具体执业行为。一方面增加了其执业行为的积极性，另一方面则优化了其执业资源的配置。也就是让合适的人做合适的事情，从而出现最好的业务效果。正因为如此，无论是单人作业，还是进行团队合作，律师们总能从自身的实际需要出发进行执业安排，从而产生最优的行为方案。比如依托自身专业知识和业务能力的业务分工，只有在赋予律师个人充分的业务自主权的情况下才能得以有效实现。所以，对于律所的业务发展而言，赋予律师以充分的业务自主权具有根本意义。

以提成制为主的行业分配惯例赋予了律师参与律所业务收费分配的权利，是一种行为结果意义上的激励。通过为当事人提供法律服务以获得相应的经济利益，是律师和律

① 罗伯特·K. 默顿. 社会理论和社会结构[M]. 唐少杰，齐心，等译. 译林出版社，2015：152，153，173，177.

所的共同目的。对于律师而言,业务分成的权利与其业务自主权相对应,是实现其个人利益最大化的最好方式。尽管不同律所所确定的律师和律所对业务收费的分成比例不同,但是律师可以直接分取其创收的费用则是这一分配制度的核心内容。为了获得更多的收费提成,律师自然就会提高自身工作的积极性。

2. 保障律师相对独立的主体地位。律师拥有业务自主权和收费分配权的另一个后果就是使律师客观上具有了相对独立的主体地位。尽管就法律的规定而言,律所是律师的执业机构,律师只能是律所的工作人员,其在身份上隶属于律所。但是在执业实践中,律师劳动者处于业务需要的特定的习惯权利使其成了律所内部相对独立的业务单元,亦即每个律师都是一个事实上的独立的法律服务主体,可以独立完成业务的开拓、办理等。律师虽然没有以自己的名义独立为当事人提供法律服务的权利能力,却具有独立完成法律服务的行为能力。律师的习惯权利实际上赋予了律师运用其行为能力的权利,使其可以独立自主地进行法律服务活动。这也正是《律师法》既规定了律所的法律责任,又单独规定了律师法律责任的原因。同时,在执业管理方面,司法行政部门和律师协会依法分别负责对律所和律师的执业活动进行"两结合"的检查考核。这就从制度上确立了律师相对独立于律所的主体地位,即律师既在身份上属于律所,但其作为专业法律服务人员又具有自身的独立性。律师的人格并没有完全融入律所的人格之中,而是保持了自身一定程度的独立性。归根结底,律师的这种相对独立的主体地位,是以律师作为特定执业主体的特性及其所享有的习惯权利为基础的。

(二)律师劳动者内部权利的消极功能

1. 便利了律师的流动,不利于律所的稳定发展。律师的流动通常被认为是律所人员流动的一个组成部分,是法律服务市场化的一个必然结果。[①] 在市场活动中,人力资源的流动是一个正常的现象,律师为追求更大的个人利益而进行跨所的流动也是自然而然的。但是从律师劳动者的主体角度看,正是因为拥有了业务自主权和收费分配权这样的习惯权利,才使律师的跨所流动更为便利。对于律师个人而言,尤其是对于具有较长业务资历而占有较多业务资源的律师而言,拥有了这些习惯权利可以使其无论在哪一个律所执业,都不影响其个人的经济利益和行业地位。至于其选择在哪一个律所执业,则取决于该所所能提供给他的业务收费的分配比例以及所承诺的工作条件。正因为如此,律师流动是律师行业的普遍现象,甚至可以说自由流动是这一行业从业者的习惯权利。以至于律师就像沙粒一样,个个独立存在,流动性极强,除非有足够的利益作为"黏合剂",否则很难长时间地凝聚在一个紧密型的社会组织当中。[②] 从近年来我国律师行业的整体

① 王进喜.律师流动法律问题与对策[M].北京:知识产权出版社,2013:2.

② 张亚美,黄亮平.紧密型律师团队薪酬制度设计[EB/OL](2018-09-30).http://www.kingpound.com/corpus_read.asp? id=11.

情况来看,律师的人数和律所数量每年都在快速增长。[①] 但是统计显示,就以律师人数所体现的律所规模而言,10 人以下的小型律师事务所占了律所总数中的大部分,其中绝大部分又是在最近 10 年中产生的。[②] 律师的所际流动是导致律所内部秩序不稳、难以实现规模化发展的重要因素之一。而这很大程度上也是律师的社会地位不高、社会评价不尽如人意的原因之一。[③]

2. 消解了律所的权威,不利于律所的有效管理。律所的管理是一种公共利益指向的职权行为,而律师的执业行为通常是一种个人利益指向的个人自由,价值取向的不同就会导致行为结果的冲突和社会关系的变化。律所的管理秩序在很大程度上是依照法律和律所内部的规章制度构建和维系的,管理者的职权来自这些制度的规定,其权威则依据制度的权威。但是律所管理者的这种职权和权威往往同律师劳动者所拥有的习惯权利和个人权威相冲突。对于律师个人而言,任何一种不利于其个人利益最大化的管理行为都是为其所不愿意的。因此依托于习惯权利的个人自由与依托法律权利的律所的管理行为之间必然会有矛盾。所以,律师劳动者习惯权利的行使必然会消解律所的管理权威和管理秩序,这是不以律师个人也不以律所的整体意志为转移的。

尽管不能仅仅因为律师拥有业务自主权和收费分配权,便将导致律所分裂、解散的原因归咎于此,但毫无疑问的是,律师所拥有的这些权利在实践中的确实实在在地消解了律所的管理权威和管理秩序。可以设想,如果每个律师的业务行为如同普通企业员工的行为一样只是其生产经营环节的有机部分,律师的权利仅仅是整个企业经营权利的组成部分,并非独立存在而不能为个人独立享有,那么律师流动的成本就必然会大大增加,其也不大可能"一言不合转身就走"。而事实则是律师劳动者的习惯权利赋予了其行为的便利与自由,那么其利用这样的便利、享受这样的行为自由也就无可厚非了。这是我们理解律师的流动现象乃至律所分裂现象的一个重要的切入点。

结　语

研究表明,尽管从相关法律、规章到律师协会的行业规范乃至律所内部规章制度,都对律师劳动者的法律权利作了明确规定或者确认,但是这些"纸面上的权利"在律师的执业实践中通常是被虚置的。从律师和律所关系的实际情况来看,法律的调整或者体现被法律调整的表象,仅仅是律所和律师"合谋"以满足现行律师管理制度合法性要求的行为策略而已。对律师和律所之间的关系起实际调整作用的并非是这些法律规范,而是通行

---

① 李豪.我国执业律师人数已突破 30 万[EB/OL](2018-09-30). http://www.legaldaily.com.cn/index/content/2017-01/09/content_6947998.htm? node=20908.

② 李小凤.我国执业律师已增长至 36.5 万余人[EB/OL](2018-09-30). https://weibo.com/6199038235/G74iieqXB? type=comment#_rnd1522735301768. 这一信息于 2018 年 3 月 12 日发布于司法部官方微博。

③ 卞建林,程滔,封利强.律师执业权利保障的多维视角——我国律师执业现状的调查报告[C]//陈光中.刑事司法论坛:第 2 辑,中国人民公安大学出版社,2009:115-140.

于律所内部的行业习惯和律所的规章制度等内部规范。因此,律师和律所之间的关系名为法律关系实则为习惯关系,律师在这些习惯关系中所享有的权利是习惯权利。因此,律师劳动者的权利实际上是法律阴影下的习惯权利。律师劳动者权利的核心是业务自主权和收费分配权。这些权利的成因与律师作为执业人员的身份有关,与其完成执业任务的目标有关,也与其生存与发展的内在需要有关。这些权利是建立在律师和律所的生存与发展需要的基础上的,具有天然的正当性。正是律师的业务自主权和收费分配权等习惯权利,刺激了律师的业务积极性,保障了律师相对独立的主体地位;但其同时也便利了律师的流动、消解了律所的管理秩序,成了导致律所内部秩序解体的权利因素。这是理解律师的流动乃至律所分裂现象的因果机制之一。

Customary Rights under the Shadow of Law

—The Internal Rights of Lawyer laborers and the Rights' Order Functions

Wei Xiaoqiang

Abstract: Although the relevant laws and regulations, the industry norms of the bar associations, and the internal rules and regulations of the law firm, all clearly define or confirm the legal rights of lawyers as laborers, these "paper rights" practice in lawyers. It is usually vacant. The actual adjustment of the relationship between lawyers and law firms is the "living law" that governs the rules and regulations and industry practices within the law firm. The relationship between lawyers and law firms is called legal relationship, and the internal rights of lawyers, including business autonomy and fee distribution rights, have become customary rights under the shadow of law. These real rights based on the "living law" motivate the lawyer's business enthusiasm and guarantee the relative independence of the lawyer, but at the same time facilitate the flow of lawyers and eliminate the management order of the law firm. This is one of the causal mechanisms for understanding the flow of lawyers and even the division of law firm.

Key Words: law firm; lawyer; laborer; legal rights; customary rights

民间法视域中的农村丧葬文化研究

——以湖南省益阳市Z乡为例

彭　娟*

摘要：我国传统文化历来重视死亡问题，由此演化形成的丧葬文化是传统文化的一个缩影。湖南益阳Z乡农村传统的丧葬文化主要有"送终""报丧""设灵堂""办白事酒""唱孝歌""做道场""出葬""送葬"八个部分。每个部分所承载的意义不同，蕴含的规范要求也不同。按照时间顺序可以将其划分为三个部分：丧事的开端、丧事的进行与丧事的结束。农村丧葬文化的基本特征包括：地缘性、血缘性和混合性。形成农村丧葬文化的原因是：一是国家法带来的强大冲击提供了外在动力；二是传统自治基因的流传给其形成提供了内在生长动力；三是公共服务体系的缺失给其形成提供了生长土壤。丧葬文化不会消失，也不会消解法治，相反，在实现国家法与民间法契合的过程中，实现文化的契合具有关键意义。

关键词：乡土社会；丧葬文化；公共服务；农村自治

一、问题的提出与方法

我国传统文化历来重视死亡，如孔子所言："死生亦大矣，而不得与之变"。① 荀子更是认为，生是人生的开始，死是人生的终结，而"君子之道，礼义之文"的内涵正是"敬始而慎终"。荀子倡导"事死如生，事亡如存"，即要求生人对逝者做到始终如一，不能厚此薄彼。他还指出活着的时候不忠厚敬爱地侍奉是粗野的，而去世之后不忠厚恭敬地进行安葬是轻薄的，"君子贱野而羞瘠"，君子以轻薄为羞耻。② 荀子也在《荀子·礼论》中花了很大篇幅描述古代丧礼制度。而死亡实质上是一种自然现象，意味着生命体征的消失。这种现象最开始不具有任何文化内涵，后来在"灵魂不灭的宗教观和慎终追远的孝道观念③"的影响下聚集了诸多社会因素的共同作用才形成了丧葬文化。丧葬文化包括丧与葬两个方面。丧，《说文解字》将其解释为"亡也"，也就是逃亡的意思，与我们现在理解的

* 彭娟，中南大学法学院硕士研究生。

① 《庄子.德充符》

② 《荀子.礼论》

③ 陈华文.丧葬史[M].上海：上海文艺出版社，1999：1-4.

离开意思是一致的。原始人没有死亡的概念，看着亲人一个个离开，精神一个个离开，于是将死亡称作“丧”。到后来，丧不仅仅指离开，也包含了死亡之后一系列对待死者的态度与对死者进行安葬的一系列文化。葬，《说文解字》解释为“臧也”，指藏起来。葬字上下皆为“艹”，字面意思是用草将死者掩盖起来，可以理解为一种用特定事物将死者掩埋的活动。例如，用土掩埋的称之为“土葬”，用水掩埋的称之为“水葬”，用火掩埋的称之为“火葬”。可见，丧葬文化指的是对死者的文化处理方式与方法。① 这种方式与方法随着人类社会的发展不断发生变化。一方面处理的程序规范越来越烦琐，既有各个时期新生的规范也一直沿袭下来。另一方面，这种处理方式与方法的民族分化与地域分化越来越明显，逐渐成为了一种“地方性规范”与“地方智慧”。由于丧葬文化中沿袭了丧礼制度②的因素，因此，此种文化又区别于一般的文化内涵或者习俗内涵，更多具有了行为规范上的意义。从弗雷德曼的法律多元概念来看(既包括单一政治共同体中的多元规范也包括多元文化)，丧葬文化正是其中一种。③ 当我们剔除其中的表演形式后，发现丧葬文化更多发挥的是一种“习惯法”的功能。即如梁治平先生所说的“普通习惯只是生活的常态化，行为的模式化。习惯法则特别关系权利与义务的分配，关系彼此冲突之利益的调整”④。也就是说由丧礼演化而来的丧葬文化实际上蕴含了丰富的民间法规范，这种规范对社群内的权利义务起到调整作用。

但是，现在对丧葬文化的研究存在以下问题。一方面，存在空白研究领域。学界现在对丧葬文化的学科研究主要集中在社会学领域，多探讨丧葬活动所承载的社会制度功能。比如何彬在《江浙汉族丧葬文化》一书中认为丧葬活动能增加集团内部的血缘感，使集团内部更加团结，同时又是强化祖先崇拜、血缘集团意识教育的场所⑤。再例如潘云峰认为丧葬活动可以反映出一个家庭或者家族的财富、地位和家族势力，具有社会折射功能⑥。还有些研究是透过丧葬文化去研究其背后社会结构的演变，例如黄巍、黄伟在《四川丧葬文化》一书中提到自给自足经济形态的瓦解以及西方文化的入侵致使传统丧葬活动发生改变，上层阶级开始采用新的葬法，在内容与形式上有了重大变化，甚至引入了西方葬礼的一些礼节⑦。邓建伟认为丧葬活动作为一种制度性安排，实际上引起了农村社会游戏规则的规则破坏与重建⑧。从法学学科角度对丧葬文化的研究却是寥寥。另一方面，对平原汉族村落的丧葬文化研究存在缺失。迄今为止，学界对民间法的实证研究基

① 陈淑君、陈华文.民间丧葬习俗[M].北京:中国社会出版社,2006.

② 费孝通先生认为乡土社会中的“礼”是指维持这个社会秩序的一整套公认的合适的社会规范。

③ Friedman, Lawrence M. The Legal System: A Social Science Perspective[M], New York: Russell Sage Foundation,1975:196-197.

④ 梁治平.清代习惯法:社会与国家[M].北京:中国政法大学出版社,1996:165.

⑤ 何彬.江浙汉族丧葬文化[M].北京:中央民族大学出版社,1995:85-86.

⑥ 潘云峰.壮族丧葬文化与丧葬仪式及其社会结构因素研究——基于广西马山县D村的个案研究[D].广西师范大学硕士学位论文,2013.

⑦ 黄巍、黄伟.四川丧葬文化[M].成都:四川人民出版社,1992.

⑧ 邓建伟.喜庆活动与村庄社会结构重组[M].北京:人民出版社 2002,265.

本上以少数民族地区为主。有学者认为,受历史、地理、经济、社会等因素的影响,中国少数民族与汉族文化差异较大。无论是在生产方式、生活习惯方面,还是在精神信仰、民族心理和行为规范方面,少数民族都具有其鲜明的特色①。但汉族村落分布范围广阔,涉及人口众多,也是推进法治建设的重要阵地。这种民族研究上的严重失衡显然不合理,对二者的重视应当不分轩轾。因此,对平原汉族村落丧葬文化的研究无论从法学角度还是从民俗学角度来看都具有重要的意义,尤其是在推行新农村建设与殡葬改革的今天。有鉴于此,笔者拟从民间法的维度,以典型平原汉族村落Z村为例,对其中的农村丧葬文化进行较为系统的梳理与研究。

湖南省益阳市Z乡位于洞庭湖平原,南临资水,西傍甘溪港河,北靠洞庭湖,是典型的平原地区汉族聚居区。由于当地关于丧葬文化的书面记载非常少,且大多数失去了时效性,笔者采用了田野调查的方法,实地进入到Z乡进行了为期半个月的考察,力求得到最详实准确的材料。笔者选取了若干村落,以半结构式访谈为主,无结构式访谈为辅开展本次考察。笔者将访谈对象分为三类:一类是60~80岁的老人(这类对象为村里的"活历史",对村里丧葬文化的变化有着最深刻的体会。经历了时代兴衰,见证了许多生离死别的老人们对"死亡的文化"也有着最真切的感受),另一类是25~45岁的青壮年(这类对象为"金棺司"的人选来源,一般年轻力壮,互相熟识,笔者主要访谈了几位有"抬丧"经验的人),还有一类是"道场先生"(这类人一般专业主持丧葬仪式,没有固定年龄,部分终身在从事这个职业,对当地丧葬文化的沿革有清楚的了解)。

二、农村丧葬文化的具体表现

笔者经过实地走访调查发现,Z乡农村传统的丧葬文化主要有"送终""报丧""设灵堂""办白事酒""唱孝歌""做道场""出葬""送葬"等八个部分。每个部分所承载的意义不同,蕴含的规范要求也不同。按照时间顺序可以将其划分为三个部分:丧事的开端、丧事的进行、丧事的结束。

(一)丧事的开端

1."送终"。在老人生命垂危之际,其直系亲属一般都会赶回家聚集在老人床边握着老人的手宽慰老人,或是诉说着不舍、或是希望老人不用担心家中人事可以放心离去。老人若是没有失去语言能力,则一般会嘱咐交代子孙比如"早日成家""要听话,好好学习"等话语,会告诉自己的后人以后会保佑家里平安。俗话说:"人之将死,其言也善",此种场景往往令人动容,潸然泪下。此时,家中子孙若是不在场则会被视为不孝,在村里必遭口舌。在老人"落气"之后,外人才可以进入房间看望。同时,孝家会立马安排人"烧卷

① 高其才.论中国少数民族习惯法文化[J].中国法学,1996(1).

钱”、请村里德高望重的老人来给亡人“净身换衣”。“卷钱”是一种黄色粗纤维的草纸，做成铜钱模样，略厚，是给亡人“路上”用的钱。在换衣之后，老人会将事先准备好的“发财钱”放到亡人口袋，待天色见黑的时候再发给其子孙后人，寓意着“有福气，有财气”，“发财钱”的数额依亡人生前有多少财产而定。而收到“发财钱”的人通常不会用这些钱，会将其珍藏起来，一是留作念想，二是认为其是象征着福气与财气的宝贝。

2.“报丧”。《益阳县志·风俗篇·丧癸》记载“初丧讣告亲友有受弗者则曰以讣闻有鲜不受弗者则以言辞”[①]。在老人逝世之时，最先知晓死讯的是老人身边的亲人以及附近的邻居，通知老人其他亲人的活动就叫“报丧”。“报丧”还存在先后顺序之分，若是女性老人去世，首先要给娘家舅舅报丧然后才是其他亲人。同时，“报丧”还存在范围的限定。

(二)丧事的进行

1.“设灵堂”。灵堂也叫做“孝堂”或者“灵棚”，旧时用来停放棺椁的场所。宋彭杉乘《续读黑客挥犀·陈烈遵左礼》记载:“蔡君谟(襄)居丧……(烈)与十二余生望门以手据地，膝行号恸而入孝堂。”[②]“灵堂”通常设在堂屋，有的因房屋窄狭搭棚于庭旁，称“灵棚”。“灵堂”是孝家“守孝”、亲友“吊丧”、进行道场法事的地方。

2.“办白事酒”。Z乡历来有这个传统，根据《益阳县志·风俗篇·丧癸》记载，“亲友弗唁有财义致奠有奠轴香烛馔羞盛则羊猪之类丧家各散帛款以筵宴则非礼所宜”[③]，意思是亲友带着香烛前来“吊丧”的时候，丧家应当摆宴席进行招待，称作办“白事酒”。在以前，农村地区还没有出现承接各大宴席的“班子”，各家宴席各家自己张罗，一般在一定范围内(不同时期范围不同，笔者在下文详细论述)请人前来帮忙，接到邀请的人家即便是没有时间也不会推辞，会自己另请其他人代替前去帮忙，用村里老人的话说就是“没有不去的，谁家里没有老人啊”。

3.“唱孝歌”。在灵堂停柩期间，丧家请民间艺人唱孝歌子的“班子”，一般5至12人不等，在打击乐声中，穿插胡琴、锁呐、笛子、扬琴等乐器。每人大多有固定的拿手唱段，轮流替换，唱散歌、盘歌、对歌、叙事歌等。孝歌大多有比较固定的词，其内容因死者的身份经历不同而各异。唱词包括:赞颂死者美德;歌唱山水动植物;描述人情风俗;叙唱传奇人物、古代英杰;揭露恶人坏事;抨击不良风俗等。常常通宵达旦，热闹非凡。

4.“做道场”。“道场先生”将音乐与开坛、念咒、诵经、取水、告庙、开方、破狱、结解、安神等过程相结合，也称作“法事”。依孝家财力，“道场”持续时间不一，“道场”一般1至3天，目的在于通过仪式来超度亡魂，使之免受地狱之苦，降福子孙。

---

① 《益阳县志》

② 《续读黑客挥犀·陈烈遵左礼》

③ 《益阳县志》

(三)丧事的结束

1."出葬"。由懂风水的"地生"选定吉日,大多在寅卯时辰之间进行,由"道场先生"做法事,取之前下棺时放在棺椁下的那碗净水在手上,另一手握大米念念有词,霎时大叫道:"八大金刚齐出力……""金棺司"抬棺起步,"道场先生"用脚将搁棺材的长凳打倒,并在棺后撒大米念词,送至大门外,将手持的净水泼掉,立即将碗用力打碎,俗称"打煞"。

2."送葬",又叫"上山"。因为湖南多平原丘陵地区,古时为了风水一般把逝者安葬在地势高的地方遂称作"上山",在土地平整之后一般称作"送葬"。至于送葬的礼节,清代时规定"贫富不同,贵贱各异,其等级则惟贵者得用诰封亭,贱者虽富亦不敢用"。① 现在由16或32位"金棺司"将棺椁从门外抬到事先选好的坟址,由"道场先生"做完法事之后再正式入土安葬。其间孝家子孙围棺恸哭,送别亲人最后一程。

从对Z乡农村传统丧葬文化的流程和具体细节中,不难看出其具有以下几个特点:首先,重视程度高。这点笔者在文章伊始就已经提到过,主要因为在"事死如生"的中国传统文化观念中死是一件大事。人们通过丧葬仪式来表达自身的悲痛与对逝者的不舍。其次,程序复杂、仪式感强烈。从前文的介绍可以看出,一般丧葬仪式至少包含八个流程。每个流程的细节要求又各不相同,比如在"报丧"这个流程中就存在严格的顺序要求。最后,参与人数众多。从笔者考察结果来看,参加丧礼的人员一般包括孝子、姻亲亲戚、邻里好友、帮工人员以及"金棺司"。

三、农村丧葬文化的基本特征

(一)从血缘特点来看具有血缘性

血缘的产生基础是生育和婚姻,由血缘产生的血缘关系(例如父子关系、祖孙关系、母子关系、兄弟姐妹关系等等)可以说是人类最初始和本源的关系②。在这种关系中,血缘是连接人与人之间的纽带。同时,血缘也是一条社会分界线,在线内的为"自家人""本家人",线外的便是"外人"。"自家人"信得过、靠得住、不怕麻烦,而"外人"则要提防,少麻烦。并且在"自家人"内部也是存在长幼次序差异的,"年长的对年幼的具有强制的权力",也即"血缘的意思是人和人的权利与义务是根据亲属关系来定的"③。由于血缘一出生就具有的特性,血缘关系在人类社会产生之初便存在了。也就是说,血缘关系伴随人类从诞生到灭绝。其对人类丧葬文化的影响也因此根深蒂固,这种影响在平原汉族村落主要体现在以下两个方面。

---

① 《湖南民情风俗报告书》

② 徐勇.祖赋人权:源于血缘理性的本体建构原则[J].中国社会科学,2018(1).

③ 费孝通.乡土中国[M].上海:上海人民出版社,2013:65.

第一个方面是祖坟的产生。在Z乡，每个家族都有自己的祖坟，也就是家族的公共墓地。只有自己家族的成员在死后可以葬入祖坟，其中，被赶出了家族集体的成员禁止葬入。因为，被赶出家族意味着同时失去了在生时候和死后的"族籍"。在Z乡，如果某人不属于禁止葬入祖坟的类型而在死后被拒绝葬入祖坟的话，是非常严重而耻辱的，被认为得不到死后的安宁。这种对祖坟的强烈情感有其历史渊源。在原始社会，个人力量非常弱小，对孤独、焦虑、不安等情绪的承受能力远远弱于现代人。对他们而言，最大的惩罚往往不是将他们处死，而是将他们赶出氏族(包括活着的时候被赶出与死后不许葬入氏族公共墓地)。独自面对未知的自然环境与其他氏族的人给他们带来的恐惧远超被处死带来的恐惧。[①] 这样，氏族的公共墓地在原始社会就产生了巩固氏族组织的功能。这种功能直到现在依然在发挥作用，现在的祖坟实际上就发挥了一种血缘认同的作用：同一血缘的人生长在一起，埋葬在一起。

第二个方面是丧葬仪式的参与程度。笔者在Z乡通过访谈了解到在当地丧葬文化中很重要的一个步骤是"办白事酒"，用以款待前来"吊丧"的宾客。孝家在此时一般忙于治丧，难以兼顾招待宾客的事宜。而且乡村不像城市，没有承接各大宴席的饭店，只能在自家庭院摆开宴席以待宾客，这就催生了一种"白事帮忙"的文化。据村中84岁老人回忆，在他小的时候听他父亲说，那时候(推测100年前左右)"家里要是死了人，来帮忙的都是血亲，外人哪里有空咯"。也就是说，帮忙的范围依据血缘亲疏而定。而且在当时，作为血亲若是不去帮忙的话是要受到邻里诟病的，大家会认为这家人罔顾亲情，这是一件很没有"面子"的事。这就是"熟人社会道德的约束力"[②]在发挥功用。相对封闭的乡土社会就是一个熟人社会，大家祖祖辈辈生活在这里，彼此间知根知底，抬头不见低头见，因而社会评价对他们而言像自己的羽毛一样十分重要，生怕被人指责。因此，Z乡历来形成了"办白事酒"来请帮忙不能拒绝的规定。这种规定实质上就是梁治平先生所说的"民间法"，即是在乡民长期的生活和劳作过程中逐渐形成的，用来分配乡民间权利、义务，且主要在一套关系网络中被实施。[③] 另一个重要的步骤是"守灵"，血缘性在这个环节中体现得更加明显。"守灵"是指死者的儿女婿媳或者外甥在尸体旁照看"长明灯"，此灯若是灭了意味着对后人不利，就是平时所言"断了香火"。"守灵"一般分为上午、下午、上半夜三场。值得注意的是，这个环节对参与的人员有严格的限定。只有死者的儿子、媳妇、女儿、女婿以及外甥可以参加，在Z乡，外甥和舅舅的关系非常亲密，仅次于父子关系。综上我们不难看出，血缘的亲疏程度与丧葬仪式的参与程度是成正比的。血缘关系越亲近，仪式的参与程度越高。

① 王夫子.殡葬文化学——死亡文化的全方位解读[M].长沙：湖南人民出版社，2007：69-71.

② 于语和。民间法[M].上海：复旦大学出版社，2008：93-95.

③ 梁治平.清代习惯法：社会与国家[M].北京：中国政法大学出版社，1996：1.

(二)从地域特点来看具有地缘性

所谓“地缘”一般是指因地理而形成的人与人之间关系的联结,属于地理学的范畴。[①]而笔者所谈论的地缘乃是指“地缘关系”,指的是由于生活在同一地域而形成的相互关系,关系的涉及对象有一定的空间界限。[②] 因此,人类社会实际上在形成之初(“群”概念形成之时)就形成了地缘关系,也就是费孝通先生所说的“血缘和地缘的合一是社区的原始状态”[③]。在这种关系中,土地像一条纽带一样将地上的人与物联系在一起,明确的地理界限区分出了不同的地缘集团,使得同一地缘集团内的人经历同样的生活场景,容易形成归属感和认同感,也就是我们常说的“一方水土,一方人”。而不同地缘集团间由于不能共享同样的自然人文环境,使得彼此间差异明显,即“十里不同风,百里不同俗”。丧葬文化所蕴含的地缘性特征也主要体现在这两个方面。

一是不同地缘集团间的差异性。孟德斯鸠早在《论法的精神》一书中提出地理环境决定论,他认为法律制定受地理环境影响很大。[④] 在不同的地理环境的影响下形成了不同的地域文化,对丧葬文化的形成而言也是如此。中国地域广袤,地形复杂,气候多样,民族众多的地理特点使得在这片大地上分化出了诸多地缘集团,造成了上文所说“十里不同风,百里不同俗”的现象。例如同在湖南省境内相邻不远的Z乡和湘西地区在丧葬文化上就有很大的差异。Z乡和湘西气候类型相同,都为亚热带季风气候,气候湿热。但是Z乡所形成的埋葬方式是土葬而湘西所形成的的埋葬方式是崖葬。主要原因是Z乡位于洞庭湖平原地区,境内没有高山,在埋葬的时候为了防潮防湿采用的方法是在棺椁内填充石灰、避开潮湿的地点、选择向阳通风的地方。而湘西境内多山,当地文化中为了达到防潮效果采用的方法是将棺椁悬放在山崖高处通风干燥的地方。也就是说,构成不同地缘集团的因子越多,彼此间形成差异的概率就越大。

二是同一地缘集团内部的聚合性。Z乡是典型的乡土社会,这个社会有两个特点:一是人口流动性低,对土地的依附性明显;二是社会成员间彼此熟悉,是一个熟人社会。用埃米尔·涂尔干的话说,乡土社会就是机械团结的社会,这个社会的成员共享了同一个地缘集团内的自然文化生长环境,有同样的文化共识。这就使得来自同一个地缘集团的

---

① 国外对地缘的研究最早出现在对地缘政治学的研究。柏拉图最早提出地理环境对国家政治具有重要影响,康德最早提出了“地缘政治学”的思想。而在我国最早对地缘问题进行研究的是春秋时期齐国的管子,管子不仅是齐国著名的政治家,而且是一位在地缘政治方面著名的外交家,在辅助齐桓公治国理政时,提出了许多关于地缘、地缘政治、地缘经济和地缘战略的思想。管子提出:“故缘地之利,承从天之指,辱举其死,开其国门,辱知其神。缘地之利者,所以参天地之吉纲也。承从天之指者,动必明。辱举其死者,与其先人同;公事则,道必行。开其国门者,玩之以善言”。管子所说“缘地”实际是“地缘”的古代说法,指国家之间友好交往有利双方发展,缘起于地理位置关系之意思。现在对地缘的研究形成了以地缘为基础,以诸如地缘关系、地缘政治、地缘文化、地缘经济、地缘战略等为方向的完整体系。

② 张其仔.社会资本论——社会资本与经济增长[M].北京:社会科学文献出版社,2002:83.

③ 费孝通.乡土中国[M].上海:上海人民出版社,2013:66.

④ [法]孟德斯鸠.论法的精神[M].徐明龙,译.北京:商务印书馆,2007:271-275.

成员间有强烈的文化认同感和文化归属感，从而形成了内部的聚合。同时，也由此区分了"内部人"以及前文提到的"外人"，即是"作为一个重要集团的共同成员而出现在主体面前的这个人就是内部人"①。相对的，现代社会就是埃米尔·涂尔干所说的有机团结的社会。这个有机团结的社会的形成是伴随着社会现代化出现的，是精细化社会分工和科技社会进步的产物。这个社会的运作不以共同的情感价值追求为基础，只要求每个人完成自己的社会分工任务即可。笔者在这里同样想用上文提到的"办白事酒"这一步骤进行说明。随着社会生产力的发展，人口流动频率的增加，原来的血缘性特征在这一环节开始出现变化。原来的血缘团开始分裂、分散开，地区内的血缘浓度被不断稀释。到社会发展程度高的现代，Z 乡丧葬文化白事帮忙的范围依据由血缘上的亲疏（血亲或者族人）变成了地域上的亲疏（邻近的几个队，根据该生产大队的人口数量决定，人口多的队帮忙范围为本队，而人口少的队的帮忙范围为本队以及邻近的三个队）。然而在这一环节地缘性特征的显现并非意味着血缘性特征的必然消逝，而是意味着出现了一股内生的力量在巩固以地缘为要素的新社区集团，恰恰是适应社会发展的体现。正如徐勇先生所说，随着历史的进步，地缘性及其之上的利益愈益重要，但血缘性在实际生活总的作用和影响依然不小。②

（三）从文化特点来看具有混合性

在农村丧葬文化的语境下，混合性这一特征是随着现代文化进入到乡土社会反应而成的产物。所谓混合是指不同事物的掺杂、融合。这在里主要指乡土文明与现代文明的碰撞所带来的二者内在因子的混合。也就是说，现代文明所内涵的科学的观念、民主观念、法治观念、人权观念、公平观念进入到乡土社会，与乡土社会中的传统因子相混合。呈现出了一种既传统又现代的文化现象。产生这种混合性的原因主要有两点：一是社会经济的发展。经济发展带来就业机会的增加，便利的交通给人口流动性的增加提供了可能。年轻劳动人口的外出务工以及人口老龄化的影响，使得丧葬仪式所需要的大量人力的不到满足。这就给现代文明因子进入乡土社会提供了入口。二是传统文化观念根深蒂固。现代文明的科技力量和科学观念因子的力量并没有达到消解深深烙印在乡土社会中成员的传统文化观念的程度。这点在 Z 乡的丧葬文化中有明显的体现。

在 Z 乡，丧葬仪式中"送葬"这个环节可以说是整场丧葬仪式的高潮部分。在这个环节中，先由"地生③"综合丧家的要求（有些家庭富裕的丧家想要丧事热闹些，会跟"地生"提要求在规划送葬路线的时候多经过一些地方）确定最吉利的路线。因此，这个环节非常耗费时间，多的可达四五个小时。在以前，"送葬"都是由年轻力壮的人工抬到所葬地，路程远的时候需要很多"金棺司"轮流上阵。而且当地有这样的说法"送葬规模越大，死

① 陈文华.国家法与民间法的效力场域及其配置机制[J].原生态民族文华学刊，2017(2).

② 徐勇.祖赋人权：源于血缘理性的本体建构原则[J].中国社会科学，2018(1).

③ 即风水先生，当地称之为"地生"。

者就能越风光体面、越能顺利到阴间”。随着社会的发展，当地人民受教育程度越来越高，开始意识到这种思想不合理之处，并且非常耗费人力物力。所以，现在的Z乡出现了了这样一种现象。在“送葬”的路程稍远的情况下，只在“出殡”之后和“下葬”以前两小段路程抬着棺椁，其他时间均由车代替运送棺椁，“金棺司”全程坐在车厢里。这样，既保障了原有的仪式要求得到遵循，又适应了现代社会的文明观念。

四、当代农村丧葬文化形成的原因

从上文的论述中，我们可以看出农村丧葬文化的存在是一种事实现象。从规范的角度来看，这种丧葬文化具有较强的约束性、较广的约束范围。形成农村丧葬文化的原因主要包括这三点：一是国家法带来的强大冲击提供了外在动力；二是公共服务体系的缺失给其形成提供了生长土壤；三是农村自治基因的流传给其形成提供了生长动力。

（一）国家法带来的强大冲击

国家法对传统农村丧葬文化带来的强大冲击是形塑当代农村丧葬文化的外在动力。目前，国内对国家法概念的通说界定是沈宗灵先生提出的“国家法是由国家制定或认可的，反映统治阶级意志的，由国家强制力保证实施的行为规范”[①]。中国古代法制重刑轻民，因此，古代民事法律关系大多由民间法（也就是当时的民间礼数）来调整。但是，笔者笔者发现，在这类民间礼数当中，丧葬文化格外受到国家法的青睐。究其原因，主要包括两方面：一方面，丧葬文化影响范围广。人终归要面对死亡，以为氏族成员的死亡往往是整个氏族的事情，可以说每一位社会人都逃不过丧葬文化的影响。这也成为了国家法下渗到民间的最佳路径选择。另一方面，丧葬文化有丰富的社会功能：(1)可以规范丧葬这种社会行为，维护丧葬秩序的稳定；(2)可以促进社会治理。丧葬文化蕴含了丰富的孝道观念，这种观念可以教化人心、强化代际联系，从而促进社会治理。在家国同构的宗法制国家，对孝文化的尊崇刚好契合巩固国家统治的需要。[②] 基于以上原因，我国历代统治者对丧葬文化都非常重视，制定了许多详细的规定。在唐代甚至将丧葬文化部分内容法制化。国家法对丧葬文化的法治化一方面有利于文化的传承保持，另一方面也是给文化带来了强大的冲击，对其进行不断形塑。这种形塑有以下几种情形：

1. 国家法的直接形塑。居丧在中国有悠久的历史，孔子曰：“夫三年之丧，天下之通丧也”[③]。据考证，居丧这种现象最早可追溯到商王太甲，传说太甲在桐宫为祖父居丧三年，然后才被接回来继续执政。[④] 居丧的基本形成是在西周后期，西周礼乐盛行，对居丧

① 沈宗灵. 法理学[M]. 北京：北京大学出版社，2003：30-32.

② 王夫子. 殡葬文化学——死亡文化的全方位解读[M]. 长沙：湖南人民出版社，2007：264.

③ 《论语·阳货》。

④ 参见《史记·殷本纪》。

有了详细的规定。《周礼·曲礼》中就描写道"居丧不言乐",对居丧期间的行为规范做出了明确的规定,其他规定散见于《礼记》、《仪礼》当中。尽管居丧在每个的具体内容存在出入,但是其基本精神与基本规定是一样的。都包括"服丧""饮食""言笑"三个部分。"服丧"是指各人按照丧服制的规定穿上不同的丧服之后开始居丧的行为。[①] "饮食"是指在居丧期间不得食肉饮酒,年老者或患疾者除外。"言笑"则是指在居丧期间不得宴乐,要专心哀思不得随意与别人交流。这些居丧的规范被历代统治者所重视,在唐朝时一度被法制化。所有不遵循当时有关居丧规定的人皆是违法,被认定为大不孝,甚至有人因此被斩首。后来经过一段时间的回落之后到明清时期再次被统治者强化[②]。居丧的规范无论从国家角度还是从民间视角都给社会打上了深刻的烙印,形成了传统丧葬文化的重要组成部分,同时也成为了人们心里的行为规范。居丧的崩坏是从西学东渐开始的,尤其是新文化运动之后。受西方人文主义思潮的影响,国人的价值观与思维方式开始发生变化,开始否定传统文化。制度上的否定是在1928年,国民政府制定了《礼制案》对传统丧葬文化进行改革,规定居丧期间最多不超过一个月,丧服也简便化,只要求白冠、白服。[③] 可见,一种国家政权在取得其合法性之后要做的就是统一政权建设,将权力尽可能渗入到社会各个角落以实现社会控制,对不符合通知要求的现行规范进行无情清理与打击。这种国家法对丧葬文化的外部打击对形塑当代农村丧葬文化具有直接性。

2.国家法的间接形塑。丧葬文化的表现形态与宗族权力利密切相关。在古代中国,民间的自我治理实质就是地方宗族的自我治理,所谓家国同构指的就是广大民众同时接受国家与宗族的双重治理。[④] 因此,作为地方智慧的丧葬文化,在地方宗族权力坍塌的情况下发生变形是必然的。我国地方宗族权力的坍塌是在人民公社运动时期。1958年4月,中共中央颁布《关于把小型的农业合作社适当地合并为大社的意见》,之后全国开启了轰轰烈烈的我们常说的"人民公社化运动"。人民公社的建立使得中国的基层社会权力由宗族团体转移到了人民公社委员会手中,实质就是地方权力的国家化[⑤]。宗族自此失去了地方资源的调配与管理权力,与宗族权力密切相关的丧葬文化内容也因此改变。也就是说,国家法事通过对形成丧葬文化的因素的改变而间接实现了其当代化形塑。

(二)传统自治基因的流传

民间流传的自治基因是传统丧葬文化形成的内在生长动力。我国自先秦以来就是一家一户的小单位,而国家一直实行的是中央集权的政治组织模式。在这个金字塔般的管理结构中,王权并没有渗透到社会最底层,行政建制至于县级,即所谓"王权不下县"。

---

① 陈华文、陈淑君.吴越丧葬文化[M].华文出版社,2008:213.

② 参见王夫子.殡葬文化学——死亡文化的全方位解读[M].湖南人民出版社,2007:295-310.

③ 严昌洪.民国时期丧葬礼俗的改革与演变[J].近代史研究,1998(5).

④ 参见于语和.民间法.复旦大学出版社[M],2008:51.

⑤ 张芳芳.乡村权力基础的嬗变与再构[D].河南大学硕士学位论文,2014.

但是底层的管理缺位并没有导致底层管理混乱不堪的现象的出现。其主要原因是，在政治权利对社会的渗透存在空白的地方有一套自生的规范在发挥功用。这些规范源自于经验理性的流传，这种经验理性强调的是村民内部一种理性的自律精神以及默认的理性规则，表现为"自生自发"于农村社会的内生秩序。因此，即使处在"天高皇帝远"脱离了行政权，的地方，其秩序也不至于迷失于混乱中，而可以实现自我治理。

这种自治基因源自中国数百年来自给自足的小农经济历史。费孝通先生提到小农经济时代的人们对土地的依赖非常严重，到哪里都想刨个地种点东西。从古到今，乡土社会中独户而居的家庭并不少见。主要因为在小农经济模式下，对社会分工程度要求很浅，"你耕田，我织布"这种程度的社会分工就能使一个家庭长久生活下去。在小农经济模式下，一家一户为一个单位，这就导致遇到问题只能自己解决。这里自治基因的内涵就是自我管理与自我服务。

这种自治基因在农村丧葬文化中集中表现为农村精英治理。农村精英治理指的是在农村的社会治理中由传统的精英人群或者新兴的精英人群担任管理角色，这种管理职能只在特殊事件发生（主要是婚礼与丧葬活动）时才发挥效用。在Z乡，丧葬仪式开始之前丧家都会确定一个"督管"并提前商量好丧葬事宜。这个督管的职能包括管理整个丧葬活动的所有事情，让丧家能安心治丧。例如安排座次、确定菜单、买菜数量、指挥上菜、人员分配、安排"人情簿"的回礼等等。督管的人选一般来源于本族德高望重或者能力出众的人，这一类人在集体内具有传统的权威性，集体成员会服从他们的安排。督管的这一职能在丧葬活动结束之时也随之终结。

（三）公共服务体系的缺失

公共服务体系的缺失为当代农村丧葬文化的形成以及发展提供了生存的土壤。主要包括殡葬服务体系的缺失以及社会保障公共服务体系的缺失。

1.殡葬服务体系的缺失。现行《殡葬管理条例》是2019年1月18日刚颁布的，再此之前一直使用的是1997年颁布施行的《殡葬管理条例》。新的《殡葬管理条例》最大的亮点是将殡葬服务纳入到了基本公共服务的范围，也就是说现在殡葬服务与公共卫生服务、公共教育服务、公共文化服务等公共服务一样，进入到了以政府为主导的公共服务体系中。[①] 殡葬服务主要包括殡仪馆、火葬场、骨灰堂、公墓、殡仪服务站等方面。笔者通过在Z乡的考察发现，不论是企业还是政府都没有在Z乡建立殡仪设施。尽管民政部早在2009年就颁布了有关殡葬改革的文件《民政部关于进一步深化殡葬改革促进殡葬事业科学发展的指导意见》要求各级民政部门以节约土地、保护环境、移风易俗、减轻群众负担为宗旨积极推进以推行火葬、改革土葬为主要任务的殡葬改革。然而《意见》在各地的落实情况各不一样。益阳市根据殡葬改革的精神颁布了《益阳市人民政府关于进一步规范

① 张涛.殡葬纳入基本公共服务的多重意义[N].嘉兴日报，2018-9-10.

殡葬管理的通告》，该《通告》规定"资阳区、赫山区其他乡镇的国家工作人员死亡必须实行火葬。非正常死亡者尸体和无名尸体，由市殡仪馆凭公安机关或司法机关出具的法医鉴定书及火化通知单在7天内实行火化；因特殊情况需延期火化的，必须经公安、民政等有关部门批准；未经批准而在规定时间内不火化的，由有关执法部门强制实行火化。"显然Z乡的国家工作人员就在该《通告》规定的国家工作人员必须实行火葬的范围内，但是就笔者走访所知，极少有符合该规定的人员在逝世后实行火葬。笔者认为出现这种现象的原因有两方面：一方面是在Z乡丧葬文化观念的而影响下，只要有可能都会选择"土葬"入土为安；另一方面是公共服务资源分配不到位，这就造成了即使有人愿意选择火葬，但是出于Z乡并没有相匹配的丧葬服务设施以及去私人企业创办的殡仪馆实行火葬可能带来的高额费用的考量，也随即放弃。

2.社会保障公共服务体系的缺失。在农村，社会保障公共服务体系的缺失主要表现为养老服务体系的缺失。而养老机构和养老保险是农村养老服务体系的主要内容。以Z乡为例，一方面其养老机构的设置存在严重不足。笔者经考察得知，在Z乡一共有3所养老机构，称作敬老院，总共床位在150个左右。而截止到2019年3月，益阳市养老机构的床位数已经超过了3.1万张①，是Z乡养老床位数的206.7倍。这一数据说明，现代化的养老服务供给仍然停留在城市层面，没有深入到农村地区。另一方面，农村养老保险金额过低。湖南农村养老保险由基础养老金与个人账户养老金组成。农村老人一般没有个人账户，也就是说，其养老保险数额等于基础养老金的数额。基础养老金一共有七个档次，最高档次金额为80元。这对最低耗费2～3万元的一场丧葬活动来说可谓是杯水车薪。在人口老龄化与农村劳动人口大量向城市转移(导致出现许多"空巢老人")的背景下，农村地区对养老服务的需求显然得不到满足这。在缺少社会保障公共服务的情况下，农村的养老丧葬事宜还是需要农村自己解决。这就导致农村"养儿防老"的思想依旧根深蒂固，也就为当代农村丧葬文化的形成以及发展提供了生存的土壤。

五、结语

农村丧葬文化作为传统文化的典型，或许会随着社会发展而变化，但是不会消失。我们看到，民间法视域中的丧葬文化有其巨大的生存空间与生存活力，这在推行新农村建设与殡葬改革的今天尤其需要引起我们的关注。在制度设计的时候应当以这样的理念为导向：能否取得民众的法律认同以及能否改变其认知。实现国家法与民间法契合的关键在于实现文化的契合，作为强制性规范的法律要求能够入乡随俗②，在殡葬改革中对文化契合忽视的后果("二次葬""花钱买葬"③)我们已经可以看到。只有这样的法律才不

① 汤文彬、曹凤.益阳市养老床位超过3.1万张 安享晚年有较好保障[N].益阳日报，2019-3-6.

② 彭中礼、王亮.论地方立法中的民间规范——以设区的市为例[J].湖湘论坛，2008(1).

③ 王启梁、刘建东.中国殡葬法制的意外后果[J].云南社会科学，2016(1).

会沦为一具空壳。[①] 而如何实现文化的契合还有待从国家视角与民间视角的下一步的研究，本文的研究只是起到抛砖引玉的效果。最后以许章润先生的话作为本文结尾，最好的法律乃是最能体贴人心、照拂人生的规则，是最为通情达理的规则，是最为有利于居民根据自已的常识、常理和常情，安排好自家日子的规则。[②]

Research on Rural Funeral Culture in the Perspective of Folk Law

—Taking Z Township, Yiyang City, Hunan Province as an example

Peng Juan

Abstract: The traditional culture of our country has always attached importance to the issue of death. The evolution of the funeral culture is a microcosm of traditional culture. The rural funeral culture contained in Z Township, Yiyang City, Hunan Province in the perspective of folk law is a typical example of the funeral culture of the plain Han village. Therefore, it is of great significance to systematically analyze it through empirical research. The traditional funeral culture of rural areas in Z Township mainly includes "delivering the end", "reporting funeral", "setting the mourning hall", "running the liquor", "singing the filial piety", "doing the daochang", "buriing" and "sending the fun" sections. Each part carries different meanings and implies different specifications. It can be divided into three parts in chronological order: the beginning of the funeral, the funeral and the end of the funeral. The basic characteristics of rural funeral culture include: geography, blood and mixed. The reasons for the formation of rural funeral culture are as follows: First, the powerful impact brought by national law provides external motivation; second, the spread of traditional autonomous genes provides internal growth motivation; third, the lack of public service system provides its formation. Growing soil. Funeral culture will not disappear, nor will it rule out the rule of law. On the contrary, in the process of realizing the integration of state law and folk law, achieving cultural harmony is of key significance.

Key Words: local society, funeral culture, public service, rural autonomy

① [美]博登海默. 法理学——法律哲学与法律方法[M]. 邓正来译. 中国政法大学出版社，1999:330.

② 许章润. 论法律的实质理性——兼论法律从业者的职业伦理[J]. 中国社会科学，2003:1.

论惩罚性赔偿价值取向*

刘勇华** 黄 婷***

摘要:惩罚性赔偿价值内容是法的主体需求的若干价值准则和价值标准,主要包含如秩序、自由、公平、效益等,它们构成了惩罚性赔偿诸价值内容。由于惩罚性赔偿法律属性及立法需求的差异性,惩罚性赔偿制度价值内容也存在冲突性,主要表现在自由与秩序、效率与公平之间的法价值冲突,惩罚性赔偿价值取向主要以行为主体在对惩罚性赔偿价值选择时所采取的行动方向为依据,惩罚性赔偿价值取向表现为秩序优先兼顾自由、效率优先兼顾公平。

关键词:惩罚性赔偿;价值取向;边际成本

"惩罚性赔偿是指超过了赔偿原告必须部分而给付的赔偿"①,作为一项基本的损害赔偿法律制度,它与一般民事等价赔偿一致,其目的是实现对消费者权益的保护及对社会秩序的维护,主要包含诸如公平、效益、自由、秩序等价值内容,具有统一性;同时,惩罚性赔偿又有别于一般等价民事补偿方式,它的赔偿标准是民事等价赔偿的数倍,其价值内容在自由与秩序、效益与公平之间存在博弈,具有冲突性。惩罚性赔偿适用标准由1993年《中华人民共和国消费者权益保护法》规定的双倍赔偿演变为现今的三倍、十倍赔偿的过程,其实质是惩罚性赔偿法律适用进程中价值内容冲突、协调的博弈过程,体现了立法者在不同时期对惩罚性赔偿价值内容侧重的差异性,这一差异性也即惩罚性赔偿价值取向,它指引着惩罚性赔偿法律适用演进的方向。本文拟从惩罚性赔偿价值内容、惩罚性赔偿价值内容的冲突、惩罚性赔偿价值内容的协调等方面对惩罚性赔偿价值取向作深入分析探究,从而提出完善惩罚性赔偿立法的建议。

一、惩罚性赔偿主要价值内容

主体需求是法价值产生的根源,惩罚性赔偿价值内容是作为价值主体的"人",对客

* 基金项目:湖南省哲学社会科学基金项目"完善惩罚性赔偿诉讼程序实证研究"(项目编号:17YBA400)。

** 刘勇华,中共湖南省委党校、湖南行政学院法学部副教授。

*** 黄婷,法学博士,中共湖南省委党校、湖南行政学院法学教研部副教授。

① 赫尔穆特·考茨欧,瓦内萨·威尔科克斯主编.惩罚性赔偿:普通法与大陆法的视角[M].窦海阳,译.中国法制出版社,2012:3.

体“惩罚性赔偿法律制度”的需求及客体“惩罚性赔偿法律制度”对主体“人”的满意程度所指向的基本内容,包含法的主体需求的若干价值准则和价值标准。惩罚性赔偿制度作为一项由法院判决所作出的赔偿数额远远超出实际损害数额的损害赔偿制度,既是英美侵权损害赔偿及违约损害赔偿中的一项重要法律制度,也是我国侵权责任、食品安全、产品责任、商标保护、产品责任、消费者权益保护、违约损害赔偿的一项重要法律制度,旨在保障市场交易安全、规范市场经济秩序。其价值内容包含法的主体需求的若干价值准则和价值标准,如秩序与自由、效益与公平等价值内容。

第一,惩罚性赔偿所包含的秩序价值。“就惩罚性赔偿而言,其秩序价值主要体现在控制冲突,避免出现社会混乱,维持正常的社会秩序。”[①]惩罚性赔偿所包含的秩序价值,体现了在自由与秩序之间,立法者对秩序价值的侧重与选择。当然,对社会秩序的侧重与选择,并不意味着对个体自由的抛弃,而是在社会秩序的规则下享受主体的权利。社会的稳定需要规则的约束,更需要作为社会主体的人对规则的遵守,并在遵守规则的过程中形成社会秩序。如果个体按照自己的意愿,遵守不同的规则,则会引发价值观、正义观的混乱,从而变成无序的社会。市场经济鼓励经济个体自由进行经济活动并从事商业交易,是对主体自由权利的尊重。惩罚性赔偿作为一项规制市场经济主体行为的重要法律制度,通过多倍赔偿来实现对市场经济秩序的规范。以美国“烟草索赔”案件为例,2014 年 7 月 19 日,The Florida District Court Jury(美国佛罗里达州地方法院陪审团)经过为期四周的审判,于 2014 年 7 月 18 日作出判决,判定美国第二大烟草公司——雷诺烟草公司一名死于肺癌烟民的遗孀辛西娅赔偿 1680 万美元的补偿性损害赔偿金以及 236 亿美元的惩罚性损害赔偿金。这一巨额判罚成为近年来美国法院在“烟草索赔案”中判赔额度第二高的裁定。该结果再次震惊了人们的视听,又一次引发了学界和实务界对惩罚性赔偿的热议。该天价惩罚性赔偿金对烟草市场类似行为的遏制与警示,体现了法律对烟草市场整体秩序的法律规制。

第二,惩罚性赔偿所包含的自由价值。自由是惩罚性赔偿的一项基本价值内容,它包含两个层面:一是主体在法律规定的范围内自由地从事商业交易的权利;二是主体在从事经济交易过程中权利受到恶意侵害时可以依据惩罚性赔偿的规定寻求相应救济的权利。就主体自由从事商业交易的权利而言,人生而自由,自然法提倡对自由的绝对崇尚。惩罚性赔偿是规范市场经济秩序、规制主体行为的一项基本法律制度,因此,惩罚性赔偿的自由价值体现在主体对自由从事商业交易的需求。它体现在作为主体之一的消费者可以自由地进行消费,作为主体之一的销售者、生产者可以自由的进行商品生产和交易;其次,就主体权利受到恶意侵害寻求相应救济的权利而言。惩罚性赔偿作为一项惩戒恶意侵权行为、多倍补偿损失的法律法规,它以自由作为其基础的价值追求的同时

① 黄娅琴.惩罚性赔偿制度研究——国家制定和民族习惯法双重视角下的考察[M].北京:法律出版社,2016:22.

也保障自由权利的实现。在美国,因违背自由交易原则,侵犯他人自由交易权利而判决惩罚性赔偿的判例中,甚至有200多亿元的天价赔偿金,这体现了主体在从事自由商业交易活动中,一旦权利受到恶意侵害,可以依照惩罚性赔偿的立法规定寻求救济;在我国,也有相关的单行法律法规明确规定消费者自由交易权利受到恶意侵害时,可以提出惩罚性赔偿诉讼,并获取相应的惩罚性赔偿。

第三,惩罚性赔偿所包含的效益价值。对效益的追求是推动市场经济良性发展的基本动力,反映了主体人对客体效益的需求。效益的核心问题就是有限资源的合理配置问题,如何在有限的社会资源下创造出最大的利益,成为衡量社会价值标准的重要目标,也是推动市场经济公平有序发展的良性助力。以美国1996年著名的BMW of North America . Inc. v. Gore案①为例,从该案中可以看到,BMW公司以修理费用未超过3%为由漠视购买者的权利,联邦法院最后对其欺诈行为作出的不超过10倍标准的赔偿,体现了立法者对市场整体效益的追求,通过10倍标准赔偿的遏制与警示作用,从而推动市场经济向良性竞争,实现最大社会效益。

第四,惩罚性赔偿所包含的公平价值。惩罚性赔偿所包含的公平价值表现在主体适用惩罚性赔偿的要件上的无差异性。在惩罚性赔偿适用中,更加注重的是产品质量及消费者权利的保护,而不以主体资格适格与否作为抗辩的理由从而影响主体权益的公平实现。以“2015孙银山诉南京欧尚超市有限公司江宁店买卖合同纠纷案”为例,被告以原告消费动机为由提出质疑,江苏省南京市江宁区人民法院裁定书结果为“知假买假不影响消费者主张权利,支持10倍赔偿”。由此案分析得知,惩罚性赔偿法律适用中当事人惩罚性赔偿权利的主张充分尊重主体,而并不以消费动机为限制惩罚性赔偿法律适用的要件,充分展现了市场经济运行中对公平的侧重。

二、惩罚性赔偿价值内容的冲突

惩罚性赔偿各价值之间,看似独立的各类价值,其实质是相得益彰的情形,它们相互依托、互相渗透、共同整合,存在着内在的联系,并形成完整的、统一的惩罚性赔偿价值体系。如惩罚性赔偿的自由与秩序价值,虽各自独立,却具有同一性,惩罚性赔偿自由价值

---

① 小詹姆斯·A.亨德森,等.美国侵权法:实体与程序.第7版.王竹,等译.北京:北京大学出版社,2014:593.案情:BMW经销商在运输车辆自德国往北美的途中,因受酸雨之害,外表重新烤漆,重新烤漆之后的旧车作新车出售。购买了该受损后刷新的车主也即原告,就此事对BMW公司提起了惩罚性赔偿诉讼,主张该车系二手车,而销售方却以新车出售,带有明显的欺诈嫌疑。经查,BMW公司于1983年开始修复受损车辆,若修理费用低于汽车售价的3%,即以新车出售,并未告知买受人,亦未告知经销商。BMW提出抗辩称,美国20个州以上规定,修理程度未超过3%则没有告之的必要。原告在庭审中主张理由,BMW公司未告知2%修复事实,即使没有违反消费者保护法,但其仍然构成普通法上的恶意欺诈,且为谋求高额利润而故意为之的欺诈行为,后果很严重。假设BMW公司在修复车辆中,每辆的利润为4000元的话,共售出1000辆,为起到阻止该公司再为类似欺诈行为,有必要授予4000元到“4000×1000辆=400万元”之间的惩罚性赔偿额。初审法院判决200万美元的惩罚性赔偿,联邦最高法院认为其金额过高,发回重审,最后惩罚性赔偿额定为汽车原价5万美元的倍数,以不超过10倍为标准。

的实现,需要秩序的保障,而有序的秩序又更好地保护了个体的自由;又如惩罚性赔偿所蕴含的公平与效益价值,两者既独立又统一,公平的实现有利于更好地促进效益。尽管惩罚性赔偿各价值之间虽然具有统一性,但在某些特定的情况下,它们又相互矛盾,彼此存在冲突。惩罚性赔偿价值冲突与其自身的特殊性密切相关,因为从法域属性来看,惩罚性赔偿是私法属性兼公法特征;从法律属性来看,惩罚性赔偿是实体法兼程序法特征;从损害赔偿角度来看,惩罚性赔偿虽是民事赔偿方式,却与一般等价的民事损害赔偿原则相违背,是一种超损失的、特殊的民事损害赔偿方式,以上特殊性指向不同的法的价值内容,如惩罚性赔偿公平与效益之间、自由与秩序之间等。当然,法律适用进程中价值取向的偏差,不代表价值内容的绝对对立,而是主体根据需要面对价值冲突的行动方向预测重点不同。

(一)惩罚性赔偿价值内容中自由与秩序价值的冲突

惩罚性赔偿作为一项规制市场经济主体行为的重要法律制度,通过倍数赔偿来实现对市场经济中违背市场规则、侵犯其他经济个体利益的非法行为进行威慑与遏制。该多倍补偿是将其他可能发生的、潜在的社会责任内化到惩罚性赔偿中,是社会责任内化的表现,旨在维护社会经济秩序。但该社会责任内化后的倍数赔偿虽强化了社会经济秩序,却一定程度上限制了个体自由(当然不是对自由的绝对限制),限制了作为经济主体之一的生产者的自由,该种自由的限制表现为生产者可能会因为高额赔偿的压力而局限其对新产品的创造和研发。以 1980 年 Gryc v Dayton-Hodson Corp.(易燃儿童睡衣起火致伤)案①为例,法院最终判决的惩罚性赔偿金额为 75 万美元实质损害赔偿以及 100 万美元惩罚性损害赔偿,共计 175 万美元。尽管生产企业承受了高额赔偿金,但值得注意的是,在美国对类似基于过失而非故意引发的产品质量纠纷案件是不作扩大适用的,也即仅有 8 个州规定过失而适用产品责任惩罚性赔偿。也就是说如果被告对可能造成的他人的损害结果,出于明显的未注意而造成严重的后果,在美国并不是每一个州每一起

---

① 潘维大.英美侵权行为法案例解析(上)[M].台北:瑞兴图书股份有限公司,1997:356-359.案情:该案在"supreme court of Minnesota"(美国明尼苏达州最高人民法院)审结。最后结果为:二审终结,维持原判,原告胜诉,获得 75 万美元实质损害赔偿以及 100 万美元惩罚性损害赔偿,共计 175 万美元。此案件授予惩罚性赔偿的关键就是关于"过失"在侵权损害赔偿中,尤其是在惩罚性赔偿授予中的认定标准。案情简述如下:本案被害人系一个 4 岁的小孩,案发当天穿着父母向被告公司所购买的儿童睡衣,被害人一站到家里电炉旁边,衣服竟然起火,造成被害人烧伤。因此,被害人父母认为该儿童睡衣公司在采用儿童服饰原料上存在重大过失,故将该儿童服饰公司作为被告提起诉讼并提出损害赔偿。一审法院认定被告有如下过失:(1)被告公司采用易燃衣料(本案中的棉质法兰绒),才会造成小孩穿着时的危险。(2)经过证实,有其他渐变加工方法可以使得衣服即原料变得不易燃,而被告并未采用。(3)经过证实,有替代衣料可以采用,而被告未采用。(4)被告在知情的情况下,应该在产品上负有警告义务,而被告未尽此义务。尽管在审理过程中,被告提出数条抗辩理由,如原告举证责任应尽到"清楚且可信"而非"优势证据之程度";"即将面对太多的潜在的不确定的赔偿,经济上无力承担等因素"以及"公司已经消耗巨资将不合格产品收回,被告已经为此事付出代价"等。但二审法院也一致认为被告的上述抗辩理由,因为惩罚性赔偿系行为人恶行发生时,亦即侵权行为发生时为准,并不包括日后的补救行为。当然,本案的判决,缘起于被告公司被儿童服饰衣料采用的过失、大意所致,但高额的赔偿金额的作出与被告的财富拥有程度都是相关的。

案件都会适用高额的惩罚性赔偿金。在美国其他接受惩罚性赔偿的州，对于过失责任的看法，普遍认为单纯的过失行为，被告因为对于不法行为及结果并未认知，且认知的可能相对较小，一般的损害赔偿已经能够赔偿损失并足以警诫类似不法行为的再次作出，或者说一般的补偿性赔偿的警告已经足以促使行为人加强对类似非法行为的注意并防止再次发生的可能。过失的不可预见，与惩罚性赔偿的非常规惩罚精神，不相一致且高昂的惩罚性赔偿金，会对企业生产者在产品创新自由方面带来极大的阻碍，从而限制市场要素的自由与发展。由此可见，高昂的惩罚性赔偿金在规制市场经济秩序的同时，也应合理考量个体自由的可界定范围，彼此制约与限制。

(二)惩罚性赔偿公平与效益价值的冲突

市场经济下，把效益作为社会资源配置的首要标准，因为分配制度必须与市场经济需求相结合。在我国经济发展历程中，有过三次分配原则的变革：计划经济体制下的“各尽所能、按劳分配”的“公平优先、兼顾效率的”分配原则、计划商品经济下“按劳动分配为主要分配原则”的“兼顾公平效益”的分配标准，以及市场经济下的“效率优先、兼顾公平”的分配原则。这在一定程度上是不同时期价值冲突的不同侧重结果所致。惩罚性赔偿作为一项规制市场经济秩序的重要的法律制度，其价值内容也会因为社会经济发展需求的差异而导致价值内容存在一定的冲突。因为在市场经济中，以追求效益最大化为价值目标和评判标准，如果对效益一味追求在一定程度上会对公平存在一定的限制；反之，过渡强调整体公平的绝对实现，在一定程度上也会限制最大效益的获得，两者在特定的法律体系中也是存在一定的价值冲突的。

以2008年三鹿奶粉为例，当时三鹿婴幼儿奶粉，全国均价为18元人民币，这些婴儿均食用了三鹿18元左右价位的奶粉且导致了不同程度的病变，该案最终以“三鹿奶粉集团”宣告破产，271869名患儿家长领取了一次性赔偿金告终(还有极少部分患儿家长没有领取一次性赔偿金)。该案发生之际，我国惩罚性赔偿标准仅为《中华人民共和国消费者权益保护法》规定的双倍赔偿标准。显然，以单价18元为支付标准的双倍赔偿，对实现个体公平是极为不利的。由此可见，此时惩罚性赔偿的法律适用在赔偿标准上较为保守，价值取向更多侧重促进社会整体经济效益的发展，对个体公平的实现规定有所欠缺。2009年《中华人民共和国食品安全法》第96条[①]规定了可以向生产者或者销售者要求支付食品价格10倍的惩罚性赔偿；至2015年，《中华人民共和国食品安全法》作了大幅度

① 《中华人民共和国食品安全法》(2009)第96条：“违反本法规定，造成人身、财产或者其他损害的，依法承担赔偿责任。生产不符合食品安全标准的食品或者销售明知是不符合食品安全标准的食品，消费者除要求赔偿损失外，还可以向生产者或者销售者要求支付价款10倍的赔偿金。”

修订,第148条①延续了旧法中关于惩罚性赔偿的立法精神,对《中华人民共和国食品安全法》(2009)第96条进行了完善和补充,规定赔偿标准为所受损失的3倍或者价款的10倍,极大地加大了对个体公平权益的保护,在价值取向上更为注重对个体权益和社会整体公平的侧重。由此可见,在市场经济发展进程中,公平与效益之间也是彼此制约与限制的,在不同的时期价值取向也略有侧重。

三、惩罚性赔偿各价值冲突的解决

法的历史经验告诉我们,不可能根据任何单一的、绝对的因素对法的价值因素作出普遍的分析和解释。惩罚性赔偿各价值之间的冲突及价值取向的侧重,不以在法的价值体系中哪个价值更有作用为标准,而以主体的选择需要及行为方向为标准,因为各价值准则各有作用,无法将其量化来确定哪个价值更有作用并确定它们的排序,而是依照主体的需求略有侧重。

当前关于法的价值冲突的协调和解决,理论上主要有"偏一说"与"兼顾说"两种理论和基本原则。② 偏一说侧重于法的单个价值目的或者价值内容,而忽略法的其他价值内容。事实上,法的价值是多元的,"偏一说"强调法的价值一元而忽略法的价值多元,显然,是欠考虑的,学者们更赞成"兼顾说"观点。因为惩罚性赔偿自由、秩序、正义、效率都不可能单一地存在并排斥其他法的价值的存在,它们是相互结合又互相依赖的关系,并在一个成熟的、发达的法律体系中各得其所、各展风采。故而,惩罚性赔偿的价值冲突,采取兼顾说解决方式,也即突出重点、略有侧重的方式更加符合惩罚性赔偿法律适用的需要。

(一)惩罚性赔偿法价值取向之秩序优先兼顾自由

第一,惩罚性赔偿价值取向之秩序优先。

按照中国传统的解释,秩,常也;秩序,常度也,它是和无序相对应的,有人类的地方就有秩序。秩序包含社会秩序和非社会秩序,也即社会秩序和自然秩序。前者是人们之间,或者人与社会之间互相作用的状态和结果,其主体是人和社会;后者则是自然界的自然规律表现出来的一切自然现象的运转秩序,其主体是人。两种秩序于人类而言,缺一不可。自然秩序调整着物质世界之间的自然生存、发展关系;社会秩序则调整着生存、发

① 《中华人民共和国食品安全法》(2015)第148条:"消费者因不符合食品安全标准的食品受到损害的,可以向经营者要求赔偿损失,也可以向生产者要求赔偿损失。接到消费者赔偿要求的生产经营者,应当实行首负责任制,先行赔付,不得推诿;属于生产者责任的,经营者赔偿后有权向生产者追偿;属于经营者责任的,生产者赔偿后有权向经营者追偿。生产不符合食品安全标准的食品或者经营明知是不符合食品安全标准的食品,消费者除要求赔偿损失外,还可以向生产者或者经营者要求支付价款十倍或者损失三倍的赔偿金;增加赔偿的金额不足一千元的,为一千元。但是,食品的标签、说明书存在不影响食品安全且不会对消费者造成误导的瑕疵的除外。"

② 肖建国.民事诉讼程序价值论[M].北京:中国人民大学出版社,2000:453.

展的人们之间的相互作用的关系，它是作为主体的人们之间以及人们与社会之间相互作用、发展的过程，“具有普遍性、一致性、连续性、稳定性及确定性”[①]。秩序是对社会规则遵守的结果，是立法者在面临个体自由与社会秩序的法律价值冲突时对秩序的选择。社会的稳定需要规则的约束，更需要作为社会主体的人对规则的遵守，并在遵守规则的过程中形成社会秩序。如果个体按照自己的意愿，遵守不同的规则，则会引发价值观、正义观的混乱，从而变成无序的社会。市场经济鼓励经济个体自由进行经济活动并从事商业交易，是对主体自由权利的尊重。

具体到惩罚性赔偿秩序价值而言，惩罚性赔偿作为一项规制市场经济主体行为的重要法律制度，通过多倍赔偿标准，对市场经济中违背市场规则，侵犯其他经济个体利益的非法行为进行严厉的处罚，从而实现规范市场经济秩序、维护主体权利的目的。可以说，秩序既是惩罚性赔偿的基本价值内容也是惩罚性赔偿的价值目标；同时，还是立法者面临自由与秩序的价值冲突时，立法主体作出的行动方向。在惩罚性赔偿中，其区别于一般补偿性赔偿金的地方就在于它的多倍补偿标准，该多倍补偿标准的设定是将其他可能发生的、潜在的社会责任内化到惩罚性赔偿中，是社会责任内化的多倍赔偿方式的表现，旨在维护社会经济秩序。该社会责任内化后的赔偿虽强化了社会经济秩序，却一定程度上限制了个体自由(当然不是对自由的绝对限制)，限制了作为经济主体之一的生产者的自由，该种自由的限制表现为生产者可能会因为高额赔偿的压力而局限其对新产品的创造和研发。惩罚性赔偿以补偿为基础，以威慑为目的，事实上，从我国惩罚性赔偿判定标准通过立法修订在逐步增加(从 1993 年《中华人民共和国消费者权益保护法》的双倍[②]返还标准到 2013 年《中华人民共和国消费者权益保护法》的 3 倍[③]赔偿标准)的发展趋势来看，立法者显然在保障自由的同时更加注重通过多倍赔偿的威慑力实现对社会秩序的维护。因此，在自由与秩序之间，惩罚性赔偿价值取向可以理解为秩序优先。

第二，惩罚性赔偿价值取向之兼顾自由。

“自由就是有行动权。”[④]法的自由价值也即作为主体的人有自由行动的权利，但自由并不代表着不受任何法律束缚的、无边无际的自由，“人生而自由，但无往不在枷锁之

① 博登海默.法理学·法律哲学与法律方法[M].邓正来，译.北京：中国政法大学出版社，1999：219.

② 《中华人民共和国消费者权益保护法》(1993)第 49 条规定：“经营者提供商品或者服务有欺诈行为的，应当按照消费者的要求增加赔偿其受到的损失，增加赔偿的金额为消费者购买商品的价款或者接受服务费用的 1 倍。”

③ 《中华人民共和国消费者权益保护法》(2013)第 55 条：“经营者提供商品或者服务有欺诈行为的，应当按照消费者的要求增加赔偿其受到的损失，增加赔偿的金额为消费者购买商品的价款或者接受服务的费用的三倍；增加赔偿的金额不足五百元的，为五百元。法律另有规定的，依照其规定。经营者明知商品或者服务存在缺陷，仍然向消费者提供，造成消费者或者其他受害人死亡或者健康严重损害的，受害人有权要求经营者依照本法第四十九条、第五十一条等法律规定赔偿损失，并有权要求所受损失二倍以下的惩罚性赔偿。”

④ 皮埃尔·勒鲁.论平等[M].王允道，译.北京：商务印书馆，1988：12.

中"[①]。自由是在法律规制范围内的自由,也即在一定社会中,主体在法律保障或在得到法的认可下,按照自己的意志进行活动的人的基本权利。"在法治社会里,自由是法律许可的一切可以做的事情的权利。"[②]通过对自由的定义,对自由的理解可以从以下三个层面展开:第一,自由是人基本的权利。自由作为法的价值的一种,是因为它是人的基本权利。人的需求除了生存之外,其首要需求就是自由,它是人的基本权利之一。第二,自由是法律认可的自由。法的自由是众多自由中的一种,是被法认可并保障了的自由。法律所保障的自由,是指个体的自由权利是不能随意被侵犯的,非法侵犯他人自由的非法侵权行为,要付出法律的代价。第三,自由需要法律保障。自由是在法律认可范围内的自由,受法律保障,当自由权利受到非法行为侵害时,个体可以依据法律规定,寻求相应的权利救济。

具体到惩罚性赔偿自由价值而言,惩罚性赔偿的自由价值是作为法律制度的惩罚性赔偿规定并受其保障的一项基本权利。它包含两方面的内容:一是主体在法律规定的范围内自由地从事商业交易的权利;二是主体在从事经济交易过程中权利受到恶意侵害可以依据惩罚性赔偿的规定寻求相应救济的权利。第一,主体自由从事商业交易的权利。人生而自由,自然法提倡对自由的绝对崇尚。惩罚性赔偿是规范市场经济秩序、规制主体行为的一项基本法律制度,因此,惩罚性赔偿自由价值体现在主体对自由从事商业交易的需求。它体现在作为主体之一的消费者可以自由地进行消费,作为主体之一的销售者、生产者可以自由地进行商品生产和交易。第二,主体权利受到恶意侵害寻求相应救济的权利。惩罚性赔偿作为一项惩戒恶意侵权行为、多倍补偿损失的法律法规,它在以自由作为其基础的价值追求的同时也保障自由权利的实现。在美国,因违背自由交易原则,侵犯他人自由交易权利而判决惩罚性赔偿的判例中,甚至有 200 多亿元的天价赔偿金,这体现了主体在从事自由商业交易活动中,一旦权利受到恶意侵害,可以依照惩罚性赔偿的立法规定寻求救济。

(二)惩罚性赔偿价值取向之效率优先兼顾公平

效率与公平是惩罚性赔偿重要的价值内容,惩罚性赔偿多倍赔付行为就是对受侵害人权益的维护,即实现公平正义;同时激励生产者更加致力于提高产品质量,实现产品升级,也即促进效率。我国处于市场经济建设时期,以促进经济发展为重要目标,在兼顾公平的同时更加注重效率。惩罚性赔偿在我国的法律适用,就是符合了这一价值取向的需求。从我国惩罚性赔偿适用的谨慎程度来看,我国惩罚性赔偿的适用更加注重效率的实现,也即在效率和公平之间的价值取向为效率优先兼顾公平。

第一,惩罚性赔偿价值取向之效率优先。

市场经济的基本模式是效率最大化,在市场经济模式下,主体都有获得平等的参加

---

① 让·雅克·卢梭.社会契约论[M].何兆武,译.北京:商务印书馆,2005:8.

② 孟德斯鸠.论法的精神:上册[M].张雁深,译.北京:商务印书馆,2012:18.

市场活动并获益的机会。经济学中的效率主要是针对资源配置的后果而言的,也就是说,效率是以较少的成本,生产出人们所需要的最大的产品,通俗地说就是最小的投入最大的产出。效率=收益-成本。效率不仅体现了人与自然的关系,而且反映了人与人之间的关系,还反映了人与社会之间的关系。"在经济学中,效率是一个核心范畴,也是判断经济行为和经济制度优劣的四个基本准则(效率、公平、增长、收益)之一。"[①]"效率引入法律领域源于经济学对法律的渗透,从解释经济发展的缘由,描述制度对经济发展的影响开始"[②],其核心问题就是有限资源的合理配置问题。如何在有限的社会资源下,创造出最大的利益,成为衡量社会生命力和社会价值标准的重要目标。因此,作为社会资源之一的法律资源,同样也面临着如何将有限的法律资源用于维护广大人民的利益,即运用法律资源达到对权利保护的最优配置的问题。

在法经济学的视域下,法律通过选择成本较低的权利资源配置,以实现最优化的资源配置。法律经济分析方法,就是以人是理性的,会最大限度地追求自我利益这一假定,从中推出基本经济概论作为他对法律进行分析的理论基础。在法经济学研究模式和范畴里,社会成本和最大收益是关键,为了在有限的社会资源下实现最大的收益,作为理性的人都会想尽一切办法去实现最大的收益。惩罚性赔偿,是一种特殊的侵权损害赔偿,当非法行为的收益高于侵权行为实施后所要承担的赔偿,侵权行为就被施行,以期获得最大收益。而当事人这种侵权行为的"成本—收益"过程,很明显,是以破坏他人的收益或者恶意避免预防边际成本为前提的。如果以效益原则作为惩罚性赔偿的理论依据,以效益极大化为目标,决定惩罚性赔偿是否被适用,则效果会有很大的改变。

首先,从侵权行为人个体行为而言,追求最大效益是实现惩罚性赔偿正当性的关键所在。

在惩罚性赔偿案件中,侵权行为人对受害人进行完全的损害赔偿后,必然会尽可能地采取预防措施,避免类似事故责任的再次发生而产生再次赔偿,该预防成本就转化为加害人的预防收益。为了使事故的社会成本降至最低,实现最大收益,加害人必然会在预防成本和预期收益之间寻找一个最佳平衡,也就是说,加害人会用最小的预防成本来实现最大的预期收益,用最低的预防成本来尽到合理注意义务,从而避免事故赔偿的发生。故而在惩罚性赔偿中,出于对最大效益的追求,加害人会在预防边际成本和事故赔偿之间寻求一个最佳平衡点,如图1所示。

在汉德公式中,B(英文 Be careful,中文翻译为"注意")代表预防成本,即非法行为人为预防事故的可能发生,用于避免"可能发生的事故"的成本。P(英文 Probability,中文翻译为"概率")代表可能发生事故的概率。L(英文 Loss,中文翻译为"损失")表示侵权损

---

① K.E.凯斯,R.C.费尔.经济学原理:上[M].郭建青,等译.北京:中国人民大学出版社,1996:30-31.

② 顾培东.效益:当代法律的一个基本价值目标——兼评西方法律经济学[J].中国法学,1992(3).

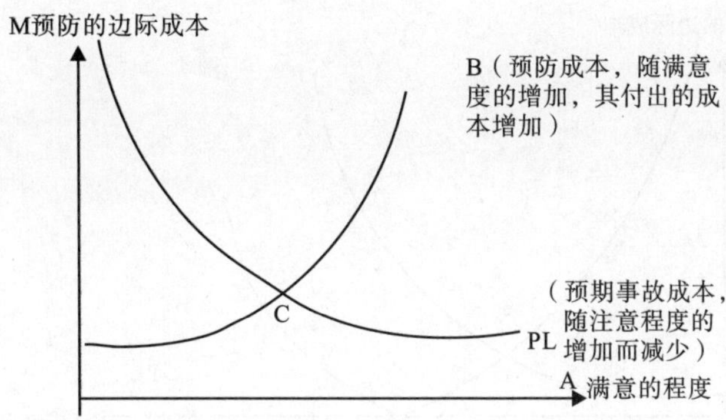

图 1　波斯纳修正后的汉德公式之过失责任分析示例图

害的损失，PL 为注意事故成本，PL 描述了作为注意函数事故的变化情况。PL 是递减函数，B 是递增函数。预防成本 B 越高，可能预防事故发生的概率 PL 就越低；反之，则 PL 越高。从汉德公式中可以得出，当 B(预防成本)小于 PL(预期事故成本)时，也即 B<PL 时，行为人为预防事故的发生付出注意的成本远远小于事故成本时，如发生事故，则行为人承担过失的责任。通过 B、PL 的量的变化关系，可以得出一个最佳满意程度，也即最优效率的资源优化配置点，也就是 B 与 PL 的交叉点，C 处。也就是说，注意成本 B 往“最佳满意点 C”以左，即左边去的话，“注意成本小于 PL 预期成本时，则需要承担过失责任；反之则不需要承担过失责任”[①]。汉德公式的过失责任机理给作为特殊侵权形式的惩罚性赔偿一个经济学的解释。如果把经济学中的效率原则作为惩罚性赔偿的理论依据，以追求效率最大化为目标，则惩罚性赔偿的正当性问题迎刃而解。

其次，从社会效益而言，惩罚性赔偿的威慑作用，能促使社会资源配置趋近最优化的选择，它是维护市场交易、提高市场效率、促进社会财富的有效手段。波斯纳对财产、合同、侵权行为的经济分析很好地体现了惩罚性赔偿的效率价值。惩罚性赔偿就是通过威慑的作用，将可能发生危害的成本增加于现实侵权的行为人，从而实现最大效率的社会资源配置。汉德公式[②]作为波斯纳侵权经济分析的一个重要的公式和原理，同样也可以解读惩罚性赔偿的正当性和价值基础。

如图 2 所示，当 0<B<PL 时，侵权行为人需要为他的不预防行为承担过失责任；反之则不需要承担过失责任。这是建立在预防的边际社会成本存在及 B>0 的前提下。然而，当侵权行为人明知预防成本需要，但恶意回避预防边际成本，即 B<0<PL 的情况下，预防成本为负数，即 B'<0，则预防边际成本转化为侵权成本。如此，行为人没有预防边

① 刘巧兴. 汉德公式在侵权责任认定中的作用[J]. 河北法学，2013(5).

② 李响. 美国侵权法原理及案例研究[M]. 北京：中国政法大学出版社，2004：3-4.

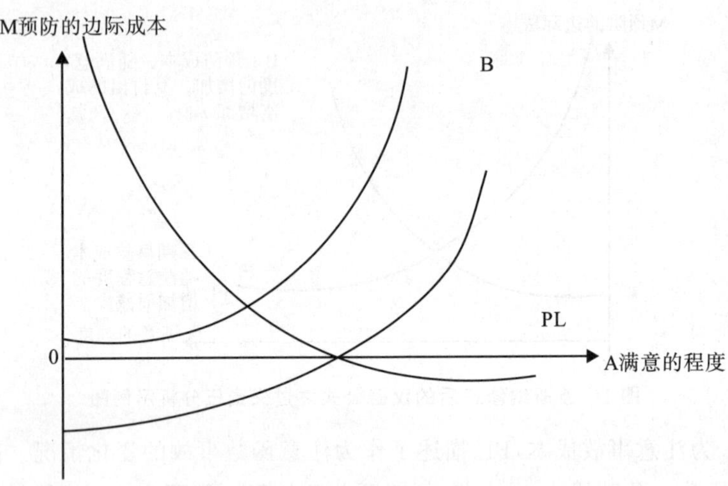

图 2　基于汉德公式的惩罚性赔偿侵权损害赔偿责任分析图

际成本，行为人就必须为故意侵权成本负责，且是为数个故意侵权成本负责。以麦当劳案①为例②，麦当劳每年售出约 10 亿杯咖啡，而每年发生的烫伤纠纷诉讼，仅在 700 余件，也即每售出 1 亿杯咖啡中仅有 7 起咖啡烫伤纠纷事故，概率为 0.00007。麦当劳没有采取任何预防措施，即预防边际成本为 B＜或者＝0。平均每起事故预期成本为 5 万美元，PL＝5×0.00007＝35 美元。而一杯咖啡当时的售价仅为 45 美分，远远低于预期事故成本。如此，B＜0＜PL，销售者选择放任或者故意不予警告，而放任侵权事件的发生。法院之所以判定高额惩罚性赔偿额，是将 700 个可能受到侵害的行为人的损失（社会成本损失）转化为内在成本损失，该内在成本损失由侵权行为人予以承担，这是对类似可能侵害行为的威慑。如果用 PD 代表惩罚性赔偿的话，那么，PD＞PL＋B×n（多个社会预防成本）。"当 B＞PL 时，也就是说当注意边际成本大于预期事故成本时，作为经济主体的行为人必须花费较大的注意边际成本，用于预防或者避免相对较小（甚至说可以忽视的）损害赔偿责任的承担，这种情况是不理性的。因为当注意成本高出可能遇见的损失成本，从追求经济效益而言，是不符合追求效益最大化的目的的。"③因此，行为人可以选择对相对较小（或者说可以忽视的）的可能存在的事故责任采取漠视或者置之不理的态度，如此，就出现了经济学意义上的不可避免的事故责任区，也即过失或者重大过失责任

---

① 案情：一位 79 岁的美国老太太在麦当劳买了一杯咖啡，被烫伤者伤势达到三度的严重程度，做过多次植皮手术，在长达两年的时间中难以自如行走，医疗等产生费用 2 万美元。在赔偿金额方面，轰动全球的 286 万美元是陪审团的初次判决，后来被改判为 64 万美元，而后受害者与麦当劳达成庭外和解，据估计为 60 万～70 万美元，与法官的裁定大致相当。扣除 1/3 的律师费，老太太大概拿到了 40 余万美元赔偿。法官将"惩罚性赔偿"由 270 万美元降至 48 万美元，加上原有的 16 万美元"补偿性赔偿"，麦当劳应付的赔偿总额降至 64 万美元。

② 李乾．论惩罚性赔偿的正当性[J]．特区经济，2012(4)．

③ 于冠魁．惩罚性赔偿适用问题研究[M]．北京：法律出版社，2016：14．

事故区，而这也在一定程度上是惩罚性侵权损害赔偿产生的原因之一，归根到底，关键取决于个体对利益的追求，也即经济个体对效益最大化的追求以及在追求效益最大化的过程中各种经济因素的相互作用与竞争的结果。

第二，惩罚性赔偿价值取向之兼顾公平。

市场经济下，把效益作为社会资源配置的首要标准是市场经济的必然要求，因为分配制度必须与市场经济需求相结合。在我国经济发展历程中，有过三次分配原则的变革：计划经济体制下的“各尽所能、按劳分配”的“公平优先、兼顾效率的”分配原则、计划商品经济下“按劳动分配为主要分配原则”的“兼顾公平效益”的分配标准，以及市场经济下的“效率优先、兼顾公平”的分配原则。在市场经济中，以追求效益最大化为价值目标和评判标准，对效益的追求一定程度上会对公平存在一定的限制；反之，对公平的绝对追求，及对实现公平的绝对追求，在一定程度上也会限制效益的实现和发展。市场经济体制中的效率优先、兼顾公平的原则是经济发展的时代需求，具体到法律体系中，公平与效率，则既对立又统一，尽管目前立法者在立法规范的设定中更加注重效益，也即效益优先兼顾公平，但并不是说要在效益与正义价值之间就哪个价值更有作用作一个绝对的排序或者区分，而是在特定的历史环境中，更具特定的需求，主体根据经济发展和法治建设的需要，在兼顾公平的同时，更加注重效益的实现。惩罚性赔偿作为一项规制市场经济秩序的重要法律制度，在效益与公平之间，要以实现公平、促进效益为价值目标，从而实现规制市场经济主体行为、维护市场秩序、促进经济发展。

四、惩罚性价值取向下我国惩罚性赔偿立法完善的建议

我国惩罚性赔偿制度的法律适用仍没有达到预期效果，各地人民法院在处理惩罚性赔偿诉讼案件过程中仍会遇到不少问题，司法实践仍存在诸多困境。以食品安全惩罚性赔偿适用为例，尤其是如婴幼儿奶制品等特殊食品安全领域，虽然规定了10倍赔偿标准[①]，“但仍无法有效解决食品安全诉讼举证难问题”[②]，由于食品安全证明责任举证置、缓和、行为意义和结果意义动态证明责任划分原则依然不能从根本上解决证明难的问题，食品安全受侵害人维权仍然具有难度。

概而言之，我国惩罚性赔偿制度仍存在实体内容和程序规定欠完善两大方面的问

① 《中华人民共和国食品安全法》(2015)第148条：“消费者因不符合食品安全标准的食品受到损害的，可以向经营者要求赔偿损失，也可以向生产者要求赔偿损失。接到消费者赔偿要求的生产经营者，应当实行首负责任制，先行赔付，不得推诿；属于生产者责任的，经营者赔偿后有权向生产者追偿；属于经营者责任的，生产者赔偿后有权向经营者追偿。生产不符合食品安全标准的食品或者经营明知是不符合食品安全标准的食品，消费者除要求赔偿损失外，还可以向生产者或者经营者要求支付价款十倍或者损失三倍的赔偿金；增加赔偿的金额不足一千元的，为一千元。但是，食品的标签、说明书存在不影响食品安全且不会对消费者造成误导的瑕疵的除外。”

② 黄婷.论我国食品安全诉讼证明责任分配规则的完善：从正置、缓和到倒置——兼评《中华人民共和国食品安全法》第148条第2款相关规定[J].湖湘论坛，2017(6).

题。前者表现在适用范围局限、判定标准单一、构成要件非系统化等，这与我国惩罚性赔偿立法确立时间较短、立法分散密切相关。例如，自1993年倍数赔偿惩罚性赔偿制度在我国立法确立至今，我国现有法律体系中明确采用“惩罚性赔偿”提法的法律有：《中华人民共和国消费者权益保护法》(2013)和《中华人民共和国侵权责任法》(2009)；未明确采用“惩罚性赔偿”提法但以倍数形式对惩罚性赔偿进行规定的法律有：《中华人民共和国旅游法》(2013)、《中华人民共和国商标法》(2013)、《中华人民共和国食品安全法》(2015)；涉及惩罚性赔偿的司法解释有：《关于最高人民法院关于审理商品房买卖合同纠纷案件适用法律规定若干问题的解释》(2003)、《最高人民法院关于审理食品药品纠纷案件适用法律若干问题的规定》(2013)；间接或者隐含惩罚性的法律文件有：《中华人民共和国合同法》(1999)、《最高人民法院关于适用〈中华人民共和国民事诉讼法〉的解释》(2014)。概而言之，我国目前惩罚性赔偿的法律适用范围分散的规定于6个单行法律法规中，适用范围仅仅限于消费者权益保护、商品房买卖、旅游合同三个特定范围；在侵权领域仅仅局限在产品责任(缺陷产品责任)、食品安全领域、商标侵权(恶意商标侵权)三个特定范围；后者表现在惩罚性赔偿适用民事诉讼程序规定欠完善，如《最高人民法院关于适用〈中华人民共和国民事诉讼法〉的解释》(2014)规定的证明责任、证据标准尚未全面考虑惩罚性赔偿的特殊需求且惩罚性赔偿法条竞合适用标准模糊。因为惩罚性赔偿以多倍赔偿为核心，是对非法行为人的惩罚和对受侵害人的激励，从功能上而言，具有准刑罚属性；而惩罚性赔偿属于民事损害赔偿方式的一种，适用民事诉讼纠纷解决程序。民事诉讼和刑事诉讼程序在举证证明责任分配、证明标准划分等问题上皆有区别。作为准刑罚性的惩罚性赔偿，适用民事诉讼程序作为纠纷解决的主要途径，从法律体系来说，两者没有交集，由此而引发的司法裁定程序中的举证证明责任分配、证明标准划分、法条竞合、赔偿金计算等问题，正是惩罚性赔偿法律适用程序保障缺失的表现。

以上存在于惩罚性赔偿制度中的立法不足及法律适用的困境，其实质也反映了惩罚性赔偿法律适用中价值取向问题，与主体人对惩罚性赔偿价值取向的侧重密切相关。作为“一定的主体在法的活动中面对法的价值冲突进行法的价值选择时所采取的行动方向”①的价值取向，是解决惩罚性赔偿法律适用困境的重要方法论。故而，惩罚性赔偿未来立法完善要在保障秩序兼顾自由、促进效率兼顾公平的价值取向下作合理的制度设计。具体而言，应从适度扩张惩罚性赔偿适用范围、合理规范惩罚性赔偿构成要件、科学量化惩罚性赔偿判定标准、合理设定证明责任倒置、适当降低证明标准、科学确定法条竞合原则等六个方面着手研究。当然，不同的价值目标有不同的指向和要求，惩罚性赔偿的特殊性(如法律属性的实体兼程序特性、法域属性的私法属性兼准刑罚特性、赔偿方式的民事赔偿属性却与一般民事赔偿原则相违背的特性)决定了其个别价值在普适性下具有特殊性，并在特定的价值之间存在明显的冲突，如效率与正义、自由与秩序等。因此，

① 王国征.“法的价值”与“法的价值取向”概念研究述评[J].东方论坛，2009(6).

未来惩罚性赔偿制度设计如能"综合考虑,全面权衡,以消除价值冲突",使得惩罚性赔偿制度和谐统一,价值目标协调一致,如此,则对我国惩罚性赔偿法律制度的进一步完善具有重要的价值和意义。

结 语

惩罚性赔偿制度不同于民事等价赔偿的倍数赔偿标准,它以尊重经济个体商业交易自由为基础,以规范市场经济秩序、促进效率、实现个体与社会效率有效配置为目的,通过对违法行为人收取高昂惩罚性赔偿金来达到对侵害经济个体权益违法行为进行威慑和预防的目的,从而促进经济发展,整合社会效益,实现社会资源的优化配置。制度的设置和完善是建立在价值需求的基础之上的,它体现了作为主体对客体的需求,这一需求也即价值取向直接影响立法的完善。惩罚性赔偿在我国立法确立始于1993年《中华人民共和国消费者权益保护法》中双倍赔偿标准,发展到而今2013年《中华人民共和国消费者权益保护法》中3倍赔偿标准和2015年《中华人民共和国食品安全法》中10倍赔偿标准,从立法条款看,处罚力度有增大的趋势,惩罚性赔偿金的标准呈倍数增长;从价值内容来看,规制力度有强化的趋势,体现了惩罚性赔偿价值取向之秩序优先兼顾自由的法价值取向。此外,惩罚性赔偿通过对经济个体违法行为处以高昂惩罚性赔偿金的处罚方式,减少和预防经济个体的违法行为,激励经济个体提高产品质量,体现了惩罚性赔偿价值取向之效率优先兼顾公平。在上述惩罚性赔偿价值取向的导向下,我国惩罚性赔偿立法规定不断完善,无论是惩罚金判定倍数标准的确定、惩罚性赔偿适用范围的扩展还是惩罚性赔偿诉讼程序的规范,无一不是围绕着惩罚性赔偿价值取向的偏差来规范的。当然,社会运行与市场经济并不是一成不变的,随着社会运行的转化和市场经济的发展,主体对客体的需求也会随之转变,与之相调适的是法价值取向的调整和立法规定的修订与完善。因此,惩罚性赔偿价值取向的研究不是一劳永逸、一成不变的,它将在社会经济与法治发展长河中不断演进与发展,对惩罚性赔偿价值取向问题的研究也就被赋予特别重要的理论价值与现实指导意义,值得学界为之进行更深入的研究。

The Value Orientation of Punitive Compensation

Liu Yonghua　Huang Ting

Abstract: The value of punitive damages is a number of value criteria that the needs of the subject of law, mainly including order, freedom, fairness, efficiency and so on, which constitute the value of punitive damages. Due to the difference of legal attributes and legislative needs of punitive damages, the value of punitive damages system also has conflict, which mainly manifests in the conflict of legal values between freedom and order，efficiency and fairness. The value orientation of punitive damages is mainly based on the action direction taken by the actors when choosing the value of punitive damages law. The value orientation of punitive damages is manifested as follows：Order gives priority to freedom，efficiency gives priority to fairness.

Key Words：punitive damages；value orientation；marginal cost

社会调研

苗族习惯法传承过程与"广场化"仪式*

徐晓光**

摘要:黔湘桂界邻地区的苗族至今还能看到这种原生态的"立法"和诉讼文化的影子。苗族传统的"立法"活动主要通过"议榔大会"(苗族传统的议事会议)完成;诉讼文化中纠纷解决是通过理老主持裁定、理师的"摆古说理"来完成的。理师在厘清诉讼双方的具体责任和过错时主要遵循传统的"古理"("大理"和"小理"),此后同类纠纷的裁定是以"先例"为依据,并形成了口传的"理词",使习惯法内容得以具体化、固定化,文化的传播范围更广、影响更深,这是黔湘桂界邻地区的苗族在无文字环境下设计诉讼程序和解决纠纷的方法,具有"广场化"特点。

关键词:苗族;口承法文化;"广场化";仪式

一般来说没有文字和文字功能不强的民族,口头传承的功能都比较强,而且形式多样,不仅本民族传统伦理道德的内容以各种诵唱的形式传承,而且习惯法的内容也由人们口头传承。黔湘桂边区苗族口头文学无论是作品体裁、题材还是内容,在系统性上囊括了民族民间习惯法传承的"歌唱体""吟诵体""唱述体""讲述体"等多种体裁,传承的样态很丰富。"苗族理词"是理师在案件审理和纠纷解决过程中自己诵唱出来的,多以盘歌形式表现,有的用叙事的形式朗诵、吟唱,也有的则用道白的形式互相对答,有时同时会使用多种形式,内容和形式在民间法律活动中不断得到丰富和完善。民族民间文学首先是集体的,不是某个人有意或无意的创作,即使有的原来是个人或少数人发起或创作的,也必须经过集体的认可和反复履行,这种现象不是个性的,而是类型的或模式的;另外"它们在时间上是传承的,有传统性,在空间上是扩布的有地域性……"①也正是这些特点把民间文学对习惯法的表达特点显现出来,而成为法人类学、文学人类学研究的重要内容。

* 基金项目:2018 年国家社科基金重点课题"黔桂界邻地区少数民族石体资料的搜集、整理与研究"(项目编号:18AMZ011)部分成果。

** 徐晓光,贵州师范大学历史与政治学院教授,江苏师范大学法学院特聘教授,博士生导师。

① 参见钟敬文.钟敬文民俗学论集[M].上海:上海文艺出版社,1998:255.

一、习惯法的制定

黔湘桂边区的苗族凡遇大事要通过"议榔"来聚众议事,"议榔"时把相关村寨的寨老聚集在一起,召开议榔大会(苗族传统的议事会议),用口头宣布榔规。"栽岩"这种仪式在于固化"立法"成果,有利于"规约"的实施,表示"榔约"稳如磐石,谁也不得随意更改和推翻。"议榔"在苗族文化研究中已经成了约定俗成的概念。在苗族地区议榔有"栽岩""不栽岩"两种,"栽岩"(jenl vib,苗语)又称"埋岩"或"竖岩",是比较原始的一种习惯法的订立形式。"栽岩"是在"岩众"及村寨公众通过全体讨论("竖岩会议")同意后竖立的,所以这类岩石具有习惯法的效力。"栽岩"在明清时期曾广泛流传于湘黔桂界邻地区的苗族、侗族、壮族、瑶族、水族社会中,现在除湘桂交界都柳江流域月亮山周围的苗族人民还进行"栽岩"活动外,其他民族已经不再使用了。月亮山区苗族在议榔活动中要举行"栽岩"仪式,①凡重大事件都要通过集体讨论以"栽岩"为凭,这种活动应该叫"栽岩议榔"。黔东南苗族把同一支系或语言相通、服饰相同、习俗相似的十几寨或几十寨的住户召集在一起,共同制定"榔规榔约"(乡规民约)。"议榔"时由榔头(主持人)念颂先辈传承下来的"榔规"和新制定的"榔规"来约束大家,很多情况下要以"栽岩"这种仪式来引起人们对此事件的重视和保留永久记忆。岩众必须不折不扣地执行"竖岩会议"出台的规约。

"埋岩"所反映的内容和过程只能依靠口耳相传流传至今,现在对很多栽岩人们都不知道它所立的年代,但它的内容一些老人还能记得。为了便于记忆和流传,歌师们把一块块岩规编成念词来传诵。后来,苗族侗族中懂得汉文的人士(往往又是寨老、理师)便用汉字记音的办法把岩规的内容和埋岩的过程记录下来,这就是所谓的"理词"。从现存的资料看,"埋岩理词"由两部分组成:一是通用埋岩理词,即每一次埋岩活动都必须使用的理词。例如,苗族头人在每次埋岩活动中都首先讲"苗族埋岩"的由来、埋岩在苗族历史上所起的作用等。二是专用埋岩理词,即根据每次埋岩活动所解决的不同社会问题而编制的理词,这类理词只供本次埋岩活动使用。通用埋岩理词和专用埋岩理词都是苗族设立规范的"立法理词"。因此,苗族埋岩理词就有了新旧之分,在埋岩时记述其过程和内容的就是"埋岩古规"(古理),而在埋岩地重新订立新法和在处理案件时形成新的规矩就是新规。这些古理新规正是苗族社会负责裁定与审判事务的寨老、理师在论理决事时所依据的习惯法标准。这样,"埋岩理词"经过世代传承,不断加入"新理",以后"新理"又成古理,日积月累,古理古规的内容逐渐增多,理词传承内容也更加丰富,习惯法的实体和程序规定就体现得更加周密。所以理师、长老在裁定或断案中唱诵理词的时候,非常

① 有学者认为:"栽岩"活动又叫"议榔",并没有弄清两者的区别和联系;他们还认为:"这种栽岩立约活动,堪称苗族的一大创造。"(岑秀文:《从江县加鸠区"能秋"栽岩活动的调查报告》载《贵州民族调查》之六)笔者认为:"议榔栽岩合一"是月亮山苗族地区鲜明的特点,另外"栽岩立约"应该是在无文字状态下黔湘桂界邻地区各民族初始"立法"比较普遍的活动。

注意其完整性，尽量避免遗漏："迦（苗族的'常理'）完又起始，理完又开头，唱歌要唱新歌，叙理要摆古理，叙迦要完整，叙理要无缺。"唱完时要说："新理不知何时起，旧理即在此结束。"最后呼唤"众多前辈们"，听众此时要应声，表示已经听懂和记住了，这在口承法文化情形下又可以说是独具特色的"普法"方式。

1."立规埋岩"

广西融水苗族埋岩，当地苗语叫"依直"，有大岩、中岩、小岩之分。"小岩"有一个村寨或几个村寨埋的，所要讨论和作出的决定、决议，一般只局限于一个村寨或几个村寨的事。"中岩"涉及的地域往往是十几个或几十个村寨，甚至百个或数百个村寨，内容也都是苗族人民共同关心和利益所系的大事。"大岩"有两种：一种针对区域范围，通常会跨越省级行政区域，是一大块区域的苗族大聚居区或者几个相互毗邻的苗族聚居区；另外一种则是地域不一定很广，人口不一定很多，但是针对至关重要的大事情，不"栽岩"不足以解决问题。例如，本区域内苗族自身的某项社会改革、一定地域内苗族与周围邻近其他民族需要互相达成某项协议、同统治者临时议和或采取对抗性措施等等，也都在大岩规定之列。岩无论大小，一旦通过埋岩程序，立即产生效力。①

2."增补埋岩"

黔湘桂界邻地区的苗族在修改过时、无用的规约，制定新的习惯法规范时，由于条件的限制和组织的不易，并不经常埋岩，而是把人们召集到祖先早已埋好的地方，通过一定的仪式重申古已有之的埋岩规约，或根据现实情况的变化，补充一些新的内容。当地的理师、长老在宣讲时，右手握着的一根铁钎向以前的埋岩凿去，背诵几句古理便凿一下，直到背诵完毕。② 黔东南从江县东朗乡的大"额骚"（埋岩）所管范围内孔明八寨的寨老，每隔几年便召集各寨的人到大"额骚"处，在讲古理、背诵法规词时，还根据当时新的情况增补一些新规约。

3."岩前裁判"

苗族栽岩的权威还表现在它的古老性和最后的判决上，一般情况下，村里发生的争执事端，可以由寨老据理劝说各方平息。只有当事人双方或一方不接受寨老的调解劝说，才到竖岩面前解决，处理不了的事件还要召开"竖岩会议"来解决。当事情大到要通过竖岩会议才能解决时这个判决的效力更高，影响也深远，应该是最后的判决。所以在苗族村落发生严重违反习惯法的案件时，人们习惯上称"犯了某个岩"，作为"执法者"的寨老自然是要找出与该案"案情"相关的款约和相应的埋岩地点，作为该案裁判的依据和审断场所。比如，盗窃案件就到"贼盗岩"前审理、婚姻纠纷就到"婚姻岩"上去解决、高利盘剥案件就到"放债岩"上去惩治等等。可见每一次埋岩所承载的内容都作为以后处理同类案件的"先例"保留下来，这说明"岩前裁判"过程具有口承文化状态下的"判例法"的性质。

---

① 张声震.融水苗族埋岩古规[M].桂林：广西民族出版社，1994.

② 赵崇南.从江县孔明公社苗族习惯法、乡规民约的调查[J]//贵州民族研究所.月亮山地区民族调查，1983(6).

二、纠纷解决过程

苗族理师在纠纷处理时,就某个纠纷本身有很长的说法和“讲理”过程,因此口承法律文化中要求裁判人员必须是博闻强记、精通古理、能言善辩、知识丰富的人。裁判开始前,一般“请六寨老,求五大人到场,双方‘肢鸡’‘马腿’‘鸭笼’‘饭团’(四者为‘议榔’中的大小团体)全部到齐,来得齐整。理师已述三天理,中人已传多次话”,[①]表明理师的裁判已经开始了。

理师(苗族称为“理甲”或“理贾”)处理的民事纠纷一般是财产、婚姻、偷窃和“涉蛊”案件等,所以理场诉辩的内容因事而定。小的纠纷在一个村寨或鼓社(苗族地域性的社会组织)的理师面前陈述,听其评断,若不服,则使诉讼升级,诉讼双方都各自到信誉更高的“理老”(理师中辈分较高或阅历较深,掌管一片地方诉讼的人)处申辩,请更高一级的理老来裁断。理老一般道行高深,大多能“引经据典”(古理)诵唱“理词”“理歌”。理老一经作出判断,当事双方就会和解,即使一方自觉吃亏,也往往不再争辩了。

在解决纠纷中理师“讲理”的过程非常重要,他们对双方争议的细节问题一一加以剖析,往往就具体问题的处理提出各种意见,必使当事人双方心服口服,以求最佳的纠纷处理效果。所谓“要明古理讲,要以善言说;雷才三思考,龙才三动脑;理师以理辩,不会出恶言;鬼听鬼害怕,人闻人信服……誉传千里,理服天下,才是好事,才是正道”[②]。特别是家长里短之类的民事纠纷,涉及的事情琐碎、亲属关系复杂、情绪色彩浓厚,所以解决过程更长,就每个纠纷的细节责任都厘分得非常清楚,拿出很多个解决方案,在取得双方当事人充分认可的前提下,划清各自的责任。[③]

理师解决纠纷似现今的“法庭辩论”。当事人双方各自请理师代为起诉或诉辩,不过此种诉讼活动不是双方“当庭诉辩”,而是“背对背”地“摆古讲理”式的协商解决。即当事人双方各设各的理场,各请理师二人以上,[④]其中一人是主持者,称作“掌理师”;另一人负

---

① 贵州省黄平县民族事务委员会编印:《苗族古歌古词》(下集,内部印刷),“理词”部分。理师,根据苗族地区不同、时间不同、汉译后汉语的称谓不同,也称“理老”“理郎”“寨老”“牙郎”“行头”等,是苗族纠纷调解者和裁判者。他由那些熟习古理榔规而又能言善辩的人担任,有如“智者”或“师长”,举凡天文地理、历史文化和风土人情都能对答如流,无论大小纠纷,均能有求必应,热心调解,所以极受尊重。但在村寨家族纠纷、冲突和重大决定中拥有实际的权力,起最后仲裁的作用。

② 贵州省黄平县民族事务委员会编印:《苗族古歌古词》(下集,内部印刷),“理词”部分。

③ 据明朝田汝成《炎徼纪闻》载:“(苗人)争讼不入官府,即入亦不以律例科之,推其属之公正善言语者,号行头,以讲曲直。行头以一事为一筹,多至百筹者。每举一筹数之曰:某事云云,‘汝负于某’,其人服则收之;又举一筹数之曰:某事云云,‘汝凌于某’,其人不服则置之。计所置多寡,以报所为。讲者曰:某事某事,某人不服。所为讲者曰,然则已,不然又往讲如前,必两人咸服乃决。若所收筹多,而度其人不能偿者,则劝所为讲者掷一筹与天,一与地,一与和事之老,然后约其余者。责负者偿之,以牛马为算。”

④ 关于一方当事人聘用多位代理人的事例在春秋时曾经有过,据《左传·僖公二十八年》载:“卫侯与元咺讼,甯武子为辅,金咸庄子为坐,士荣为大士。”(注释:甯武子为卫成公的诉讼人,金咸庄子为卫成公的代理人,士荣作为卫成公的答辩人)

责来往两边"理场",传递理情,称作"送理师"。理场辩论由各自的"掌理师"主持,当事人双方陈述自己的理由,提供证据,并相互辩斥,"送理师"传送、沟通双方的态度和意见,对他们的要求是传递信息准确,不能有折扣。最后双方理师则根据双方诉愿和案情,依传统的"大理""小理"[①]作出裁定。大小理师论理决事使用的是苗族的习惯法原则和过去的案例,即所谓"古理"和"先例"。而"古理"的讲解和"先例"的使用都由理师根据具体案情当即选用,形式是多年传承下来的以口头诵唱的"理词"。理词以对偶的长短句式为主,和谐悦耳、古朴雅致、抑扬顿挫、朗朗上口、十分动听,人们易懂易记。理词在某种程度上是苗族理师调解纠纷的即兴之作,因事而选择发挥,在案件审理和纠纷解决中发挥着重要的语言作用。有些情节曲折、具有代表性和故事性的纠纷案例,后来逐渐形成叙事歌("理歌")在民间传唱,这样传播的范围就更加广泛了。

口承法形态下民族文化传承一般可分为民间口头讲述、韵语歌唱和讲唱三大类。但口传文化最大的缺点是内容的"易失性"与"易变性",而习惯法"文本"应该是相对严谨、准确和稳定的。事实上记忆力再好的人也会忘却事情,记忆的"文本"可能根据传承者的思想变动会有所变化。例如,爱斯基摩人的传说讲述者,经常会在讲述过程中受到听众的抗议,而不得不改变内容以适合当时的需要;中国台湾地区高山族族中有时也有类似情况出现。"口语文学的这种'应变'能力,确比书写文学更能发挥'文学'的作用。"[②]乔纳森·卡勒新近指出,关于文学的观念正在发生深刻的变化,文学最终被认为更像是一个事件而非一个固定的文本,它不再只是一种需要阐释的符号,更像是一种活态的表演。[③]清朝以后汉文化传入苗族地区,很多"榔规榔约"多以汉字记载,条规本身变成了一些干巴巴的条款,毫无文学色彩,宣讲者虽然花了口舌,但很难达到"人人入耳,个个进心"的效果。为了增强宣传效果,理老和寨老(有时就是同一人)发挥自己的聪明才智,用诗的语言来解释,以夹叙夹唱的方式来进行宣讲,于是就发展了"理词"这一文学形式,使其得以保存至今。

《苗族古歌》中在谈到理师的作用时说:"请你两像裁缝,剪掉那难看破片,请你两像木匠,要把弯的削成直的。夏天不让世理偏离人间的常规,冬天不让世俗偏离世上的规矩。"理老在诵读理词时就常常提醒人们,"汉族不离书,苗族不弃理。建屋必须弹墨线,做人务必要明理,屋不弹墨线不成屋,人不明理不像人"。[④] 这些理词朗朗上口,堪称优美的文学作品,语言诙谐、风趣、形象生动活泼,而绝非现代社会中那种逻辑严谨、刻板法律条文可比。这些却都是在苗族地区实际调整各种社会关系的实实在在的法律,而非文学家虚构的文学故事。可以说,这是苗族习惯法的"民间文学的表达",同样也是一种"通过文学的法律"。

---

① 苗族民间论理歌有"大理""小理"之分,"大理"中又有"十二条大理""三十六条大理""七十二条大理"之说。

② 叶舒宪.文化与文本[M].北京:中央编译出版社,1998:李亦园序。

③ 林树明.少数民族"哭嫁歌"的彰显功能及叙述结构[J].南开大学学报,2014(2).

④ 参见石宗仁翻译整理.中国苗族古歌:第八部"纠纷"[M].天津:天津古籍出版社,1991:89.

三、习惯法“文化广场”

“司法广场化”最早可以追溯到先民对司法仪式的神圣性的崇拜，以及对法的形象的感性认识。在人类历史上，最古老的司法审判活动，如神明裁判、决斗裁判、仪式宣誓裁判等等，一般都是在露天广场上公开进行的。这种原始的司法混杂着民事的、道德的、宗教的各种命令。[①] 这些都充分显示出传统的协商民主成分，也是“广场化”仪式的具体体现。口语文学与书写文学一个重要不同点在于听者和读者之别，民族口承文化是一种口耳相传的活动，传播者（讲唱者）与受众构成民俗活动的主客体关系，失去了一方，民俗活动便会中止。[②] 苗族的“议榔坪”、歌场等都是口承文化传播的重要场所，这些场坝、歌场或节日聚会场所都是展现苗族口传文化的园地。各民族口头文化传承过程中除了习惯法外，还包括各民族古代的历史、风俗、语言等方面，它是研究各民族古代社会的珍贵资料。

（一）以神灵为后盾的“神圣”场地

苗族的“议榔”活动是在“议榔坪”举行的，“议榔”范围内的所有群众都要派代表参加，榔规订立后要举行集体盟誓必须遵守的仪式，不遵守者必会遭到神灵的惩罚。“栽岩议榔”的情况下岩众要聚集在一起通过举行带有宗教意义的仪式，如通过杀牛祭神仪式，以“栽岩”盟约的形式，从而达到齐心协力做某种事，“制定规则”议事目的。规则的实施也要靠神明的力量加以实现，这在普遍相信神灵的村寨社会中作用是很大的。黔东南从江加勉乡能秋寨是传统栽岩的地点，该地有“议榔”的传统文化积淀，神与法交融的因素较强。在2010年能秋一带风俗改革“议榔”活动中，当地祭师主持举行了杀牛“祭山神”“祭天”“送神”等仪式。[③] 榕江县计划乡计怀寨村北头大榉树下有一长一短的“神石”，20世纪80年代，村民们又在该石斜对面约10米处一棵油松下立一“小神石”。立石即为立规，因为计怀寨在民国时，有潘氏兄弟为乡官，因枪械管制不严造成人命，获罪处死，后平反。于是村民立石于村寨中，作为化解纠纷之鉴。今计怀寨多为潘姓，将其奉为神灵，所信甚众。这说明此栽岩借助神明之力有戒讼功能。[④] 另外“栽岩”借助神灵具有惩罚功能，这源于黔湘桂少数民族群众普遍相信的“报应”观念。据说1935年，雷山县永乐区从

---

① 舒国滢.从司法的广场化到司法的剧场化——一个符号学的视角[J].政法论坛，1999(3).“文化场域”是口承法律文化中最重要的元素，“文化场域”理论是法国社会学家皮埃尔·布迪厄社会学体系中的重要支柱，他认为：实践理论研究的任务就是揭示在不同的社会实践中那些掩藏最深的社会结构，同时揭示那些确保这些社会结构得以再生产或转化的“机制”和“逻辑”。于是他提出了“场域”和“惯习”这两个概念，并将两者紧密联系在一起的（作者注）。

② 陶立潘.民俗学概论[M].北京：中央民族大学出版社，1987：292；杨正伟.苗族古歌的传承研究[J].贵州民族研究，1990(1).

③ 龙泽江，张和平.石头法的现代传承——月亮山苗族榔规改革纪实[J].原生态民族文化学刊，2010(2).

④ 根据从江县停侗镇吴胜才2003年为笔者提供的照片和文字资料。

木村杨家与对面坡的肖家村任家发生山林纠纷,系因任家偷移埋岩(地界桩)。在寨老主持下询问双方,任家以为别人不知其偷移理岩,拒不承认。寨老遂主持"砍鸡头",并令双方发下无理必遭天诛地灭的毒誓。两个月后任家所养之猪全死了,杨家以为任家得到报应,即齐聚村头向任家击盆以示庆祝。①

以前苗族人对重大争端,缺少证据或调解不成,或对判决不服的,喜欢选择"烧汤"的形式来解决。烧汤神判用的三脚架,五尺许,一口深锅高置其中,将米、油、斧子放入锅内,大火烧煮,然后架梯于锅旁。双方当事人,分为"烧方""捞方",双方当众辩理后,"捞方"伸手入锅内取出斧来,手起泡为负,"烧方"则胜;手不起泡,则"烧方"负(烧汤时,习惯上把烧汤一方称"雌方",把"捞斧"一方称"雄方")。与此同时,烧、捞两方亲朋人等分别站在锅的两旁。当"烧汤理词"念毕,理老一声令下,叫准备捞斧。捞方在他们声援者的呐喊助威下,便七手八脚地把柴火退出灶孔。而烧方人则在他们助威者的叫喊下争着将退出的柴火又放入灶孔中去,以使火烧得更旺。② 双方你争我夺,互不相让,已经形成固定的仪式,捞斧者在双方争夺柴火之中,完成这一神明裁判的过程。

(二)情绪宣泄中的"广场化"作用

法律活动是宣泄不平情绪的重要渠道,人们和社会组织通过诉讼和仲裁程序进行指控、辩护或辩解,在司法机关主持下解决具体纠纷,当具体纠纷得到公正解决时,不平情绪也就随着消除。甚至审判与刑罚执行过程也具有明显的宣泄功能,如中国古代法场上人们对罪大恶极的罪犯投以石块、呐喊、咒骂等,是人们对犯罪痛恨情绪的宣泄。明清时期,在凌迟刑执行过程中,还准许被害者家属到刑场"生啖其肉",这是中国古代法律设计的对被受害者家属的抚慰和宣泄仇恨情绪的途径。在苗族"烧汤神判"过程中,双方的助威者、参与者,甚至捞汤的人内心,积压已久的怨恨借助"神"的力量得以释放,习惯法仪式的宣泄作用体现得尤为明显。

在苗族口承法文化状态下传统的纠纷解决过程中,一般理师的调解和裁定、当事人双方的自我辩护都通过唱词表现出来,生动形象,讥讽、嘲弄蕴含其中,所以说"黔东南苗族的诉讼与裁定的整个过程是在歌唱中进行和完成的"③。根据石启贵《湘西苗族实地调查报告》记录:"苗族人如遇纠纷时,必请牙郎多人,参入场中,代理裁判。……因任牙郎,不仅善描是非,且语言流利,天才脱颖,精韵歌词,两造发言,概能拟作歌体唱之。"④美国著名法人类学者霍贝尔在谈到美国北部沿海因纽特人原始法律时说:"如果斗歌在解决争端和恢复已疏远的团体内部成员的关系方面有所帮助的话,那么它就是法律上的一种措施。参加比赛的双方的一方将获得有利于自己的判决。然而不可能有按真实的法律

① 根据2004年时任雷山县达地乡政法委书记,现为黔东南州政府二科科长杨戴云提供的资料。

② 徐晓光,吴大华等.苗族习惯法研究[M].香港:香港华夏文化艺术出版社,2000:79.

③ 徐晓光.歌唱与纠纷的解决——黔东南苗族口承习惯法中的诉讼与裁定[J].贵州民族研究.2005(1).

④ 石启贵.湘西苗族实地调查报告(增订本)[M].湖南:湖南人民出版社,2002:162-163.

所规定的权利和特权作出的公正的判决。通过赛歌，参加赛歌双方感到轻松，怨言也被放置一旁。即从心理上获得满足，权衡了恢复如初的利弊。……因为斗歌中无残酷折磨的因素。超越自然的威力也有助于加强这些有自主权利的歌手的勇敢。我们应当牢记，这种对歌唱者或歌唱的结果并不重要(尽管或多或少积累了一些控告有罪的事实，来反对他的对手的歌唱者在事实上处于有利地位)。由于法庭上的比赛可以成为在辩护律师双方中的一场体育运动的项目，所以，法定的歌赛首先就是——所有比赛都是为了提供最大的快乐。”①

(三)“广场仪式”中的“大众化参与”

苗族一旦发生重大民间纠纷，“榔头”也可召集并主持“议榔会议”，在有埋岩传统的地方也会召开“埋岩会议”。前述，苗族村寨社会的裁判者，通常由那些精通榔规而又能言善辩之人担任，这些人往往是当地声名卓著的老人、寨老、理老等，他们往往研习并掌握古理、榔规精髓，以处事公正而赢得威望。他们把案情的来龙去脉公布于众，议事大会的参加者可据“榔规榔约”条款再三权衡后提出自己的处理意见，最后以多数人的意见为准来确定处理结果。这种“裁判”由村寨民众民主协商，大家集体裁决，容易为各方所接受，执行顺利，效果良好。比如，苗族地区至今沿用长期以来形成的“罚4个100”或“4个120”(对违反村规民约作了专门规定的违规者罚米、酒、肉、菜分别为120斤)，这些食物大约能供全村各户所派男性代表参会时饱餐一顿的食物(或费用)。苗族这种传统的惩罚仪式同样有着多种功能，即惩罚、警诫、教育、宣泄、娱乐等。通过“聚餐”既惩罚了违反习惯法的行为，同时在活动中教育了村民，让村民亲眼看到受重罚者之惨状，提高“守法”的认识。与此同时，大家在开荤、饱口福活动中的一些细节，如交谈、打趣、戏谑等，又本身带有娱乐的功能，起到了融洽村寨社会人际关系的作用。宣泄与娱乐作用是不可分的，有时宣泄是娱乐的前奏和形式，娱乐是宣泄的目的和结果。②

日本学者宫本胜在《哈奴诺·曼仰纠纷处理法——菲律宾·明都洛岛的固有法》一文中讲到哈奴诺·曼仰的各个村落以前对不义不贞(如与他人发生性关系)、盗窃、恶语伤人等名誉侵害行为，要对加害者进行处罚，即判处加害者准备自己所罚的慰寄费比索(有的时候作为赔偿交付实物和现金)和向参加者提供食品。加害人在交慰寄费时要向被害者道歉。按哈奴诺·曼仰的价值标准，比索价值为最高，所以对他们来说支付慰寄金是经济上的重大负担。其中慰寄费是交给被害者的，提供的食品则是村民们共同享用的。“加害人向参加全体人员提供食物(大量的米饭和猪与鸡做的菜)，这与仪礼、祭祀时的食品规格相当。作为处罚的食品必须准备，对加害人来说也是很重的经济负担，而对其他的参加者则是快乐的事情。特别是在粮食不足的雨季(5月到10月)，人与人之间积

① 霍贝尔.原始人的法[M].严存生，等译.贵州：贵州人民出版社，1992：86.

② 徐晓光.从苗族“罚3个100”等看习惯法在村寨社会的功能[J].贵州民族研究，2005(1).

蓄着不满,为了熬到天晴就飞各种各样传闻。这时由于富裕者(米和家畜)很多,大家就会对他们所嫉妒的人以各种理由起诉,人们听到要开审判会议都非常高兴。这种情况下,裁判人的处理方法是将鸡毛蒜皮的小事当大事情来处理,从而为大家搞定一次吃喝,准备伙食的过程中参加者共同来做,然后进餐。① 在这一过程中人们郁闷的心情得到了宣泄,渐渐变得愉快起来。

罚违反习惯法者"请吃一顿",这种"广场化司法"很容易产生强烈吸引力,并且极具扩散力,可以充分发挥处罚活动的法律效果,也会扩大处罚仪式的社会效果(如社会教育效果)。村寨成员通过亲自观看、用餐,甚至参与活动的仪式,从而直接感受仪式活动生动有趣的过程,仪式活动整个过程与苗族村寨成员保持着持续的互动关系,他们感受到"这完全是自己的事"。而且这种"广场化"仪式还具有一种潜在的道德正当性,用现在语言说就是"阳光下的司法"。它把整个仪式活动的每个细节均置于村寨成员的视线之内,从而客观上可以起到预防寨老、理师等组织者或者主持人的"暗箱操作"。因而,从某种意义上来说,"活法"执行的"广场化"仪式体现了"大众化参与",而"大众化参与"其实是一种原始的"司法民主化",是群众参与的一种法律实践,正如学者所言,"这样的法律实践,在特定的历史条件下是必要的和有效的策略选择"②。

结　语

黔湘桂界邻地区苗族口承习惯法在我国西南地区少数民族口承法文化类型中极具代表性。口承法律的特点一般是以简明、易记的词句形式,叙述带有普遍性的案例,说明解决的过程,在这一过程中订立的规矩也为以后循用。传统习惯法体现着较强的口承文化特征,清朝以后虽有以汉字记录的成文规约,但因广大群众不识汉字,主要还是以口传的方式,通过各种口传形式使习惯法世代沿袭。黔湘桂界邻地区的苗族靠口承法律文化的传承人寨老、贾师、理师等的记忆和实践,使苗族习惯法得以代代相传。苗族口传作品虽内容和功能不尽相同,但在民族习惯法的传承中都起到了重要作用。这些口传作品为民族文学增添了绚丽色彩,具有文学和法学的双重价值。不同形式的口头文学作品内容上有时会相互重叠,甚至形式上有时也很接近。例如苗族的"贾理"、理词、巫辞通常只为苗族社会"专门人士"所掌握,而古歌的内容有时会与三者接近,但苗族村寨社会中人们普遍会唱古歌(其中来源于"理词"的部分称为"理歌"),歌词内容为人们所知晓,传播范围也比"贾理"、理词、巫辞广。换句话说,"专门人士"和知识阶层除掌握"职业"特定的传唱技艺和内容外,可能也会唱古歌;而广大苗族群众则都或多或少地会唱古歌,而对"贾理"、理词、巫辞的内容则不一定很熟悉,但通过古歌的内容也了解到了习惯法的基本精神。

---

① 汤浅道男,小池正行,大塚滋,等.法人类学基础[M].徐晓光,周相卿,译.香港:香港华夏文化艺术出版社,2001:130.

② 舒国滢.从司法的广场化到司法的剧场化——一个符号学的视角[J].政法论坛,1999(3).

The Process of Inheritance of the Customary Law of Miao Nationality and the "Square" Ceremony

Xu Xiaoguang

Abstract: The Miao nationality in the neighboring area of Hunan, Guangxi and Guizhou can still see the shadow of the original "legislation" and litigation culture. The traditional "legislation" activities of the Miao nationality are mainly completed through the "Congression Conference" (the Miao traditional meeting); The settlement of disputes in the litigation culture was accomplished through the ruling of the old master and the rationality of the rationale. When clarifying the specific responsibilities and faults of both parties, the Li Shi mainly followed the traditional "Gu Li" ("Dali" and "Xili"). Since then, the rulings of similar disputes have been based on "precedents" and have formed an oral tradition. "The theory of the word", the content of customary law can be embodied and fixed, and the spread of culture is broader and deeper. This is a method for designing litigation procedures and resolving disputes in the non-textual environment of the Miao nationality in the neighboring area of Xiaoxiang and Gui, with the characteristics of "square"

Key Words: Miao nationality; oral culture; "square"; ceremony

“协商治理”:诸暨市城乡治理的实践与经验*

马　成**　薛永毅***

摘要:“枫桥经验”作为基层社会治理的典范,在发展和创新中尤为重视将协商民主与基层社会治理有机结合,并在实践中探索形成了多元主体“协商治理”的新型基层治理模式。诸暨市城乡“协商治理”的实践与我国基层社会治理变革需求高度契合,并在实践中取得了积极效果,为健全“自治、法治、德治”相结合的乡村治理体系提供了诸多启示。

关键词:协商民主;协商治理;“枫桥经验”

当前,随着信息化、城镇化、农业现代化的深入推进,我国乡村地区的经济社会,尤其是利益格局、思想观念也随之发生着深刻变化,给城乡社会治理带来诸多新问题、新挑战。城乡社区是社会治理的基本单元。城乡社区治理事关党和国家大政方针的贯彻落实,事关居民群众的切身利益,事关城乡基层的和谐稳定。① 产生于协商政治与协商民主的协商治理理论和实践,不但有效破解了基层社会治理的诸多难题,还给基层社会发展注入了新的活力,逐渐成为城乡群众行使民主权利、表达利益诉求、化解矛盾的重要渠道和方式。

浙江是基层协商民主的先发地,早在 20 世纪末 21 世纪初,就涌现了温岭“民主恳谈”、武义村务监督制度、义乌工会维权创新等典型经验,在当地起到了有效预防矛盾纠纷、避免社会冲突的积极作用。② 新时期以来,在“枫桥经验”的发源地——浙江省诸暨市,又涌现出以陈家村“村规民约”、枫源村“三上三下”民主议事机制及诸暨市各级“乡贤参事会”等为代表的城乡协商治理的新途径、新经验,涉及城乡民主决策、民主管理和民

* 基金项目:本文系国家社科基金项目“作为中国特色协商民主雏形的陕甘宁边区参议会研究”(项目编号:17BDJ061);本文系诸暨市政法委和西北政法大学合作课题“‘枫桥经验’:基层社会治理体系和能力现代化实证研究”。本研究受到了陕西省“三秦学者”哲学社会科学领域创新团队“西北政法大学基层社会法律治理研究创新团队”、西北政法大学青年学术创新团队“司法惯例与诉讼法治现代化研究”的资助。

** 马成,法学博士,政治学博士后;西北政法大学副教授,中华法系与法治文明研究院研究员,党内法规研究中心研究员。陕西省高校廉政文化研究中心研究员,陕西省委政法委特约研究员。

*** 薛永毅,西安市新城区人民检察院检察官。

① 中共中央国务院.关于加强和完善城乡社区治理的意见[N].人民日报,2017-06-13(1).

② 卢芳霞.协商民主化解基层社会矛盾的功能与实现路径——基于浙江基层协商民主经验的研究[J].中共浙江省委党校学报,2017(4).

主监督等诸多领域。这些创新探索，把协商民主与基层社会治理有机结合起来，逐步形成多元主体共同协商治理的有效机制。①

从已有的有关"枫桥经验"的研究成果看，主要集中于"枫桥经验"与社会转型、法治建设、社会治理创新、具体治理方式四者关系的研究，②而从一种基层社会治理模式，尤其是从"协商治理"的维度去解读诸暨市城乡社会治理实践的并不多见。新时期，发展和创新"枫桥经验"，加强基层社会治理，要求我们要从理论上对诸暨市城乡"协商治理"的实践探索进行回顾、总结和提升，这对促进基层社会治理能力现代化、实现乡村振兴无疑都具有重要的现实和理论意义。

一、协商民主与基层协商治理

党的十八大以来的7年，在中国特色社会主义理论体系特别是党中央治国理政新理念新思想新战略的指引下，我国社会治理实践创新取得重大进展。从宏观社会治理到微观社会治理，从各领域系统治理到城乡社区治理，都大力度全方位地深入推进，取得了新突破、新进展、新成效。③ 这其中，"协商治理"的理论和实践尤为值得重视和研究。

(一)协商民主的制度变迁

谈"协商治理"，就不得不先谈"协商民主"。尽管"协商民主"是个舶来品，但协商民主的理念和实践并不陌生。早在陕甘宁边区政府时期，中国共产党就开始在同其他党派团体和党外人士团结合作过程中进行协商民主的实践。作为中国民主政治的策源地，当时陕甘宁边区各级政权组织普遍实行具有民主性质的"三三制"政权组织形式，为共产党同各阶级、阶层、党派、团体和个人协商共事提供了平台。随着"三三制"政权在边区的进一步发展，以"一揽子"会、"群英会"和"座谈会"为主要内容的陕甘宁边区协商民主制度也应运而生。可以说，陕甘宁边区民主协商的制度和实践，就是中国特色协商民主的萌芽和雏形。

中华人民共和国成立后，特别是改革开放以来，具有中国特色的协商民主制度不断发展完善。在总结以往经验的基础上，党的十八大首次提出"健全社会主义协商民主制度"，尤其是提出了包括农村在内的广大基层要"积极开展基层民主协商"。十八届三中全会进一步将协商民主提升至"我国社会主义民主政治的特有形式和独特优势"这一新高度，要求"开展形式多样的基层民主协商，推进基层协商制度化"。为进一步落实党的十八大和十八届三中全会作出的加强社会主义协商民主制度建设的重大战略部署，2015年，中共中央印发的《关于加强社会主义协商民主建设的意见》对新形势下开展政党协

① 陈华兴.民主政治建设的浙江经验[N].浙江日报，2017-6-2(5).

② 褚宸舸，史凯强."枫桥经验"研究的回顾与展望(2008—2017)：内在视角与外在视角，未刊稿.

③ 魏礼群.党的十八大以来社会治理的新进展[N].光明日报，2017-8-7(11).

商、人大协商、政府协商等作出全面部署，是指导社会主义协商民主建设的纲领性文件，其中明确指出，“稳步推进基层协商”。① 同年7月，中办、国办出台了《关于加强城乡社区协商的意见》，从总体要求、主要任务和组织领导三个方面规范了基层协商民主机制，保障了基层协商民主建设有序开展。② 党的十九大报告8次提及“协商民主”，强调“发挥社会主义协商民主重要作用”。此外，2018年中共中央、国务院《关于实施乡村振兴战略的意见》也提到，要依托村民议事会、村民理事会、村民监事会等，“形成民事民议、民事民办、民事民管的多层次基层协商格局”。

由此看来，在推进国家治理现代化的进程中，“协商民主”显然已经成为我国民主政治和公共治理转型中的主旨议题。城乡社区、村庄是社会的基本单元，也是协商民主的根基。虽不能将中央出台的上述一系列纲领性文件与广大乡村的协商民主实践等量齐观，但中央政策从宏观布局到细节把握，就协商民主尤其是基层协商民主建设进行了精湛的顶层设计，提供了基本遵循，确保了基层协商民主的政治方向，成为乡村协商民主生成、发展的坚实基础和推进基层城乡社会治理的动力源泉。

(二)作为一种治理模式的“协商治理”

协商民主研究国外先于国内，国内关于该问题的研究始于2002年年底。③ 而“协商治理”理念和概念的提出，则稍晚于协商民主。2001年，徐勇在其发表的《治理转型与竞争——合作主义》一文中，④主张以竞争——合作主义的理念重新塑造政府与社会的关系，其中蕴含着“协商治理”的思想。2006年，尹利民在《协商中的乡村治理——对乡村民主化治理的一项思考》中，则较早提出了“协商治理”的概念。作者在该文中通过对过去的治理结构及所推崇的治理模式进行反思，提出了协商治理的概念，并分析了它介入乡村治理的依据及现实意义。⑤

近年来，关于“协商治理”的研究逐渐升温，并形成了一定的研究成果。⑥ 这里，首先

---

① 中共中央.关于加强社会主义协商民主建设的意见[N].人民日报，2015-2-10(1).

② 中办，国办.关于加强城乡社区协商的意见[N].人民日报，2015-7-23(1).

③ 朱宗友，许开轶.协商民主研究：10年回顾与思考[J].中州学刊，2013(7).

④ 徐勇.治理转型与竞争——合作主义[J].开放时代，2001(7).

⑤ 尹利民，尹秀云.协商中的乡村治理——对乡村民主化治理的一项思考[J].江西教育学院学报(社会科学)，2006(1).

⑥ 代表性的著作和论文，如吴兴智.从参与到协商：我国地方治理转型的经验与路径研究[J].北京：中国社会科学出版社，2017(4)；季丽新.农民政治水平和农村民主协商治理机制研究[J].北京：中国社会科学出版社，2017(5)；王浦劬.中国的协商治理与人权实现[J].北京大学学报(哲学社会科学版)，2012(6)；王浦劬.中国协商治理的基本特点[J].求是，2013(10)；张敏.协商治理及其当前实践：内容、形式与未来展望[J].南京社会科学，2012(12)；李辉，蔡林慧.论基层治理的制度变迁与基层协商治理[J].社会主义研究，2015(4)；王岩，魏崇辉.协商治理的中国逻辑[J].中国社会科学，2016(7).

要厘清的一个问题是，作为一种新型的社会治理模式，到底什么叫“协商治理”?① 从既有的研究成果看，有的学者认为，“协商治理，是政治主体基于政治组织和公民的政治权利，以协商和对话的程序和形式达成共识或者协调分歧，以实现国家和公共治理利益目标的特定政治机制”②。有的学者指出，“协商治理是指在公共事务的管理中，公民经特定的协商程序，通过自由平等的对话、讨论、辩论以及听取相关的背景知识等话语交往方式进行更具理性的公民参与进而在公共决策中发挥重要作用的治理方式。协商治理强调公共治理过程中的公民理性及其作用，因此也是一种新型的参与式治理”③。还有的学者认为，一般来说，协商治理是通过协商和对话协调不同利益之间关系的治理方式。④ 作为人民民主与有效治理的有机结合，协商民主是协商治理最主要的理论与实践来源。协商治理的出现既是协商民主运动的结果，又是协商民主运动的重要组成部分。当协商民主的理念付诸治理实践时，这种新型的治理模式就诞生了。因此，协商治理是主要脱胎于协商民主的一种公共治理模式。⑤

纵观已有的研究成果，尽管对“协商治理”的研究仍需不断深化，但就其内涵和特点基本达成了一定的共识。概括起来，基层社会“协商治理”的主要特点体现在以下几个方面。第一，从治理的主体看，协商治理强调治理主体的多元化，这是协商治理的前提。这些多元治理主体，已经不再仅仅是政府组织，还包括企业、社会组织、个人在内的行为体，它体现了一种政府与社会、城乡精英治理与广大群众广泛参与的有机结合。第二，从治理的手段和过程看，协商治理强调平等参与和协商对话。也就是说，即协商治理已经不再是传统单一向度的自上而下的管理与被管理，而是转向通过表达、对话、讨论和沟通等多种手段平衡和协调公共利益与不同群体、不同公民各自利益之间的关系。其核心理念在于通过培育公民政治参与的民主精神和塑造良好的公民性格来促进决策的科学化与民主化，实现对权力执行和运作的有效监督。⑥ 第三，从治理的依据看，协商治理是硬法之治与软法之治的有机结合。⑦ 也就是说，国家法律、政策文件、道德规范和乡规民约相互依赖，共同在城乡基层社会治理中发挥各自的作用。第四，相比较于选举民主而言，协商治理实际是从管理环节切入政治过程的民主程序设置，它是以民主管理作为民主政治

---

① 有学者通过考察协商、协作、协同与合作的基本含义，并从内涵、外延、内容以及特征等四个维度对协商治理、协作治理、协同治理与合作治理进行概念辨析。他们认为协商治理、协作治理、协同治理是公共政策过程的不同演化阶段，层层深入，最终发展为容纳协商、协作、协同在内的合作治理范式。协商治理、协作治理、协同治理是合作治理的重要组成部分。参见颜佳华，吕炜.协商治理、协作治理、协同治理与合作治理概念及其关系辨析[J].湘潭大学学报(哲学社会科学版)，2015(2).

② 王浦劬.中国协商治理的基本特点[J].求是，2013(10).

③ 张敏.协商治理及其当前实践：内容、形式与未来展望[J].南京社会科学，2012(12).

④ 王岩光.协商治理的价值诉求[N].光明日报，2015-6-13(7).

⑤ 张敏.协商治理与正确处理人民内部矛盾——以浙江省泽国镇为例[J].中共天津市委党校学报，2012(5).

⑥ 颜佳华，吕炜.协商治理、协作治理、协同治理与合作治理概念及其关系辨析[J].湘潭大学学报(哲学社会科学版)，2015(2).

⑦ 王浦劬.中国的协商治理与人权实现[J].北京大学学报(哲学社会科学版)，2012(6).

的逻辑起点的。[①] 当下,推进乡村协商治理应促进选举民主与协商民主互动结合,协调发展。

我国社会治理经历了从传统的维护社会治安到社会管理再到社会治理的不断探索发展的过程。[②] 在推进国家治理现代化的重大战略部署下,协商民主既是落实党的群众路线、实现人民当家作主的制度保障,也是深化基层群众自治实践、实现和维护好基层群众利益的客观需要。可以推断,基层协商治理作为对协商民主与基层治理两大热点的集中因应,[③]将成为基层社会治理中一种具有重要影响的治理范式和治理革新。

二、基层协商治理的"枫桥样本"

21 世纪初,浙江温岭"民主恳谈会"的形成与确立标志着中国"协商式乡村治理"的肇始。[④] 目前,虽然协商治理并不广为人知,但这种治理方式在实践中已经有了广泛的运用。[⑤] 在各地广泛开展的基层协商治理实践中,诸暨市作出了诸多有益的探索,具有一定的典型性。

(一)样本 1:枫桥镇陈家村"村规民约"

据学者考证,1977 年,诸暨市枫桥地区的一些村庄就着手制定了一系列治安公约。早期的如《枫桥区檀溪公社泉四大队治安公约》(1977)、《枫桥区乐山乡大溪村村规民约》(1987)、《枫溪村慈善协会章程》(2002)等。[⑥] 这其中,尤为典型的就是从 2006 年开始,枫桥镇陈家村与中南财经政法大学法律文化研究院共同制定的《陈家村村民规约》。[⑦] 这部近 3 万字的村规民约,在总体设计上,先是制定了最基本的《陈家村村民自治章程》,确定陈家村村民自治的基本框架;然后从政治事务、经济事务、治安事务、文明建设四个角度出发制定了其余 13 个专门规约。可以说,这部体系完备的村规民约,既明确了村民"该做什么""不该做什么",又规定了"违反后怎么办",涵盖了农村社会治理的方方面面,俨然是一部农村村民行为规范的"小宪法"。

从协商治理的维度看,作为村庄管理的"小宪法",这套村规民约从协商主体、协商内容到协商结果的执行,充分体现了民事民议、民事民办、民事民管的协商民主思想。比

① 王浦劬.中国协商治理的基本特点[J].求是,2013(10).

② 周航.打造新时代社会治理新格局[N].人民日报,2018-2-6(7).

③ 李辉,蔡林慧.论基层治理的制度变迁与基层协商治理[J].社会主义研究,2015(4).

④ 唐玉.中国乡村协商治理的发展与探索——以浙江为例[J].浙江学刊,2017(5).

⑤ 张敏.协商治理及其当前实践:内容、形式与未来展望[J].南京社会科学,2012(12).

⑥ 参见范忠信,武乾,余钊飞,等."枫桥经验"与法治型新农村建设[M].北京:中国法制出版社,2013;汪世荣,等.枫桥经验:基层社会治理的实践[M].北京:法律出版社,2008;余钊飞.村规民约与基层社会的法治建设——以浙江省诸暨市枫桥镇的实证调查为例[J].云南大学学报(法学版),2009(6).

⑦ 张学敏,郭月昌,任光法.村规民约请教授订村务难题有据可依枫桥陈家村这样发展"枫桥经验"[N].绍兴日报,2009-9-4(1).

如,在制定主体上,尽管是专家教授们亲自操刀执笔,给人一个不接地气、脱离民主的错觉。然而,事实上并非如此,在整个村规民约的制定过程中,陈家村的村民可谓是广泛参与其中,是村民集体智慧的结晶,并最终经陈家村村民代表会议表决后正式实施。正如参与起草的专家们所言,"这个体系,并不是我们课题组根据法律的逻辑搞出来的,而是根据陈家村的干部群众给我们一一提出的思路。他们多次直接请求我们帮助订立他们特别需要的某一规约草案,而对于我们根据法理提出的制定某个规约的建议多次婉拒。这说明,在陈家村人们的心目中,实际上他们自己有一个不宣自明的自治规约体系认识"①。再比如,从运行的实际效果看,村规民约作为国家法律法规在基层的具体体现和末端延伸,与国家制定法在农村形成互补,共同推进农村民主法治进程,实现基层群众的自我管理、自我教育、自我服务。譬如,《陈家村婚丧喜庆事务公约》第 4 条规定,"村民为婚丧喜庆事务举办宴会,应以不超过本地区一般消费标准为原则,反对奢侈浪费。剩余熟菜肴超过四分之一者,应在村公告栏上张榜批评"。再比如,《陈家村家庭关系公约》第 7 条则就本市及外出务工人员探望父母的次数进行规定。② 此外,"勤俭节约""精神赡养"等这些法律本无法过多干预的道德领域,经过村规民约形式上升为局部范围的共同行为准则,使得民间法和国家法在乡村社会治理中相得益彰。

(二)样本 2:枫桥镇枫源村"三上三下"民主议事实践

从 2006 年开始,随着诸暨市行政村大规模调整,加之新农村建设步伐加快,乡村矛盾纠纷随之开始增加,由 3 个经济差异的自然村合并而成的枫源村③也不例外。在 2008 年 5 月的一次民主恳谈会上,枫源村两委会干部就认识到,要解决"并村又并心"的问题还是必须靠民主的办法。于是,作为群众的事群众自己解决"三上三下"机制应运而生。

体现"群众的事群众自己解决"思想的"三上三下"民主议事机制,主要适用于处理村级重大事项,其具体运作机制为:"一上一下"为收集议题。根据上级工作部署、结合本村实际,村两委会研究提出议题,上门入户广泛征求村民意见。"二上二下"为酝酿方案,村两委会分析汇总意见建议,提出建议方案,提交党员议事会、民主恳谈会等,对方案事项的必要性、可行性进行深入讨论、科学论证,进一步形成共识,完善方案。"三上三下"为审议决策,村两委会讨论确定方案,提交党员会议审议通过,经村民代表会议表决通过后组织实施。"上"是指村两委讨论决定,"下"是指向村民代表、党员征求意见。为配套完善"三上三下"民主决策机制,枫源村还制定了《村两委会联席会议制度》《党员议事会制

---

① 范忠信,武乾,余钊飞,等."枫桥经验"与法治型新农村建设[M].北京:中国法制出版社,2013:126.

② 该条规定,"子女应孝敬和赡养父母。除依法律和习惯支付赡养费或物资外,成年已婚村民,在本市境内者至少每两月携配偶、子女与父母团聚一次,外出务工经商者至少每年与父母团聚一次"。

③ 枫源村位于诸暨市枫桥镇东南部,由大竺、大悟、泰山三个自然村合并而成。

度》《民主恳谈会(听证会)制度》《村民代表会议制度》。[①] “有事好商量,众人的事由众人商量。”该机制使重大事项的决策权由传统的村两委干部说了算,转向由村民说了算,由村民与村民、村民与村干部的协商说了算。

对此,我们结合如下典型案例从实践层面作进一步解析。枫桥镇枫源村有一座山林要外包,几位本村村民和外来承包商激烈竞争。村两委考虑到,如果私自决定发包给某人,会引起矛盾信访问题,因此启动“三上三下”民主决策程序,公开、透明地确定承包商。合同签订后,在开发过程中因要动迁部分村民的祖坟遭到了抵制,使得村两委陷入两难境地。为此,村干部决定再次启动“三上三下”程序,决定是履行还是终止合同。最终村两委听取多数人意见,以尊重农村风俗和顾及村民情绪为优先决定终止合同。这件事虽然给村里造成了集体经济损失,但因为是通过民主协商程序共同决定的,所以没有人去责备、投诉村干部。[②]

(三)样本3:诸暨市“乡贤参事会”

现代国家治理体系的建立和完善在很大程度上有赖于公民社会的培植。[③] 诸暨市非常重视培育和发展社会组织,积极鼓励各类社会组织参与基层社会治理。作为一种新型的社会组织,以“乡贤参事会”为代表的乡贤群体以其特殊身份和地位在传统与现代、城市与乡村、内生权威与外生权威之间架起一座沟通的桥梁,在参与基层社会治理中发挥了有效的作用。

乡贤参与甚至主导乡村治理的局面在我国有着悠久的历史。[④] 为充分整合乡贤资源,加强和创新基层社会治理方式,2015年2月16日,诸暨市政法委在全市范围内部署启动乡贤参事会[⑤]试点工作。同年5月20日,诸暨市委办、政府办联合下发的《关于坚持和发展“枫桥经验”推进乡村治理现代化的实施方案》强调,“发挥乡贤在乡村治理中的重要作用,培育发展乡贤参事会”[⑥]。乡贤参事会的日常工作开展以章程为依据,并建立履职承诺、财务管理、信息公开、评议监督等相关的工作制度。其主要职责任务是引领先进文化、化解邻里纠纷、协办公益事业、促进村民自治。[⑦]

诸暨市“乡贤参事会”参与乡村“协商治理”的形式和途径,至少可以从以下几个方面

---

① 尹华广.农村基层党建法治化:科学内涵、时代价值与实现路径——以“枫桥经验”的创新发展为例[J].长春大学学报,2017(11).

② 参见卢芳霞.协商民主化解基层社会矛盾的功能与实现路径——基于浙江基层协商民主经验的研究[J].中共浙江省委党校学报,2017(4)46.

③ 姜明安.软法在推进国家治理现代化中的作用[J].求是学刊,2014(5).

④ 白现军,张长立.乡贤群体参与现代乡村治理的政治逻辑与机制构建[J].南京社会科学,2016(11).

⑤ 乡贤参事会是以参与农村经济社会建设、公共服务,提供决策咨询、民情反馈、监督评议及开展帮扶互助服务为宗旨的公益性、服务性、互助性、地域性、非营利性的基层民主协商和村民自治组织.

⑥ 参见诸暨市委办公室,诸暨市政府办公室.关于坚持和发展“枫桥经验”推进乡村治理现代化的实施方案(市委办〔2015〕71号).

⑦ 中共诸暨市委政法委.坚持和发展“枫桥经验”资料选编(四)(内部资料)[Z].232-233.

去考察:第一,从参与村级事务管理看,乡贤参事会发挥着“带头人”“监督员”的作用。一方面,吸纳乡贤进入基层党组织,支持乡贤依法参加“村两委”“两代表一委员”选举,聘请乡贤担任“外挂村干部”“镇长顾问团”。① 另一方面,乡贤以自身在群众中的威望和公信力,成为村级资产管理、账务支出的“监督员”。例如,阮市镇檀溪村每年年底利用外出人员大量返乡过年的时机召开村级年会,村两委在会上晾晒当年工作成绩的同时,积极听取乡贤为乡村治理、经济发展、民生保障提出的建议和点子,邀请乡贤参与村级民主管理,使得村委重大事项的决议更加透明、公开、民主。第二,从矛盾纠纷化解看,乡贤参事会发挥着“和事佬”的作用。利用乡贤声望,发挥亲缘、人缘、地缘优势等“非权力影响力”协助化解矛盾纠纷,是“乡贤参事会”参与基层社会治理的重要途径。比如,阮市镇檀溪村积极组织村里的法律、政策、道德“明白人”组成乡贤队伍有效参与乡村治理。近3年来年,檀溪村支两委与“乡贤”一起化解了矛盾纠纷共53起。

如果说,陈家村的村规民约和枫源村的“三上三下”体现的是一种基层社会治理中的村民自我管理和民主决策;那么,诸暨市鼓励以“乡贤参事会”为代表的社会组织广泛参与基层社会治理的方方面面,则体现了一种强调基层社会治理主体多元化的理念。实践也证明:乡贤组织是一个引导体制外资源(包括智力、人力、物力、财力等)进入农村基层的制度性通道,是扩大基层农村公共参与、增强协商功能、提高治理质量和效果的自治机制创新。②

(四)样本4:诸暨市村干部“四不”公开承诺制度

常言道,“村看村,户看户,群众看干部”。在乡村社会治理中,作为重要治理主体的村两委始终处在乡村社会权力体系的核心位置。因此,实现对其的经常性监督显得尤为重要。在诸暨市城乡治理体系中,对民主协商结果的监督是其中重要的一环。就民主监督的形式而言,有乡村民主评议会、村务公开、村务监督委员会等。这其中,“四不”公开承诺制度,是诸暨市对村干部履职情况进行民主监督的一项重要举措。

村干部“四不”公开承诺制度具体是指:(1)不承包承建或变相承包承建本村的公共项目及涉及征用本村土地的所有项目;(2)不违规干预和插手本村工程建设;(3)不违规发展党员;(4)不履职就辞职。对此,诸暨市要求各乡镇通过召开党员、村民代表会议,让每名村干部公开作出承诺,并将承诺书张贴在党务、村务公开栏内,接受群众监督。与此同时,诸暨市将村干部“四不”公开承诺列入全市乡镇岗位目标责任制考核,作为倒扣分项目进行考核。2014年以来,诸暨市共查实村干部违反“四不”公开承诺案件111起、劝辞(停职、免职)村干部109名、解聘村文书2名,有效遏制了村干部“捞好处”的现象,从源头上斩断了利益链。

---

① 俞钟铭,宋胜江.创新发展新时期“枫桥经验”的文化路径选择与研究,未刊稿.

② 浙江省民政厅.我厅“乡贤参事会协商文化村治模式”获2016中国十大社会治理创新奖[OL].[2018-2-13].http://www.zjmz.gov.cn/il.htm? a=si&id=8aaf801558f7fd6501590aaaf6ab0140.

诸暨市浣东街道黄徐村黄某曾任该村党支部书记,2013 年 1 月 30 日,黄徐村三个病危水库需要进行整治,工程经诸暨市公共资源交易中心浣东街道分中心公开招标。期间,有群众反映黄徐村党支部书记黄某参与其中的一项工程。经调查,工程施工挖掘机实为黄某的儿子所有,虽非黄某本人参与工程,但其行为已属“干预和插手本村工程建设”的情形。2014 年 4 月,黄某因违反“四不”承诺被免职。①

三、诸暨城乡“协商治理”的成效

协商民主的最终目的,就是让人民群众更加直接、便捷、广泛地参与到公共生活和公共事务管理中来,让人民更好地当家作主。诸暨市创新发展基层协商治理的实践,取得了积极的成效。

首先,拓宽了群众参与民主的渠道。要真正实现人民当家作主,就必须还权于民,让人民进行自我管理。协商民主就是要求人民能够参与到关系切身利益的相关决策之中进行商量、讨论。否则,没有人民群众的广泛参与,基层协商民主的效果就会大打折扣。诸暨市始终坚持依靠群众,依法有序引导广大群众、外来流动人口、社会组织等多元主体参与到基层协商民主中来。这其中,一个突出的表现就是积极鼓励以“乡贤参事会”为代表的社会组织的广泛参与。截至 2016 年年底,诸暨市已建立镇级乡贤参事会 27 个、村级乡贤参事会 366 个,会员 3443 名。乡贤组织作为引导体制外资源进入农村基层的制度性通道,增强了基层协商功能,提高了治理质量和效果。

其次,丰富了基层协商民主的机制。社区、村庄协商是基层群众自治的生动实践,是社会主义协商民主建设的重要组成部分和有效实现形式。诸暨市城乡社区的探索实践,创新和发展了基层协商民主机制。比如,在协商形式上,除“三上三下”民主决策机制外,诸暨市还广泛推行“党员群众建议、村党组织提议、村务联席会议商议、党员大会审议、村民(代表)会议决议和表决结果公开、实施情况公开”(“五议两公开”)等各具特点的民主协商决策形式,加强了村民与村两委会的协商和对话,使得村民真正成了村级事务的决策主体。又如,在协商的过程中,注重国家法与村规民约兼施,形成了“刚柔”并济的互动机制。2014 年下半年,诸暨以乡村治理现代化为农村工作的重点突破口,在大唐镇、草塔镇、枫桥镇、江澡镇选取多个村庄进行试点,努力构建 1(1 套村民自治章程)+1(一套村规民约)+X(多个实施细则)的乡村自治规则体系。该套村民自治规则体系设计的核心理念是村民自治法治化、透明化,做到规则的公正化;该套体系的推广标志着诸暨乡村治理制度化水平得到很大提升。②

① 李楠,俞燕.党旗永远鲜红——诸暨市加强基层党建工作纪实[OL].[2018-2-13].http://zjnews.zjol.com.cn/system/2015/07/22/020750844.shtml.

② 余钊飞.“枫桥经验”视野下的乡镇政府管理与村民自治良性互动研究[J].山东科技大学学报(社会科学版),2017(6).

最后,预防和化解了大量矛盾纠纷。有社会就必然有纠纷,随着经济社会转型,矛盾纠纷又呈现出新的时代特征。对此,“枫桥经验”与时俱进,创新发展,逐渐实现向综合运用民主协商、利益协调等源头治理方式转型,通过协商、对话、谈判、沟通,舒缓群众不满情绪,实现矛盾自我消融,维护了基层社会的和谐稳定。比如,据统计,首创“三上三下”重大事项民主决策制度的枫源村,近10年来共开展了20多件村级重大工程,涉及金额3000多万元,但没有一件工程被村民投诉、举报,始终保持着“小事不出村”的记录。[①] 又如,阮市镇檀溪村积极组织村里的法律、政策、道德“明白人”组成乡贤队伍有效参与乡村治理。近3年来,檀溪村支两委与“乡贤”一起化解了矛盾纠纷共53起。2017年7月,店口镇于成立乡贤调解委员会。[②] 8月,乡贤调解团成员主动深入侠父村信访户宣强(化名)家中了解情况,经过两个多月的持续调解,宣强终于在《承诺息访(协议)书》上签下了自己的名字。[③]

四、诸暨市城乡“协商治理”的现实启示

诸暨市城乡“协商治理”的实践并非偶然,它是官方意志与民主政治的巧妙结合,既显示了我国社会转型中地方治理创新的内在驱动,也说明了协商民主理念指导下的协商治理与我国治理变革需求的高度契合。诸暨市城乡社会协商治理固然有其特有的地方优势,但其经验和做法确能带给我们诸多启示。

(一)坚持党的领导,发挥党在基层协商治理中的领导核心作用

办好中国的事情,关键在党。党的领导是中国特色社会主义最本质的特征。党的十八大以来,中央多次强调“完善党委领导、政府负责、社会协同、公众参与、法治保障的社会治理体制”。发挥党总揽全局、协调各方的领导核心作用,始终是推进城乡有效治理的坚强政治保障。

从诸暨市协商治理样本描述中可以看出,诸暨市城乡协商治理实践之所以能取得明显效果,这与他们注重发挥各级党组织领导核心作用密不可分。诸暨市各级党组织在推进协商治理中扮演着重要角色,他们倡议和推动协商治理机制创新,担任协商召集者和组织者,协调各方利益进而推动共识的达成,监督协商结果的落实。对此,我们可以从以下几个方面作进一步分析:一是加强对城乡治理工作的组织领导,增强各级党委抓社会

---

① 卢芳霞.协商民主化解基层社会矛盾的功能与实现路径——基于浙江基层协商民主经验的研究[J].中共浙江省委党校学报,2017(4).

② 店口乡贤调解委员会共有6名成员,包括村老干部、退休教师,还有村里德高望重的村民等,乡贤调解委员中年龄最小的51岁,最大的已经有74岁了.

③ 何超珂,郦冰冰,孟幸宇.诸暨:乡贤聚力为乡村振兴添活力[OL].[2018-2-5].http://zjzj.wenming.cn/index/top_news/201802/t20180205_2853630.html.

治理的自觉性和主动性。诸暨市在加强和创新城乡治理过程中,始终坚持"以基层党建引领基层治理",重视和加强乡镇政权建设,强化党群联动、干群联动,把党的领导体现在城乡社会治理的最末梢。比如,在修订、制定村规民约、社区公约工作中,建立党委统一领导,综治委牵头,组织、民政、司法等部门分工负责的工作机制。镇乡(街道)成立专门工作班子,担负指导制订修订和推动村规民约、社区公约实施的重要职责。而按照诸暨市《关于培育和发展乡贤参事会的指导意见》的要求,乡贤参事会的成立条件为:要有章程、申请备案的,经村党组织同意后、报乡镇政府备案。具备条件申请法人登记的,经乡镇政府书面同意后,向民政部门申请登记。乡贤参事会的会员在入会前须经村党组织审核确认,秘书长原则上由村支书或村主任兼任。在总结以往经验的基础上,2017 年 7 月 27 日诸暨市委出台《关于基层党建引领基层治理促进农村各项工作全域提升的实施意见》,提出"全力打造党建引领新农村建设的诸暨样板"①的工作目标和具体标准。二是加强基层党组织和党员队伍自身建设,发挥基层党组织的战斗堡垒作用和党员先锋模范作用,从而引领城乡居民和各方力量广泛参与协商治理实践。共产党员是基层党组织的主体,基层党组织对协商治理的引领和支持作用,必须扎扎实实地落实到每一个党员带头参与到协商治理的行为上。如何在城乡有效治理的过程中发挥各级党组织及党员干部的"关键少数"作用,诸暨市在实践探索中形成许多有益的做法和叫得响的党建工作特色品牌。例如,前文已提及的"五议两公开"、村干部"四不"公开承诺制度;又如,"村支部书记党建责任清单 20 条"②以及以党员干部量化管理、考核为主要内容的枫桥镇新择湖村党支部"四色榜单"亮分制度。③ 三是坚持重心向基层下移、人员向基层挪动,让党同人民群众的血肉联系更加紧密。强化基层党组织对基层社会治理的统领,坚持把党的政治优势、组织优势转化为治理优势。诸暨市在全市推行党员干部"一线工作法",实行乡镇班子成员包村、乡镇干部住勤、一般干部驻村,全体干部联户制度,全市驻村干部进村入户率达 95%。建立党员干部直接联系群众制度,全市机关干部等共联系农户 4 万余户。④推行市级机关"返乡走亲"制度,要求市级机关干部和企事业单位在编人员利用节假日到

① 参见中共诸暨市委印发的《关于基层党建引领基层治理促进农村各项工作全域提升的实施意见》的通知(市委〔2017〕30 号).

② 2015 年,诸暨市下发《关于建立村党支部书记抓党建责任清单二十条的通知》,明确村支部书记为抓党建责任清单的主体。责任清单共设 20 条内容,涉及基层组织建设、党员干部管理、村级事务决策、任期承诺事项履行、村干部坐班值班等方面。20 条内容,村支书必须在党员大会上公开承诺,按季分析进展,查找存在问题,明确下季度改进方向。内容的执行好坏,事关村支书前程。凡其年度总分在该镇排位末 5 位的,考核将被扣分,并视情况进行诫勉谈话、通报批评,直至启动免职程序。参见尹华广.农村基层党建法治化:科学内涵、时代价值与实现路径——以"枫桥经验"的创新发展为例[J].长春大学学报,2017(11).

③ "四色榜单"亮分制度是指按照党员先锋指数测评所得的不同分值,将党员分别放在红榜、黄榜、蓝榜、灰榜四个不同榜单中考评党员先进性的一种亮分管理制度。"四色榜单"亮分管理制度的内容分为三个方面:一是对党员平时的日常量化管理;二是对党员年底的集中测评;三是将所有党员根据前述两项成绩相加的总得分,分别放入红榜、黄榜、蓝榜、灰榜四个不同榜单中并张榜公布.参见尹华广.新择湖村"四色榜单"亮分制度的调查与思考,未刊稿.

④ 诸暨市政法委.坚持和发展"枫桥经验"资料汇编(四)(内部资料)[Z].22.

出生地"返乡走亲",围绕服务村级组织换届选举、"五水共治"、美丽乡村建设等工作主动认领任务清单,助力城乡社会治理。与此同时,诸暨市结合网格化治理,实行基层党建工作网格化,党支部设置与网格划分对接,支部建在网格上,为党组织和党员组织引领网格协商,促进协商治理提供了稳定的组织保证平台。

(二)以人民为中心,坚持依靠群众、依法有序引导群众参与城乡社会协商治理

长期来看,基层治理制度无论如何改变,始终以群众自治和基层民主为根本逻辑。基层作为国家与社会的交接点,不得不直面诸多矛盾的叠加蓄积。原有的一元主导治理选择以单方压制和利益诱导来实现基层社会的刚性稳定,难以根治国家与社会关系错位、治理结构混乱、基层民主不足等结构性痼疾。[①] "多元协商治理正视基层治理困局,摒弃行政权力通约一切的惯性思维,立足于构建平等、公开的协商平台以辨识多元诉求,凝聚理性共识,寻求各方能接受的最大公约数。"因而相较原有治理模式,多元协商治理充分尊重民众的知情权、表达权、参与权和监督权,通过开放公共过程以拓展公众参与空间。

"枫桥经验"一开始就依靠和引导人民群众,注重人的改造和调动人的积极性。[②] 这也是"枫桥经验"近 55 年来之所以历久弥新,并成为浙江模式、中国经验的重要原因之一。我们欣喜地看到,近年来,诸暨市始终坚持以人民为中心,注重健全和创新公众参与城乡社会治理的载体和平台,初步形成了党委、政府、企业、社会、群众等多元主体共建共治的社会治理体系。这样"一种涵盖多元权力主体的协商机制将有助于农村基层的制度化共治、各治理主体多赢局面的形成以及善治的实现"[③]。

社会组织因其形成和运作的志愿性、自主性、非营利性、公益性等诸多特征,使其相对于政府在基层社会治理中具有得天独厚的优势,并成为多元治理主体的一支重要力量。诸暨市坚持依靠群众、依法有序引导群众参与城乡社会协商治理,一个突出表现就是注重统筹发挥社会力量的协同作用。近年来,诸暨市先后出台《关于培育发展社会组织和建立现代社会组织体制的实施意见》等一系列政策文件,进一步转变政府职能。同时,采取下方社会组织备案管理权限、降低社会组织登记门槛、建立完善评估奖励机制,加大政府购买服务力度等方式,全方位培育、发展调解、公益、文体等各种类型的社会组织。[④] 在此基础上,积极引导各类社会组织广泛参与到民生事业、矛盾化解、平安创建、公益事业等中来,有效发挥多元主体在协商治理中的作用。在诸暨市枫桥镇,已经登记或备案的镇级社会组织就达到了 46 家,具体可划分为群防群治类、经济发展和行业类、公

---

① 李辉,蔡林慧.论基层治理的制度变迁与基层协商治理[J].社会主义研究,2015(4).

② 蓝蔚青."枫桥经验"为什么能成为中国经验[J].今日浙江,2013(17).

③ 刘安.协商共治:建构农村基层治理的制度性合作关系[J].南京师大学报(社会科学版),2011(2).

④ 目前,诸暨市共有各类社会组织 1875 家,其中注册登记的 654 家,备案的社区组织 1221 家。参见诸暨市委、诸暨市政府.坚持和发展"枫桥经验"资料汇编(内部资料)[Z].49.

益慈善服务类、文体类等四大类，覆盖了经济发展、民生建设、纠纷化解等各个领域。① 这些社会组织具有广泛联系群众、直接服务群众的特点和优势，其中枫桥镇调解志愿者联合会就是典型代表。作为经诸暨市民政局批准登记的社会团体，枫桥镇调解志愿者联合会于 2015 年年底成立，目前共有来自企业、学校、医院、行业协会以及机关干部志愿者等在内的会员 108 名。截至 2017 年 6 月底，这些由普通群众组织起来的调解组织共调解各类纠纷 1784 件，兑现各类经济损失 3393 万余元，兑现率 100%。②

毋庸置疑，外来流动人口已成为诸暨市社会经济建设中不可缺少的重要力量，③但同时，大量外来流动人口的涌入也给诸暨市城乡社会治理带来不少新的问题。诸暨市除培育、发展社会组织，鼓励社会组织参与社会治理外，也十分注重引导外来人口参与城乡社会治理。近年来，在外来流动人口管理服务上，诸暨市大力推进"同城战略"，作了大量卓有成效的探索和实践，形成了诸多好的经验做法，增强了流通人口的身份认同。④ 在加强和创新流动人口管理的同时，诸暨市非常重视流动人口的再组织化，通过推行"党建+流管"等一系列措施，保障流动人口各项政治权利，引导流动人口参与当地社会治理工作。例如，店口镇成立贵州遵义模范党支部、江西井冈山红色党支部、安徽黄山先锋党支部、新店口人综合党支部和流动党员服务中心，商请江西永丰组织部等外省市党组织在店口设立流动党员联络处。注重培养吸收，将优秀党员培养成企业的管理决策层成员，把企业的管理决策层成员培养成优秀党员。

（三）坚持民主决策、民主监督，将村民自治、基层民主和协商治理有机连接

基层协商治理对多元协商参与的推崇和公共精神的培育与群众自治所强调的"自我管理，自我教育，自我服务，自我监督"不谋而合，而其对个人利益的尊重及多元协商主体平等话语权的维护，对公意达成与公民社会的孜孜以求又在根本上契合民主的价值追求，二者的天然相融有目共睹。⑤ 因此，协商治理与村民自治和农村民主的有效实现有着内在的关联性。可以说，协商治理机制的运转状况，在某种程度上依赖于村民自治及农村民主制度建设水平。

---

① 陈钢勇，赵国强，张倩倩. 协同治理背景下乡村社会组织培育发展研究——以浙江省诸暨市枫桥镇为例，未刊稿.

② 统计数据来源于 2017 年 7 月 27 日，西北政法大学"枫桥经验"调研组一行在诸暨市枫桥镇调解志愿者联合会座谈会上毛仲木会长的介绍.

③ 截至 2016 年 12 月 20 日，诸暨市全市新登记流动人口 687575 人，注销 704882 人，在册 341493 人。参见诸暨市流动人口管理局. 2016 年全市流动人口管理服务工作总结及 2017 年工作思路.

④ 早在 2004 年 10 月，店口镇会同市公安局分别从贵州遵义和江西永丰聘请了 4 名民警到店口派出所协助管理外来流动人口，后来又请了劳动、计生等部门的干部过来，而且在优秀流动人口中聘请协管员，逐步形成了"外警管外口""外来干部管外口""外口协管外口"的"三外"管理模式。许多新闻媒体形象地称这一管理模式为"娘家人管婆家事"。2006 年，公安部在诸暨专门召开现场会，在全国有关省市推广。参见诸暨市流动人口服务管理局. 寓管理于服务以服务促融入——关于店口镇加强和创新流动人口服务管理的调查报告. 诸暨市委政法委. 坚持和发展"枫桥经验"资料汇编(三)[Z]. 2017 年内部资料.

⑤ 李辉，蔡林慧. 论基层治理的制度变迁与基层协商治理[J]. 社会主义研究，2015(4).

在我国,村民自治的核心要义就是民主选举、民主决策、民主管理和民主监督。就"四个民主"中的民主选举和民主监督而言,现有的制度框架均有体现。① 而对"权力行使"通过怎样的方式来进行会更加符合村民自治的内在需求,并没有明确的机制,这导致在村民自治中具有治理意义上的民主决策和民主管理这两方面民主的真空。② 诸暨市城乡协商治理的积极探索,则为填补这一裂痕提供了诸多启示。就民主决策而言,诸暨市推行的以"党员群众建议、村党组织提议、村务联席会议商议、党员大会审议、村民(代表)会议决议和表决结果公开、实施情况公开"为主要内容的"五议两公开"以及前文提及的陈家村"三上三下"等各具特点的民主协商决策形式,使得村民真正成了村级事务决策的主体。而对于村干部等传统的村级事务决策主体而言,他们则是更多地把主要精力放在组织、引导、协调和服务上来。

实践表明,完善基层民主监督机制,提高基层民主监督的水平与成效,是推动民主选举、民主决策、民主管理、民主监督均衡发展的客观需要,这既是区域民主政治发展的核心问题,也是我国基层自治与治理现代化进程中的重要内容。③ 协商治理是民主决策与民主监督的辩证统一。④ 在民主监督方面,诸暨市涌现出一系列具有典型意义的经验和做法,极大丰富了基层民主监督的实践形态与地方经验。比如,2009 年前后,诸暨围绕"组织网络化、操作程序化、监督多元化、运行阳光化、管理信息化、问责制度化"的发展目标,努力构建农村集体"三资"管理体系。⑤ 诸暨市集体"三资"管理服务的推行,进一步深化了财务公开,群众随时可以在电子触摸屏查看"三资"运营情况,保障了群众对村级资金开支、资产运营、资源开发等业务的参与权、知情权、监督权,改善和融洽了党群、干群关系。⑥ 又如,近年来,诸暨市针对民主监督重点对象——村干部,制定了《诸暨市村级权力清单》,出台了"四不"公开承诺制度,通过扎牢制度的笼子,杜绝村干部利用手中的权力搞权钱交易、以权谋私,有效规范了村干部的履职行为。

(四)坚持依法协商治理,注重刚性规范(硬法)与柔性规则(软法)兼施

法有硬法和软法之分,硬法和软法均是国家治理的重要工具。⑦ 基层治理是国家治理体系的重要组成部分,基层治理的法治化,是国家治理能力和治理体系现代化的基础。我国的协商治理是党和政府主导下的公民有序参与机制,遵循着特定的规范和规则,形

---

① 村民自治中的民主选举,是通过选举来实现的,而民主监督则是通过村务监督委员会来执行的。

② 章荣君.实现村民自治中选举民主与协商民主协同治理的探究[J].湖北社会科学,2016(10).

③ 陈华兴.民主政治建设的浙江经验[J].浙江日报,2017-6-2(5).

④ 教育部中国特色社会主义理论体系研究中心.中国协商治理的基本特点[J].求是,2013(10).

⑤ 余钊飞,罗雪贵."枫桥经验"视野下的乡镇政府管理与村民自治良性互动研究[J].山东科技大学学报(社会科学版),2017(6).

⑥ 陈泳.加强"三资"管理规范农村财务——浙江省诸暨市加强农村集体"三资"管理工作实践与思考[J].中国农业会计,2011(2).

⑦ 姜明安.软法在推进国家治理现代化中的作用[J].求是学刊,2014(5).

成了一元多样的混合治理模式。在这其中,“法治是治国理政的基本方式”,法律规定是首要的刚性规范。[①] 在基层治理和协商民主方面,《村民委员会组织法》《城市居民委员会组织法》等等,这些法律法规曾经是一定历史阶段的产物,至今仍是我国基层社会治理中的重要法律依据。

由于协商治理的广泛性、多样性、多层性和复杂性,协商过程不仅需要遵循刚性和准刚性规范,而且需要遵循具有相对弹性的社会规范和能使协商参与者达成共识和合约的软法规则。[②] 对于这些“软法”,有学者归纳出如下几个特征:首先,软法是一种规范,是一种行为规则;其次,软法的根本特征是不具有法律约束力;再次,软法的形成的主体是多元的。[③] “软法”的这些特征,也使得它与协商治理在治理主体的多元性等方面高度契合,并在基层协商治理的实践中表现出刚性规范(硬法)难以企及的优势,而国家政策以及农村社会中大量的村规民约、社会团体章程等,则是“软法”主要的渊源。实践证明,软法与硬法都无法完全排除对方而独立实现治理目标,硬法需要通过软法获得更高的认同度,软法的合法性仰赖于硬法。因此,乡村社区治理需要软法与硬法的“混合治理”。[④] 诸暨市在坚持依法协商治理的同时,注重刚性规范(硬法)与柔性规则(软法)兼施,形成了“刚柔”并济的互动机制。

村规民约在农村软法体系中居于较高的地位,是规范村民权利义务的基本准则。目前,诸暨市全市503个行政村全面完成了村规民约的修订,这些接地气的“软法”,轻则教育批评、舆论谴责,中则黑榜公布、微信曝光,重则取消资格(如取消入党、建房资格)、损害赔偿等,有效推动了村民自我约束、自我管理,极大地改善了村风民风。[⑤] 村规民约的制定和实施一方面矫正和弥补了国家制定法的不足,填补了基层社会治理的空白。比如,赵家镇的宣家山将当地特产——香榧采摘季节的管理纳入村规民约,形成采摘“公约”,严禁提前采摘等行为,从而有效维护了当地香榧采摘秩序。江藻镇吴墅村通过设置红黑榜对“好婆婆”“好媳妇”予以红榜表彰,倡导“百善孝为先”的孝行。另一方面,村规民约也推动了乡镇政府与村民组自治的良性互动。例如,诸暨市村规民约把“五水共治”“三改一拆”“四边三化”及平安建设、民主参与等重点工作的相关要求写入村规民约和社区公约,推动了党委、政府的中心工作和重要决策落实到基层。此外,村规民约的形成过程也充分体现了依法协商、民主协商的精神。例如,《陈家村外来建设者管理规约》开篇就指出,“根据《中华人民共和国户口登记条例》……以及其他相关人口及治安管理法律法规,根据本地区历史传统和相关习惯,我陈家村村民集会商议,并与外来者代表充分协

① 教育部中国特色社会主义理论体系研究中心.中国协商治理的基本特点[J].求是,2013(10).

② 教育部中国特色社会主义理论体系研究中心.中国协商治理的基本特点[J].求是,2013(10).

③ 罗豪才,毕洪海.通过软法的治理[J].法学家,2006(1).

④ 史军,廖小东.软法视阈下的乡村社区治理研究——以厦门市院前社区为例[J].西南石油大学学报(社会科学版),2017(1).

⑤ 诸暨市政法委.坚持和发展“枫桥经验”资料汇编(四)(内部资料)[Z].94.

商,制定本规约,相期共守"①。

结语:走向协商的城乡基层治理

在公共治理的语境之下,实现治理目标的手段已经不再是,准确地说不全部是命令和控制式的管制方式,而是强调公共主体与私人主体之间的对话、协商并进而协作,从而通过多种治理手段共同实现治理目标的过程。② 诸暨市的协商治理实践表明,协商治理模式体现了基层治理的协商、合作的理念导向,不仅能够有效吸纳和整合多元社会治理力量,落实民众的治理主体地位,也保障了民众民主权利的实现,对重塑乡村秩序、健全"自治、法治、德治"相结合的乡村治理体系具有积极意义。

协商治理的出现,不仅丰富与拓展了民主的理论与实践,强调了民主中的治理因素,是一种民主中的治理;而且丰富与拓展了治理的理论与实践,强调了治理中的民主因素,是一种治理中的民主。因此不论对于民主还是对于治理,协商治理都是一种理论与实践的范式革新,需要我们去关注。③ 协商治理是一个理论性与实践性兼具的命题,在推进过程中仍然存在种种困境。为此,必须要以发展和完善基层协商民主作为推进城乡协商治理的基本途径;与此同时,尚需不断深化协商治理理论研究、完善协商治理制度、提高协商治理效能,推动实现"共建、共治、共享"的现代乡村社区治理格局。

"Negotiation Governance": Practice and Experience of Zhuji Urban and Rural Governance

Ma Cheng　Xue Yongyi

Abstract: "Maple bridge experience" as a model of social governance at the grassroots level, in the development and innovation, especially the combination of deliberative democracy and grassroots social governance, and in practice to explore the formation of multiple subjects "consultative governance" of a new type of grassroots governance model. The practice of "consultation governance" in Zhuji and rural areas is in good agreement with the needs of grassroots social governance reform in our country, and has achieved positive effect in practice, which provides many enlightenments for perfecting the rural governance system of "autonomy, rule by law and morals".

Key Words: consultative democracy; deliberative democracy; maple bridge experience

---

① 范忠信,武乾,余钊飞,等."枫桥经验"与法治型新农村建设[M].北京:中国法制出版社,2013:183.

② 罗豪才,毕洪海.通过软法的治理[J].法学家,2006(1).

③ 张敏.协商治理及其当前实践:内容、形式与未来展望[J].南京社会科学,2012(12).

族群原则到自律原则

——怒族习惯法的调适与演变

周　力[*]　匡　梅[**]

摘要：早期的怒族习惯法以族群原则为稳定性条件而得以在复杂程度较低的社会中延续。随着社会复杂性程度的增加，原有习惯法在应对能力上逐渐弱化。清代，外来宗教传入怒族地区后经历了本地化的演变，逐渐介入怒族社会中，怒族的行为准则被纳入了宗教教义之中。原有习惯法在与外来宗教规范互动的过程中获得了重整与延续，形成了可供怒族选择的一套以自律原则为效力基准的规范格局，克服了原有习惯法的局限性，满足了社会的新诉求。

关键词：怒族习惯法；族群原则；自律原则

怒族是我国人口数量较少的民族，由"若柔""怒苏""阿怒""阿龙"四个支系组成，主要居住于云南省怒江傈僳族自治州。由于长期的共同生活和文化交往，这些来自不同支的人，在怒江和澜沧江这样一个大自然的舞台上，逐渐接近，相互影响和相互融合，逐渐发展和形成现代的怒族。① 由于怒族采用"刻木记事，结绳记时"的方式来记录生活，民间歌谣、谚语等②在一定程度上发挥着文字的功能。因此，怒族习惯法多表现为言耳相传的民间惯行，人们往往根据自己的价值取向和理解方式对其作出不同的解释。加之记载怒族习惯法的汉语文献阙如或过于宽泛，可查得的汉文史料极为有限，还需借助二手文献及相关的实证材料。因此，加大了对其习惯法进行挖掘的难度。对文献进行整理即可发现，近年来与怒族相关的研究，往往离不开对其多元宗教并存、多民族共居和谐态势的考察，且多着眼于经济、教育、文化等方面，尚缺乏从法学抑或是法理学角度出发对其习惯法的研究。

就习惯法而言，它主要是一种集体性的社会规范，它已然是一个规范性范畴。③ 那么

---

* 周力，法学博士，西南政法大学行政法学院西方法哲学研究中心副主任。

** 匡梅，西南政法大学行政法学院法学理论专业硕士研究生。

① 《怒族简史》编写组. 怒族简史[M]. 云南：云南人民出版社，1987：8.

② 无文字形式的法律体系如同成文法的法律体系一样，为人们规定了各种行为模式和法律后果，它们毫无差别地发挥着规制社会的作用。这些无文字形式的法律体系可以被称作习惯法等。（可参见[日]千叶正士. 法律多元：从日本法律文化迈向一般理论[M]. 强世功，王宇洁，彭冰，赵晓力，译. 北京：中国政法大学出版社，1997：173.）

③ 李可. 习惯法——一个正在发生的制度性事实[M]. 长沙：中南大学出版社，2005：82.

作为规范的怒族习惯法为何得以延续至今？这一问题显然是在某种语境下提出的。因为，习惯法始终无法脱离社会环境而独立存在，如果不依赖于特定的社会和历史环境，仅对其进行抢救式的挖掘与整理，尚不足以明晰此问题。因此，应在历史维度中对怒族习惯法进行考察，以探寻保障怒族习惯法在复杂程度较低的社会中延续的稳定性条件以及该稳定性条件在外来因素冲击下的调适路径，进而分析怒族习惯法得以延续的原因所在，也为民族地区的法治建设提供相应的论据材料。

一、原形：历史维度的考察

（一）回顾：怒族早期习惯法

通过考察怒族社会的历史，可以还原怒族习惯法的生长环境及其历史样态，以便于探寻维系其存续的稳定性根基所在。

唐代，樊绰的《云南志》中始见与怒江及周边山脉境况相关的记载："高黎贡山在永昌西，下临怒江……冬中山上，积雪苦寒，夏秋又苦穹赕、汤浪毒暑酷热。"[①]元代以后，史料中对怒江地区的记载开始由模糊转向具体。已有"大理怒江甸土官阿哀你寇乐辰诸寨，命云南行省督兵捕之"[②]的记录。说明怒江地区已进入国家的视野，但因当时怒江地区的土官多为傣族，深居幽野的怒族还未能被众人所知晓。明代以后，中央便开始对怒江地区实施"以夷治夷""因俗而治"的羁縻政策[③]。1384年，明政府封纳西族木氏为丽江土知府，推行土司制度。自此，怒族逐渐进入众人眼中，民间史料记载也相继增多。怒人"居永昌怒江内外。其江深险，四序皆燠，赤地生烟。每二月，瘴气腾空，两堤草头交结不开，名交头瘴。男子面多黄瘦，刚狠好杀猎，或采黄连为生，鲜及中寿。妇人披发红藤勒首"[④]。也就是说，到明代，怒族仍保留着原有风俗习惯，久居化外且生存环境险恶，又颇具原始社会的刚狠性格特征。并且，怒族地区仍未建立起自己的民族政权，而是受土司的统治。但是，土司对怒族地区名义上的统治则是鞭长莫及，土司制度仍未能替代怒族原有的社会制度。

清初，怒族仍居住于高山密林，虽性格刚狠，但囿于原始的生产生活状态，势力弱小，常年受到藏族等外族欺负。每个怒族群体都有经过本群体成员共同推举产生的头人"阿

① 樊绰.云南志校释[M].北京：中国社会科学出版社，1985：65.

② 意为怒江土官阿哀你侵犯众多相邻村寨，被云南行省派兵追捕。（可参见[明]宋濂.元史(卷30)[M].北京：中华书局，1976：686.）

③ 羁縻政策：从秦朝开始，历代中央王朝为了处理中央与地方少数民族关系的一种政策。"以夷治夷"是指中央在民族地区设置政治机构，但仍保持少数民族原有的社会组织形式，不改变族长在各族中的领袖地位，以此来维护边疆的团结稳定，逐步实现中央对民族地区的直接统治；"因俗而治"是指"修其教不易其俗，齐其政不改其宜"，在各少数民族承认中央王朝统治的前提下，中央王朝允许民族地区保持其原有的风俗习惯、宗教信仰等。

④ 杨慎.增订南诏野史[M].北京：学识斋，1868：114-118.

慕渣”，选任条件是对其品德资质的考察。头人的权力来源于成员们的认可而非遥领的土司。头人的职责为调解纠纷、公断事务，并在对外纠纷和械斗时，出面交涉和领导指挥。① 为了反抗外族的劫掠，几个村落的怒族曾多次联合起来，共同推举一名或多名头人来做联盟的领导以指导作战。雍正八年(1730)，部分怒族头人向政府表示“求纳为民，永为岁例”②，愿意接受政府的管束，以免本族群遭到外族侵略。

然而，直至清光绪三十四(1908)年，政府才首次向怒地派去官员。③ 但关于怒族的史料相较于前代翔实，已有对其民风的记载。如相关史料中有云：“怒子，居怒江之内……猎禽兽以佐食，无盐，无马、骡，无盗，路不拾遗，非御虎豹，外户可不扃。”④不过值得注意的是，到了清代中后期，菖蒲桶⑤仍是“人户稀少，村落零畸”⑥，上帕⑦处于“名虽归丽江府管辖，其实则怒、傈自成部落，亦无土司统属”⑧的状态，而知子罗⑨则是“自有怒民来，系自成部落，素来归附，无止司管理”⑩的境况。据此可知，在历史进程中，怒族虽然逐渐为中央和众人所知。但从整体上来看，绝大多数的怒族地区仍处于自在自为的原始状态，外部对其影响甚微，调整其社会关系的仍是习惯法。

怒族习惯法表现为“反复出现的，个人和群体之间相互作用的模式”⑪，它“起源于一个被一般地遵守的行为，在那里行为人并不有意识地旨在创造法律，但是他们一定认为他们的行为是符合有拘束力的规范的而不是任意选择的事情”⑫。具体而言，怒族习惯法主要产生于群体成员对社会中长期存在的固定行为模式的信念和对原始宗教的信仰。而怒族的原始宗教信仰则是表现为其万物有灵观、灵魂不灭观和鬼魂崇拜。因怒族信奉鬼神⑬，其成员每年要在不同的时间集体祭祀，以祈求赐予安宁云云。⑭ 再者，集体祭祀的举行亦是对群体观念的传递和对群体力量的凝聚。总而言之，怒族习惯法虽表现出了对超自然力量的崇拜，缺乏科学性，又具有浓厚的原始色彩。但实际上体现了怒族对其自身的行为意义和外在世界的初步理性思考，也反映了成员在险恶生存环境中所滋生的共同利益和要求——维护群体秩序、强化集体力量。在其习惯法的内容上主要表现为：

---

① 《怒江傈僳族自治州概况》编写组.怒江傈僳族自治州概况[M].云南：云南民族出版社，1986:35.

② 方国瑜.云南史料丛刊(第12卷)[M].云南：云南大学出版社，2001:57-67.

③ 陶天麟.怒族文化史[M].云南：云南民族出版社，1997:22.

④ 方国瑜.云南史料丛刊(第12卷)[M].云南：云南大学出版社，2001:57-67.

⑤ 今怒江傈僳族自治州贡山地区。

⑥ 贡山独龙族怒族自治县志编纂委员会.贡山独龙族怒族自治县志[M].北京：民族出版社，2006:521.

⑦ 今怒江傈僳族自治州福贡地区。

⑧ 怒江州志办公室.纂修云南上帕沿边志(沿革篇)[M].云南：怒江州民族印刷厂，1998:68.

⑨ 今怒江傈僳族自治州碧江地区。

⑩ 怒江傈僳族自治州文物编纂委员会.怒江傈僳族自治州文物志[M].云南：云南大学出版社，2007:370.

⑪ 昂格尔.现代社会中的法律[M].吴玉章，周汉华，译.北京：中国政法大学出版社，1994:43.

⑫ 凯尔森.法与国家的一般理论[M].沈宗灵，译.北京：中国大百科全书出版社，2000:129-130.

⑬ 怒族主要信奉山鬼“木里布拉”、水鬼“昂不拉”、路鬼“木胡希拉”和树鬼“穷那底布”等十余种，还有神“强布拉”。怒族认为鬼神主宰着人的生活，因此每年都要对其进行祭祀。

⑭ 《民族问题五种丛书》云南省编辑委员会.怒族社会历史调查[M].云南：云南人民出版社，1981:114.

(1)以义务性的规范而非权利性的规范为主。重在对其成员的行为进行指引,以维护村落秩序、凝聚群体力量,如包含诸多的禁止性规范。(2)强调族群共同利益,表现出私有观念的淡薄,未能充分彰显个体的地位,如为了保障群体共同生活,防止财产外流,规定了成员在进行土地买卖时,本群体其他成员具有优先购买权,与非群体成员进行土地买卖的先决条件是取得本群体成员的同意。(3)具有原始的民主性与平等性。群体成员间(包括"头人""巫师"在内)享有平等的权利和义务,相互间并无实质性的区分。

怒族社会对外展现了原始的刚狠特性但民风良好,久居化外而为国家政权所不及;对内则显现出共同应对危机的浓厚族群意识,这一意识指引着怒族的日常行为、约束着其习惯法的规范效力。因此,基于对怒族习惯法独特的生长环境和历史形态的考察便追溯到了其背后的根本推动力所在——族群原则。

(二)族群原则:习惯法的稳定性条件

族群原则以血缘、群体关系为基础,是怒族习惯法的逻辑前提和最高效力标准。在怒族的早期社会中,人们的生产生活一直都靠血缘纽带来维系。[①] 因而得以将松散的成员集合在族群之中——氏族图腾、父子连名制、亚血缘族内婚制所蕴含的汇聚力和认同感构建了怒族的个体定位并编织了能够产生社会联系的人际网络。随着社会的发展,由于怒族需要依凭集体的力量来对付自然、对付外族,一个由两个或两个以上的氏族构成的组织——胞族就出现了,其实是一种氏族间的联盟关系。[②] 联盟的建立实质上是为了以集体的力量对胞族的共同领地进行保护。之后,随着私有制的出现,家族进一步瓦解,家庭作为独立的生产单位出现了。此时,怒族村落一般由彼此间有血缘关系的十余户至几十户个体小家庭组成。也有部分村寨因为外来户迁入而杂入少数其他家族的家庭,并逐渐发展成多个家族共居的村社。[③] 基于怒族社会独特的组织形式,其成员产生了对彼此之间血缘关联和所共同居住的环境的感知。

人类制度中凡能维持长久的都与一种永恒的需要有关。[④] 在怒族社会中,个体的生存离不开群体之间的团结,往往通过互助等制度来维系群体关系以弥补个体能力的不足,互助团结的实质是为了自助;反之亦然,群体也离不开个体力量的维系,常通过族内婚等制度,防止族群劳动力、战斗力和族内财产的流出。由此可见,怒族习惯法的主要目的是为了凝聚个体,强调群体的力量。

怒族习惯法是在怒族长期的生产生活中形成的,是群体共同意志的体现,同时主要是通过成员之间的"言传身教"而得以巩固和强化。因此,怒族习惯法不易发生大的变动。而习惯法之所以得以稳定延续不只依托于习惯法本身,还取决于保障习惯法实施的

① 陶天麟.怒族文化史[M].云南:云南民族出版社,1997:43.

② 陶天麟.怒族文化史[M].云南:云南民族出版社,1997:39.

③ 杨圣敏,丁宏副.中国民族志[M].北京:中央民族大学出版社,2004:277.

④ 路易斯·亨利·摩尔根.古代社会[M].杨东莼,马雍,马巨,译.北京:商务印书馆,1997:95.

力量。基于维持秩序的需要，怒族社会产生了公共权力机关——老人会议。老人是怒族文化的传承者、经验的象征、社会的财富及主心骨，故老人在社会中有很高的地位。[①] "老人会议"可以按照习惯法去干预社会成员的行为，以维系社会的正常运行；同时具有对怒族社会权威——"头人"的推举权（区别于选举权，选举权在于怒族成员）和罢免权。但是"老人会议"不是凌驾于社会之上与民众相对立的强权机构，其权威导向来自族群原则，体现的是集体的意向，也反映了怒族社会的族群关系还未被阶级分化所摧毁。另外，习惯法的效力不被触犯者消解还离不开其独特的纠纷解决机制。

首先，对于一般的民事案件，怒族多采用调解的方式加以解决。调解的效力理由从族群原则中得来，是为了缓和纠纷而化干戈为玉帛，使纠纷双方的关系不至破裂而引发更大规模的冲突以稳固族群秩序。对纠纷的解决也表现为使"非议成为强有力的制约"[②]。因为，怒族社会通过血缘纽带和群体关系来维系，是一个典型的成员间彼此知悉的复杂程度较低的小型社会。执行习惯法的强制力往往来自怒族成员之间的舆论，社会关系网络中的信息传递使这一惩治力量得以放大，违法者的恶行通常会被人尽皆知。面对那些严重侵害集体利益的行为，基本上全体村寨成员都会对犯罪者进行疏离，重者将面临孤立无援的境况，为群体所不容，间接剥夺了其在族群内部的生存权利。而亲属成员之间往往负有连带责任，惩罚的后果通常会波及犯罪者的家庭或是家族。

其次，对于命案的解决，怒族习惯法规定要赔偿命金而非直接剥夺犯罪人的性命。一般来说偿命金为 7 头活牛与 7 头干牛。怒族要求对方一次性将偿命金赔清，不准拖欠。到两三年后，死者家属还可向对方索要 1 头活牛和 1 头干牛的偿命金。对方还需杀头猪并煮好酒招待死者的亲属。此后，由公证人将一根红线从中割断，并抛血酒为誓，此后，双方和好如初，永不为敌。[③] 在社会生产力极不发达的时期，用处罚财产来代替对犯罪者刑罚的执行，虽不至于夺其性命，但将会对犯罪者的基本生活造成严重影响，仍能达至惩处的目的，最终还能在不削弱群体力量的情况下平息事端以维持社会秩序。

最后，对于证据不充足抑或是犯罪者不愿承认犯罪事实的案件，由于缺乏科学取证条件和司法审判经验，怒族往往借助"神"的力量来裁决此类案件。怒族的原始宗教信仰则是纠纷裁决得以执行的内在保证。怒族通常采用的神判方式有：抛血酒、捞油锅、拔石桩、喝血酒等。以对重大案件进行裁决的"拔石桩"为例，是要将石柱一半埋入土中，另一半留在空中并用大火烧至滚烫，若被告经过发誓并将石柱拔出而未被烫伤或是石柱直接被大火烧断，则证明被告清白；反之视为有罪。以此为据，理屈者将遭到则罚。这一裁决方法具有明显的非科学性，因为原告、被告均有可能被要求去"拔石桩"，并且多数人无法凭借这一裁决找回清白。然而，人们始终坚信经过神判，鬼神终将会以生病或丧命的方式来惩罚真正的有罪者，惩罚也极有可能波及其家庭乃至整个族群。因此，遭受报应的

① 陶天麟. 怒族文化史[M]. 云南：云南民族出版社，1997：183.

② 梁治平. 清代习惯法：社会和国家[M]. 北京：中国政法大学出版社，1996：157.

③ 陶天麟. 怒族文化史[M]. 云南：云南民族出版社，1997：47.

一方还将受到群体的强烈谴责,而谴责的合法性无不来源于族群原则。如此,群体原则有效地保障了怒族习惯法的权威性。在神判面前,个体之间是平等的,并无等级差异,体现的是怒族对原始公平、正义的诉求,目的则是为了强化习惯法的约束力,恢复群体秩序。

据此可知悉,族群原则不断地向怒族习惯法输送保证其得以延续的源泉。如果怒族社会没有发生激烈的变革,社会缓慢的发展态势将不足以挑战族群原则的效力。但在面对外来因素的剧烈冲击时,旧有原则与新型社会关系之间的抵牾便难以避免。

二、形变:原有条件的逐渐弱化

(一)推力:外来因素的冲击

清末是怒族社会发展进程中的分水岭,因为外来因素的冲击在这个阶段达到了顶峰,合力推动了怒族习惯法的演变。

清代,随着纳西族土司势力的深入,藏传佛教传入怒族地区。藏传佛教是最初传入怒族地区的制度化宗教,除却其政教合一的统治力量,藏传佛教因与怒族原始宗教有诸多相似之处[①]而得以在怒族社会传播。之后,随着西方列强的入侵,天主教、基督教相继传入怒族地区,其成熟的信仰体系和组织系统对怒族传统习惯法造成了巨大的冲击。为了方便传教,天主教和基督教的传教士还向怒族普及了文字及知识。于是在百年间,怒族社会就形成了原始宗教、藏传佛教、天主教、基督教四种宗教由冲突到和睦并存的格局,背后还蕴含着复杂多样的民族关系。大批白族、纳西族和汉族商人进入怒江地区,大量收购当地土特产品……运到大理、保山、丽江一带销售;同时又将内地日用百货……运入怒江地区,对当地的原始经济起到了一定的刺激作用。[②]

这一时期,由于怒族地区的内外交困,中央对外为了保卫祖国领土,对内为了安抚怒族百姓,设立了由国家统一管理的地方行政组织以加强对怒族地区的直接管辖。1912年9月前后,在菖蒲桶(贡山)、上帕(福贡)、知子罗(碧江)等地设立了殖边公署,对怒江进行有效的管理。[③] 殖边公署的设立不仅削弱了当地土司的统治势力,同时也是怒族地区传统政治制度转型的开端。并且,殖边队积极"备兵食、便策应,移人民,开垦凿,通工易市,

---

① 一方面,喇嘛寺的喇嘛活佛在观念上也深受怒族原始宗教中岩神崇拜的影响,同样敬畏岩神和参加祭祀岩神的活动;另一方面,怒族祭祀岩神的仪式也扬弃了杀牲祭鬼的办法,采取了藏传佛教一年一度朝山拜佛求仙水、仙乳的形式。(可参见政协怒江委员会文史资料委员会.怒江文史资料选辑(下卷)[M].芒市:德宏民族出版社,1994:287.)

② 杨毓才.云南各民族经济发展史[M].云南:云南民族出版社,1989:424.

③ 陶天麟.怒族文化史[M].云南:云南民族出版社,1997:28.

为异日设官之备"[①]，不仅促进了怒族与外界的贸易往来，怒族开始了与内地的初步交往[②]，也使得怒族社会的经济水平有所提高，人际往来也渐趋复杂。但"由于军队驻扎，日益防范为事，凡关于教育建设化及各项行政务均未设施"[③]，加之双方文化的差异，殖边队多不尊重怒族原有的民族习惯，管理政策和法度不仅未能及时对怒族地区进行有效的调控，还逐渐瓦解了社会的原有秩序，导致失序现象时有发生。而史料中记载的怒族地区发生的以"里吾底事件"[④]为代表的多起暴力反抗事件无疑是很好的例证。

由此可见，在上述因素的冲击下，外来宗教教义传入怒族社会中，为怒族地区带来了崭新的规范性因素；原有封闭的社会环境逐渐被打破，人际关系也渐趋复杂化，习惯法维护成员共同利益的群体意志性极易被左右；地方政权建立，但政府的管理和法度因难以与怒族原有风俗习惯相协调而未能完全被怒族社会所认肯，遇有无法处理的纠纷通常就演化成了失控的暴力冲突。但是，习惯法不是固定的，而是生动的。当面对新型的社会关系，习惯法不断地进行自我调适以应对崭新的情况。同时，怒族社会在与异质因素的接触和碰撞中，也在不断对本民族的传统习惯法作着评价与取舍。

(二)错位:族群原则的逐渐弱化

传统怒族社会结构的松动，族群原则作为怒族习惯法的稳定性条件因其自身难以克服的局限性而无法继续回应怒族社会中的新诉求，也无法继续为怒族习惯法的存续提供有效的凭借。

族群原则的效力场域局限于以血缘纽带和群体关系连接的较为封闭的社会。晚清以降，外来因素打破了怒族地区原始封闭的状态。到 20 世纪中叶，虽然怒族社会的发育程度还明显不足，但已经逐步确立了私有制，社会内部也出现了阶级分化，怒族的生活水平、教育水平等已有很大的提高，个人的主体意识也得到了很大程度的彰显。怒族社会中的公共权力机关——老人会议，是族群利益的代表机构。然而，其权威具有象征性且缺乏具体的权力表征。所以，随着社会阶级分化的出现，老人会议的社会控制力量有被逐渐消弭的趋势。

以往，部分怒族[⑤]通过氏族图腾及父子联名制的认同方式，赋予了族群成员血缘凝聚力。如今，这种联名的形式较之从前已相对松散，不联名的情况日渐增多，图腾的印记也已经淡化。20 世纪初，怒族村寨中已出现李、刘等汉姓居民，说明已有汉族进入怒族地区并与当地的怒族杂居。民国后，到怒江来的军队、政府官员及其家属、内地的小商贩、手

① 云南省通志编辑委员会. 续云南通志长编(上卷)[M]. 云南：云南省志编纂委员会办公室，1985：10.

② 陶天麟. 怒族文化史[M]. 云南：云南民族出版社，1997：286.

③ 怒江州志办公室. 纂修云南上帕沿边志(沿革篇)[M]. 云南：怒江州民族印刷厂，1998：68.

④ 里吾底是隶属于云南省怒江傈僳族自治州福贡县架科底乡的一个行政村落。"里吾底事件"是 1912 年里吾底和附近村落的村民决定凭借集体武装力量杀害政府下设殖边队的暴力反抗事件，造成了殖边队 23 人死亡。

⑤ 贡山、福贡两县的怒族没有氏族图腾及父子连名制。(可参见《怒族简史》编写组. 怒族简史[M]. 云南：云南人民出版社，1987：11.)

工业者、教师等类型的人也开始逐渐增多。[①] 而且,怒族传统的婚姻是一种亚血缘内婚制。所谓亚血缘内婚制是原始公社群婚制的残余,即婚姻关系多在同一氏族、家族内部进行。除亲生父母、子女、亲兄弟姐妹外,叔伯兄弟姊妹之间均可婚配,甚至不同辈分之间也可婚配。[②] 但 1957 年宋恩常等人对贡山县怒族的调查显示:"在六十八对婚姻中……有二十七对同藏、白、傈僳和汉等民族通婚。"[③]这表明了到 20 世纪中期,怒族的择偶范围已逐步打破族群的限制扩展得更广阔了。可见,随着怒族社会的变迁,加快了村落人口的流动,怒族社会原有的血缘和群体关系也已有变化。

但怒族习惯法在处理超出族群关系的问题上仍不断地返回到族群原则中,采用以族群原则为效力基准的传统习惯法处理怒族成员与外来人员之间的纠纷,其结果往往是回到了无法状态下的暴力冲突(诸如具有怒族特色的以集体认同为前提、以族群为单位的抵抗外辱的血亲仇杀[④]),而无力应对日趋复杂和多元的社会关系。怒族社会矛盾和纠纷主体的多样化,导致怒族习惯法的纠纷解决效力大不如前。先前,在怒族族群中,基于成员们的认同,多采取调解方式解决纠纷,以维持和睦的群体关系。但随着纠纷主体不再局限于同一群体,纠纷双方对调解方式无法产生相同的认可与期许,调解方式对社会关系的整合力度减弱。正如哈耶克所说:"习惯法之所以在行为中被遵守,是源于采纳的群体的强大,这样才有更多的生存机会。"[⑤]可见,群体关系的弱化势必会消解调解这一纠纷解决方式的效力。另外,怒族所采用的赔命金也是一种颇具地方特色的纠纷解决方式。随着怒族社会的发展,这一纠纷解决方式无疑为具有财产和特权的阶级擅自剥夺他人的生命提供了可能性。同时,采用赔命金以财产罚取代刑罚的处理方式也无法与多元纠纷主体的利益和国家刑法的规定相契合。

神判作为怒族化解社会争端的另一类纠纷解决方式。其报应结果越惨且越能被群体成员知晓,所能产生的约束力就越强,秩序维系的效果也就越好。但随着村落大批人口的进出,加之个体间的信仰各异,使得神判效应的普及难度加大,因而无法将其约束力扩及更广的范围。另外,随着怒族教育水平的提高,神判约束力生成的逻辑前提也遭到了科学知识的消解,从而使神判的秩序维持效力走向了衰微。

怒族个体对群体依附程度的降低以及族群原则与新型社会关系间的异质化,不仅弱

---

① 陶天麟.怒族文化史[M].云南:云南民族出版社,1997:93.

② 任骋.中国民间禁忌[M].北京:中国社会科学出版社,2004:25-35.

③ 《民族问题五种丛书》云南省编辑委员会.怒族社会历史调查[M].云南:云南人民出版社,1981:84.

④ 一般来说,怒族内部的仇杀并不多见,且持续时间不长,只需经公证人调解便可了事。后来,其他民族相继进入怒江后,使怒江的民族矛盾进一步恶化。为了生存,他们不得不团结起来,共同抵抗外侮。血亲仇杀要求同一家族,同氏族乃至同一村落的人都要参加,而且按习惯必须参与。换言之,只要有血缘关系或同属于一个利益集团的人在发何时能血亲仇杀时均须参与。如仇杀的范围较大时甚至还要求与各家族、氏族、胞族、村落有血缘关系及友好关系的个人或组织也要前来参战,并由此组成一个临时性的军事同盟。如族中有人与仇杀对象有血缘亲属关系,那么,这类人可不参与仇杀。可事实上这些人虽不参与仇杀但他们也会向本集团提供力所能及的物资支援。(可参见陶天麟.怒族文化史[M].云南:云南民族出版社,1997:51-53.)

⑤ 哈耶克.规则·秩序·无知[M].邓正来,译.北京:生活·读书·新知三联书店,2004:32.

化了怒族习惯法稳定性条件的效力，也影响了习惯法社会控制功能的发挥。

三、调适：新兴条件的应运而生

（一）调适：族群原则的重整与延续

尽管如此，怒族习惯法具有开放的结构，在与外来宗教（藏传佛教、天主教、基督教）互动的过程中，“两个接触的群体互相采纳对方的特质和丛体”①，双方都获得了全新的面貌和生命力，通过再解释和相互整合实现了怒族习惯法的变迁及其原有稳定性条件的调适。

外来因素的冲击，为怒族社会带来了新的规范体系——藏传佛教、天主教和基督教的宗教教义、教规和戒律。这一系列宗教教义在与怒族传统习惯法交流的过程中，逐渐延伸到了怒族社会的各个角落。它们各自有着独特的知识传统，但是在互动的过程中并非完全由新的规范取代旧有规范，而是在尊重和认同对方的基础上，相互取长补短、交流和塑造。经过重整所形成的社会规范在价值选择自由的时代背景下能够适应个体的需要。

宗教的传播往往离不开社会成员的授权与认可，宗教能为人们所接受离不开与当地实际情况和物性民情的磨合。因此，要尊重传入地区文化中的精髓，并对传教方式进行改善以满足社会成员的需求，才能为当地的群众所接受，强迫性的渗透终将被受众舍弃。藏传佛教基于其与怒族原始宗教信仰的部分相容性及其自身的部分特质而得以在怒族地区传播。天主教和基督教的传教士在对怒族地区传教的过程中，除非是与基本教义原则相违背，否则不会刻意施加影响怒族传统习惯法的规范，而是设立符合怒族当地实际情况的教规。

虽然，怒族地区被外来因素打破了以往封闭的生活状态，但成员间的互助和群体活动仍是怒族生活的重要组成部分。对不同民族和文化的宽容态度，也表现出怒族已然将对方视作本群体的一部分，这无疑保障了怒族社会中的差异共存。凡是没有社会效益的东西，迟早都会被打得粉碎并被埋葬。② 外来宗教有助于怒族社会成员协调彼此之间的关系，调适的范围也区别于怒族传统习惯法，不再局限于同一族群中的成员，因此能够深入怒族社会中。

藏传佛教的善行标准中规定了要“去私心交朋友”，要“帮助邻里与无告者”，要慈悲为怀，济世利他。在日常的生活中，要互相交往、互相帮助。如此看来，藏传佛教的教义中包含了调适人与人之间关系的准则，以兹促进社会成员间的和谐往来。而天主教的教

---

① 克莱德·M. 伍兹. 文化变迁[M]. 何瑞福，译. 河北：河北人民出版社，1989：37.

② 斯特伦. 人与神：宗教生活的理解[M]. 金泽，何其敏，译. 上海：上海人民出版社，1991：205.

义亦规定了成员要履行互帮互助的义务。基督教则要求人们要“爱人如己”,不仅局限于爱朋友、爱邻人,甚至还要爱仇敌。[①] 从形式上看,对这些教义的遵守是为了实现共同体的整合;从本质上看,它们也是对怒族传统文化的一种延续,但调整的范围远远超出了族群内部的血缘和群体关系,于是更好地适应了社会的发展与变迁。故而,外来宗教教义在被怒族接受的基础上,得以为回应怒族社会的新诉求提供一套替代性的选择方案。

(二)自律原则:新的稳定性条件

外来宗教传入怒族地区后经历了本地化的演变,逐渐介入怒族社会中,推动形成了可供怒族选择的另一种具有稳定性的规范格局。这一演变不仅是传统的沿袭,还是一个建构的过程。与怒族传统习惯法相比,外来宗教教义拥有成文的规范,既可以避免个体主观的随意性,又便于普及。怒族社会的逐步开放,超出族群范围的纠纷随之增多,以族群原则作为推动力的怒族传统习惯法无法调控更为复杂的社会关系,由于外来宗教的教义所指涉的对象是不特定的第三人,因此可以处理超出族群关系的社会问题而更具有普遍适用性。在此环境下,怒族习惯法在与外来宗教教义的互动过程中得到了发展,其规范体系也变得更加成熟与完善。

清末,中央政府虽然在怒江推行了保甲制,但未将所有的怒族组织起来。怒族成员遇有纠纷首先找的是各家族及村落的头人解决,如这些头人解决不了的,在迫不得已的情况下他们才去找保甲长。他们认为保甲长之类的人属“汉官”,找这些人办事是情非所愿。[②] 中华人民共和国的成立,从根本上扫除了西方势力,也根除了各种宗教背后的支持势力,这为怒族社会存在的各类规范营造了平等交流的良好环境。改革开放以来,中央施行的宗教信仰自由政策,维护了怒族社会多元宗教并存的格局,也为规范间的互动提供了制度保障。总而言之,国家力量的逐步深入,对怒族地区的和谐发展起到了推动作用。但由于怒族地区长期适应性由其习惯法进行调控,也就意味着国家法律尚未给怒族习惯法提供可选择的替代性原则,国家法律和地方行政仍需与怒族社会的民间力量协作才能更好地运作。

藏传佛教、天主教、基督教在怒族社会中共存,差异的彼此之间也具有一致性。藏传佛教的教义往往表现出个人对理想人格的追求和对为人处世方式的追问。教徒们往往通过念经书来保持心性的纯净,主张要拥有自制力,以此化解生活中的纠纷与烦恼。认为人世间具有生死轮回和因果报应,人人都逃不过六道轮回[③],因此要乐善好施,不得犯罪。天主教则规定了“十条戒律”:崇拜唯一的上帝而不可拜别的神、不可妄称上帝圣名、须奉安息日为圣日、须孝敬父母、不得杀人、不得行邪谣、不得偷盗、不得妄证、不得贪恋

① 尚九玉.宗教人生哲学思想研究[M].北京:北京师范大学出版社,2000:197.

② 陶天麟.怒族文化史[M].云南:云南民族出版社,1997:42.

③ 六道轮回是指如果做了善事,来世就会步入阿修罗道、人道和天道,这是三善道;而做了恶事,来世就会步入地狱道、鬼道和牲畜道,这是三恶道。

别人的妻子、不得贪别人的财务。基督教传教士进入傈僳族、怒族地区后,也极有针对性地提出了"十条戒令":不行淫不通奸;不调戏妇女;不撒谎;不作伪证;不偷窃,不杀人;不吸烟,不喝酒;不准跳民族舞和唱山歌,不准讲述祖先历史传说;接近传道人并协助传教;尊敬父母,遵守国法;爱人如己,互相帮助,不可嫉妒等。① 可见,三种宗教的教义以禁止性规范为主,均将个人的行为准则纳入了宗教伦理之中,规范通过自律的原则调适着人们的行为,调整范围也随之扩大到了更复杂的社会关系中。尽管宗教所说的善恶与世俗生活所理解的善恶观念有所不同,但就其根本而言,两者是一致的,宗教的善恶范畴是世俗生活所理解的善恶观念的神圣化,包含着人类社会生活的基本原则和价值观念,如尊重人的生命、不杀人、不偷盗、帮助他人等,都是维持人类生活所必需的共同准则和普遍的社会公德。②

自律原则也具有保障习惯法实施的力量。自律原则是以信仰为前提,实质是希望在对自我进行限制的过程中实现人生的意义。宗教使人类的生活和行为神圣化,于是变为最强有力的一种社会控制。③ 人们把对待纷争的态度放到了永恒的视角中,披上了神圣的外衣,如此便增强了习惯法的约束力。而习惯法的效力不被消解还离不开其对纠纷的解决。"邻近西藏,崇奉佛教,沦肌浃髓,怒江既无官长,复无土弁,故民人尤为喇嘛是信是依。"④可见,藏传佛教对怒江地区的受众具有极强的约束力,主要由佛寺中的管事、教长和二喇嘛(喇嘛通常只处理影响政教的重大事件)对纠纷进行处理,实际上是承担了怒江地区土司的部分职能。而天主教和基督教的教徒除了要定期去教堂进行祷告外,平日里犯了戒律也要主动去教堂里进行忏悔,遵守方面借助于宗教仪式以强化其神圣性,并听取牧师"骂扒打玛"对教义的宣讲和对自己的规劝,以避免下次再犯,祈求灵魂得救。教徒之间纠纷的解决,除了进行自我忏悔,往往还要到教堂内请管事"密支扒"调解,并作出处置。"密支扒"所作出的处理,教徒必须服从。只有涉及重大事项的复杂案件,教会才允许教徒提起诉讼。

外来宗教在与怒族传统习惯法互动的过程中塑造了一套以自律原则为效力基准的规范体系,因克服了族群原则的局限性,而顺应了时代的变迁,也满足了社会的新诉求。

结　语

习惯法规范意义的取得离不开特定的社会条件,当社会环境变迁时,习惯法也需要进行调适,以应对新型的社会关系。怒族习惯法因融合了外来宗教的教义而变得更加完整和规范,也因重获了稳定性条件而得以延续。但怒族社会的变迁无疑是持续不断的,

① 福贡县地方志编纂委员会.福贡县志[M].云南:云南民族出版社,1999:473.

② 尚九玉.宗教人生哲学思想研究[M].北京:北京师范大学出版社,2000:213.

③ 马林诺夫斯基.文化论[M].费孝通,译.北京:中国民间文艺出版社,1987:78.

④ 方国瑜.云南史料丛刊(第12卷)[M].云南:云南大学出版社,2001:161.

习惯法的稳定性随时都有被再次消解的可能。不可忽视的是，习惯法有着自身的运行规律，任何强制性的取缔和自负性的蔑视都是不可取的做法。因此，在民族地区的法治建设中，应在建立健全法律制度的前提下，尊重习惯法的演变规律和价值考量，为习惯法稳定性条件的调适预留适当的空间。

From the Principle of Ethnic Group to the Principle of Self-Discipline
—Adjustment and Evolution of the Nu's Customary Law

Zhou Li Kuang Mei

Abstract: The early Nu's customary law was able to continue in a less complex society with the principle of ethnicity as a condition of stability. As the degree of social complexity increased, the ability of original customary law to adapt to the society was gradually weakened. In the Qing Dynasty, foreign religions experienced the evolution of localization after they were introduced into the Nu's society, and gradually integrated into the Nu's society. The code of conduct of the Nu people was included in the religious doctrine. The original customary law has been reorganized and extended in the process of interacting with foreign religious doctrine, forming a set of rules which can be chosen by the Nu people based on the principle of self-discipline, overcoming the limitations of the original customary law and satisfying the new demands of society.

Key Words: Nu's customary law; ethnic principle; self-discipline principle

西北地区民族习惯立法转化问题的思考*

郑志泽**

摘要:为提升西北地区民族事务治理现代化水平,加强少数民族权利保障,西北地区地方立法应当进一步完善民族习惯的立法转化工作。本文通过对 2000 年至今西北民族习惯的立法转化成果样本分析,得出立法转化成果存在多元规范间有效互动、领域集中的应激式转化、宗教传统被剥离和民族习惯实现认同拓展与期望整合的特点。针对西北地区的民族习惯立法转化还存在法律系统忽视民族习惯的更新、立法成果活力不足和立法权空转等突出问题,本文提出以认知开放结构把握系统动态性、以习惯法实现民族习惯活力与国家法稳定性统一和加强立法资源配置的相应建议。

关键词:系统论;民族习惯;习惯法;地方立法;民族自治地方立法

一、问题的提出

尽管 20 世纪 60 年代在美国的法律与发展运动中才出现了系统化的法制现代化理论,但是中国的法制现代化实践历时已久:从 19 世纪中叶洋务运动引进译著、维新派著书立说的先声,以及 20 世纪初清末修律的标志性开端,长达一个半世纪的中国近现代法律史就是一段法制现代化的探索史。现代法律不仅被认为是现代社会的产物,而且负载着促进社会发展,实现中国向现代社会转型的普遍期待。因而近代以来中央政府都致力于法律制度的改良和法律的进化,试图通过法律移植的方法,引进法制发达国家的法律和制度,以替代传统的中华法系。在自上而下的法制乃至社会变革的过程中,官方政令为载体的正式制度往往被视作法律至上甚至是唯一的渊源,民间习惯总是有意无意地处于被忽视的状况,甚至被置于现代化的对立面。尽管近代以来也曾经出现过大规模的习惯调查运动,但是习惯的立法转化最终还是不尽如人意。作为主体民族的汉族,其习惯地位尚且如此,少数民族习惯就尤其多了一些特殊和复杂的意味。

近代以来中国法制现代化运动的路径正是现代性在现代化进程中的反映。现代性

---

* 基金项目:国家社科基金一般项目“遏制宗教极端主义法律机制研究”(项目编号:16BFX014)。

** 郑志泽,西北政法大学民族宗教研究院民族法专业 2016 级硕士研究生。

试图从哲学的高度审视并批判文明变迁的现代结果，力图从传统与现代的对比中，抽象出现代化过程的本质特征①。传统的现代性理论认为现代性以人的主体性为核心，体现为不同文明趋同演化的同质性、正式社会控制系统的规范性，以及反思现状的批判性。这样一种现代性理论作用在法律领域中，则表现为对法制现代化的诉求。然而现代化是一个持续的过程，现代化取得的成果也会变成现代性所批判的新传统。随着更新的高级现代性与后现代性范式被提出，不仅传统现代性理论的经典命题面临质疑，现代化的历程与成果也受到重新检视。例如，美国人类学家吉尔兹提出的地方性知识理论，强调法律作为一种地方性知识，与各种场景要素（如自然环境、民族习惯、宗教信仰、社会历史等）的联系，冲击了法律现代化理论确信的法律同质性。与此同时，法律多元主义则关注各国普遍存在的多种法律规范共存且互动的现象，反对法制现代化进程中法典化运动对其他规范的排斥。法律多元主义研究从早期的前殖民地国家的双重结构，扩展到欧美国家权力社会化状态，在 20 世纪 90 年代受法律全球化影响又产生了全球法律多元论②，理论不断更新，持续冲击着法制现代化理论中只有正式社会控制系统才具有规范性的观点。在这些理论工具下，民族习惯的性质从事实回归为规范，民族习惯与国家法从社会事实为法律事实的替代关系变成两种社会规范的互动关系。在实践中，现代法律对民族习惯的替代固然普遍，但是民族习惯完全被法律所替代还显得时日尚远。一些民族习惯与现代法律在司法活动中发生激烈的对撞，一些民族习惯随着新立法的出现自身发生了进化，还有一些民族习惯在现代化的社会环境中新产生出来。民族习惯不仅在生活中占有一席之地，而且获得了法律的认可。例如 2017 年出台的《中华人民共和国民法总则》第 10 条规定“处理民事纠纷……法律没有规定的，可以适用习惯”，就肯定了习惯在民事司法活动中的应用。这些理论和实践现象的出现，无疑为我们重新审查少数民族习惯的立法转化问题提供了新的启示。在《中华人民共和国立法法》肯定省和较大的市的地方立法权以及民族自治地方的特殊立法权已经 18 年、2015 年《中华人民共和国立法法》修正后赋予一般设区的市地方立法权已经 3 年的当下，一般地方和民族自治地方的立法成果数量已经相当庞大，为此我们选取西北地区的地方立法进行研究。西北地区一般而言指陕西、甘肃、宁夏、青海和新疆五个省/自治区，有 16 个少数民族主要分布于此，另有两个少数民族世居于此，少数民族人口合计约 2054 万，占当地总人口数量的 21%③。这一地区不仅保留着丰富的传统民族习惯，也不断发生着民族习惯的更新，地区内不仅有大量少数民族自治地方，还有作为一些区域中心的发达城市，因而具有一定的代表性。我们以西北五省区 2000 年至今现行有效的地方立法为研究对象，从中抽取具有代表性的

① 陈嘉明.现代性与后现代性十五讲[M].北京：北京大学出版社，2006：37.

② 宋海彬，郑志泽.穆斯林习惯法在青海人民调解中的价值与调适——基于海北藏族自治州的调研[J].民间法，2017，2(20).

③ 国家民族事务委员会经济发展司，国家统计局国民经济综合统计司.中国民族统计年鉴 2016[J].北京：中国统计出版社，2017：760.

样本进行分析，试图以此归纳民族习惯的立法转化成果有着哪些特点、总结存在什么样的问题，以及探求可能的改善进路。

二、正当性证成

民族习惯结构于民族身份之中：民族习惯既是构成民族身份的要素之一，又依赖于民族身份维持自身的有效性。因此讨论民族习惯的立法转化正当性问题，就要先讨论它的上游问题，即基于少数民族身份补偿的正当性。

立法制度的构建要在多种法治所追求的价值目标之中实现恰当的平衡。而在西北少数民族事务治理中，民族平等和公民自由这对价值范畴则似乎冲突尤为明显：为了实现民族平等，少数民族相对于汉族似乎获得了一些“特权”，汉族公民的选择自由也因为少数民族公民“特权”的存在受到了剥夺。然而这不过是一种处于狭隘民族主义的臆想，事实恰恰相反，正如近些年来民族学界对民族分层现象的实证研究①所揭示的，汉族由于主体民族的地位而在事实上享受着民族身份的助益，少数民族却背负着民族身份的负担选择难称自由。因此在西北少数民族事务治理中，实现民族平等和公民自由正是一对方向一致的价值。为了确保这一对价值的充分实现，应当通过基于少数民族身份的补偿，力求立法能够使人敏于选择而钝于境况。

敏于选择而钝于境况，这意味着在充分地了解不同选择的代价与后果的前提下，人们被允许自由地选择资源投入的方案，并承担选择所带来的责任。最终人们之间资源上的差别是作为他们选择的结果而出现的，这些差别正当地反映了个体对可欲的生活的不同品位与爱好②。每一个体通过自己与他人结果的比较，进而维持自己的选择或作出的修正，最终结果是全体成员的选择都将得到优化。与此同时，资源上的差别应当并仅仅取决于选择的不同，而非受随机境况——如天赋差异和民族身份——的影响。境况的区别只是一种纯粹的运气，因为没有人能决定自己出生时的智商是多少，抑或挑选自己的出身。如果个体仅仅因为他们在境况中任意且不应得的差别而获得特权或被置于不利地位，这样是不公平的③。因此，良好的立法制度应当对遭受不利境况的人进行补偿，使其与境况优越的人处于相同的起跑线。

民族习惯有着三个层次的价值：对于一个文明而言，民族习惯所展现的民族文化多元性本身就具有内在价值。不同文化是人类创造力和成就的独特形式的博物馆，不同民

---

① 参见周静茹．宁夏回汉社会结构性差异及其对民族心理的影响研究[D]．兰州：兰州大学，2011．王默．民族间社会结构性差异及其对民族心理的影响——以青海化隆甘都镇为个案[D]．兰州：兰州大学，2012．马忠才．中国西部劳动力市场的民族分层[J]．社会学评论，2015(1)．古丽妮尕尔·居来提．乌鲁木齐少数民族流动人口空间结构、社会分层及居留意愿研究[D]．乌鲁木齐：新疆师范大学，2016．

② 金里卡．自由主义、社群与文化[M]．应奇，葛水林，译．上海：上海译文出版社，2005：176．

③ 金里卡．当代政治哲学[M]．刘莘，译．上海：上海译文出版社，2015：75．

族文化间的互动则是促进社会前进的重要动力。对于社会而言,民族习惯作为一种社会规范,针对的往往是该民族活动区域内的普遍问题,是社会自发形成并被实践普遍验证的自治手段。经由地方立法实现多元规范的连接、自治社会与法制社会的结合,不仅有助于解决地区内部的同类问题,还有助于法治社会的培育。对于个人而言,民族身份则塑造了人的自我认同,自我认同特征的被承认与被尊重则是一种深层的人类需要,社会忽视和曲解个人的认同特征会深深地伤害人的自尊①。因此民族习惯值得并应当在现代化的进程中得以保存并被鼓励进一步发展。

但与此同时,民族习惯又是一种影响人们选择的境况。一方面,即使在少数民族人口和少数民族自治地方数量相对较多的西北地区,各民族分布仍然呈现大杂居、小聚居、交错杂居的特点,多数市、州一级行政单元内汉族的主体民族地位没有改变。对于少数民族而言,在与民族生存息息相关的重要资源上,他们有被其他民族群体抢占或在政治活动中从票数上被压倒的可能。故而他们必须把资源用于能够维系文化成员身份、赋予其生活以意义的民族习惯上,不得不比汉族在这方面承受更重的负担。另一方面,人所进行的选择受民族习惯所展现的社会文化影响。社会文化包括关于传统和习惯的共同词汇②,而只有凭借一种丰富、可靠的文化结构,人们才能对各种可得到的选择有一个清晰的认识,进而可以对它们的价值作出明智的判断③。如果民族习惯受到削弱,则少数民族成员的社会文化也会随之出现结构问题。如此一来不仅民族文化提供给个人的选择总量减少,而且选择时的价值判断的偏差也会削弱选择的自主性。因此通过对民族习惯进行立法转化,不仅将维持民族习惯延续和发展的资源消耗主体从少数民族转移至公共财政,使得少数民族成员的不利境况得到补偿;而且立法转化过程本身也是对民族习惯的发掘与发展,从而起到保护和繁荣少数民族社会文化,进而提升少数民族成员选择自主性的作用。

三、样本介绍

经过对西北五省区2000年至今的立法成果进行筛选,我们从中挑选出6种7个民族习惯的立法转化典型样本,下面分种类对所选样本进行介绍。

(一)清真食品的民族习惯立法转化

我国10个多数人信仰伊斯兰教的少数民族总人口有2000多万④,这些少数民族人

① 金里卡.少数的权利[M].邓红风,译.上海:上海译文出版社,2005:39.

② Dworkin R. A Matter of Principle[M]. Cambridge, Massachusetts: Harvard University Press,1985:231.

③ 金里卡.自由主义、社群与文化[M].应奇,葛水林,译.上海:上海译文出版社,2005:158.

④ 国务院新闻办公室.中国保障宗教信仰自由的政策和实践[EB/OL].(2018-04-03)[2018-09-13].http://www.scio.gov.cn/zfbps/32832/Document/1626514/1626514.htm.

口中有相当大的比例生活在西北地区,他们食用清真食品的民族习惯非常普遍,因此西北各省/自治区和很多设区的市都制定了清真食品管理条例。由于省/自治区一级获得地方立法权更早,所以西北地区很多设区的市即使在获得地方立法权后仍然继续沿用本省/自治区制定的清真食品管理条例。经过筛选,我们从中选取了《陕西省清真食品生产经营管理条例》和《宁夏回族自治区清真食品管理条例》(以下分别简称《陕西清真食品条例》和《宁夏清真食品条例》),研究清真食品相关民族习惯的立法转化问题。

食用清真食品的习惯主要分为三类:一是对食品种类的习惯,存在一定的食物禁忌,如一般大众理解的不吃猪肉(实际上是包括猪在内的不反刍食草动物)、不饮酒不吸烟,还包括不吃自死物、动物血、诵非安拉之名宰杀的动物等等。二是食品加工制作的习惯,如肉类的动物宰杀需要诵念安拉之名,要将气管、喉管和血管割断,血要放尽等等[①]。三是食品运输售卖的习惯,如储存、运输、售卖清真食品的货柜要与非清真食品分开,只有售卖清真食品的商铺或货柜才能标识清真标志等。

这些习惯经过立法转化,主要表现为三个方面:一是在食品种类选择方面,《陕西清真食品条例》第 8 条规定“生产经营清真食品的企业和个体工商户应当对员工进行有关……禁忌事项的培训教育”。二是在食品加工制作方面,《陕西清真食品条例》第 10 条第 6 款第 3 项规定“有清真食品加工、制作……的专用工具和场所”;《宁夏清真食品条例》第 19 条规定“清真牛羊肉和其他清真畜、禽肉,应当按照清真饮食风俗习惯屠宰”,第 17 条第 1 款规定“从事生产清真食品的企业和个体工商户,应当加强对生产设备、场所的管理,其库房、生产加工设备、计量器具……以及生产场地必须专用”。三是在食品运输贩卖方面,《陕西清真食品条例》第 11 条规定“清真食品生产经营企业和个体工商户,应当在其字号、招牌、产品包装上显著标明清真标志……非清真食品生产经营企业和个体工商户不得使用清真标志、标识或者发布清真食品广告”,第 15 条规定“清真食品生产经营场所内不得携带、食用清真禁忌食品”。《宁夏清真食品条例》第 14 条第 2 款规定“商场、超市销售清真食品的,应当设立清真食品专区或者专柜。清真食品专区或者专柜应当与非清真食品经营区保持一定的距离,并在显著位置悬挂‘清真专区(柜)’的标志”,第 17 条第 2 款、第 3 款、第 4 款规定“禁止将清真食品与非清真食品混放。从事餐饮的企业应当将清真餐饮的餐具与非清真餐饮的餐具分开放置和清洗。禁止将供应清真餐饮的餐具与供应非清真餐饮的餐具混放、混运、混合清洗”。

(二)青海藏族环境保护的民族习惯立法转化

青海湖周边居住着大量藏族居民,他们在传统社会中形成了一些保护环境的民族习惯:一是保护水资源免遭污染,如禁止将污秽之物扔到湖中、禁止在湖边堆放垃圾和随意

① 张忠孝.“清真食品”定义和范围界定问题的探析——以《宁夏回族自治区清真食品管理条例》为例[J].回族研究,2006(1).

便溺[①]、不能在湖中随意游泳、在青苗出土直至收割之前不准在河里洗衣服[②]等等。二是保护动物,不杀生,即使是自己畜养的牲畜,也不能亲自杀死。牧民还会将自己畜养的部分牲畜、不从事畜牧业的藏民会购买市场上的动物,将其拴上红布等标志后放生。三是避食鱼类,这在早期是以禁忌的方式出现的,即一般的藏民绝对禁食鱼类。只有处于社会底层,无法通过一般生计满足温饱的人才会以鱼为食物,这样的人也被排斥在一般藏民社会关系以外。如今这一禁忌已经逐渐演变为避食鱼类的习惯,即不会主动购买鱼类食用,但不排斥与其他人聚餐时餐桌上出现鱼类,或者不食用裸鲤等本地鱼类,而是选择食用鲤鱼、带鱼等外地贩运到青海的鱼类。

随着青海湖整体开发保护的需要,同时频繁出现游客素质低下破坏湖区生态和游览秩序的行为,青海省人民代表大会常务委员会制定了《青海湖景区管理条例》,其中部分条款吸收了藏族的民族习惯,如第19条规定"在青海湖景区进行建设活动的,建设单位和施工单位应当采取有效措施,封闭施工,保护景观及其周围的植被、水体、地貌;施工过程中产生的废弃物应当运至指定地点进行填埋或者销毁;工程竣工后,及时清理垃圾,恢复原貌",第24条规定"在青海湖景区内禁止进行下列行为:(一)向河道、水体排放污水、污染物;(二)非法猎捕国家和地方保护的野生动物;(三)非法捕捞青海湖裸鲤",第27条规定"景区管理局和青海湖景区所在地各级人民政府应当建设污水、垃圾收集处理设施,排放的污水应当达到国家规定的标准,垃圾应当集中处理"。

(三)草场边界的民族习惯立法转化

伊犁哈萨克自治州少数民族成分多比例大,少数民族人口超过了总人口的60%,其中哈萨克族和维吾尔族人口在当地占总人口比例都超过了20%,回族人口在当地占人口比例超过10%[③]。不同民族在行业分布上有所不同,其中哈萨克族有大量人口从事牧业。在传统上哈萨克牧民就存在以部落为单位的草场划界。在20世纪80年代草场承包制度推广以来,这一传统重新复苏,草场划界变为以家庭为单位。由于草场不同于耕地,一般缺少明确的自然标志,传统的垒石头、挖壕沟等办法又容易遭到破坏,现代的水泥桩铁丝网围栏成本过高,因而一直以来草场划界都是由政府将大致范围圈定边界,具体的草场边界则依据相邻草场主依据地形、水文、草地资源情况商定的习惯放牧线。因此尽管现在草场划分一般是在行政界线内由地方政府或基层自治组织进行划界,但实际中行政界线两边的草场主商定所形成的习惯放牧线并不一定与行政界线重合。

随着工作机会的增加和牧民畜群的扩大,牧民自发地产生了"低利用率草场发包—经营规模较大的牧民承包—其他牧民分包"的草场流转,相关法律法规对草场流转的保

① 赵向华.藏区环境法治视野下藏族环境习惯法探究[J].贵州民族研究,2015(8).

② 却巴才让.青海湖周边藏族环境保护习惯法调查研究[J].青藏高原论坛,2016(4).

③ 伊犁哈萨克自治州政府网.各民族人口构成[EB/OL].(2016-02-18)[2018-09-14].http://www.xjyl.gov.cn/info/1035/77296.htm.

护更是促进了草场流转的规模不断上升。大量的草场流转伴随着大量草场边界依据民族习惯的重新划分,草场界线与行政界线不一致的现象更加普遍。而随着基层政府行政能力的增强,出于管理便利和效率的需要则通过行政执法试图实现草场界线与行政界线的一致,由此出现了一系列草场边界纠纷。伊犁州政府考虑到当地草场划界长期遵循的民族习惯,出台了《伊犁哈萨克自治州土地纠纷调查处理暂行办法》(以下简称《土地纠纷办法》),其第11条第3款规定"对历史上形成的习惯放牧线不得擅自更改,因行政界线与草场使用界线不一致而引起的纠纷,按草场使用界线与行政界线分别对待的原则处理"。

(四)坎儿井利用保护的民族习惯立法转化

吐鲁番盆地一直以来降水量少而蒸发量大,当地的维吾尔族居民在吸收中原和波斯传入的水利技术的基础上,创造出了坎儿井以保证生产生活用水。数百年来围绕坎儿井的管理,形成了一套传承至今的民族习惯,如在坎儿井进行建设维修作业时,为了保护水质,不能在坎儿井内大小便,不能将鼻涕甩入坎儿井水里等①。坎儿井一般由本地的比较富裕的家族集资修建,建成后几个家族协商掏捞、清淤、加固等维修和源头延伸、新竖井挖掘等扩展事宜,每个家族分摊一定的维修和扩展任务,之后由大家族出钱或出粮雇用当地的贫农来完成,成为贫农一种维持生计的收入来源。在坎儿井的管理方面,由修建坎儿井者与用水者协商,一般来说会根据每个家庭的耕地面积来商定浇水时间的长短和轮灌周期。也有些地区由全村集资修建坎儿井,并由村里掌握坎儿井维修经验的5～10名维吾尔族男子组成维修队负责维护。每年修缮坎儿井、为维修队支付报酬的费用通过坎儿井水费的方式收取,所以坎儿井水费收取的标准不定,要根据上一年的坎儿井维修费用来制定②。

近年来由于农业用水量增加,一些农民转向挖掘出水更快的机井,另外一些河流上游陆续修建了水库,被截流后下游流量减少,因而坎儿井的水源受到了威胁。加上日常生活中人畜活动的践踏、基础设施建设及生活取土、地质勘探等因素③,很多坎儿井受到破坏甚至废弃。为此新疆制定了《新疆维吾尔自治区坎儿井保护条例》(以下简称《坎儿井保护条例》),其中吸取了部分维吾尔族人民在坎儿井利用保护方面形成的民族习惯,如第6条第2款、第3款规定"坎儿井实行谁所有、谁管理,谁受益、谁保护的原则。集体经济组织所有的坎儿井,由集体经济组织负责管理;个人所有的坎儿井,由个人负责管理",第20条规定"保护坎儿井的特有景观,不得破坏附属于坎儿井竖井的堆土",第21条规定"禁止向坎儿井水源、明渠、蓄水池倾倒废污水、垃圾等废弃物",第29条规定"坎儿井所有者应当加强坎儿井的维护,定期检修和加固坎儿井竖井井口和出水口",第30

① 高春莲.本土知识与吐鲁番坎儿井保护[D].乌鲁木齐:新疆师范大学,2013:22.

② 高春莲.本土知识与吐鲁番坎儿井保护[D].乌鲁木齐:新疆师范大学,2013:25.

③ 盛春寿.关于坎儿井维修保护的思考[J].西域研究,2011(2).

条规定“原有坎儿井之间的距离，应当尊重历史，维持现状”等，以实现保护和合理利用坎儿井的目的。

(五)花儿传承的民族习惯转化

花儿是一种使用地方方言演唱的西北民歌，因歌词中多将青年女子比喻为花儿而得名。它主要流行于甘肃、宁夏、青海三省区，是汉、回、土、藏、撒拉、东乡、保安、裕固等民族用汉语创作并演唱的一个歌种[①]。花儿中的河州花儿发源于临夏(古称河州)，流行于临夏、定西、兰州及宁夏、青海、新疆等地。在花儿的传承途径上，由于河州花儿广泛流行于临夏民间，一般民众都会唱一些零散的曲目。例如在农民农作时，经常对唱花儿以消除疲劳。另外当地会定期举办花儿会，活动主办方会有偿邀请专业的花儿歌手表演，一般民众也会参与对唱，不少花儿歌手都是通过花儿会激起了对花儿的兴趣，学习到一些零散的花儿曲目。更系统的传承途径则是通过师徒传承，由师傅将自己掌握的完整曲式、歌唱技巧、乐器道具等传授给徒弟，并且师傅会带徒弟前往花儿歌手间的比赛和花儿会进行观摩学习或参赛。早期师徒传承都是通过口传面授实现的，没有文本，一些花儿曲式容易出现因老歌手在教会徒弟前去世而失传的情况。后来则逐渐出现了在同一师门内共同整理、传承的曲谱词本。

由于生活方式的变化和各种新的娱乐方式出现，花儿这种民族非物质文化遗产的传承受到了冲击，因此临夏制定了《甘肃省临夏回族自治州花儿保护传承条例》(以下简称《临夏花儿条例》)将本地花儿传承的一些民族习惯加以立法转化：在花儿的活动组织方面，《临夏花儿条例》第 8 条规定“自治州县级以上人民政府应当设立花儿保护传承专项资金，主要用于……(四)花儿会场实行整体性保护的投资……(八)花儿展示场所的建设与维护……(十一)有影响的花儿歌手和民间社团组织开展花儿演出、展示等活动的资助”，第 9 条规定“自治州县级以上人民政府对保存完整、特色鲜明、存续状态良好、具有重要价值和广泛群众基础的以下特定区域，设立花儿文化生态保护区，实行区域整体性保护……松鸣岩、莲花山、炳灵寺、赵家树林、太子山、盖新坪等具有代表性的传统花儿会场”。在花儿的传承方式上，《临夏花儿条例》第 16 条规定“花儿代表性传承人应当享有下列权利……按照师承形式或者其他方式选择、培养继承人”，第 17 条规定“花儿代表性传承人应当履行下列义务：(一)采取收徒、培训、办学等方式传授技艺，培养花儿后继人才；(二)妥善整理、保存与花儿相关的实物、资料”。在花儿的资料保护上，《临夏花儿条例》第 18 条规定“自治州县级以上人民政府及其文化行政主管部门可以采取下列措施，支持花儿代表性传承人开展传承、传播活动……提供必要的经费资助花儿资料的整理、出版”。

① 卢翱.河州花儿的演唱习俗与传承——以甘肃临夏松鸣岩花儿会为例[D].济南：山东大学，2008：12.

(六)丧葬习惯的立法转化

西北很多少数民族在丧葬方面有着自己的民族习惯,如回族、维吾尔等多数信仰伊斯兰教的民族在人去世后,要先后经历清洁身体(净洗)、包裹白布(穿卡凡)、亲友为死者祈祷(折那则)和埋葬的程序。由于这些民族认为将尸体用火烧掉是一种对死者的不尊重,一般情况下家属都是选择将尸体土葬,而比较抵制在其他民族间已经普遍推广的火葬。埋葬过程也不使用棺椁,而是用木板或砖墙将尸体与土壤隔开即可。

西北各地区普遍制定了殡葬管理条例或办法,如《西安市殡葬管理实施办法》第7条就规定了"尊重少数民族的丧葬习俗。少数民族可按本民族习俗办理丧事,实行土葬的应在公墓或有关部门指定的地点埋葬"。

四、样本特点分析

(一)规范系统间的有效互动

通过样本我们可以观察到一些民族习惯与地方立法以立法转化的方式实现了有效互动,这反映了民族习惯不再被国家法当作一种社会事实来认知,而是被看作一种与法律并行的规范系统。这正与继承了结构功能主义传统的系统论对于规范系统的理论相吻合。

系统论认为社会根据功能的不同分化为不同的系统,每一种系统因其独特的功能而存在,并基于其所实现的功能而形成特殊的结构。法律是最典型的规范系统,其功能在于形成普适的规范期望。由于社会环境的高度多样性和偶在性,人被迫进行选择和冒险,因而不仅要预测他人的行为(期望别人的选择),还要预测他人对他的期望(期望的期望)。面对这些复杂的期望及其关系,法律系统要通过将期望加以稳定化使期望得以被化简,即让人把违反规范看成他人的行为出错而不是自己的期望出错,减少被迫选择与冒险的负担并合理地进行期望。即使在法律系统中,人们仍然可能因为他人违法而遭遇失望。当人们继续维持期望,以一种对失望的现实进行抵抗的态度继续生活[①],这种选择被称为"规范期望"。法律虽然并不允诺符合自身的行为,但是它保护抱有这种希望的人,在互动中为他提供有利条件[②],以使规范期望得以恢复。因而正如系统论代表人物卢曼所指出的:我们把法律定义为一个社会系统的结构,这个结构依赖于规范行为期望的一致性一般化[③]。

民族习惯由于反映了特定民族内部与民族间的规范行为期望,并实现了期望的稳定

---

① 卢曼.法社会学[M].宾凯,赵春燕,译.上海:上海人民出版社,2013:81.

② 卢曼.社会的法律[M].郑伊倩,译.北京:人民出版社,2009:69.

③ 卢曼.法社会学[M].宾凯,赵春燕,译.上海:上海人民出版社,2013:139-140.

化，因而也属于一种规范系统(尽管并不如法律系统那样典型，两者的区别将在下文进行说明)。国家法并不排斥民族习惯的存在，前者发展也不必然迫使后者消亡。相反，两者之间可能存在频繁的互动，这体现了规范系统的“生产过剩”理论。规范生产过剩是一个中性词语，描述的是尽管一些期望能够被一种规范所周延，但实际上存在多种规范共同维持期望稳定的现象。规范生产过剩的原因一方面在于法律规范的自我进化使得自身结构愈发趋于复杂，反而不再能够使人方便地作出合理期望，故而其他能够化简多样性与偶在性、稳定期望的社会规范——如民族习惯——就有了存在的空间。另一方面多元社会生活方式的并存也导致了规范期望的多样化，即当不同的民族单元彼此之间成员的生活方式还存在差异时，他们的期望也就存在差异，也就是说群体内部成员的权利义务关系(尽管很多民族习惯不会清晰地使用“权利”“义务”这种概念进行表述)安排有所不同。因此在国家法之外，民族习惯有着广泛的生存空间；同时两种规范系统为了继续存在，都会通过规范系统间的互动实现自身结构的优化，以尽可能实现自身的功能。

(二)领域集中的应激式转化

经过对选取样本的分析，我们可以发现这些实现立法转化的民族习惯普遍集中在与群众联系密切的传统生活领域中：回族、维吾尔族等多数信仰伊斯兰教的少数民族的清真食品习惯和土葬习惯、青海藏族有关青海湖的环境保护习惯都属于传统日常生活领域；哈萨克族的草场边界划分习惯和维吾尔族的坎儿井保护利用习惯都属于传统经济生活领域；临夏各族的花儿传承习惯则属于传统文化生活领域。

更进一步我们可以发现这些民族习惯的立法转化都属于应激式的：回族、维吾尔族等多数信仰伊斯兰教的少数民族在传统社会中保持自己的清真食品习惯和土葬习惯是受到政治权力默许的，甚至统治阶层自己也使用土葬的方式。当社会现代化后，火葬被作为一种更加“文明”的殡葬方式推广开，这些少数民族就要证明自己继续土葬的正当性，因而民族习惯转化成了立法诉求。当清真食品在市场经济中被作为一类利润可观的产业时，一些企业为了降低成本，忽视清真食品的禁忌、加工制作和运输销售的习惯，而这些少数民族则要吃到“真正”的清真食品，民族习惯就转化成了立法要求。青海湖周边的藏族居民在遭遇内地游客下湖游泳、为追求艺术拍摄裸照、在湖边随意便溺、破坏周边植被等行为时，在民族内部的习惯无法对其进行约束，因此民族习惯转化成了立法要求。当草场主间自行划界与现代行政管理按行政界线划分相冲突时，草场界线的习惯转化成了立法要求。当维吾尔族的坎儿井因为机井等因素遭到破坏、废弃，既有传统难以应对这些新的因素时，坎儿井的利用保护习惯转化成了立法需求。当花儿遭遇新的娱乐方式，旧有的传承方式无法支撑古老民俗艺术的发展，花儿的传承习惯转化成了立法需求。

这种民族习惯应激式的立法转化模式，实际上反映了传统民族习惯作为一种规范系统，在遭遇到来自现代社会环境的刺激时，不能有效稳定人们的期望。此时与规范期望相对的另一个概念“认知期望”开始发挥作用。认知期望作为与规范期望相对的概念，是指面对失望时改变了遭遇失望的期望的可能性，根据眼下的令人失望的现实进行调整的态度[①]。由于这些民族习惯的功能难以充分实现，规范期望就逐渐被认知期望所替代，系统走向衰落。为了维护期望的稳定性，人们转而选择功能更强的法律系统来实现。一般我们通过民族习惯的规范系统来观察期望，因而观察到这个规范系统对维持期望稳定的作用，这在系统论中被称为一阶观察。在一阶观察中，我们所能看到的，取决于我们所处的位置，我们自己本身无法观察到这个点，这个点就是盲点[②]。当我们后退一步对这个盲点进行观察，即进行所谓的二阶观察时，我们就会发现规范系统也在塑造期望本身。因而当人们为了维护期望的稳定，选择法律系统来实现诉求时，他们会发现民族习惯已经结构于期望之中，所以稳定期望的诉求就变成了民族习惯的立法转化诉求。在法律系统将期望稳定的同时，民族习惯的规范系统也得以与法律系统贯通。

(三)宗教传统在民族习惯的立法转化中被剥离

民族习惯尽管是一种规范系统，但是它并不像法律系统一样能够实现自创生，它的规范并不能做到像法律系统一样完全封闭，环境中的规范能够直接进入成为系统内的规范。以我们筛选出的样本为例，很多民族习惯都受宗教系统的影响。从宗教社会学的角度来看，宗教乃是一种文化规定的实践综合体，它以超人力量的存在和本质为前提，而不论这种超人力量是个体性的抑或是非个体性的，试图帮助实践者接近、交流或结合这种超人力量，以期能实现人性之善(与利益)并避免坏事的发生[③]。宗教系统通过超人能力来理解(自然与社会)环境，并通过实践(有意识地进行规律性重复的具有特殊含义的行为)形成的规范指导实践，这被克里斯蒂安·史密斯称为宗教的“因果性力量”(causal powers)。由于民族习惯并不能做到完全的规范封闭，所以宗教系统通过多种途径对民族习惯产生影响。

根据宗教传统对民族习惯影响的程度，大致可以分为三类：第一类民族习惯的形成是由于受到宗教的刺激，如临夏花儿的重要传承方式花儿会；最早产生于临夏地方信仰的各种庙会；作为娱神活动的一部分，后来则逐渐独立于庙会发展为单纯展示花儿这种传统民间艺术的集会。第二类民族习惯的正当性最初来自宗教规范，如藏族关于青海湖的环保习惯，来自对水神“鲁”(意译为龙)的信仰。鲁是一种非常喜欢洁净的神灵，因此不能在水源附近大小便，更不能在水源中洗手、洗脚或淘洗其他东西。此外，在泉水附近

---

① 卢曼.法社会学[M].宾凯，赵春燕，译.上海：上海人民出版社，2013：81.

② 杜健荣.卢曼法社会学理论研究[D].长春：吉林大学，2009：22.

③ Smith C. Religion：What it is，how it works，and why it matters[M]. Princeton，New Jersey：Princeton University Press，2017：22.引文系作者自行翻译，文中最后一句原文 human goods 一般翻译为人性善，但是由于书中后文对 human goods 作了相当宽泛的解释，不仅包括德行良善，也包括另一含义“人的利益”，故而特意使用括号进行补充。该定义中的实践、超人力量、个体性/非个体性等词亦均有较字面更丰富的含义，因篇幅有限故下文中仅对所使用的部分术语进行解释。

砍伐树木、割草、挖地以及伤害生存于水源附近的生灵也被视为触怒鲁的行为①。鲁发怒后不但会传播各种疾病，还会制造冰雹、霜雪、洪涝、旱灾等与水有关的自然灾害。再如回族、维吾尔族等民族的土葬习惯，是源于《古兰经》中真主用土造人的神话，因此人死后还要回归土地。而火则与真主有密切的联系，如穆萨在火光中听到"穆萨啊！我确是你的主……我已挑选你，你应当倾听启示②"。各种有罪的人将被真主用火惩罚，地狱在经训中也被称为火狱，因此回族、维吾尔族等民族认为火葬是对逝者进行的指控和惩罚。第三类宗教系统中的规范直接进入民族习惯中成为其内部规范，如食用清真食品的习惯，就是由伊斯兰教的饮食规范直接进入民族习惯中生成的。

当民族习惯经过立法转化成为国家法后，我们可以观察到民族习惯中的宗教因素被剔除掉了。这是因为法律系统是一个规范封闭的自创生系统。所谓规范封闭，是指一切法律规范的产生都是基于已有的法律，而非法律系统外的规范直接导入系统之中成为新立法的法律系统结构。法律规范不断向上递归，最终归于宪法。而具有这样一种地位的宪法则是一种自涉性文本，也就是说一个自己把自己预先规定为法律之一部分的文本③。(尽管宪法是政治系统与法律系统相沟通的媒介，但这并不改变宪法的自涉性。法律系统的规范封闭结构正是其与民族习惯尽管同为规范系统却彼此分化的原因之一。)法律系统中的要素(如出生、死亡等)尽管也出现在自然环境、社会环境或其他系统之中，但是它们是从法律系统中自我生产出来的，相比在法律系统外的那些，具有法律系统所赋予的规范性。法律规范将民族习惯作为系统所受到的刺激传递进规范系统内部，然后在规范内部进行反应，根据继有立法生成新的规范。在这个过程中民族习惯得以实现立法转化，但是它与宗教系统的纠缠则得以过滤，新立法的形式正当性和规范生产被置换到法律系统自身之中。

(四)立法过程中的认同拓展与期望整合

在前文中我们提到，法律系统是一致性一般化的规范行为期望结构。使规范行为期望在时间、社会和事实三个一般化维度间取得一致性，正是法律系统与其他规范系统相区别的地方之一。民族习惯的立法转化突出体现了民族习惯在社会维度上一般化不断增强的过程，亦即民族习惯从基于民族身份，仅为民族内部成员认同并为其提供规范期望的民间规范；向基于公民身份，为同一行政单元内所有成员认同并为其提供规范期望的法律规范的过程。

从社会维度来观察，当在认识上属于同一类别的期望被放置在社会中，庞大的数量会使同类期望内部表现出极大的差异性，因此社会维度试图解决的便是期望的社会整合问题。系统论将这一问题的解决诉诸假定共识。假定共识不同于一般意义上的共同信

---

① 央吉卓玛.论青海湖来历传说中的民间文化内涵[J].青藏高原论坛，2015(4).

② 古兰经[M].马坚，译.北京：中国社会科学出版社，2013：157.

③ 卢曼.社会的法律[M].郑伊倩，译.北京：人民出版社，2009：248.

念或共识，这一概念的提出就表明系统论认为现代社会的多元化和个体体验的有限性，使经过商谈达到高度一致的共识，只能维持在“己所不欲，勿施于人”等基础但对规范一般化缺乏明显助力的层面上。假定共识的意义在于，利用规范系统预设一个可被社会接受的特定情境（这是一种非常基础、宽泛的共识），从而可以使期望沿着某个特定方向展开①。在参与者互动的过程中，为了维持互动过程的进行，参与者必须接受这种假定共识，因而假定共识产生了约束性。继而在假定共识的路径约束下，同类期望间的差异性被弥合，期望的社会性一般化得以完成。

从民族习惯向立法转化的过程就是社会性一般化不断增强的过程。为了维持公民个体和民族单元间的良性互动，尊重其他民族的习惯为设定情境的假定共识产生了约束力。例如，回族、维吾尔族等民族食用清真食品、实行土葬的民族习惯，尽管属于民族内部的习惯，但是在这些民族与其他民族的交往过程中由于假定共识的存在，其他民族会根据这些民族内部的习惯所反映的期望调整自己的行为。民族习惯在社会层面自我运行时能够初步实现超越本民族的认同拓展与期望整合，但是还远未达到社会维度一般化的标准，其他民族对于食用清真食品、实行土葬的尊重停留在不对自己生活造成不便的前提下。而随着不同民族成员间交往的日益密切，制售清真食品的餐厅摊点深入无清真传统的社区中，设立回族公墓需要其他民族居民搬迁，众多期望间表现出极大的差异性并引发冲突。此时转化了民族习惯的新立法取代了对民族习惯的尊重成为新的假定共识，所有公民个体的期望在其影响下被逐渐统合，民族习惯得以为同一行政单元内的所有成员认同并为其提供规范期望，民族习惯的社会性一般化得以完成。

五、样本缺陷分析

（一）法律系统观察视野受限

从上述样本中我们可以得知，目前成功实现立法转化的民族习惯都属于生活领域的传统习惯，这反映了法律系统的观察视野存在很大的局限。具体而言这种局限表现在以下三个方面：

一是在传统生活领域之外，还存在着很多其他种类的习惯，这些习惯都没有进入立法转化当中。比如笔者2017年在青海省海北藏族自治州村镇调研时发现赔命价在当地藏族内部纠纷中被频繁使用，并且通过在州中级人民法院的座谈了解到这一现象还普遍存在于青海其他州、市。但是这样一个民族习惯至今仍未实现立法转化，导致在司法实践中赔命价结果与法院判决发生冲突的情况屡见不鲜。

二是当民族习惯实现了立法转化后，国家法就忽视了民族习惯的变化。比如各地在

---

① 卢曼.法社会学[M].宾凯，赵春燕，译.上海：上海人民出版社，2013：104.

颁布清真食品条例/办法后，大量信仰伊斯兰教的回族、维吾尔族等民族青壮年走出民族聚居地工作，普遍面临着缺乏严格意义上的清真食品的情况，因而食用清真食品的习惯有所放松：饮食禁忌从不食用不反刍的食草动物缩小到不吃猪肉，从清真食品需要与非清真食品严格分离到可以接受非清真餐馆中没有猪肉、动物血、不符合清真食品制作工艺的菜肴。与此同时在这些民族的传统聚居地，清真这一概念也在不断泛化，从最初的清真食品扩展到更广的范围，不仅将清真食品的范围扩大到清真水、清真盐等，还将清真扩大到非食品领域，如清真牙膏等。但是对于这些变化，目前除了《新疆维吾尔自治区去极端化条例》对清真泛化至非食品领域有所限制外，各地的清真食品条例/办法都对此缺乏反映。

三是少数民族的社会状态早已不再是纯粹的传统社会，有相当一部分少数民族早已进入城市和乡镇之中进行现代生活，即使生活在偏远地区的少数民族也在享受现代文明的成果。在此背景下，既有与现代社会相抵触的部分民族习惯趋向消亡，也有新的民族习惯在形成。例如随着现代金融市场的出现，回族、维吾尔族等民族在禁止利息和高利贷原则的习惯基础上产生了金融工具风险共担原则。在这一原则的指导下宁夏银行在国内开展了伊斯兰金融业务。尽管已经取得了一定的发展，但是其业务范围在超出相关法律的同时又受到中国人民银行规章的限制，业务运作也缺乏监管框架[①]，业务发展前景受到制约。

这样的缺点体现了法律系统认知开放结构的失能。认知开放是法律系统中与规范封闭相对应的另一结构，这一结构的功能在于通过认知期望改变法律规范自我生产的方向，使法律系统获得价值正当性，即社会认同。由于民族习惯与国家法堆叠于相同的期望之上，当规范间产生冲突时，人们基于不同规范产生的期望发生了冲突。期望从固有的规范中发生了偏移，普遍发生的期望偏移会使规范期望转变为认知期望，在这一过程中作为环境刺激的民族习惯经由认知开放结构进入封闭规范结构，促使法律系统调整地方立法对民族习惯的观察范围。因此当这一结构不能正常运转时，刺激难以进入封闭规范中，所实现的立法转化成果也就在范围上表现出局限性。

(二)立法成果活力不足

即使在受到局限的法律系统观察视野之中，成功实现民族习惯立法转化的成果，也同样存在问题。如前文特点分析所见，很多民族习惯与本民族的宗教传统存在密切的联系，或者民族习惯的形成是规范系统由于受到宗教的刺激，或者民族习惯的正当性最初来自宗教规范，或者宗教系统中的规范直接进入民族习惯中成为其内部规范。

由于法律是一个规范封闭的自创生系统，所以在对民族习惯进行立法转化时，新

---

① 孙光慧.民族地区金融结构与金融成长研究——以“宁夏伊斯兰金融业务”为分析对象[J].西北民族大学学报(哲学社会科学版),2013(2).

立法的规范来自系统内部既有规范的自我生产，其形式合法性也通过向既有法律规范递归获得。作为环境刺激进入法律系统中的民族习惯并不被视作输入系统的规范，而不过是组成法律规范的要素的原材料而已。当法律系统对原材料进行过滤并附加了法律规范属性后，它们才得以转变为法律系统内的要素，进而被法律系统安排在规范期望当中。在这一过程中，所有与民族习惯相纠缠的宗教传统，都被当作民族习惯中不"纯净"的杂质，为法律系统的规范封闭结构所过滤。例如藏族的青海湖环保习惯正当性最初来自鲁神崇拜，在转化为《青海湖景区管理条例》后其正当性则递归到《风景名胜区条例》《青海湖流域生态环境保护条例》和《中华人民共和国自然保护区条例》等既有立法当中。

这一过程本可以视作发生在民族习惯立法转化过程中的一种"进化"，民族习惯通过这一过程得以实证化，其规范在技术层面上得到了提升。然而遗憾之处就在于由于立法技术的不完善，民族习惯在立法转化的过程中相关的宗教传统被视为杂质而简单粗暴地剥离，但又缺乏高明的立法技术将其与既有立法相衔接，使得新立法出现了规范含混、可操作性不足的情况。例如清真食品的定义是由宗教规范穿透民族习惯规范系统形成的，尽管已经内化于各个民族的饮食习惯当中，但不能机械地将两者分离。《宁夏清真食品条例》将清真食品定义为"按照回族等有清真饮食习惯的少数民族生活习惯生产、加工、储运、销售的食品"，陷入了循环定义的错误中，而且这种错误频繁见于西北各地的清真食品管理条例/立法。实际上伊斯兰教对于清真食品有着相对完善的界定，但是由于在民族习惯的立法转化中，立法部门盲目将宗教规范从民族习惯中剥离，导致无法对清真食品定义的内涵与外延进行清晰的界定。因此无论是面对清真食品在城市中标准放宽，还是在民族聚居区域内清真概念泛化，民族习惯转化而成的立法成果反而无法应对民族习惯自身所解决的问题，执法机关如果自行执法又于法无据，可谓吊诡。

(三)立法权空转问题突出

在筛选样本的过程中，我们发现即使在少数民族人口数量较大，民族自治地方众多的西北五省区，民族习惯的立法转化成果仍然较为有限，这反映了立法权空转的问题十分突出。2000年旧《中华人民共和国立法法》就肯定了西北省、自治区一级和作为较大的市的各省省会城市的地方立法权。由于民族习惯事实上存在着随地理位置改变而变化的情况，因此省、自治区一级的地方立法一般都只针对本地区内共性较大的民族习惯，如青海的藏族环保习惯，各省区内的回族、维吾尔族等民族的清真食品习惯和丧葬习惯等。尽管西北五省区的省会城市在历史上就都居住着大量少数民族人口，并且近些年来又有大量外来和流动的少数民族人口，但是这些城市的地方立法机构始终缺乏对本地的民族习惯的观察与吸纳。而2015年《中华人民共和国立法法》修正后一般设区的市也并未如事先期待的一样充分发挥地方立法权的作用。例如兰州的回族、东乡族等少数民族近年来陆续将城市中的清真寺从单纯的宗教活动场所扩展为世俗活动丰富的公共交往空间，兴办了教授语言和职业技能的妇女技能培训班、针对外来少数民族农民工子弟的儿童辅导班和存储大量世俗读物的图书馆等①，使其成为少数民族内部自我帮助、自我服务、自我教育的场所，并成为一种新兴的民族习惯：不仅世居本地和定居的外来少数民族经常参加活动，刚刚进入城市谋生的少数民族也会很快受到邀请参与其中。面对这样的新兴民族习惯，如何对宗教活动场所内的世俗活动进行管理服务，鼓励这些服务于少数民族妇女、儿童的特殊群体公共福利组织的发展，都属于兰州地方立法的任务。然而遗憾的是由于立法权空转，这一民族习惯始终未得到立法转化。

相较于一般地方，民族自治地方在民族习惯的立法转化上取得的成果数量更多，主要是通过单行条例来实现的。在《中华人民共和国立法法》修订以前，民族自治地方普遍利用单行条例变相行使一般地方立法权，导致在单行条例中对少数民族习惯的关照不足。这一情况在《中华人民共和国立法法》修订后已经得到了改善。值得注意的是，在民族自治地方内部，各地立法权的运转情况也有所不同。在西北五省区中，民族自治地方最多的新疆最早开始在民族自治地方立法中尝试吸纳民族习惯，我们在样本中挑选的《坎儿井保护条例》和《土地纠纷办法》都是如此。甘肃尽管民族自治地方数量相对较少，但近几年民族习惯的立法转化成果相对其他省区较为突出。与西北民族自治地方普遍呈现出的增长势头不同，新疆在近几年民族习惯的立法转化成果却呈现出减少的趋势，可能与当地特殊的社会状况和政策取向有关。尽管总体而言民族自治地方在民族习惯的立法转化上数量较多，但是在立法质量上仍然较为粗疏，还需要进一步提高。例如《临夏花儿条例》没有注意到传统传承方式存在的传承人年龄结构老化和传统的传承场所衰落的问题，没有在立法转化时进行改进，使得目前花儿依然没有得到很好的传承，特别是随着一些高龄花儿代表性传承人的去世，其传承越发艰难。

六、改良对策

（一）把握法律系统的动态性

目前法律系统的观察视野很局限，原因就在立法者对法律系统的结构特点认识不足，在长期立法实践中以分析实证主义作为理论工具，法律被当作一个静态的结构。法律规范的生产只重视新立法如何从既有法律中衍生以获得充分的形式合法性，而对法律规范所试图回应的环境刺激关照不足，致使被法律系统观察到的民族习惯局限于传统生活领域。因而要打开法律系统的观察视野，就要从结构上把握法律系统的动态性。

① 祁虹.维系与调适：兰州穆斯林公共生活的民族社会学研究[D].兰州：兰州大学，2018：111-113.

把握法律系统的动态性，一方面在于对民族习惯的观察要从片面向全面转变，静态向动态转变。传统民族习惯的立法转化成果之所以集中于生活领域，就在于在立法者看来，这些民族习惯还属于立法空白，其他类型的传统民族习惯都已经有国家法，所以不必再制定地方立法。这种“不必”其实反映了部分立法者对民族习惯是野蛮落后的，将被现行国家法所消灭、取代的轻率看法。传统民族习惯的价值并不应当被简单粗暴地下判断，而应该对其进行细致的考察，从规范价值和社会价值双重角度，选择出在今天仍然具有积极意义的传统民族习惯。从现在的民间法、民族法研究成果来看，这样的传统民族习惯还是普遍存在的，种类也远不止当前立法转化所关注的生活习惯领域。另外，正是由于立法者将法律系统视作静态的结构，因而也将民族习惯视作静态的规范，导致忽视了传统民族习惯的新变化以及在城市新场景下生成的新民族习惯。将法律系统对民族习惯的观察从片面转向全面、从静态转向动态，这样的转变本身就意味着对规范系统的认识经历一个从静态结构向动态结构的转变，对于把握法律系统的动态性无疑是有所助益的。

把握法律系统的动态性，另一方面在于认识到认知开放在作为环境刺激的民族习惯和法律系统的封闭规范之间进行正当性评价和指引规范生产方向的重要作用。封闭规范尽管能通过规范上溯获得形式正当性，但是实质正当性的获得则需要借助系统的认知开放实现。社会大众对立法的认可既来自形式合法性，也根据立法的实际运行效果作出判断。如果法律规范在执法和司法环节不能实现其规范行为期望的功能，那么就难以获得社会大众的认可。进而社会大众对法律的规范期望降低而认知期望增长，法律系统和民族习惯就从局部上的重叠与替代关系，转换为重叠与被替代关系。在这种情况下法律系统需要通过认知开放将作为环境刺激的民族习惯改造为法律系统内的要素，并使要素通过规范封闭生产出新的立法，将民族习惯的正当性转化为新立法的正当性。同时，认知开放又不是一种单项的“输入—输出”关系，法律系统立足于现代价值，兼具解构与重建的双重性，通过不断地批判与自我批判，追求价值正当性的实现。民族习惯立法转化的过程，也正是法律系统对其展开价值批判的过程，以实现民族习惯立法转化成果形式合法性与价值合法性的统一。认知开放正是通过实现这样的系统运作，从而实现法律系统的动态性。

(二)发挥民族习惯法的媒介作用

尽管民族习惯与法律都属于规范系统，但是它们实现自身功能的具体方式并不相同。民族习惯是通过“濡化”来实现其功能的。“濡化”一词最早由美国人类学家赫斯科维茨提出，指“人类个体适应其文化并学会完成适合其身份与角色的行为的过程”①。民族习惯的濡化，特征有三个方面：一是与其所属民族的文化密切关联，因而这一民族

① 吴泽霖.人类学词典[M].上海：上海辞书出版社，1991：230.

的道德规范、生产方式、宗教传统、生活环境等因素都沁入其中。二是民族习惯并不需要通过过程明确的学习来掌握,更多是在民族内部的文化氛围中默会获得的。三是通过赋予成员以义务感和道德来维持习惯的运作,成员出于压力和满足感去执行此种习惯①。而法律则是通过在封闭规范中拟定一个正值合法和负值非法的格式使法律系统二元规则化来实现的②。法律的二元符码化具有特殊的意义:一是法律系统所特有的,因而使法律从环境中独立并与其他社会系统相区别。二是法律的二元符码化意味着它是一种必须经过专门学习和训练才能习得的知识,不能简单地通过熟悉其文化氛围默会。三是法律通过明确的合法/非法来对期望作出判定,这一过程不借助其他社会系统的帮助,也不依赖为违法者附加心理负担而实现系统运作(尽管这种心理负担在事实上存在)。

尽管民族习惯与法律存在着明显的区别,但法律可以借助民族习惯法实现民族习惯的立法转化。民族习惯法是对民族习惯进行二元符码化的产物,是法律系统在认知开放结构中连接作为环境刺激的民族习惯与作为封闭规范的国家法的媒介。目前民族习惯法大多是在长期社会发展的过程中,由少数民族基于自己的民族习惯进一步归纳总结形成的,近年来也有民间法学者在田野调查时介入民族习惯"提炼"民族习惯法的活动当中。尽管民族习惯法被国家法吸纳在浩繁的法律规范中并不多见,但是无疑民族习惯法属于法律规范。托依布纳就将其归入"社会弥散法",并指出"如果团体纠纷通过对照团体规范检查争议行为,并相应地将其描述为合法的与非法的方式来解决,我们就是在与真正的法律程序打交道。即便当这种初步的法律秩序独立于官方的法律"③。

由于民族习惯法已经实现了二元符码化,因而相较于民族习惯而言更独立于环境,这种独立是相对于原本民族习惯对环境的正当性和规范而言的。对于国家法来说民族习惯法仍然不失其民族特色,与民族习惯的连接使它仍然维持着自身的活力。而且国家法与民族习惯的结构都属于合法/非法的二元符码组成,因而各自的规范的沟通仍然在法律系统内部进行,更有利于维系国家法的稳定性。

(三)加强立法资源的配置

立法权的空转很大程度上要归结于立法人才数量相对缺乏与立法技术相对粗浅的问题并存。在立法人才的数量上,首先普遍存在编制不足的问题,较少的立法人才与较多的立法需求之间的矛盾使得相当一部分立法需求难以得到满足。其次是立法人才更倾向于选择薪资待遇高,机会丰富的一、二线城市立法部门,而很多设区的市和民族自治

① 龚艳,尚海涛.论习惯法的历史变迁机制——基于山东省H村的调研[J].甘肃政法学院学报,2012(11).

② 卢曼.社会的法律[M].郑伊倩,译.北京:人民出版社,2009:29.译者将recht和unrecht翻译为正当与不正当,结合国内学术界对此处的一般译法和笔者理解,将此书翻译为合法与非法。

③ 托依布纳.法律:一个自创生系统[M].张骐,译.北京:北京大学出版社,2004:50.

地方由于较低的待遇和较小的晋升空间难以吸引优秀立法人才。在立法技术上,一方面由于既有立法人才所掌握的立法理论较为单一,大多是基于立法实践的便利以传统的分析实证主义作为理论工具,不仅忽视了规范法学的新发展,更遑论对社科法学理论的吸纳。另一方面则是掌握少数民族语言和汉语的双语立法人才不足,普遍缺乏对民族习惯和习惯法的敏感性。

导致立法人才与立法技术上出现不足的原因,在于立法资源远未实现合理的配置。因而要改变现状激发立法活力,需要在人才、资金、技术资源保障下进行综合改良:在解决立法人才数量不足方面,首先要增加编制,吸纳充足的立法人才。同时要充分发挥专家学者的作用,通过设立课题吸引学者参与到立法工作中来,弥补立法人才数量的不足,从而加快民族习惯的立法转化从立法需求进入立法程序的速度。其次是在立法人才的待遇上进行一定的倾斜,以吸引优秀人才,并通过与高校合作定向培养立法人才的方式,实现立法人才的自我造血。

在解决立法技术欠缺方面,可以从以下几个方面着手:一是要丰富立法人才的理论广度和深度:既有的立法人才需要通过在职教育或短期集训提升其理论水平,在引进立法人才时也要有倾向地选择掌握不同立法理论的人才,实现立法理论的多元化。二是可以吸取最高人民法院在国家法官学院中设立舟曲民族法官培训基地的成功经验,以省区、地州或某少数民族的分布状况,通过专项资金与高校合作建立民族立法人才研究所或培训基地,加强对双语立法人才的培养,以提升国家法对民族习惯和习惯法的敏感性。三是充分发挥公民立法参与的作用。应当注意到相当一部分民族习惯法通过少数民族精英得以传承,大部分传统的民族习惯法更是由本民族精英从民族习惯中总结出来,因此在立法过程中应当充分吸纳少数民族精英,在立法协商的各个环节充分听取意见,促进民族习惯法顺利实现向国家法的良性转化。

The Research of Customs of Ethnic Minority as Source of Laws in Local Legislation in Northwest China

Zheng Zhize

Abstract: In order to enhance the management ability of Minority Affairs and strengthen the protection of minority rights in Northwest China, the local legislation should improve the effort of taking ethnic minority customs as the source of law. Based on the analysis of samples of local laws which came from customs of ethnic minority in Northwest China since 2000, this paper draws four characteristics of the existing achievements: the effective interaction between multiple norms, the process of centralized fields with development under pressure, the stripping of religion traditions and the increasing recognition of customs of ethnic minority by all citizens. However, there are still problems in legal system: neglecting the renewal of ethnic minority customs, the poor effect of new laws and the inefficient operation of the legislature. This paper points out that we should pay attention to the dynamic operation of the legal system, use customary law to achieve the unity of vitality of minority customs and stability of laws, and strengthen the allocation of legislative resources.

Key Words: system theory; custom of ethnic minority; customary law; local legislation; legislation of minority autonomous areas

“依法治藏”视域下的藏族传统调解:功能及其实现路径*

杨雅妮**

摘要:藏族传统调解是藏族历史上形成的一种本土化治理资源,肩负着“维稳”、纠纷解决、文化传承与创新等多项功能。但是,由于其难以避免习惯法所具有的适用范围不清、调解主体权威衰弱、调解依据合法性不足、调解协议缺乏强制性以及解纷成本高昂等弊端,导致其功能实现存在一定障碍。近年来,随着“依法治藏”原则的提出,应将藏族传统调解纳入“法治”轨道,从适用范围、调解主体、调解依据、协议效力及收费标准等方面对其进行规范,以保障藏族传统调解功能的全面实现。

关键词:“依法治藏”;藏族传统调解;传统权威;纠纷解决

“依法治藏”是实现藏区治理体系现代化的科学路径。早在 2013 年,俞正声在西藏调研时就提出了“依法治藏”的方针,十八届四中全会后,在全面推进依法治国的进程中,“依法治藏”作为依法治国的有机组成部分得到了党和国家领导人的特别关注。2015 年,习近平总书记在中央第六次西藏工作座谈会上全面、系统地阐述了治藏方略,并将“依法治藏”确立为新时期藏区工作的首要原则。“依法治藏”原则的提出,要求我们在藏区治理工作中必须“坚决维护宪法法律权威”。在具体理解“依法治藏”的含义时,应注意两个方面:一是此处的“法”仅指成文法,除国家层面的统一立法之外,还包括藏区的各种地方性立法,尤其是自治条例、单行条例以及变通立法;二是此处的“藏”不限于西藏自治区,除西藏外,还包括青海、甘肃、四川、云南等省所属的不同级别的藏族自治地方。“依法治藏”原则的提出,既是党和国家在藏区治理方面的经验积累与总结,又是依法治国方略在藏区的具体体现和落实;不仅为藏区工作的开展明确了原则,而且为相关领域的学术研究指明了方向。

藏族传统调解是在部落头人(包括头人后裔)、活佛、寺院以及有威望的老人等各种藏族传统权威的主持下,以纠纷双方的“合意”为基础的一种社会矛盾化解方式。历史

* 基金项目:本文为 2017 年度司法部法治建设与法学理论研究部级科研项目“藏族传统调解在藏区社会矛盾化解中的有效性和规范化建设研究”(项目编号:17SFB2028)。

** 杨雅妮,法学博士,兰州大学法学院副教授。

上，不论是作为藏族传统司法制度组成部分的官方调解，还是以各种形式存在的民间调解，一直是藏区治理的重要手段。[①] 中华人民共和国成立后，随着民主改革的完成，藏族传统调解虽然在性质上演变为一种非正式裁决方式，但受文化传统与历史惯性的共同影响，其不仅作为藏族传统文化的有机组成部分得到了传承与发展，而且与国家正式制度一起成为藏区治理的重要资源。

当前，随着"依法治藏"原则的提出，我们必须关注藏族传统调解这种特殊治理手段的"合法性"，既要保证全面实现其在藏区治理中的各项功能，又要防止其因偏离"法治"的轨道而给藏区法治建设带来损害。本文以"依法治藏"为视角，以功能主义理论为基础，以"提出问题—分析问题—解决问题"为逻辑思路，对藏族传统调解的功能及其实现路径进行研究，不仅有利于实现藏区的和谐与安定，而且有利于在根本上实现藏区治理的法治化。

一、藏族传统调解的功能考察

文化的功能研究一直是人类学家和社会学家的主要关注对象。早在20世纪20年代，英国学者马林诺夫斯基和拉德克利夫-布朗就认为，任何一种文化现象都有一定的功能，都具有满足人类需要的特性。后来，美国学者帕森斯提出的结构功能主义进一步研究了文化功能的发挥与社会结构层次之间的关系。由于结构功能主义者忽视动态、变化的研究，至20世纪60年代，法国学者L.哥尔德曼等人创立的发生学结构主义文化社会学理论认为，在研究文化在现实社会结构中的地位和功能的同时，也应研究文化发生的历史过程及其深层结构。

受国外功能主义理论发展的影响，自20世纪90年代开始，我国学者开始将眼光转向对藏族传统调解功能的研究。为了全面了解藏族传统调解在藏区治理中的功能，笔者主要运用田野调查的方法，选取了甘南藏族自治州、黄南藏族自治州以及果洛藏族自治州为主要调研地，对其现实功能进行了实地调查。调查中，笔者发现，在传统藏族社会，社会冲突具有非常鲜明的民族性、宗教性和复杂性特点，仅仅依赖国家正式制度难以实现藏区的有效治理，而藏族传统调解以藏族本土文化为生存土壤，深植于每一个藏民的内心，更为契合藏族传统文化，因而在藏区治理中发挥着难以替代的特殊功能。主要表现为：

（一）以"维稳"为代表的政治功能

"维稳"，即维护社会稳定，是国家治理的重要目标之一。藏族传统调解自诞生以来

---

① 藏族传统调解的最早成文法渊源可以追溯至吐蕃时期颁布的《法律二十条》，后来，在《赔罚法》《十三法》《部落秩序维护法》《红本法》等习惯法中也都有关于调解解决纠纷的相关内容。

就扮演着藏区"维稳"的缓冲器与灭火器的角色。近年来,其更是与"政法"体系联系起来,依附于党政机关主动介入纠纷(尤其是草山纠纷)的解决,体现了较强的"维稳"功能。例如,《甘肃省甘南藏族自治州草场争议调解处理办法》就充分体现了藏族传统调解的"维稳"功能。根据该办法第7条第1款[①]和第12条[②]的规定,一方面,无论是"草场争议隐患",还是已经发生的"草场纠纷",县(市)、乡(镇)人民政府都应当主动介入社会矛盾的化解,以防发生影响社会稳定的事件。另一方面,州、县(市)、乡(镇)的人民政府在调解处理草场争议时,可以邀请"社会各界知名人士"参与,这里的"社会各界知名人士"应当包括作为藏族传统调解主体的部落头人(包括头人后裔)、活佛、寺院以及有威望的老人等藏族传统权威。可见,在这种情况下,藏族传统调解就"通过政治需求和社会稳定等工具性技术路径,逐步转变为一种社会现实和生活必需"[③],在维护藏区稳定方面发挥着重要功能。

(二)以纠纷解决为代表的社会功能

纠纷解决一直是藏族传统调解最为重要的功能。由于藏族传统调解与藏族传统文化相适应,更容易为纠纷双方当事人认可和接受,因而颇受藏族群众的"青睐"。近年来,虽然包括人民调解在内的多元化纠纷解决机制在藏区得以不断发展和完善,但仍无法完全替代藏族传统调解的功能,尤其是在草场(山)、林山等纠纷解决过程中,藏族传统调解往往是防止矛盾升级的关键环节。该观点也得到了部分学者的认同,如有学者认为,在草场(山)、林山等纠纷解决过程中,国家权力离不开民间权威,"当地党和政府以及司法机关往往借助于民间权威,才能使国家权力得以运行"[④],主张应借鉴藏族传统调解中充分协商的手段使纠纷真正得到解决,"否则草场纠纷是不能彻底解决的,受害人的下一代乃至下下一代会无休止地进行报复和复仇"[⑤]。

(三)以文化传承与发展为代表的文化功能

藏族传统调解是藏族传统文化的有机组成部分。自古至今,作为藏民柔性解决各类社会矛盾(尤其是草山纠纷)的重要手段,藏族传统调解不仅仅是一种解决纠纷的技术和

---

① 《甘肃省甘南藏族自治州草场争议调解处理办法》第7条第1款规定:"县(市)、乡(镇)人民政府辖区内的草场争议隐患,必须及时调解处理。草场纠纷发生后,争议双方所在地人民政府必须立即派人到现场调查处理,采取有效措施防止事态扩大。重大草场争议应在当日内以书面形式,准确真实地向上一级人民政府报告。在草场争议未解决前,由争议双方所在地人民政府协商划定临时搁置区,双方必须撤出争议地区。不得破坏草场及其设施,禁止抢夺公私财物、聚众闹事、械斗伤人。"

② 《甘肃省甘南藏族自治州草场争议调解处理办法》第12条:"州、县(市)、乡(镇)人民政府及村民委员会调解处理草场争议时,应当发挥基层调解组织的作用。必要时可以邀请社会各界知名人士参与调解草场争议。"

③ 杨继文,姜利标.藏区治理的非司法叙事:刑事纠纷与宗教习俗[J].中南民族大学学报(人文社会科学版),2016(2).

④ 后宏伟.藏族习惯法中的调解纠纷解决机制探析[J].北方民族大学学报(哲学社会科学版),2011(3).

⑤ 杨继文."依法治藏"背景下的藏区草场纠纷治理[J].贵州民族研究,2016(3).

手段,还是一种藏族传统调解文化的传承与发展实践,其反复实践的事实本身就是藏族传统文化的重要体现和典型代表。迄今为止,藏族传统调解虽因失去官方色彩而演变成一种非正式制度,但作为藏族传统文化的重要内容和表征,其仍然普遍存在于藏族传统社会,并频繁适用于藏区各种社会矛盾的预防与解决。从这个意义上讲,藏族传统调解的实践本身就是藏族传统文化传承与发展的重要体现。

二、藏族传统调解的功能障碍及其原因分析

梁治平先生曾经指出,"即使是在当代最发达的国家,国家法也不是唯一的法律,在所谓正式的法律之外还存在大量的非正式法律"①,藏族传统调解就是存在于藏区的非正式法律。但是,近年来,藏族传统调解在藏区治理方面的有效性有所下降,尤其在草场承包租赁纠纷、因划界围栏引发的草场纠纷以及涉及草场承包经营权分配的纠纷等新型民间纠纷的处理方面,其高调与低效的反差现象比较明显,"当事人中途放弃调解或调解后反悔的情况较多,调解的纠纷'过滤'机能低下"②。在这种情况下,要想充分发挥藏族传统调解的功能,必须从"依法治藏"的视域对制约藏族传统调解功能实现的原因进行分析。

笔者认为,藏族传统调解的功能实现之所以存在障碍,既有其与国家正式制度之间的关系协调问题,也与其内容不完整、标准不确定、制裁手段受限制等自身的弊端有关。一方面,藏族传统调解所具有的顽强生命力使得藏族群众对国家正式制度的适用存在一种天然的排斥。一旦发生纠纷,藏民首先想到的往往是借助传统调解来进行解决,这种状况在一定程度上弱化了行政、司法等国家正式制度的治理效果,给"依法治藏"带来了挑战。另一方面,作为一种植根于藏族传统文化的本土治理资源,藏族传统调解可能会出现"反法治"的倾向,从而给国家正式制度的正常运行带来干扰。总体来看,制约藏族传统调解功能实现的原因主要在于:

(一)适用范围不清

在藏区,对于哪些纠纷可以适用藏族传统调解,哪些纠纷不能适用,往往缺乏统一的判断标准。一般情况下,除最为常见的草场(山)纠纷以外,藏族传统调解还适用于普通民商事纠纷的解决,有时甚至适用于故意伤害(致人重伤、死亡)和故意杀人等严重刑事案件的解决。实践中,由于适用范围不清,藏族传统调解对行政调解、人民调解、法院调解以及刑事和解制度的正常运行都造成了一定干扰,严重制约了以政府和法院为主导的制度性权威在藏区治理中的功能发挥。

① 梁治平.清代习惯法:社会和国家[M].北京:中国政法大学出版社,1996:35.

② 熊征,洲塔.肯·威尔伯整合视域下的纠纷调解策略——以藏族新型民间纠纷为例[J].西藏大学学报(社会科学版),2013(4).

以藏族传统调解对刑事司法程序的影响为例,其不仅可能对国家追诉权的及时行使造成障碍,而且可能导致刑事和解制度的适用超出法律规定的范围。这可以从以下两个方面进行具体分析:一是根据《中华人民共和国刑事诉讼法》(以下简称《刑事诉讼法》)的规定,除自诉案件外,对犯罪行为的追诉权由国家公诉机关垄断行使,但在藏区,藏族传统调解在化解社会矛盾的同时给国家追诉权的及时行使造成了障碍。以藏区较为多见的杀人、伤害案件为例,在一些交通不便、信息不畅的农牧区,当公安司法机关介入时,案件早已通过传统调解的方式得到了解决,严重扰乱了刑事司法秩序。例如,青海省果洛藏族自治州久治县人民法院(2012)久刑初字第3号判决书[①]记载,该案早在2004年就在寺院的主持下进行过调解,但直到2010年,公安机关才介入此案,国家对犯罪行为的追诉晚了整整6年。二是根据《刑事诉讼法》第277条[②]的规定,刑事和解制度仅适用于轻微刑事案件。但在藏区,受藏族传统调解的影响,刑事和解制度的适用范围明显超出了《刑事诉讼法》规定的案件范围,不仅对部分可能判处死刑的故意杀人、故意伤害(致死)、抢劫、强奸等严重刑事案件适用和解,通过藏族传统调解的方式由犯罪嫌疑人、被告人向被害人一方支付"命价""血价";而且对部分不是因民间纠纷引起的故意犯罪案件(如寻衅滋事、聚众斗殴、危害公共安全犯罪等),也允许犯罪嫌疑人、被告人与被害人一方之间通过藏族传统调解的方式进行和解。以上状况,严重干扰了刑事司法程序的正常运行,挤压了国家正式制度的治理空间,对国家法的权威带来了挑战。

(二)调解主体权威衰弱

调解主体,即调解人,藏语称"斯哇",主要包括各类部落头人或头人后裔,活佛、喇嘛等宗教职业者,有威望的老人等。根据马克斯·韦伯对权威类型的研究,藏族传统调解主体往往是"传统权威"[③]与"卡里斯马权威"[④]的杂合,其权威的获得或者是"基于对悠久传统的神圣性以及根据这些传统行使权威者的正当性(传统权威)的牢固信仰"[⑤],或者是"基于对某个个人的罕见神性、英雄品质或者典范特征以及对他所启示或创立的规范模式或秩序(超凡魅力型权威)的忠诚"[⑥]。在他们当中,有些是因为世袭的头人地位或传统

① 关于该案的具体调解过程,可参见加央卓玛.藏族"赔命价"习惯法在刑事司法中的作用——以果洛藏族自治州为例[J].青藏高原论坛,2017(2);来君.多元化纠纷解决机制在青海藏区的初步实践[J].攀登,2015(6).

② 《刑事诉讼法》第277条:"下列公诉案件,犯罪嫌疑人、被告人真诚悔罪,通过向被害人赔偿损失、赔礼道歉等方式获得被害人谅解,被害人自愿和解的,双方当事人可以和解:(一)因民间纠纷引起,涉嫌刑法分则第四章、第五章规定的犯罪案件,可能判处三年有期徒刑以下刑罚的;(二)除渎职犯罪以外的可能判处七年有期徒刑以下刑罚的过失犯罪案件。犯罪嫌疑人、被告人在五年以内曾经故意犯罪的,不适用本章规定的程序。"

③ "传统权威"这一概念为马克斯·韦伯所首创,这种权威合法化根基,部分是传统惯性,部分是统治者取得人民的忠诚。作为一种最古老的权威形式,它的合法性就是传统。

④ "卡里斯马权威"这一概念为马克斯·韦伯所首创,其统治的合法性是建立在神秘信仰、启示信仰和英雄信仰上,这些信仰之源是由奇迹、胜利和其他成就,由被统治者的康乐考验出来的卡里斯马品质。

⑤ 马克斯·韦伯.经济与社会(第1卷)[M].上海:上海人民出版社,2010:32.

⑥ 马克斯·韦伯.经济与社会(第1卷)[M].上海:上海人民出版社,2010:322.

赋予的对宗教身份的尊崇,如部落头人和宗教人物等;有些则是因为品格高尚、做事公道、热心为众人服务,而为人所景仰信服,如老人等。

中华人民共和国成立后,历经十年"文化大革命",国家政权深入藏区,生产队、村委会等成为藏区治理的主要力量。十一届三中全会后,随着"极左"路线的纠正,藏族群众逐渐恢复了他们的传统信仰和习俗,作为习惯法执行者的权威人物又恢复了其在藏区治理方面的部分功能(如纠纷调解)。但应当注意的是,这种现象并不能表明藏族权威人物的地位得以重新确立。这是因为,"任何政治权威最深厚的基础存在于一定的社会经济关系以及受经济关系决定和影响的社会关系之中"①,而自民主改革之后,藏区历史上的社会经济关系和社会关系都已发生彻底改变,"传统权威"及"卡里斯马权威"型的治理方式已无法满足藏区治理的要求。在这种情况下,传统调解主体的权威衰弱就成为一种不可逆转的社会现象。

这种情况在藏族传统调解的实践中已得到印证。根据中山大学郭正林等人在四川省甘孜藏族自治州拖坝村的调查,村民们在与周围的人发生纠纷之后,72.4%的人会选择首先向政府求助;②舒勉等人也在2001年前后在甘孜藏族自治州康定县塔公乡做过类似的调查,结果显示:有66.7%的群众在遇到纷争时首先会选择政府。③ 这些学者的研究,都是对传统调解主体衰弱与国家治理功能强化的力证。不仅如此,实践中,藏族传统调解的功能往往需要借助基层政权、司法机关、村党支部、村委会、人民调解委员会等制度化权威进行强化。例如,在前述青海省果洛藏族自治州久治县人民法院(2012)久刑初字第3号案件中,据该案判决书记载,在2004年4月8日对该案进行调解时,是由"……寺院当面与基层调解人员共同调解……"的。遗憾的是,面对传统调解主体权威衰弱的客观现实,如何在"法治"的轨道内提升传统调解主体的权威,却一直未引起学界的重视。

(三)调解依据合法性不足

调解依据是在藏族传统调解过程中所依据的各种社会规范,既有成文规范,也有不成文规范,主要包括风俗习惯、道德规范、宗教规范、法律规范、禁忌和礼仪等。迄今为止,受历史传统和价值理念的影响,在藏族传统调解中,"依然可见传统的调处纠纷的规则和习惯,传统文化的影响也极其深远……"④但是,这些被普遍遵循的风俗习惯、道德规范、宗教规范、禁忌和礼仪等与国家法的内容并不完全一致,有时甚至会与国家法的规定冲突。基于对前述青海省果洛藏族自治州久治县人民法院(2012)久刑初字第3号判决

① 吴大华,潘志成,王飞.中国少数民族习惯法通论[M].北京:知识产权出版社,2014:195.

② 郭正林,余振.中国藏区现代化:理论·实践·政策[M].北京:中央民族大学出版社,1999:77.

③ 舒勉等.藏族牧区稳定与发展中的权威分析[J].西藏研究,2003(3).

④ 王玉琴,德吉卓嘎,袁野.藏族民间调解的脉动[J].西藏大学学报(社会科学版),2011(4).

书的分析，笔者认为，该案至少在以下两个方面违反了国家法的规定①：

一是该案在公安司法人员尚未介入，刑事诉讼程序尚未开始的情况下，就“由寺院与基层调解人员共同调解”，违反了《刑事诉讼法》关于附带民事诉讼调解时间的规定。根据当时《刑事诉讼法》第77条的规定，要对附带民事诉讼部分进行调解，必须以刑事诉讼程序的启动与附带民事诉讼的提起为前提。而在该案中，调解的进行是在公安司法机关介入案件之前，此时刑事诉讼程序尚未启动，显然不符合国家法关于附带民事诉讼调解时间的规定。

二是该案在调解协议中“给调解的寺院5000元，作为寺院共同财产”的做法于法无据，不符合国家法的精神。根据最高人民法院《关于执行〈中华人民共和国刑事诉讼法〉若干问题的解释》（已失效）第102条的规定，人民法院审理刑事附带民事诉讼案件，不收取诉讼费。而在该案中，加害人家属却依果洛习惯法的规定向参与调解的寺院支付了5000元，这种做法既加重了当事人的经济负担，又违背了国家法的精神。

更有甚者，为了避免风俗习惯、道德规范、宗教规范、禁忌和礼仪等与国家法之间的冲突，在部分藏区的传统调解实践中，甚至出现了“对国家法的‘只提不用’和民间法的‘只用不提’的实践”②，这种现象可能会导致调解结果与国家法的内容相违背，给藏族传统调解带来合法性危机。

（四）调解协议缺乏强制性

藏族传统调解属于民间调解的范畴。而根据我国相关立法的规定，民间调解所达成的协议是不具有强制性的，这就导致“在缺乏有效约束的情形之下，调解协议很容易成为具文”③。该现象已经得到学界的普遍关注，如扎洛在对川西、藏东两起草场纠纷进行分析后认为，藏族传统调解“由于政府强制力不足而在保障协议执行方面存在缺陷”④。不仅如此，根据日本学者棚濑孝雄对纠纷解决方式的研究，作为一种“根据合意的纠纷解决方式”，在藏族传统调解中，纠纷各方当事人都享有拒绝调解并面对后果的自由，调解者的决定也都不是以国家机构的强制力为后盾的。因此，从藏族传统调解的协议效力来看，由于“调解者缺乏施加判决的权威”⑤，因而调解协议的履行主要依靠调解主体的影响和社会压力来保障，不具有强制性。

---

① 在2012年，我国在刑事诉讼中适用的是1996年的《刑事诉讼法》，既不存在刑事和解制度，也没有附带民事诉讼当事人就民事赔偿问题达成调解、和解协议的，赔偿范围、数额不受相关法律限制的规定。

② 何真，唐清利．制度化与非制度化：国家法与民族习惯交叉渗透的生产性实践[J]．甘肃政法学院学报，2008(3)．

③ 邵华．论调解协议的司法确认：效力、价值及程序审查[J]．政治与法律，2011(10)．

④ 扎洛．社会转型期藏区草场纠纷调解机制研究——对川西、藏东两起草场纠纷的案例分析[J]．民族研究，2007(3)．

⑤ 博西格诺，等．法律之门（第八版）[M]．邓子滨，译．北京：华夏出版社，2007：726．

(五)当事人解纷成本高昂

解纷成本是影响纠纷主体选择纠纷解决方式的关键性因素。历史上,不论是对个体纠纷的调解,还是对群体纠纷的调解,调解者都会收取一定的费用("够什尕"或"一扎")。例如,在民主改革前的青海省兴海县阿曲乎部落,头人在调解纠纷时会收取大量费用,甚至有些头人为了敲诈调解费,"往往采取无中生有、以小化大、拖延尾巴等各种办法,极尽挑拨离间之能事,以制造、扩大纠纷,寻找发财的机会"[①];"纠纷调解以后,双方见面和好,杀人一方再给死者一方出 400 元左右的牲畜,叫'卡合透或俄合透',死者家属得 1/3,2/3 归调解人。在调解人的 2/3 部分中,头人取 70%,其他人得 30%"[②];纠纷调解完毕,头人在书写协议书时,纠纷当事人一般还要送给头人"油查"(一只羊或一包茶)。

中华人民共和国成立后,随着民主改革的完成,藏族传统调解在名义上演变为一种"无偿"的纠纷解决方式。但据学者们的研究,藏族传统调解的"无偿"并非真正无偿,实践中,藏族传统调解"受时间、空间的影响较大,随意性的调解方式成本过高"[③],纠纷双方往往需要承担较高的成本。这是因为,按照藏族调解习惯法,纠纷双方必须负担调解期间所有调解人员的吃、喝、住、行等费用。而藏族传统调解没有固定期限,动辄一起纠纷调解下来会耗费几个月的时间,周期越长,意味着纠纷双方负担的费用越多。对此,李虹等通过田野调查发现,在一般草场纠纷的调解过程中,由于"调解一般耗时长,费用高,两村要负担调解人的吃喝,下来会高达几万"[④]。除此之外,纠纷双方还要依藏族调解习惯法的规定支付各种费用,如在调解开始前,加害方要向受害方支付一定数额的"诚意费"、调解人员会要求纠纷双方交付一定数额的保证金等。

不仅如此,即使在当前,藏族传统调解在收费标准与分配方式上依然体现了对专门从事调解的部分人的经济利益的维护。例如,据陈玮、张立群、鲁顺元、谢热、才项多杰的调查,"在果洛州班玛县的灯塔乡发生的某一案例中,一百多万元的赔偿金,受害人家属只得了区区六万元,大多数赔偿金被中间的调解人员瓜分"[⑤]。

三、"依法治藏"视域下藏族传统调解的功能实现路径

在认识到藏族传统调解的功能障碍及其原因之后,学者们从不同角度对其功能实现

---

① 青海省编辑组,《中国少数民族社会历史调查资料丛刊》修订编辑委员会.青海省藏族蒙古族社会历史调查[M].北京:民族出版社,2009:23.

② 青海省编辑组,《中国少数民族社会历史调查资料丛刊》修订编辑委员会.青海省藏族蒙古族社会历史调查[M].北京:民族出版社,2009:23.

③ 刘艺工,张鹏飞.西部开发语境下的藏族部落习惯法——以青海省海南藏族自治州为例[J].甘肃理论学刊,2010(3).

④ 李虹.藏族习惯法在藏区草场纠纷解决中的作用与困境[J].甘肃高师学报,2011(4).

⑤ 陈玮,张立群,鲁顺元,谢热,才项多杰.依法治国背景下青海藏区"习惯法"治理研究[J].青海社会科学,2015(5).

路径进行了研究。多数学者认为,藏族传统调解的功能实现必须在充分考虑藏区权威多元和传统调解主体权威衰弱事实的基础上,妥善协调好不同权威类型之间的关系。例如常丽霞教授在对甘南藏区一起草场纠纷调解过程"深描"后认为,"宗教权威和部落权威是民间权威的主要表现,政府的行政裁决行为则代表了官方权威,不同权威类型的配合是促成调解顺利进行的关键"①。其实,对于"中国式法治秩序"的建构,孙笑侠教授早就指出,应"在官方主导力、民间原动力和职业建构力的动态合力作用下"②进行,因为"这三方力量在整体上是一致的、和谐的,是可以被整合的"③。在这种情况下,如果仅以藏族传统调解的不成文性或缺乏明确性就彻底否定其法治价值,不符合"中国式法治秩序"的构建路径。

从理论上讲,作为一种习惯法,藏族传统调解自身发展的必然趋势和结果就是"向软法乃至于硬法转化"④。而在当前,藏区的"'非典型二元结构'依然未消除,于此条件下,越是充分考虑民族文化和民族心理的法律,被接受程度就越高,也就越容易执行"⑤。而要实现此目标,就必须在国家统一的法治框架内,结合藏区特殊的文化传统、地缘政治和社会经济发展状况,"加强民族地方的立法工作尤其是立法变通权的运用"⑥,有甄别地将藏族传统调解的合理部分通过立法程序"纳入藏区法律框架,形成完整的、符合藏区实际的法律体系"⑦。主要包括:

(一)明确藏族传统调解的适用范围

关于藏族传统调解的适用范围,学界的争议主要集中在其是否适用于刑事案件及其适用的空间和范围。对此,有学者认为,藏族传统调解只能适用于一般的草场纠纷,在致人死亡或重伤的重大刑事案件中,只能适用国家刑事诉讼程序追究被告人的刑事责任。主要理由在于,藏族传统调解的核心环节是"赔命价""赔血价",而在对犯罪嫌疑人、被告人追究刑事责任后再依藏族传统调解让其"赔命价""赔血价",则会造成"二次判决",彻底违背了罪刑相适应的刑罚原则。⑧ 而多数学者(如熊征、后宏伟、陈海霞等)则认为,藏族传统调解在民刑纠纷中均适用,尤其对于构成犯罪,需要追究刑事责任的案件,通过藏族传统调解与刑事司法程序的对接还可以保证藏族传统调解协议的实际履行。因此,即使是致人死亡或重伤的重大刑事案件,藏族传统调解也可以作为刑事诉讼制度的辅助形

① 常丽霞."斯哇":在国家与社会之间——甘南藏族聚居区两起个案的法人类学考察[J].甘肃政法学院学报,2012(5).

② 孙笑侠.拆迁风云中寻找法治动力——论转型期法治建构的主体[J].东方法学,2010(4).

③ 孙笑侠.拆迁风云中寻找法治动力——论转型期法治建构的主体[J].东方法学,2010(4).

④ 郑毅.论习惯法与软法的关系及转化[J].山东大学学报(哲学社会科学版),2012(2).

⑤ 连成国.走向依法治藏的民族区域自治——中国共产党民族立法政策的西藏实践[J].西藏研究,2014(5).

⑥ 陈烨."依法治藏"的若干理论问题初探[J].西北民族大学学报(哲学社会科学版),2017(3).

⑦ 陈井安,刘福敏.藏区治理体系现代化若干问题研究[J].中国藏学,2016(2).

⑧ 参见李虹.藏族习惯法在藏区草场纠纷解决中的作用与困境[J].甘肃高师学报,2011(4);王立志.略论藏族寺院裁判与法院司法权的冲突及其解决[J].西北民族大学学报(社会科学版),2009(1).

式,在刑事和解或附带民事诉讼中赔偿数额的确定方面发挥作用。①

从藏区的刑事司法实践来看,藏族传统调解主要适用于解决因犯罪嫌疑人、被告人的犯罪行为引起的民事赔偿问题,而在我国的刑事诉讼制度中,与民事赔偿相关的制度只有附带民事诉讼制度和刑事和解制度两种。根据最高人民法院《关于适用〈中华人民共和国刑事诉讼法的解释〉》第 148 条②、第 153 条③和第 155 条第 4 款④的规定,不仅在侦查、审查起诉和审判阶段,公安机关、人民检察院和人民法院有权就犯罪行为所引起的民事赔偿问题进行调解,而且"附带民事诉讼当事人就民事赔偿问题达成调解、和解协议的,赔偿范围、数额不受第二款、第三款规定的限制"。也就是说,如果附带民事部分依调解方式结案,则民事赔偿的范围可以不限于物质损失的范围。在藏区,该司法解释的实施为藏族传统调解以合法化的形式介入刑事诉讼程序开辟了一条通道,据此,公安司法机关在对附带民事诉讼部分进行调解时,可以借助藏族传统调解的形式实现对被害人权利的救济,藏族传统调解在附带民事诉讼中的适用不存在合法性障碍。

在这种情况下,藏族传统调解在刑事和解程序中的适用范围就成为需要研究的一个关键性问题。笔者认为,在对藏族传统调解在刑事和解程序中的适用进行规范时,应充分考虑藏区政治、经济、文化和社会发展的客观现实,在未来修订《刑事诉讼法》时,参照《中华人民共和国刑法》第 90 条的规定,赋予民族自治地方人民代表大会制定刑事诉讼法变通规定或者补充规定的权力,将刑事和解制度在藏区的适用扩大到可能判处死刑的、由少数民族公民实施的故意伤害或故意杀人案件中。这是因为,当前,"通过和解的宗教习俗来处理刑事案件以及解决刑事纠纷日益成为司法治理的重要实践补充"⑤,与其让藏区死刑案件的和解处于失范状态,不如将其纳入刑事和解制度进行统一规范。这种观点也得到了一些学者的支持,如刘蕊就认为,在民族地区适用刑事和解制度时,"应当借鉴赎刑制度,对死刑的限制在司法层面打开一个突破口"⑥。之所以如此,是因为与死刑的报复性相比,以"物质赔偿"为核心的刑事和解制度更能体现谅解和宽恕精神,也更符合恢复性司法的基本要求。值得注意的是,民族自治地方制定的变通规定或者补充规定是《刑事诉讼法》的有机组成部分,在性质上属于法律的范畴,由其对刑事和解制度在

---

① 参见熊征.藏牧区刑事和解初探——以甘南藏族自治州为例[J].西北师大学报(社会科学版),2011(6);后宏伟.藏族习惯法中的调解纠纷解决机制探析[J].北方民族大学学报(哲学社会科学版),2011(3).

② 最高人民法院《关于适用〈中华人民共和国刑事诉讼法的解释〉》第 148 条:"侦查、审查起诉期间,有权提起附带民事诉讼的人提出赔偿要求,经公安机关、人民检察院调解,当事人双方已经达成协议并全部履行,被害人或者其法定代理人、近亲属又提起附带民事诉讼的,人民法院不予受理,但有证据证明调解违反自愿、合法原则的除外。"

③ 最高人民法院《关于适用〈中华人民共和国刑事诉讼法的解释〉》第 153 条:"人民法院审理附带民事诉讼案件,可以根据自愿、合法的原则进行调解。经调解达成协议的,应当制作调解书。调解书经双方当事人签收后,即具有法律效力。"

④ 最高人民法院《关于适用〈中华人民共和国刑事诉讼法的解释〉》第 155 条第 4 款:"附带民事诉讼当事人就民事赔偿问题达成调解、和解协议的,赔偿范围、数额不受第二款、第三款规定的限制。"

⑤ 杨继文,姜利标.藏区治理的非司法叙事:刑事纠纷与宗教习俗[J].中南民族大学学报(人文社会科学版),2016(2).

⑥ 刘蕊.古代中原地区与少数民族地区的赎刑制度探析[J].北方法学,2016(4).

民族地区的适用进行规范，不会违背《中华人民共和国立法法》第8条和第9条关于立法权限的规定。

(二)实现藏族传统调解主体的权威转型

权威，即权力和威信，本质是一种使人信从的力量与威望。恩格斯在《论权威》一文中指出，权威“是指把别人的意志强加于我们；另一方面，权威又是以服从为前提的”[①]。一般情况下，调解主体的权威越高，就越容易促使纠纷双方达成调解协议。对于藏族传统调解主体能否参与藏区治理，学界存在不同看法。持反对观点的学者认为，为了防止传统调解主体对藏区治理产生不良影响，应重点宣传“三个不允许”，即“不允许原部落头人后裔及宗教界人士干预执法和司法活动、不允许私自插手民间纠纷的调处工作、不允许基层党政干部出面邀请他们”[②]。而更多的学者则认为，在当前新的社会条件下，藏族传统调解主体的权威呈现出明显的由“传统权威”与“卡里斯马权威”杂合向法理型权威转型的特点，“民间权威人士常被人民调解委员会吸收为调解员”[③]，有的甚至身兼数职，集部落头人(首领)、政协委员、村委会主任、人民调解员等各种身份于一身，既德才兼备、精通传统规则和国家法律，又具有高超的调解技艺和能力。例如，有学者在甘孜藏族自治州实地调研也发现，在当地的调解主体中，“囊括了该地区最有影响力的寺庙的高层人士，他们有的具有‘格西’学位，在佛法、说理方面有很高的学识和能力”[④]。

在这种情况下，应正确认识藏族传统调解主体的价值，通过权威转型使其成为藏区治理中的多元主体之一。一方面，可借助国家正式制度实现传统调解主体的身份转化与权威转型。具体可借助人民调解制度、村民自治制度、陪审制度等赋予传统调解主体“人民调解员”“村主任”“村支书”“人民陪审员”等身份，使其“以民主信念和法治信念为基础”[⑤]，以公开、公正、公平为原则，在“法治”轨道内实现其在藏区治理中的功能。例如，可通过逐级遴选，“吸纳社区的一些民主、宗教人士和民众公认的德高望重人士成为人民调解员”[⑥]。值得注意的是，在遴选人民调解员时，必须严格执行《中华人民共和国人民调解法》第14条[⑦]的规定，以保证传统调解主体身份转化的合法性。另一方面，应继续加强对传统调解主体的“普法”教育。“普法”教育是加强“人民调解员”“村主任”“村支书”“人民

---

① 中共中央马克思恩格斯列宁斯大林著作编译局.马克思恩格斯文集：第3卷[M].北京：人民出版社，2009：335.

② 陈玮，张立群，鲁顺元，谢热，才项多杰.依法治国背景下青海藏区“习惯法”治理研究[J].青海社会科学，2015(5).

③ 来君.多元化纠纷解决机制在青海藏区的初步实践[J].攀登，2015(6).

④ 张晓蓓，康晓卓玛.论民族自治区域少数民族纠纷调解机制的建构——来自四川少数民族地区的调研[J].中央民族大学学报，2007(3).

⑤ 乔博.从传统型领导权威到法理型领导权威的转型分析[J].领导科学，2014(2)(中).

⑥ 冯海英.传统与现代：论安多藏族牧区社会冲突治理——基于两类常见纠纷的思考[J].西藏研究，2010(4).

⑦ 《中华人民共和国人民调解法》第14条：“人民调解员应当由公道正派、热心人民调解工作，并具有一定文化水平、政策水平和法律知识的成年公民担任。县级人民政府司法行政部门应当定期对人民调解员进行业务培训。”

陪审员”等队伍建设的主要手段和基本要求。在藏区,针对具有“人民调解员”“村主任”“村支书”“人民陪审员”等身份的传统调解主体对国家法精神和原则领悟不深、对法律规则不够熟悉的事实,应通过普法教育提升传统调解主体的法律水平,“保证调解过程和结果的合法性”①。

(三)提升调解依据的合法性水平

基于调解依据多元给藏族传统调解带来的合法性危机,学者们主要对如何在藏族传统调解中维护国家法的权威进行了研究。例如,有学者认为,在藏族传统调解过程中,必须关注调解依据的合法性问题,处理好道德、习惯、宗教教义等民间规范和国家法之间的关系,让“习俗、习惯法与国家司法制度在一个案件中共同使用、相互补充……”②这是因为,如果完全利用传统规则进行调解而不去关注国家法的规定,“虽然取得了较好的社会效果,但这种纠纷解决方式随意性较强,也冲击到了地方政权组织对社会的调控”③。

要提升调解依据的合法性水平,应做到以下两个方面。一方面,充分利用民族自治地方的自治立法权,使藏族传统调解习惯法中的部分内容以自治条例、单行条例或变通立法的形式进入国家法的行列。另一方面,继续坚持“普法”活动,通过国家法对藏区的输入和渗透,实现藏族传统调解依据以藏族习惯法为主到以“制定法为主、习惯法为辅”的转变。尤其随着“依法治藏”原则的提出和实施,在藏族传统调解过程中,必须妥善处理好道德、习惯、宗教教义等民间规范和国家法之间的关系。这既有利于维持藏区的社会稳定与和谐,又能使藏族传统调解在有效解决纠纷的同时不偏离“法治”轨道。

(四)强化调解协议的执行力

从近年来的研究看,如何保障藏族传统调解协议的履行是学者们重点关注的问题。对此,主要形成了两种观点:

一种观点认为,可以利用藏族本土文化资源,通过道德压力、舆论影响和宗教权威的干预等手段强化调解协议的执行力,甚至在一些特殊类型的案件中,“超自然的制裁通常也是极为重要的”④。例如,李虹等认为,可以借用藏族传统文化中的“盟誓”,通过一定的宗教仪式来宣扬对违背协议者的精神惩罚(2011);熊征、洲塔认为,可以通过巧妙展示纠纷当事人共享的表征和平的民族与文化符号(如“哈达”“活佛”“宗教戒律”“盟誓”等)增加当事人的主体间性和成员身份感,进而激发涂尔干所谓的“集体兴奋”以实现双方关系的转化和让步(2013年);杨雅妮在对甘南藏族自治州的“吃咒”现象进行分析后认为,可

---

① 杨雅妮.少数民族权利救济机制研究[M].北京:中国社会科学出版社,2014:279.

② 杨继文.“依法治藏”背景下的藏区草场纠纷治理[J].贵州民族研究,2016(3).

③ 罗英姿,班林涛.镇山村民族民间纠纷调解问题的调查与思考[J].贵州民族研究,2008(2).

④ 博西格诺,等.法律之门(第八版)[M].邓子滨,译.北京:华夏出版社,2007:726.

以"通过'吃咒'仪式来缓解双方之间的紧张关系"[①],保证调解协议的实际履行。

另一种观点认为,可以通过与国家正式制度的对接、借助法理型权威所具有的强制性强化调解协议的执行力。但对于如何实现对接,学者之间则看法不一。具体做法有:一是将藏族传统调解纳入人民调解制度后,再通过民事诉讼中的司法确认程序赋予藏族传统调解协议执行力[②],如王玉琴等。二是通过与其他正式制度(如公证制度、行政裁决制度、附带民事诉讼、刑事和解等)的对接来强化调解协议的执行力。其中,有主张通过与公证制度对接的,如李虹认为,可通过公证获得契约效力使调解协议获得法律效力[③];有主张通过与行政裁决制度对接的,如常丽霞认为,可以利用行政裁决制度,对于成功签订调解协议的,由县委、县政府出具带有政府公章的裁决书[④];还有主张与附带民事诉讼制度或刑事和解制度对接的,如熊征等认为,对于构成犯罪、需要追究刑事责任的,可以通过与附带民事诉讼制度或刑事和解制度的对接来保证调解协议的履行[⑤]。以上观点,虽内容各异,但都为如何强化藏族传统调解协议的履行执行力提供了相应对策。值得注意的是,持不同观点的学者之间并不相互排斥,往往是多管齐下,各种措施并用。

笔者认为,要强化藏族传统调解协议的执行力,必须协调好"柔性规劝"和"刚性执法"之间的关系。这就离不开对两大资源的利用:一是藏族传统文化资源。为了保证藏族传统调解的运行效果,必须利用充分的协商机制、民间权威的力量、独特的面子逻辑、突出的物质赔付、高超的技术策略(如签订搁置协议)以及宗教伦理约束(如"吃咒""煨桑""盟誓")等藏族传统文化资源,强化藏族传统调解协议的执行力,及时修复社会关系。二是现代法治资源。在"依法治藏"视域下,藏族传统调解的功能实现还必须充分利用现代法治资源,通过与"大调解"、行政裁决、法院调解、刑事附带民事诉讼及刑事和解制度的对接,来强化藏族传统调解协议的执行力。

(五)规范藏族传统调解的收费标准

基于以上分析,一旦藏族传统调解"借壳"国家正式制度实现其现代转型,即可通过对相关制度的构建与完善,对其收费标准进行具体规范。以藏族传统调解与人民调解制度的对接为例,由于人民调解具有公益性、义务性和无偿性等特点,因此,一旦将藏族传统调解吸纳进人民调解制度,藏族传统调解主体依藏族调解习惯法收费的做法就应当被禁止,纠纷双方当事人的解纷成本将会大大降低。这是因为,在人民调解过程中,只能根据《中华人民共和国人民调解法》《关于加强人民调解员队伍建设的意见》等规范性文件

---

① 杨雅妮. 神判之遗:藏族"吃咒"的文化解读及其当代价值——以甘南藏族自治州为例[J]. 宗教学研究,2017(3).

② 参见王玉琴,德吉卓嘎,袁野. 藏族民间调解的脉动[J]. 西藏大学学报(社会科学版),2011(4).

③ 李虹. 藏族习惯法在藏区草场纠纷解决中的作用与困境[J]. 甘肃高师学报,2011(4).

④ 常丽霞. "斯哇":在国家与社会之间——甘南藏族聚居区两起个案的法人类学考察[J]. 甘肃政法学院学报,2012(5).

⑤ 参见熊征. 藏牧区刑事和解初探——以甘南藏族自治州为例[J]. 西北师大学报(社会科学版),2011(6).

的规定，通过落实人民调解员待遇、政府购买人民调解服务、人民调解员抚恤政策等方式，对人民调解员参与调解工作进行激励和保障，而不能对纠纷双方收取任何费用。

结　语

藏区治理直接关系国家治理的成败。在“依法治藏”视域下，藏族传统调解的功能实现必须严守“法治”的边界，既要依法规范藏族传统调解中的权力运作与行为准则，又要妥善处理好其与行政治理、司法治理等之间的关系。要使藏族传统调解真正成为藏区多元化治理体系的有机组成部分，应从适用范围、调解主体、调解依据、协议效力及收费标准等方面对其进行规范，以保障藏族传统功能的全面实现。本文看似面面俱到，实则对部分问题的分析仍不够透彻，期待众多同道之人继续探索，共同促进藏区治理法治化的全面实现。

Tibetan Traditional Mediation from the Perspective of Governing Tibet by Law: the Function and the Realization Route

Yang Ya'ni

Abstract: Tibetan traditional mediation is a kind of localized management resource formed in Tibetan history, which shoulders the functions of stability, disputing settlement, cultural inheritance and innovation. However, because it is difficult to avoid the defects of customary law, such as the weakness of authority of mediation, the insufficient legality of mediation basis, the lack of compulsion of conciliation agreement and the high cost of resolving disputes, causing some obstacles in realizing its function. In recent years, with the principle of "Governing Tibet by Law", traditional Tibetan mediation should be incorporated into the track of "rule of law", and it should be regulated from the scope of application, the main body of mediation, the basis of conciliation, the validity of agreement and the standard of charge, so as to guarantee the comprehensive realization of Tibetan traditional mediating function.

Key Words: "governing Tibet by law"; Tibetan traditional mediation; traditional authority; dispute settlement

论少数民族森林保护习惯法及其与国家法的调适*

魏叶青**

摘要:少数民族森林保护习惯法以多种样态存在于少数民族地区,是其民间法的重要内容。例如,侗族侗款有封山育林期、护林造林、划定林地界限的规定,还有种植"嫁妆树""打草标"的习俗;布依族则有林木分类保护和禁入神山圣林的习惯法;苗族榔规则规定了林业的生产月令、禁止偷盗和烧山烧林的习惯法。这给后代留下了丰富的森林资源,传承了人与自然和谐相处的生态理念。但由于习惯法自身的局限性,部分习惯法与国家林业法律制度冲突,难以符合现代法治社会要求。需要对森林保护习惯法进行调适,地方自治立法要吸收习惯法中的合理成分,剔除其落后部分。司法裁判中援引森林保护习惯法,并适用其构建多元纠纷调解机制。

关键词:少数民族;森林保护;习惯法;侗族;苗族

引 言

中国是一个统一的多民族国家,各少数民族在生产生活、宗教信仰和行为方式等方面各具民族特色。由于少数民族地区交通不便、地域相对封闭以及自然环境差异等因素,不同民族逐渐形成了相对独立的森林保护行为规范和生态理念,这是他们的传统民族法文化的重要组成部分。面对现代社会发展对林木资源有着极大的需求这一现状,苗族、侗族、瑶族等民族聚居地区现在仍然能够保留广袤的森林,少数民族习惯法①发挥的作用不可小觑。其中,有关于植树造林、森林防火、禁止盗林、确定权属等相关的习惯法规范,也有关于林粮混种、林木交易、林权转让等相关的规范,还有关于森林保护的神话传说等等。这样的"活法"在现代社会多以村规民约的形式体现着其规范作用。著名法社会学家埃里希认为,无论是现在或者是其他任何时候,法发展的重心不在立法,不在法

* 项目简介:2015 年度国家社科基金青年项目"'法律东方主义'的中国误读反思研究"(项目编号:15CFX011)。

** 魏叶青,中南林业科技大学政法学院硕士研究生。

① 本文探讨的习惯法系指在少数民族地区与森林资源保护相关的习惯法,关于习惯法的内涵采用高其才教授的观点,习惯法是独立于国家制定法之外,依据某种社会权威和社会组织,具有一定的强制性的行为规范的总和。参见高其才.论中国少数民族习惯法文化[J].中国法学,1996(1).

学,也不在司法判决,而在社会本身。① 在法律与秩序多元格局的背景之下,社会自身发展出来的规范体系,对当地居民的利益冲突的调整有着举足轻重的作用。事实上,国家法在任何社会里都不是唯一的和全部的法律,无论其作用多么重要,它们只能是整个法律秩序的一部分,在国家法之外、之下,还有各种各样其他类型的法律。② 少数民族习惯法因为获得了当地居民的心理认同,在特定的领域内其实施效果往往优于某些国家制定法。在发达的城市地区,调整社会关系的功能基本上全部由国家制定法包揽,而在许多开放程度不够高的偏远民族地区,国家法发挥作用的范围往往不及本民族地区自有的一些民族习惯。在当今日益恶化的生态环境的背景之下,研究少数民族森林保护习惯法,不仅能促进少数民族地区的生态环境的改善,而且能够通过对少数民族森林保护习惯法的分类和收集,取其精华,去其糟粕,引导少数民族森林保护习惯法向现代法治转变。

一、少数民族森林保护习惯法的样态

(一)侗族的森林保护习惯法

侗族的世居地主要分布于黔湘桂鄂四个省的交汇区域。贵州省的侗族人口数居于全国第一位,湖南为侗族人口第二大省份。侗族是一个十分注重生态保护的民族,有着大量世代传承的生活习惯和习惯法。贵州省境内至今仍然保留着许多原始森林,贵州省林业厅发布的 2016 年度的森林覆盖率显示,黔东南苗族侗族州的森林覆盖率为 66.68%,连续五年居全省第一。③ 黔东南州的良好森林资源的现状不仅得益于国家现行的环境法律法规的规范,也源自当地少数民族的生活习惯、神话禁忌以及流传已久的森林保护习惯法。

侗族最具有民族特色的环境保护习惯法体现在《侗款》之中。《侗款》涉及的内容包括生产生活、民族禁忌、风俗习惯、道德规范等等。侗族的《约款法》,对保护山林、保护庄稼有着详尽的规定。例如,该法"六面威"中就规定:"若哪家孩子,鼓不听捶,耳不听劝,不依古理,不怕铜锣。他毁山毁林,毁河毁溪,毁了十二个山头的桐油树,毁了十二个山梁的杉木树。寨脚有人责怪,寨头有人告发,我们就跟他当面说理,我们就和他当面论罪。"④"侗款"对于当地的环境保护有着重要作用。

1. 植树造林

侗族民间有着植树造林、爱护林木的优良传统。侗族人有种植"嫁妆树"的习俗,即

① 张乃根.西方法哲学史纲(第 4 版)[M].北京:中国政法大学出版社,2008:198.

② 梁治平.清代习惯法:社会与国家[M].北京:中国政法大学出版社,1996:35.

③ 杨学华.黔东南森林覆盖率连续 5 年位居全省第一[EB/OL].(2017-08-07).http://www.qdnly.gov.cn/info/10921/234836.htm.

④ 廖开顺.侗族文化与汉族文化的近似性[J].怀化师专学报,2000(1).

当孩子出生之后，为孩子在林地里种上100棵树苗，若孩子为女性，则作为婚嫁之时的嫁妆费用。在孩子成长至18岁的过程当中，若有夭折的树木还可以进行补种。有的地方，母亲还专门为女儿栽种"嫁妆林"，名叫"十八杉"，也称"姑娘林"①。侗族民间传唱的一首著名歌谣唱道："十八杉，十八杉，姑娘生下就栽它，姑娘长到十八岁，跟随姑娘到婆家。"侗族老人每年腊月会带上家里的儿孙们上山去种几十棵杉树，待到日后建房、修桥或做寿用，也会用来做棺材木。还有的地区规定，婴儿出生以及老人死亡都要种几棵树，以此来平衡生态，也有规定老人过世之后将出生树做成棺材，埋葬在土里，不垒堆并与大地平行，象征着归化自然。由于过去大部分农田是掌握在地主手中，普通农户就依靠当地丰富的林木资源和野生植物资源改善生活。同时侗族会将林木划分为经济林、生态林、用材林、薪炭林等。除了依靠植树造林来维持生活的来源之外，许多村民会经常上山采摘一些野生植物、菌类以及药材进行补贴。采集植物会自觉将一些植物的根部复埋入土中有利于其再生。这样靠山吃山养山、前人种树后人享受的风俗习惯一直流传下来，使得当地的森林资源能够得以持续发展。侗族世代植杉造林的理念的形成，不仅是归因于积攒将来女儿出嫁的嫁妆，还主要是通过栽种杉树营利谋生，克服人多田少的困境。

2. 禁止乱砍滥伐

侗族有禁山育林条约和打草标的习俗。打草标是用作警示他人不得随意在山林中砍柴放牧或者割草，即用茅草、芒冬草或稻草等结成疙瘩、田螺或箭头等形状挂在树上。侗族的林农们还有封山育林的习惯，被封的山林又称"禁山"。禁山会有禁约，不准随意砍伐林木，严禁破坏森林的行为。封山育林的条款制定得十分具体，在执行中严格彻底。凡属封山地区，均立有禁碑标明，周围树上捆好草标，或挂上涂以鸡血的白纸，以示此山已封禁，众人盟誓，不得有犯。② 禁山地区由"活路头"充任管山员，如果发现有在禁山区砍柴或者放牧，或者偷砍悬挂草标的树木等毁坏禁山育林条款的事项发生，只要当场抓住，不管是否为管山员，都可以将其工具扣下。然后将其报告给家族大会或者款首处，由寨老或者款首召开家族大会进行惩治处理。在侗族地区一直流传着一句古训"山上一草一木，不得乱砍，违者与血同红，与酒同尽"。黎平南泉山中所立之"永远禁石碑"说："兹有不法山僧，暗约谋买之辈，私行擅伐。合郡绅士，因而禀命干预，除分别惩治外，理合出示晓谕，再行勒石，以垂久远。自后山中凡一草一木，不得妄砍。"③为了保护林木不被乱砍滥伐、不被焚烧偷窃、不被牲畜践踏等，当地习惯法的制裁措施严厉、明确，且大多通过经济制裁来体现。不同的树种有不同的赔偿数额，按照市场价的5倍或者10倍来赔偿，有的村还规定除了赔偿外还设定行为罚，如在盗伐林木的原处栽种树苗并护养直至存活。此外，侗族村民还存在一种较为特殊的"名誉罚"，当出现森林破坏者的时候，就会要

① 余贵忠.少数民族习惯法在森林环境保护中的作用——以贵州苗族侗族风俗习惯为例[J].贵州大学学报(社会科学版)，2006(5).

② 罗康隆.侗族传统社会习惯法对森林资源的保护[J].原生态民族文化学刊，2010(2).

③ 洪运杰.黔东南苗侗民族环境保护习惯法研究[D].重庆：西南政法大学，2010：13.

求违规者进行游寨，同时要高声喊出："为人莫学我，快刀砍禁山。"这算是一种向民众认错的方式，同时也算是告诫本族村民不要破坏禁山育林的规约，起到了教育警示的作用。金钱罚、名誉罚和行为罚等多样的处罚形式使得大家不敢轻易破坏森林环境，产生一种敬畏的心理，从而有利于森林保育、水土保持以及该地区生态环境的改善。

3. 林木经营，界限划分

侗族村民有林地种植与林木经营的习惯法。清代初期，黔西南地区的人口增长，加上政府的政策鼓励，农民们将种植的范围扩张到林地上面，实现林粮间种、先粮后林的耕种模式。在当时的发展背景之下，已经属于较为先进的生产技术。由于传统农业的水平较低，以及人多田少的情形的制约，少地或者没有地的佃户村民只能依靠在林地种植杉木、茶籽树为生。由此，黔西南地区林木的商品化和人工营林逐渐兴起。《侗款》非常重视林地的界限划分，对于逾越林界的行为会严厉重罚，如《侗款》第十层第十步规定："山坡树林，按界管理，不许过界挖土，越界砍树。不许种上截，占下截，买坡角土，谋山头草。你是你的，由你做主；别人是别人的，不能夺取。屋场、园地、田塘、禾晾，家家都有，各管各业，各用各的。"第十二层第十二步说："山头坡岭，田土相连，牛马相聚，山林地界，彼此相依，山场有界石，款区有界碑，山脚留火路，村村守界规，不许任何人砍别人的树木，谋别人的财物。"①明晰界限之后，各家的林木按界管理，实现林区的封闭式经营，待到林木的立伐期过后，林地的权属进行更新，家族内部重新分配林权。正是依靠这样的条款才使得侗族林农们能够将种植业在稳定中延续这么长的周期。除了划定林界、保护权属的习惯法规范，还有林木经营地方保护方面的规约。例如，《黎平侗族清寨村的规约》第21条规定："外地商贩在本村区域范围内外非法经营木材、药材，处以50～100元罚款，可并处没收。"第22条规定："砍伐林木、经济林，除退回林木和赔偿损失外，另按盗窃处10～20倍的罚款，并补造相应10倍的林木，保栽保活。"②侗族村民这样的耕种方式既保障了口粮的问题，又依靠林木经营增加了经济收入，在很大程度上维护了生态系统的平衡发展。

(二)布依族的森林保护习惯法

布依族主要分布在贵州、云南、四川等地，其中分布于贵州的人数最多。布依族居住在半山腰和河边的居多，其生活起居最大特点之一就是他们居住的房子是石板房特色建筑，石头一般就地取材，搭配少量木材建造而成。除了在建造房屋方面注重生态系统的保护，同时他们也一直保持着保护林木和涵养水源的生态习惯，维护了当地的生态系统平衡。

1. 分类保护

① 湖南少数民族古籍办公室.侗款——中国少数民族古籍侗族古籍之一[M].长沙：岳麓书社，1988：10.

② 向晓玲.少数民族环境保护习惯法研究[D].重庆：西南政法大学，2010：17.

布依族有对林木分类保护的习惯。布依族一般都是依山傍水而居，村寨后面的树林不同地区的布依族会有不同的名称，有的叫“风景林”，也有的叫“背阴林”。称为“风景林”的地区的布依族村民认为村寨后面的神林是保佑村寨兴旺发达的守护神，因此坚决不可以出现乱砍滥伐的现象。这些被村民赋予了灵气的人化之树、长命树、不死树是村民祭拜的对象，是村民敬畏自然的象征。村寨后被赋予神秘色彩的神林，一般情况下没有特殊的村寨活动，不准人在神林里活动，更不允许有去神林里狩猎或者采摘植物的行为发生。如果发现村民在后山神林中违规砍伐，将进行罚款或者罚猪罚鸡或者通过放鞭炮来表示认错，如果后果非常严重将会移交给警方处理。也有村民将村寨后面的树林称为“背阴林”，寓意着“后有靠山”的意思。如果发现偷盗木料、砍伐树木的情况，就需要由寨老对其进行罚款。如果不接受罚款这项处罚的，则需要派砍伐者做苦力或者买树苗种植在被其砍伐的地点，并予以精心呵护。[①] 如果将村寨后面的树林中种满茶籽树，就称之为“经济林”。待到采摘茶籽的季节到来之时，村民才能够集体进山采茶籽，其他时候没有重大的节日活动，一般不得进入后山树林。

2. 林木管理

布依族对林木管理方面也有相应的村规民约的规定。例如，长顺县凯佐乡布依村寨滚塘村设立的林业管理条例对集体所有天然林地的规定：(1)居住区附近的后山集体风水林，由本村统一经营管理，全部收入归集体所有，实行封山育林，不准放牧、铲火土灰、修枝砍柴，林内不论大、小、生、干林木均不准个人砍伐。违者视情节轻重，每棵树按周长罚款：10 厘米以下 50 元、10～30 厘米 100 元、30 厘米以上 200 元，并没收所砍伐的木材。检举揭发者奖励罚金的 50%，损坏严重者或屡教不改者送乡政府处理。(2)严禁在后山的集体风水林毁林开荒，违者视情节轻重罚款 100 元以上，并限期退耕还林。毁林严重者根据森林法送乡政府处理。针对荒地造林的管理：离村寨较远的灌木林地、荒山联户承包造林或个人承包造林经营管理。农户承包经营林地，承包期 60 年不变，可由子孙后代继承。无论联户或个人承包林地，均要与村民组签订承包合同，有收入后上交村民组总收入的 15%。[②] 该村规民约对天然林和荒山承包的规定，细致且具有可操作性，由于获得了当地居民的心理认同，其实施效果比宏观的国家法更好。

(三)苗族的森林保护习惯法

苗族主要居住在湘黔桂三省交界的地方。苗族的社会组织在各地的习惯法中不尽相同。在黔东南大部分地区叫“议榔”“构榔”，贵州从江和广西大苗山叫“栽岩会议”或者“埋岩会议”，湘西大部分地区叫“合款”，凤凰县叫“春酒会”。“议榔”是苗族社会中议定、执行习惯法的地区性政治经济社会联盟组织。每次会议前，先由寨头们商议议榔会议的

① 余沁洋. 红枫湖周边地区布依族环境习惯法研究[D]. 贵阳：贵州民族大学，2017：18.

② 袁涓文. 贵州传统森林管理知识的传承研究——以苗族、侗族和布依族为例[J]. 农业考古，2012(4).

内容，然后召开群众大会，由寨头手持代表权威的芭茅和梭镖来宣布议定的习惯法的内容，由大会通过。人们会在议榔会议后在会址竖石一块，表示习惯法坚固如石，不能轻易更改。① 这样形成的"榔规"的性质是经过公认的民间规约，涉及苗民生产生活的各个方面。虽然"议榔"组织在中华人民共和国成立后已逐渐消失，但款约的内容至今仍在苗寨中起着自律的作用。特别是在森林资源保护与管理方面仍发挥着重要的作用。② 此外，苗族榔规还规定了林业的生产月令，1—3 月是林业的操作期，林木的间伐和疏伐安排在 1 月完成，而林地的种耕则安排在 2—3 月完成。这样的月令安排，除了林地的必要的管理期外，一年中绝大部分时间，林区完全处于封闭状态，这样就确保了林木的生长和林区的安全。③ 林业的生产月令规定与"斧斤以时入山林，材木不可胜用也"合理开发利用的生态思想十分相似，在漫长的历史进程中指导着大家爱护森林、保护自然界的物种多样性。

1. 确定权属，分类使用

苗族村民非常重视森林资源的管理，靠山吃山的观念非常深厚。苗族村民将林木分为风景林、用材林和薪炭林。用材林又可以分为"责任山"和"公山"两种。其中，责任山林可分两类：一类为林权归个人、山权归公家所有的半个人所有的山林；另一类为山权和林权都归个人所有的完全个人所有山林。责任山林一般由私有农户负责种植管理。公家山林分为全寨村民共有与村寨内的不同家族共有两种类型。公家山林是每一位村民都有保护、照看的责任，村民需要使用树木时，需要告知本房的宗族或寨老，才可以去公家山林砍伐自己所需的树木，但是杉树秧、果树、"神树"和寨子周边的"风水树"是严禁被砍伐的。这种清晰界定林木所有权的习惯能有效防止林权纠纷发生。④ 不同用途的山林之间有着明晰的界限，有的地方会在边界处种植不同种类树、栽岩、挖建隔离带来区分自有林木和他人林木。比如，在每个寨子之间的山界是不能随意逾越而砍伐林木的。湘西地区的苗族一般用山岭、沟壑等自然地理条件作为界线对山林进行大致划分。

2. 违规砍伐，明确惩罚

村寨设定的山界不得随意变更逾越，禁止偷盗。村民们只准捡掉落的干柴，不准砍生柴烧，对违规偷盗者会进行严厉的惩罚。例如，凯里市三棵树镇南花村《村规民约》第 7 条规定："凡是乱砍滥伐风景树、松幼木、杉木、经济林幼木等林木，每棵处以 5 元以上罚款。"第 3 条规定："盗窃林产品（桐籽、茶籽）、水果，按市场价处以 10 倍罚款。"⑤对于不同用途的树规定不同，如对于村落里的行道树，不得私自占有、砍伐、爬树、折树枝、堆柴，对砍伐风水树要面临罚款和补种的惩罚措施、对砍伐私有林和护寨林的罚款数额亦不相

---

① 谢永恒. 习惯法视角下湘西民族地区集体林权研究[D]. 湘西土家族苗族自治州：吉首大学，2016：32.

② 余贵忠. 少数民族习惯法在森林环境保护中的作用——以贵州苗族侗族风俗习惯为例[J]. 贵州大学学报（社会科学版），2006(5).

③ 徐晓光. 苗族习惯法的遗留传承及其现代转型研究[M]. 贵阳：贵州人民出版社，2005：62.

④ 谢永恒. 习惯法视角下湘西民族地区集体林权研究[D]. 湘西土家族苗族自治州：吉首大学，2016：30.

⑤ 徐晓光，等. 苗族习惯法研究[M]. 香港：华夏文化艺术出版社，2000：196.

同。例如,"偷砍别人家的杉树,罚银三两,偷砍别人家的松树,罚银一两三,偷砍护寨树,罚银九两"。①《榔规条约》规定:在古巴山砍除马桑树和小米树以外其他树种的,砍一捆罚5块,若砍伐成材的杉树和柏树则还要重罚。具体措施有:(1)由护林员专门看管,护林员一般由威望较高且精力旺盛的群众担任。(2)每户必须参加春秋两次的巡山,共同考核,不参加者要交罚款,不按照合同上交酬粮者,一律不分柴。(3)森林划分四片,轮流砍伐,每年一片。(4)违规者,由族长按照规定惩罚,拒不接受处罚的人,全村参与讨论,就事论事,不翻陈年旧账。(5)古巴山上严禁割草、挖根、放牛、挖新山沟、烧炭和开垦,老山沟旁的树及土角边的草地也实行严格的管控措施,这样就有效防止了水土流失,从而起到保护地处半山坡的苗寨安全、维护生态环境和涵养水源的作用。②

3. 森林防火

苗族有关于防止烧山烧林的村规民约。苗族理词中有说"议榔育山林,议榔不烧山;大家不要砍柴,人人不要烧;哪个起恶心,存怀坏意,乱砍犯山林,地方不能建屋,寨子没有木料,我们就罚他十二两银"③。苗族村民很早就以议榔的形式对森林防火这一方面加强保护。黔东南雷山县东北部方祥乡的《村规民约》中在防止山火方面有规定:"寨内一旦发生重大火灾村民必须全力以救,不准擅自搬迁自家财产。等火灾全部灭后,不论灾情大小,由火灾发生户承担扫寨等责任。救火洗手猪一头,扫寨猪一头(一百斤以上)。"《格头村村规民约》同样有如下内容:(1)稻谷草、干杂草、毛柴等干物,必须抬到村外自家定点堆放,家中只准存放一挑,用完了再去抬用,若发现谁家存放二挑以上的稻草和其他干草,罚款10元;(2)从本村规民约签订之日起,谁家发生火警给予重罚三个120斤(大米、酒、肉);(3)本村辖区内发生山火,一经查实,每烧毁一亩(草地或林地),罚纵火户每亩50元并补栽树苗;(4)不准擅自到他人自留山或集体山上烧灰,砍小米土或种土烟,违者罚款10元。④ 由上可见,苗族村民为了防止烧山烧林,在村规民约中规定了非常详细并具有现实可操作的措施。这些习惯法对当地森林资源保护起着重大的作用,且人人都自觉遵守,并流传了下来。

(四)瑶族的森林保护习惯法

生活在广西金秀地区的瑶族,经过长期的社会发展,积累了较为全面的习惯法,如以"打茅标"为象征的物权习惯法、以"村老"制度为象征的社会组织和头领习惯法。这些丰富多元的习惯法一直被传承并保留到当代社会。为了维护村庄秩序、保护森林资源、发展林业和农业生产,金秀地区的人民制定了全面而细致的村规民约。

---

① 龙生庭.中国苗族民间制度文化[M].长沙:湖南人民出版社,2004:60.

② 余贵忠.少数民族习惯法在森林环境保护中的作用——以贵州苗族侗族风俗习惯为例[J].贵州大学学报(社会科学版),2006(5).

③ 徐晓光.清水江流域林业经济法制的历史回顾[M].贵阳:贵州人民出版社,2006:135-136.

④ 周相卿.黔东南雷山县三村苗族习惯法研究[D].昆明:云南大学,2004:62-63.

1. 禁止偷盗

金秀地区的六巷瑶族的村规民约非常重视财产所有权,禁止偷盗。例如,大岭村的《村规民约》规定:(1)偷扯八角秧一株罚款10元,秧苗退还原主,检举者得50%。(2)砍和掩死一株罚款150元,树林按同等赔回原主,检举者奖50元。(3)柿子偷一株罚款10元,树苗赔回原主,检举者奖5元。(4)乱捡别人的八角,每斤罚款50元,检举者奖50%。(5)黄竹笋偷一条罚款1.5元,砍一条竹子罚款1.5元,检举者奖0.5元。(6)偷砍一株玉桂罚款80元,有桂树赔桂树,无桂树赔一株八角树,检举者奖50%。(7)偷砍一株贡柏树、厚柏树、桐油树每株罚款30元,检举者奖50%。偷何种树木赔还何种树,无树赔者每株赔回30元给予原主。[①] 上述规定不仅针对不同树种规定了不同的处罚,而且规定了奖励检举者来号召大家投入爱林护林中。

2. 规范林地、林木使用

瑶族村规民约坚持保护森林、禁止乱砍滥伐的传统,如"六巷村村规民约"规定凡划为老山、水源山、牛场、风景山等不准生产队集体或个人乱砍滥伐、不准开荒做地、不准烧炭,只许本村社员群众适当要些扁担、锄头柄、整犁、鸟枪壳、晒棚篱笆等,其余不准乱砍只许群众要少量竹笋做菜,外地外村人不许乱砍一草一木,不论本村或外地,违者每条竹木罚款2元。不准毁林开荒种地,违者砍了的不准烧,每亩罚款30元,不听制止烧了的不准种作物,每亩罚款50元,还要责成其砍什么林要造什么林,还要他除草护理3年至恢复原状。本村四个队现有幼林、成林,有成片、有零星的林木,都不准任何人乱砍滥伐,更不准私人出卖和送礼,违者以搞木材投机论处,每条罚款2元,并将木材没收归村。私人建房用的木材要作出数量计划,经村委、大队、公社批准,按原计划数量,超过一条罚款1.5元。[②] 该村规民约细致地划分了毁林烧山和毁林未烧山两种情形,分别给予不同的处罚额度,还规定了砍伐批准数量之外的每棵树的罚款数额。

3. 护林防火

为了发展林业生产,瑶族人在村规民约中对护林防火方面作出了规定。例如,大岭村两个队有关护林事项的《村规民约》:"护林防火确保林业发展,群众用火一定要按'五不准'的原则:有风大不准烧,太阳大不准烧,不开火路不准烧,没有组织不准烧,不经批准不准烧。各人进山用火必须加予小心,若发生火灾烧毁山林,必须严肃处理,成材林每亩罚款25元(木材归护林主),幼林每亩罚款10元,如果情节特别严重,则交给政法部门处理。"[③]村规民约对于防火情形的规定实际是严于国家林业法律制度的,当涉及严重的

① 高其才.习惯法的当代传承与弘扬——来自广西金秀的田野考察报告[M].北京:中国人民大学出版社,2015:188.

② 高其才.习惯法的当代传承与弘扬——来自广西金秀的田野考察报告[M].北京:中国人民大学出版社,2015:187.

③ 高其才.习惯法的当代传承与弘扬——来自广西金秀的田野考察报告[M].北京:中国人民大学出版社,2015:188.

犯罪时规定了送惩制度,这实际体现了少数民族习惯法包含国家权威优于民间权威这一逻辑顺序的。

二、少数民族森林保护习惯法的贡献

(一)细化国家林业法律制度,增强可操作性

少数民族习惯法保护民族地区的森林资源的作用不同于由国家强制力保障实施的国家林业法律制度,相比之下虽然少数民族习惯法的内容过于单薄,但其贴近民族地区的社会成员的日常生活,主要集中于植树造林、禁止偷盗、确定权属等方面。由于国家制定法调整对象的普遍性的原因,国家林业法律制度对森林资源保护方面只能规定一些能够全国普遍适用的原则性规范,从而忽视了民族地区的特殊性、地理环境的差异性。法律的生命往往来源于社会实践生活。产生于少数民族日常生活的"侗款""榔规""禁山禁林约款"等习惯法,在国家法无法完全辐射的偏远民族地区,依靠当地居民的心理认同和社会压力,发挥保护森林资源的效用,其能够克服宏观的国家林业法律规范的僵硬性和局限性,更加符合民族地区自有的生态观念,更能得到当地居民的有效遵守。例如,盗伐不同树种规定了不同的罚款数额,并要求补种同种树苗直至存活;又如,禁山区禁止入内砍柴、割草、采药等,被巡山专员当场抓住可以直接扣留砍伐工具再抓至寨老会审判,还规定每户村民必须要参加巡山,不参加者要面临罚款、交粮等惩罚措施。"侗款""榔规"等类似民族习惯法在现代社会逐渐成文化并成为当地村规民约的重要组成部分,民族习惯法在与国家林业法律制度的基本原则保持一致的情况下,结合当地风俗习惯与生态理念,在民族地区产生的规范作用往往要比国家法的规范效果更为显著。

(二)降低执法成本,提高自觉遵守度

如果在交通不便、经济不发达的民族地区全盘照搬地执行国家林业法律制度,会带来执法成本增加、执法手段受限、文书履行率低下等多种问题。相较于原封不动地适用国家林业法律制度,适当地结合"侗款""榔规"这样的民族习惯法,以及利用村里的寨老制度来解决违法违规问题,能够降低执法成本,节省人力、财力和时间。虽然民族习惯法解决纠纷在当地能够获得很好的遵守,但其强制力不够,对新生代少数民族以及村寨的外迁人员基本上处于无效的状态,地方林业行政部门虽有国家强制力作为后盾,追求高效率和执法结果的统一性,但其得到行政执法相对人的心理认同度和遵守程度低。行政执法更多地追求林业秩序价值,往往会忽略村民们从事林业生产的灵活性和其对自由价值的需求。林业行政执法结合当地的少数民族习惯法,能够实现执法效率和结果遵守的有机统一。在行政执法的过程中邀请村寨里德高望重的权威人士加入,依照国家林业法

律制度，结合当地村规民约来解决纠纷、维持秩序，会对涉事村民的内心形成一种压力，不仅可以节约执法成本，还可以提高执法结果的履行率，同时能够达到宣传法治精神、传承爱护森林的生态理念的作用。比如，村民之间发生林地权属纠纷时，村民双方内心实际是认同民族习惯法确定的林地界限的，邀请村里权威人士进行评理劝说就可以很好地解决该纠纷，这比行政部门不考虑当地的地貌特征和历史文化背景，依照法条、结合图纸地标来执法更有实效性。又如，部分民族村寨在村民内部进行林木交易、林地使用权转让往往直接通过契约的方式，在村里长老的见证下签字即可成交了，但是依照国家林业法律制度进行交易和转让，是要经过上报、审批、登记等多个流程，这样的国家法规范实际上不利于林木在村民之间流转。林业行政执法结合少数民族习惯法和寨老的评理劝说，为人们提供了更易于接受的合理解决方案，把纠纷化解在基层，使得涉案村民规范行事，同时也能更好地维护村寨里的人际关系。

(三)传承了人与自然和谐相处的生态理念

少数民族地区存在较多的关于封山育林、禁止盗伐、植树造林的民族习惯法，传承着人与自然和谐相处的生态理念。这主要源于少数民族的神灵禁忌和习惯法规范的约束，他们要世代爱护家园、爱护山林环境。他们感恩大自然，认为万物有灵、万物皆有生命，要想在食物来源有限的落后地区绵延后代，就要和当地的自然生态环境保持友好关系，他们没有征服自然的人类中心主义的意识，只有与自然和谐共处的生态理念。崇拜神山神林的自然理念维护了当地生态系统的整体性，保存了森林的原始风貌，祭拜神树、长命树的习惯为后代子孙留下了珍贵的植物品种和植物标本，各民族地区规定的禁伐期和育林期，体现着“取之有度”的朴素的自然观念。当地少数民族通过口头、文字和建设保护环境的基础设施等形式，对世代相传的森林习惯法的执行行为本身也是一种传承民族文化及生态理念的过程。贵州黔东南地区许多少数民族信奉宗教，他们认为深山里留存下来的寺庙林要严加保护、不断补种，这样才能得到佛祖的保佑。招龙习俗是凯里苗族的宗教活动之一，该活动除了要祭祀龙神以外，还有进行祭祀神树、种植树苗等活动。寨老每年组织村民祭祀龙神，只有祭祀龙神神树，森林资源才能良好发展，当地的林木交易市场才能有源源不断的供给。① 随着知识教育对民族地区的逐渐渗透，越来越多的青年少数民族对村里长辈们口口相传的宗教禁忌和神话传说采取了一种审慎的态度，不再愚昧地相信那些关于神山神林的“诅咒”和“报应”。但是，少数民族森林保护习惯法仍然在保护生态环境方面对青年少数民族起着重要的教育作用。那些他们祖先保护森林、与他们日常生活息息相关的生态理念也同样被遵循着。

① 刘珊等.清代黔东南地区森林资源变化及其社会区域响应的初步研究[J].资源科学，2010(6).

三、少数民族森林保护习惯法的缺陷

(一)少数民族森林保护习惯法与国家林业法律制度的冲突

1. 实体方面

部分少数民族的环保禁忌理念与现行森林法律制度形成冲突，如部分民族禁止杀生，他们认为山林中的虫蚁鼠类是带有灵性的动物，是森林的守护神，杀死它们就会给村寨带来灾难。这实质上与现行森林防治病虫害制度形成了对立关系。也有一部分民族仍然保留着毁林开荒、刀耕火种的原始生产习惯，这也与森林法律制度中禁止乱砍滥伐、森林防火制度形成了冲突。世代生活在深山里的居民，当有一天得知自己的居住地是属于国家自然保护区的范畴，核心区除保护区管理人员外其他人都禁止入内，缓冲区和实验区都禁止砍伐、拾柴、采药、生火，保护区内原住民的生活习惯的方方面面都与国家自然保护区管理制度相冲突。在集体林权制度改革前，多数民族地区的习惯法规定林地的所有权和使用权均为家族共有。要符合改革后农村林地使用权、经营权归家庭独有的规定，民族地区的习惯法规范关于家族共有林的规定也面临废除和修改。同时，传统的寨老断案也会削弱刑法在林业犯罪领域的权威，在罪与非罪的界定上始终应当以国家刑事法律为唯一标准，即使当事人双方同意私了解决，也不应当以少数民族习惯法来排斥国家刑事法律的适用。比如，对于非法采伐、毁坏国家重点保护植物的不法分子，村里的权威人士处罚依据往往只会基于盗伐的林木的种类和数量，不会考虑其主观认识，不会区分是过失还是故意，从而在村组织内部将其犯罪行为作为普通的民事问题进行处罚而告终，而未依照国家的刑事法律的规定由行政机关、司法机关追究行为人的行政责任、刑事责任。对于盗窃林木的不但不会考虑其主观过错，更不会考虑被盗伐的物种对生物多样性造成破坏的问题，只是规定了财产罚或者附带一些名誉罚，依照法理，关于盗窃林木的财产罚和人身罚的规定应当由国家法来规定，而不能由带有自治性质的民族习惯法介入国家公权力的范畴。

2. 程序方面

少数民族习惯法基本上只有简单的程序或者不存在程序规范。但国家林业法律制度是实体内容和程序内容并重的规范，这也是冲突的表现之一。比如，侗族人有种植“嫁妆树”的习俗，种植的数量基本上在100棵以上，待到女儿出嫁之时，砍伐嫁妆树作为陪嫁。但按照林业行政部门的规定，砍伐一定数量的树木需要得到本地区林业部门的采伐许可。若依照民族习惯法砍伐自家种植的嫁妆树，可能面临违法的后果，重者可能会构成滥伐林木罪。依照法理来讲，国家公权力只有在个人非法处置国有林等公有财产的时候才应当介入，公权力本应当尊重私有主体对自有林木的处置，但依照现代社会保护环境的观念，虽然私有林的权属是归于个人，但是在个人处置涉及数量较多或含有珍贵树种的类似大型私有财产的时候，为了防止对社会公共利益带来不良影响，防止其处置行为损害当地生态系统，国家公权力介入是有其正当性的。生活在国家自然保护区的原住民在山林里采摘蘑菇、捡拾古树木的树枝作柴火、挖草药等行为，依照自然保护区的管理规定要事先经过管理部门的审批，拿到审批凭证才可以进入保护区实施目标行为，但实际上上述日常行为在民族习惯法的规范下是允许的。又如，村里新人结婚需要用木材盖新房做新家具，以及棺材木的砍伐、墓地的开辟，直接向村里的寨老申请，经过批准后，由村里的管山员监督按照批准的数量实施砍伐，而不是依照国家法向村集体组织申请和经过镇政府的审批手续，这两者在程序上形成了冲突。

3. 惩罚手段方面

少数民族习惯法有罚粮食、罚种树、喊街认错、罚设酒席招待全村人、修桥、修路等多种处罚方式，而刑法对破坏森林资源犯罪的处罚一般为人身罚、财产罚和行为罚三种处罚方式。当发生盗伐滥伐林木、毁坏国家重点保护植物等不法行为时，仅仅通过种树或者喊街认错，实质上并不能免除其刑事责任，即使村里的寨老或者社会组织对其行为进行了处罚，林业行政部门和司法部门仍然要追究其法律责任。例如，一些村规民约规定村里每户要参加巡山，不参加者在要缴纳罚款、上交粮食，并且当年不得从村里分取柴火，即使这种村规民约是经过村里集体讨论通过的，从国家法的角度来看，其惩罚手段是过于严苛并违反了村民应当享有的生存权的。也有的村规民约规定，村里山林发生火灾的时候，每个人都应当参加救火，未参加者事后要缴纳罚款，对于引起火灾的人除了要缴纳罚款、罚一头 100 斤以上的猪和“三个 120”扫寨之外，还要将被烧掉的树林按照原数全部补种，并护养至存活。这种村规民约实际上是对村民提出了很高的道德要求，按照现行国家法的规定只有引起火灾的人才有救火的义务，其他发现火灾的人只有报警的义务。还有一些习惯法规定了捆绑游寨示众、拾粪便等处罚方法，这样的名誉罚、行为罚虽有惩治犯罪和警示教育的作用，但它实质上与受罚者的人格尊严权保护是冲突的。

(二)少数民族森林保护习惯法自身的局限性

少数民族习惯法规范内容破碎不成系统，且内容也不能全面涵盖森林保护与管理过程中需要规范的行为。少数民族口耳相传的民族禁忌和神话传说不成文化，传承和遵守比较困难，不同身份的主体往往会根据所处的位置不同，作不同的理解。一部分民族习惯法在现代社会逐渐并入村规民约中，发挥其规范作用。并且随着生产方式和社会阶段的变化，过去传承下来的习惯法的内容也会发生明显的变化，新型的社会行为已经超出其调整范围。比如，笔者通过资料收集发现，少数民族习惯法对湿地保护和当地居民生活污染处置的规定基本未涉及，对森林中珍贵植物物种的保护、对森林病虫害防治等方面基本没有涉及。过去的观念没有意识到湿地对生态系统的价值，也没有意识到一些古树、枯树对于物种多样性的研究价值。森林保护习惯法关于护林、营林的规范较多，而关于林木交易、林地使用权和林地过境权的规定较少，这是与现代社会合理开发利用森林资源的理念不相契合的。一些地区的习惯法只规定了私有林由某户家庭负责管理,禁止他人盗窃林木,但对私有林地的沙石、泥土资源的利用没有涉及,在私有林中过度开垦,破坏地表植物,造成水土流失的公共环境问题是现代环境保护规定的应有规范之一。相反,一些民族地区至今仍然存在一些不符合现代社会的做法,如利用巫术和鬼魂观念来保护森林资源。村里的权威人士和管理人士也存在较深的封建迷信观念,当村寨发生自然灾害或者虫害时,不是诉诸外部支援,而是去集体组织村民请鬼神、雷神来除害。又由于少数民族习惯法具有地域性,其调整对象的范围受限,对本村的外来人员无约束力。同时,民族习惯法还具有属人性的特点,更加偏重从血缘角度对社会成员进行规范,超越本地区的对象如经过婚嫁加入该集体的新人将不会受规制。不同的少数民族村落,同等的行为受到的规制和惩罚程度不同,也有的习惯法规定的罚款数额加上米酒肉的数额,会过度高于国家法规定的罚款额度,与法的公平性、法的普遍有效性不相符。

(三)少数民族森林保护习惯法司法适用困难

首先,我国是非判例法国家,如果要以未成文化以及未成文法化的森林保护习惯法作为法官断案的依据,需要存在明确的法律条文以供引用。如果不能作为法律条文直接引用,那么作为证明事实的证据使用的话,是由法院主动依职权查明还是作为当事人的举证责任分配给相关的当事人?这些问题国家法和习惯法都没有确切的规定。从另一个角度出发,一个行政区划往往会包括多个不同的少数民族,而各民族地区习惯法针对同一行为的规定有时不相同,处罚标准也可能不一致。相较于国家制定法的"法律统一性",民族习惯法体现的是"十里不同风,百里不同俗"。如果法官引用其作为判案依据可能会导致同案不同判的结果出现。其次,森林保护习惯法不能应用于刑事领域,而在民事领域和社会治理中是可行的,涉及林业犯罪的司法审判过程中不能参考习惯法来定罪量刑。当发生山林权属纠纷时,可以邀请村里德高望重的长者适用相关习惯法规范来调处,从而维持村庄秩序。但是在刑事领域,如果有一部分行为触犯了《中华人民共和国刑法》或者《中华人民共和国治安管理处罚法》,村里的权威人士仍然将其作为普通民事纠纷处理,不诉诸国家司法机关请求裁决,是对国家刑事法律权威的忽视。

(四)少数民族森林保护习惯法滞后于现代社会发展

首先,森林保护习惯法中的环保观念与现代社会生态理念的不一致性。部分少数民族的生态环境保护观念充分体现了对自然的敬畏、对神林的崇拜。比如,传统的生态观是以不杀生为基本伦理的,他们认为众生皆平等,应任由其自生自灭,以此来表达对生命的敬畏和怜悯。他们认为"折毁树木、子孙不得昌荣""保护风水者,祖宗默佑,世代昌荣",将保护树林上升到世代因果报应。苗族、侗族对神树、神林、风水林、寺庙林的崇拜和禁足,都充分体现了他们对自然的敬畏。但随着科技和教育的发展,现代人对自然界的未知和恐惧日趋减弱。现代社会的资源合理开发利用理念与传统朴素的敬畏自然观念形成冲突,传统的鬼神迷信、禁忌自然的思想已经不再适应现代市场经济,已经被"经济效益和社会效益相统一"所取代。其次,传统型农林业与现代社会市场经济的冲突。传统型农林业是封闭式的自然经济,一般只注重当前的经济效益,生产效率低下,没有先进的生产设备和科学的生产技术,规模较小,无法满足社会新形式的需求。集体林权改革之后,将原属于农村集体所有的林地使用权、经营权拆分给村集体各个成员,打破原有的集体内部林权流转的格局,林地的承包经营权转让给集体成员之外的人。农村集体之外的工商资本介入规模经营的格局,导致民族地区的森林保护习惯法逐渐趋于弱势,无法约束本民族地区发生的村民与村民以外的人发生的林权纠纷。

四、国家法对少数民族森林保护习惯法的调适

(一)完善少数民族森林保护习惯法内部径路

1. 少数民族森林保护习惯法自身的改造

习惯法要想在现代社会环境中面对新的问题仍然保有生命力,就要不断地把自身的不符合社会发展的内容予以废除或者修改。当下,新型的社会行为种类在不断增加,森林保护习惯法调控的领域以及调整的对象在逐渐缩小。国家对环境问题的观念由环境污染治理逐渐转变到了生态系统的保护,国家林业法律制度及森林保护习惯法也面临价值观念的转变。面对无法解释的自然现象和灾害时应当杜绝封建迷信的行为,不要阻碍森林病虫害的防治规则的实施,而应当在村组织和林业部门的引导下科学地进行植树造林和森林防火。在习惯法中增加保护物种多样性、湿地、水源、防止水土流失的内容,增加村组织解决民事纠纷、保护生态环境、维护村内治安状况的规定,删减习惯法中涉及刑事处罚的部分。一些地区对于砍伐神树、神林的人,村民们会认为得罪了天神,为了不祸及全村就将砍伐者祭祀给天神的迷信做法也应当被禁止,涉及人身自由和生命的处罚只有国家才具有主体资格。这类习惯法虽在过去的历史中起到了威慑村民保护自然环境的作用,但其中严苛的刑罚应当用现代科学的刑罚制度取代,逐渐改变我国重刑主义的趋向。对于"烧了这山种那山"的刀耕火种的落后的生产方式,要采取审慎的态度,不能因为土地贫瘠、为了提高农作物的产量就牺牲了当地的生态平衡。一些散落民间又实际发挥着效用的习惯法应当固定下来,可以作为村规民约的内容,但村规民约的制定过程应该由全村村民参与,尤其是针对一些盗伐滥砍的赔偿数额和惩罚方式,不能和现在的同种树木的市场定价相差过大,以及关于检举揭发者的奖励程度以及收缴的罚款的使用管理的规定。村规民约只有在程序上经全村讨论表决通过之后,才具有全村适用的正当性和合理性,社会主义法治理念也应当作为指导思想加入其中。对于涉及要追究行政责任和刑事责任的毁林毁山的行为,应当在习惯法中规定"送惩义务",这不仅能够增加国家法与习惯法之间的"互动性""平衡性",还能提高习惯法作为国家权威之外的民间权威程度。

2. 少数民族森林保护习惯法自身的成文化

在一个多元化的社会里,不可能只以制定法这一种规范来调整社会生活,"即使是在当代最发达的国家,国家法也不是唯一的法律,在所谓正式的法律之外,还存在大量的非正式法律"。[①] 因此,除了需要国家林业法律制度的规范,还需要森林习惯法来补充一些细枝末节的规定,更好地保护民族地区的森林资源。如前文所述,民族习惯法多为口耳相传的风俗禁忌和神话传说,内容不具有系统性,以条文形式存在的较少。目前,很少有研究人员没有人对民间习惯予以全面的记录、整理、阐说和使之系统化,也没有人试图和保证将这样一套学理贯彻到诉讼活动中去。[②] 如果能将习惯法固化下来,以文字或者图表的形式收集起来,集中整理汇编出一部少数民族习惯法法典,将会更加符合现代化法治国家生态文明建设的需求,为少数民族地区适用习惯法增加可预期性。我国宪法规定农村乡镇以下单位有权实行村民自治。为使村民自治更加规范化,以当地实际情况为基础,充分吸收行之有效的习惯法来制定村规民约。村规民约是"规"与"约"的结合,是"在国家政权力量的帮助和指导下,由村民们自觉地建立的相互交往行为的规则"。[③] 村规民约是由全体村民共同讨论协商制定而成的一种自治协议,该村的村民都应受这一村规民约的约束。村民委员会作为当地管理森林资源的基层组织,尤其在森林保护、林地管理利用上可以结合当地的风俗习惯制定一些有具体措施的村规民约来规范村民的行为。具体来讲,村规民约大致可以从三个方面制定:一是森林保护的规定,从植树造林、森林防火、禁止盗伐、封山育林等几个方面规定;二是日常管理的规定,从森林资源的开发与经营上制定一套平衡各方的利益管理制度;三是纠纷解决的规定,林业生产生活中发生林事纠纷,在国家法中无法找到解决措施时,结合村规民约中的规定,从而将纠纷尽可能解决在基层,不要涉及刑事责任部分。据此,积极引导村民以村规民约自我管理,将森林保护习惯法规范提炼到成文化的村民自治协议中,同时配置行政部门的公权力予以保障,赋予村规民约以合法性,并监督村规民约的实施,可以更有效地保护当地的森林资源。

3. 少数民族森林保护习惯法成文法化,加强民族自治立法

依靠宏观的国家法来调整有民族特色地区的方方面面,显然是比较困难的,"所有的法律都具有一般的特征,它们只关注特定的某些事例中的一些基本情形,而不会考虑有关个人或团体或某一特殊集团的性格、境况和社会背景、特殊情况等,也不会考虑因在特定个案中实施这些法律而导致的特殊后果。……它需要用特殊的法律来照顾特殊性"[④]。倘若不考虑当地的特殊性,完全依照国家法来保护森林资源,会导致国家法与社会现实不相适应。我国宪法规定民族自治地方的人大有权依照当地民族的政治、经济和文化的

① 梁治平.清代习惯法:社会与国家[M].北京:中国政法大学出版社,1996:32.

② 梁治平.清代习惯法:社会与国家[M].北京:中国政法大学出版社,1996:175.

③ 谢晖.当代中国的乡民社会、乡规民约及其遭遇[J].东岳论丛,2004(7).

④ 曾宪义.民族地区现代化进程中的民主法制建设[M].北京:民族出版社,2002:261.

特点,制定自治条例和单行条例,将本地区森林习惯法中符合时代特征的,有益于生态文明建设的理念、风俗习惯加以吸收融入自治条例、单行条例。可以增强国家法在民族地区的灵活性和可操作性。比如,金秀瑶族自治县依照《中华人民共和国宪法》《中华人民共和国民族区域自治法》《中华人民共和国森林法》,尊重并吸纳了相关的瑶族习惯法规范制定了《金秀瑶族自治县森林资源管理条例》。该条例第16条规定:自治县鼓励单位和个人按照统一规划投资造林,兴办苗木基地,或者承包林地植树造林。对造林百亩以上者优先给予种苗、资金的扶持。第15条则规定了单位、个人在不破坏自然资源的前提下,可利用林地、闲散地种植香草、绞股蓝等林下作物。第24条规定了救火的义务:接到扑火命令的单位和个人,除老弱病残人员和孕妇、儿童外,必须迅速赶到指定地点,服从指挥,进行扑救。对因扑救森林火灾负伤、伤残、牺牲的人员,应按国家有关规定给予医治和抚恤,对有功人员应给予评功授奖。同时,其对森林资源的保护也进行了细致的划分。金秀瑶族自治县的水源林辐射周边五个地级市,为群众提供生活用水,由于过去就已经规定水源林保护区中的林木只能保护不能采伐,而瑶乡林农拥有丰富的林木资源却难以脱贫。《金秀瑶族自治县森林资源管理条例》结合当地的习惯法找到了双赢的结合点,调整了全县的林种结构,增加经济林的种植,将全县的杂木林纳入公益林进行保护,从而获得补偿款。由此,全县林业步入良性轨道,给林农们带来了丰富的经济收入。① 这种形式的地方立法首先应当满足当地底层劳动群众的价值追求,不能因为当地林业行政部门追求行政效率和管理秩序,就背离农民阶层的利益。因此,在国家法制统一性的基础上,将民族习惯法中关于森林保护的规范部分吸纳进入地方的自治条例、单行条例,细化国家法的规定,不仅体现了国家法对民族习惯法在立法层面的确认,而且体现了在国家法预留给习惯法的领域内,习惯法能够更灵活地维护当地少数民族的利益追求。在国家法没有设定具体罚则的领域,习惯法设定的管理规范和奖励措施,实际上是不与国家公权力对社会事务的管理权和处罚权相冲突的。尊重地方特色的民族自治立法可以与当地的社会生活接轨,更好地保护当地的森林资源。

(二)完善少数民族森林保护习惯法的外部径路

1. 司法裁判中适用森林保护习惯法

在当代中国的司法实践中运用民事习惯法解决纠纷有助于克服制定法的局限,也是尊重民族传统的体现,有利于法律与社会生活的协调,发挥法律的社会功能。在当下法治体系不够完善的情形下,在不违反国家强制法的基础上,法官运用自由裁量权,引用传统民间习惯法规范进行裁判,既是对少数民族习惯法的一种认同与支持,也能提高司法裁判的执行率,同时使得国家法在偏远的民族地区得到更好的渗透和融合。法官的自由裁量权对于克服法律调整范围的局限性尤为重要,在司法实践当中,法官形成"民族习惯

① 黎品玉,谭启勇.金秀瑶族自治县用好民族区域自治立法权纪实[J].法治快报,2006(5).

法可以作为司法裁判的依据"审案意识,有助于弥补适用国家法规则不足的缺陷。谢晖教授认为直接援引习惯法的条件需满足以下六个方面:第一,法律授权;第二,穷尽法条;第三,当事人的接受和选择;第四,法官的论证义务;第五,援引习惯法的时空制约;第六,识别习惯法的性质和功能。① 通过检索相关的裁判文书发现目前在民事领域直接引用有关森林保护的习惯法的判决数量较少。例如,贵州省黔东南苗族侗族自治州中级人民法院(2014)黔东行终字第38号判决中的本院认为部分写道:"排老村民委员会制定的村规民约对全体村民具有约束力,排老村村规民约第三十五条规定,田边地角与山林连接的管理权限在三丈以内,因争议地'高王山'与王兴培责任田相邻,属于村规民约约定的田边地角与山林连接的情形,雷山县人民政府在处理本案中参照村规民约并结合实际地形,以王兴培田角左边第一条小冲为界,将小冲右边的争议山处理给王兴培管理使用……符合《林木林地权属争议处理办法》第十二条'土地改革后营造的林木,按照"谁造林、谁管护、权属归谁所有"的原则确定其归属,但明知林地权属有争议而抢造的林木或者法律法规另有规定除外'的规定。"②该判决体现了法官直接引用当地的村规民约作为裁判依据,针对林地权属纠纷,当法律法规仅有宏观规定时,可用村规民约来化解纠纷。又如,浙江省湖州市中级人民法院(2015)浙湖民终字第254号判决中本院认为部分写道:一审认定雷旭清林权证记载的"南:山岗"是指小山岗,下郎村民组1995年分配给其他农户的山林没有侵害雷旭清的承包权益,理由如下:其一,按照当地习惯,1983年分山到户时,主要以毛竹的蓄积量为缴纳承包金的依据,即分配的是生长毛竹地块,四至的作用是区分农户之间界限作用,小山岗至分水岭之间的地块……且绝大多数当地村民作证证明当初该地块确系荒山。③ 该判决将当地的习惯作为判决理由,当地村民约定俗成的习惯,经村民作证也可以作为裁判的理由,法官在处理纠纷时,若符合引用习惯法的情形,引用其作为裁判依据不仅有利于法官说理,增加当事人的心理认同;而且有利于案件的执行,真正达到案结事了的效果。但在鼓励法官使用民族习惯法解决纠纷的同时,还要防止法官的过度自由裁量而导致的权力滥用。在环境习惯法的司法适用程序方面,适用环境习惯法应当建立在国家法已经穷尽的基础之上,同时当事人有选择是否适用纠纷发生地区的习惯法规范的处分权,不受审理法院的干涉。其次,当事人选择习惯法规范,并不意味着就能够作为判案依据,对习惯法规范的审查和灵活运用取决于法官适用习惯法的能力。

2. 少数民族森林保护习惯法多元调解机制的适用

司法尽管是最权威、最正式的纠纷解决方式,但司法固有的缺陷——程序拖沓、费用

① 谢晖.民间法与裁判规范[J].法学研究,2011(2).

② http://wenshu.court.gov.cn/content/content?DocID=979c7235-546e-44be-873f-15dd39d2432a&KeyWord=(2014)黔东行终字第38号.

③ http://wenshu.court.gov.cn/content/content?DocID=e2f8d6bf-518f-4b33-956e-410b91d83f25&KeyWord=(2015)浙湖民终字第254号.

昂贵、术语专业以及公开争辩等,必然会影响在更广泛的层面上对纠纷的解决。[①] 在调解中,适当运用民族地区固有的习惯法解决林权纠纷有一定的社会基础和心理基础,能够产生较好的社会效果。调解包括诉讼调解、行政调解、民间调解三种方式,诉讼调解和行政调解都是在公权力机关的组织下进行的,一个是在行政机关执法过程中进行的;另一个是在司法机关审判过程中进行的,其调解文书具有强制执行力。前述两种调解在实践中都会引用一定数量的习惯法或者村规民约作为参考依据,如引用村集体依照当地习惯法制定的山林账簿,在国家法无法彻底解决纠纷的时候可以发挥参考作用,从而提高调解结果的履行率。而此处讨论的社会组织调解指的是吸收当地民间权威人士,依照民族习惯法解决本民族内部纠纷的一种调解方式。少数民族聚集地区,家族观念强,日常生活都是彼此关联影响。一般情况下,出现纠纷的当事人不会选择走诉讼途径,主观方面的原因是在人情味浓厚的民族地区,当地居民不愿意"公事公办",而是更多地选择在集体内部解决问题;客观方面的原因是民族地区一般地处偏远地带,交通不便,当地居民对国家法了解较少,诉诸司法手段,双方当事人要付出较大的诉讼成本。因此,少数民族本着"息讼"的传统观念,将民间调解作为森林资源纠纷解决的常用手段,能更好地维护村里的正常秩序和人际关系。例如,当家族内兄弟之间发生林权、林界纠纷找到村主任或寨老,寨老就组织大家在村里老树、神树下开会,分析争端的具体情况,引用当地的习惯和风俗进行说理、评判,理亏的一方或道歉或赔偿。调解主体一般为当地权威人士、家族领袖、村寨长老等人员。他们都是当地土生土长的民族成员,了解当地的文化传统和风土人情,理解当地民众的思想观念意识。现在许多地区的权威人士逐渐由村委主任、村党支部书记等村委会的主要成员替代,来执行调解功能。同时也应当谨慎选取调解主体,因为一些当地富有的家族已经不会中立地追求村内的和谐安定,存在一些财大气粗的村民追求的是操控和支配村组织。因此,在调解纠纷时,可以结合当地的社会情况和习惯法规范,同时考虑已制定的村规民约,结合相似案例进行说服、劝解,化解纠纷。通过构建多元的纠纷调解机制,尽可能地将纠纷化解在基层,达到良好的社会管理效果。

结 语

如卢梭所言:习惯法是最重要的一种法,它既不是铭刻在大理石上,也不是铭刻在铜表上,而是铭刻在公民的内心里;它形成了国家真正宪法;它每天都在获得新的力量;当其他的法律衰老或者消亡的时候,它可以复活那些法律或者代替那些法律;它不但可以保持一个民族的创制精神,而且可以不知不觉地以习惯的力量代替权威的力量。[②] 现代法治国家强制推行国家的法制统一化,国家法和民间习惯法每时每刻都在进行一种对抗,有国家暴力作后盾的国家法意在强行全面取代习惯法,在每一个角落发挥其规范作

① 谢晖.论民间法与纠纷解决[J].法律科学(西北政法大学学报),2011(6).

② 鄂振辉.自然法学[M].北京:法律出版社,2005:125.

用。但森林保护习惯法以其鲜活、细致、具有文化独特性的形式在当地森林保护中发挥着实际效用，弥补了抽象而又宏观的国家法留下的空白。国家法应当在民事领域和社会治理领域承认习惯法的合法性和正当性，对习惯法予以充分的尊重，对与国家法相冲突的习惯法规范加以引导、改造。通过将国家法和习惯法两者的冲突降至最低限度，促进习惯法与国家法制统一的融合，建设现代法治国家的少数民族法体系。

On the Customary Law of the Minority Forest Protection and the Adjustment of National Law

Wei Yeqing

Abstract: Customary law on the protection of forest, which is an important part of folk law, exists in various forms in minority areas. For example, the Dong clauses has regulations of forbidden mountain forest cultivation, forest protection and planting, setting boundaries; and the customs of planting "dowry tree", playing "grass landmark". The Bouyei nationality's customary law provides forest classification and far away from holy forest in order to protect forest. The Miao nationality's hammer rule offers monthly orders on forestry production, forbids theft, formulates fire-proofing measures. The customary law gives rich forest resources to descendants and inherits the ecology concept on how human should set a harmonious relationship with nature. Some customary law conflict with national forestry law for its limitation. In order to adjust customary law on forest conservation, local legislation needs to absorb a reasonable part of customary law and eliminate the backward part. Judicial adjudication quote customary law on forest conservation. And applying customary law constructs multivariate mediation mechanism.

Key Words: minority; customary law; forest protection; the dong nationality; the miao nationality

喜伞习俗的民间法观察

王月峰*

摘要：喜伞是婚礼专用伞，具有告示、敬天辟邪和祝福等多种特殊寓意。作为一种民间法制度的喜伞习俗以喜伞规矩为核心、以喜伞禁忌为支撑、以相关习俗文化为基础。喜伞规矩包括指引性规范、禁止性规则等规范形式。在民间法意义上，喜伞习俗的权利核心是新娘的“喜伞护佑权”，新娘之外的婚姻参与人主要是义务主体。喜伞习俗的权力主体包括媒人、家族长、社会自治组织及传统民间组织。喜伞习俗是在权利与权力的博弈中不断发展变化的。喜伞习俗由于具有相对稳定的人群、优秀的文化基因、内生强制力和调适机制，而具有了生命力和不断成长的未来。

关键词：喜伞；民间法；喜伞护佑权；内生强制力

结婚打的伞叫结婚伞，俗称“喜伞”，也叫“新娘伞”“喜庆伞”。结婚打喜伞的风俗习惯广泛存在于我国的广东、福建、台湾地区、浙江、湖南、江西、广西、云南、重庆、四川、陕西西安咸阳、河南周口、江苏盐城淮安等地。另外，日本、韩国也有结婚打喜伞的传统。

关注喜伞习俗缘起于微信圈一位祖籍湖南武冈市的朋友对当地婚俗的介绍。2018年2月10日，这位朋友参加了当地的一场婚礼，她在微信圈晒出了几张图片：一位男士拎着一只公鸡走在前，新郎自己打一把红伞、伴娘为新娘打一把红伞，身边前侧是两位分别举着正在燃烧的竹制火把、拎着老式保险灯的男士。这位研究社会学的朋友显然对这些风俗习惯很感兴趣，这在社会学上的确很有研究价值。那对打红伞的新人引起了笔者的关注和兴趣，晴天丽日打伞不是“多此一举”吗？结婚打伞看来一定另有奥妙、一定有其特定内涵和渊源，因为婚俗背后是漫长的婚姻制度洗礼和悠长的历史文化传承。于是，笔者立刻在百度和中国知网上进行资料收集调查，并微信询问了十几位不同省份的回故乡过春节的同事，也算是对喜伞习俗进行了简单的社会调研。

一、伞与喜伞

传说，黄帝炎帝大战蚩尤时，黄帝战车上有象征权威的“华盖”，伞由华盖发展而来。

---

* 王月峰，北京政法职业学院应用法律系副教授。

据古籍《玉屑》记载，春秋时期鲁班之妻云氏发明雨伞，“劈竹为条，蒙以兽皮，收拢如棍，张开如盖”。[①] 说文解字介绍，簦(dēng)，笠而有柄如盖也，即今之雨伞。也就是说，和其他工具的产生相同，伞的发明创造源于生产生活需要。

雨伞制造工艺中，把伞撑开的圆面叫“伞墙”。人们推测，最早的伞墙可能是羽毛、兽皮、树皮等能遮阳避雨的自然材料。东汉以降，蔡伦发明了纸，伞墙材质开始变为涂抹桐油的纸，油纸伞开始出现，因为伞墙成本的降低，伞也开始进入寻常百姓家。唐宋时期，油纸伞制作技艺得到了很大发展，这期间开始出现涂抹桐油的用棉布、绸缎、帛制作伞墙的“油布伞”。《天工开物》记载：“凡糊雨伞与油扇，皆用小皮纸。”至明清，油纸伞作坊已经遍布全国。

中华人民共和国成立前后，油纸伞、油布伞还在国内行销，笔者小时候就见过并使用过油布伞。那时，使用老式油布伞的多数是老人，笔者偶尔使用爷爷的油布伞都有些不好意思。20 世纪 70 年代，农村地区用的多数是软塑料布材质的伞，俗称人们“洋伞”，年轻人能打一把色彩艳丽的“洋伞”是件令人羡慕的事情。油布伞不仅笨重，举久了胳膊就酸了；而且撑开的伞面有些平，风吹雨打之下，举伞人的腿甚至腰以下很容易被雨水淋湿。老式油布伞的伞柄一般是实木材质，伞骨有的是木质，多数是竹制。“制作油布伞主要分伞骨、伞芦盘、伞柄、伞衣、伞架、装伞衣、熬油、油伞等八大道工序和几十道小工序，工具主要有锉刀、锤子、锯子、钻子、缝纫机、剪刀、量尺等。”[②]涂油是最后一道工艺，“将生桐油熬熟，兑进少许黄漆进行调和，用刷子蘸桐油均匀涂抹伞衣，稍干后要再作涂抹，两次桐油刷漆，确保油布伞防雨、防晒”[③]。

伞的最初用途是遮阳避雨，后来开始作为装饰品运用到节目表演、日常装饰中，甚至开始出现伞的工艺品、武器，伞的用途越来越广泛。被运用到结婚仪式中的喜伞逐步成为一种专用伞，说专用伞主要是从伞墙面料和图案两个方面说的。

传统喜伞伞墙主打色是大红色，个别地方也有用红色为基调的调和花色、甚至黑色的习惯。日本传统婚俗中，喜伞也是红色，个头特大，有些像我们今天路边小摊用的固定在地面上的遮阳伞。当代结婚用喜伞的面料图案花色都有了很大发展，可谓百花齐放。2018 年 2 月 14 日，将“喜伞”输入淘宝，共搜索到 1244 件各种款式的喜伞。从浏览的几款产品的配图看，多数产品的款式新颖，颜色鲜艳，且面料多为碰击布[④]，也有少数为蕾丝、绸布、雨布等材质。这些产品大多做工精细，外形精美，落落大方。现代喜伞的伞柄

---

① 张卫国. 撑在手上的诗意[N]. 江西日报，2017-6-2.

② 苗子健. 非遗视觉：传统手工艺下的油布伞[EB/OL]. [2018-2-10]. http://ah. people. com. cn/n/2015/1009/c358266-26714309-3. html.

③ 刘祥体. 恋念油布伞[N]. 颍州晚报，2015-7-16.

④ 碰击布是一种不需要纺纱织布形成的织物，只是将纺织短纤维或者长丝进行定向或随机撑列，形成纤网结构，然后采用机械、热粘或化学等方法加固而成。它直接利用高聚物切片、短纤维或长丝通过各种纤网成型方法和固结技术形成的具有柔软、透气和平面结构的新型纤维制品。（参见百度百科. 碰击布[EB/OL]. [2018-2-10]. https://baike. baidu. com/item/%E9%AB%98%E5%AF%86%E5%BA%A6%E7%A2%B0%E5%87%BB%E5%B8%83/9074227? fr=Aladdin. 2018-2-10.

和支撑杆多数为金色铝合金材质，少数为原木、竹制。铝合金材质的伞柄、伞杆更轻便、更美观，质量更好、更不容易损坏。从撑杆款式看，喜伞多数为长柄，少数为折叠款式。伞墙外立面有龙凤呈祥、花开富贵、爱心玫瑰、大红双喜，鸳鸯戏水、蝴蝶双飞、孔雀开屏、永结同心等吉祥喜庆寓意图案，还有些伞墙外立面图文并茂，印制新郎新娘头像、题写了新郎新娘名字等。当日搜索的第 29 页最后一款喜伞是“日本购 MY 优锐婚庆雨伞”，单价 666～1668 元人民币不等，并有十几款可选：开枝散叶刺绣、凤凰于飞刺绣、花开富贵刺绣、双层蕾丝刺绣、金玫瑰印花、蕾丝鸳鸯双喜、大红鸳鸯双喜、蕾丝鸳鸯双喜、龙凤呈祥刺绣，等等。日本制作喜伞的花样和款式繁多不仅反映了日本市场对喜伞的需求，也从侧面反映了日本婚礼中喜伞习俗的影响力。

通过对网络数据的分析，我们可以看出，当代喜伞不仅在伞骨、伞柄等用料上更轻便、耐用，伞墙面料、图案也更科学、更现代、更有文化内涵。这些变化发展既反映了社会生活的发展，也反映了新时代婚俗习惯的变迁。

二、喜伞的寓意

伞被运用到结婚仪式中的历史起源很难考证，较早记载婚礼使用“清凉伞”的文献是宋代吴自牧的《梦粱录》卷 20《嫁娶》①。从喜伞使用目的上看，除了遮阳避雨的生活用途外②，还包含宣告女子嫁人、敬天、辟邪、祝福等寓意。淘宝的一款产品推介对喜伞寓意进行了概括：“新娘出门时，由伴娘或媒婆一路伴随新娘撑着伞，寓意为新娘一路遮风挡雨，避免邪气侵入。红为喜庆色，伞映人面红，示健康。有之子于归，宜室宜家之意。”③我们的文本与社会调查发现，喜伞包括了以下寓意。

1. 宣告女子嫁人。《诗经·桃夭》曰：“之子于归，宜其室家。”古代将女子嫁到夫家曰“归”，就是说，女子要出嫁了，喜气洋洋地“回到”夫家。打喜伞是“之子于归”的宣告，这也是为什么从娘家出门就要打着红伞直到夫家才可以收起来的缘故吧！打喜伞的仪式和过程就是宣告女子嫁人这个重大事件，也是“宜其室家”的要求。喜伞的这种宣告性与有些地方把撑开的黑伞放在大门外宣告家中有人死亡具有一定的文化关联性。在中国台湾地区和香港一些地方，如果新娘怀孕了则打黑色，习俗认为，新娘怀孕的“胎神”不能与“新娘神”相冲，黑伞既护佑新娘神，又护佑胎神。当然，更重要的意义在于宣告新娘怀

① “至迎亲日，男家刻定时辰，预令行郎各以执色，如花瓶、花烛、香球、纱罗、洗漱妆盒、照台、裙箱衣匣、百结、清凉伞、交椅，授事街司等人及雇借官私妓女乘马，及和倩乐官鼓吹，引迎花檐子或棕檐子藤轿，前往女家，迎娶新人。”（参见《梦粱录》卷 20《嫁娶》）

② 遮阳避雨的用途可能是喜伞作为专用伞产生的重要原因，这也很好地解释了为什么喜伞多见于江南地区，这或许与江南多雨有一定的内在关联。

③ 蝶儿新娘传统结婚用品[EB/OL]．[2018-2-11]．https://item.taobao.com/item.htm.

孕这一大喜事。[①]

2.敬天。新娘打喜伞,表示“不与天争”,是对天的敬畏。“新娘出嫁那天肯定是打扮得漂漂亮亮且是开心幸福的,这种喜气的气氛是会招万物嫉妒的,连上天也会妒忌。所以为免惹怒上天,新娘子要在出嫁时撑着红伞,遮住了新娘子,上天看不见了也不会妒忌了。”[②]传统文化认为,新娘在出嫁之日为大,有的地方把结婚当日的新娘称为“新娘神”。但是,新娘即使“封神”,也不能大过“天神”,为了不惹怒“天神”,打上喜伞,不犯神冲,所谓“上不见天,下不着地(新娘要由娘家哥哥背出门外)”。敬天寓意具有重要的习俗价值,我们后文分析。

3.辟邪。“明清以前,洋伞未从国外引进,陪嫁用的是油纸伞[③]。传说,陪嫁用桐油涂刷的油纸伞可以驱邪逐疫。”[④]一般认为,结婚是人生大事,仪式隆重,场面盛大,这就难免会招惹妖魔鬼怪来现场作奸犯科。因此,五花八门的民间婚嫁辟邪方法也应运而生。传统文化认为,红色是阳刚之极,是辟邪的主要颜色,红色喜伞能罩住新娘新郎,护佑新人的婚姻平安吉祥。“伞的颜色最好是大红色,大红色充满着正义、热情等多项正面情感,有正气的地方,邪魔外道就不能入侵。”[⑤]我国地域广大,民族众多,不同地域、不同民族的喜伞风俗也有不同。有的地方,喜伞撑开后,要向喜伞顶部和空中撒米,用来“喂金鸡”,意指鸡啄米后便不会啄新娘。[⑥] 排瑶婚嫁时,送嫁的队列由媒人带路。媒人用雨伞挑着一个红鸡笼,里面装一只小雌鸡(俗称“带路鸡”);新郎和新娘走在送嫁队伍中间;新娘盛

---

① 宣告新娘怀孕的意义也不容小觑。一是新娘化淡妆、穿轻薄婚纱可以被理解和原谅;二是婚姻程序中各种敬酒可以免喝;三是伴娘会有更多的保护新娘和注意新娘人身安全的义务。四是闹婚房时大家会比较克制,不会出现“抬新娘扔婚床”等危险动作,这一条最重要的。

② 金莱特专卖[EB/OL].[2018-2-11]. https://item. taobao. com/item. htm.

③ 油纸伞是中国传统工艺品之一,作为起源于中国的一种纸制或布制伞,亦传至亚洲各地如朝鲜、越南、泰国、日本等地,并在各地发展出具有当地特色的油纸伞。随着大陆客家人迁移至台湾地区定居,也令中式油纸伞在台湾地区生根发展。油纸伞除了是挡阳遮雨的日常用品外,也是嫁娶婚俗礼仪一项不可或缺的物品。中国传统婚礼上,新娘出嫁下轿时,媒婆会用红色油纸伞遮着新娘以作辟邪。日本传统婚礼上,琉球古代婚礼上也有用到油纸伞。老人喜好象征长寿的紫色伞,送葬时则要用白色伞。日本传统舞蹈也会以油纸伞作道具。宗教庆典中,也常看到将油纸伞作为遮蔽物撑在神轿上,此是取其圆满的意思,作为人们遮日避雨、驱恶辟邪的象征。现时日常所用的伞多是洋伞,油纸伞多作为艺术品和游客纪念品售卖。泸州市位于四川盆地向云贵高原过渡带,雨水充足,竹木资源丰富,具有400多年的油纸伞生产制作历史。2008年江阳区政府把“泸州油纸伞制作工艺”申报为“国家级非物质性文化遗产”,被专家誉为“中国民间伞艺的活化石”。油纸伞文化内涵丰富:油纸与“有子”谐音,寓意多子多福;伞架为竹,寓意节节高升;历史悠久,高贵典雅;外形为圆,寓意美满团圆;桐油工艺,镇宅辟邪。油纸伞不仅有遮阳避雨功能,而且有观赏、装饰、历史人文、民俗文化价值。(油纸伞——中国传统工艺品[EB/OL].[2018-2-11]. https://baike. so. com/doc/5906827-6119730. html;泸州油纸伞[EB/OL].[2018-2-11]. https://baike. so. com/doc/7621696-7895791. html.)

④ 结婚为什么要打红伞 结婚打红伞有什么寓意[EB/OL].[2018-2-11]. http://www. 99wed. com/hunqing/hunlixisu/view_69726_1. html.

⑤ 结婚当天用的伞有什么讲究 婚伞要准备几把[EB/OL].[2018-2-11]. http://www. 99wed. com/gonglue/view_70755_1. html.

⑥ 360个人图书馆. 中国传统婚俗十大禁忌[EB/OL].[2018-2-11]. http://www. 360doc. com/content/15/0407/16/5254276_461315331. shtml.

装打扮，身着自己刺绣的花衣和花裙，手拿一把半撑开的油纸雨伞，伞上贴有一张“先生公”（巫师）画的“辟邪符”，并倒挂一把剪刀，以示辟邪。①

4. 开枝散叶、多子多福。淘宝喜伞网页推介产品介绍说：“适合婚庆，寓意吉祥，寓为开枝散叶、早生贵子、风雨同舟、执子之手、与子偕老。”②另外一款产品介绍了喜伞的寓意和禁忌：“红伞有开枝散叶的意思，祝福新人早添贵子，儿孙满堂，伞的颜色当然是喜庆红，伞映人面红，示健康。”③撑伞打伞与“开枝散叶”原意极为相像，开枝散叶意为“生殖繁衍，血脉传承”，寓意新娘早生贵子，且多子多福。繁体字“傘”由五个“人”组成，有护佑众人之意，引申为多子多福。“在这个意义上来讲，伞和石榴、青蛙、枣等多子并且繁衍能力强的民俗事象一样，具有生殖崇拜的民俗内涵，显示了极强的生命力。”④

5. 荣华富贵。华盖也叫“罗伞”，是伞的一种，我们可以把罗伞作是帝王将相使用的“大伞”，华盖象征权威和财富。被誉为中华民族珍贵国宝的《出警入跸图》描绘的是明朝皇帝出京谒陵的盛况，多处有“罗伞”画面。罗伞不仅有红、绿、黄、蓝、白几种颜色，而且有收拢的、肩扛的、打开的等不同形态。这些“罗伞”颜色鲜艳、形态各异，尽显荣华富贵之态。罗伞带给人们的荣华富贵寓意，也体现在了民间喜伞婚俗之中，我们从日本民间婚礼仪式中非常接近“罗伞”的喜伞风俗中也可以窥见。淘宝图片中的喜伞颜色多以红色为底色，并镶嵌各种金色图案，有的金色图案占据了红伞的“半壁江山”，“杏黄金色”为古代皇帝华盖专用色，其意在凸显荣华富贵之感。

喜伞寓意可能还有一些，不同地方寓意也不尽相同。比如，有的地方的喜伞男女有别，新娘打红伞，新郎可以打红伞，也可以打其他颜色的伞；福建、广东、台湾地区和香港一些地区的结婚仪式中，新娘打黑伞；如果新娘怀孕则必须打黑伞。⑤ 各地喜伞习俗的差异性一定有其内在含义与寓意，恕我们无法一一列举。

三、喜伞规矩

喜伞规矩各地不同，我们择一些主要规矩罗列如下：

1. 喜伞颜色为大红色，花色喜伞也应以红色为底色。

2. 新娘离开娘家时开伞，到夫家闭伞，行进过程中新娘不能离开伞的庇护。

3. 不能在屋子里面开伞，屋内开伞会伤害到婚礼的祥和之气，一般都是在门口进行

---

① 邱绮. 婚俗中的伞文化[J]. 安徽文学，2011(6).

② 日本购 MY 优锐婚庆雨伞[EB/OL].[2018-2-14]. https://item.taobao.com/item.htm.

③ 汐汐的蘑菇屋[EB/OL].[2018-2-14]. https://item.taobao.com/item.htm.

④ 邱绮. 婚俗中的伞文化[J]. 安徽文学，2011(6).

⑤ “‘撑黑伞’还有一种民间习俗说法，以前农业时代新娘出阁以画有八卦的米筛制煞，因米筛上画有八卦，若新娘已怀孕，担心冲到腹中胎儿就改撑黑伞；不过另有一说是现代都市中八卦米筛不多见，现在多以黑伞替代，与是否怀孕无关。”（参见百度百家号. 从郭晶晶撑黑伞看婚礼习俗[EB/OL].[2018-2-15]. https://baijiahao.baidu.com/s? id.）

出门仪式的时候才开伞。[①]

4. 喜伞由新娘的父亲或者哥哥撑开，交给伴娘，由伴娘为新娘打伞。

5. 喜伞必须是新伞，不能用旧伞，不能借伞，不能租伞。

6. 不能送伞给新郎新娘。

7. 喜伞撑开后，要向伞顶及空中撒米。

8. 喜伞伞骨上栓一双红筷子。

9. 迎亲队伍相遇，不避让，喜伞举得越高越好。[②]

10. 水族新娘自己撑一把红伞，伞墙要撕开一条缝。[③]

11. 苗族新娘用左脚跨进屋门并将从娘家带来的花伞交给新郎的妹妹。[④]

四、喜伞主体及其关系

3000 年前的周制婚礼核心是礼仪，礼仪的外化是器物和行为规范。喜伞是婚礼的一件器物，虽然很难称得上是传统意义上的"法器"[⑤]，但由于其被民间婚俗不断赋予了法器的一些特殊功能，也可以被看作是新式婚礼的现代法器。作为现代法器的喜伞被赋予了敬天（神）、辟邪（妖魔鬼怪）、祝福等多种特定内涵，并产生了系列规矩。在我国江南地区、台湾地区、香港和日本、韩国等国家和地区，喜伞及其规矩开始成为现代婚礼的一种不可或缺的仪式仪规，具有了权威性、神圣性和严肃性。

喜伞规矩是喜伞风俗习惯以及禁忌的浓缩，"习俗移人"，则规矩具有更强的"移人"作用。规矩有规则法度之意，也有成例之说，我们列举的喜伞规矩主要是指喜伞的成例，当然也包含着规则的"约束"意蕴。我们可以用法学方法来分析喜伞规矩及其风俗习惯的权利权力关系。

1. 喜伞习俗的权利主体

喜伞规矩约束的主体主要指向新娘、新郎和新娘娘家人，对于新郎家人及其他参与婚礼仪式的人也具有一定的约束力。表面上看，喜伞规矩保护的直接对象是新娘，是"新娘神"，这与结婚仪式中的新娘具有极高的地位有关。但从本质上看，喜伞规矩所保护的核心是婚礼秩序、婚姻秩序和家庭秩序。

喜伞规矩约束的主体主要是新娘新郎和新娘娘家人，其次是新郎家人及其他相关

---

① 结婚当天用的伞有什么讲究[EB/OL].[2018-2-15]. http://www.99wed.com/gonglue/view_70755_1.html.

② "老辈传下的习惯，（迎亲队伍）相逢时要照直走，不避不让，新娘和送亲的人把喜伞高高举起。尤其是新娘，哪位新娘把喜伞举得高，她往后的日子就顺。"（喜相逢[J].河南农业，2002(10).）

③ 唐丽.水族的风俗习惯　新娘撑破伞出嫁[EB/OL].[2018-2-16]. http://wed.i8i8i8.com/contents/1629/6116.html.

④ 苗族的结婚风俗[EB/OL].[2018-2-16]. https://www.douban.com/note/317066417/.

⑤ "油纸伞刚传入日本时，主要用于佛教仪式中的法器，这一时期的伞柄和伞骨以黑色为主，伞面颜色以红色和白色为主，图案主要是日本传统的太阳神文化。"参见洪英.日本的伞文化[J].世界文化，2009(8).

人。在这个法文化场景中,新娘主要是喜伞规矩的权利主体,喜伞的主要护佑对象就是新娘。虽然有些地方新郎也打喜伞,但从新郎喜伞的颜色款式没有严格要求看,新郎并不是喜伞护佑的主要对象。在这个法文化场景中,新郎扮演的是陪衬、配角的角色,不是法文化精髓指向的核心。

新娘享受喜伞护佑的权利是一种民间法意义上的权利,我们可以称之为喜伞护佑权,其权利实质是一种基于身份而获得的心理慰藉和婚礼期间的礼遇或者说荣誉。新娘的喜伞护佑权是一种绝对性权利,除新娘之外,其他人几乎都是喜伞护佑权的义务主体。新娘对喜伞护佑权有期待也有预期,其他人则通过自己的积极行为和消极行为来保障新娘喜伞护佑权的实现:新郎或新娘家人购买新的喜伞,不要借伞、不用旧伞;新娘的父亲或兄长打开喜伞交给伴娘,伴娘为新娘撑伞,须臾不得离开新娘头顶;到达新郎家进房门前,伴娘要把喜伞收起交给新娘家人。

喜伞规矩帮助塑造庄重严肃的婚礼仪式氛围,喜伞仪式主体不断提醒自己规矩是什么、如何按照规矩行为,做到按照规矩办事、不逾矩,直接目的是保障新娘的喜伞护佑权,间接目的则是维护了婚礼秩序。婚礼参加人则通过喜伞及其规矩展示出来的仪式仪轨获得地方性知识,并在不断参与婚礼的行为中获得间接经验,以利于自己或者指导他人沿袭喜伞习俗。因此,结婚场面盛大并不仅仅是为了热闹,其本质是一堂规矩教学、文化传承的实践课。

新娘是主要的喜伞权利主体,难道新娘没有任何义务吗?也不是!新娘的义务正是其他喜伞主体的一种期待性权利:娘家人期待新娘平安吉祥,上不犯神、下不扰鬼;夫家人期待新娘开枝散叶,传承血脉。

2.喜伞习俗的权力主体

喜伞的权利义务主体是实质性享受喜伞权利、履行喜伞义务的人,而喜伞权力主体则是指创造喜伞规矩和维系规矩实现的人或者组织。

与其他婚姻风俗习惯的产生一样,传统喜伞规矩产生于长期的生活及婚礼实践。一般说来,在这个过程中,新娘护佑权、生育权、传宗接代权等传统民间权利实现的需求是喜伞习俗产生的主要内生动力。维系婚礼秩序、婚姻秩序、家庭秩序以及宗族秩序的需求应当也是喜伞习俗产生的重要的社会原因。权利需求指向的是喜伞习俗的私权利主体;秩序需求指向的是喜伞习俗的公权力主体。

广义地看,喜伞习俗的权利主体也是其权力主体,权利主体的权利义务关系形成了彼此之间的约束力和强制性,在一定意义上形成了不同权利主体的某种程度的内心约束和一定程度的外在强制。但狭义地看,喜伞习俗的权力主体主要指向的是权利主体之外的组织或者个人。

传统喜伞习俗的权力主体主要是媒人和家族。《诗经·豳风》云:“取妻如何?匪媒不得。”周制婚礼及其以后的婚礼制度都把“媒妁之言”作为婚姻制度的重要组成部分。

媒人分官媒和私媒,官媒之职有国家法的明确规定①,私媒职责则主要在于促成男女婚姻、彩礼的形式及数额、婚礼程序设计、婚姻纠纷处理等责任。我们甚至可以大胆推测,喜伞进入婚礼程序可能也是媒人的创造,起码媒人起了重要作用。直到今天,有些地方的媒人还用伞作为说媒的标志和语言符号,媒人拿一把伞到谁家,就宣告了此行的说媒目的。

在仡佬族的定亲日,男方的父亲,有时也会是姑父或者叔父,备办酒、面条、新布等礼物,在媒人的陪同下,带着男方及礼物并且由媒人斜背着一把红伞来到女方家里,把红伞挂在堂屋左壁中柱上。土家族的媒人去女方家说媒要去三次,每次都要用到伞。第一次去的时候是两个媒人一起去,一人一把伞。两个媒人到了女方家,不用说是去说亲的,伞就可以完全地表达这个意思。第二次去女方家,媒人只要将伞撑开,倒立在门外;而女方家看见伞倒立撑开在门外,心里就知道是来做媒的,他们也不用说什么,如果愿意谈这桩亲事,就在原地将伞顺立表示"顺利"的意思,否则就是不愿意。第三次登门,媒人还是将伞放在门外,女方如果将伞收起来拿进姑娘房里,就表示完全同意这门亲事;这个时候,媒人才正式说亲,详细介绍男方的情况。② 这些实例说明,伞与媒人关系紧密,这种亲密关系为媒人将伞作为"法器"加入婚礼提供了极大可能性。如果说媒人只是喜伞习俗产生的一种可能性权力主体的话,从调研情况看,媒人是喜伞习俗维系的权力主体则是一种现实。网络和文本调研中,数次看到媒人要求新郎新娘使用喜伞的网络留言以及相关文字,这足以说明,媒人在维系喜伞习俗传承方面一直起着重要的执行人和监督者角色。

家族作为喜伞习俗权力主体的主要表现应当是为媒人提供强制力后盾,这个功能与国家作为国家法强制力保障相类似。家族长在传统婚礼安排中具有举足轻重的作用,我们设想,媒人提出的婚礼中的喜伞要求,家族长一定会从物质和道义上鼎力支持,并根据媒人要求作出细致安排。

现代婚礼的总管和司仪承担着整个婚礼仪式仪轨的安排职责,司仪在台前,总管在幕后,他们会结合当地风俗习惯、家长要求、新郎新娘意愿以及媒人意见,作出统筹安排。所以,总管和司仪开始成为现代婚礼喜伞习俗的一个不可或缺的权力主体。日本的现代婚礼中也能看到喜伞习俗,日本的喜伞是新娘新郎共用的类似罗伞的大型伞,由身穿传统服饰的男子在新郎新娘身后负责打伞。这些程序和仪式都与婚礼策划公司的努力是分不开的。③ 在调研中,我们也发现,国内一些婚庆公司、婚姻礼品公司在网站上不断发表有关喜伞的普及性文章,本文也引用过几篇。这些现代公司虽以盈利为目的,但也起

① "媒氏,掌万民之判凡男女自成名以上,皆书年月日名焉。令男三十而娶,女二十而嫁,凡娶判妻入子者皆书之。仲春之月,令会男女。于是时也,奔者不禁。若无故而不用令者罚之。司男女之无夫家者而会之。凡嫁子娶妻,入币纯帛无过五两。禁迁葬者嫁殇者。凡男女之阴讼,听之于胜国之社;其附刑者,归之于士。"(《周礼·地官·媒氏》)

② 邱绮.婚俗中的伞文化[J].安徽文学,2011(6).

③ NHK 电视台.日本的婚礼[EB/OL].[2018-2-16].http://www.iqiyi.com/v_19rra70n8o.html.

到了宣传强化婚礼仪式仪轨的传播作用，也成为一支重要的维系喜伞习俗的社会力量。

3.权利与权力互动中的喜伞习俗

喜伞小物件，秩序大世界。喜伞权利主体之间的博弈是婚礼秩序的构成要素之一，这种博弈常以权利义务为主要内容。比如，喜伞购买的时机、数量、价格和款式可能成为新郎家与新娘家权利义务分配中不断协商的内容。无论依附于喜伞的权利义务如何具体抑或是如何虚拟，在权利义务博弈过程中都相对容易达成一致，这由喜伞权利主体地位的平等性所决定。

当喜伞权利主体之间的博弈产生纠纷时，常常需要权力主体的参与。比如，喜伞应该由新郎新娘哪一方购买无先例可循又无法达成一致时，媒人可以出面调解说和，为双方提供都能接受的可行方案。由于媒人地位的特殊性以及其见多识广谙熟婚礼规矩，常常成为婚礼秩序中权利义务关系的调停人和平衡器。这是权力主体与权利主体互动的一种典型方式。当然，新郎新娘家族长、社会自治组织、传统民间组织出面解决纠纷，也是婚礼权利无法达成一致时常见的解决方式。

喜伞习俗秩序构成的第三个方面是权力主体之间的互动。权力分为国家权力和社会权力，在周制婚礼秩序中，国家权力占据主导地位，六礼就是典型的以国家权力强制力为后盾的制定法。婚礼秩序中的任何制度机制、每一条规矩都受国家法的约束，这种约束的主要保障力量是国家权力。比如，官媒在周制婚礼中有新生儿登记、督促适龄青年按时结婚、促成婚姻、婚姻纠纷的裁判等职责，这些职责的履行须臾离不开国家权力的保障。随着经济社会的发展，婚礼制度不断变迁，这个变迁的一个重要走向是国家权力逐步将婚礼秩序的许多构成要素让渡给了社会权力。比如，订婚制度、结婚仪式仪轨都成为以社会权力为基础的民间法制度，作为结婚仪式之一的喜伞习俗自然也就成为国家权力让渡的内容。随着社会自我治理能力和水平的提高，国家在很多领域会逐步淡出是一个发展趋势。喜伞习俗会在媒人、家长、新娘新郎、社会自治组织、传统民间组织和婚姻礼仪公司的“权利—权力”博弈框架中不断维系、传承和发展。

五、喜伞习俗的生命力

作为一种民间法制度的喜伞习俗是否具有生命力，决定着其是否可持续。

习俗生命力的第一个条件是有稳定的关注人群。德国社会学家滕尼斯认为，“习惯(Habit)与习俗(Custom)是一对同义词，它们之间的区别只在于指涉的对象不同，前者指涉个体，后者则指涉由个体组成的群体”①。调研中发现，有些同事的故乡明明有喜伞习俗，却说不知道或者推测说没有，这从一个侧面反映了人们对婚俗知之甚少、漠不关心的态度。喜伞习俗没有一般婚礼习俗那么复杂宏大，又没有春节习俗那么常见常习，不被

① 张巍卓.习俗的本质与共同体的重生[J].学术交流，2017(1).

人们普遍关注也在情理之中。但是,一个小的民间风俗制度需要一个小的共同体的维系和传承即可。这个共同体虽小,但需要具有共同的历史文化传承,具有相近的认知标准和行为规范。可以说,喜伞习俗可以不被群众所普遍认知,但需要被一个地域范围内的媒人、社会贤达、社会自治组织、传统民间组织及婚庆公司所熟知。在这方面,喜伞习俗具备了稳定的关注人群这一条件。

习俗生命力的第二个条件是悠久的历史文化传承和优秀的文化基因。习俗是一种元制度,①是一种生发制度的制度。喜伞习俗的历史起源我们难以考证,但周制婚礼已经有 3000 年历史,现代婚礼在很多方面还在延续着周制婚礼的一些重要程序。前文分析过,媒人是周制婚礼的重要制度,喜伞又与媒人有着千丝万缕的联系,由此可见,以周制婚礼为基础的传统婚礼制度会越来越受到人们的普遍关注并大有发展光大之势。从内生动力来看,喜伞习俗有着倡导夫妻百年好合、多子多福、团圆和美的优秀文化基因,这些文化基因恰恰是我国婚姻法所倡导的保护妇女权益、夫妻互相尊重、维护平等和睦文明的婚姻家庭关系具有高度一致性。"习俗是法律诞生的母体,并在法律发展的漫长历史过程中给法律施加着重要的影响。即便是在成文法高度发达的今天,习俗仍是支撑法律有效运作的重要因素。"②喜伞习俗的文化传承和优秀文化基因决定着其被发扬光大的美好前景。

习俗生命力的第三个条件是内生强制力。喜伞习俗的内生强制力就是共同体人群对喜伞规矩的敬畏:对敬天辟邪的敬畏、对夫妻百年好合的敬畏、对生殖繁衍的敬畏。人们对习俗的敬畏有时超越对法律的敬畏,因为习俗往往来源于悠久的历史传统,与自然崇拜、神灵崇拜和祖先崇拜具有较强的内在关联性,因而具有共同历史文化传承的人们很难摆脱这种文化的浸润、熏染和融合后形成的难以名状的内生力量。

习俗生命力的第四个条件是调适机制。这就要求习俗必须具有适应社会发展的开放性。喜伞习俗在不同民族、不同地区、不同时代有不同的规矩和要求,已经实证了喜伞习俗的开放性。喜伞习俗是一种传统,但不与"时尚"对立。在滕尼斯看来,时尚"不过是资本的游戏,是资本在幕后操作出来的傀儡剧"③。我们调研的结果是,即使穿了西式婚纱举行婚礼,甚至是教堂婚礼,只要有喜伞习俗的地区,婚庆公司的婚礼策划都离不开喜伞程序。喜伞习俗的开放性和较强的调适机制在日本现代婚礼中也可以见到。

通过以上简要分析,我们可以得出结论,喜伞习俗具有较强的生命力,具有制度的稳定性和可持续性,喜伞习俗具有不断被发扬光大的未来。

---

① 洪名勇,施国庆.习俗元制度的演化机制:一个演化经济学的视角[J].财经科学,2006(9).

② 胡平仁,鞠成伟.法社会学视野下的法律与习俗[J].湖北社会科学,2007(3).

③ 张巍卓.习俗的本质与共同体的重生[J].学术交流,2017(1).

Observation of Custom of the Wedding Umbrella

Wang Yuefeng

Abstract: The wedding umbrella is a special umbrella for marriage, which has many special meanings, such as declaring, respecting God, warding off evil spirits and blessing. As a custom of folk law system, the custom of the wedding umbrella is based on the rules of the wedding umbrella, the taboo of the wedding umbrella, and the culture of the wedding umbrella. The rules of the wedding umbrella include the norms of guiding, prohibiting and so on. In the sense of folk law, the right core of the wedding umbrella custom is the bride's right to be protected by the umbrella, the other participants of the marriage are the subjects of obligation. The main body power of the wedding umbrella custom includes matchmaker, family leader, social self-governing organization and traditional folk organization. The custom of the wedding umbrella is constantly developing and changing in the game of the right and power. The custom of the wedding umbrella has the vitality and growing future because of the relativity stable population, excellent culture gene, endogenous force and adjustment mechanism.

Key Words: the wedding umbrella; Folk Law; the right to be protected by the wedding umbrella; the endogenous force

域外视窗

◎荷兰习惯法研究述评
◎美国印第安部落法与联邦法的冲突与调和

荷兰习惯法研究述评

王伟臣*

摘要:荷兰的习惯法研究同样有着百年的学术传承,在研究规模上完全可以比肩英美。从范沃伦霍芬到特尔·哈尔,荷兰学者在习惯法的研究领域逐渐形成了"阿达特法学派"。自1960年代开始,在汉斯·霍勒曼的带领下,荷兰在非洲地区的习惯法研究取得了长足的进展。经范登斯廷霍芬的倡议,1978年成立了"民间法与法律多元研究会",走向国际多元的荷兰习惯法研究依然生机勃勃。相较于英美学派,荷兰学者在习惯法领域有着异常鲜明的研究特点,对于当代中国的海外习惯法研究有着重要的借鉴意义。

关键词:荷兰;习惯法;民间法;阿达特法;法律多元

自20世纪80年代以来,大陆学术界翻译出版了大量的西方社会科学文献。其中,在习惯法研究领域,诸如《原始社会的犯罪与习俗》《原始人的法》《法律多元——从日本法律文化迈向一般理论》等经典作品不仅被陆续译成中文,且出现了多个译本,①不断再版,②相关的评介研究也层出不穷。不过,无论是《原始社会的犯罪与习俗》《原始人的法》,还是近些年出版的《法律与文化:一位法律人类学的邀请》、③《秩序与争议——法律人类学导论》④,其实都是英美学界的作品。在英美之外,荷兰的习惯法研究同样有着百年的学术传承,在研究规模上完全可以比肩英美,近年来更有赶超之势。可是目前国内对荷兰传统却知之甚少,⑤因而本文拟对过去百年来荷兰的习惯法研究进行一番历史考

---

* 王伟臣,法学博士,上海外国语大学法学院副教授。

① 比如,《原始社会的犯罪与习俗》最早由许章润译成中文,而后原江也推出了译本,参见布·马林诺夫斯基.初民的法律与秩序[J].许章润,译.南京大学法律评论.1997:1-16;布·马林诺夫斯基.初民的法律与秩序[J].许章润,译.南京大学法律评论.1998:1-17;马林诺夫斯基.原始社会的犯罪与习俗[M].原江,译.昆明:云南人民出版社,2002。关于《原始的人法》,严存生和周勇分别于1992年和1993年推出了两个译本,参见E.霍贝尔.原始人的法[M].严存生,等译.贵阳:贵州人民出版社,1992;E.A.霍贝尔.初民的法律:法的动态比较研究[M].周勇,译.北京:中国社会科学出版社,1993.

② 2012年,《原始人的法》推出了中文第3版,参见艾德蒙斯·霍贝尔.原始人的法——法律的动态比较研究[M].严存生,等译.北京:法律出版社,2012.

③ 劳伦斯·罗森.法律与文化:一位法律人类学的邀请[M].彭艳崇,译.北京:法律出版社,2011.

④ 西蒙·罗伯茨.秩序与争议——法律人类学导论[M].沈伟,张铮,译.上海:上海交通大学出版社,2012.

⑤ 目前仅有两篇论文提到了荷兰的习惯法研究,参见王伟臣.法律人类学的身份困境——英美与荷兰两条路径的对比[J].法学家.2013(5);仓田勇.印度尼西亚习惯法的研究轨迹[J].周星,译.民族译丛.2011(4).

察，总结其较于英美路径的优势和特色，以期能够为国内从事习惯法、民间法以及法律人类学研究的学者提供些许参考。

一、阿达特法学派的兴起

同英美一样，荷兰的习惯法研究起源于殖民运动。16 世纪末独立以后，荷兰迅速发展为世界最大的航海和商业国家，并于 1602 年成立了世界第一家跨国股份有限公司——荷兰东印度公司(Dutch East India Company)，成为欧洲位于印度尼西亚的主要势力。之所以成立东印度公司，主要是为了利用“千岛之国”的地理优势，以印尼的沿海港口为基地，试图垄断欧洲与中国、印度、日本、锡兰和香料群岛的贸易。所以直到东印度公司解体之前，荷兰人都没有深入印尼腹地，他们在海岸堡垒以外的控制力相当薄弱。另一方面，作为一个贸易公司，荷兰东印度公司不允许他们的雇员出版任何损害公司商业、政治兴趣的出版物。其结果是，荷兰本国的科学探险与民族志没有得到很好的发展。[①] 所以，率先对印尼习惯法开展研究的并不是荷兰人。1783 年，英国殖民官员威廉·马斯登(William Marsden)在其所著的《苏门答腊史》(*History of Sumatra*)中首次提到了“阿达特”(Adat)的概念。这个词汇来自阿拉伯语“عادات”，意指“习惯”，或用于描述地方习惯和传统的多样性。尽管源于阿拉伯语，但是“阿达特”在整个东南亚地区引起了深刻的共鸣，其他非穆斯林社区也接受了这个概念。1817 年，另一位英国殖民官斯塔福德·莱福士(Stamford Raffles)在《爪哇史》(*History of Java*)一书中记录了一些与法律有关的阿达特。

19 世纪初，荷兰东印度公司解散，荷兰政府成立荷属东印度政府接管印度尼西亚殖民地。殖民统治需要更加深入地了解印尼的全貌，这就为针对印尼的社会科学研究创造了条件。1864 年，荷兰最古老的大学——莱顿大学成立了荷兰东印度语言地理民族学教育国立研究所(National Institute for Education in the Languages, Geography and Ethnology of the Netherlands East Indies)，负责对荷属东印度殖民地行政官员的培训。第一任荷属东印度民族学讲习教授皮特·韦泰(Pieter Veth)为培训班设计了以“印度学”(Indologie)为主的课程大纲。最早起源于德国的“印度学”，在荷兰成了关于印尼历史和文化的专门研究。“韦泰主张汇集积累有关印度尼西亚的一切知识，包括自然环境、地理、动植物、语言、文学、历史、习惯、艺术、殖民地行政领域……”[②]所以自然也包括关于当地法律规范的介绍和研究。韦泰在授课时特别要求，所有的行政官员到达印尼之后都应当有针对性地收集包括当地法律规范在内的一切知识，这也为 21 世纪初习惯法研究的勃兴奠定了基础。1893 年，莱顿大学马来语教授克里斯蒂安·许尔赫洛涅(Christiaan

① 刘正爱.一个“边缘”的传统——人类学在荷兰[J].中国农业大学学报(社会科学版)，2007(4).

② 仓田勇.印度尼西亚习惯法的研究轨迹[J].周星，译.民族译丛，2011(4).

Hurgronje)出版了关于印尼苏门答腊岛北端亚奇人(Aceh)的研究作品。他在“阿达特”这个词语的基础上增添了“法”或“权利”(Recht)的含义,从而发明了“阿达特法/习惯法”(Adatrecht)这个专门术语。进入20世纪以后,荷兰殖民者通过砂糖与咖啡生产,终于打通了沿海港湾与内陆农村地区的联系,从此开始关心包括土地法在内的印尼土著习惯法。当时殖民政府提出的法律政策是,以荷兰法为基础推进整个印尼法律的统一,一方面是为了便于管理,另一方面也可以通过法律移植将殖民地印尼打造成为获得国际认可的现代文明国家。但是这种政策遭到了莱顿大学法学教授科内利斯 · 范沃伦霍芬(Cornelis van Vollenhoven)的批评。①

范沃伦霍芬被公认为荷兰习惯法研究的创始人。② 他17岁进入莱顿大学,先后获得闪语学士、法学硕士、政治学硕士等学位。1898年,他凭借论文《国际法的范围和内容》(Omtrek en inhoud van het internationale recht)获得莱顿大学法律与政治科学博士学位。完成学业之后,他被殖民地的产业巨头、荷兰殖民事务部长科迈尔(J. T. Cremer)招致麾下,成了后者的私人秘书。③ 由于几乎每天都会接触印尼的法律问题,所以引起了范沃伦霍芬关于阿达特法的兴趣。在担任秘书的三年间,他阅读了大量由殖民政府官员收集的关于阿达特法的档案材料,并进行了系统的整理和分析。1901年,年仅27岁的范沃伦霍芬受聘为莱顿大学首任东印度阿达特法讲习教授。从此以后,莱顿大学便垄断了为荷属东印度政府培养行政官员的教育和培训业务。④ 在范沃伦霍芬以前,虽然韦泰、许尔赫洛涅都曾研究过阿达特法的问题,但是他们所属的民族学、语言学等学科在当时并没有把法律当成主要的研究对象。范沃伦霍芬则不同,他接受的是正统的法学教育,有着扎实的法学理论素养。同时,他深受萨维尼“历史法学派”的影响,认为法律是历史的产物,强调不同法律文化的多样性。⑤

范沃伦霍芬提出了两个关于习惯法的著名理论:“法律领域说”(Law Area)与“自治团体说”(Autonomous Community)。在1918年出版的多卷本巨著《荷属东印度的阿达特法》(*Het Adatrecht van Nederlandsch-Indië*)中,范沃伦霍芬从“法族”(Law Families)的概念入手,将整个印尼分为亚奇、婆罗洲、巴厘岛和龙目岛、米南加保(Minangkabau)等

---

① HERMAN SLAATS. The Imposition and Radiation of Dutch Law in Indonesia[J]. JAP DE MOOR and DIETMAR ROTHERMUN eds., Our Laws, Their Lands: Land Laws and Land Use in Modern Colonial Societies. Berlin: LIT Verlag. 1994:105-106.

② NORBERT ROULAND. Legal Anthropology[M] translated by Philippe G. Planel. London: The Athlone Press. 1994:86.

③ CORNELIS VAN VOLLENHOVEN[EB/OL]. (2018-11-1). http://en.wikipedia.org/wiki/Cornelis_van_Vollenhoven.

④ C. FASSEU. Colonial Dilemma: Van Vollenhoven and the Struggle Between Adat Law and Western Law in Indonesia[J]. W J MOMMSEN and J. A. DMOOR, eds. Europe and Expansion of Law: the Encounter of European and Indigenous Law in 19th—and 20th-Century Africa and Asia. London: Berg. 1992:239.

⑤ CORNELIS VAN VOLLENHOVEN. Het Adatrecht van Nederlandsch-Indië[M] Leiden: Leiden University Press. 1918:72.

19个法律领域，每个法律领域都有一套独特的习惯法体系。而每一个法律领域都含有大量的“自治团体”。所谓“自治团体”，是指拥有专门领地和专属财产的不同规模的小型群体。在范沃伦霍芬看来，村落、家族、氏族都是这样的自治团体。每个村落都有特定的习惯法观念，也就由此形成了属于他们自己的“法律”。[①] 需要指出的是，范沃伦霍芬所有的习惯法研究都是在莱顿大学的研究室里完成的，他一生只到过印尼两次。正因为如此，他特别注意“我族中心主义”的陷阱，认为学术作品中的概念应尽量与当地人的概念和观念保持一致。

范沃伦霍芬的意义在于，他使得整个荷兰学界意识到对阿达特法进行科学研究的可能性。[②] 特别是19个法律区域的划分，直接为后继者提供了深入研究的对象和框架。在他的指导下，20世纪上半叶，有20多位博士完成了关于印尼阿达特法的学位论文。比如，约翰·龙格曼(Johann Logemann)的《印尼证人制度的意义》(De Betekenis der Indonesische Getuigen)、雅各布·马林克罗特(Jacob Mallinckrodt)的《婆罗洲的习惯法》(Het Adatrecht van Borneo)、维克托·科龙(Victor Korn)的《巴厘岛的阿达特法》(het adatrecht van bali)、(Raden Supomo)的《西爪哇岛的阿达特私法》(het adatprivaatrecht van west java)、沃格文(J. C. Vergouwen)的《托巴·巴塔克族的法的生活》(Het Rechtsleven der Toba-Bataks)、弗里德里克·霍勒曼(Frederik David Holleman)的《特隆阿贡的习惯法》(Adatrecht van de Afdeling Toeloengagoeng)以及特尔·哈尔(Ter Haar)的《习惯法的原理与体系》(Beginselen en Stelsel van het Adatrecht)。其中的佼佼者当属最后两位。1935年，弗里德里克·霍勒曼继承了导师范沃伦霍芬的职位，成为莱顿大学法学院第二任阿达特法讲习教授。特尔·哈尔则是在学术上继承了范沃伦霍芬的衣钵，成为阿达特法研究领域的又一位杰出学者。他倡议把在社会中实际存在的法作为“活生生的法”来研究，所以关于阿达特法的研究就是一种实践的法律科学。从范沃伦霍芬到特尔·哈尔，荷兰学者在习惯法的研究领域逐渐形成了“阿达特法学派”。1900年到1940年，荷兰是习惯法研究最为多产的国家。

二、“二战”之后的非洲研究

1949年印尼独立以后，与荷兰的关系逐渐恶化，这给荷兰的习惯法研究带来了较大影响。荷兰关于印尼习惯法的研究就此告一段落，他们的兴趣开始转向非洲。[③] 荷兰在

---

① NORBERT ROULAND. Legal Anthropology[M] translated by Philippe G. Planel. London: The Athlone Press. 1994:86.

② A. K. J. M. STRIJBOSCH. Methods and theories of Dutch juridical-ethnological research in the period 1900 to 1977, Netherlands Reports to the Tenth International Congress of Comparative Law[M] Amsterdam: Kluwer. 1978: 203.

③ 刘正爱. 一个“边缘”的传统——人类学在荷兰[J]. 中国农业大学学报(社会科学版),2007(4).

非洲的殖民地只有南非的一小块区域，相较于英法等国，并无非洲的研究传统，那么为何突然转向非洲呢？这其中有着很大的偶然性。弗里德里克·霍勒曼出生于南非，父亲是荷兰人，母亲是南非人。少时举家迁居荷兰。1911 年，他在范沃伦霍芬的指导下，获得法学博士论文。1912 年，他通过了荷属东印度政府的公务员考试，1915 年起担任爪哇岛图隆阿贡县(Tulungagung)殖民法庭主席。同年，妻子为其诞下一子，取名约翰·霍勒曼(Johan Holleman)，小名曰“汉斯”(Hans)，学术界一般称其为汉斯·霍勒曼。汉斯·霍勒曼在高中毕业时，本打算考取医学院成为一名儿科医生。但是在一次偶然的谈话中，父亲弗里德里克·霍勒曼提道：荷兰学者关于印尼习惯法的研究很不错，所以荷属东印度政府也非常尊重当地的阿达特法，但是在故乡南非，当地政府对土著习惯法有着诸多偏见和误解，尚未意识到土著习惯法的重要价值，亟须开创性的研究。这个意见不仅改变了汉斯·霍勒曼的一生，而且改变了荷兰习惯法的研究轨迹。

1933 年，汉斯·霍勒曼前往南非斯泰伦博斯大学学习罗马-荷兰法和民族学。1938 年凭着关于南非祖鲁人(Zulu)习惯法的研究成果获得硕士学位。毕业后，为了有机会在南非的原住民事务部(department of native affair)工作，他报考公务员，但是最后被分配到了司法部从事文职工作，很难有机会同土著居民接触。失望之余，汉斯·霍勒曼尝试向罗兹-利文斯顿研究院(Rhodes-Livingstone Institute)寻求帮助。这是英属南非公司设立于北罗德西亚(今赞比亚)利文斯顿的一所半独立的研究机构，同时也是当时非洲人类学的研究中心。出乎意料的是，汉斯·霍勒曼关于南罗德西亚(今津巴布韦)修纳(Shona)部落习惯法的研究计划获得了研究院的赞助，开始了全面而深入的田野调查。① 在此期间，他还在非洲习惯法研究的开创者、开普敦大学教授艾沙克·沙佩拉(Isaac Schapera)的指导下，完成了博士论文，并在此基础上出版了《修纳人的习惯法》。② 此书是罗兹-利文斯顿研究院出版的第一部专门研究非洲习惯法的作品，比研究院的院长、英国人类学曼城学派的创始人马克斯·格拉克曼(Max Gluckman)的代表作《北罗德西亚巴罗策人的司法程序》③还要早三年。当然，此书的最大意义在于，它标志着荷兰的习惯法研究开始正式涉足非洲地区。尽管阿达特法学派传统上以习惯法规范的收集、整理和分类为研究导向，但是在这本书中，汉斯·霍勒曼并没有进行太多的法律规则的汇编，而是通过案例分析来呈现习惯法的实际运作过程，并借此讨论修纳人的法律概念和原则，

---

① FRANZ VON BENDA-BECKMANN and Han F. VERMEULEN. Adat Law and Legal Anthropology: in Memoriam Johan Frederik(Hans) Holleman(18 December 1915—28 August 2001); With a Bibliography[J] Journal of Legal Pluralism. 2001(46).

② JOHAN FREDERIK HOLLEMAN. Shona Customary Law, With reference to Kinship, Marriage, the Family and the Estate[M] Oxford : Oxford University Press. 1952.

③ MAX GLUCKMAN. The Judicial Process among the Barotse of Northern Rhodesia[M] Manchester : Manchester University Press. 1955.

以及它们与社会背景结构的关系。① 在1948年至1962年间,他还发表了一系列与非洲法庭程序、婚姻法有关的论文,后收录于1974年出版的论文集《非洲法的问题》(*Issues in African Law*)。

1963年,汉斯·霍勒曼从南非纳塔尔大学返回莱顿大学,受聘为社会科学系非洲社会与文化讲习教授。同年,任非洲研究中心主任。1966年至1968年,他还兼任莱顿大学文化人类学和非西方社会学研究中心主任。1969年,汉斯·霍勒曼实现了人生的一大夙愿,获得了他最崇拜的学者范沃伦霍芬以及父亲弗里德里克·霍勒曼曾经担任的职位——莱顿大学法学院民间法与法律发展教授(1959年之前一直叫作"阿达特法讲习讲授"),②成了当之无愧的阿达特法学派第三代的领军人物。在汉斯·霍勒曼身处的多个部门中,要数非洲研究中心的资源最为丰富。作为全欧洲顶尖的非洲学研究基地,非洲研究中心的前身只是一个资料库,1958年升级为一所独立的国家级学术科研机构。由于它的办公地点设在莱顿大学社会科学系,所以中心主任一直都由莱顿大学的教授担任。在汉斯·霍勒曼主政期间,该中心在非洲习惯法的研究上取得了长足的进展,吸引了不少年轻学者的加盟,埃米尔·亚拉恩·范鲁沃鲁瓦·范纽瓦尔(Emile Adriaan van Rouveroy van Nieuwaal)就是其中之一。在当时的非洲研究中心,范纽瓦尔是除了主任汉斯·霍勒曼之外的,唯一拥有博士学位的学者。在很多方面,他的研究主题都可以视为是对阿达特法学派的延续,如习惯法程序的细节分析、问题个案的描述和讨论,等等。除了范纽瓦尔之外,非洲研究中心还有研究塞拉利昂习惯法的芭芭拉·邦德(Barbara Bond)、朱尔斯·里金斯多普(Jules Rijnsdorp)以及鲁道·尼麦尔(Rudo Niemeijer),还有研究坦桑尼亚习惯法的里奥·帕拉克(Leo Prakke)、格蒂·海赛林(Gerti Hesseling)、范雷恩塞勒(Van Leynseele)等人。总而言之,自1960年代开始,在汉斯·霍勒曼的带领下,荷兰在非洲地区的习惯法研究取得了长足的进展。

尽管如此,范纽瓦尔并没有实现对汉斯·霍勒曼的传承,主要有三点原因。第一,从区域上看,范纽瓦尔研究的多哥是前法国殖民地,而汉斯·霍勒曼研究的赞比亚和南非都是前英国殖民地。西部非洲奉行伊斯兰教,而南部非洲主要受基督教的影响,所以法语区的习惯法同英语区的习惯法存在着明显的差异。第二,从方法上看,由于范纽瓦尔没有任何的官员身份背景,所以他主张以人类学的绝对客观的视角来进行研究。在他看来,任何的文字描述都无法做到绝对客观,只有纪录片才能够真实地呈现出非洲习惯法的实际样态。为此,他拍摄了《芒戈的穆斯林、阿拉伯语的书写以及祈祷——1969—1971年在多哥桑桑内芒戈习惯法录影》(*Muslim in Mango*, *Arab writing and prayer*,

---

① JOHAN FREDERIK HOLLEMAN. Shona Customary Law, With reference to Kinship, Marriage, the Family and the Estate[M] Oxford : Oxford University Press. 1952: x.

② FRANZ VON BENDA-BECKMANN and Han F. VERMEULEN. Adat Law and Legal Anthropology: in Memoriam Johan Frederik(Hans) Holleman(18 December 1915—28 August 2001); With a Bibliography[J] Journal of Legal Pluralism. 2001(46).

opnames 1969—1971 *over gewoonterecht in Sansanné-Mango in Togo*)、《桑桑内芒戈的谢利纳的皇家法庭》(*Sherea*, *vorstenrechtspraak in Sansanné-Mango*)等法律影视民族志的作品。第三,也是最重要的原因——体制改革。由于20世纪60年代非洲各殖民地的逐渐独立,荷兰关于非洲研究的重心逐渐从习惯法转向了政治学和经济学。一个重要标志就是,1976年著名人类学家亚当·库珀(Adam Kuper)被任命为莱顿大学社会科学系非洲人类学讲习教授。库珀入职以后很快发现,该校的研究经费和资源长期被非洲研究重心占据,但是非洲研究中心不仅和莱顿大学没有隶属关系,而且有不少研究人员长期人浮于事,没有研究成果。① 受到批评的非洲研究中心迅速进行了改革,成立了由心理学家简·霍文格林(Jan Hoorwegren)和人类学家维姆·范宾斯伯根(Wim van Binsbergen)分别任部长的社会经济研究部(Department of Socio-Economic Studies)和政治和历史研究部(Department of Political and Historical Studies)。到了1981年,已经非常清楚,崭新的非洲研究中心已经容不下分离的、相对较小的法律部门了。法学院的情况也不容乐观。1979年,汉斯·霍勒曼因病退休,法学院借此撤销了有着悠久历史的民间法与法律发展讲习教授的职位,而代之以一个类似的特殊讲习——非洲宪法教授。1984年,范纽瓦尔被任命为非洲宪法教授,研究方向也转向了酋长制度和酋邦研究。

三、迈向国际化的法律多元

范纽瓦尔的研究转向并不意味着阿达特法学派的终结,因为荷兰习惯法研究的中心已经从莱顿大学转移到了格莱特·范登斯廷霍芬(Geert van den Steenhoven)所在的奈梅亨大学。比汉斯·霍勒曼小四岁的范登斯廷霍芬是一位大器晚成的学者。他于1937年进入莱顿大学攻读法律,但因"二战"的爆发,直到1947年才获得法学学士学位。毕业后在荷兰皇家航空公司工作。1951年进入多伦多大学学习文化人类学。1955年在加拿大印第安人与北方事务部(The Department of Indian and Northern Affairs)的赞助下,研究因纽特人驯鹿部落的法律观念。而后他再次进入莱顿大学,凭借关于因纽特人习惯法的研究获得博士学位。1963年,44岁的范登斯廷霍芬终于获得人生中的第一份教职,成了奈梅亨大学的讲师。②

在1962年出版的《西北地区基韦廷区域的爱斯基摩人的领导与法律》一书中,范登斯廷霍芬详细描述了当地社会与财产、婚姻、继承、食物分配、伤害赔偿有关的"实体法"。③ 美国法律人类学家霍贝尔在其代表作《原始人的法》中也曾专门研究过因纽特人

① WIM M. J. VAN BINSBERGEN. The Dynamics of Power and the Rule of Law: Essays on Africa and Beyond; in Honour of Emile Adriaan B. van Rouveroy van Nieuwaal[G] Berlin: Lit-Verlag. 2003:14.

② FONS STRIJBOSCH. In Memory of Geert Van Den Steenhoven[J] Journal of Legal Pluralism. 1999(44).

③ GEERT VAN DEN STEENHOVEN. Leadership and law among the Eskimos of the Keewatin District, North West Territories[M] Ottawa: Excelsior. 1962.

的法律，并在比较的基础上阐述了法律的三个基本要素，即规范性、强制力和权威性。[①]范登斯廷霍芬又增加了第四个要素——非自发性(Non-spontaneity)，所以他的结论是因纽特人没有"法律"。在1971年出版的《法律人类学：一种比较的理论》中，美国人类学家利奥伯德·波斯皮斯尔(Leopold Pospisil)认为所有社会都有法律，所以就把范登斯廷霍芬当成了最主要的批判对象，认为他的"法律四要素"理论带有明显的欧洲中心主义的特征，"直观、武断，而且幼稚"。[②] 其实在被波斯皮斯尔批评之前，范登斯廷霍芬就已经意识到了自己存在的问题。

范登斯廷霍芬与莱顿大学的关系非常微妙。他在莱顿大学习惯法教授汉斯·柯宁(Hans Keuning)的指导下以一篇关于因纽特人习惯法的论文获得博士学位，但是整篇论文丝毫没有参考阿达特法学派的研究成果。进入奈梅亨大学之后，他主授的课程是"发展中国家的制度理论"。由于课程内容涉及印尼，所以这时他才开始系统阅读范沃伦霍芬的作品，这也彻底改变了他的学术生涯。通过范沃伦霍芬，他终于认识到"观察东方人需要以东方人的视角"。但此时，荷兰关于印尼习惯法的研究已经终结，就连其导师汉斯·柯宁也转向了非洲研究。但是20世纪60年代末，荷兰与印尼的关系开始缓和，这就为荷兰学者再次踏入印尼创造了条件。此时，以汉斯·霍勒曼为首的莱顿大学的一干学者正忙于非洲研究，所以范登斯廷霍芬便成了印尼独立以后首位研究阿达特法的荷兰学者。在关于北苏门答腊、巴厘岛和龙目岛等地的习惯法研究中，他关注的重点是阿达特法在村落层面的法律实践，并强调只有阿达特法才是真正意义上的印尼本土的法律体系。就此而言，他已经成了范沃伦霍芬以及阿达特法学派的继承人。[③] 1972年，范登斯廷霍芬获评教授，并创立了奈梅亨大学民间法研究所。

除了关于阿达特法的研究之外，范登斯廷霍芬还联络学界同人，组成了一个名为"民间法联盟"(Volksrechtskring)的学术团体，主要由对习惯法、民间法、法律人类学感兴趣的荷兰学者组成，不定期地组织学术沙龙，就连已经退休的汉斯·霍勒曼也经常参加活动。也许是有感于这个组织结构过于松散、视野过于单一，范登斯廷霍芬向"国际人类学和民族学联合会"(The International Union of Anthropological and Ethnological Sciences)申请设立一个下属的专门研究会。1978年11月，申请获得批准，"民间法与法律多元研究会"(The Commission on Folk Law and Legal Pluralism)(以下简称"研究会")宣告成立，这是范登斯廷霍芬为国际习惯法研究作出的最大学术贡献。

1981年，在范登斯廷霍芬的邀请下，来自世界各地的25位相关领域的学者齐聚意大利小城贝拉吉奥(Bellagio)，召开了研究会第一届年会暨"国家制度与民间法的适用"(State Institutions and their Use of Folk Law)学术研讨会。范登斯廷霍芬众望所归地

① 参见艾德蒙斯·霍贝尔.原始人的法——法律的动态比较研究[M].严存生，等译.北京：法律出版社，2012：15-23，55-80.

② POSPISIL. Anthropology of Law: A Comparative Theory[M] New York: Harper & Row. 1971:11-12.

③ FONS STRIJBOSCH. In Memory of Geert Van Den Steenhoven[J] Journal of Legal Pluralism. 1999(44).

当选为首任主席。会议还通过了“研究会章程”,选出了第一届学术委员会以及执行委员、秘书长。本次会议堪称国际习惯法学界的“制宪会议”。1981 年至今,研究会共召开了 21 次学术年会。最近的一次会议召开于 2018 年 8 月的渥太华,共有 350 多位来自世界各地的法学学者、人类学者以及其他领域的社会科学学者会聚一堂,共议“全球化时代的公民权、法律多元与治理”(Citizenship,Legal Pluralism and Governance in the Age of Globalization)。由此可以看出,现如今的研究会已经不再局限于土著以及少数民族习惯法的研究了。研究会也由最初的“民间法与法律多元研究会”更名为“法律多元研究会”,省略了“民间法”并不是否定或忽略民间法的研究,而是探讨包括民间法在内的各种法律类型的互动关系。此外,研究会还拥有了专属的学术阵地——《法律多元杂志》(*The Journal of Legal Pluralism*),一年三期发表学界同人的学术成果。

需要指出的是,从创立一直到今天,荷兰学者都是研究会的中坚力量。在过去以及现在的八任主席中,除了范登斯廷霍芬之外,还有三位荷兰学者。其中一位就是范登斯廷霍芬的高足基贝特·冯本达-贝克曼(Keebet von Benda-Beckmann)。她曾先后就职于莱顿大学、瓦格宁根大学、鹿特丹大学、德国马普所等大学和科研机构,研究领域包括印尼苏门答腊的本土继承法、米南加保的纠纷调解、东马鲁古群岛(Moluccas)妇女的社会保障、尼泊尔的水权等问题。[①] 值得一提的是,她的大多数研究成果都是与丈夫、德国法律人类学家弗朗兹·冯本达-贝克曼(Keebet von Benda-Beckmann)合作完成的。研究会的上一任会长是阿姆斯特丹大学的马丁·巴文克(Maarten Bavinck),现任会长则是莱顿大学范沃伦霍芬研究所的简·乌宾克(Janie Ubink)。秘书长卡洛琳·雅各布斯(Carolien Jacobs)同样来自莱顿大学。此外,乌德勒支大学的马克·西蒙·托马斯(Marc Simon Tomas)以及《法律多元杂志》的主编、瓦格宁根大学的迪克·罗斯(Dik Roth)也是执委会的委员。总而言之,走向国际多元的荷兰习惯法研究依然生机勃勃。

四、荷兰习惯法研究的特点

尽管笔者的梳理很不全面,但仅从有限的资料中仍然可以看出,相较于英美学派,荷兰学者在习惯法领域有着异常鲜明的研究特点,主要表现在以下三方面。

首先,从学科的角度来看,荷兰的习惯法研究主要由法学来推动。在 19 世纪,荷兰的民族学、语言学等学科曾率先涉足习惯法研究,但是真正把该问题当作一种科学的研究对象的是以范沃伦霍芬为代表的法学家。阿达特法学派的第二代领军人物特尔·哈

① FRANZ VON BENDA-BECKMANN and KEEBET VON BENDA-BECKMANN. Changing constellations of legal pluralism in West Sumatra, Indonesia[J] Max Planck Institute for Social Anthropology Report. 2003; FRANZ VON BENDA-BECKMANN and KEEBET VON BENDA-BECKMANN. Identity in dispute: law, religion, and identity in Minangkabau[J] Asian Ethnicity. 2012(13); FRANZ VON BENDA-BECKMANN and KEEBET VON BENDA-BECKMANN. Water, Human rights and Legal Pluralism[J] Water Nepal. 2003(9/10).

尔曾讨论过荷兰的习惯法研究同学科的关系:作为一门科学的阿达特法学应该属于实在法学,而不属于法律民族学,因为此项研究关心的问题是“现实实在有效的法”,这个问题具有普适性,其他国家的实在法领域也会面对这个问题。阿达特法学派的第三代杰出代表——汉斯·霍勒曼与范登斯廷霍芬尽管都有着人类学的教育背景、受到了人类学方法的影响,但是他们的博士学位都是法学,主要的学术空间都在法学院。第四代的基贝特·冯本达-贝克曼以及更为年轻的简·乌宾克也都是类似的情况。所以,法国学者诺伯特·罗兰(Norbert Rouland)曾中肯地表示“荷兰学派的生命力部分是由于将法律人类学纳入法学院研究的结果”。①

其次,从研究对象上看,荷兰的习惯法研究与印尼有着密不可分的联系。荷兰是欧洲最早兴起的航海和贸易强国,17 世纪后期,因先后败于英国、法国走向衰落,荷兰殖民地被英法等其他殖民强国瓜分殆尽,唯独印尼却牢牢控制在荷兰人手中达 300 年之久。正是因为只有印尼这一块主要的殖民地,荷兰的习惯法研究才成为印尼阿达特法的代名词;也正是因为长期占有印尼这块殖民地,荷兰的阿达特法研究才能够系统而深入。早在 1918 年出版的《荷属东印度的阿达特法》中,范沃伦霍芬就把整个印尼划分为 19 个法律区域,而后他的十几位博士生分别选取一个区域作为各自的研究方向。可以说,荷兰学者针对印尼的习惯法研究至少从空间上看几乎没有盲点。随着印尼的独立,由范沃伦霍芬和特尔·哈尔创造的第一个研究高峰也告一段落。但是 20 世纪 60 年代末,随着两国关系的缓和,范登斯廷霍芬及其弟子基贝特·冯本达-贝克曼再次把目光投向了印尼的阿达特法。正是由于荷兰学者的研究传统,使得直到今天,印尼都仍然是国际习惯法学界的一个热门的研究区域。②

再次,从研究方法和理论观点上看,荷兰的习惯法研究先于英美学界而成熟。作为阿达特法学派的创始人,范沃伦霍芬早在 1909 年出版的《误解阿达特法》(*Miskenningen van het Adatrecht*)一书中,就讨论了西方学者在研究他者社会时所带有的我族中心主义的翻译和转换问题。③ 他还参考法国学者列维-布留尔的观点,认为应当以当地人的视角来看待当地人的法律文化。而 40 多年后,格拉克曼与保罗·博安南(Paul Bohannan)两位英美人类学家才因“英美法律术语能否适用于非洲习惯法研究”的问题产生了争论。④关于“法律区域”,直到 1960 年代,英国学者安东尼·阿洛特(Antony Allott)才在非洲的研究中提出了类似的“家庭经济组织”(Homeonomic Groups)的概念。1931 年,范沃伦霍芬的弟子弗里德里克·霍勒曼得到美国学术团体协会(American Council of Learned

---

① NORBERT ROULAND. Legal Anthropology[M] translated by Philippe G. Planel. London: The Athlone Press. 1994:86.

② DANIE FITZPATRICK. Disputes and Pluralism in Modern Indonesian Land Law[J] Yale Journal of International Law. 1997(22).

③ CORNELIS VAN VOLLENHOVEN. Miskenningen van het adatrecht[M] Leiden: Brill. 1909.

④ 参见王伟臣.法律人类学的困境——格卢克曼与博安南之争[M].北京:商务印书馆,2013.

Societies)的邀请,帮助美国设计关于菲律宾阿达特法的研究计划。这也反映了美国学术界对荷兰阿达特法学派的认可。1941年《夏安人的方式:原始法学中的冲突与判例法》的出版标志着英美习惯法研究取得了长足的进展。[①] 两位作者卢埃林与霍贝尔根据英美法的特点创造了专治习惯法的研究方法——"问题个案"研究法(Trouble Case),不仅成了英美学界的研究标准,对荷兰的习惯法研究也产生了较大影响。但是第一位把这种方法用于直接观察的案例研究的是荷兰学者汉斯·霍勒曼。不仅如此,他还对"问题个案"进行了反思,提出了更为关注于社会惯常状态的"日常个案"(Trouble-less Case)。[②]几十年后,弗朗兹·冯本达-贝克曼总结认为,正是由于集中于"问题个案"的研究,才导致英美法律人类学在1980年代的衰落。[③] 那么与此相关的,国际法律多元研究会由荷兰学者创建且长期为荷兰学者所主导也并非偶然。

结语

综上所述,荷兰的习惯法研究不仅有着百年的历史传统,且创造了一条有别于英美学派的体现了自身优势和特色的研究路径。荷兰的习惯法研究主要由法学学科以及法学院所推动,这一点与中国的习惯法/民间法研究极为相似。荷兰学者深耕于印尼阿达特法,有着丰富的域外习惯法的研究经验。当代中国在推动"一带一路"建设的过程中,需要对沿线国家的法律文化进行深入的学习和研究。在法律多元的世界中,无论在哪个国家,习惯法都是其法律文化的重要组成部分。所以当代中国的习惯法/民间法研究也需要走出国门,赴海外进行田野调查。荷兰学者的研究方法和理论观点便有着更有现实的借鉴意义。并且如今荷兰的习惯法研究更加国际化,在国际法律多元研究会中有着很大的发言权。但是在2016年11月新选出的22位委员会中,依然没有中国学者的身影,着实是个遗憾。参与该研究会的学术活动,也许是目前中国习惯法/民间法研究寻求海外对话、提升影响力的一个便捷的途径。

---

① KARL N. LLEWELLYN and E. ADAMSON HOEBEL. The Cheyenne Way: Conflict and Case Law in Primitive Jurisprudence[M]Oklahoma: University of Oklahoma Press. 1941.

② JOHAN FREDERIK HOLLEMAN. Trouble-cases and Trouble-less Cases in the Study of Customary Law and Legal Reform[J] Law & Society Review. 1973(7).

③ 弗朗兹·冯本达-贝克曼.驯服还是杀掉这匹人头马——关于法律人类学身份的几点思考[J].王伟臣,张译元,译.法律人类学论丛,2016(4).

A Review of Dutch Research on Customary Law

Wang Weichen

Abstract: The Dutch customary law research also has a century of academic inheritance, and the scale of research can be comparable to the United States. From van Vollenhoven to Ter Haar, Dutch scholars have gradually become the Adat Law School in the field of customary law. Since the 1960s, under the leadership of Hans Holleman, the Netherlands has made great progress in the study of customary law in the African region. In 1978, the The Commission on Folk Law and Legal Pluralism was established by van den Steenhoven. The study of Dutch customary law towards international pluralism is still vibrant. Compared with the Anglo-American school, Dutch scholars have unusually distinctive research features in the field of customary law. It has important reference significance for the study of overseas customary law in contemporary China.

Key Words: the Netherlands; customary law; folk law; Adat law; legal pluralism

美国印第安部落法与联邦法的冲突与调和*

——以部落成员资格争议的联邦司法裁决为视角

郑　勇**

摘要:美国印第安人是长期生活在北美大陆上的原住民,印第安人部落作为拥有独立主权的政治实体,对其成员和领地范围内的事务拥有内在的自治权。它们有权在处理部落内部事务上制定部落法,并且在其部落法庭里实施。除联邦印第安人法外,美国印第安人法中另一个重要的研究领域是关于印第安人领地内部落法的复兴和发展。其中一些部落法是借鉴或移植英美法而来的,而其他的部落法则是对这一社群长期历史发展过程中逐渐形成的习惯和传统的承接和继受。在部落成员资格认定等司法实践中,部落法与联邦法之间的冲突时有发生,其根本原因在于部落主权与联邦对印第安人事务全权原则的冲突以及二类立法背后的文化之间巨大的差异。而其有效调和,有赖于联邦法院司法过程中通过法律解释实现的价值均衡。

关键词:部落主权;部落法;部落习惯;部落法庭;成员资格

印第安人社群作为北美大陆上的土著少数族裔,目前大多居住在中西部各州的保留地上,仍然保留着它们历史上长期形成的某些习惯和传统。在美国宪政体制下,部落作为主权族群,仍然保留有管理和控制其内部事务的自治权利。对于作为独立的政治社群存在的部落而言,基于自身的目的确定其成员资格的权利一直以来就被认为是至关重要的。① 部落自身制定的有关成员资格的规定是部落进行自我界定的社会性制度,因为涉及部落社群传统价值观念和部落文化的存续,影响部落的政治和文化认同,因此本身也是部落作为一个文化和政治实体存在的基础所在。1978 年,联邦最高法院在涉及部落成员资格认定的 Santa Clara Pueblo v. Martinez 这一判例的裁决中认为部落成员资格标准的确立和具体的认定,传统上是属于部落实现内部控制的社会性事项,需要留待部落进行独立判断和司法审查。

* 基金项目:2015 年国家社科基金青年项目"法律东方主义的中国误读反思研究"(项目编号:15CFX011);2015 年国家留学基金委"国家建设高水平公派研究生项目"(编号:留金发〔2015〕3022)。

** 郑勇,湖南大学法学院博士研究生。

① See *Roff v. Burney*, 168 U. S. 218(1897); Cherokee Intermarriage Cases, 203 U. S. 76(1906).

一、问题的提出——Santa Clara Pueblo v. Martinez 案

(一)基本案情

上诉人圣塔克拉拉普韦布洛(Santa Clara Pueblo)部落是一个位于新墨西哥州的有着600多年历史的印第安部落。被上诉人,这一部落的女性成员 Julia Martinez 及其女儿 Audrey Martinez 在联邦法院起诉这一部落及其部落主席 Lucario Padilla,以寻求抵制某项涉及成员资格的部落法令实施的确认之诉和禁制令救济(injunctive relief),[①]因为该法令否定了那些部落女性成员和与部落成员之外的男性所生育子女的部落成员资格,但又认可部落男性成员与部落之外的女性所生育的子女的部落成员资格。被上诉人主张这一规定在性别和血统上造成了歧视,而上述规定违反了国会于1968年通过的《印第安人公民权利法案》第一编第2条第8款的规定,即“部落在行使自治的权力的过程中不得否定任何人依法律所享有的平等保护的权利”。[②]

事实上,被上诉人 Julia Martinez 作为一个具有纯正血统的(full-blooded) Santa Clara Pueblo 部落的成员一直居住在位于新墨西哥州北部的部落保留地内。1941年,她和一个纳瓦霍(Navajo)部落的印第安人成婚并养育了包括被上诉人 Audrey Martinez 在内的几个孩子。1939年,Pueblo 部落通过了此案争议中的成员资格法令,这一法令因为 Martinez 的配偶不是该部落的成员而禁止认定其子女为部落的成员。尽管被上诉人的子女在保留地内出生并持续居住在保留地内直至成人,如果他们的成员资格不被认可的话,他们将不能参加部落的选举和担任公职,更为重要的是当其母亲去世后他们更无权继续在保留地内生活,同时也无权继承其母亲家庭所有的和部落公有土地上可供使用土地的产权。在规劝部落调整上述规定无果之后,被上诉人代表其自身和那些处于相似境况的人在墨西哥州联邦地区法院(United States District Court for the District of New Mexico)提起了诉讼。上诉人试图基于联邦法院对涉及部落自治和主权问题的部落内部争议缺乏管辖权来使法院驳回被上诉人的起诉。

(二)争议焦点

为了“确保印第安人能够获得其他美国人所享有广泛的宪法权利”[③]和推动部落自

---

① 禁制令是以法庭判令作出的一种衡平法上的补救措施,借此当事人会被要求开始或停止做某种事宜。任何被牵涉的一方如无法遵从禁制令,将会面临民事或刑事上的刑罚,并有可能需要付出赔偿金或者接受法庭制裁。在某些案件中,违反禁制令会被当作严重的刑事罪行,犯罪者会因此而逮捕和入狱.

② Indian Civil Rights Act of 1968 (ICRA), 25 U. S. C. § 1302(8). "[n]o Indian tribe in exercising powers of self-government shall ... deny to any person within its jurisdiction the equal protection of its laws."

③ See Senate Report. No. 841, 90th 436 U. S. 73 Congress, 1st Sess. ,6 (1967).

治,1968 年国会通过了《印第安人公民权利法案》,在对部落政府的权力加以限制性规定的同时选择性地吸纳并且在某些情况下调整《权利法案》所规定的权利保障规定以适应部落政府特殊的政治、文化和经济上的需要。在本案中,上诉人承认法案的第一编通过调整《权利法案》实体性规定的方式使其能够适用于部落,然而它们认为除非存在可能引发人身保护令(writ of habeas corpus)的情况,国会并不打算授权联邦法院对部落违反这一部分规定的行为进行司法审查。它们还进一步主张,国会也并没有取消部落免于被起诉的主权豁免权。另一方面,被上诉人却坚称法案第 2 条的规定并不只是通过调整实体性的规定使其适用于部落主权性权力的运用,它同时还授权部落成员在联邦法院对部落及其官员提起衡平性救济(equitable relief)的民事诉讼。

事实上,针对被上诉人的诉请,法案第一编并没有明确授权个体的印第安人为了提起确认之诉或申请禁制令救济可以提起民事诉讼以实施法案实体性的规定,而仅仅在其第 3 条中就部落政府违反这一法案的行为设置了救济性的规定,即将申请人身保护令的适用范围限制在授权原告在联邦法院起诉要求"审查部落所作出的逮捕决定的合法性"。因此,在这一判例中最为棘手的问题在于:法案中的其他规定是否可以解释为默示授权被上诉人在联邦法院起诉部落政府或其官员的上述诉权,而最为核心的争议在于联邦法院是否能够依据《印第安人公民权利法案》的相关规定就否定某些女性部落成员与非部落成员的男性所生育的子女的成员资格的印第安部落法令的合法性作出裁决。

(三)法院裁决

1. 联邦地区法院的裁决意见

联邦地区法院调查发现其管辖权是由《联邦法典》第二十八编"司法机关与司法程序"部分的相关规定①以及《印第安人公民权利法案》第 2 条第 8 款授予的,并明确认为第一编的实体性的规定实际上隐含了对原告为申请确认之诉和禁制令救济而提起民事诉讼的授权,并认为部落的主权豁免权无法使其免受这一类诉讼。随后,法院通过完整的审判程序,依据案情驳回了上诉人的主张并作出了有利于被上诉人的裁决。②

法院查明这一案例反映了父权主义(patriarchy)制度的传统价值观念在部落生活中仍然发挥着极其重要的作用。尽管法院认可被上诉人所主张的"平等保护"利益的至关重要性,但还是裁决认为部落法令中有关成员资格的规定"恰恰是一项部落进行自我界

① Title 28 of the United States Code, Judiciary And Judicial Procedure, 28 U. S. C. § 1343(4)—"Civil rights and elective franchise". (a) The district courts shall have original jurisdiction of any civil action authorized by law to be commenced by any person: ……(4) To recover damages or to secure equitable or other relief under any Act of Congress providing for the protection of civil rights, including the right to vote. 联邦地区法院应对任何人根据法律的授权提起的民事诉讼拥有初始管辖权:……(4)根据那些保护的公民权利(包含选举权在内)的国会立法的规定请求赔偿或者获取衡平性或其他种类的救济。

② See *Martinez v. Romney*, 402 F. Supp. 5. 18 (D. N. M. 1975).

定的社会性制度”，因此，“本身也是部落作为一个文化和经济实体存在的基础所在”[①]。同时，为了维护联邦宪法“平等保护条款”（equal protection clause）之下这一部落法令的合法性，联邦地区法院得出结论认为“如何在相互冲突的利益之间达到平衡需要留待部落自身去更好地判断……法案中平等保护的规定不应解释为要求或授权联邦法院有权决定部落哪种传统的价值观念将有利于促进其文化生存（cultural survival）并因此应该得以保留……这一决定应该由部落的民众作出，不仅因为他们能够更好地决定哪种价值观念是重要的，而且还因为他们必须与这一决定朝夕相处……”。“为了废除部落所作出的决定，特别是在需要谨慎处理的部落成员资格领域，不管是基于何种‘良好’的理由，实际上是以保护为借口来毁灭这一部落的文化认同（cultural identity）。”[②]并且，“在民事领域适用法案第二条禁止性的规定这一联邦司法部门的努力将会实质性地影响部落维持其自身作为一个在文化上和政治上具有独特性的实体的能力”。

2. 联邦第十巡回上诉法院的裁决意见

在被上诉人上诉的情况下，联邦第十巡回上诉法院虽然同意联邦地区法院对管辖权问题的看法，但依据案件事实推翻了之前的判决。上诉法院认为根据法案的规定，28 U.S.C. §1343(4)这一联邦立法为上述诉权提供了管辖权依据。[③] 法院查明，“因为设计这一法案的目的在于防止部落权力滥用的同时为部落民众提供保护，国会允许对部落提起诉讼的意图是这一法案必不可少的内容。不然，它将仅仅只是一个不能实施的由各种原则组成的宣言而已”。然而，该法院并不认同联邦地区法院关于案情的裁决意见。尽管认可根据《联邦宪法》第 14 条修正案“平等保护条款”所确立的分析标准对于解释这一法案并不构成必要的约束性观点，但上诉法院明确得出了这一意见：“因为这一分类是基于性别的，便被认定为是不公和令人反感的，并且只有在能够证明存在与之冲突的不可抗拒的部落利益的情况下才能获得支持。”最后，因为这一部落法令出台的时间不久，并且在法院看来这一规定并没有合理地界定那些在情感上和文化上属于部落成员的人，因此，法院裁决认为这一部落法令中部落自身的利益考量不足以抗辩其本身存在的构成歧视的不利影响。

3. 联邦最高法院的裁决意见

上诉人不满联邦第十巡回上诉法院的裁决而上诉到联邦最高法院，联邦最高法院向上诉法院递送了调审令，最后马歇尔代表法院发表了大多数的裁决意见。“这一判决要求我们就联邦法院是否能够依据《印第安人公民权利法案》的相关规定就上述部落法令的合法性作出裁决。为了解决这一问题，我们必须认识到将因实施法案第二条的规定所引发的问题提交联邦法院审理构成了对部落自主权和自治的干涉，而这超出了这一实体

---

① Santa Clara Pueblo 部落是一个相对比较小的部落。将近 1 200 名成员居住在保留地内，150 名成员生活在别处。除部落成员之外，还有 150～200 名非部落成员居住在保留地内。

② See *Martinez v. Romney*. 402 F. Supp. 5. 18 (D. N. M. 1975). at 18-19.

③ See *Martinez v. Santa Clara Pueblo*, 540 F. 2d 1039, 1042 (10th Cir. 1976).

性立法本身在制定时对《权利法案》调整适用的范围。甚至在涉及贸易和国内关系的问题上,我们早就认为'将保留地上的印第安人之间产生的争议送交一个其他的而不是这一社群为他们为自己成立的机构审理,[①]将'从根本上损害部落法庭的权威,并从而侵犯印第安人自治的权利'[②]。"

(1)从一般意义上说,根据法案的规定对部落提起的诉讼因部落的主权豁免权而受到限制,因为这一立法在为申请确认之诉或禁制令救济而提起民事诉讼的问题上,国会根本没有将部落受制于联邦法院的司法管辖权的意图。

(2)同时,法案第 2 条或其他部分也并未默示授权一项针对部落主要官员以申请确认之诉或禁制令救济的民事诉权。除法案第三条所规定的人身保护令外,国会为了有效实施这一立法而未规定其他的救济性措施明显是有意的,而这一点可以从其立法框架和第一编立法的历史背景中加以证实:

a. 国会致力于推动部落自治这一目标的实现,这一点能够被这一立法的第一编自身的规定所证实。法案第二条的规定选择性地吸纳并在某些情况下调整了《权利法案》的权利保障机制以适应部落政府独特的需要,法案其他部分也同样证实了国会维护部落主权免于不当干涉的意图。为保障第二条所规定的权利的实现而设置一项联邦性的诉权将与国会维护部落主权和自治这一目标不符。

b. 部落法庭,一直被认为是对涉及印第安人和非印第安人之间重要权益的争议进行裁决的合适的机构,它也可以有效地维护那些法案中所创制的权利。

c. 在对部落的刑事指控进行审查的众多替代性方案加以考虑之后,国会明确决定以人身保护令的方式审查部落政府的行为将足以在保护个体印第安人处在危险状态的权利的同时避免对部落政府产生不必要的干预。与此相似,国会考虑并驳回了对发生在民事领域的违反法案规定的行为进行联邦性的司法审查的提议。因此可以明确的是为实施法案第三条的规定仅仅实行的是有限的审查机制。

d. 由于没有将部落的政府官员(包括司法裁判人员)受制于所有包括同样适用于针对联邦和州的政府官员提起的诉讼在内的联邦性的救济措施,国会也考虑了对法案第二条的规定所引起的法律问题提出解决方案,特别是那些很有可能在民事领域经常出现的涉及部落传统和习惯的问题,对于这些问题部落法庭可能比联邦法院更适合进行审查和评估。

"我们与印第安部落之间的关系'通常是……不同寻常的……并具有复杂的特性',[③]尽管我们早前就反对为了在联邦宪法第三条之下实现司法管辖的目的而将印第安部落视为是'外国'(foreign nation),[④]但我们也已经认可部落是仍然保留有准主权的部族

---

① See *Fisher v. District Court*, 424 U.S. 382, 424 U.S. 387-388 (1976).

② See *Williams v. Lee*, 358 *U.S.* at 358 U.S. 223(1959).

③ See *United States v. Kagama*, 118 U.S. at 118 U.S. 381(1886).

④ See *Cherokee Nation v. Georgia*, 5 Pet. 1 (1831).

(quasi-sovereign nations),因为'其在政府结构、文化和主权来源等很多方面都与联邦政府和州政府的宪法性制度存在很大的差异'①。"因此,在本案中国会没有通过法案明确或默示授权被上诉人针对部落及其主要官员以申请确认之诉或禁制令救济的民事诉权,部落因其主权豁免权而免于被起诉。

二、二类立法冲突的根源——主权分立、法域多元与文化差异

(一)主权分立:部落主权与联邦全权

1. 部落的主权地位

印第安部落是拥有内在主权的政治实体,它们作为主权实体的地位在与欧洲移民接触之前就已经存在并在后续与欧洲殖民者签订的各类条约中得到确认。② 此后,这一主权地位在美国成立之初就获得了认可(affirmed)并被神圣地载入(enshrined)美国宪法,③并在随后的国会立法、总统的行政命令和联邦最高法院作出的裁决中得以体现。早在1832年伍斯特诉佐治亚(Worcester v. Georgia)一案中,美国联邦最高法院首席大法官马歇尔大法官就裁决认为,"印第安诸部族是独特的、独立的政治性社群……保留着它们原始性的自然权利。它们拥有地理边界,在界限范围内拥有专属的权力,对界限内的所有土地拥有权利,美国政府不仅知悉而且保护这种权利……"④

联邦第十巡回上诉法院在2002年作出的一项裁决中认为:"印第安诸部落既不是国家,也不是联邦政府的一部分,也不是国家或政府的分支。相反,它们是主权的政治实体,拥有并非来自美国的主权权威。"⑤目前,各个为联邦政府所承认的部落在美国境内仍以特殊的主权实体身份继续存在着。因为部落政府是拥有主权的政府实体,部落和联邦政府之间的关系有时被描述为"政府对政府"的关系,联邦机构也被要求在这一框架下处理与部落的关系。同时,部落和各州之间的关系同样也可以被描述为"政府对政府的关系"。从根本上说,这就意味着联邦和州政府的官员必须意识到各个部落都是一个独立

---

① See *Elk v. Wilkins*, 112 U.S. 94 (1884).

② 这一权力源于印第安部落作为自治政府享有主权国家的政治地位。这一地位是从早期殖民帝国——包括法国和英国——将印第安部落作为享有主权的外国并在与其签订的条约中承认它们为享有主权的政治实体这一历史事实继承来的。在承认印第安部落为具有主权的政治实体时,殖民帝国以及后来的美国承认它们作为自治性政治实体的继承权(而不是代表权)。参见安赫拉·A.冈萨雷斯.赌博与迁移:美国印第安人赌场发展中的赢家与输家[J].王星,译.国际社会科学杂志,2004(1).

③ 美国《宪法》第1条第8款第3项"贸易条款"规定"联邦负责管理与外国、各州之间的以及与印第安部落的贸易",第2条第2款第2项的"条约条款"授权联邦政府代表美国对外签订条约的专属权利。这两个条款作为联邦印第安人政策的基石确立了联邦政府在处理与印第安人关系中的主导地位。

④ See *Worcester v. Georgia*, 31 U.S. 6 Pet. 515 (1832). 转引自杨光明.美国印第安部落自治的演进及其启示[J].黑龙江民族丛刊,2012(3).

⑤ See *National Labor Relations Board(NLRB) v. Pueblo of San Juan*, 228 F. 3d 1195 (10th Cir. 2002).

于联邦政府和各州的独特的主权实体,而不应将其视为“利益集团”(interest groups)或简单地作为普通公众的一部分。[①] 此外,部落长期以来就被认可拥有传统意义上作为主权国家所享有的普通法上的免于被起诉的权力。[②] 在“无国会授权”的情况下,“部族拥有免于被起诉的权力”。并且,对部落主权豁免权的免除“不能通过默示性的而必须是国会立法明确规定”。[③]

主权就意味着部落作为独立于联邦政府和州的特殊的政府实体拥有行使自决的权力,制定和实施法律的权力,设立法庭以及其他机构解决纠纷的权力。19 世纪 30 年代,美国联邦最高法院就将印第安部落视为“彼此之间以及与世界上其他部分的族群独立开来的独特的族群,拥有它们自己的制度并通过他们自己的法律进行自治”[④]。部落对发生在其领地上的内部事务加以控制是部落自治一个最为根本和必要的特征。“自治的权力”应该包括“部落所拥有的行政性的、立法性的和司法性的权力,以及由所有的政府部门、组织机构和法庭组成的保障这些权力得以有效实施的权力体系”。[⑤] 同时,作为在联邦宪法制定之前就已经存在的各个独立的主权实体,部落被认为在历史上是不受那些被用来限制联邦政府和州政府权力的宪法条文的限制的。在 Talton v. Mayes 这一经典判例中,联邦最高法院就裁决认为宪法第五修正案并不适用于部落政府“所享有的地方性的自治的权力”。[⑥] 在随后的数年里,下级联邦法院已将这一判例的裁决意见扩展适用到包括第十四修正案在内的《权利法案》的其他规定中。尽管长期受到联邦政府的压制,部落不再“拥有完整的主权属性”,但它们仍然是“有权调整它们内部的和具有社会属性关系的与外部相对隔离的族群”。[⑦] 作为独立的主权实体,部落仍然保留有管理和控制其保留地上的内部事务的权利,它们有权在处理部落内部事务上制定它们自己的实体法,并且在它们自己的部落法庭里加以实施。[⑧]

2. 联邦对印第安人事务的全权

联邦政府在印第安人事务上拥有广泛的的权力。长期以来,受历史和现实多方面因

---

① See President William J. Clinton. *Memorandum on Government-to-Government Relationships With Native American Tribal Governments*, (April 29, 1994), 59 Fed. Reg. 22,951.

② 参见联邦最高法院相关系列判决。*Turner v. United States*, 248 U.S. 354, 248 U.S. 358(1919); *United States v. United States Fidelity & Guaranty Co.*, 309 U.S. 506, 309 U.S. 512-513 (1940); *Puyallup Tribe v. Washington Dept. of Game*, 433 U.S. 165, 433 U.S. 172-173 (1977).

③ See *United States v. Testan*, 424 U.S. 392, 424 U.S. 399(1976).

④ See *Cherokee Nation v. Georgia*, 30 U.S. 5 Pet. 1(1831).

⑤ 1991 年国会通过“Duro-Fix”修正案对《印第安人公民权利法案》进行了修订。最新的立法表述为“部落自治的权力意味着并包含了通过所有政府官员、组织机构以及包括 CFR 法院在内的法庭行使的部落所拥有的所有行政的、立法的、司法的政府性权力;并且还意味着部落在其领地上对所有的印第安人(包括部落成员和非本部落成员)行使刑事司法管辖权的内在主权由此获得了认可和确认”。See Indian Civil Rights Act of 1968 (ICRA), 25 U.S.C. § 1301(2).

⑥ See *Talton v. Mayes*, 163 U.S. 376 (1896).

⑦ See *United States v. Kagama*, 118 U.S. 375, 118 U.S. 381-382 (1886).

⑧ See Williams v. Lee, 358 U.S. 217(1959).

素的综合影响,印第安部落并不能充分地行使完整的主权权力。在联邦最高法院的经典判例中,部落的地位被描述为"被主导的国内依附性族群"(dominated domestic dependent nations),[①]处于未成年状况,它们与美国的关系宛如被监护人与监护人之间的关系,其作为整体的主权受到了某些方面的限制。同时,联邦在印第安人领地内的权力源自国会对印第安人事务的"全权"(plenary power)。[②] 全权原则,植根于殖民时期的"发现原则"(doctrine of discovery),[③]并被整合进美国联邦宪法之中。[④] 国会全权是联邦印第安人法中一个极其重要的原则。根据这一原则,联邦被宪法赋予了处理与印第安部落关系的专属权力,从而有效地排除州权的介入。这一原则允许国会对印第安部落、印第安人的土地和主权行使几乎不受限制的权力。它可以被用来单方面地取消部落主权的某些内容,也可以被用来对部落的土地和资源实施联邦性的控制。[⑤]正如联邦最高法院在 Talton v. Mayes 一案的裁决中所认可的那样,国会拥有限制、调整和取消部落政府所拥有的地方性自治权力的绝对权力。[⑥] 而《印第安人公民权利法案》第一编正是对这一权力的运用。在其第二条中,国会通过对部落政府强加某些与之相似但又不同于包含在《权利法案》和第十四修正案中的限制性规定的方式来调整这一判例及其后续相关判例的作用。

根据联邦全权原则以及联邦政府对印第安人社群普遍性的信托责任,国会被授权可以制定涉及印第安人事务的具体性的立法。另外,除对印第安人的土地和活动进行具体规制之外,那些具有普遍适用性的联邦立法也通常适用于印第安人和印第安部落。[⑦] 这些立法要求部落政府遵守一系列对它们权力的限制性规定,实际上是对部落主权进行了严格的限制。不过,即便国会有权通过条约或者法律甚至在某些情况下通过联邦普通法限制甚至废除部落主权,但部落所拥有的权力并非来自美国或其他政府的授权,而是因为诸部落作为是独立族群早在美国成立之前就已经存在的历史身份。[⑧] 在涉及部落公民

---

① See *Cherokee Nation v. Georgia*, 30 U. S. (5 Pet.) 1, 17 (1831).

② See *National Farmers Union Ins. Cos. v. Crow Tribe of Indians*, 471 U. S. 845, 851 (1985).

③ See *Johnson & Graham's Lessee v. M'Intosh*, 21 U. S. (8 Wheat.) 543 (1823).

④ 国会"全权"原则主要的宪法依据在于美国联邦宪法第 1 条第 8 款第 3 项的"与印第安人贸易条款"、第 2 条第 2 款第 2 项国会的"条约权力"以及第 6 条第 2 款的"最高效力条款"。See *McClanahan v. Arizona State Tax Commission*, 411 U. S. 164, 172 n. 7 (1973).

⑤ Newton. Federal Power Over Indians: Its Sources, Scope, and Limitations [J]. *University of Pennsylvania Law Review*, Vol. 132, No. 2, 1984:195.

⑥ See *United States v. Kagama*, 436 U. S. 57, 118 U. S. 379-381, 118 U. S. 383-384(1886); *Cherokee Nation v. Hitchcock*, 187 U. S. 294, 187 U. S. 305-307(1902).

⑦ 这一原则起源于 Federal Power Commission v. Tuscarora Indian Nation 这一联邦最高法院的判例。在这一判例中,联邦最高法院裁决认为在没有条约和联邦立法相反规定的情况下,联邦具有普遍适用性的立法也适用于印第安人。See *Federal Power Commission v. Tuscarora Indian Nation*, 362 U. S. 99 (1960).

⑧ Newton, Nell Jessup. *Cohen's Handbook of Federal Indian Law* (*2012 Edition*) [M]. New York: LexisNexis, 2012:2.

和部落土地这些内部社会性的和政治性的事务上,印第安部落仍然保留了完整的主权权力。①

(二)法域多元:部落法与联邦印第安人法

1. 部落习惯、部落法与部落法庭

长期以来,印第安人社群一直遵循他们自己的传统、习惯、宗教信仰和社会规范生活,许多土著的传统、习惯和规范被纳入这一社群的语言和传说之中得以传承。这些传说和规范有着特殊的意义,并且与这一社群长期生活的特定的领地紧密相连。② 从目前部落法的构成来看,一些部落法是在传统和习惯的基础上形成的,而其他的部落法则是借用或移植英美法的框架、语言和价值理念而来。在很多其他的情况下,部落的立法者审慎地考虑和构思部落立法来满足关键的具有与文化相关的法律的和政治性的解决方案的部落社群的需要。③ 部落的法官拥有很大的自由裁量权和大量的机会去发现、公布、分析和适用部落的习惯法和传统法。④ 部落的立法者现在也能够回溯部落的价值观念、文化、习惯和传统来制定有益于部落社群的法律以及能够解决地方性问题的地方性的解决方案。同时,这些部落的立法者也会经常借鉴大量联邦的、州的和其他地方性的法律来填补部落的法典,同时英美的文化和法律价值理念在这些立法的制定过程中也进行了塑造和渗透,并且在未对其影响进行深思熟虑的情况下便毫无妨碍地引进到了部落法。⑤ 除某些部落在传统争议解决机制(Peacemaker Court,"和事佬法庭")中所适用的部落传统和习惯(习惯法)之外,⑥目前部落法的渊源主要包含部落宪法、部落法典、各类部落法令和行政法规以及部落法庭公布的裁决意见。

印第安人社群在与移民社会接触之前(以及之后很长时间)并没有通过到部落法庭起诉的方式来解决彼此之间的纠纷,他们通常也不依靠与个人行为有关的成文的禁令或限制性的规则,现代的某些部落的法典就是最好的例证,当然某些与世隔绝的部落社群

---

① See *Mexico v. Mescalero Apache Tribe*, 462 U. S. 324, 332 (1983); *White Mountain Apache Tribe v. Bracker*, 448 U. S. 136, 144 (1980).

② See Keith H. Basso. Wisdom Sits in Places: Landscape and Language among the Western Apache[M]. Albuquerque: University of New Mexico Press, 1996: 37-70; Melissa L. Meyer, "We Can Not Get a Living as We Used To": Dispossession and the White Earth Anishinaabeg, 1889—1920[J]. American Historical Review, Vol. 96, Iss. 2, 1991: 368. 转引自 Matthew L. M. Fletcher. "A Perfect Copy": Indian Culture and Tribal Law[J]. Yellow Medicine Review, Vol. 2, 2007: 100.

③ Angela R. Riley. "Straight Stealing": Toward an Indigenous System of Cultural Property Protection[J]. *Washington Law Review*, Vol. 80, 2005: 69.

④ Matthew L. M. Fletcher. Rethinking Customary Law in Tribal Court Jurisprudence[J]. *Michigan Journal of Race & Law*, Vol. 13, Iss. 1, 2007: 16.

⑤ Wenona T. Singel. Cultural Sovereignty and Transplanted Law: Tensions in Indigenous Self-Rule[J]. *Kansas Journal of Law & Public Policy*, Vol. 15, 2006: 357-362.

⑥ 杨光明. 修复式司法与和谐社会的构建——以美国印第安人和事佬法院为视角[J]. 西部法学评论, 2012(2).

可能除外。印第安人社群不断地对他们祖先的习惯和传统中进行总结并继续前行。[①] 部落现代意义上的法院系统从印第安人条约时期(Indian treaty period)之初就已经存在了。切诺基部族(Cherokee Nation)从霍普韦尔条约(The Treaty of Hopewell)时代(18世纪晚期到大迁徙时代)很早就有了部落法庭,随后在19世纪40年代早期出现了复兴,直到"终止政策"时期(the Termination Era)美国政府终止了这一部落。20世纪30年代罗斯福政府推行印第安人新政,1934年国会通过了《印第安人重组法案》(Indian Reorganization Act),开启了联邦政府在印第安人政策上推行部落重组和自决的新时期。这一立法在将管理部落内部事务自治的权力移交给部落的同时还鼓励它们重组并采用美国宪法形式的政府体制。许多部落纷纷制定了本部落的宪法并仿照美国政府的三权分立体制建立了自治政府。许多部落的部落法庭根据《印第安人重组法》汇编的《部落法典》(Tribal Code of Law)的要求仿照联邦政府的三权分立体制而成立,这类部落法庭也简称"IRA"法院,其法官也通常由部落立法机关推选并由民选的部落政府主席任命。[②] 除此之外,由于某些部落尚未成立部落法庭,联邦政府为了有效维护部落领地上的法律和秩序,印第安人事务局根据《联邦行政法典》(Code of Federal Regulations)成立了印第安人刑事法庭(Courts of Indian Offenses)。后来这一机构经常被简称为"CFR"法院,由它负责联邦制定的涉及印第安人事务的立法(law and codes)的裁决。[③]

随着美国联邦印第安人政策的重大调整,部落习惯法和部落法庭在20世纪后半期及其后出现了一个重大的回归。目前已经有超过200个的部落建立了能够有效发挥作用的相对独立的部落法庭系统,同时大多数其他的部落都在努力建立自己的部落法院系统,许多CFR法院主动向IRA法庭改革转型或逐步被IRA法庭取代。这些部落法庭依据部落的法庭准则,部落的宪法、法令和法规进行审判活动,而不一定是模仿州和联邦的法院设立和运作。部落不同,部落法庭的组织结构和审判权限也差别很大。同时,也有许多部落并未建立此类法庭而是依赖州的法院系统。除了部分涉及刑事法方面的裁决,其他任何裁决都不得由州或者联邦的法院加以改判,[④]而部落最高法庭所作出的裁决具

① Matthew L. M. Fletcher. "A Perfect Copy": Indian Culture and Tribal Law[J]. *Yellow Medicine Review*, Vol. 2, 2007:108.

② 根据《印第安人公民权利法案》的规定,该类法庭有权审理民事案件以及轻微刑事案件,可作出最高刑期为6个月的监禁和500美元以下的罚金的判决。1986年国会通过Federal Drug and Alcohol Prevention Act将上述标准调整为单处1年以下的有期徒刑或5000美元的罚金或者二者同时并处。2010年国会通过Tribal Law and Order Act又对这一规定进行了修正,规定"部落法庭在提供某些额外的和列举的正当程序保护的情况下,可以作出不超过3年的有期徒刑和科以罚金不超过1万美元的刑事判决。See Indian Civil Rights Act, 25 U. S. C. § 1302(7)。此外,法案还规定了通过对印第安人法官提供培训并且确保在部落诉讼中最大限度地减少联邦机构的干预来强化部落法庭的权威。See Indian Civil Rights Act, 25 U. S. C. § 1311(4), 1331.

③ Christine Zuni. Strengthening What Remains[J]. *Kansas Journal of Law & Public Policy*, Vol. 7, 1998: 17-20.

④ See *National Farmers Union Ins. Cos. v. Crow Tribe of Indians*, 471 U. S. 845 (1985).

有最终和完全的效力。[①]

2. 联邦印第安人法

在美国创立之前,成百上千的印第安部落占据了整个美洲大陆。随着欧洲殖民主义者的入侵,这些根据国际法的规定拥有主权的部落被以协商或强占等殖民化的方式纳入美国版图。联邦印第安人法是调整和规范美国境内印第安部落、联邦政府和各州之间关系的最为重要的制度体系,其渊源包含了联邦宪法、国际法原则、与各印第安部落签订的条约、联邦法律和法规、总统的行政命令以及联邦最高法院作出的涉印第安人判决。尽管联邦宪法并不直接适用于部落,但其仍然认可部落作为独立政治实体的存在,并在"贸易条款"中将部落与州和外国一同视为主权实体。同时,联邦宪法还授权美国政府可以与各部落签订条约。国际法原则通过勾勒出这一复杂法律领域轮廓的基础性的司法裁决意见来影响印第安人法的制定。与印第安部落签订的条约是有机的、准宪法性的(quasi-constitutional)和基础性的文件,因为它们在美国政府和各部落之间确立了政府对政府的关系。除非被废止或者被取代,条约依然为"全国最高的法律"。由于联邦宪法将处理印第安人事务的专属权力授予联邦政府,这样联邦法律、法规和总统行政命令遍及印第安人法的领域,而州法的适用受到了极大的限制。最后,联邦法院的司法裁决意见在解释和协调(harmonizing)上述众多法律渊源的过程中发挥着重要作用。[②] 20 世纪 60 年代以来,随着印第安人社群土著族裔意识复兴和自决运动的兴起,联邦印第安人政策最终转向支持部落自决和自治,国会先后出台了一系列的相关立法,形成了比较成型的联邦印第安人法律制度体系。

(三)文化差异:立法规定及其价值理念上的冲突

在美国国内的政治实践中,对于部落而言,成员资格等同于公民资格,因为它赋予部落成员在部落的选举权和担任公职的权利、分配和继承个人私有土地以及占有和使用纳入联邦信托的部落公有土地的权利、分享部落收益以及管理和使用部落公共资源的权利以及参与和接受印第安人事务局及其他联邦机构所管理和提供的包括教育、医疗、住房保障在内各类项目和服务的权利。部落成员资格标准的确立和具体的认定,传统上是属于部落实现内部控制的社会性的事项。1887 年国会通过了《印第安人土地总分配法》,即"道斯法案"(Dawes General Allotment Act),对部落强制推行土地私有化,以"血量"(blood quantum)作为限定印第安人身份的正式方法,并以此作为认定部落土地分配资格的标准,实际上主导了部落成员资格的认定。[③] 此后,《印第安人重组法案》将确定成员

---

① Matthew L. M. Fletcher. "A Perfect Copy": Indian Culture and Tribal Law[J]. *Yellow Medicine Review*, Vol. 2, 2007:95.

② Newton, Nell Jessup. *Cohen's Handbook of Federal Indian Law* (2012 *Edition*) [M]. New York: LexisNexis, 2012:2.

③ 安赫拉·A. 冈萨雷斯. 赌博与迁移:美国印第安人赌场发展中的赢家与输家[J]. 王星,译. 国际社会科学杂志,2004(1).

资格的权力移交给部落，尽管这一权力一直以来就被最高法院认定是部落所拥有的最基本权力之一。[①] 随后，许多部落纷纷出台部落法令以规范本部落的成员资格问题。正是在这一历史背景下，普韦布洛部落于 1939 年通过了上述争议中的成员资格法令。

《印第安人公民权利法案》在参考联邦宪法第十四修正案"平等保护条款"的基础上，在其第一编第 2 条通过规定"部落在行使自治的权力时不得否定任何人依其法律所享有的平等保护的权利"以要求部落政府对其管辖范围内的部落成员提供平等保护。这样，上述判例争议中的普韦布洛部落成员资格法令实际上构成了对不同性别的部落成员与非部落成员所生育的后代在部落成员资格认定上的不平等对待，因此明显与这一法案的实体规定、法律理念以及价值目标背道而驰。

法律和文化二者是密不可分的。正如 Lawrence Rosen 所言："法律并不是孤立地存在着的。一个人想要了解一种文化是如何形成整体和操作运行的，他/她就不能不去考虑法律；一个人想要仔细考虑法律，他/她也不能不将法律视为文化的一部分。"[②]和其他的文化一样，部落文化是充满活力的，虽然大部分的印第安人并不再以其祖先的方式生活，但传统的文化和宗教信仰以及习惯仍然是构成现代社会中的印第安人身份认同和法律规范重要的组成部分。同时，在支持部落自治的联邦政策的推动下，目前部落的立法机关比之前历史上任何一个时期都能更为自主地制定那些来源于印第安人、印第安文化或者那些之前被称之为土著法律结构（Indigenous legal constructs）的法律、法规和规章。[③] 这一判例说明了上述部落法令与联邦立法在文化价值理念（cultural values）上的冲突——源自该部落文化范畴（cultural norms）的治理架构和立法取向与联邦宪法保护个人权利和自由的价值理念存在很大的差异。从根本上来看，这一判例反映了印第安人社群与美国主流社会对立法需要用何种价值理念指导这一问题认识上的冲突。[④] 同时，深层次上，它也揭示了两种文化体系之间的显著差异，非印第安人的主流社会重视个人权利和自治的观念，并主张在个人权利的基础上建构社会秩序。与之相反，土著社群则更重视人类如何以集体的方式与自然世界和谐共处，并通过社群整体性地创制义务和权利的方式来保护个体权利。[⑤]

---

① See *Roff v. Burney*, 168 U.S. 218 (1897); *Cherokee Intermarriage Cases*, 203 U.S. 76 (1906).

② Lawrence Rosen. *Law as Culture: An Invitation*[M]. Princeton: Princeton University Press, 2008:5.

③ Matthew L. M. Fletcher. Toward a Theory of Intertribal and Intratribal Common Law[J]. *Houston Law Review*, Vol. 43, 2006: 720-728.

④ Gloria Valencia-Weber. Three Stories in One: The Story of *Santa Clara Pueblo v. Martinez*[J]. *Indian Law Stories*, Vol. 1, 2011:451.

⑤ Carole E. Goldberg. Individual Rights and Tribal Revitalization[J]. *Arizona State Law Journal*, Vol. 35, No. 3, 2003:889-938.

三、可能的调和:联邦最高法院司法过程中的价值衡量

(一)司法过程的性质与法律解释的价值取向性

法律的主要作用之一就是调整及调和各种互相冲突的利益,无论是个人的利益还是社会的利益。这在某种程度上必须通过颁布一些评价各种利益重要性和提供调整各种利益冲突标准的一般性规则方能实现。尽管对相互对立的利益进行调整以及对它们的先后顺序予以安排,往往是依靠立法的手段来实现的。不过,由于立法是一般性的和指向未来的,所以一项成文立法可能会不足以解决一起已经发生了利益冲突的具体案件。如果这种情况发生,那么就可能有必要确定相关事实并就相互对立的主张中何者应当得到承认的问题作出裁定。① 毕竟,"立法机关所创立的法律是反映事物共性的规则,它是对事物一般意义上的抽象,而法官要依法处理的纠纷是一个充满个性的案件,共性规范与个性案件的结合,必须由法官进行创造性的整合"。② 而从性质上来看,司法是在正确理解法律并准确认知事实的基础上,将立法机关所制定的抽象的、普遍性的法律规范适用于具体案件并对案件作出具有法律约束力的裁决性结论,从而以权威方式明确当事人之间具体的权利和义务的活动。司法的核心任务是解释和适用法律,即对待适用的法律规范的内容、含义和目的作出确切的解释和说明,并使上述法律规范与已查明的法律事实达到最佳统一。

法律解释是法律适用的前提。法律作为一种抽象的、普遍的行为规范,只有经过解释才能成为规范具体行为的标准。司法正是将抽象的规范转化为具体行为的过程,要将一般性的法律适用于个别、具体的案件,就必须对法律规范的内容进行准确的解释,以便正确适用。法律解释的目标在于通过对法律文本的解释得出适用于司法判决清晰而明确的规范并以此为达成正义的司法判决创造规范前提。③ 法律解释的主要任务是确定某一项法律规范对特定的法律事实是否有意义,即对适用于一个待裁判或处理的事实的法律规定加以解释。同时,法律解释作为一项创造性的评判活动,它具有强烈的目的性,并反映一定的价值观。人们创制并实施法律是为了实现一定的目的,而这些目的又是以某些基本的价值为基础的。这些目的和价值就是法律解释所要探求的法律意旨。实际上,法律解释与立法一样是理性的结果,有一定的价值取向性,解释的过程就是一个价值判断、价值选择的过程。立法的目的在于实现某些基本价值,而法律解释的目的就在于探

① E. 波登海默. 法理学——法律哲学与法律方法[M]. 邓正来,译. 北京:中国政法大学出版社,2004:414-416.

② 陈金钊. 法治与法律方法[M]. 济南:山东人民出版社,2003:244.

③ 魏治勋. 法律解释的原理与规范体系[M]. 北京:法律出版社,2017:47.

究和阐明在法律规范中通过法律语言所表现的立法者的价值意旨。[①]

(二)法律解释在联邦司法过程中的价值衡量

1. 目的解释:权利保护和部落自治立法双重目标的平衡

目的解释是根据立法的目的阐明法律条文具体含义的解释方法。它通过确定一项具体的法律规定或者其所在的整个立法的一般目的,结合案件事实,在与上述一般目的保持一致的情况下对该立法的具体规定加以解释和适用。这种解释规则不仅要求注重法律文本与法律条文本身,更应注重对指导具体条文制定和适用的立法目的或立法意旨的挖掘和阐释。曾任美国联邦最高法院法官的卡多佐就认为司法必须遵循"适合目的的原则",并强调"我们一定不能为在个别案件中实现正义而完全不顾前后一致和齐一性(uniformity)的长处。我们必须保持在普通法的空隙界限之内来进行法官实施的创新,这些界限是多少世纪以来的先例、习惯和法官其他长期、沉默的以及几乎是无法界定的实践所确定下来的,但是在这些确定了的界限之内,在选择的活动范围之内,最后的选择原则对法官与对立者是一样的,这就是适合目的的原则"。[②]

在外部的公共机构(foreign forum)解决部落内部争议一个更为充分的理由是这样更具有"公共性"的特征,正如在这一判例中,受到冲击的是部落自治和部落政府维护自身权威的能力。"尽管国会显然有权授权针对部落政府及其官员的行为提起诉讼,并且这在法案第三条所规定的人身保护令救济中有所体现,但是在这一领域对部落主权本身和国会的绝对权力都表示适当尊重的方式提醒我们谨慎处理立法意图中缺少明确表示的情况。"[③]正如联邦最高法院经常强调的那样,国会处理印第安人事务的权力是极其广泛的,同时法院在调整部落与部落之间、多个部落之间以及部落与其成员之间的关系时所发挥的作用也相应地受到了限制。[④] 在部落自身被证实未能适用和实施这一法案的实体性规定的情况下,国会保留有授权通过民事诉讼的方式实施确认之诉或禁制令救济以对违反法案第二条规定的行为进行纠正的权力。但是除非和直到国会明确其允许对部落主权进行其他的干预的意图,在这种情况下联邦法院将会对这些行为进行裁决。而联邦最高法院在本案中通过调查发现不得不认为法案第二条并没有明确或默示授权被上诉人为了取得确认之诉或者禁制令救济可以对部落或其政府官员提起民事诉讼而使其受制于联邦司法管辖权的意图。此外,法案第三条的规定也很难理解为对部落主权豁免权的普遍性的免除。在这一判例中,因为缺少任何与立法目的相反的明确规定,联邦最高法院得出结论认为部落政府因其拥有主权豁免权而不能被起诉。

---

① 付子堂.法理学初阶(第2版)[M].北京:法律出版社,2006:293.

② 本杰明·卡多佐.司法过程的性质[M].苏力,译.北京:商务印书馆,2010:63.

③ See *Cf. Antoine v. Washington*, 420 U.S. 194, 420 U.S. 199-200 (1975); *Choate v. Trapp*, 224 U.S. 665, 224 U.S. 675 (1912).

④ See *Lone Wolf v. Hitchcock*, 187 U.S. 553, 187 U.S. 565(1903).

事实上,这一法案明确了两种截然不同和相互冲突的立法目的:除了巩固个体的部落成员相对于其所在部落的地位之外,国会同样着意于推动已经完全确立并获得广泛认可的(well established)"促进印第安人自治"这一联邦政策。① 并且,国会努力实现部落自决的这一目标被法案第一编自身的规定证实了。法案第二条,并不是像最初国会立法时所提出的那样,以大篇幅规定的方式来扩大对部落政府的宪法性要求,而是选择性地吸纳并且在某些情况下调整了《权利法案》中的权利保障性规定以适应部落政府特殊的政治、文化和经济上的需要。当国会想通过单一立法而寻求促进双重目标的实现时,法院必将比通常更为犹豫地从这一立法中推导出这样一项诉权——在服务于一个立法目的的同时也将损害另外一个。为了保护法案第一编所规定的部落民众的权利而创制一项联邦性的诉权,虽然它可能在确保法案第二条的规定有效实施上发挥作用,但是也明显会与国会促进部落自治的这一目标不符。② 这样不仅可能会从根本上削弱部落法庭的权威,同时还可能会极大地增加部落政府的诉讼成本,对已经在"财政上处于不利地位"(financially disadvantaged)的部落带来严重的财政负担。更何况这一法案特别是其第一编最初的主要目标在于"保障印第安人与那些其他美国人也同样享有的广泛的宪法权利",并且由此来"保护个体的印第安人免受部落政府专断和不公的行为所导致的损害"。③ 毋庸置疑的是,被上诉人作为生活在普韦布洛部落保留地的美国印第安人,属于制定这一立法以保护其特殊利益的群体之列。④

2.历史解释:法案规定其他诉权的必要性分析

历史解释,也称"法意解释",是通过追寻、探求立法者于创设法律时所表现的价值判断及其所希望实现的目的,从而推知和阐明立法者的意旨,并以此作为理解法律文本含义的根本或最终目标。作为一种独立的解释方法,其依据主要是立法过程中涉及的,如草案、听证审议辩论记录、立法理由书等沿革资料和历史过程中的法律观念。从本质上看,历史解释是依据立法的历史资料来推断立法者在当时试图表述的立法目的问题,最终以此来确定特定情形下某一条款是否恰当、可行的问题。⑤

在本案中,甚至在国会用纯粹说明性的措辞来表述这一规定的时候,联邦最高法院已经不断地通过裁决认可了为实现公民权利而推定存在一项联邦的诉权的适当性(propriety)。⑥ 然而,上述的这些先例并不是决定性的。为了实现这一法案保护个体部落成

① See *Morton v. Mancari*, 417 U. S. 535, 417 U. S. 551 (1974); *Fisher v. District Court*, 424 U. S. 391(1976).

② 在这一法案正式通过前的一个月,Johnson 主席极力主张通过制定法案使之作为促进各印第安部落"自治""自助"和"自我发展"这一整体目标的立法和行政性项目的一部分。参见 114 Congress Record, 5518, 5520 (1968).

③ See Senate Report. No. 841, 90th Cong., 1st Sess., 5-6 (1967).

④ See *Texas & Pacific R. Co. v. Rigsby*, 241 U. S. 33, 241 U. S. 39(1916); *Cort v. Ash*, 422 U. S. 66 (1975).

⑤ 徐永康.法理学[M].上海:上海人民出版社,2003:259.

⑥ See *Jones v. Alfred H. Mayer Co.*, 392 U. S. 409, 392 U. S. 414 n. 13 (1968); 1). *Sullivan v. Little Hunting Park, Inc.*, 396 U. S. 229, 396 U. S. 238-240 (1969); *Bivens v. Six Unknown Fed. Narcotics Agents*, 403 U. S. 388 (1971).

员权利的目标而需要作出一项侵犯部落主权的司法裁决是不具有说服力的。并且,相反,这一立法方案的框架结构(structure of the statutory scheme)以及法案第一编的立法历史说明了国会除规定人身保护令外而没有规定其他的救济措施完全是有意为之。① 因为,与上诉法院的论证相反的是,为了有助于国会将宪法性规范扩展到部落自治这一目标的实现,除了人身保护令外,适用其他的联邦救济性措施的意义并不是明显需要的。部落法庭本身也可以维护法案所创制的权利,并且法案第二条也有着对这些部落法庭所必须适用的立法进行实质性的和预期调整的作用。② 在此之前,部落法庭已经屡次被联邦法院系统认为是对影响印第安人和非印第安人重要的人身和财产权利的争议拥有专属管辖权的合适机构。

最后,法案第三条特定的立法历史背景进一步强化了联邦最高法院的这种意愿。这段历史持续了 3 年多的时间,参议院为这一法案举行了广泛的听证,这说明国会仅仅只规定人身保护令这一救济措施反映了其对"防止部落政府实施不公正的行为以及避免对印第安人事务进行不公正地或仓促地干涉"这两种相互冲突的立法目标之间进行了深思熟虑地调和和平衡(considered accommodation)。联邦最高法院也因此认为,"考虑到这些背景性因素,我们都不愿打破国会当初在制定这一法案时仅仅只在法案第三条针对部落政府采取的刑事强制措施规定人身保护令这一救济措施而试图在上述双重立法目标之间所达致的平衡"。

结 论

美国印第安人社群特别复杂的政治和历史背景以及联邦政府和部落之间长期形成的特殊关系塑造了部落在政治和法律上特殊的主权地位。在当前联邦政府支持部落自治和自决的背景下,现代部落政府一项自治的目标便是通过复兴和发展内化了部落习惯和传统的部落习惯法使其成为部落法律体系中一种基础性的法律制度,以此来保护印第安人的生活方式和法律方法以及更好地保存和发展部落社群的文化和传统。部落自决和部落自治意味着各个部落可以依托其独立的主权政府实体地位决定它们自己的命运并且可以以符合部落社群传统生活方式和社会文化体系发展方向作为标准来确立其基

---

① See *National Railroad Passenger Corp. v. National*, 436 U. S. 62, *Assn. of Railroad Passengers*, 414 U. S. 453 (1974); *Cort v. Ash*, 422 U. S. 66 (1975).

② 在这一法案通过之前,国会对在各部落宪法中纳入联邦宪法《权利法案》保障措施的范围(程度)以及部落的规定与那些在宪法中现有的规定差异程度进行了详细的调查。法案主要的支持者参议员 Ervin 及 Johnson 主席在极力推动这一法案的过程中,解释认为需要制定法案第一编的理由在于很少有部落的宪法包含了《权利法案》的规定,并认为法案"不应被视为是对美国印第安人所面临的大量的严重的宪法性问题最终的解决方案"。See *Hearings before the Subcommittee on Constitutional Rights of the Senate Committee on the Judiciary pursuant to Senate Resolution*, 58, 88th Gongress, 1st Session, 823 (1963); House Hearings 131 (remarks of Sen. Ervin); 114 Congress Record 5520 (1968) (message from the President).

本的社会政治结构和法律制度体系。部落政府发展一个作为与英美法平行的法律体系最终的目标是为了保存和发展印第安人社群的传统和文化,而以习惯和传统为基础的部落法通过适应和调整以自身的形式表达了印第安人社群对部落文化和传统存续和发展的需要。① 不过,由于部落作为主权政治实体的地位与联邦全权原则的冲突以及部落社群与美国主流社会之间的文化差异,部落法和联邦法之间的冲突时有发生。通过法律解释在联邦法院系统具体司法适用过程中价值衡量作用可以实现二者之间的有效调和和价值均衡,变单向的强制和主导为二者间的良性互动。基于这种良性互动,联邦法院在无国会立法明确授权的情况下不会以其裁决所涉的相关行动的智慧来取代部落政府和部落法庭的权威和判断。

Conflicts and Reconciliation Between American Indian Tribal Law and Federal law

Zheng Yong

Abstract:American Indians refer to indigenous people who have been inhabiting in North America for centuries. Indian tribes are political entities possessed of independent sovereign authority, qualifying to exercise inherent right to their members and territorial affairs. Internal affairs of the Indians remained exclusively within the jurisdiction of tribal government. They can enact Tribal law and enforce them in their Tribal courts. Except Federal Indian law, a critical area of American Indian law is the resurgence and development of Tribal law in Indian Country. Some Tribal law is borrowed or transplanted, while other tribal law is based on custom and tradition gradually developed in this community's long history. In the tribal membership judicial process, conflicts frequently occur and the fundamental reason embedded in the conflicts between tribal authority and federal government's plenary power to Indian's affairs, also vast gulf in cultures and values. The way to reach reconciliation is rely on the legal interpretation of federal judicial to balance different interests.

Key Words:Tribal Sovereignty; tribal law; tribal custom; tribal court; membership

① See Matthew L. M. Fletcher. "A Perfect Copy": Indian Culture and Tribal Law[J]. *Yellow Medicine Review*, Vol. 2, 2007:95.

学术评论

习惯法规范研究方法：从《习惯法理论与方法论》谈起*

许　娟**

摘要：与作为对象的习惯法研究"零散模式"相比，《习惯法理论与方法论》一书作为规范方法的习惯法研究"整体性反思"恰逢其时。习惯法研究范式从诞生开始就内在地蕴含了新方法与新材料，主要跨越人类学、社会学乃至经济学等三个学科的研究方法，不断消解政治与法学、从法治中心走向多中心。纵观近30年来习惯法方法的运用，习惯法研究范式存在诸多可观察到的特点，即重塑概念、方法借用、价值放逐、主义之争等，前二者展现出与规范法学大异其趣的学术生态，后二者成为习惯法研究范式招致诟病进而渐趋式微的最主要原因。为使习惯法研究减少价值放逐与主义之争，也避免被拐入碎片化的中国经验之中，形成一般性的价值与概念的提取。本文通过阅读《习惯法理论与方法论》著，提出习惯法研究不应当停留在描述性解读的层面，而应当以人类学的田野为基础、以社会学问题意识面对法学急需要解决的问题，用经济模型和分析工具去提取概念，以概念性解释与描述性解读，使习惯法研究运用"习惯法规范研究方法"得出研究结论。

关键词：《习惯法理论与方法论》著；跨界格局；人类学田野；描述性解读；概念性解释

李可老师的《习惯法理论与方法论》(以下简称《习》著，凡以下所引皆出自此书，不重复引注)一书开篇以作为规则的习惯对作为行为的习惯法方法①展开批评，整体性反思方法贯穿全文。个人觉得《习》著称得上是一部作为方法的整体性反思习惯法研究的代表性著作。之所以从这部著作谈起，是因为李可老师将习惯法研究带入作为规范的习惯法研究方法，以此区别于作为对象的习惯法研究，区别于作为行为的习惯法方法。从方法上看，作为方法的习惯法研究从诞生开始就内在地蕴含了新方法和新材料，包含民族学、人类学、社会学乃至经济学等多学科方法和材料的综合研究。然而在中国习惯法研究的进程中，大体以作为对象的和作为行为的习惯法研究展开，形成中国经验和民族精神的书写，本土资源(朱苏力，1997)成为基层社会治理的实践场域，是非规范法学方法在日常法律运用中的社会生活呈现。针对《习》著中提出的习惯法研究中的规范方法问题，提出

* 基金项目：国家社会科学基金"少数民族乡约的文化创新研究"(项目编号：12BMZ039)。

** 许娟，法学博士，南京审计大学法学院教授，国家审计署经济责任司二处。

① 参见李可.习惯法理论与方法论[M].北京：法律出版社，2017：1.

整合习惯法研究中规范构造的构想，以期更好地展开习惯法研究，促进法治转型升级。

一、反思习惯法非规范研究方法

作为一位从事民族法学教学研究工作近20年的学者，在习惯法研究30年持续观察的基础上，去阅读《习》著，发现的是习惯法整体性反思的图景是在《习》著作者反思习惯法的“零散模式”之后日常呈现。反思作为行为的和作为对象的习惯法研究之后，发现了非规范习惯法研究可观察到的特点，即重塑概念、方法借用、价值放逐、主义之争等。

(一)习惯法研究的重塑概念

《习》著作者说：“采取三元论、多元论的叙述方式，在自然与人为、社会与国家、民间与官方之间寻求交叉领域或灰色地带。”①《习》著作者所指的习惯法是从国家社会二元框架中展现民间社会中的法律生活②，通过反思和批判现代性，尤其是反思移植现代西法出现的水土不服，试图通过冲突、竞争、合作和同化两个系统的裂缝，重塑国家社会关系。如果没有搭建国家社会二元论的框架，习惯法就无法颠覆法概念，无法拓展法时间，无法突破法属性，无法再造法场域，无法反思法律中心，无法更新法学方法，与国家法存在于律法的场域和国家的空间相应。

习惯法突破法属性。如果把习惯法存在的时间僵化地理解为线性的，那么就得出“习惯法只在无阶级社会中的主导作用，在有阶级的社会中的补充作用”的结论，但是，习惯法的时间并不是历史时间，而是社会时间。阶级社会以来，一方面，通过虚构国家实现社会治理的目标；另一方面，民间自治与习惯法并不完全是国家、阶级和法律的异己物。相反，在法律的边缘寻求国家社会治理的好处，法律不仅仅只有阶级性，更重要的在于其社会性。社会属性是将法概念带入一个日常生活的场景之中，也就是不仅不能单从阶级属性和国家主义的角度去把握法概念，还应当从文化空间去再造法属性，即从市民社会和文化中理解法概念，而不是从政治国家中去形塑法概念。

习惯法再造法场域。传统的法秩序一定是在国家主义的场域中存在的，为了克服国家主义的二律悖反，马克思一方面肯定了法是阶级社会的产物，另一方面不断批判阶级与国家的剥削和压迫。作为摆脱阶级意识的“无法律，有秩序”的原始社会实际上是市民社会的模型。马克思理想中的最好秩序不是国家治理，最好的状态是人民民主自治制度，这就形成了双重场域：社会自治和国家控制。习惯法是在国家的社会治理模式之外的一种社会自发产生的治理场域，是马克思主义法学认可的一种最优社会治理模式。习惯法的是从社会自治与文化场域去把握的法概念。法人类学将法律概念带入了更为广

---

① 参见李可.习惯法理论与方法论[M].北京：法律出版社，2017：115.

② 参见梁治平.清代习惯法：社会与国家[M].北京：中国政法大学出版社，1996.

阔的社会情境中，不仅仅限于国家与政治的理解，相反是从大量的人类行为中去理解日常生活中的法律。

（二）习惯法研究的方法借用

《习》著并不是空谈方法而不研究内容，相反其中几个章节中不乏法人类学的实证研究。《习》著不再争论“习惯法是不是法”这样的概念问题，不只热衷于“习惯法与国家法关系”的理论建构和概念推演，而是从诸多的具体的社会事实和历史文本中去发现民间规范，展开对民间规范的描述性解读和概念性解释。《习》著作者将法人类学作为研究范式之一，具体来看，法人类学范式研究者中有法人类学基本理论探讨，有法人类学视野下的习惯法方法与案例研究，有民族习惯法的田野研究。① 习惯法人类学范式以西部少数民族川藏滇黔桂等地区习惯法、习惯法为考察对象，涉及藏族、羌族、瑶族、苗族、侗族、壮族、回族、土家族的习惯法，以石碑、榔规、款约、命价制、保甲制为具体研究对象，以民族、村庄、纠纷、多元、田野等为主题词，形成了习惯法人类学的实证研究特色。

法人类学研究者有着获取民族地区调研的第一手材料的社会实证优势，有着收集整理民族历史的第二手材料的历史实证优势。但缺点也很明显，主要表现在研究者过多将重点放在社会事实的深描和历史文本的解读上，忽略了对规范的描述性解读和概念性解释。有学者认为法人类学研究“脱离当代中国法治实践”②和“消解政治国家”③，以今天的视角回顾习惯法研究的这段历程，不难发现习惯法人类学研究陷入对象或陷入行为的研究进路，发现了实证研究在方法上的无能为力，④甚至形成阻碍国家法实证研究的脚步，乃至阻碍中国法治建设进程的逆向的学术思潮和学术积累，在知识上只是重复着对局部事实的解读，就如同格尔茨开了个商铺，形成了“格尔茨连锁店”一样。习惯法人类学研究这种拒斥现代性的本土特点、反殖民化的文化认同，集中表现在以偏僻村落社会的个案事实为基础消解国家法和国家政治。

回顾中国习惯法的学术发展，我们可以观察到那个阶级斗争的时代，人类学、社会学常常被视为西方资产阶级的学问和学科。直到20世纪80年代开始，人类学、社会学才从国家阶级话语中解放出来，展开了其消解国家政治和阶级话语的学术旨趣。以法人类学、本土、田野、文化、纠纷为关键词搜索超星数字图书馆的趋势图，可以看出这些词频活动时间是在2006年到2016年，以2012年为峰值的最高时间节点。以法社会学为关键词的搜索，其词频活动时间在1998年到2016年，以2010、2012为两个峰值点。也就是说法

---

① 法人类学研究范式的学者，如张冠梓（1994），高其才（1995、2008），王学辉（1998），徐中起（1998），王铭铭（1998）、俞荣根（2000），莫金山（2000），张晓辉（2001），张济民（2002），吴大华、徐晓光（2003），温佐吾（2003），朱和双（2004），符广华（2005），方慧（2006），陈金全（2008），曾代伟（2008），周世中（2010）等。

② 朱苏力．法律文化类型学研究的一个评析[J]．阅读秩序，山东教育出版社，1999：128.

③ 邵六益．社科法学的知识反思——以研究方法为核心[J]．法商研究，2015(2).

④ 陈虎．法社会学实证研究之初步反思——以学术规范化和本土化为背景[J]．法制与社会发展，2007(2).

社会学在中国学术界研究的时间比法人类学更为久远。法人类学与法社会学的整合和分野发展出两种不同的观点，一种观点认为法人类学与法社会学是交融的并列学科；[①]另一种观点认为二者之间的分野是显然的。[②] 尽管在实际的运用中，常常混淆二者的界限，并以本土、田野、文化研究的方式呈现出混淆界限，但是本土、田野、文化并不是区分二者的关键，因为二者都有这些要素。基于法人类学的消解政治，法社会学并没有远离政治与法律。在学科设置上，习惯法研究在法学院的学科设置方向上归口在"法学理论"之下的"法社会学"，而法人类学归口于"社会学"或"民族学"之下的"民族人类学"[③]，习惯法研究在人类学与社会学之间不明确的学科归属，与人类学学术归属不明确有关，也与社会学的分野不明确有关。[④] 为了明确类型和方法的运用，必须区分法人类学的习惯法研究与法社会学的习惯法研究。区分的标准是以有没有消解国家与政治。一般与国家政治价值无涉的研究成果是法人类学的习惯法研究，涉及乡镇村治等诸多国家乃至基层政权建设问题的则是法社会学的习惯法研究。

相对于法学知识运用、解释、计划和行动而言，习惯法运用其他学科方法，无疑是法学方法上的"大跃进"。在法学方法的眼里，习惯法借用的诸如深描方法既不简洁，也不论理，如戈尔茨的巴厘斗鸡研究、林耀华的《金翼》、陈忠实的《白鹿原》中描述的社会事实，几乎充满着传统礼俗社会的阴郁之气。在法学方法看来，习惯法研究借用的中国经验的小样本与理想类型的结合研究方法，本质上也是套用和图解西方社会学理论解释中国问题的，不是产生违背常识的逻辑判断，就是陷入西方理论的自说自话。但其实，无论边缘法学对世界的深度观察，还是方言俚语对世界整体性的解构，都比法学方法要艰深困难。不仅在于描述，而且要通过解释，提供认知与决策方案，给社科法律研究者提出了理论和实践难题[⑤]。这些看似简单的描述背后蕴含着创造性的思维与另类的想象，尽管被带着逐渐偏离了法学方法的逻辑轨道，被消解掉了法学的方法意蕴。

方法界限与跨界。在早期习惯法研究中，多人类学、社会学方法的运用，少经济学、心理学乃至认知科学的研究；随着科学和指标量化研究的盛行，习惯法研究也开始有经济学、心理学乃至认知科学方法的运用，形成了习惯法研究的更为广泛的跨界格局。在跨学科方法运用中，大多数法学者在并没有完全吃透其他学科知识和方法的条件下，仓

---

① 罗洪洋. 法人类学论纲——兼与法社会学比较[J]. 法商研究，2008(2).

② 常安. 试论法人类学的学科独立性问题——与法社会学相比较[J]. 山东大学学报（哲学社会科学版），2008(3).

③ 王铭铭. 人类学是什么？[J]. 中国人类学评论，2008(9).

④ 人类学的学科归属不明确，就国内学界而论，至今仍有将人类学视作自然科学的一部分的学术机构（特别是科学院）。在这些机构里，所谓人类学等同于研究人的体质衍生史的古人类学。在另外一些机构里（特别是综合性高等院校），人类学被当作社会学的一个组成部分来对待。在一些与民族相关的特殊教学科研机构（特别是民族院校与民族研究机构），人类学则时而被等同于民族学，时而被视作与之对立的学科（不少人误以为，民族学是本土的、有用于政治的，而人类学则是某种无用的、西方式的文字游戏）。王铭铭. 西北民族研究，2011(1).

⑤ 面对社科法学的外部批判论（陈兴良，林来梵等）、知识反思论（邵六益，2015）、持有一场误会论（侯猛，2016）、方法更新论（熊秉元，2014）的捍卫也是非常有力的。

促上马研究，给学术市场制造了不必要的混乱，更不用谈大数据和跨三个以上学科方法的综合运用。这就导致习惯法研究的成果要么主观哲理化，要么实证分析不够地道，要么实证研究和理论建构之间很难弥合进而消解方法。习惯法研究方法之间的界限并不清晰，这些诞生于秩序和混沌边缘的科学是复杂的①，科学是由中心语言和多成分综合的产物，一旦法律语言系统允许加入新的东西，除非我们能够证明确实存在，并且在交际中发挥着理解和处理能力，否则很难说方法上的突破对于问题的研究有益处。

(三)习惯法研究的价值放逐

强调自由和尊严的主体中心的现代法学常识往往会囿于主体视角变为自欺欺人的观念欺骗，《习》著中的习惯法研究作为一种超越自由与尊严②等抽象的权利谱系的话语体系，在法律语言(自由与尊严)的外部，通过法律行为实践着一种更为真实的法律判断。易言之，习惯法研究以行为主义代替主体性的观察，给法律与纠纷解决提供了更广阔的解释空间。然而，法学的学者以人类中心主义的价值取向为主导，往往对习惯法学者的非人类中心主义的超越价值表达根本不认同；历史学学者以严格的历史文本为解读，对习惯法学者的某些价值前设、实证后置的做法表达根本的不认同。社会学关注社会结构，经济学关注理性行为选择，心理关注心理镜像，人类学关注初民社会和简单社会，民族学关注民族平等与文明发展。学科关注点不同，学科的方法论也各有侧重，糅合方法不见得就能如使用单一方法那么纯粹而显著；相反，方法混乱会导致语言混乱。习惯法的方法跨界往往是方法混乱的，因为无论我们如何慎重运用研究方法，都必然面临着来自学科固有的特性的天然壁垒，难以逾越知识之墙。正如《习》著作者所指称的"自反性难题"，一反是如果我们缺少人类学、社会学、经济学的理论基础和研究方法娴熟运用，就无法与其他学科学者进行正常的学科对话；二反是缺少了法学方法的运用，往往又成了丧失法学品质的"不法学"。习惯法学者为了应对规范法学或社科法学的双向拷问，必须从两方面改变：一方面，如果有条件，习惯法学者还是要接受其他社会科学学科的专业训练；另一方面，如果有条件，习惯法学者还要关注司法运作过程中的习惯法，与规范法学结合研究。

尽管如此，一旦运用国家法和现代价值对习惯法价值进行拷问，研究者就陷入了自我价值矛盾的境地，研究结论根本就是失败的。既然习惯法可能违反现代人权价值，并且有其应用边界和生效空间。习惯法的生效空间依赖的社会形态是简单社会。民间治理方式依据声誉、依据情境、合乎经验、容易留下刻板印象的。这种治理方式显然不能适应复杂社会治理方式，就算做到了"治大国若烹小鲜"的积极后果，但其后果主义往往与现代人权的价值标准相互矛盾。为适应现代社会治理的大方向，研究者也就只能运用社

① 米歇尔·沃尔德罗普.复杂：诞生于秩序与混沌边缘的科学[M].北京：生活·读书·新知三联书店，1997.

② 伯尔赫斯·弗雷德里克·斯金纳.超越自由与尊严[M].陈维纲，译.贵州人民出版社，2006.

会工作的方法,嫁接人类学的观察方法,运用经济学的分析方法,形成习惯法与现代社会治理路径的结合研究。

(四)习惯法研究的主义之争

撇开习惯法的价值预设和方法运用难题,习惯法研究中如何避开"主义"之争?这是一个更大的难题,因为深描的大部分习惯性经验事实,大多是不合乎现代法治价值的。当我们无法理解并表达我们明白那些主流法学者的质疑,我们就无法产生学术的沟通与对话,又或者单单用"法之理在法外"一句话就交代我们所有的价值正当性。当然,我们也可以自己关起门来进行法律文化解释,或者仍旧不断地出门去田野,管他什么主流法学价值的拷问,不谈"主义"。事实上,现在习惯法的研究者大体上是这样做的,但一旦不谈主义,你又如何去提升逻辑呢?如果不提升逻辑,我们又如何去回应主流法学的质疑呢?事实上,戈尔茨从来没有回应过普世价值和地方性知识的价值优劣,他只揭示片面的"真理",为向我们展现完全不同于普世价值之外的另类价值,或称"另类规范"。但问题恰恰又来了,甚至连冯象先生都怀疑,法律文化解释会把我们带入非主流的歧途。

正如人大历史学家戴逸先生曾言,经济学偏左、人类学偏左、社会学适中,法学呢?如果我们硬是要给法学加上一个"主义"的话,法学当然应该是偏右的,所谓右,乃是自由民主的法治理念,法学被当然视为奉行自由民主的法治理念,但习惯法研究方法一旦融入了人类学、社会学的研究方法,"我"就无法完全与自由民主价值完全勾连。或许正如金岳霖先生所言:根本没有普遍的事实和永恒的真理①。因此,笔者可以肯定地说,在发现事实的时候,如果希望获得普遍的价值判断完全是不可能的,如果你竟然选择这样的研究进路,只能把自己逼到自相矛盾的境地。

二、习惯法规范研究的视角

为了避免习惯法规范研究的概念借用、方法、价值、主义之争,习惯法开始转向规范研究,习惯法的规范研究通常有两种视角:一种是批判视角;另一种是观察视角。

(一)习惯法规范研究的批判视角

习惯法规范研究的批判视角率先起源于文本阐释和文本建构(如格尔茨),但经过法社会学之下,批判视角慢慢取代了自由主义的传统,形成了反政治自由主义的进路。批判的优点在于,带着非常强烈的问题意识建构各自的意识形态信条,阐发自己对国家基层治理的政治和社会主张,这类习惯法整体性反思带有强烈的政治意识,与习惯法人类学研究的去政治化有着明显的区别。但缺点也很明显,由于缺乏比较法研究,缺乏具体

① 金岳霖.评罗素的所谓追求"永恒的真理"[J].哲学研究,1978(2).

的历史感,形成一种错置的理论预设。套用或图解前人创造的概念。回避了更具涵盖性的理论,导致只批判某一类问题,即便形成广适性的机制或理论创新,最终只会导向法律的虚无主义。例如,以"本土资源"为核心的地方性知识的解读因为其理论的自洽性,很难被证伪,并且成为一个解读社会规范的好词,但经过跟风似的广泛使用后,变成了一种缺乏学术逻辑的被抽空的概念,导致大量从机制出发的解释所反映的往往是解释的眼睛和机制本身的逻辑,而不是所关心的经验现象背后最为重要的规律。[①] 目前盛行的各种社会资本理论、政治机会理论和新制度主义理论都可以被视为这方面的例子。[②] "本土资源"积累了所有社会资本、政治机会与新制度主义研究的所有特点,其矛头直接指向法治过度发展的病症,基本上被标签化为反法治主义,这种批判法治的视角产生的新理论发展到一定程度,就变成另一种反法治主义的教条。由于其无法调试批判与所批判的法治理念之间的张力,被大量"本土资源"的习惯法研究者运用,变成了批判的武器和武器的批判。

习惯法规范研究殖民化叙事逻辑。习惯法研究借用人类学的方法,就需要解释者确认观察世界的起点,是基于东西方差异化文明的二元视野,[③]还是从中心到边缘的殖民化观察方向。根据解释世界的逻辑起点不同,于是有了西方殖民化和本土文化自觉的两个完全不同的观察世界方向。殖民化叙事的人类学常常被指用西方学术概念观察东方社会,带有殖民文化入侵的嫌疑,如《菊与刀》(本尼迪特克,1946)被指作为美国对日本战后改造的文化计划的一部分,桑塔菲研究院也被指是为推动美国对世界殖民化进程作的文化准备。这与最初从法社会学中分离出来的法人类学者、剑桥功能学派的代表人马林诺夫斯基的反殖民化的本土化叙事大异其趣。以《原始社会的犯罪与习俗》(马林诺夫斯基,1926)一书出版为标志,法人类学的本土化叙事以初民社会的功能探索拉开了序幕,马林诺夫斯基反对进步史观,反对直接服务于殖民主义的"间接治理"理想,反对殖民官员、传教士和民族志书写对原住民社会的不负责任的态度[④],而注重对初民社会的功能探索,由于英国的功能学派对燕京学派的影响,形成了以吴文藻为代表的本土叙事,至此,中国的人类学、民族学、社会学学科不分家。在中国,第一批的社会学者如费孝通等在不断地将西方社会学、人类学的概念中国问题化。尽管直到今天,中国社会学尚未形成自己的问题意识和与之相应的理论和研究方法,[⑤]但是燕京学派关注本土化叙事的社会学知识传统却在"发现他者"这个脱胎于近代殖民主义的民族志与人类学的影响下分离出来了。[⑥] 本土化叙事是各国学者将欧陆社会学本土化的过程。世界各国的社会学大多是

---

① 赵鼎新.社会科学研究的困境:从与自然科学的区别谈起[J].社会学评论,2015(7).

② 赵鼎新.社会与政治运动理论:框架与反思[J].学海,2006(2).

③ 参见伊曼纽尔·华勒斯坦,等.开放社会科学[M].北京:三联书店,1997:27.

④ Stocking 1995:252,399.

⑤ 赵鼎新.超越困境和超越的困境——赵鼎新教授访谈[J].学术月刊,2014(7).

⑥ 参见王利平.知识人、国族想象与学科构建:以近代社会学和民族学为例[J].北京大学教育评论,2016-10-20.

欧陆社会学概念加本国问题意识的结合，如美国芝加哥学派是将欧陆社会学的美国化的产物，美国已经完成了欧陆社会学的本土化过程。

(二)习惯法规范研究的观察视角

《习》著的习惯法规范研究不同于政治社会学的习惯法研究，政治社会学的习惯法研究从批判大写的法律与法治教条开始，转向进行经验研究，强调中层理论，而不是宏大理论和文学叙事。

1. 习惯法规范研究的田野观察。习惯法的叙事逻辑来自田野或历史的描述性阐释，没有田野或历史，就不可能描述或叙事；没有档案与文献，就不可能有历史学写作；没有田野，就不可能有人类学写作。无论是中观的理论，还是整体性思维，离开了田野或历史，只是一种整体性阐释；缺乏细节和生动性的内涵，就像被抽空了血液和细胞的空壳。田野并不专属于人类学，社会学只有一部分来自田野，另一部分不主要来自田野，而在主观建构的框架或概念下去寻找历史文献和数据文献，寻找历史的记忆。人类学更主要来自田野，因此，一旦人类学界基于大数据而非田野得出的结论，反而遭到美国主流人类学界的批评。田野叙事的立足点在于本土，美国人类学是将欧陆人类学不断本土化的过程，进而形成了美国本土的人类学叙事。中国人类学研究并未完整地实现本土化，还需要专门的田野实践作为学科支撑。习惯法的田野叙事的落脚点在于提炼出本土文化中的认知因子，为当下文明与法的转型提供文化与心理支撑。

2. 习惯法规范研究的理论框架和机制。中层理论根据观察视角的不同，不可避免地带有预设的理论框架和机制。中层理论分为内部观察和外部观察两类。内部观察视角下的村庄被解读为“无法律，有秩序”，这类研究者具有明显的自下而上的社会自治观察痕迹，主张“弱国家—强社会”模式，有学者运用在田野基础上的法社会学方法对民间自治作出了阐释，如储卉娟在东北监狱的民转刑案件的结构性访谈基础上，得出基层治理无力回应国家，国家也无力面对基层的双向锁死。① 外部观察视角下的村庄被解读为“有法律，无秩序”，这类研究者认为国家应该下沉到基层进行治理；同时，基层应当“迎法下乡”，如董磊明等针对农村社会结构混乱的应对策略②，这类观察视角被打上了新民主主义的烙印。不同的经验观察有着不同的意识形态取向，形塑着不同的政治社会学研究价值取向。

三、习惯法规范研究方法的解释

《习》著沿袭了谢晖教授为代表的习惯法规范解释研究方法，从谢教授所作《习》著的

① 储卉娟. 从暴力犯罪看乡村秩序及其“豪强化”危险国家法/习惯法视角反思[J]. 社会，2012(3).

② 董磊明，陈柏峰，聂良波. 结构混乱与迎法下乡——河南宋村法律实践的解读[J]. 中国社会科学，2008(5).

代序中可以看到习惯法规范研究及方法的扩展:“作者需要在下一步研究工具操作意义上的方法。”[①]笔者以为,《习》著中展现出的整体性反思方法如果以工具意义上的方法补给,将构造出多重视角解释力的完整。习惯法研究虽然重在实证研究,但不应该排斥规范研究。《习》著是一种基于描述性解读与概念性解释的习惯法规范研究方法。

(一)人类学田野方法的运用

田野并不专属于人类学,但主要是人类学的,田野是基础,但怎样田野是一个问题,[②]人类学的田野尽管基础,但除了深描以外,人类学似乎已经被边缘化了。[③] 实际上,中国法学研究中的人类学已经被法社会学所吸纳,几乎成为法社会学下的一个分支学科,难成气候。[④] 人类学田野基础上的文本阐释与法学文本解释同属于阐释学的领域,做司法的研究者可以对司法活动进行文本阐释与话语阐释,把司法活动当作一种写作,基于对重要司法事实、细节、过程及背景的清晰呈现与描述,以微观的司法个案展现宏观的司法图景,如以卢埃林的司法经验研究为代表,又如贺欣对当下中国司法田野的研究。

田野至少是解读的基础。一部分人类学家反对解释,如吉尔茨认为应当以历史语境来解读人文社会科学,而不应当牵强于历史的因果联系妄图建构真理。也就产生了人类学方法的两种分歧,人类学家大多排斥解释传统,而提倡解读传统,吉尔茨方法就是典型的解读传统,主要采用的是描述与文本阐释方法。因此,我们应该在哲学、实证研究和解读之间找到平衡。[⑤]

习惯法规范研究的解读传统 (interpretation tradition),即运用人类学的两种进路,一种是文本阐释;另一种是话语解读。文本阐释可以是民族志或文化志,在对当地文化进行深层了解的基础之上,结合对他者文化传统的理解,理解地方性知识的整体逻辑。话语解读是创造一个解释性的概念,这个概念可以建立无数个因果关系,去解读具有共同性的文化现象。例如,费孝通先生的乡土中国与熟人社会的概念的提升是建立在田野基础上的解读传统。又如,朱苏力的本土资源论先是模仿福柯的解构体,致力于西方法治和权利话语的解构,随着解构/再解构传统知识,再建构出一套新的知识话语——本土资源(习惯法)话语。

人类学田野是描述的基础。田野方法运用显微镜看待世界的每一个角落,并展现了丰富而生动的人类心理与社会文化。正如前文对人类学与社会学比较研究,法人类学研究的优点在于:田野方法与认知科学、心理学乃至脑科学等跨学科方法有着深刻的联系,如美国法学家弗兰克提出的“法官心理不确定性”理论便是源于他长期以来从事法官职

① 谢晖.我国习惯法研究的现状及方法自觉[M].习惯法理论与方法论,法律出版社,2017:7.

② 王启梁.法学研究的“田野”,兼对法律理论有效性与实践性的反思[J].法制与社会发展,2017(2).

③ 刘思达.美国“法律与社会运动”的兴起与批判——兼议中国社科法学的未来走向[J].交大法学,2016(1).

④ 参见侯猛.社科法学的研究格局:从分立走向整合[J].法学,2017(2).

⑤ 赵鼎新.解释传统还是解读传统—当代人文社会科学出路何在?[J].社会观察,2004(6).

业生涯中的田野观察而形成的行为科学理论，又如美国桑塔菲学派在56个国家田野基础上进行的统计学、心理学与认知科学的跨学科研究。人类学田野的重要性在于田野的开放性与后田野统计工作的即时性，田野是将摇椅哲学转变为心理学与经验哲学的必要连接点，后田野统计的哲学提升，甚至形成认知科学、社会心理学、行为科学的提升。田野作为这些提升的前提性必要条件，更加显得方法的珍贵。但由于人类学方法带有宗主国殖民化与消解国家的两个弊端，容易将习惯法拐入碎片化的闲言碎语，将习惯法陷入价值主义之争的困境。故而，在田野基础上的习惯法描述或解读传统的基础之上，强化习惯法研究的概括性与精确性，加入社会学的想象力与概括性，将习惯法拉回可控的领域。除了上述自然科学理论以外，田野比较方法是学科方法跨界的前提，摩尔就提出以田野研究为基础的比较的可能与不可能，①将人类学田野资料比较分析需要长时段的田野控制力，而不是走马观花式的田野，才能提取足够的数据比较得出可靠的结论。

(二)从描述性社会学到解释性社会学

目前我国习惯法规范研究大多停留在描述性解读的层面，从诸多习惯法规范研究综述中的标题中可以窥见这种描述性解读方法的运用。历史学学科背景的习惯法学者更擅于描述，如苏亦工教授的《中法西用——中国传统法律及习惯在香港》；法理学学科背景的习惯法规范研究者更擅于宏大叙事和概念推演，如刘星教授在《中外法学》上发表的《司法日常话语的“文学化”——源自中国基层司法经验》一文，体现了他一以贯之擅长逻辑推演的方法运用。由于法学研究的分支学科之间的壁垒，少有较好地将描述与解释结合的习惯法研究，更不用说定量解释了。当然这并不是说定量解释就一定优于描述性解释，并且描述性解释时至今日仍然占据社会学的主流。习惯法的法社会学方法经历了两个阶段三种方法，描述性解读、描述性解释与定量解释。

第一个阶段是从描述性解读走向描述性解释。描述性解读即罗列事实，描述性解释即提炼因果关系，从罗列事实到提炼因果关系是逐步推进的，理论的解释力在于理论反思与经验研究能否妥善连接，如何连接，这是开展社会学研究的核心，也是评判一项社会学研究的关键。② 通过经验的理论反思法，以解释为目标的法社会学与以解读为核心的法人类学既要作出概念切割，又要形成互为呼应。最初中国的习惯法规范研究热衷于对少数民族地区的婚姻、外嫁女问题作出描述性解读，旨在弄懂在特定文化条件下人类行为的内在意义，采用“文化—制度”“结构—功能”“中心—边缘”“国家—社会”等中层理论将理论半径限制在特定时空之内，作出全景式的描述解读。这时，描述并不是简单地对

① See Sally Falk Moore, “Comparisons: Possible and Impossible”, Annual Review of Anthropology, Vol. 34 (2005), pp. 1-11.

② 储卉娟.理论反思与经验研究：法社会学研究多元路径初探[J].广西民族大学学报(哲学社会科学版),2015(4).

所观察到的现象从语言到符号意义上予以辨识,而是需要清晰的概念和分类标准作为支撑。① 所以习惯法研究在于在一定程度上还要能够归纳提炼出一个普适的概念或命题,这具有硬科学性质的解释传统(explanation tradition),社会学的解释传统不但需要田野调查分析,在很大程度上还需要对问题的抽象力和想象力,②在罗列故事的基础上,力图发现事物的逻辑关系和因果关系,这就是所谓的描述解释方法。习惯法的描述解释方法相比描述解读方法的优势在于,从众多的经验描述中提取解释性概念或机制,而不至于陷入碎片化研究。但解释传统有过度概化和制造概念等弊端,而解读传统尝试避开大概念和归纳法,去理解和弄懂一些人类活动在一定文化条件下的内在含义或意义,具有积极意义。解读的缺点也很明显,即通过讲故事的方法或者对故事的背景作出全景式的描述,导致其故事无法被证伪,其结论往往是肤浅而不深刻的。③ 描述解释补充解读问题,往往形成一种机制研究,克服解读不深刻的弊端。解释的机制研究不能只谈论国家社会框架、多中心等宏观框架,而是在以"面子"机制这样的拒绝概念化的中观概念的基础上,进行扎实的话语分析和深描。在此,"面子"就变成了一个社会学想象的场域,可以作各种文本解读叙事,也可以以面子机制的解释变成文本话语与深描解读。

习惯法的法社会学方法的第二个阶段是从描述性解释到定量解释。从法律实证分析中的定性分析走向定量分析中,提倡描述性定量分析,④在习惯法研究中实证与经验多见,但大数据并不多见,最多只是用趋势分析或词频分析,更不用谈建立在人类学田野基础上的描述性定量。大数据分析对于习惯法研究的弊端在于过于宏观的结论或者硬科学式的解释结论,缺少了人文社会科学的趣味与生动,尤其面临数据失真与材料造假等问题的时候,成为大数据或大概念虚假的繁荣。在社会学朝着硬科学转型过程中遭遇到的过度概化的批判声中,经济学定量研究方法逐渐冲着社会学解释传统的弊端,避开解读传统的肤浅而不深刻,成为解释传统中的显学,以埃里克·波斯纳和罗伯特·埃里克森为代表。但这并不意味着描述性解读与解释方法的退场,这两种方法仍然起到基础性作用,有时辅助定量解释,有时独立解读或解释。

(三)以人类学田野为基础的概念性经济解释

扩展经济学是指经济帝国对其他社会科学的入侵,其中当然包括法学、经济学的触角从理性行为的解释延伸到非理性行为的解释,从经济领域延伸到社会、政法领域甚至更为广阔的人类行为之间。在习惯法规范研究中,运用经济学概念解释民间规范的非常多见,如以青海省互助县东河乡尕寺加村五组这一农牧交错区域跨族群村落的饮酒习俗

① 转引自阿斯比约恩·森内·内尔高.怎样的政治学研究是高质量的?[J].管玥,译.政治学人,2017-8-14.

② 王赢,侯猛.法律现象的实证调查:方法和规范——"法律的社会科学研究"研讨会综述[J].中国社会科学,2007(2).

③ 赵鼎新.解释传统还是解读传统——当代人文社会科学出路何在?[J].社会观察,2004(6).

④ 左卫民.一场新的范式革命?——解读中国法律实证研究[J].清华法学,2017(3).

为田野基础，运用埃里克·波斯纳的信号合作博弈和卡尼曼的行为经济学概念进行解释，[①]以田野为基础的经济学概念解释与以实验为基础的经济模型解释不同，以实验为基础的习惯法经济模型解释具有硬科学的特质，但由于缺少描述，完全不具有人文特质。例如，采取分组进行受试与被试，对遵守社会规范的人类行为偏好进行行为经济学分析。[②]

坚持以田野为基础的经济概念性解释传统的习惯法规范研究在于摒弃摇椅经济学概念，被科斯称为"黑板经济学"的纯学院式的学问，[③]科斯标榜的"真实世界的经济学"建立在田野方法的基础之上，建立在社会学的想象力基础之上。田野基础上的经济概念解释传统具有外部有效性的优势，可以减少计量经济学分析的缺少人文科学的反思性。对于中国情境下的经济学田野实验来说，中国地大物博的优势将非常有利于比较地区间人的亲社会行为差异以及小规模群体社会习俗的实例研究。[④] 田野基础上的概念性解释不意味着习惯法规范研究的描述性解读与概念性解释的退场，甚至可以说，在缺乏学术准备的很长一段时间内，描述性解读与概念性解释成为习惯法研究主要做法。

综上所述，针对习惯法的整体性反思方法不可避免在分析综合整理材料过程中的观念先入，这就需要抛弃概念、方法、价值与主义之争，从田野中形成描述性解读与逻辑解释，在此基础上，再通过经济概念形成抛弃价值之争的解释。为了避免习惯法规范研究中的表面田野材料的堆砌，应当采取"戳洞式"理论试错，无论是描述性解读，还是概念性解释，其经验研究的目的都是为了在日常生活中展现中国法治，而不是偏离法治。本文是对《习》著中所涉问题的概念性解释，展开描述性解读，并提炼出《习》著隐含的转化命题，即从作为对象的习惯法研究向作为规范方法的习惯法研究转型，在经过作为方法的整体性反思习惯法研究后，成为一种"习惯法规范研究方法"。

---

① 王勇，李占红. 饮酒习俗如何建构信任网络——以青海省互助县东河乡尕寺加村的经验观察为切入点[J]. 原生态民族文化学刊，2016(3).

② See Krupka E L，Weber R A. Identifying social norms using coordination games：Why does dictator game sharing vary? [J]. Journal of the European Economic Association，2013，11(3).

③ 王曙光. 谈谈田野调查方法[EB/OL]. 爱思想网，2015-8-10.

④ 罗俊，汪丁丁，叶航，陈叶烽. 走向真实世界的实验经济学——田野实验研究综述[J]. 经济学(季刊)，2015(3).

主体性中国与中国法律理想图景
——评《谁之全球化？何种法哲学？》

夏纪森*

摘要："世界结构"被认为是使中国问题发生变化乃至中国人甚或中国法律哲学认识问题的方式发生变化的历史性条件，世界结构中的中国法律哲学的实质在于主体性，在于形成一种世界结构下的中国观，并以这种中国观主动参与世界结构的重构。这意味着在中国法治在坚持主体性的同时，要积极参与世界对话，防止陷入盲目拥抱西方价值和盲目拥抱本土价值两种极端倾向的悲剧。

关键词：普遍主义；特殊主义；世界结构；全球化

引　论

十八届四中全会提出了"法治国家"的理念，这种理念从立场上看应该是很明确的，即我们是一个"主体性的中国"。这个立场有两个指向：第一，在与世界其他国家的关系上，我们国家作为一个文明大国要向世界发言，积极参与到世界结构的重塑中去；第二，在内部层面上，中国学术必须有自己的理论创新，而不能简单地复制西方的概念、范畴、体系。这也意味着我们应该有中国自己的法律哲学。

《中国法学向何处去——建构"中国法律理想图景"时代的论纲》与《谁之全球化？何种法哲学？——开放性全球化观与中国法律哲学建构论纲》是邓正来先生为构筑中国法律哲学而写成的两本重要的著作，其中后者是由以"开放性全球化观"为主题在《河北法学》连续发表的6篇论文和发表在《法学研究》上的"中国法律哲学当下基本使命的前提性分析——作为历史性条件的'世界结构'"》合集而成。在研究的逻辑关系上，邓正来指出，这三项研究应该反过来阅读，即首先阅读"开放性全球化观"的系列论文，尔后阅读"中国法律哲学当下基本使命的前提性分析"一文，最后阅读《中国法学向何处去》。这三项研究对应着三个逻辑上紧密相关的问题：第一，作为观察者同时又是参与者的中国社会科学或中国法学论者应当如何认识和面对中国置身于其间的"全球化"？第二，为什么

* 夏纪森，法学博士，常州大学史良法学院教授。

说建构当下中国法学或中国社会科学的历史性条件是我们对中国现实以及中国置身于其间的世界结构的“问题化”理论处理？第三，中国法学乃至中国社会科学为什么在近三十年的发展中始终缺失对中国的实质性关注以及对中国“理想图景”的根本关注？

这三个问题乃是紧紧围绕“中国人究竟应当生活在何种性质的社会秩序或世界秩序之中”这个重大问题而展开。对这三个问题的论证，形成了邓正来的核心论辩：在全球化时代，主张“主体性中国”和“中国(法律)理想图景”。

本文试图在深入阅读这本重要著作的基础上与邓正来先生进行对话，以澄清或开放出进一步思考的问题。本文章分为四部分，第一部分，理清邓正来的论证思路与理论主旨；第二部分，展开具体的评论；第三部分，指出两种值得警惕的学术倾向；第四部分是开放出进一步思考的问题。

一、对论著的逻辑重构

(一)“全球化”：“话语斗争”或“话语构建”

邓正来以各种法学教科书所主张的“四步骤套路”为参照性背景，对中国法学界给出的“全球化论辩”进行了分析和反思，他将全球化问题做“问题化”处理，指出当下的全球化并不是一种整全且同质化的进程，而是一种矛盾且多元的进程；并不是一种客观且必然的历史进程，而是一种主观且可变的进程。在这种意义上，“‘全球化问题’并不只是一个事实问题，而更是一个话语问题，亦即我们将根据何种视角去审查我们的生活方式和生活意义或者我们将根据何种视角去参与影响全球性的问题”①。从全球层面而言，这是一场全球化性质的“话语斗争”；从中国自身而言，这是一个“话语构建”的问题。它意味着中国不能不加反思和批判就不知不觉地接受西方既有的各种“全球化”话语的支配，而应以中国作为我们的思想根据来认识和参与建构中国已然置身于其间的这个全球化过程。

(二)“全球化”时代的“世界结构”：“世界结构”的双重性

从历史的视角看，邓正来认为，“全球化”时代的建构是与冷战时代的结束紧密相连，在很大程度上，是西方现代性的一种逻辑展开。但“全球化”时代的真正意义在于，在对既有的国家制度或边界形成冲击的同时，还使“世界结构”发生了根本的变化。参照安东尼.吉登斯和乌尔里希.贝克的理论，邓正来认为，“全球化”时代的“世界结构”不只是对此前西方现代性的简单延续或展开，而是建构出两个不尽相同的世界：第一现代世界与

① 邓正来.谁之全球化？何种法哲学？——开放性全球化观与中国法律哲学建构论纲[M].北京：商务印书馆，2009：13.

第二现代世界,这就是“世界结构”的双重性[①]。

第一现代世界,主要是指资本主义工业—民主社会在“全球化”时代的扩展过程,主要表现为经济、规则制度和文化方面以跨越国家边界的方式在“全球”展开。第二现代世界,是乌尔里希·贝克等论者所说的“风险社会”或“生态社会”。在第一现代世界(工业社会)中,财富生产的“逻辑”统治着风险生产的“逻辑”;而在第二现代世界(风险社会)中,这种关系被颠倒了过来:风险生产和分配的逻辑取代了财富生产和积累的逻辑,而成为社会分层和政治分化的标志。正如贝克所指出的,那些不明的和无法预料的后果成了历史和社会的主宰力量。贝克以日常语言对这两个世界进行描述,“阶级社会的驱动力可以概括为这样一句话:我饿!另一方面,风险社会的驱动力可以表达为:我害怕!”[②]

(三)“世界结构”下的中国:双重强制

伴随着全球化时代的到来,伴随着中国对世界的开放,尤其是在中国加入 WTO 等国际组织而进入世界体系以后,中国已经不再是一个地理意义上的孤立的中国,而是一个世界结构中的中国。“世界结构”中所建构的两个世界(第一现代世界与第二现代世界)对西方社会而言是经由自然时间的展开,既由第一现代世界向第二现代世界的必然发展,显然,这是一个历时性问题。但是,对于中国而言,是一个共时性问题,这与“世界结构”对中国发展构成的“双重强制”紧密相关。

第一重强制是一种制度和理念层面的强制。我们处于发展中国家,一方面,西方社会经由经验制度及其地方性知识层面的全球性示范对中国形成了强制,因为它在中国的自然时间向度上强设了一个“现实的未来”(第一现代世界)。第二重强制是一种经由话语建构而形成的强制。“世界结构”经由建构“风险社会”或“生态社会”而对中国形成了强制,它在中国的自然时间向度上强设了一个“虚拟的未来”或“假想的不确定性风险”(第二现代世界)。在当下的中国,“发展中世界”、第一现代世界与第二现代世界已然聚合成了一个世界。这三个“世界”合成的问题就是“共时性问题”。由此,中国法律哲学不再只能从发展的视角,也不再只能从第一现代世界或第二现代世界的视角来看待或审视中国的问题,而不得不从一种“共时性的视角”来看待或审视中国的问题。

由此,“世界结构”被认为是使中国问题发生变化乃至中国人甚或中国法律哲学认识问题的方式发生变化的历史性条件。

(四)“主体性中国”与中国(法律)理想图景

中国进入世界结构的根本意义在于,“中国在承诺遵守世界结构规则的同时,也获得了对这种世界结构的正当性或那些所谓的普遍性价值进行发言的资格,亦即哈贝马斯意

① 邓正来. 谁之全球化?何种法哲学?——开放性全球化观与中国法律哲学建构论纲[M]. 北京:商务印书馆,2009:233-234.

② 乌尔里希·贝克. 风险社会[M]. 何博闻,译. 译林出版社,2004:57.

义上的"对话者"或罗尔斯意义上的'虚拟对话者'——'正派的人民'。更为重要的是,中国对遵守世界结构规则所做的承诺本身,已经隐含了中国亦由此获得了参与修改或参与制定世界结构规则的资格"。①

这是怎样的一种"世界结构"?邓正来认为,第一,中国参与其间的虽说是一种所谓"平等"的主权国家之间的世界结构,但这种结构是以一种强制性的不平等支配关系为支撑的。这意味着在当下世界结构的支配关系中,仅依凭传统国际法上的"主权平等原则"并不能够救济中国在其间所处的不平等的被支配地位。第二,罗尔斯所谓的"虚拟对话的普遍主义",实质上意味着当下世界结构的规则是由自由主义社会或西方社会制定的,中国不能就这些规则的修改或重新制定的问题进行发言而只能遵守;哈贝马斯"商谈理论"所主张的平等主义的"对话的普遍主义",在一般意义上意味着,在当下的世界结构中,中国不仅应当享有平等的地位,而且应当享有修改或重新制定规则的权利。但问题是要真正享有这种实质性的权利而不停留在形式上,在根本上取决于中国是否具有中国自己的理想图景。

然而,邓正来通过对中国法学的考察写出了《中国法学向何处去》一书,文本的一个基本判断是1978年至2004年的中国法学未能为评价、批判和指引中国法制发展提供作为理论判准和方向的"中国法律图景"。《中国法学向何出去》一书的目的就是要探讨"中国法学为什么会缺失中国自己的理想图景",并对中国法学这一时代进行"总体性"的反思和批判。由此,开放出中国人究竟应当生活在何种性质的社会秩序之中这个重大问题。

因而,在当下的世界结构中,中国不仅必须是一个"主权的中国",还必须是一个"主体性的中国"!这是中国当下思想全新的使命也是最为重要的使命之一。立基于此,"在全球化时代的'世界结构'中,中国法律哲学的基本使命是经由'关系性视角'和'共时性视角'的建构去重新定义中国,同时经由'重叠性思维方式'而建构起'主体性的中国',并根据中国自己的法律理想图景引领中国法律/法制的建设或指导中国主动参与'世界结构'重构进程"。②

二、具体的评论:普遍主义与特殊主义

《谁之全球化?何种法哲学?——开放性全球化观与中国法律哲学建构论纲》(以下简称《谁之全球化?何种法哲学?》)这本重要的著作从其论证的方式看,作者主要是从"知识—法学"的路径对1978年至2004年的中国法学进行了分析与批判,从而发出建构

---

① "中国法学的批判与建构",载邓正来:《中国法学向何处去——建构"中国法律理想图景"时代的论纲》(第二版)附录,商务印书馆2011年版,第301页。

② 邓正来.谁之全球化?何种法哲学?——开放性全球化观与中国法律哲学建构论纲[M].北京:商务印书馆,2009:251.

“主体性中国”与中国法律理想图景的宣言。

就论题而言，这显然是两个具有时代纲领性的题目，自然需要极大的驾驭能力。文本透射出极大的阅读量与广博的知识面以及深厚的分析、反思与批判的能力。就《谁之全球化？何种法哲学？》文本来看，邓正来对全球化的性质与作为中国法律哲学建构之历史性条件的“世界结构”问题进行了分析。其中最为突出的是作者对“世界结构”的双重性与“世界结构”对中国的双重强制的分析。将“世界结构”的概念引入对中国法学的分析让我们看到了中国法学在新时代所面对的复杂性，以及建构理想图景的迫切性。

(一)何种普遍主义？

在邓正来分析批判的背后实际上涉及了这样一个根本性的问题，即法治的普遍主义与特殊主义的问题[①]。普遍主义有种种类型，从邓文所论述的西方法律图景来看，显然是在讨论以某一概念或观念的可接受性的普遍性问题。这种意义上的普遍主义，至少有两种[②]：一是“价值普遍主义”，即指某个价值普遍适用于任何地方。例如，余英时认为在西方是“公平”的概念，在中国则是“仁”的概念，两者都具有普遍性。二是“文化普遍主义”，即指某个价值体系普遍适用于任何地方。构成一种文化的不仅是各种价值，而且是这些价值的一种特定排序方式，以及用来约束这些价值和相关规范之实现的规则体系。例如，主张法治的普遍有效和主张礼治的普遍有效都是文化普遍主义，他们虽然在对个人的地位与人际关系的性质上有不同理解，但在把一个民族的价值体系加于其他民族之上这一点上是相同的。在价值普遍主义当中，至少有“对话普遍主义”与“独白普遍主义”之分。“对话普遍主义”是把交往权利看作先于任何其他权利的普遍权利的普遍主义，即任何权利只有以某种方式经过诠释后，才能说有效与否；而这只能在某个特定共同体中，只有通过其成员的交往，才能确定对涉及这些成员的某种权利的某个特定诠释是否有效。“独白普遍主义”则认为某人或某民族是可以单方面或独白地决定什么东西具有普遍有效的。

就邓文中所涉及的四种不同甚或存有冲突的理论模式，即“权利本位论”“法条主义”“本土资源论”和“法律文化论”以及哈贝马斯、罗尔斯的理论，我们可以进行上述界定进行归类。

第一，邓正来认为这四种不同甚或存有冲突的理论模式由于受“现代化范式”的支配，这种范式间接地为中国法制发展提供了一幅“西方法律理想图景”。西方现代化理论以两项假设为基本支撑，假设一是当下世界所有国家都可以根据西方现代化所取得的成就被界分为“传统社会”和“现代社会”，即“传统—现代”两分观。假设二是人类历史沿着

---

① 邓正来提及了普遍性与特殊性的辩证问题，但没有展开论述。参见邓正来.谁之全球化？何种法哲学？——开放性全球化观与中国法律哲学建构论纲[M].北京：商务印书馆，2009：282.

② 具体分析参见童世骏.普遍主义种种[J].华东师范大学学报(哲学社会科学版)，2008(6).

单一的预设轨线从较低级向较高级发展，即从“传统社会”向“现代社会”必然进化[①]。中国论者对西方法律发展道路的选择“不是来自中国本土之经验的认识和思考，也不是来自对中国本土法律制度和法律思想之于中国人生活的价值意义的‘同情理解’，而是源出于对中国本土之传统法制的否定，以及对西方实现现代法治国的道路所具有的普遍有效性的认定”[②]。无疑，邓正来所批判的这些中国论者的思想属于“文化普遍主义”，即认定西方的法制发展道路的普遍有效。当然，这些论者可以对其进行争辩，这方面的论述很多，至少笔者认为苏力并不主张“文化普遍主义”。

第二，美国布什政府推行的“全球主义”和“单边主义”的新保守主义外交政策，属于“独白的普遍主义”。

第三，罗尔斯主张的是“虚拟的对话普遍主义”，它介于“对话普遍主义”与“独白普遍主义”之间。

第四，哈贝马斯主张的是“对话普遍主义”，即他要求对我们自己的视角进行一番去中心化，或根据与我们享有同样平等地位和权利的其他人们的意义视角，来对我们自己的立场加以相对化。哈贝马斯对美国的外交政策与罗尔斯进行了批评。

综上所述，美国布什政府新保守主义外交政策，罗尔斯、哈贝马斯都属于“价值普遍主义”，而邓正来所批判的四种理论模式则属于“文化普遍主义”。对于邓正来而言，他反对“文化普遍主义”，而所赞同的是“价值普遍主义”中的“对话普遍主义”。

(二)何种“特殊主义”?

从特殊主义的思想脉络来看，20世纪初，曼海姆的知识社会学试图用特定的社会条件，尤其是用社会意识形态，来解释知识产生的历史过程。他认为，任何知识都是被社会条件决定了的“存在联结知识”。吉尔兹则指出了这样的一个悖论：在特殊社会条件下产生的知识社会学，为什么具有解释其他知识的普适性？“曼海姆悖论”指向一个可能的解决方案：“知识内容的正确性与产生知识的社会的、历史的和文化的条件无关。但问题是，为了解释知识内容的正确性，人们又要诉诸传统的和现代认识论的内在标准，这又引起了新的争论。特殊主义乘势而起，它的逻辑是，既然西方文化是特殊的，那么，它所产生的知识和价值也是特殊的，其他文化是如此。因此，任何知识或价值都没有普适性，而只适用于某一社会、群体或地区。”[③]

邓正来一方面批判“现代化范式”对中国法学的支配，另一方面着重强调“特定时空”。在他看来，无论是西方法制发展道路还是中国法制建设都有其特定时空。“现代制

① 邓正来.中国法学向何处去——建构“中国法律理想图景”时代的论纲(第二版)[M].北京：商务印书馆，2011：106.

② 邓正来.中国法学向何处去——建构“中国法律理想图景”时代的论纲(第二版)[M].北京：商务印书馆，2011：117-118.

③ 具体分析参见赵敦华.为普遍主义辩护——兼评中国文化特殊主义思潮[J].学术月刊，2007.

度(尤其是法律制度)产生于西方社会11—13世纪的经济、政治和文化条件之中。"[①]在《中国法学向何处去》一书中,他指出,"任何人都无法从西方现代国家的历史上找到任何与当下发展中国家中的实际情况基本相似的情况,所谓'现代'与'传统'的共时性便是西方现代国家在其历史上所不曾有(也不可能有)的基本情形之一"[②]。在书中还提到中国在当下所处于其间的世界结构、贫富差距结构和城乡二元结构的复杂影响,而在《谁之全球化?何种法哲学?》一书中更是针对"世界结构"进行了详细的论证。

邓正来主张"特殊主义"吗?答案是否定的。无疑,邓正来强调了当下中国所处特定时空的重要性,但他并没有得出结论知识由社会条件决定或者得出西方知识或价值没有普适性而只适用于西方社会,他所辩争的是"中国论者视那些理想图景或原则为当然的原则,不需要思考,不需要批判,更不需要追究它们当中所隐含的各种现代性问题"[③]。邓正来指出,他所认为的中国法律理想图景:第一,它是中国论者根据其对中国现实情势所作的"问题化"理论处理而建构起来的一种特定时空的有关中国法制/法治发展的"中国自然法",因此它是被建构起来的,而不是被发现的,更不是对现实本身的描述;第二,它是一种阶段性的"中国法律理想图景",而这意味着它会因特定阶段的变化而变化;第三,它实际上是对人之基本价值的普世性所作的一种"弱势"的承认,而这意味着人之基本价值的普世性必须受到特定时空之序列的限定。它不仅是对各种中国问题观的回应,更是由此出发的对某种特定的中国社会秩序或法律秩序的某种批判或建构。

在《谁之全球化?何种法哲学?》一书中,邓正来大量引用了社群主义者查尔斯·泰勒有关"承认的政治"理论中的"差异政治"理念,强调了全球化的异质性。但是他同样强调了罗兰·罗伯森提出的"特殊主义的普遍化"与"普遍主义的特殊化"二者彼此渗透的全球化过程。这二者的要旨在于"全球化是高度'多元主义的',它表现为相当大的多样性,在其中,各文明、大陆、区域、社会和其他方面对全球——人类状况的种种定义大量出现,以及在没有直接联系全球情景的情况下形成的各种认同。但是,充分发展的多元主义,将不得不以实现文化多样性的这种价值观和全球的普遍化为轴心,不论这种多样性观念自身对世界体系和该体系中各单元是否带来好处;而且,多元主义还包含着某种共同全球文化的种种要素,通过这些要素,各种实体的多元性之间能够进行最低限度的沟通"[④]。二者是否矛盾?

在貌似特殊主义的西方"认同政治"或"承认政治",很多情况是普遍主义的"解放政

① 邓正来.中国法学向何处去——建构"中国法律理想图景"时代的论纲(第二版)[M].北京:商务印书馆,2011:110.

② 邓正来.中国法学向何处去——建构"中国法律理想图景"时代的论纲(第二版)[M].北京:商务印书馆,2011:110.

③ 邓正来.中国法学向何处去——建构"中国法律理想图景"时代的论纲(第二版)附录[M].北京:商务印书馆,2011:117.

④ 罗兰·罗伯森.全球化——社会理论和全球文化[M].梁光严,译.上海:上海人民出版社,2000:144.转引自邓正来.谁之全球化?何种法哲学?——开放性全球化观与中国法律哲学建构论纲[M].北京:商务印书馆,2009:136.

治”在特定历史时期的一个变种。查尔斯·泰勒虽然批判了自由主义的普遍主义，但他求助于各种形式的普遍主义。米歇尔·瓦尔泽曾区分了两种普遍主义：一是“覆盖律的普遍主义”；二是“反复性的普遍主义”。他认为后者内在地包含了对多样性和特殊主义的承认，就像有些价值，如独立、内在方向、个人主义、自决、自治、自由、自主等普遍价值内在地包含着特殊主义意蕴一样。

因此，二者并不矛盾。在这种意义上，我们可以说邓正来并不主张“特殊主义”，而依然是“价值普遍主义”。如果非要说是“特殊主义”，那也是“普遍主义”变种了的“特殊主义”。

三、超越两种俄狄浦斯式的悲剧

在中国法学的研究中存在着两种俄狄浦斯式的悲剧，值得我们警惕和超越。

(一)盲目拥抱西方的悲剧

邓正来在《中国法学向何处去》一书中实际上指出了这样一种悲剧，如果受“现代化范式”支配的“西方法律理想图景”理所当然地或不加反思地成为“中国法律理想图景”，就意味着西方的过去和现在成了中国的未来。这“从根本上抽离了西方法制发展道路本身所具有的繁复性乃至更为关键的特定时空性”①。

毫无疑问“特定时空”，在邓正来看来极其重要，他极富洞见地指出了非西方社会从西方国家移植民主制度的前提性问题，即非西方国家在移植西方民主制度的时候必须关注支撑这一制度的很可能未形诸文字的相应传统和信念。我们在建构这种新的民主制度的时候，就必须对大多数作为这些制度之基础的未形诸文字的传统和信念给出详尽的解释，因为在成功的民主制度中，正是这些传统和信念曾在相当长的时期内制约了人们对多数权力的滥用。一如杜维明所指出的，“正因为我们该扬弃的没有扬弃，该弘扬的没有弘扬，健康的儒家传统没有传承下来；而对自己传统的全盘否定，也决定了从西方所引进时态度的粗暴——并非最优秀的部分被引进了。为此，我们付出了沉重的代价——中国人对儒家文化的信念全部崩溃，儒家的核心价值在中国人心理都沉沦到下意识层面去了”②。在这种意义上，割裂传统，尾随西方无异于俄狄浦斯弑父娶母的悲剧。

(二)盲目拥抱本土的悲剧

邓正来虽然针对中国法学受西方支配的情形进行了批判，强调了特定时空的重要

---

① 邓正来.中国法学向何处去——建构“中国法律理想图景”时代的论纲(第二版)[M].北京：商务印书馆，2011：117.

② 杜维明.“仁”的民族认同和世界意义[EB/OL].[2017-11-27].http://news.china.com.cn/live/2012-12/03/content_17475756.htm.

性。值得指出的是，我们更不能没有批判精神地拥抱“本土的过去”，完全拒斥普遍性，陷入另一种俄狄浦斯式弑父（谋害普世思想）娶母（把祖先文化嫁接到现代文化上）的悲剧。

这种论调的基本观念是中国的传统是特殊的、文化是特殊的、思维方式是特殊的。因此，“中国文化”内在地区别于“西方文化”。中国文化特殊主义所持的观念为强调本土，只有本土的过去才是文化的根基。这种论调者强调教育的作用，试图用读经来代替现代的知识教育，以更好地维护中国传统的价值体系。

的确，就现实而论，存在着不同的文化和价值体系，无法作出一般的概括。但就可能性而言，意义理解的努力可以帮助我们破除不同文化和价值体系之间的壁垒，从而达到相互理解。中西思想交流史上的事实证明，不但来自西方的思想深刻改变了中国人的思想和社会面貌，中国思想也在西方产生了深刻影响。中国是西方人的镜子，西方也是中国人的镜子。当今世界，中西文化，一荣俱荣，一损俱损。

严格说来，世界上并没有赤裸裸的普世价值存在于某个地方，任何价值都须在特定的语境中加以诠释。一种价值要真正具有普遍性，必须以哈贝马斯所说的“交往”或“沟通”这两个方面的结合为基础。正是在这种意义上，强调面向世界和未来的“文化自觉”或者世界结构下的“主体性中国”才极为根本和极其重要，因而正如邓正来所言是中国当下思想全新的使命也是最为重要的使命之一。

四、中国法律理想图景的形成

邓正来将“世界结构”的视角引入中国法学，认为世界结构中的中国的实质不在于与西方国家的不同，而在于主体性，在于形成一种世界结构下的中国观，并以这种中国观主动参与世界结构的重构。其根本的要旨在于突破主权的限度，走向世界结构层面的“主体间性”“文化间性”或“文明间性”。

到底如何定义“中国”和根据什么定义“中国”这是中国人自己的事情。对于邓正来而言，当他在《中国法学向何处去》中用“当我把你从狼口里拯救出来以后，请别逼着我把你又送到虎口里去”的话语来回应期望他以更明确的方式阐明“中国法律理想图景”时显然是不够的，因为仅仅以一种批判的姿态提出问题而无法提出自己的理论建构，其批判的力度显然是不足的。在另一种意义上，他也将这个关乎中国人尊严和民族认同的问题抛给了每一个中国人。

中国法律理想图景的建构在中国已经进入“世界结构”的现实背景下，面对“世界结构”的“双重强制”、面对“贫富差距结构”和“城乡二元结构”在中国的双重影响、面对“以差序格局为依归的文化传统和百年来因开放而传入的西方传统以及这些系统赖以发挥作用的结构性安排在社会行动者的行动和选择过程中所呈现出来的紧张、冲突和相容等问题”①,因而显得极为复杂。也正是基于此,才需要每个人积极思考,争取形成重叠性的共识。换言之,法治为一种现代秩序安排,将保障人权,公民追求自由和幸福奉为圭臬;同时,中国民族文化中的情理法传统使法治必定呈现为中国自身的文化形式。因而,这一方面需要借鉴现代法治的理念;另一方面赋予法治以中国文化的形式,以此构筑中国法治的主体性。

The Subjectivity of China and China's Ideal Picture of Law
—On the "whose Globalization, Which Kind of Legal Philosophy"

Xia Jisen

Abstract: The "world structure" is considered to be a historical condition that changes the way of understanding China's problem and Chinese legal philosophy. The essence of Chinese legal philosophy in the world structure lies in the subjectivity , the formation of Chinese thought under the world structure and the active participation in the reconstruction of the world structure. The subjectivity of the rule of law in China also means that we must actively participate in the world dialogue and prevent the extreme tragedy of blindly embracing the Western values and blindly embracing local values.

Key Words: universalism; particularism; world structure; globalization

① 邓正来.谁之全球化?何种法哲学?——开放性全球化观与中国法律哲学建构论纲[M].北京:商务印书馆,2009:282.